데이터
경제 강의

데이터 경제 강의

초판 1쇄 발행 2025년 12월 18일

–

저자 가오푸핑
역자 인하대학교 법학연구소 AI · 데이터법 센터
펴낸이 이병은

–

펴낸곳 세창출판사
신고번호 제1990-000013호 **주소** 03736 서울특별시 서대문구 경기대로 58 경기빌딩 602호
전화 02-723-8660 **팩스** 02-720-4579 **이메일** edit@sechangpub.co.kr
홈페이지 http://www.sechangpub.co.kr **블로그** blog.naver.com/scpc1992
페이스북 fb.me/Sechangofficial **인스타그램** @sechang_official

–

ISBN 979-11-6684-466-9 93360

데이터 경제 강의

가오푸핑 저

인하대학교 법학연구소 AI · 데이터법 센터 역

세창출판사

역자 서문

우리나라는 'AI 3대 강국 실현'과 '소버린 AI 구축'을 국가적 목표로 제시하며, AI·데이터 정책을 국가 경쟁력의 핵심 축으로 삼고 있다. 국가 AI 경쟁력 제고를 위해 제정된 「인공지능 발전과 신뢰 기반 조성 등에 관한 기본법」도 다음 달 전면 시행을 앞두고 있다. 이러한 국가 전략이 성공하기 위해서는 무엇보다 AI 학습의 원천인 데이터를 안정적으로 확보하고, 개방·유통·활용을 활성화할 수 있는 체계적 데이터 생태계의 구축이 필수적이다. 데이터는 AI의 학습 기반이자 산업·행정·사회 시스템 전반의 혁신을 이끄는 핵심 자원이기 때문이다. 이러한 맥락에서, 데이터 경제의 구조와 제도적 기반을 심층적으로 분석한 『데이터경제강의』가 우리나라가 나아가야 할 정책적 방향과 법제적 과제를 재조명하는 데 중요한 시사점을 제공할 수 있음을 확인하고 인하대 AI·데이터법센터의 6번째 전문서적으로 번역출판을 기획하였다.

『데이터 경제 강의』의 저자인 가오푸핑(高富平) 교수는 중국 데이터 법·정책 분야를 대표하는 학자이다. 화동정법대의 2급 교수인 가오푸핑 교수는 현재 지능법학과장, 데이터법률연구센터 주임, 인터넷법치연구원 상무부원장을 맡고 있으며, 상하이시 정치협상회의 위원, 공공데이터 개방 전문가위원회 위원, 데이터거래 전문가위원회 위원 등 다양한 분야에서 활발히 활동하며 중요한 프로젝트에도 깊숙이 관여하여 왔다. 저자의 이러한 학술적·입법적 경험을 제대로 녹여 낸 이 책은 디지털 대전환의 배경과 의미에서부터 데이터 요소 시장의 형성, 데이터 권리 구조, 공공데이터 체계, 산업별 데이터 활용, 데이터 경제의 운영 체제와 메커니즘, 디지털 거버넌스의 국가 전략적 의미 등을 일관된 문제 의식을 가지고 체계적으로 분석하고 있는 보기 드문 역작임이 분명하다.

특히 본 역서는 중국이 AI 분야에서 두각을 나타내는 이유를 단순히 기술력이나 투자 규모 같은 외형적 요인에 한정된 것이 아니라, 그 내부에서 축적된 법·정책 체계, 제도적 인프라, 데이터 요소화 실험 등에 기초하고 있음을 정교하게 분석하여 보여 주고 있다. 데이터의 자산 가치가 높아지면서 '데이터는 누구의 것인가'라는 근본적 의문이 제기되었고, 이러한 문제를 해결하기 위한 시도로 '데이터 소유권론'이 논의되었지만 아직 통일적으로 정립되지 않았고, 데이터 전반에 배타적 독점권을 부여하는 구상 역시 사실상 폐기된 상황이지만, AI 패권 경쟁은 점차 데이터 입법·정책의 경쟁으로 확대되고 있다. 이러한 측면에서 이 책은 중국의 사례를 심층적으로 이해할 수 있을 뿐만 아니라 주요국이 펼쳐온 데이터 관련 정책과 입법 노력을 한눈에 파악해 볼 수 있는 귀중한 연구의 압축적 결과물이라 할 수 있다. 아울러 한국이 소버린 AI와 데이터 기반 AI 생태계를 구축해 나가는 과정에서도 반드시 참고해야 할 학문적, 실무적 가치를 지니고 있어서 공부하는 학생들은 물론 정책입안자들에게도 큰 도움을 줄수 있는 역작으로 평가된다.

이 번역서의 출간은 화동정법대와 인하대 로스쿨 간의 지속적이고 긴밀한 협력의 결실이기도 하다. 인하대 AI·데이터법센터는 지식재산권 특성화를 기반으로 2020년부터 국책과제인 '데이터 주도 혁신시대의 법과 윤리의 재정립'을 수행해 왔으며, 국내 최대 규모의 AI·데이터

법 연구센터로서 다양한 연구 성과와 전문 서적을 꾸준히 발간해 왔다. 2022년 이후 『데이터법』, 『인공지능과 로봇의 윤리』, 『데이터법의 신지평』, 『인공지능법 총론』 등 주요 저작을 연달아 출간하였고, 올해는 『인공지능법 2』와 『AI 프롬프팅과 지식재산』을 출간하였다.

우리 센터는 국제 공동연구와 학술교류 활성화에도 적극 나서, 일회성 행사를 넘어선 지속 가능한 협력체제를 구축하기 위해 노력해 왔다. 그 결과 2021년 제1회 한·중 데이터 인텔리전스 법제포럼을 시작으로, 2024년 상하이에서 제2회, 2025년 제주에서 제3회 포럼을 성공적으로 개최하였으며, 내년에는 중국에서 제4회 포럼이 예정되어 있다. 축적된 연구 역량과 양교 간 협력을 바탕으로 2024년에는 국내 최초로 AI·데이터법학과를 신설하여 학위과정을 운영하게 되었고, 올해 첫 졸업생을 배출한 데 이어 2기 학생 수는 더욱 확대되었다. 가오푸핑 교수는 현재 인하대 AI·데이터법학과의 객원교수로 참여하며 연구와 교육에 크게 기여하고 있다. 그 결과 양교의 협력 기반을 더욱 공고히 하는 계기가 되었고, 본 역서의 출간 역시 그 결실 중의 하나라고 할 수 있다. 이처럼 이 책은 단순한 법학분야 번역서가 아니라, 양교가 AI·데이터법이라는 미지의 영역을 공동으로 탐구해 오며 쌓아 온 연구의 결실이며, 신뢰의 상징이다.

번역 과정에서는 원문의 표현과 구조적 맥락을 정확하게 전달하기 위해 최선을 다하였다. 함께 번역작업에 참여하여 애써 주신 인하대 로스쿨의 여러 교수님과 변호사님의 수고에 감사드린다. 양국 법제도의 본질적 차이로 인해 일부 설명이 다소 부족하게 느껴질 수 있음을 미리 양해 구한다. 부족한 점이 있다면 모두 대표 역자의 책임이며, 독자 여러분의 비판적 의견을 수렴해 더욱 알찬 역서로 발전시켜 나갈 것이다.

마지막으로, 이 책의 출간을 흔쾌히 허락해주신 가오푸핑 교수님과 인민일보출판사에 깊이 감사드린다. 또한 어려운 국내 출판 환경 속에서도 역서 출간을 기꺼이 수락해주신 세창의 고(故) 이방원 대표님께 깊은 감사와 더불어 안식과 명복을 빈다. 아울러 역자들의 원고를 세심히 교정해주신 임길남 상무님과 실무진 여러분께도 진심으로 감사드린다. 데이터법 강의교재로도 손색이 없는 멋진 역서의 완성을 위해 애써주신 모든 손길에 감사드리고 AI·데이터법센터의 동료 연구자들께도 깊은 감사를 표한다.

2025년 12월 역자를 대표하여

인하대학교 AI·데이터법센터장

김원오 교수

서문

데이터 경제의 새로운 패러다임 모색

디지털 기술의 발전과 그에 따른 사회 전반의 심층적 적용으로 인류는 본격적인 디지털 경제 시대로 진입하였다. 디지털 경제는 농업경제와 산업경제에 이어 등장한 새로운 경제 형태로, 데이터 자원을 핵심 요소로 삼고 현대 정보 네트워크를 주요 매개로 활용하며, 정보통신기술의 융합적 적용과 전 요소의 디지털 전환을 중요한 동력으로 삼는다는 특징이 있다. 디지털 전환의 본질은 단순한 디지털화 과정에 있는 것이 아니라, 디지털화를 통해 생성된 객관 세계의 데이터(즉, 빅데이터)를 활용하여 세계 변화를 보다 효율적이고 정확하게 인지하고, 그 기반 위에서 새로운 인지 역량과 지능적 행동 능력을 확보하는 데 있다. 다시 말해, 디지털 전환은 데이터가 반영하는 객관적 규칙을 파악함으로써 세계를 재해석하고 재구성할 수 있는 지능의 확장 과정이다. 이러한 변화 속에서 컴퓨터 과학은 더 이상 정보를 처리·저장·전송하는 도구적 기술에 머무르지 않고, 데이터 속에 내재한 규칙을 탐색하여 지식이나 지능적 행위를 직접 산출하는 방향으로 발전하고 있다. 그 결과로 등장한 것이 기계학습을 중심으로 한 인공지능이며, 이는 데이터의 가치를 실질적으로 발현시키는 새로운 인지 혁명이라 할 수 있다.

과거에는 언어 기호를 매개로 인간이 직접 객관 세계의 존재와 변화를 기록·관찰하고, 그 규칙을 분석·정리하여 지식을 형성함으로써 지적 행동을 이끌어 왔다. 지식의 학습과 경험의 축적이 인간 지혜의 근원이었다. 그러나 오늘날에는, 우리의 일상과 산업 전반에 보편적으로 존재하는 각종 센서와 지능형 장치가 작동 과정에서 방대한 양의 실세계 데이터를 0과 1의 형태로 자연스럽게 생성하고 있다. 이러한 데이터는 기계(컴퓨터 또는 지능형 시스템)가 읽고, 분석하고, 학습할 수 있으며, 이를 통해 인간과 유사한 지능체(예: ChatGPT)가 만들어져 인간에게 참고 가능한 정보나 지식을 제공할 뿐 아니라, 전통적으로 사람이 수행해 온 업무는 물론 사람이 수행할 수 없었던 작업(예: 자율주행, 심해 탐사 등)까지 직접 수행할 수 있게 되었다. 이처럼 데이터는 인지적 가치를 가진 것으로 간주되며, 지식이나 지능을 산출하고 이를 생산력으로 전환할 수 있는 자원으로 이해된다. 흔히 '디지털 시대의 "석유"로 불리는 데이터는, 새로운 생산요소이자 핵심 자원으로서 이러한 전환을 뒷받침하고 있다.

그러나 데이터는 디지털화의 부산물이자 객관적인 사회적 존재이다. 데이터 자체는 본질적으로 가치를 지니지 않거나, 설사 가치가 있다 하더라도 그 크기는 미미하다. 데이터가 지식과 지능을 산출할 수 있는 것은 데이터의 집적과 활용을 통해서만 가능하며, 이러한 집적을 통해서만 데이터가 반영하는 객관 세계의 규칙을 발굴하고 분석할 수 있다. 다만 여기서 말하는 활용은 인간이 데이터를 통해 정보나 지식을 이해·소화하는 차원이 아니라, 초대규모 데이터에서 상호 연관성을 탐색하고 패턴을 추출하는 차원의 활용을 의미한다. 이러한 과정은 인간의 능력을 훨씬 넘어서는 영역이며, 오직 기계만이 수행할 수 있다.

그러나 이것이 "데이터가 자원 또는 생산요소이다"라는 판단을 부정하는 것은 아니다. 모델 훈련과 기계학습에는 데이터가 필수적이며, 데이터가 없이는 모델을 학습시킬 수 없고, 충분한 규모의 데이터 없이는 대규모 모델을 생성할 수 없다. 하지만 각 주체가 보유한 데이터는 한정되어 있기 때문에, 데이터 주체가 저비용·고효율 방식으로 필요한 고품질 데이터를 확보·집적할 수 있는 메커니즘을 구축하는 것이 기계 지능 형성의 핵심 과제가 된다. 디지털화 시대에는 데이터가 시시각각, 모든 곳에서 생성되고 있음에도 불구하고, 간접적으로 데이터를 확보하는 경로는 원활하지 않으며, 데이터를 수집·가공하여 활용하는 주체가 해당 데이터를 이전할 수 있는지, 또 어떠한 방식으로 이전할 수 있는지조차 명확하지 않다. 이러한 상황에서 데이터의 재활용은 "축적(hoarding)"과 "크롤링(crawling)" 사이의 긴장 관계에 빠지게 되며, 그 결과 알고리즘 엔지니어들은 전체 작업 시간의 약 80%를 데이터 정제와 정리에 투입하게 된다. 이는 데이터가 생산력으로 전환되는 속도를 심각하게 저해하는 요인으로 작용한다.

데이터 생산력의 전환을 촉진하기 위해서는, 데이터 생산자가 데이터를 외부에 제공하도록 유인하고, 데이터 수요 주체가 필요한 데이터를 확보할 수 있는 데이터의 사회적 활용 제도를 구축·정비할 필요가 있다. 데이터의 사회적 활용이란 서로 다른 주체가 서로 다른 목적을 위해 데이터를 재사용하는 것을 의미하며, 이를 통해 각 개인이 생성한 데이터가 다른 주체에 의해 활용되고, 궁극적으로 데이터의 사회적 가치를 극대화하는 데 목적이 있다. 데이터는 비배타성과 비경쟁성이라는 특성을 지니고 있으므로, 데이터 공유(data sharing)는 사회적 활용을 질서 있게 실현하는 핵심 방식으로 간주될 수 있다. 《중국공산당 중앙위원회·국무원의 데이터 요소의 역할을 잘 수행하기 위한 데이터 기반 제도 구축에 관한 의견(中共中央国务院关于构建数据基础制度更好发挥数据要素作用的意见)》(이하 "데이터 20조")은 데이터의 유통을 개방, 공유, 교환, 거래 등의 방식으로 규정하고 있으며, 이러한 데이터 유통은 데이터를 제공하고 사용을 허용하는 모든 형태를 포함하므로, 역외에서 사용하는 데이터 공유의 개념과 동일한 의미를 가진다. 따라서 데이터 공유 및 데이터 유통과 활용을 촉진하는 것은 데이터의 사회적 활용을 추진하고, 데이터 생산력 전환을 실현하기 위한 기초 제도로 작용한다.[1]

데이터 공유 및 데이터 유통은 시장화 방식과 비시장화 방식을 모두 취할 수 있다. 비시장화 방식은 데이터 자원의 대외 제공을 공공재(공공서비스)로 간주하여, 무상 또는 비상업적 거래를 통해 데이터 수요자에게 제공하는 것을 의미한다. 반면 시장화 방식은 데이터 생산자(가공·활용자)가 가치 창출을 기반으로 보유하는 데이터 통제권을 인정하고, 유상 또는 상업적 거래를 통해 데이터를 외부에 제공(데이터 이용권을 이전)하는 것을 의미한다. 공공데이터 개방은 데이터의 비시장적 사회적 활용의 전형적 사례이며, 데이터 시장은 데이터 거래를 통해 데이터의 사회적 활용을 실현하는 방식으로 간주된다. 이로써 공공데이터 개방(데이터를 공공재로 간주)과 데이터의 시장적 거래(데이터를 거래 가능한 "상품"으로 간주)는, 세계 각국이 데이터 재사용(사회적 활용)을 실현하고 궁극적으로 사회 혁신을 촉진하기 위해 탐색하고 있는 두 가지 주요 경로가 된다. 그러나

1 데이터의 사회적 활용이란, 원래의 주체와 사용 맥락을 벗어나 다른 주체가 새로운 맥락에서 데이터를 활용하는 것을 의미하며, 이를 데이터 재사용(reuse) 또는 재이용이라 부른다. 이러한 과정은 역외에서는 데이터 공유(data sharing)로 지칭되며, 여기에는 타인에게 일방적으로 사용을 허용하는 경우뿐만 아니라, 상호적으로 사용을 허용하는 '공유' 형태까지 포함된다. 중국에서는 이를 데이터 유통이라 부른다. 따라서 데이터 재사용, 데이터 공유, 데이터 유통·활용은 상호 교환적으로 사용될 수 있다. 데이터의 비경쟁적 사용 속성으로 인해, 데이터 유통은 원래 보유자가 데이터를 그대로 유지한 상태에서 타인에게 사용을 허용하는 방식을 전형으로 한다. 데이터 유통(역외의 데이터 공유)은 반드시 대가가 수반되는 거래일 필요는 없으며, 업무 협력(데이터 교환)이나 무상 제공(개방)도 포함될 수 있다. 다만 공통적으로 요구되는 것은, 데이터의 흐름과 사용을 통제하여 질서 있는 재사용과 위험 관리가 이루어지도록 하는 것이다. 따라서 데이터 유통은 특정한 하나의 형태를 의미하는 것이 아니라, 타인의 통제된 사용을 허용하는 모든 방식을 포괄하는 개념으로 이해될 수 있다. 이러한 관점에서 데이터 유통이라는 개념을 활용하면, 다양한 사회적 데이터 활용 형태를 모두 포섭할 수 있다.

현재까지도 이 두 경로는 여전히 탐색 단계에 있으며, 각국은 데이터의 특성에 적합한 효과적인 데이터 재사용 제도적 메커니즘을 아직 확립하지 못한 상태이다.

현재 가장 중요한 문제는 재사용 데이터의 법적 성질을 어떻게 인식하고, 이를 어떻게 정립(定位)할 것인가에 관한 것이다. 전(前) 디지털 경제 시대에는 사실(facts)—어떠한 기호로 기록·표현되었는지 여부와, 그것이 체계적인 지식 성과 속에 포함되어 있는지 여부(즉, 지식의 구성 요소인지 여부)를 불문하고—이 사법상의 재산권 체계에 편입되지 않았으며, 지식재산권 제도 역시 혁신 성과에 대한 보호(혁신 성과에 대한 전용적 사용권의 부여)에 한정되었다. 즉, 지식(성과) 일반을 창작자(작성자)의 의사 지배 아래 두는 제도는 존재하지 않았다. 따라서 사실의 기록에 불과한 데이터는 전통적 재산권 보호의 대상이 될 수 없었고, 일단 공개되거나 공개되기만 하면 공공영역(public domain)에 놓이게 되어 누구나 취득·사용할 수 있는 "공공재"로 간주되었다. 그러나 데이터를 계속해서 공공재로만 정립할 경우, 겉으로는 데이터의 사회적 활용을 극대화할 수 있는 것처럼 보이지만, 실제로는 활용이 무질서하고 비효율적이며, 나아가 파괴적일 수 있다. 그 결과, 무책임한 남용이나 불법적 사용으로 이어질 가능성이 존재한다.

중국의 공공데이터 개방 실천을 살펴보면, 공공관리와 공공서비스 수행 과정에서 생성된 정부 데이터를 단순히 공공데이터로 정립하는 방식만으로는 정부 데이터의 사회적 활용을 효과적으로 실현하기 어렵다. 정부가 공공관리와 공공서비스를 수행하는 과정에서 형성한 데이터는, 적절한 거버넌스를 거친 이후에야 비로소 사회에 제공할 수 있는 데이터, 즉 기계가 읽을 수 있고 재사용 가능한 데이터가 될 수 있다. 따라서 데이터 거버넌스 책임과 개방 의무를 어떻게 명확히 하고 배분할 것인지, 그리고 데이터 유통(사회적 활용)의 위험을 어떻게 통제할 것인지는 단순히 정부 데이터를 누구나 접근 가능한 개방 플랫폼에 올려놓는 것만으로 해결되지 않는다. 이에 상응하는 책임·권한·이익 구조를 갖춘 제도적 장치가 필요하다. 이러한 이유로 중국은 공공데이터 위탁 운영(授权运营)을 시도하고 있으며, 공공기관이 신뢰할 수 있는 제3자에게 데이터 거버넌스와 통제된 개방을 위임함으로써, 공공데이터가 재사용 가능한 생산요소로 전환되는 방식을 모색하고 있다.

데이터 시장 거래는 본질적으로 데이터를 거래 가능한 상품으로 간주하고, 시장경제의 원리와 규칙을 적용함으로써 전통적 유형 제품의 생산·거래·소비 질서와 유사한 구조를 형성한다. 이를 통해 데이터의 사회적 활용 질서를 구축하려는 시도라고 볼 수 있다. 데이터의 생산, 유통, 사용(소비)을 핵심 내용으로 하는 데이터 경제는 학술 연구의 주제로 부상했으며, 정책 입안자들의 관심 영역에도 포함되었다. EU는 2017년 '유럽 데이터 경제(European Data Economy)' 구축을 공식적으로 제안하고, 데이터 공유를 중심 기제로 삼아 일련의 데이터 경제 제도를 지속적으로 마련해 왔다. 중국이 제시한 데이터의 생산요소화 및 데이터 요소시장 구축 정책은, 동일한 전략적 목표를 지향하는 중국 고유의 정책 프레이밍(policy framing)으로 이해할 수 있다. 그러나 데이터 요소시장은 여전히 기초 제도 구축의 난제에 직면해 있다. 여기서 난제는 단순히 데이터에 재산권을 설정할 수 있는지 여부에 국한되지 않는다. 설령 재산권을 설정한다고 하더라도, 그것이 실제로 데이터의 사회적 활용과 사회적 가치 실현에 도움이 되는지에 관한 근본적인 문제를 포함한다. 데이터는 본질적으로 객관 세계를 인지하고 사회적 상호작용을 수행하기 위한 도구이므로, 본래 성격만 놓고 보면 개방적 접근과 이용을 가능하게 하는 제도가 적합하다. 그런데 법제도가 데이터 취득자와 생산자에게 재산권 보호를 부여할 경우, 디지털 기술이 가진 데이터 지배력을 더욱 강화할 위험이 있다. 디지털 기술은 데이터 수집자와 생산자가 사실상 데이터를 통제할 수 있도록 만들며, 여기에 전통적 재산권의 배타성과 추적 효력을 부여하는 방식으로 법적 보호가 추가되면, 데이터 보유자에게 과도한 보호를 제공하게 되어 데이터 접근성을 낮추거나, 나아가 데이터 권리 남용과 자유 경쟁 저해와 같은 부정적 결과를 초래할 수 있다.

위와 같은 논의는, 데이터를 공공영역(공공재)으로 정립하거나 전통적 재산권 패러다임에 편입하는 방식이 데이터 재사용 질서 구축에 도움이 되지 않으며, 데이터의 생산·유통·사용을 통해 데이터 경제를 형성하는 데에도 실질적 효과가 없고, 데이터 지능 형성을 위해 필요한 충분한 '연료'를 제공하지 못함을 보여 준다. 실효성 있는 데이터 재사용을 구현하기 위한 제도는, 이 두 가지 극단적 모델 사이에 위치한 절충적 제도 설계일 수 있다. "데이터 20조"는 데이터 보유권을 기반으로 한 데이터 사용권의 유통·활용 질서를 수립하고, 데이터의 특성에 적합한 기초 제도와 새로운 데이터 재산권 패러다임을 구축하려는 시도로 이해할 수 있다. 그러나 이러한 기초 제도를 어떻게 이해하고 구현할 것인지, 새로운 재산권 패러다임에 따라 데이터의 사회적 활용 질서를 어떻게 설계하여 데이터의 사회적 가치를 극대화할 것인지, 여전히 해결해야 할 이론적·제도적 과제가 산적해 있다.

분명히 말하자면, 《데이터 경제 강의》는 이미 정형화된 경제 형태의 원리를 설명하는 저술이 아니라, 형성 중이며 불확실성이 높은 데이터 경제 현상에 대한 이론적 탐색에 가깝다. 이 책은 데이터 경제 또는 데이터 요소시장의 이상적 상태와 이를 구현하기 위한 제도적 메커니즘을 규명하려는 시도로 이해할 수 있다. 따라서 이 저작은 엄밀한 의미에서의 경제학 강의서라기보다는, 데이터 자원의 경제적 운영 메커니즘을 모색하는 과정적 서술(process-oriented narrative)에 해당한다고 볼 수 있다.

필자는 경제학자가 아니다. 다만 1999년부터 디지털 경제(당시에는 전자상거래라 불림)의 발전을 지속적으로 관찰하고 경험하면서, 그 과정에서 법·규범이 직면한 도전과 적용 문제를 연구해 왔다. 특히 초기부터 정보 거래의 법적 기반에 주목하여 이를 탐구했으며, 저작권법 보호 대상에 속하지 않는 정보를 재산법 체계에 편입할 수 있는 가능 경로를 모색해 왔다. 이러한 연구의 일환으로 2009년에는 《정보재산—디지털 콘텐츠 산업의 법적 기초》를 출간하여, 전기 연구의 결산을 시도하였다. 2012년 빅데이터 개념이 등장한 이후에는, 기계 읽기가 가능한 원시 데이터의 재사용 질서 구축 문제를 다시 탐구하였으며, 이 책은 경제학 원리를 통합하여 데이터의 사회적 활용을 실현하기 위한 기본 제도를 모색하였다. 재산법 연구에 전념해 온 연구자로서, 필자는 재산권의 본질이 자원 이용 질서의 구축에 있다는 점을 잘 알고 있으며, 이러한 질서는 데이터 경제의 작동 원리를 규명하고, 데이터 경제가 요구하는 제도적 필요에서 출발하여 적합한 재산권 체계를 설계할 때 비로소 성립된다는 사실을 인식하고 있다.

이러한 사유의 흐름 속에서, 필자는 2019년에 발표한 세 편의 연구, 《데이터 경제의 기초 제도—전면적 데이터 개방 제도 구상》, 《데이터 생산 이론—데이터 자원 권리 배분의 기초 이론》, 《데이터 유통 이론—데이터 자원 권리 배분의 기초》를 통해 데이터 경제 제도 설계에 관한 이론적 기반을 마련하였다. 2020년 이후에는, 필자는 데이터 제공자, 데이터 보유자, 데이터 사용자의 권익을 균형 있게 보호하는 데이터 거버넌스 프레임을 제시하고, 데이터 보유권에 기반한 데이터 유통·거래 제도 규칙을 제안하였다. 이를 통해 중국 정부가 제안한 데이터 요소시장 구축에 필요한 이론적 기반을 제공하였다.

이러한 연구들은 "데이터 20조"의 이론적 연원으로 기능하였으며, 구체적 제도 설계에도 깊이 참여하였다. 이후 필자는《데이터 요소시장 형성론—데이터 요소 거버넌스의 메커니즘 프레임》,《데이터 보유자권론—데이터 유통·활용 질서 구축의 새로운 패러다임》,《공공기관의 데이터 보유자권론》 등을 통해, 데이터 요소시장 형성 원리와 데이터 요소의 유통·거래를 뒷받침하는 새로운 데이터 권리 패러다임(즉, 거버넌스 패러다임)을 보다 심화하여 논의하였다. 이처럼 축적된 모든 연구 성과는 이 책의 핵심 사상적 기반이 되었다.

이 책의 집필 취지는 "데이터 20조"의 실행 및 구체적 이행 규칙을 모색하는 데 있었으며, 실무 운영을 위한 방향성 또는 규범적 지침을 제공하려는 데 있었다. 그러나 이론적·제도적 합의가 부족한 상황에서는 이러한 목표를 달성하는 것이 쉽지 않다. 다행히 필자는 2016년부터 데이터 거래소 제도의 구축과 실무 운영에 지속적으로 참여해 왔다. 특히 상하이 데이터거래소의 제도 설계, 광저우 데이터거래소의 "1소-다기지-다플랫폼(一所多基地多平台)"[2] 구축 등 구체적 제도 설계와 운영 과정에 참여함으로써, 일정한 실무 경험과 축적 자료를 확보할 수 있었다. 이를 통해 추상적 이론과 제도적 설계에 참고가 될 만한 근거와 경험적 통찰을 마련할 수 있었다.

이 책은 필자가 장기간에 걸쳐 수행해 온 데이터의 사회적 가치 실현을 위한 법제 연구와 이해를 바탕으로 작성되었다. 이 책은 데이터 경

2 [역자주] '1소-다기지-다플랫폼'은 하나의 데이터 거래소가 여러 지역·기관의 운영 거점과 복수의 데이터 서비스 플랫폼을 연계하여 통합적으로 운영되는 중국식 데이터 거래소 구축 모델을 의미한다.

제의 작동 체계(framework)를 구성하고, 그 위에서 이에 적합한 새로운 제도·메커니즘 패러다임을 탐구하고자 한다. 실질적으로, 이 책은 데이터 특성에 적합한 새로운 경제 패러다임을 먼저 제시하고, 이어서 그에 적합한 제도 패러다임—데이터 보유권 기반의 거버넌스 패러다임—을 제안한다. 이는 단순히 명확한 재산권 설정과 거래를 전제로 하는 시장경제 패러다임이 아니라, 거버넌스 패러다임에 기반하여 데이터 경제 질서를 구축하려는 시도로 볼 수 있다. 경제학과 법학이라는 두 학문 영역을 가로지르는 이러한 패러다임 혁신은 단순한 용기뿐 아니라 실질적 검증을 필요로 한다. 그럼에도 불구하고, 이 책은 학술계와 법률 제도 구축자, 산업 분야 실무 전문가들이 학습·연구·비판할 수 있도록 출판된다.

이 책의 집필에는 상당한 시간이 소요되었으며, 필자의 학술팀의 많은 구성원이 자료 정리와 수정 작업에 참여하였다. 특히 지능법학과의 시샤오샹(侍孝祥), 진펑량(金枫梁), 왕레이(王镭), 윈진성(云晋升), 샹친(向秦), 쉬즈먀오(徐子淼) 등과 박사 과정 학생인 타오란(陶冉), 위이한(于弋涵), 리춘타오(李群涛), 란가오란(冉高苒), 샤오신위(邵鑫宇), 궈푸칭(郭福卿), 왕량(王亮) 등에게, 본서 출간을 위해 기울여 주신 노고에 깊이 감사드린다.

2023년 9월 20일

가오푸핑(高富平)

차례

제 2 편　데이터 요소 가치: 데이터 생산력

제 3 편　데이터 요소의 기초 이론

제 4 편 데이터 요소의 기초 제도: 데이터 재사용 거버넌스 프레임워크

제 5 편 데이터 경제의 운영 체제와 메커니즘

제 6 편 정부·정부데이터와 데이터 경제

제 1 편

데이터 경제로의 진전

디지털 기술의 지속적인 발전과 심층적 적용에 따라 인류 사회는 전면적인 디지털화 발전 단계에 접어들었다. 디지털 기술은 사회와 경제를 변화시키고 있으며, 데이터 인텔리전스는 인간의 인지, 혁신 및 지능적 행동력을 변화시키고 있다. 사람들은 끊임없이 제4차 산업혁명, 데이터 혁명, 인공지능 등의 용어로 이 기술 변혁을 설명하며, 이를 통해 형성된 사회경제적 형태를 디지털 경제라 부른다. 이는 디지털 연결과 인간 사회·정치·경제 활동의 전면적 '데이터화'에 기반한 사회 발전 형태이다. 디지털 경제 개념은 이미 세계 각국에서 사회 운영 발전의 새로운 모델로 널리 수용되었으며, 데이터 경제는 디지털 경제의 핵심이자 엔진으로서 각국 경제 발전 전략과 제도 정책의 기본 방향이 되었다.

제 1 장 사회경제의 변혁적 힘으로서의 디지털 경제

《"제14차 5개년" 디지털 경제 발전계획》 서론은 다음과 같이 지적한다: "디지털 경제는 농업 경제, 산업 경제에 이은 주요 경제 형태로, 데이터 자원을 핵심 요소로, 현대 정보 네트워크를 주요 매개체로, 정보통신기술의 융합·응용과 전 요소 디지털 전환을 중요한 추진력으로 삼아 공정성과 효율성의 더 큰 통합을 촉진하는 새로운 경제 형태이다." 디지털 경제는 지속적으로 "생산 방식, 생활 방식 및 거버넌스 방식을 심층적으로 변화시키며, 글로벌 요소 자원을 재구성하고, 글로벌 경제 구조를 재편하며, 글로벌 경쟁 구도를 바꾸는 핵심 동력"이 되고 있다.

제 1 절 디지털 경제: 역동적으로 진화하는 개념

"디지털 경제"라는 용어는 20세기 90년대 일본 경제 침체기 동안 경제학자들에 의해 처음 제안되었다. 1996년 돈 탭스콧(Don Tapscott)은 《디지털 경제: 네트워크 지능 시대의 약속과 위험》이라는 책을 출간하며,[1] 인터넷이 비즈니스 모델을 어떻게 변화시키는지에 대해 논의하였다. 1999년 미국의 존 할티완저(John Haltiwanger)와 론 S. 자민(Ron S.

Jarmin)은 "디지털 경제 측정" 논문을 발표하며 컴퓨터와 인터넷의 보편적 활용으로 경제가 근본적으로 변화하고 있으며, 신흥 디지털 경제에 대한 데이터 수집 및 측정 방법 개선이 필요하다고 주장하였다.[2]

2020년 이전까지 사람들은 디지털 기술 적용이 가져온 사회, 경제 변화를 설명하기 위해 다양한 개념을 널리 사용하였다.

유엔 무역개발회의(UNCTAD)는 2년마다 경제 보고서를 발표하는데, 2001년에는 《2001년 전자상거래와 발전 보고서》를 발표했으며, 2017년에는 《정보 경제 보고서》를 사용했고, 2019년부터는 《디지털 경제 보고서》를 사용하기 시작하였다.[3] 이러한 보고서 명칭의 변화는 국제사회가 디지털 기술이 사회경제에서 수행하는 역할의 변천을 대략적으로 반영한다. 과거에는 주로 디지털 통신 기술이나 네트워크 응용이 사회경제에 미치는 영향에 주목했으나, 2019년 보고서에 이르러서는 디지털 경제가 사회경제에서 창출하는 가치, 특히 데이터 주도 경제, 디지털 데이터 및 디지털 플랫폼 측면에 주목하기 시작하였다.

1999년 전자상거래는 중국 경제 분야의 새로운 현상으로 부상하였다. 2003년 국가가 정보화 전략을 제시하며 기업 정보화(전자상거래)와 정부 정보화(전자정부)라는 두 축을 통해 산업화를 견인하고 사회경제 발전을 추진하였다. 이 과정에서 중국은 전자상거래, 정보경제, 네트워크 경제, '인터넷+' 또는 '+인터넷' 등의 용어를 지속적으로 사용해 디지털 기술이 가져온 사회경제적 변화를 기술해 왔다. 2015년 《빅데이터 발전

1 Don Tapscott. the Digital Economy: Promise and Peril In the Age of Networked Intelligence[M]. New York: McGraw Hill, 1996: 34-37.

2 Ron S. Jarmin, Measuring the Digital Economy, June 1999, https://www.researchgate.net/publication/2815249.

3 2017년 보고서는 《2017 정보경제 보고서: 디지털화, 무역 및 발전》이며, 2019년 보고서는 《2019 디지털경제 보고서: 가치 창출과 획득: 개발도상국에 미치는 영향》이다.

을 촉진하기 위한 행동요강》 발표 이후 데이터 경제, 스마트 경제, 스마트 제조, 산업 4.0, 디지털 산업화 또는 산업 디지털화, 디지털 전환 등의 개념도 지속적으로 등장하였다. 이 모든 개념은 대체로 디지털 기술 발전의 새로운 단계가 가져온 사회경제 운영 방식과 동력의 변화를 설명한다.

2016년 G20 항저우 정상회의에서 디지털 경제 개념이 공식적으로 중국에 소개되어 국가와 민간에서 널리 사용되는 개념이 되었으며, 정상회의에서 제시한 디지털 경제 정의는 중국 학계에서도 폭넓게 수용되었다. 「G20 디지털 경제 발전 및 협력 이니셔티브」에서 디지털 경제는 다음과 같이 정의되었다:

"디지털화된 지식과 정보를 핵심 생산 요소로 사용하고, 현대 정보 네트워크를 중요한 매개체로 삼으며, 정보통신기술(ICT)의 효과적인 활용을 효율성 제고와 경제 구조 최적화의 주요 동력으로 삼는 일련의 경제 활동"으로 정의되었다.[4]

《중국 공산당 중앙위원회·국무원의 더 완벽한 요소 시장화 배분 체제 메커니즘 구축에 관한 의견》(2020년 3월 30일)은 세계 최초로 데이터를 다섯 번째 생산 요소로 제시하며, 중국의 디지털 경제에 대한 새로운 위상을 제시하였다.

4 참조: 중화인민공화국 국가인터넷정보실 웹사이트, 「G20 디지털 경제 발전 및 협력 이니셔티브」, http://www.cac.gov.cn/2016-09/29/c_1119648520.htm.중국정보통신연구원(CAICT)은 《중국 디지털 경제 발전 백서(2017년)》에서 디지털 경제를 "디지털화된 지식과 정보를 핵심 생산 요소로, 디지털 기술 혁신을 핵심 동력으로, 현대 정보 네트워크를 중요한 매개체로 삼아 디지털 기술과 실물 경제의 심층적 융합을 통해 전통 산업의 디지털화·지능화 수준을 지속적으로 향상시키고 경제 발전 및 정부 거버넌스 모델의 재구성을 가속화 하는 새로운 경제 형태"라고 정의하였다.

제 2 절 디지털 경제의 새로운 위상: 사회경제 발전의 새로운 형태

2021년 12월, 국무원은《"제14차 5개년" 디지털 경제 발전계획》을 발표하며 디지털 경제를 "농업경제, 산업경제에 이은 주요 경제 형태로 보고, 데이터 자원을 핵심 요소로 하며, 현대 정보 네트워크를 주요 매개체로 하고, 정보통신기술의 융합 응용과 전 요소의 디지털 전환을 중요한 추진력으로 삼아 공정성과 효율성이 더욱 조화롭게 통합되는 새로운 경제 형태"[5]라고 명확히 정의하였다. 이 정의는 중국의 디지털 경제에 대한 권위적 정의가 되었으며, 디지털 경제를 사회경제 발전의 새로운 형태로 재정립함으로써 사회경제 발전 추세를 반영한 완전히 새로운 개념이다. 이에 따라 디지털 경제는 다음과 같은 특징을 지닌다.

1. 정보통신기술의 발전과 응용을 핵심으로 한다

디지털 기술은 컴퓨터 기술을 핵심으로 하며, 컴퓨터 기술의 발전과 응용은 모든 정보를 디지털 형태로 표현(디지털 표현 및 저장)할 수 있게 한다. 네트워크 기술은 디지털화된 정보가 무한히 전파·전달될 수 있도록 한다. 디지털 기술의 응용은 네트워크 기술에 집중적으로 구현되며, 컴퓨터 네트워크 통신이 전통적 전자 통신을 지속적으로 대체하여 동질

5 참조: 중화인민공화국 중앙인민정부 웹사이트,《국무원의 〈"14차 5개년" 디지털 경제 발전계획〉반포에 관한 통지》(国发〔2021〕29号), http://www.gov.cn/zhengce/zhengceku/2022-01/12/content_5667817.htm.

화된 디지털 통신을 형성한다. 따라서 디지털 기술, 네트워크 기술, 정보통신기술(ICT)은 거의 동일한 의미를 지닌다. 네트워크 기술은 통신 기술, 미디어 기술일 뿐만 아니라 인간 사회 활동의 공간을 조성하여 인간 사회의 사회적 교류, 경제 활동 및 공공 관리와 서비스가 모두 네트워크를 통해 이루어질 수 있게 한다. 센서 기술의 지속적인 적용과 사물인터넷(IoT)의 출현으로 사람과 사람, 사물과 사물, 사람과 사물 간의 상호 연결을 가능하게 하여, 모든 것이 네트워크로 연결되는 유비쿼터스 환경을 형성하였다. 주체 활동은 기록 가능하고, 객관적 세계는 감지 가능하다.

주체 활동이 데이터로 기록되고, 객관적 세계가 감지될 수 있게 되면서 계산 및 분석이 가능한 빅데이터 자원이 축적되었고, 인류는 지능화 시대에 들어서게 되었다. 소프트웨어와 알고리즘을 통해 시스템의 기본 기능을 확장 및 업그레이드하고, 현장 상황이나 인위적 명령에 따라 관련 자원의 조직, 구성 및 동작 실행을 유연하고 자동으로 실현한다. 네트워크화, 디지털화, 지능화된 디지털 기술은 지속적으로 개선 및 적용되어 사회경제를 지탱하는 인프라가 되며, 이는 "현대 정보 네트워크를 주요 매개체로 하고 정보통신기술의 융합적 응용을 기반으로 한다"라고 표현된다.

2. 데이터 자원이 경제의 핵심 요소로 부상

데이터 생산 요소 개념이 제기되기 전에는 일반적으로 디지털화된 지식과 정보를 핵심 생산 요소로 간주했으나, 데이터가 생산 요소가 된 이후 "디지털화된 지식과 정보"를 "데이터 자원"으로 대체하여 핵심 생산 요소로 삼기 시작하였다.[6]

《"14차 5개년" 디지털 경제 발전계획》은 데이터 자원을 디지털 지식과 정보의 대체 요소로 규정하며, 이는 단순한 표현 전환이 아니라 디지털 기술 적용이 인류 사회의 객관적 세계에 대한 인식 및 개조 능력과 사회경제 발전 방식에 가져온 변화를 깊이 있게 반영한 것이다. 디지털 기술의 지속적인 발전과 심층적 적용에 따라, 인류가 데이터를 획득하고 분석하며 지식을 생산하는 능력은 과거 인간 중심 시대에서 기계 중심, 인간지능과 기계지능이 상호 보완하는 지식 생산 시대로 크게 변화하였다. 현재 우수한 데이터 아키텍처 하에서 지능형 시스템은 데이터를 순간적으로 수집·분석하여 통찰력과 예측을 도출함으로써 조직의 의사결정을 지원한다. 빅데이터 기술은 인류 사회가 기계가 읽을 수 있는 데이터를 활용해 지능과 지식을 투입함으로써 사회경제 발전의 새로운 생산력을 뒷받침할 수 있게 하였다. 따라서 데이터 자원을 생산 요소로 규정하는 것은 인류 사회가 세계를 인식하고 개조하는 새로운 능력을 반영한다.

3. 데이터는 모든 생산 요소의 증폭기

데이터 요소는 한계 비용이 낮고, 규모의 경제 효과가 크며, 유동성이 높고, 재사용 가능하며, 가치의 다양성 등 특징을 지니고 있어 전통적 생산 요소와 새로운 조합 방식을 실현할 수 있으며, 다른 요소의 효율성에 대해 승수 효과 또는 증폭 효과를 발휘한다. 데이터라는 새로운

6 "디지털 경제란 데이터 자원을 핵심 생산 요소로, 현대 정보 네트워크를 중요한 매개체로, 정보 통신 기술의 효과적 활용을 효율 향상과 경제 구조 최적화의 주요 동력으로 삼는 일련의 경제 활동을 말한다." 국가통계국 발표《디지털 경제 및 핵심 산업 통계 분류(2021)》(국가통계국령 제33호) 참조.

생산 요소의 주요 가치는 다음과 같은 효과를 발휘할 수 있다는 점이다.

신속하고 정확한 인지 및 의사결정 능력을 통해 토지, 노동력, 자본, 기술의 효율적 활용을 촉진한다. 데이터 요소가 생산에 투입되는 경로는 세 차례의 가치 창출 과정으로 구분될 수 있으며, 즉 i) 데이터 기반 업무 연계 지원, ii) 데이터 주도 디지털 지능형 의사결정, iii) 데이터 유통을 통한 외부 역량 강화이다.[7] 데이터 생산 요소는 단독으로 작용하지 않고 다른 생산 요소의 촉매제 역할을 한다. 데이터가 유일한 생산 요소는 아니지만, 디지털 경제에서 새롭게 등장한 핵심 생산 요소로서 디지털 경제 발전 전 과정에 걸쳐 다른 생산 요소와 지속적인 결합과 가속화된 융합을 촉진해 생산 요소의 다분야·다차원적, 체계적·혁명적 돌파를 이끌어 낸다. 한편, 가치화된 데이터 요소는 기술, 자본, 노동력, 토지 등 전통적 생산 요소에 깊은 변혁과 최적화된 재구성을 촉진하여 디지털 경제에 강력한 발전 동력을 부여한다. 다른 한편으로는 데이터 요소가 전통적 생산 요소와 결합하여 인공지능 같은 '신기술', 핀테크 같은 '신자본', 지능형 로봇 같은 '신노동력', 디지털 트윈 같은 '신공간', 블록체인 같은 '신사상'을 탄생시고 있다. 생산 요소의 새로운 조합과 형태는 디지털 경제 발전을 촉진하며 지속적으로 중첩·확대·증폭 효과를 발휘할 것이다. 데이터 요소와 전통 산업의 광범위하고 심층적인 융합은 승수 효과를 두드러지게 하여 경제 발전에 막대한 가치와 잠재력을 제공한다. 따라서 데이터와 다른 생산 요소의 융합이 더욱 포괄적이고 심화될수록, 그로 인한 총생산 증가 기여도는 더욱 커지며, 전체 경제의 총요소생산성 향상 폭도 더욱 커진다. 데이터의 기초적 역할은 지식적 성

7 중국정보통신연구원, 《데이터 요소 백서》(2022년); 왕저위, 뤼아이린, 옌슈: 《데이터 요소 형성 및 가치 실현 법칙 연구》, 《빅데이터》 제2호, 2023.

격을 지니며 데이터가 다른 생산 요소와 결합해야만 총요소생산성 향상이 발생하므로, 빅데이터와 전체 경제의 심층적 융합 촉진은 경제의 고품질 성장을 크게 촉진할 수 있다.[8] 데이터 요소의 승수 효과는 이미 데이터 요소 활용을 촉진하는 국가 정책으로 격상되었다. 2023년 12월, 국가데이터국 등 17개 부처는 최근 공동으로 《데이터 요소×3개년 행동 계획(2024-2026)》을 발표하며 "데이터 요소×" 행동을 제안하고 시행하였다. "기반이 있고, 시나리오가 있으며, 수요가 있다"는 원칙에 따라 12개 산업 및 분야에서 데이터 요소가 각 경제 발전 영역에서 발휘하는 승수 효과를 촉진할 계획이다.

4. 디지털 경제는 농업 경제, 산업 경제에 이은 주요 경제 형태이다

디지털 기술 적용은 일부 신흥 산업을 창출했으나, 디지털 경제를 단순히 신흥 산업으로만 이해해서는 안 된다.

본질적으로 이러한 신흥 산업들은 사회경제 발전의 동력을 형성하여 전체 사회경제가 새로운 사회 형태인 디지털 경제로 나아가도록 촉진한다. 디지털 경제는 농업경제, 산업경제에 이은 새로운 사회 형태로 간주되어야 한다.

동시에 디지털 경제는 이러한 신산업에 국한되어서는 안 되며, 신산업이 촉발한 사회 전체의 경제적 변혁으로 이해되어야 한다. 디지털 경제는 디지털 기술의 지속적인 발전과 사회경제적 활용의 결과물로서, 침투성과 확장성을 지닌다. 디지털 전환이 사회에 미치는 영향은 경제

8 당요가, 당춘휘, 《데이터 요소 경제 성장 배가 메커니즘 및 거버넌스 체계》, 《인문잡지》 제11호, 2020.

를 훨씬 넘어 각 산업 분야와 더 넓은 사회 운영 및 생활 방식에 영향을 미친다. 디지털 경제는 독립된 경제 형태라기보다는 사회경제 운영과 발전의 기본 방식이라 할 수 있다.

제 3 절 디지털 경제의 포괄적 이해

디지털 경제는 디지털 기술 적용이 가져온 변화를 포괄적으로 설명하는 데 사용될 수 있지만, 경제 통계와 경제 관리 측면에서는 모든 경제 활동을 기술하고 계획·관리해야 하며, 이미 형성되었거나 형성 중인 새로운 경제 영역을 구분하고 통계적으로 측정해야 한다.

국가통계국 《디지털 경제 및 핵심 산업 통계 분류(2021)》는 디지털 경제를 다음과 같이 규정한다: 01 디지털 제품 제조업, 02 디지털 제품 서비스업, 03 디지털 기술 응용업, 04 디지털 요소 주도업, 05 디지털화 효율 향상업 등 다섯 가지 대분류를 구분하고 있다.[9] 01, 02, 03 세 업종은 사실상 과거 정보산업의 확장 및 업그레이드이며, 디지털 경제 분류에는 "04 디지털 요소 주도업"과 "05 디지털화 효율 향상업"이 추가되었다.[10] 국가통계국의 디지털 경제 분류는 디지털 기술 자체 생산 및 응용을 비교적 포괄적으로 아우르며, 디지털 경제의 새로운 업태를 도출하여 디지털 경제 통계 분석에 활용될 수 있다.

9 《디지털 경제 및 핵심 산업 통계 분류(2021)》(국가통계국령 제33호).

10 디지털 경제 분류에서 04류에는 인터넷 플랫폼, 인터넷 도매 및 소매, 인터넷 금융, 디지털 콘텐츠 및 미디어, 정보 인프라 구축, 데이터 자원 및 권리 거래 등 기타 디지털 요소 주도 산업이 포함되며, 05류에는 스마트 농업, 스마트 제조, 스마트 교통 및 스마트 물류, 디지털 금융, 디지털 상거래, 디지털 사회, 디지털 정부 및 기타 디지털화 효율 향상 산업이 포함된다.

2018년 미국 경제분석국은 디지털 경제 분류 연구를 시작하며 디지털 경제를 세 가지 주요 유형의 상품 및 서비스로 정의하였다: i) 상호 연결된 컴퓨터 네트워크의 존재 및 운영에 필요한 디지털 기반 인프라(주로 정보통신기술 상품 및 서비스), ii) 해당 시스템을 통한 전자상거래 거래(원격 상품 및 서비스 판매), iii) 유료 디지털 서비스 또는 유상 컴퓨팅 및 통신 관련 서비스가 이에 해당한다.

디지털 경제 발전을 지속적으로 중시하고 추진해 온 유럽연합(EU)은 지금까지 엄격한 경제 분류 통계를 제시하지 않고, 대신 '디지털 경제 및 사회 지수(DESI)'를 통해 회원국들의 디지털 경제 대응 진전 상황과 사회에 미치는 영향을 모니터링하고 있다.

그러나 사회경제적 형태 전반에서 디지털 경제를 이해해야 한다. 주로 두 가지 차원이 있다: 첫째, 디지털 기술 발전과 적용 자체가 새로운 경제 영역을 형성하는 핵심 디지털 경제 산업이다. 둘째, 디지털 기술이 사회경제 활동 전반에 적용되면서 가져오는 사회경제적 변혁이다. 이 두 차원은 서로 얽혀 디지털 전환과 사회경제 발전의 전체 모습을 그려낸다.

디지털 기술의 핵심은 컴퓨터 기술로, 20세기 50년대에 탄생하여 초기에는 단순히 사람들의 정보 처리(계산), 전송 및 공유 능력을 향상시키는 데 사용되었다. 경제와의 결합은 20세기 90년대 네트워크 통신이 비즈니스 분야에 적용되면서 시작되었다. 유엔 국제무역법위원회(UNCITRAL)은 1996년 《전자상거래 모범법》을 발표하며 전자상거래 개념을 제시하고, 국제 무역에서 전자 통신 수단이 직면한 법적 장애물에 대한 해결책을 제안함으로써 정보 기술과 경제의 연결 고리가 점차 형성되기 시작하였다. 이에 따라 네트워크 통신 기술이 비즈니스에 적용되면서 기업 운영과 대외 거래(대외 무역 포함) 방식을 변화시킨 전자상거래(후에 '디지털 무역'으로 명명됨)가 디지털 경제의 초기 형태가 되었다.

디지털 기술이 경제에 미치는 영향은 점진적으로 확대되어 왔다. 초기에는 정보통신기술이 기업 내부 및 외부 거래에 적용되는 수준(전자상거래)에 그쳤으나, 이후 네트워크 통신의 심층적 활용과 정보 콘텐츠 산업의 부상으로 발전하였다. 이는 정보 콘텐츠 생산과 유통을 활성화시키는 동시에 농업과 제조업의 서비스화 전환 및 산업 융합을 촉진하여 다양한 새로운 비즈니스 형태를 창출하였다. 클라우드 컴퓨팅, 사물인터넷, 빅데이터, 인공지능 등 차세대 디지털 기술이 널리 적용되면서, 디지털 기술이 경제에 미치는 영향은 전방위적이고 혁명적이며 사회·경제적 성과형태, 사회 자원 배분 효율성, 분업 체계, 생산력, 고용, 비즈니스 성과 등에 이르기까지 광범위하고 혁명적인 영향을 미친다는 점을 깨닫게 되었다.

2017년 유엔 무역개발회의(UNCTAD)는 차세대 디지털 기술이 경제에 가져온 새로운 변화를 주목했는데, 주요 내용은 다음과 같다: 첨단 제조, 로봇 및 공장 자동화; 모바일 및 보편적 인터넷 연결을 통한 새로운 데이터 소스, 클라우드 컴퓨팅, 빅데이터 분석 및 인공지능이 이에 해당한다. 유엔 무역개발회의는 또한 디지털 경제에 세 가지 새로운 특징이 나타났다고 지적하였다: (1) 스마트폰에서 공장 센서에 이르기까지 새로운 데이터 소스가 방대한 데이터를 '클라우드'로 전송하고 있으며, 여기서 데이터를 분석하여 새로운 통찰력, 제품 및 서비스를 창출하고 있다; (2) 기술 및 제품 플랫폼 기반의 새로운 비즈니스 모델이 선도적 우위를 점한 산업군과 제품군의 산업 구조 및 경쟁 조건을 크게 변화시키고 있다; (3) ICT 하드웨어와 소프트웨어의 성능이 비약적으로 향상되면서 인공지능(AI) 및 머신러닝 애플리케이션이 급증하는 수준에 이르렀다.[11] 이는 디지털 경제가 더 이상 신흥 경제 분야가 아니라 사회

경제적 운영을 변화시키는 기술적 동력임을 의미한다.

이러한 관점에서 디지털 경제를 바라보면 다음과 같은 변화를 발견할 수 있다: 디지털 기술의 산업화(전통 제조업 및 서비스업)는 신흥 디지털 전송·저장·계산 서비스업을 탄생시켰으며, 이는 인류가 정보를 획득·전송·저장·처리하는 능력을 지속적으로 강화시켜 정보(지식 콘텐츠)의 생산·전파·공유를 기반으로 한 산업(디지털 콘텐츠 산업)을 형성하였다. 디지털 기술의 지속적인 발전과 산업화로 사물인터넷(IoT)을 기반으로 한 유비쿼터스 네트워크가 형성되었으며, 이러한 네트워크는 인간 사회 운영의 기반 시설이 되어 인간 사회 생활, 경제 활동, 행정 활동을 지탱하고 있다. 즉, 인간 사회는 네트워크화(디지털화) 생존 단계에 진입한 것이다. 네트워크화는 사회에 새로운 생산력을 부여할 뿐만 아니라 중요한 부산물인 빅데이터를 생성한다. 새로운 세대의 디지털 기술이 발명되고 적용되면서, 인류는 빅데이터를 활용하는 능력을 강화했으며, 머신러닝을 통해 데이터 뒤에 숨겨진 법칙을 파악함으로써 기계가 객관적 세계를 인지하고 인간의 의사결정을 보조하거나 대체하는 능력을 형성하였다. 이것이 바로 인공지능(보다 정확하게는 기계 지능이라 칭해야 함)이다. 인공지능의 응용에는 빅데이터의 수집·정리가 필요하며, 이를 통해 기계 학습에 활용 가능한 '재료'를 형성된다. 이로써 데이터의 생산, 유통, 가공처리를 기계 학습의 원재료(Data set)로 활용하는 신흥 데이터 산업, 즉 데이터 경제가 형성되었다.

11 유엔은 2017년 《정보경제보고서》를 준비하면서 매사추세츠 공과대학 산업성과센터의 Timothy J. Sturgeon 박사에게 기술 설명서 《"새로운" 디지털 경제와 발전》을 작성하도록 의뢰하였다. 참조: http://www.eitc.org/eita/knowledge-economy-and-technology-management/the-new-digital-economy-and-development/the-new-digital-economy-and-development-1.

데이터 경제는 데이터 그 자체가 아니라 인간 사회의 새로운 지능—기계 지능을 형성하는 데 있다. 인간이 문자 기호를 통해 객관적 세계(자연과 사회)를 인식하고 개조해 왔다면, 오늘날 인간 사회는 기계가 데이터를 생산하고 학습하여 지식이나 지능을 산출하는, 인간지능과 구별되는 새로운 지능을 갖추게 되었다. 기계지능과 인간지능은 상호 보완적으로 작용함으로써 세계를 인식하고 변화시키는 공동의 힘을 형성할 것이다. 이러한 공동의 힘이 지속적으로 적용되면 사회경제 운영의 지능화 수준이 향상된다. 이것이 바로 디지털 기술이 인류에게 가져다주는 새로운 전망이며, 디지털 경제가 인류 사회에 가져다주는 변혁의 힘이다.

데이터 경제는 데이터 요소 시장으로 표현되며, 데이터 요소 시장 건설은 바로 데이터 경제를 구축하는 것이다. "데이터 20조"[12]는 데이터 재산권, 유통, 이익 분배 등 데이터 기초 제도 구축을 가속화할 것을 제안하며, 그 목적은 "디지털 경제를 강화하고 우수하게 하며 규모를 확대하여 경제 발전의 새로운 동력을 강화하고 국가 경쟁의 새로운 우위를 구축하는 것"에 있다. 데이터 기초 제도 체계 구축은 이미 "중국의 개혁개방 사업이 지속적으로 심화되는 상징적·전반적·전략적 조치"가 되었다.[13] 본서는 데이터 경제 운영의 기본 메커니즘을 밝히고, 데이터 경제 발전의 기본 제도적 보장을 개괄하고자 한다.

12 《중국공산당 중앙위원회·국무원의 데이터 요소의 역할을 잘 수행하기 위한 데이터 기반 제도 구축에 관한 의견》(2022년 12월 2일 발표).

13 데이터 기초 제도 구축 및 데이터 요소 역할 강화 — 국가발전개혁위원회 책임자 기자 질의응답, 원문 게재처: 국가발전개혁위원회 공식 백가호, https://baijiahao.baidu.com/s?id=1752692048159013718&wfr=spider&for=pc.

심화 학습

디지털 경제 2.0: 데이터 경제

정보통신기술(ICT)이 비즈니스 활동에 적용되면서 인류가 정보사회에 진입한 경제 형태를 설명하는 다양한 용어가 등장하였다. 정보경제, 지식경제, 디지털경제 등이 차례로 제시되었다. 디지털경제의 1.0 단계는 일반적으로 "정보경제" 또는 "지식경제" 단계로 불린다.

정보경제든 지식경제든, 이들이 제기된 배경과 본질은 근본적으로 동일하다. 지식과 정보 자체가 공생하는 동적 개념이기 때문에, 둘은 구분되지만 밀접하게 연결되어 있다. 따라서 지식경제와 정보경제 역시 긴밀한 교차 관계를 지닌다. OECD의 정의에 따르면, 지식경제는 현대 과학기술을 핵심으로 하여 지식과 정보의 생산, 저장, 사용 및 소비 위에 구축된 경제를 의미한다. 반면 포랫(Porat, 1977)의 관점에 따르면, 정보경제는 정보의 생산, 획득, 처리 및 응용을 주된 내용으로 하는 경제를 가리킨다. 본질적으로 양자 간에는 실질적인 차이점이나 구분이 없으며, 쉽게 이해하자면 "정보/지식을 기반으로 한 경제 모델"이라 할 수 있다. 따라서 디지털 경제 1.0 단계는 지식과 정보를 핵심 생산 요소로 삼고, 인터넷을 기반 인프라로 삼아 스마트 단말기, 통신 서비스, 전자상거래, 소셜 네트워크 등 경제 산업 활동을 전개한다. 주로 서비스와 솔루션을 가치 전달 수단으로 삼으며, 지식 집약형·네트워크가 평면화의 조직이 전통적인 '피라미드형' 조직 구조를 대체하게 되었다. 경제 발전은 종종 지식/정보의 혁신, 전파 및 적용에 직접적으로 의존하며, 정보 서비스업과 디지털 콘텐츠 거래가 디지털 경제의 핵심 산업을 구성한다. 정보의 혁신, 전파 및 응용에 직접적으로 의존하며, 정보 서비스업과 디지털 콘텐츠 거래가 디지털 경제의 핵심 산업을 구성한다. 정보통신기술의 지속적인 발전은 클라우드 컴퓨팅, 사물인터넷(IoT) 등의 기술을 더욱 촉진시켜 만물인터넷과 빅데이터를 탄생시켰다. 데이터화된 정보, 네트워크화된 전송, 지능화된 연산은 빅데이터 시대의 가장 주요한 특징이다. 인터넷에서 사물인터넷으로, 컴퓨터에서 다양한 지능형 기기, 센서 기술 등으로 확장되며 어디에나 존재하는 네트워크를 구성한다. 모든 주체, 사물, 조직의 행동 경로와 활동 내용이 기록되어 방대한 데이터를 형성한다. 이러한 방대한 데이터는 그 자체가 사회자원이 되었으며, 데이터 자체는 유동·교환·집적·가공 분석·응용이 필요하여 새로운 사회 자원을 구성한다. 이러한 신자원 활용은 지속적으로 사회 구조와 운영 방식을 변화시켜 인류 사회가 점차 데이터를 기초자원으로 하는 2.0 형태—데이터 경제 시대로 진입하게 한다. 데이터 경제는 지식 경제와 구별되는 다음과 같은 특징을 지닌다:

첫째, 원시 데이터 자체가 활용 가치를 지닌다. 데이터 시대에는 사람, 사물, 조직의 행동이 지속적으로 데이터화된다. 예를 들어 소셜미디어 사용자가 생성하는 이미지·동영상 스트리밍, 출퇴근길 직장인이 생성하는 교통 정보, 항공기 엔진 내 수천 개의 센서에서 나오는 데이터 스트리밍 등이 있다. 이러한 실시간으로 생성되는 데이터 스트리밍 자체가 잠재적 가치를 지닌다. 이러한 데이터를 활용하려면 다양한 채널이나 주체로부터 데이터를 수집, 선별, 정리, 분류하여 다양한 데이터 세트(Data set)를 형성해야 한다.

그리고 다양한 데이터 저장소나 데이터 처리 플랫폼. 데이터의 수집, 정리, 통합은 데이터 경제의 기초가 될 것이며, 사회의 데이터 수요는 필연적으로 데이터 유통 시장 형성을 촉진할 것이다. 데이터는 결국 사회화되고 시장화되어 활용 가능한 자원이 될 것이다. 정보/지식 경제가 디지털 형태의 지식 성과를 핵심 자원으로 삼는다면, 데이터 경제는 지식의 '원재료'인 원시 데이터를 직접 자원으로 삼는다.

둘째, 데이터 활용 방식은 인공지능이다. 전통적인 정보/지식 경제와 마찬가지로 데이터의 가치는 지식으로 구현되며, 데이터는 사람들이 새로운 인식을 얻고 새로운 가치를 창출하는 원천이다. 그러나 파편화된 데이터 자체의 가치 밀도는 매우 낮아, 그 가치를 발굴하고 추출하기 위해서는 새로운 기술이 필요하다. 빅데이터 시대에는 데이터 마이닝, 머신러닝, 딥러닝이 다양한 알고리즘을 활용해 데이터를 분석하고 학습하여 현실 세계의 사건을 판단·예측함으로써 인간의 의사결정을 지원한다. 머신러닝은 기계에 인간의 지능을 부여하는 것을 가능케 하며, 이것이 흔히 말하는 인공지능(Artificial Intelligence)이다. 인공지능은 데이터에 가치를 부여하고 인간에게 새로운 지식과 능력을 제공하여, 인간이 방대한 데이터의 바다에서 유용한 지식을 얻을 수 있게 한다. 인공지능의 대상은 구조화된 데이터일 수도 있고 비구조화된 데이터일 수도 있어, 인간이 지식 문헌(예: 뉴스, 기사, 서적, 시청각 자료, 이미지 등)과 구조화된 데이터만 활용할 수 있다는 한계를 벗어나게 한다. 따라서 인공지능은 데이터 경제가 이전의 정보/지식 경제와 구별되는 또 다른 표지이며, 인공지능은 빅데이터 응용과 데이터 경제 발전의 핵심이다.

셋째, 데이터 생산, 유통 및 데이터 분석이 핵심이 된다. 데이터 경제는 데이터의 생산, 수집, 집계, 정리, 가공 분석 및 응용을 경제 발전의 핵심 산업으로 만들어 경제 활동, 사회 거버넌스, 과학 연구 등을 지원하며 데이터 주도형 사회경제 형태를 형성한다. 데이터 경제의 핵심 산업 측면에서 데이터 자원의 가치 실현은 최소 두 가지 경로가 있다. 첫째는 '원자재'로서, 둘째는 '제품'으로서이다. 첫째, 각 사회 주체가 수집하는 데이터는 한정되어 있으므로, 데이터 시대의 경쟁력을 높이기 위해 각자의 데이터 규모를 충분히 확대해야 한다. 이에 따라 사회 주체의 데이터 수요는 필연적으로 데이터 유통을 촉진하고, 이는 데이터의 공급과 수요를 발생시켜 데이터 시장을 형성한다. 둘째, 데이터는 지속적으로 유동·매칭·교환·분석·가공되며, 다양한 데이터 제품 또는 서비스를 형성하여 데이터 분석의 경제적 가치를 실현한다. 이 두 단계의 경제 활동(시장 거래)은 데이터 경제가 정보/지식 경제와 구별되는 뚜렷한 특징이 될 것이다.

물론 데이터 경제의 의미는 단순히 그 자체에 있는 것이 아니라, 오히려 전체 사회에 가져오는 변혁에 있다. 데이터 자원은 생산, 유통, 분배, 소비 활동 모두에 중요한 영향을 미치며, 빅데이터의 활용은 사회 생산 요소의 네트워크화된 공유, 집약적 통합, 협업적 개발 및 효율적 활용을 촉진하여 전통적인 생산 방식을 변화시키고 다른 생산 요소의 생산성을 활성화하고 향상시킨다. 데이터는 데이터 경제의 '원재료'이며, '인터넷+'는 데이터의 연결과 공유를 실현한다. 데이터 경제는 데이터가 전면적으로 연결된 후의 산출물과 효과 및 이익이다. 따라서 이는 전체 경제 형태와 발전 모델의 전환을 가져온다. 이것이 데이터 경제의 진정한 의미이다.

—출처: 가오푸핑(高富平)의《데이터 경제의 제도적 기반: 데이터 전면 개방 활용 모델 구상》에서 발췌,《광동사회과학(广东社会科学)》, 2019년 제5호.

제 2 장 데이터 경제 전략

디지털 기술의 지속적인 발전과 응용은 인류 사회를 정보 경제에서 데이터 경제로 이끌었다. 전 세계가 디지털 시대로 진입함에 따라 데이터 경제는 각국 경제 발전의 중요한 방향이 되었다. 세계 2위 경제 대국인 중국에서 데이터 경제의 급속한 발전은 국내외 경제 상황에 깊은 영향을 미쳤다. 동시에 해외 각국도 디지털 시대의 경쟁에 대응하기 위해 각자의 데이터 경제 전략을 수립하고 있다.

제 1 절 데이터 경제의 배경: 데이터 지능의 출현

1. 디지털 경제 진화의 핵심: 지식 생산 방식의 변혁

20세기 90년대, '지식경제'는 사회·경제의 핵심 동력을 설명하는 용어로 사용되었다. 지식경제는 지식 집약적 활동에 기반한 생산과 서비스로 정의되며, 본질적으로 인적 자본과 혁신 역량이 경제에서 수행하는 역할을 중시하여 경제를 생산 과정에 덜 의존하고 지적 자본과 기술에 더 의존하는 형태로 전환시키는 것이다. 디지털 기술의 적용은 인간의 정보 처리 및 분석 능력을 크게 향상시켰고 이에 따라 사회경제 발전의 새로운 동력으로서 정보 산업, 정보 서비스, 정보 경제 등의 개념이 등장하였다. 이것이 바로 디지털 경제의 초기 형태이다. 그러나 디지털 기술이 고도화되면서, 디지털화는 데이터를 생성하여 객관적 세계에 대한 인식이나 통찰을 다시 분석하고 활용할 수 있게 하였다. 빅데이터 기술은 차세대 기술과 아키텍처를 설명하며, 그 본질은 초고속 수집, 발견 및 분석을 통해 초대용량의 다양한 데이터에서 경제적으로 가치를 추출하는 데 있다. 실제로 "빅데이터+인공지능"은 기계가 데이터를 생산하고 처리·분석하여 지능이나 지식을 출력하는 것이다. 기계 지능 또는 데이터 지능의 출현은 인류 사회가 인간지능과 기계지능이 상호 보완적으로 객관 세계를 인식하고 변혁하는 새로운 사회 생산력 단계로 발전했음을 의미한다(본서에서 사용하는 "데이터 지능", "인공지능", "기계지능"은 모두 이 단계를 나타냄).

인류의 지식 생산에 관해 DIKW 모델[1]은 고전적 표현을 보여 준다. "지혜는 지식에서 비롯되고, 지식은 정보에서 비롯되며, 정보는 데이터에서 비롯된다.[2] 조직은 다양한 지식 관리 시스템, 소프트웨어 및 도구를 활용해 데이터를 정보로 전환한 후 지식으로 전환하고, 최종적으로

1 DIKW는 데이터(Data), 정보(Information), 지식(Knowledge), 지혜(Wisdom)의 영어 머리글자를 딴 약어로, 지혜 구조, 지식 구조, 정보 구조, 데이터 피라미드라고도 불린다. Martin Frické, Knowledge pyramid The DIKW hierarchy, https://www.isko.org/cyclo/dikw#refK 참조.

2 Jennifer Rowley, The wisdom hierarchy representations of the DIKW hierarchy, https://www.researchgate.net/publication/41125158_The_wisdom_hierarchy_Representations_of_the_DIKW_hierarchy. 또한 일부 학자들은 정보과학의 관점에서 DIKW 구조가 합리적이지 않으며 방법론적 결함이 있어 정보과학 및 관리 분야의 표준이 되어서는 안 된다고 주장한다. 데이터는 적절한 의미론적·절차적 방식으로 기록된 모든 것이며, 정보는 약한 지식(지식 역시 약한 지식)이다. 지혜는 적절한 행위자가 광범위한 실천적 지식을 습득하고 활용하는 것이다. See the Knowledge Pyramid: A Critique of the DIKW Hierarchy, http://inls151f14.web.unc.edu/files/2014/08/fricke2007.pdf.

행동으로 전환한다. 따라서 지식 관리는 지식경제 시대에 기업 경쟁력의 원천으로 여겨져 왔다. 실제로 정보는 불확실성과 위험을 줄이고 거래 비용을 낮추며 삶의 질과 경제적 효율성을 향상시킨다. 정보 자체도 가치를 지니며, 동시에 정보는 추가 분석을 통해 지식으로 전환될 수 있고, 다시 사람이 학습하고 이해하여 지혜로운 행동이나 의사결정으로 전환되어 궁극적으로 사회적 생산성을 제공한다. 정보와 지식은 함께 디지털 경제의 생산 요소가 된다. 데이터 집약적 과학 연구는 경험 패러다임, 이론 패러다임, 시뮬레이션 실험 패러다임과 독립된 과학 연구의 제4의 패러다임이 되었다.[3] 인공지능 기술이 성숙되면서 대규모 데이터셋을 분석·활용할 수 있는 능력을 갖추게 되어 전체 과학 연구에 이바지하고 있다. 뿐만 아니라 디지털화는 정보가 사회 운영에서 수행하는 역할을 심화시켰으며, 정보통신기술의 발전과 생활 전반으로의 확장을 통해 궁극적으로 지식의 성장을 촉진하고 있다. 따라서 정보사회는 지식경제가 발전할 수 있는 환경을 조성하며, 적절한 조건을 마련하면 정보는 지식으로 전환되어 새로운 지식 생산, 즉 혁신 구현에 활용될 수 있다.

이러한 과정이 경제 시스템을 넘어 사회 전반의 구조 속에서도 전개된다면, 정보사회는 점차 지식사회로 진화하게 될 것이다.[4]

3 *The FOURTH PARADIGM: Data-Intensive Scientific* Discovery, edited by: Tony Hey, Stewart Tansley, Kristin Tolle. Redmond, WA: Microsoft Research, 2009. p.284. ISBN 978-0982544204. (제4 패러다임은 1998년 튜링상 수상자 짐 그레이가 2007년 한 강연에서 제안했으나, 그는 논문을 발표하지 않은 채 사라졌다. 이후 마이크로소프트가 관련 전문가들을 모아 제4 패러다임을 다양한 차원에서 해석하여 이 논문집을 구성하였다).

4 Rafał Zelazny, Information society and knowledge economy — essence and key relationships, Journal of Economics and Management Vol. 20(2), 2015

2. 데이터 재사용: 새로운 지식 생산 방식 구축

디지털 기술이 빅데이터, 인공지능 등 차세대 기술로 발전하면서 인류의 지식 생산 방식은 혁명적 변화를 겪었으며, 인간지능과 기계지능이 상호 보완하는 지식 생산 방식이 등장하였다. 인공지능 개념은 1950년에 제안되었으나,[5] 계산에 적용할 수 있는 가능한 대량의 데이터가 등장한 이후에야 보편적인 활용은 이루어졌다.[6] 인공지능은 컴퓨터 과학과 데이터 과학이 결합되어 인류가 직면한 다양한 문제를 해결하는 시스템으로, 그 핵심은 인공지능 알고리즘(AI algorithms)이다. 이 시스템에 데이터를 입력하면 예측, 분석, 새로운 지식 발굴이 가능하다. 미국 마이크로소프트사는 "인공지능은 컴퓨터에 지각, 학습, 추론 및 의사결정 지원 능력을 부여하여 인간과 유사한 방식으로 문제를 해결하는 기술 집합"이라고 정의한다.[7] 데이터가 지능이나 지식을 생성할 수 있는 것은 컴퓨팅 파워, 알고리즘, 계산 능력의 발전 덕분이다. 알고리즘을 핵심으로 하는 지능 시스템(기계학습, 딥러닝)은 사물인터넷으로 연결된 디지털 세계에서 생성된 빅데이터를 분석하고 활용할 수 있다. 《인공지능 법률 프레임워크》에서 스위스 전문가들은 인공지능을 "알고리즘 시스템"이라 명명하였다.[8]

5 In 1950, Alan Turing publishes Computing Machinery and Intelligence.

6 인공지능이 급속히 발전하고 응용될 수 있었던 것은 주로 세 가지 측면의 발전 덕분이다: 데이터 가용성의 증가, 클라우드 컴퓨팅 능력의 지속적인 강화, 인공지능 연구자들이 더 강력한 알고리즘을 개발해 낸 것. 참조: 션샹양, [미국] 스보더: 《계산하는 미래: 인공지능과 그 사회적 역할》, 베이징대학출판사 2018년판, 6쪽.

7 션샹양, [미국] 스보더: 《계산하는 미래: 인공지능과 그 사회적 역할》, 베이징대학출판사 2018년판, 4쪽.

8 Florent Thouvenin, etc. *A Legal Framework for Artificial Intelligence*(Digital Society Initiative Position Paper , November 2021).

현재, 유비쿼터스 네트워크가 생산하는 데이터는 현실 세계의 투영(심지어 디지털 트윈)을 구성한다. 객관적 세계에서 수집된 무질서해 보이는 데이터는 집계 및 처리를 통해 객관적 대상의 내재적 법칙을 통찰하고, 새로운 인식이나 지식을 추출하거나 형성할 수 있다. "데이터 요소가 가치를 창출하는 것은 데이터 자체가 아니라, 데이터가 상업적 실천에 기반한 알고리즘, 모델과 결합될 때 비로소 가치를 창출한다."[9]

따라서 데이터가 생산 요소로 된다는 것은 데이터 자체가 사회경제 활동에 직접 적용되어 경제적 효과를 창출하거나 생산력으로 전환된다는 의미가 아니라, 데이터 거버넌스, 집적, 알고리즘 도구 훈련을 통해 특정 데이터 시나리오에 적용될 때 발생하는 효과를 의미한다. 이러한 효과는 지능 시스템에서 발생한다. 지능 시스템은 새로운 지식과 예측을 산출하여 가치 있는 정보나 지식을 형성할 뿐만 아니라, 직접 지혜로운 행동을 수행함으로써 인간지능을 보완하거나 촉진하는 기계지능이 될 수 있다.

3. 기계지능: 사회 발전의 새로운 동력

기계지능은 인류의 인지 혁명이다. 기계에 학습 능력을 부여하고, 이 학습 능력을 산업화하여 다양한 응용으로 전환함으로써 기계지능과 인간지능이 상호 보완하는 지능 체계를 형성한다. 기계지능은 인간지능의 약점(논리적 분석 능력)을 보완하고, 인간 고유의 통찰력, 상상력 및 사고 능력을 발휘한다. 기계 지능을 통해 인류는 더 강력한 지식 생산 및 지

9 안샤오펑(安筱鹏): 《데이터 생산력의 부상》, 이지진(李纪珍), 종홍(钟宏) 외 편저 《데이터 요소 지도간부 독본》, 국가행정관리출판사 2021년판, 27쪽.

혜로운 행동 능력을 갖추게 되었다.

첫째, 기계지능은 인간이 데이터를 활용하는 수준을 한층 심화시켰다. 디지털 시대에 기술로 주변 세계와 상호작용할 때, 새로운 데이터 계층이 생성되어 외부 관찰자가 개인의 동기와 선택을 점점 더 정확히 파악할 수 있게 한다. 유비쿼터스 센서와 스마트 기기는 작동 과정에서 기계 자체와 주변 환경을 관찰할 수 있는 데이터를 자연스럽게 생성하며, 이는 특정 대상의 규칙을 탐구하거나 가능성 있는 사건을 예측하는 데 재활용될 수 있다. 과거에는 언어 기호를 통해 인력이 객관적 세계의 존재와 변화를 기록하거나 관측하여 인간이 읽을 수 있는 정보를 형성해야 하였다. 그러나 네트워크 운영은 0과 1 형태로 존재하는 객관적 사실에 대한 기록을 자동 생산하며, 기계가 읽을 수 있는 형식으로 표현되고 기계가 인식하는 방식으로 의미(Meta data라고도 함)를 주석 처리하여 오직 기계만이 읽을 수 있는 데이터 자원을 형성한다. 기계가 읽을 수 있는 원시 데이터는 객관적 세계를 인지하는 매개체 또는 수단이 되며, 이는 인간지능이 도달할 수 없는 정보 계층이다. 따라서 "빅데이터보다 더 바람직한 용어는 심층 데이터(deep data)"이다.[10]

둘째, 실시간 데이터 처리 및 분석 능력이 지속적으로 강화되고 있다. 객관적 세계와 대상에 대한 디지털 감지 시스템이 생성한 데이터를 즉시 수집하고 가공 처리하는 구조는 본질적으로 데이터 기반 지능형 시스템이다.[11] 현재 기업 데이터 중개 플랫폼은 기본적으로 실시간 데이

10 Dr. Matthew Harding, Good Data Public Policies, Chapter 5 in the report, "The Future of Data-Driven Innovation", https://www.uschamberfoundation.org/sites/default/files/Data%20Report%20Final%2010.23.pdf.

11 실시간 빅데이터 분석은 공공 안전, 시장 감독, 교통 관리 등 분야에 이미 적용되고 있다. 예를 들어 스마트 교통 관리 시스템은 차량, 보행자 등의 정보를 실시간으로 수집하고, 실시간으로 모니터링 및 분석하여 각 내비게이션 시스템에 실시간으로 전달함으로써 사람들의 이동을 안

터 지능 시스템이며, 부서 간 데이터를 연결하여 통합 데이터 처리 및 분석 플랫폼을 형성함으로써 기업 내부에 실시간 "분석+응용" 의사결정 서비스를 제공하고, 심지어 API를 통해 외부에도 실시간 데이터 또는 지능 서비스를 제공할 수 있다. 이러한 조건하에서 기업은 높은 민첩성을 유지하여 급변하는 시장 수요에 부응하는 신제품 및 서비스를 신속하게 창출, 구축 및 배포할 수 있다. 어떤 의미에서 디지털 경제의 기업 경쟁력은 모든 데이터를 포착하여 실시간 지능과 통찰력으로 전환하는 데 기반을 둔다.

마지막으로, 기계지능은 직접적인 지능적 실행력을 구현할 수 있다. 기계지능은 새로운 지식 생산 방식을 형성하여 인간 사회가 네트워크 장비와 센서를 통해 데이터를 수집·분석하고 의미 있는 정보나 지식을 생산하도록 할 뿐만 아니라, 기계가 자동으로 인지하고 판단하여 지능적 행동을 수행함으로써 인간이 수행하기 어려운 작업을 완수하거나 인간의 노동을 부분적으로 대체할 수 있다. 인간이 관찰이나 기기로 수집하는 데이터는 특정 표본에 국한되지만, 오늘날의 유비쿼터스 네트워크는 전체 표본 데이터를 생산할 수 있어 인간이 객관적 세계를 더 포괄적이고 정확하게 인지할 수 있게 한다. 데이터 인텔리전스는 단일 차원의 인과관계 모델을 넘어 다차원적이고 다양한 유형의 상관 변수들 사이에서 가장 근접한 추정값을 도출해 낼 수 있다.[12] 따라서 기계지능은 한편으로는 인간이 학습하여 지혜로운 행동으로 전환할 수 있는 보다 포괄적이고 정확한 지식을 산출할 수 있으며, 다른 한편으로는 직접 지혜로운 행동을 산출하여 사회경제 발전에 기여할 수 있다.

내한다.

12 [미국]주디아 펄, [미국]다나 맥켄지: 《왜: 인과관계에 관한 새로운 과학》, 중신출판사 2019년판.

인공지능은 이미 각계각층에 적용되었으며, 머지않아 모든 상업 활동에 지능화가 도입된 사회가 도래할 것이다. 이러한 경제는 지식경제를 대체하는 것이 아니라 지식경제의 새로운 실현 방식이다. 지식경제의 핵심 구성 요소는 물질적 투입이나 자연 자원보다 지적 능력에 대한 의존도가 더 크다는 점이다. 과거 지식경제의 핵심이 지식 자본이나 지적 능력에 있었다면, 오늘날에는 유비쿼터스 네트워크 하에서 생성된 기계가 읽을 수 있는 원시 데이터를 활용하는 능력에 있다.

이는 데이터를 효율적으로 관리하고 조직하여 새로운 지식을 발굴할 수 있는 데이터셋으로 전환하는 능력에 달려 있다. 이러한 변화에 발맞춰 과거 지식 관리를 핵심으로 했던 비즈니스 인텔리전스는 점차 데이터 관리를 중심으로 전환되어, 지능적 분석을 지원하는 데이터 아키텍처를 구축하고 데이터 수집과 분석(통계, 마이닝, 예측)을 통합한 데이터 인텔리전스를 형성하고 있다. 이것이 바로 디지털 전환이 달성하고자 하는 목표이다. 따라서 데이터 기반 인공지능 분석 또는 기계지능은 궁극적으로 지식 생산과 기술 혁신을 가속화하며, 이는 인류 사회경제 운영 형태와 효율성을 지속적으로 변화시키는 근본적인 동력이다.

제 2 절 해외 데이터 경제 전략 동향

데이터 경제는 디지털 기술 발전과 적용이 일정 단계에 이른 산물로, 데이터에 의해 주도되는 발전 양상을 보인다. 따라서 세계 각국은 일반적으로 디지털 경제 발전 전략하에서 데이터 경제 발전을 논의하고 추진하는데, 이는 데이터 주도성이 사회경제적 변혁의 근본적 발전 동력이기 때문이다. 미국, 유럽연합(EU), 영국, 호주, 캐나다, 뉴질랜드 등 국가 및 기구들은 모두 적극적으로 디지털 경제 발전 전략을 추진하고 있다. 예를 들어, 호주는 2021년 디지털 경제 전략을 발표했으며, 2022년에 이를 업데이트하였다.[13] 해외 사례를 관찰해 보면, 데이터 주도성이 이미 각국 경제 발전의 기본 전략이 되었으며, 각국 디지털 경제 발전의 엔진으로 자리매김했음을 알 수 있다.

1. 미국

미국은 의심할 여지없이 디지털 기술이 가장 선진화된 국가이자 디지털 경제가 가장 발달한 국가이다. 미국 정부는 1997년 《글로벌 전자상거래 프레임워크》[14]를 발표하여 시장 주도형 프레임워크를 제시하였다.

이 프레임워크는 디지털 경제 성장을 촉진하는 동시에 유연하고 산업 주도형 해결책을 제공하여 발생할 수 있는 문제를 효과적으로 해결하기 위한 것이다. 미국 상무부는 1998년 7월 공식 정책 기획 성격의 《부상하는 디지털 경제》[15]를 발표하였다. 이 보고서는 디지털 경제 발전

13 DIGITAL ECONOMY STRATEGY: A leading digital economy and society by 2030, Digital Economy Strategy (pmc.gov.au); DIGITAL ECONOMY STRATEGY 2022 UPDATE, 이 전략은 호주 정부의 기존 디지털 및 데이터 이니셔티브를 확장하고, 2021-2022년 예산을 통해 정부가 취한 추가 조치를 수립하며, 2030년까지의 미래 경로를 제시한다. 전략은 디지털 경제 발전을 위한 세 가지 기둥을 제시한다: (1) 디지털 인프라, 사이버 보안 및 신뢰, 기술 및 포용성, 제도 및 규제, 무역 및 국제 참여 등 디지털 경제 번영을 위한 정책 환경 조성; (2) 인공지능(AI), 사물인터넷(IoT), 데이터 분석, 블록체인, 양자 컴퓨팅 등 신기술 역량 강화; (3) 디지털 중소기업(SME), 현대 산업 분야, 신기술 분야, 디지털 정부 서비스 등 디지털 성장, 고용 및 역량 강화를 위한 디지털 성장 우선순위 설정.

14 In 1997 U.S. Pres. Bill Clinton signed the Framework for Global Electronic Commerce, directing the Department of Commerce(DOC)to oversee the growth of business over the Internet.

15 The Emerging Digital Economy(1998년 7월) (commerce.gov).

에 새로운 거버넌스 패러다임이 필요하다고 제안하였다: 인터넷이 창출한 기술 발전 속도와 국경 없는 환경은 정부와 민간 부문의 책임에 대한 새로운 패러다임을 가져왔다. 디지털 경제가 번성할 수 있는 최적의 조건을 조성하려면 제한이 적은 새로운 규칙 제정 접근법이 필요하며,[16] 이러한 접근이 미국 디지털 경제 발전 전략의 근간을 이루게 되었다.

2012년 5월, 미국은 종합 디지털 정부 전략을 공식 발표하며[17] 미국 국민에게 더 나은 디지털 서비스를 제공하기 위한 21세기형 디지털 정부 구축을 제안하였다. 디지털 정부 전략에는 정부 데이터의 잠재력을 발휘하기 위한 개방형 정부 데이터(각서 M-13-13)가 포함된다. 또 다른 구성 요소는 재사용 가능하고 오픈소스 소프트웨어를 통해 효율성, 투명성 및 혁신을 실현하는 것(각서 M-16-21)으로, 부처별 소스 코드 목록과 저장소를 구축하여 전 세계 다른 정부 기관과 컴퓨터 분석가들이 활용할 수 있도록 하였다.

2014년, 미국 상공회의소 재단은 6명의 저명한 연구원을 초청하여 《데이터 주도 혁신의 미래》 보고서를 발간하였다.[18] 이 보고서는 데이터 주도 미래를 위한 다섯 가지 권고사항을 제시하였다: (1) 현명한 투자 정책 수립; (2) 인적 독창성 인정; (3) 개방형 데이터 활용; (4) 건전한 데

16 구체적 내용은 다음과 같다: 정부는 광범위한 규제, 과세 또는 검열 부담 없이 시장 주도 환경에서 전자상거래가 발전하도록 허용해야 한다. 가능한 경우 인터넷과 전자상거래 규칙은 정부 규제보다 민간 자율에서 비롯되어야 한다. 정부는 전 세계적으로 인터넷 비즈니스 운영을 위한 예측 가능한 법적 환경 조성 지원에 역할을 할 수 있으나, 이는 비관료적 방식으로 수행되어야 한다. 통신 및 방송 산업의 경쟁을 촉진하여 전 세계 가정과 사무실에 고대역폭 서비스를 제공하고, 방송·전화·인터넷의 새로운 융합 시장이 정부 규제 대신 경쟁과 소비자 선택의 법칙에 따라 운영되도록 해야 한다. 인터넷 상거래에 차별적 세금을 부과해서는 안 된다. 인터넷은 정부의 인위적 장벽 없이 원활한 글로벌 시장으로 기능해야 한다.

17 이 전략은 두 개의 행정 명령으로 구성된다: 서비스 제공 간소화와 고객 서비스 개선을 위한 제13571호 행정 명령, 효율적이고 효과적이며 책임 있는 정부 제공.

18 The U.S. Chamber of Commerce Foundation: the Future of Data-Driven Innovation, https://www.uschamberfoundation.org/future-data-driven-innovation.

이터 공공정책 형성; (5) 데이터 남용 방지.

2015년 말, 미국 상무부는 디지털 경제 의제를 발표하며 데이터 경제 발전을 위한 '4대 기둥'에 집중하였다: (1) 전 세계적으로 자유롭고 개방된 인터넷 확산; (2) 온라인 신뢰 증진; (3) 종업원, 가정 및 기업의 광대역 네트워크 접근 보장; (4) 스마트 지식재산권 규칙 및 차세대 혁신적 신기술 추진을 통한 혁신 촉진.

2019년, 《연방 데이터 전략》(*federal data strategy, FDS*)은 인공지능이 디지털 경제의 엔진임이 분명하며, 기계가 인간의 지능적 행동을 모방함으로써 정보 처리, 분석 및 변환이 가능해져 완전히 새로운 산업을 발전시키고 세계의 판도를 역동적으로 변화시키고 있다고 설명하였다. 이에 기초해 미국은 인공지능 국가 전략을 수립하였다. 2020년 2월, 백악관은 《미국 인공지능 이니셔티브(American AI Initiative)》(13859 행정명령)를 발표하였는데 이 계획에는 미국이 인공지능 분야에서 포괄적인 리더십을 확보하겠다는 비전이 담겨 있다. 같은 해 11월, 미국 의회가 설립한 국가인공지능안전위원회(NSCAI)는 중간 보고서에서 미국의 기술 우위를 보장하기 위한 다섯 가지 노력을 제시하였다.

미국 상무부는 국가 경제, 인구, 환경 등에 관한 방대한 데이터를 수집, 저장 및 분석하며 스스로를 '미국의 데이터 기관'으로 포지셔닝하고 있다. 상무부는 데이터를 활용해 연방 정부의 혁신을 촉진하고 전국적으로 미국 사회의 번영을 도모하고 있다. 2021년 상무부는 《상업 데이터 전략》(FY21-24)[19]을 제안 및 발표하며, 미국의 데이터 인프라 구축을 위한 다음의 다섯 가지 목표를 제시하였다:

19 COMMERCE DATA STRATEGY(Fiscal Years 2021-2024), United States Department of Commerce Data Strategy Fiscal Years 2021-2024.

i) 데이터를 전략적 자산으로 관리·통제하고, 통합적 전략을 채택하여 정부 부처와 사회 주체들이 데이터 자산을 최대한 투명하게 활용할 수 있도록 하며, 데이터 거버넌스 모범 사례를 통해 각 부처의 데이터 성숙도 거버넌스 역량과 문화를 강화한다;

ii) 데이터 접근 및 분석 효율성 제고, 데이터 상업화·혁신·공공 활용 촉진한다;

iii) 적절한 데이터 사용과 공정한 접근을 촉진한다;

iv) 현대적 데이터 기술 인력을 양성한다;

v) 협업적 데이터 문화를 조성한다.

상업 데이터의 잠재적 응용 가치와 국제적 기준성을 고려하여, 상무부는 상업 데이터 전략을 시행함으로써 미국 상업 데이터의 유통 활용을 촉진하고 데이터 경제 발전을 도모하고 있다.

이에 따라 2021년 8월 상업 데이터 전략 실행 계획(FY21-22)을 발표했으며, 상업 데이터 거버넌스 위원회(CDGB)를 통해 시행 중이다. 전반적으로 2012년의 디지털 정부 전략부터 2020년의 인공지능 전략, 그리고 2021년 상업 데이터 전략에 이르기까지, 미국 정부의 데이터 주도 경제를 핵심으로 한 디지털 경제 구축 방향을 대략적으로 파악할 수 있다.

2. 유럽연합

EU는 지속적으로 데이터를 경제 성장, 경쟁력, 혁신, 일자리 창출 및 사회 발전의 기본 자원으로 간주해 왔으며, 데이터 요소의 자유로운 이동 촉진을 단일 시장 구축의 핵심 조치로 삼고 있다. 2014년 EU는 《번영하는 데이터 주도 경제로 나아가기(Towards a Prosperous Data-Driven

Economy)》를 발표하여 데이터 주도 경제의 특징을 설명하고, 데이터 분야에서 공공-민간 파트너십 구축, 디지털 창업 및 오픈 데이터 인큐베이터 설립, 데이터 시장 모니터링 도구 등 인프라 구축을 제안하였다. EU 내 디지털 시장 장벽을 해소하기 위해 유럽위원회는 2015년 '디지털 단일 시장' 전략을 제안했으며, 5월 6일 '디지털 단일 시장(digital single market)' 전략의 세부 계획을 발표하였다. 2016년 유럽의회는《일반 데이터 보호 규정(GDPR)》을 통과시켜 통일된 개인 데이터 보호 법규를 수립하고, EU 기업의 혁신적 발전과 '디지털 단일 시장' 형성을 위한 법적 환경을 조성하고자 하였다.

2017년 1월 10일, 유럽위원회는 다시 한번 유럽의회와 이사회, 유럽 경제사회위원회 및 지역위원회에《유럽 데이터 경제 구축에 관한 보고서》를 제출하였다. 이 보고서는 주로 데이터의 국경 간 자유로운 이동과 데이터 현지화 제한 문제, 그리고 새로운 데이터 기술 배경에서 발생하는 데이터 접근성, 책임성, 이동성 등의 문제를 다루고 있다. 이 보고서는 2018년 유럽연합이《유럽연합 비개인 데이터 자유 이동 프레임워크 규정》을 발표하는 직접적인 계기가 되었으며, 이 규정은 2019년 5월 28일부터 발효되어 유럽 회원국 간 IT 시스템 간의 비개인 데이터 자유 이동의 장벽을 제거하는 것을 목표로 하고 있다.

동시에 EU는 데이터 공유 제도를 연구하기 시작하여 데이터 공유 경제의 전면적 시행을 지원하였다. 2018년 EU 집행위원회 통신 네트워크·콘텐츠·기술 총국은《유럽 기업 간 데이터 공유 연구》 보고서를 완성하였다. 이 보고서는 데이터 공유가 무한한 가치를 창출할 수 있으나 현재 기업 간 데이터 공유에는 기술적·법적 장벽이 존재한다고 지적하며, EU 집행위원회가 B2B 데이터 공유 프레임워크를 구축하여 B2B 데이터 공유 및 재사용의 기본 개념, 원칙 및 조건을 명시할 것을 제안하였다. 같은 해, 유럽위원회는 《공통 유럽 데이터 공간 구축》 커뮤니케이션[20]을 발표하여 공통 데이터 공간 구축 구상을 제시했고, 동시에 부속 문서 《유럽 데이터 경제에서의 민간 분야 데이터 공유 가이드라인》[21]을 발표하여 기업 간(B2B) 및 기업-정부 간(B2G) 데이터 공유 원칙을 제시하였다.

유럽위원회의 이러한 연구는 2020년 2월 유럽연합이 다시 한번 《유럽연합 데이터 전략》을 제안하는 계기가 되었으며, 이 전략은 향후 5년간의 데이터 경제 정책 조치와 투자 전략을 개괄하고 "유럽 공동 데이터 공간" 전략 제안 및 시행할 것을 제시하였다. 그 핵심은 전략적 경제 부문과 공공 이익 분야에 방대한 데이터 자원 풀을 제공하고, 데이터 사용 및 교환에 필요한 기술 도구와 인프라, 적절한 거버넌스 메커니즘을 함께 구축하는 것이다. 전략은 2030년까지 유럽연합이 데이터 경제(유럽에서 저장, 처리 및 가치 있게 활용되는 데이터)에서 경제적 비중에 상응하는 점유율 확보를 목표로 제시하였다. 이는 단일 유럽 데이터 공간(a single European data space)을 통해 EU의 단일 데이터 시장 전략 목표를 실현하고, 유럽의 글로벌 경쟁력과 데이터 주권을 보장하기 위한 것이다. 유럽 공공 데이터 공간은 더 많은 데이터가 경제와 사회에 활용되도록 하면서도 데이터를 생성하는 기업과 개인이 통제권을 유지할 수 있도록 한 것이다. 유럽위원회는 또한 데이터 공유 지원 센터(Support Centre for Data Sharing) 설립을 설계했으며, 이는 데이터 공유 촉진과 데이터 공유 실무자 및 연구원의 전문성 연결, 데이터 공유 사례 소개, 데이터 유통 거래

20 COM/2018/232 final.

21 COMMISSION STAFF WORKING DOCUMENT, Guidance on sharing private sector data in the European data economy[SWD(2018)125 final].

를 위한 실무·법률·기술 지원을 목표로 하고 있다. 특히 소개된 데이터 마켓플레이스(Data Pitch) 프로젝트는 상당한 영향력을 발휘하고 있다.

《EU 데이터 전략》 발표와 동시에, 유럽위원회는 《유럽 디지털 미래 조성》 계획과 《인공지능 백서》를 발표했으며, 《인공지능 백서》를 새로운 디지털 전략의 첫 번째 기둥으로 삼았다.

유럽연합 집행위원회는 2020년 2월 발간한 '데이터 전략 커뮤니케이션'에서 새로운 《데이터법(Data Act)》 제정 계획을 제시하였다. 이 입법 계획은 디지털 신뢰 구축, 공공 부문 데이터 개방 및 공개, 디지털 경계 제거, 데이터 무역 장려, 경쟁 개방 및 안전 증진을 통해 EU 단일 시장에 견고한 제도적 틀을 마련하고 EU 디지털 경제의 미래를 조성하는 데 목적을 두고 있다.

2022년 2월 23일, 유럽위원회는 《데이터법》 법안을 발표했으며, 2023년 11월 유럽의회와 이사회는 《데이터법》[22]을 통과시켰다. 이 법안은 데이터 및 데이터 수집 투자와 관련된 권리를 보호하고, B2B 데이터 공유를 장려하여 데이터 접근 및 활용을 촉진함으로써 유럽연합 데이터 경제의 잠재력을 최대한 발휘하는 것을 목표로 한다.

2020년 11월 25일, 유럽위원회는 유럽 입법 기관에 《데이터 거버넌스법(안)》을 제출하여 부처 간 및 회원국 간 데이터 공유 촉진을 목표로 하고, 데이터 공유를 데이터 전략의 또 다른 핵심 기둥으로 삼았다. 2022년 4월 6일, 유럽의회는 《데이터 거버넌스법(DGA)》을 가결하였으며, 5월 16일 EU 이사회가 이를 승인하였다. DGA는 공공 부문이 보유

22 REGULATION OF THE EUROPEAN PARLIAMENT AND OF THE COUNCIL on harmonised rules on fair access to and use of data and amending Regulation(EU) 2017/2394 and Directive(EU) 2020/1828(Data Act).

한 특정 데이터의 재사용을 위한 법적 체계, 데이터 공유 서비스 제공자에 대한 요구사항, 이타적 목적의 데이터 수집 및 처리를 위한 실체적 프레임워크를 규정하여 데이터 사용이 EU 내 실제 저장 위치에 영향을 받지 않도록 함으로써 건강, 교통, 제조업, 금융 서비스, 에너지, 농업을 아우르는 '단일 데이터 시장'을 실현하고자 한다.

요약하면, 2014년의 《번영으로 나아가는 데이터 기반 경제》 계획 발표 이후 EU는 점차 데이터 공유 활용 촉진을 핵심으로 하는 데이터 경제 전략을 구축해 왔다. 2020년 새 데이터 전략이 제안된 후, 특히 기업 간 및 정부 간 포괄적인 데이터 공유 방안과 제도적 규칙이 마련되면서 EU 데이터 경제 구축의 기본 틀이 형성되었다.

제 3 절 중국의 데이터 경제 전략 동향

중국의 디지털 경제 발전은 뒤처지지 않았으며, 일부 분야에서는 선도적 위치를 차지하고 있다. 이는 중국이 일찍부터 네트워크 인프라 구축과 사회 내 적용을 중시하고, 정보화로 산업화를 이끄는 발전 전략을 제시했기 때문이다. 따라서 전자상거래, 전자정부, 전자공동체(SNS)가 인터넷 애플리케이션의 세 가지 기본 방향이 되었으며 이후 디지털 경제의 견고한 기반을 마련하여 바이두, 알리바바, 텐센트 등 영향력 있는 기업들이 등장하였다.

이후 빅데이터와 인공지능의 부상으로 빅데이터 및 인공지능 발전 전략을 수립하고, 네트워크 강국, 디지털 중국, 데이터 요소 등 전략적 개념을 제시함으로써 실질적으로 데이터를 핵심 요소로 하는 디지털 경제 발전을 촉진하였다.

2014년 3월, 빅데이터가 처음으로 정부 활동 보고서에 포함되었으며; 2015년 10월, 당 제18기 중앙위원회 제5차 전체회의에서 공식적으로 "네트워크 강국 전략을 시행하고, '인터넷+' 행동 계획을 실행하며, 공유 경제를 발전시키고, 국가 빅데이터 전략을 시행한다"고 제안하였다.[23] 중국 정부는 수집, 저장 및 연관 분석을 통해 새로운 지식을 발견하고, 새로운 가치를 창출하며, 새로운 역량을 향상시킬 수 있음을 인식하고 있다. 이에 따라 빅데이터는 차세대 정보 기술 및 서비스 형태로 성장하고 있다. 빅데이터 발전과 응용을 전면적으로 추진하고 데이터 강국 건설을 가속화하기 위해, 2015년 8월 31일 국무원은 《빅데이터 발전을 촉진하기 위한 행동요강》(이하 "《요강》")을 발표하였다. 《요강》은 빅데이터가 경제 전환 발전을 이끄는 새로운 동력, 국가 경쟁 우위를 재구축하는 새로운 기회, 정부 거버넌스 역량을 향상시키는 새로운 경로라고 규정하며, 세 가지 측면에서 전략적 방안을 제시하였다.[24]

《요강》 발표 후 각급 정부는 적극적으로 이행하고 있다. 2016년 12월 국무원에서는 《"제13차 5개년" 국가정보화 계획》을 발표하여 공동협의·공동 건설·공동 공유 원칙을 고수하고 네트워크 상호 연결 및 정보의 상호 교류를 촉진하며 온라인 실크로드 공동 건설을 추진하고 디지털 경제·정보 기술 등 협력을 강화하며 지역 간 디지털 경제 협력을 추진할 것을 요구하였다. 2020년 정부 활동 보고서는 지속적으로 지원 정책을 마련해 '인터넷+'를 전면 추진하고 디지털 경제의 새로운 우위

23 중국 공산당 제18기 중앙위원회 제5차 전체회의 공보(2015년 10월 29일 중국 공산당 제18기 중앙위원회 제5차 전체회의에서 채택).

24 《요강》은 세 가지 주요 과제를 배치하였다. 첫째, 정부 데이터 개방 공유를 가속화하고 자원 통합을 추진하며 거버넌스 역량을 강화해야 한다. 둘째, 산업 혁신 발전을 촉진하고 신흥 업태를 육성하며 경제 전환을 지원해야 한다. 셋째, 안전 보장을 강화하고 관리 수준을 높여 건전한 발전을 촉진해야 한다.

를 구축해야 할 것을 명시하였다. 2020년 국가 관련 부처는 디지털 경제 발전을 중심으로 새로운 정책을 발표했으며, 그중 3월에는 《중국공산당 중앙위원회·국무원의 데이터 요소의 역할을 잘 수행하기 위한 데이터 기반 제도 구축에 관한 의견》[25]이 다섯 가지 생산 요소의 시장화 구축 방안을 명확히 제시하였다. 국무원은 2021년 《요소 시장화 배치 종합 개혁 시범사업 총괄 방안》(国办发〔2021〕51号)을 발표하여 데이터 요소 측면에서 유통 기술 규칙 수립을 모색할 것을 제안하였다. 데이터 수집, 개방, 유통, 사용, 개발, 보호 등 전 생애 주기에 걸친 제도 구축에 초점을 맞추어 일부 분야의 데이터 수집 표준화를 추진하고, 등급별·분류별, 단계별·순차적으로 일부 분야의 데이터 유통 활용을 촉진하고 있다. 또한 '원시 데이터는 영역을 벗어나지 않고, 데이터는 사용 가능하지만 비가시적이어야 한다'는 거래 패러다임을 모색하여 데이터 사용의 '통제 가능성과 계량 가능성'을 실현하고, 데이터 등급별·분류별 안전 보호 제도 완성을 추진하며, 빅데이터 분석 및 거래 금지 목록 제정을 모색하고 있다.

2021년 6월 5일 국가통계국이 발표한 《디지털 경제 및 핵심 산업 통계 분류(2021)》[26]를 발표하여 디지털 경제 산업의 범위를 디지털 제품 제조업, 디지털 제품 서비스업, 디지털 기술 응용업, 디지털 요소 주도업, 디지털화 효율 향상업의 다섯 개 대분류로 규정하였다. 이러한 분류 체계는 디지털 경제 핵심 산업의 산정 및 통계를 용이하게 하고, 경제·사회 전반의 디지털 전환을 촉진하며, 디지털 경제 발전에 상응하는 정책

25 2019년 11월 26일, 중앙 전면적 개혁 심화 위원회 제11차 회의에서 「보다 완벽한 요소 시장화 배분 체제 메커니즘 구축에 관한 의견」을 심의 통과시킨다.

26 http://www.stats.gov.cn/tjsj/tjbz/202106/t20210603_1818134.html.

체계와 제도적 기반을 마련하는 데 기여하고 있다. 2022년 12월, 중국 공산당 중앙위원회·국무원이 발표한 '데이터 20조'는 데이터 요소 시장 시장 건설의 제도적 기초를 제시하고, 데이터 보유권을 기반으로 한 데이터 유통·활용 제도를 혁신적으로 구축함으로써 데이터 요소 시장의 활력을 더욱 촉진하고 질서 있는 데이터 요소 시장을 구축할 수 있을 것으로 기대된다.

데이터를 생산 요소로 격상시킨 것은 산업 경제에서 디지털 경제로의 전환이라는 시대적 요구를 반영한 것으로, 중대한 디지털 경제 이론의 혁신이다. 《중화인민공화국 국민경제 및 사회발전 제14차 5개년 계획 및 2035년 장기 목표 요강》(이하 "14차 5개년")에서는 디지털 경제 발전 계획을 별도의 장으로 다루며, "디지털 시대를 맞이하고 데이터 잠재력을 활성화하며 네트워크 강국 건설을 추진하고 디지털 경제, 디지털 사회, 디지털 정부 건설을 가속화하여 디지털 전환이 생산 방식, 생활 방식 및 거버넌스 방식의 변혁을 종합적으로 주도하도록 한다"고 제시하고, "데이터 요소 시장 규칙을 확립·완비하고, 데이터 개발·활용, 개인정보 보호 및 공공 안전을 조화롭게 추진하며, 가속화해야 한다"고 요구하고 있다.

나아가 데이터 자원 재산권, 거래 유통, 국경 간 전송 및 안전 보호 등 기초 제도와 표준 규범을 수립한다"고 밝혔다. 향후 데이터 요소 시장이 점차 구축되고 관련 제도 규범이 지속적으로 개선됨에 따라 디지털 경제의 활력이 더욱 촉진될 것이며, 플랫폼 경제와 공유 경제의 건전한 발전을 이끌어낼 것이다.

2021년 12월, 국무원은 《"14차 5개년" 디지털 경제 발전계획》을 발표하여 "데이터 자원 체계가 기본적으로 구축되고, 데이터 자원을 활용해 연구개발, 생산, 유통, 서비스, 소비 전 가치 사슬의 협력을 촉진한다.

이로써 데이터 요소 시장화 건설 성과가 나타나며, 데이터 권리 확인, 가격 책정, 거래가 질서 있게 진행되고, 데이터 가치와 기여도에 부합하는 소득 분배 메커니즘 구축을 모색하여 시장 주체의 혁신 활력을 자극한다"고 제시하였다. 이 계획은 디지털 경제의 특징과 강점을 중심으로 요소, 산업, 융합, 거버넌스 등 측면에서 체계적으로 안배되어 "14차 5개년" 기간 동안 데이터 가치 실현을 추진하는 데 중요한 지침을 제공하고 있다. 이로써 중국의 "14차 5개년" 기간 동안 데이터 관련 상위 설계가 기본적으로 완료되었으며, 당과 국가가 데이터 가치의 충분한 활용을 중요한 전략적 위치에 두고 있음을 보여 준다. 동시에 통일되고 공정하며 경쟁이 질서 정연하고 성숙하고 완비된 데이터 요소 시장 체계를 구축하는 것이 국가 최고 수준의 계획 목표일 뿐만 아니라 각 시장 미시 주체의 절박한 바람이기도 함을 확인할 수 있다. 앞으로 데이터 요소 시장은 지속적으로 성숙해져 데이터로 생산, 분배, 유통, 소비 각 단계의 효율적 연결을 실현하고 디지털 산업화와 산업 디지털화 발전 촉진에 기여할 것으로 믿는다.

표 2-1은 2015년 이후 국가 차원에서 발표된 인터넷, 빅데이터, 인공지능 등 데이터 경제 촉진 관련 정책 문서를 종합한 것이다.

표 2-1 데이터 경제 발전 촉진 국가 정책 일람표

시기	부처	정책 또는 규범적 문서 명칭
2015년 3월	국무원	《"인터넷"+활성화 추진에 관한 지도 의견》
2015년 5월	국무원	《중국 제조 2025》(国发〔2015〕28号)
2015년 8월	국무원	《빅데이터 발전을 촉진하기 위한 행동요강》
2015년 9월	국무원	《빅데이터 활용을 통한 시장 주체 서비스 및 감독 강화에 관한 약간의 의견》
2016년 5월	국무원	《국가 혁신 주도형 발전 전략 요강》
2016년 6월	국무원	《건강·의료 빅데이터 활용 발전 촉진 및 규범화에 관한 지도 의견》
2016년 7월	중국 공산당 중앙위원회, 국무원	《국가 정보화 발전 전략 요강》
2017년 7월	국무원	《차세대 인공지능 발전 계획》
2017년 10월	국무원	《공급망 혁신 및 활용 적극 추진에 관한 지도 의견》(国办发〔2017〕84号)
2018년 3월	국무원 사무실	《과학 데이터 관리 방법 반포에 관한 건》
2019년 10월	중국 공산당 중앙위원회	《중국 특색 사회주의 제도 견지 및 개선을 통한 국가 거버넌스 체계와 거버넌스 능력 현대화 추진 관련 약간의 중대 문제에 대한 결정》
2020년 3월	중국 공산당 중앙위원회, 국무원	《중국 공산당 중앙위원회·국무원의 더욱 완비된 요소 시장화배치체계 구축에 관한 의견》
2021년 12월	국무원	《"14차 5개년" 디지털 경제 발전계획》
2021년 12월	국무원 사무실	《요소 시장화 배치 종합 개혁 시범사업 총괄 방안》
2022년 12월	중국 공산당 중앙위원회, 국무원	《데이터 기반 제도 구축을 통한 데이터 요소 역할 강화에 관한 의견》

27 최초로 데이터를 생산요소로 규정: "노동, 자본, 토지, 지식, 기술, 관리, 데이터 등 생산요소가 시장 평가에 따라 기여도를 결정하고 기여도에 따라 보수를 결정하는 메커니즘을 완비한다." 또한 "요소 시장 제도 구축을 추진하여 요소 가격의 시장 결정, 자율적·질서 있는 유동, 효율적·공정한 배분을 실현한다"고 제시함.

제 3 장 디지털 전환: 데이터 경제의 형성 및 발전

디지털 경제 발전과 함께, 경제 조직의 방식과 효율성을 변화시키는 것은 네트워크(디지털 통신 기술)뿐만 아니라 네트워크가 생성하는 데이터라는 점이 밝혀졌다. 데이터는 지속적으로 새로운 제품과 서비스를 촉진하고, 새로운 프로세스를 창출하며, 비즈니스 모델을 변화시키고, 사회 자원 배분을 최적화하며, 분업 체계를 재구성하는 등 다양한 변화를 이끌고 있다. 이에 따라 사람들은 데이터 자체가 경제적 가치를 지니며, 데이터 자체가 기업의 연구개발 능력, 마케팅 능력 및 효율성, 사회 자원 배분의 최적화 등을 향상시킬 수 있음을 인식하게 되었다. 따라서 데이터는 자원 또는 '석유'라 불리며, 사람들은 디지털 기술을 활용해 데이터를 수집하고 외부 데이터를 획득하며, 통합·융합 분석을 통해 데이터가 나타내는 사물의 법칙(알고리즘 모델)을 발굴·분석함으로써 인간의 세계 인식을 보조하거나 대체하는 능력과 세계를 개조하는 실행력(인공지능)을 형성하기 시작하였다. 각 사회 주체가 생산하고 보유한 특정 대상에 관한 데이터는 한계성을 지니므로, 각 주체는 데이터 획득과 축적에 힘쓰며 타인의 데이터 접근을 방어하기 위한 보안 조치를 취한다. 데이터 수급 불균형을 해결하기 위해 시장 교류를 통한 데이터 유통 활용 방식이 등장하였다. 2010년경부터 데이터 거래 시장은 점차 디지털 경제의 새로운 구성 요소가 되었다. 데이터가 가치 있는 상품으로 교환되기 시작하면서 데이터 제품의 생산, 유통, 소비(사용)는 독립적인 경제 활동을 구성하게 되었다. 여기서 데이터 제품은 전통적인 콘텐츠 제품(출판물, 시청각 작품, 데이터베이스 등)의 디지털 제작(생산), 전파, 소비 활동과 구별된다. 이에 따라 독립적인 데이터 경제 개념이 도출되었다.

제 1 절 디지털 전환의 범주

디지털 전환(digital transformation)은 프로세스, 운영 및 도구를 전통적인 오프라인 환경에서 온라인/디지털 환경으로 이전하고, 그 안에서 데이터를 집약·통합하여 데이터 인텔리전스 분석 및 응용 역량을 구축하여 조직이 데이터 기반 발전의 길로 나아가도록 하는 것이다. 그러나 디지털 전환은 단일 프로젝트나 일시적 조치가 아니라 기업과 사회경제의 지속적 발전을 위한 필연적 과정이다. 현재 디지털화 수준과 무관하게 모든 조직은 이 발전 경로를 선택해야 하며, 그렇지 않으면 사회에서 도태될 것이다. 이를 위해 각 기업은 자사의 디지털 발전 단계에 부합하는 디지털 전환 전략을 수립해야 한다.

1. 디지털 발전 과정의 3단계

디지털화는 디지털 기술 또는 정보통신기술(ICT)의 비즈니스 적용에서 시작된다. 대략 전자화, 네트워크화, 디지털 전환의 세 단계를 거친다.

첫 번째 단계는 전자화이다. 한편으로는 기업 내부 관리의 전자화,

재무 전자화, ERP, 기업 웹사이트 등으로 나타난다. 다른 한편으로는 대외 업무 교류와 거래에 이메일, EDI, 네트워크 거래 플랫폼을 활용하는 것으로 나타난다. 기술적 측면에서 보면 정보와 문서가 아날로그 형식에서 디지털 형식으로 전환되어 네트워크를 통해 전송, 저장, 처리된다. 사회경제적 변화 측면에서는 주로 전자상거래, 전자정부, 전자공동체가 사회 발전을 주도한다. 법적 측면에서는 2004년 「전자서명법」이 공포·시행되어 디지털화 1단계의 상징적 성과가 되었다.

두 번째 단계는 네트워크화이다. 인터넷 보급과 활용이 확대되면서 네트워크는 더 이상 소수 기업의 전유물이 아닌 사회 전반에 보편적으로 적용되었다. 인터넷 기술이 전통 산업에 침투하면서 '인터넷+'와 '+인터넷' 개념이 유행하기 시작하였다. 디지털 기술이 업무 프로세스에 통합 적용되면서 사회 전체의 분업, 산업체인, 기업 조직 형태, 업무 생태계에 영향을 주며 사회자원 배분의 재구성과 조정을 가져왔고, 산업 융합과 재구성을 촉진하여 신흥 산업을 창출하였다.

세 번째 단계는 디지털 전환이다. 디지털 기술이 지속적으로 발전하고, 특히 사물인터넷 기술이 사회 전반에 적용되면서 네트워크 사회와 현실 사회가 융합되고, 사회생활과 생산·경영·사회 거버넌스가 통합되면서 인류 사회는 점차 만물이 연결된 디지털 생존 단계로 진입하고 있다. 유비쿼터스 네트워크는 현실 사회의 인지 네트워크를 구성하며, 현실 속 사회 실체(사람, 사물, 조직 등 데이터 과학에서 엔티티(entity)라 함)의 움직임, 행동 또는 사건은 모두 기록될 수 있다.

기계 학습, AI 알고리즘 등 지능형 시스템은 인위적 개입 없이도 통찰·예측·지식 발견 등 다양한 문제의 해답을 제시하고, 더 나아가 인간을 대신하여 지능적 행위를 수행할 수 있다. 이것이 바로 "빅데이터+인공지능"이 인류 사회 발전에 제시하는 새로운 청사진이다. 데이터 인텔리전스 기술의 적용은 인지 방식(지식 생산 방식)의 변혁을 가져왔으며, 디지털 기술과 응용도 이전의 '비즈니스 주도 디지털화'에서 '데이터 주도'하고 비즈니스 재구성 및 '지능형 운영'으로 전환되며 진화하고 있다. 현재 우리는 이러한 변혁을 디지털 전환으로 설명한다. 간단히 말해, 디지털 전환은 데이터를 조직의 기초 자원으로 삼아 지능 기술을 통해 조직의 의사결정, 연구개발, 업무를 지원하고 업무 프로세스를 최적화하며 운영 성과를 향상시키는 것이다. 디지털 전환과 데이터 주도는 본질적으로 동일한 의미를 지니며, 데이터경제와 지능형 경제는 디지털 전환 이후의 경제 형태를 설명하는 개념이다.

2. 디지털 전환의 근본 목표: 데이터 지능의 실현

디지털 전환은 단순한 디지털화의 업그레이드가 아니라 디지털화의 결과를 재활용하여 데이터가 동력이 되는 사회경제적 운영 모델을 형성하는 것이다. 이는 디지털화가 일정 단계에 도달하여 데이터 인프라를 구축하고, 비즈니스 운영을 주도하며, 지능형 의사결정을 지원하는 발전 모델로, 데이터 주도나 데이터 경제와 기본적으로 동일한 의미를 지닌다.

따라서 디지털 기술의 응용은 여전히 그 기반이 된다. 디지털 전환 성공의 핵심은 조직이 무분별하게 다양한 시스템을 도입하기보다, 지능적 분석을 지원한다는 목적에 따라 조직의 디지털 인프라를 구축하고 디지털 기술을 적용해야 한다는 점이다. 가장 중요한 것은 조직 내 각 시스템을 연결하고, 통일된 기술 및 데이터 표준으로 데이터 인프라를 구축하여 데이터의 유일성, 일관성, 진정성, 완전성 및 재사용성을 유지함으로써 조직의 지능적 의사 결정을 지원하고, 동시에 외부로 재사용 가능한 데이터를 공유하거나 유통할 수 있도록 하는 것이다. 데이터 기반의 지능적 의사 결정을 위한 디지털 기반이 형성되면 조직은 디지털 전환을 달성한 것이 된다.

디지털 경제가 급속히 발전하는 시대에 디지털 전환은 선택 사항이 아닌 필수 사항이다. 인류가 이미 디지털 사회에 진입했기 때문이며, 모든 조직은 규모나 업종에 관계없이 생존과 발전을 위해 디지털 기술에 점점 더 의존하고 디지털 경제 경쟁에서 승리하기를 추구한다.

디지털 전환은 각 조직의 발전 기회이자 사회 전체의 발전 기회이다. 2021년 1월, 상하이시가 발표한 《상하이 도시디지털전환 전면 추진에 관한 의견》은 전면적인 디지털 전환 발전 전략을 제시하고 경제, 생활, 거버넌스의 '삼위일체' 도시 디지털 기반을 구축함으로써 사회 전반의 디지털 전환을 추진하고, 이를 통해 각 조직의 역량을 강화하여 결국 전체 사회가 데이터 주도형 발전을 실현하는 것을 목표로 한다.

심화 학습

디지털 전환의 제안

이미 2011년 MIT 데이터 비즈니스 센터와 Capgemini 컨설팅 센터는 《디지털 전환: 억만 달러 규모의 조직을 위한 로드맵》 연구 보고서[1]를

1 MIT Center for Digital Business and Capgemini Consulting: DIGITAL TRANSFORMATION: A ROADMAP FOR BILLION-DOLLAR ORGANIZATIONS.

발표하며 디지털 전환에 대한 기본적 정의를 제시하였다. 이 보고서는 디지털 전환을 기술 활용을 통해 기업 성과를 근본적으로 향상시키거나 목표 과정(reach of enterprises)으로 정의하였다. 그들은 "성공적인 디지털 전환은 신기술 도입이 아니라 신기술이 제공하는 이점을 최대한 활용해 조직을 변화시키는 것"이고 "주요 디지털 전환 계획은 고객 경험, 운영 프로세스, 비즈니스 모델 재구상을 중심으로 하는 것이다. 기업은 기능(functions)의 운영 방식을 바꾸고, 기능 간 상호작용 방식을 재정의하며, 심지어 기업 경계를 지속적으로 진화시키고 있다"고 강조하였다. 또한, "성공적인 디지털 전환은 새로운 조직을 만드는 데서 비롯되는 것이 아니라, 기존의 귀중한 전략적 자산을 새로운 방식으로 활용하기 위해 조직을 재구성하는 데서 비롯된다" 나아가 "신기술이든 기존 기술이든, 디지털 전환의 핵심은 기업 운영 방식을 재구상하고 변화시키는 데 있다고 강조하였다. 이는 단순한 기술적 도전이 아닌 경영진과 구성원 모두에게 주어진 과제이다."[2]

3. 디지털 전환의 실행

데이터는 기업 정보화 구축이 일정 단계에 이른 산물이다. IBM에 따르면, 현재 전 세계 데이터의 90%는 지난 2년 동안 생성되었으며, 매일 2.5조 바이트의 데이터가 발생한다. 이러한 데이터가 활용되지 않거나 충분히 활용되지 않을 경우, 기업은 치열한 시장 경쟁에서 승리할 기회를 상실할 수 있다. 빅데이터는 기업의 현재와 미래를 위한 핵심 전략

2 MIT Center for Digital Business and Capgemini Consulting: DIGITAL TRANSFORMATION: A ROADMAP FOR BILLION-DOLLAR ORGANIZATIONS.

자산이 되었으나, 핵심은 데이터를 어떻게 활용하여 기업 발전과 경쟁력 강화의 자원으로 삼느냐에 있다. 데이터 주도 전략은 사실상 기업을 데이터 자원에 의존하는 새로운 발전 모델로 전환하는 것이다. 클라우드에 의한 컴퓨팅 비용의 추가적인 감소는 기업 디지털화를 위한 기반 환경을 제공하며, 다양한 데이터 수집·분석 도구는 기업이 데이터를 수집·저장·분석할 수 있는 가능성을 열어 주어 데이터 기반 비즈니스 인텔리전스(BI) 운영으로의 전환을 가능케 한다.

기업은 운영 효율성을 높이기 위해 네트워크에 접속하고 내부 및 외부 네트워크 시스템을 구축하는 것 외에도 다양한 업무 시스템을 지속적으로 구축해 왔다. 그러나 일부 기업의 정보 시스템은 부서별·모듈별로 분리되어 있어 시스템 간, 부서 간 연결이나 소통이 부족한 경우가 많다. 데이터 주도 전략의 실현을 위해서는 기업의 내·외부 데이터를 통합하고 연결하여 표준이 통일되고 자유롭게 매칭 및 조합이 가능한 데이터 자원 풀을 구축하고, 다양한 지능형 분석 도구를 도입하여 데이터 기반의 지능형 의사결정 시스템을 형성해야 한다. 이러한 전환의 목적은 데이터를 활성화하여 '빅데이터+인공지능'이 기업의 혁신과 효율성 제고에 기여하도록 하는 데 있다. 이 과정에서 기업은 외부 시장 및 고객에 대한 예측 분석을 바탕으로 비즈니스 모델과 관리 프로세스를 재정의해야 할 수 있으며, 기업을 완전히 지능적 의사결정으로 전환하고 신속한 대응 메커니즘을 구축하여 기업 운영 관리, 프로세스 관리, 생산, 판매, 고객 서비스 역량과 효율성을 향상시켜야 한다.

디지털 전환은 단순한 기술 전환이 아닌 문화적 전환이자 비즈니스 전환이다. 고객 경험, 비즈니스 모델 및 운영의 근본적인 재구축으로, 지능형 기술을 활용해 가치를 제공하고 수익을 창출하며 효율성을 높이는 것을 목표로 한다. 각 기업은 자신의 비즈니스와 디지털화 단계에 따라 디지털 전환 발전 전략을 수립해야 한다.

제 2 절 기업의 디지털 전환

디지털화의 핵심은 비즈니스 주도형 기업 운영의 디지털화이며, 디지털 전환의 핵심은 데이터 주도형 기업 의사결정의 지능화이다. 그러나 이는 모든 기업이 먼저 디지털화를 거쳐 전환하는 기존 방식을 따라야 한다는 의미는 아니다. 이미 일정 수준의 디지털 기반을 갖춘 기업에게 디지털 전환은 정확한 데이터 통찰력(data-insight)을 실현하기 위해 데이터 전략, 데이터 관리, 프로세스 및 분석을 어떻게 올바르게 실행하고 개선할 것인지를 요구한다. 기업은 오프라인 데이터를 통합하고 개선하여 크로스 비즈니스와 지능형 의사결정을 지원하는 방법을 고려해야 한다. 즉, 기업 디지털 전환의 핵심은 디지털화가 아닌 전환 그 자체에 있다는 뜻이다. 아직 디지털화된 비즈니스 운영을 실현하지 못한 기업은 디지털 운영 플랫폼 구축 여부, 고객 및 외부와의 디지털 상호작용 수단(앱, 부가서비스 등) 활용 방안, 또는 제3자의 컴퓨팅 파워 서비스, 데이터 서비스, 지능형 분석 서비스 등을 직접 활용해 디지털 전환을 가속화하고 발전의 길을 열어야 할지 고려해야 한다. 즉, 디지털화가 시작 단계에 있는 기업은 초기부터 데이터 재사용 목표를 바탕으로 자체 데이터 아키텍처, 데이터 카탈로그, 거버넌스 표준 등을 구축하여 즉시 활용 가능한 데이터 자원을 확보할 수 있다. 이로써 '비즈니스 주도형 디지털화'에서 '데이터 주도형 전환'으로의 비효율적 우회를 방지할 수 있다.

따라서 기업의 현재 디지털화 단계와 무관하게, 기업은 다음 사항을 반드시 인식해야 한다. 디지털 전환은 디지털화와 동일하지 않으며, 디지털 전환의 요구에 따라 지능형 운영에 적합한 차세대 디지털 인프라를 구축해야 한다. 이 모든 것은 기업 전략 계획, 즉 디지털 전환을 기업 발전 전략으로 전환하여 기업 발전 계획에 포함시키는 것에서 비롯된다. 이하에서는 각 조직의 산업 환경, 기초 조건, 우선순위 및 비전 등의 차이를 배제하고, 디지털 전환 실행 시 고려해야 할 핵심 요소를 개괄하기로 한다.

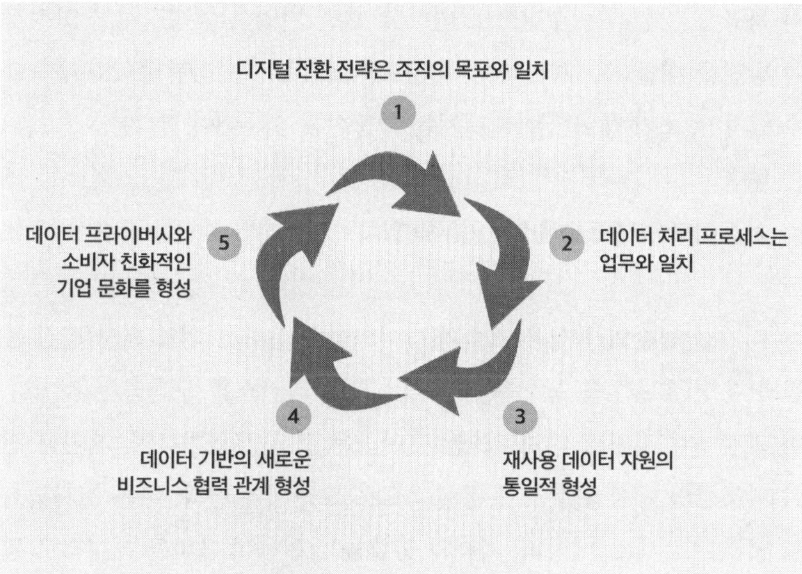

그림 3-1 재사용 데이터 자원의 형성

1. 디지털 전환 전략은 조직의 목표와 일치

디지털화는 기업 발전을 지속적으로 변화시키는 힘이며, 디지털 전환은 비즈니스 주도형에서 데이터 주도형으로의 전환을 강조한다. 디지털 전환은 하나의 프로젝트로 간주되어서는 안 되며, 기업의 지속적 발전을 위한 기본 모델이어야 한다. 따라서 기업은 발전 목표를 중심으로 디지털 전환 전략을 구축해야 한다. 기업이 미래 발전 방향을 명확히 한 후에는 초기부터 탄탄한 데이터 기반을 마련해야 하며, 이러한 데이터 기반 역시 기업의 장기 목표에 부합해야 한다. 디지털 전환을 실행함에 있어 반드시 먼저 디지털 전환의 목표가 무엇인지 물어야 하며, 이러한 목표는 반드시 기업 발전 목표여야 한다. 디지털 전환을 기업의 장기 발전 목표를 지원하는 수단으로 인식할 때만 기업은 지속적이고 안정적인 발전을 이룰 수 있다. 데이터 인프라스트럭처는 점진적으로 구축할 수 있지만, 초기 데이터 아키텍처는 확장성을 갖추어야 한다.

2. 데이터 처리 프로세스는 업무와 일치

디지털 전환의 핵심은 기술과 데이터를 활용해 기업의 의사 결정 품질과 운영 효율성을 높이는 비즈니스 인텔리전스를 구축하는 것이다. 이 과정에서 고립된 디지털화만 고려하는 것은 무의미하며, 데이터 전략과 통합의 재활용 목표를 종합적으로 고려해야 한다. 이는 전사적으로 업무 프로세스, 데이터, 기술의 통합을 실현하여 올바른 데이터로 뒷받침되는 운영 계층을 형성해야 함을 의미한다. 성공적인 디지털 전환 전략은 데이터 전략, 기술 지원 계획, 전체 구조, 비즈니스 및 마케팅 목표, 고객 경험 등 여러 요소를 고려해야 한다.

디지털 전환의 핵심은 데이터 통합과 연계에 있으며, 통일된 데이터 표준에 따라 데이터를 거버넌스를 구축하고 기업 데이터 자산을 관리하여 모든 사업 부서가 데이터 생산자이자 이용자가 되도록 하는 것이다. 이를 통해 단일 사업 부서나 담당자만 데이터를 활용하거나 IT 또는 데이터 센터가 데이터를 종합적으로 관리하는 구조를 탈피해야 한다. IT 부서 역시 중요하지만, 주로 기술 지원 업무를 담당할 뿐 데이터 처리 업무를 책임지지 않는다. 즉 IT 부서가 기업 디지털 전환에서 수행하는 주요 역할은 기술 도구를 제공하는 것이지 데이터를 처리하는 것이 아니다.

3. 재사용 데이터 자원의 통일적 형성

디지털 전환은 기업 운영의 모든 측면에 걸쳐 있으며 해결해야 할 다양한 문제를 포함하지만, 그 핵심은 데이터 파편화를 해결하고 데이터 고립을 해소하여 통일된 재사용 가능한 데이터 자원을 구축하는 데 있다. 기업이 효과적인 전환을 이루는 핵심은 데이터이다. 기업이 디지털화를 선택하든 아니든, 목표는 올바른 전략, 기술 및 인프라를 구현하여 데이터로부터 더 많은 가치를 창출하는 것이다. 디지털 전환은 기업 내부의 각 업무 시스템을 통합할 뿐만 아니라 외부 비즈니스(고객) 및 채널의 네트워크 통합을 포함한다. 분산된 데이터를 통합하고, 이를 통일·조직화·조정·관리하는 것은 디지털 전환이 극복해야 할 핵심 과제이다. 일반적으로 채택되는 전략은 부서 간 데이터 일관성 확보와 내부 데이터 소스 단일화를 실현한 후, 이를 기반으로 내부·외부 데이터, 온라인·오프라인 데이터를 집계·최적화·통합하여 통일된 활용 가능한 데이터 자원을 구축하는 것이다. 이러한 통합을 실현하기 위해서는 참여자들의 자기중심적 사고나 폐쇄적 독립적 사고방식을 제거하는 것 외에도, 통일된 기술 표준과 프로세스를 수립하고, 모든 참여자가 기술과 프로세스에 따라 운영할 수 있도록 단순하고 사용하기 쉬운 시스템이나 도구를 제공하는 것이 중요한다. 이를 통해 데이터 자원 간의 상호 운용성을 유지할 수 있다. 단일 출처의 정확하고 풍부한 데이터, 상호 운용 가능한 데이터 자원이 확보되면, 데이터가 중앙 집중식으로 저장되든 아니든 관계없이 통일된 사용 가능한 데이터 자원 풀을 형성하여 기업의 스마트한 행동을 지원할 수 있다.

4. 데이터 기반의 새로운 비즈니스 협력 관계 형성

디지털 전환은 고립되어 존재하는 것이 아니라, 사회 전체의 자원 배분과 비즈니스 모델을 변화시키는 기업의 필연적 과정이다. 기업의 디지털 전환은 산업의 상하구조 및 기존 고객 네트워크와 불가분의 관계를 가진다.

따라서 디지털 전환은 단일 기업의 문제가 아니며, 성공적인 디지털 전환은 필연적으로 산업의 상·하 구조의 디지털 전환을 요구하거나 주도한다. 결국 디지털 전환은 데이터 기반의 새로운 비즈니스 생태계, 즉 데이터 생태계를 구축하는 것이다. 누가 데이터를 주도할 수 있는가, 바로 그 주체가 데이터 생태계를 주도하고 산업을 주도할 수 있다. 따라서 디지털 전환은 비즈니스 가치 사슬을 고려해야 하며, 비즈니스 파트너의 이익을 고려한 기반 위에서 전체적인 전략을 수립해야 한다. 그렇지 않으면 분열된 생태계로 인해 또 한 번 고통스러운 전환 과정을 겪게 될 것이다. 그러나 올바른 시기에 올바른 방식으로 데이터 생태계를 구축하고 모든 참여 주체가 상생할 수 있는 공존적 생태계를 실현하는 것은 결코 쉬운 일이 아니다.

5. 데이터 프라이버시와 소비자 친화적인 기업 문화를 형성

전면적인 디지털 전환 배경에서, 기업이 최종 개인 소비자를 대상으로 하든 그렇지 않든 데이터 프라이버시와 소비자 권리 보호 문제에 직면하게 된다. 디지털 전환에 전념하는 기업은 결국 사람 중심의 제품 및 서비스 마케팅으로 전환하게 된다. 따라서 기업은 최종 사용자에게 편의를 제공하는 동시에 개인의 선택을 존중하고 개인 프라이버시를 보호함으로써 소비자의 신뢰를 얻어야 한다. 소비자가 점차 디지털 공간으로 진입함에 따라 기업은 최적의 고객 경험을 제공하기 위해 점점 더 다양한 채널과 기술을 활용해 제품이나 서비스를 홍보해야 한다. 고객 기대에 부응하는 원활한 고객 경험을 실현하고 고객 만족도를 높이며 브랜드 선호도를 강화하기 위해서는 소비자 데이터 활용이 필수적이다. 소비자의 개인화된 요구를 충족시키면서도 개인 프라이버시가 존중받고 있음을 느끼게 하려면, 기업은 프라이버시와 개인정보 권리 보호를 비즈니스 전반에 철저히 관철시켜 사용자 친화적 문화를 형성해야 한다.

요컨대, 데이터는 변혁을 추진하는 연료이다. 생산하고 활용 가능한 데이터를 집계하며 데이터 가치를 극대화하는 것이 핵심이다. 과학적인 데이터 아키텍처, 명확한 데이터 전략 수립, 데이터의 통합·연계·구성·활성화로 데이터 인사이트를 창출하는 것이 디지털 전환의 궁극적 목표이다. 이 목표는 다음과 같이 세분화할 수 있다:

- 데이터 품질과 완전성 — 데이터를 통찰력으로 전환;
- 신원 관리 및 개인정보 보호 — 고객 중심 접근;
- 타겟팅 및 세분화 — 올바른 장소에서 올바른 대상에게 도달;
- 조직화된 프로세스 및 기술 — 더 빠르고, 더 간소화되며, 더 스마

트한 실행;
- 개인화 — 올바른 접점을 통한 더 나은 고객 경험 제공.

제 3 절　정부의 디지털 전환

1. 정부 디지털 전환의 단계와 성과

중국은 전자통신 기술의 행정 분야 활용을 매우 중시해 왔으며, 초기 행정 정보화 (전자화)에서 전자정부, 그리고 오늘날의 디지털 정부로의 발전하는 중국의 정부가 지속적으로 디지털 기술 활용 역량을 강화하고 공공 관리 및 공공 서비스 능력을 향상시키고 있음을 보여 준다. 디지털 정부는 대략 다음과 같은 단계를 거쳤다.

(1) 1980년대부터 1990년대까지의 사무 자동화 단계;

(2) 1993년부터 1998년까지 전문 분야 정보화 단계에서 금자공정(金字工程) 건설[3]

(3) 1999년부터 2002년까지 정부 인터넷 접속 사업 단계에서 정부 웹사이트가 전면적으로 시행됨;

(4) 2002년 이후, 행정 정보 응용 능력 향상을 중심으로 한 전자정부 단계로 진입;

3　1993년 시작된 '3금 프로젝트'(금관·금세·금카드)는 현재 '12금' 이상으로 확대되어 금세·금재·금둔·금심·금무·금농·금보 등으로 발전하였다. "금자공정"은 중국이 1993년부터 시행한 국가 정보화 중점 시스템 공정으로, "금관 金关", "금세 金税", "금카드 金卡" 등 일련의 특별 공정을 주체로 하여 대외 경제무역, 세무, 금융, 농업 등 분야를 포괄하고 있으며, 표준화와 네트워크화를 통해 국민 경제 관리 효율성을 향상시키는 것을 목표로 하고 있다.

(5) 2016년, 행정 정보 공유를 핵심으로 한 전자정부 구축 추진 시작;
(6) 2022년, 디지털 정부 건설 단계로 진입.

디지털 정부 구축 측면에서는 현재 세 가지 측면의 구축에 중점을 두고 있다:

(1) 인프라 구축 측면에서는 '원스톱 온라인 처리(一网通办)'와 '원스톱 온라인 관리(一网通管)'를 실현하여 정부의 행정 및 서비스 역량을 강화하고;
(2) 행정 정보 공유를 지속적으로 심화하여 정부의 집약적·효율적 운영 역량을 강화하고;
(3) 공공 데이터 개방을 꾸준히 추진하여 정부의 디지털 경제 서비스 역량을 강화하고 있다.

2. 디지털 정부 구축의 지침 문서

디지털 정부 구축 측면에서 지방 정부는 적극적인 모색을 통해 다수의 지방 법규를 제정하였다.

규정을 제정하는 동시에 다양한 제도적 조치를 시범 운영하며 국가 디지털 정부 구축과 표준화된 발전을 위한 경험을 축적해 왔다. 국가 차원에서는 아래 규범적 문서들이 디지털 정부 구축 과정에서 지침 및 규범 역할을 수행하고 있다. 2002년 8월, 중국 공산당 중앙위원회 판공청과 국무원 판공청 《국가 정보화 지도 소조의 중국 전자정부 구축에 관한 지도 의견》(中办发〔2002〕17号 文件)을 전재하여 중국 전자정부 건설의 지도 사상, 원칙, 주요 목표, 과제 및 주요 조치 등에 대해 구체적으로 배치하였으며, 중국 전자정부는 전략적 지위로 정부 행동 계획에 편입되기 시작하여 전면적 전자정부 건설 단계에 접어들었다.

2007년, 《정부 정보공개 조례》(国务院令第492号)가 공식 발표·시행되어 정부 업무의 투명성 제고와 법에 따른 행정의 촉진을 목포로 하였으며, 정부 정보가 국민의 생산·생활 및 경제사회 활동에 대한 서비스 역할을 충분히 발휘하도록 하는 제도적 기반을 마련하였다.

2016년, 국무원에서는 《행정정보자원 공유관리 잠정방법》(国发〔2016〕51号)을 발표했는데, 이는 《빅데이터 발전을 촉진하기 위한 행동요강》을 이행하기 위해 발표된 기초 문서로, 행정 정보 시스템 간 상호 연결과 공공 데이터 공유를 촉진하여 정부의 신뢰도를 높이고 행정 효율을 향상시키는 것을 목표로 한다. 이 문서에서 제시한 행정 정보 자원[4] 공유의 기본 원칙은 디지털 정부 건설이 따라야 할 기본 원칙이다. 그중 "공유를 원칙으로 하고, 공유하지 않는 것을 예외로 한다"는 원칙은 행정 정보 공유의 기본 지침이 되었다.

2022년 4월, 중앙 전면적 개혁 심화 위원회는 《디지털 정부 건설 강화에 관한 지도 의견》(国发〔2022〕14号)을 심의 통과시켰다. 이 의견은 "경제사회 디지털 전환 추세에 적극적으로 부응하고, 디지털 발전의 혜택을 충분히 발휘하며, 개혁과 혁신을 통해 혁신적 발전을 가속화하여 디지털 정부 건설의 새로운 국면을 전면적으로 열어야 한다"고 명시하였다. 분명히 디지털 정부 건설은 디지털 전환을 추진하는 구성 요소일 뿐만 아니라 사회경제 전반의 디지털 전환을 이끄는 중요한 선도자이기

4 《행정정보자원 공유관리 잠정방법》 제2조: "본 방침에서 말하는 행정정보자원이란 행정 부서가 직무 수행 과정에서 제작하거나 취득한, 일정한 형태로 기록·보존된 문서, 자료, 도표 및 데이터 등 각종 정보자원을 말하며, 여기에는 행정 부서가 직접 또는 제3자를 통해 법에 따라 수집한 정보자원, 법에 따라 권한을 부여받아 관리하는 정보자원, 그리고 직무 수행 필요에 따라 행정정보시스템을 통해 형성된 정보자원 등이 포함된다. 본 방법에서 말하는 행정 부서는 정부 부서 및 법률·규정에 의해 행정 기능을 부여받은 사업 기관과 사회 조직을 말한다."

도 하다. 디지털 정부 구축이 디지털 경제, 디지털 사회, 디지털 생태계에 대한 선도적 역할을 발휘해야 한다.

또한, 이 의견은 데이터 역량 강화를 디지털 정부 구축의 핵심으로 삼으며 다음과 같이 지적한다: "데이터 거버넌스 제도와 표준 체계를 확립·완비하고, 데이터 집적·융합, 공유·개방 및 개발·활용을 강화하여 데이터의 법적·질서 있는 흐름을 촉진함으로써 데이터의 기초 자원 역할과 혁신 엔진 역할을 충분히 발휘하고, 정부 의사결정의 과학적 수준과 관리 서비스 효율을 높이며, 경제사회 발전의 새로운 동력을 창출해야 한다." 이는 모두 데이터 기반 정부 스마트 의사결정의 핵심 제도 정책이다.

3. 디지털 정부 구축의 기본 내용과 목표

디지털 정부 구축은 정부 자체의 프로세스 재구축과 디지털 경제 정책 제공을 모두 포함한다. 디지털 경제 정책은 인프라, 플랫폼 구축, 시장 육성, 공공-민간 협력 등 여러 가지 분야를 포괄하며, 본질은 정부가 기업의 디지털 전환 발전을 위해 어떻게 양호한 인프라와 정책 환경을 제공하는가에 있다. 따라서 디지털 정부 구축은 디지털 기술을 행정 분야에 심층 활용을 통해 행정 업무의 디지털화 업그레이드를 추진해야 할 뿐만 아니라, 정부 자체의 의사 결정과 거버넌스를 통해 디지털 전환을 실행하고 데이터 기반 의사 결정 거버넌스로 전환해야 한다. 이러한 의미에서 "원스톱 온라인 처리(一网通办)", "원스톱 온라인 관리(一网通管)", "대면 없는 심사(不见面审批)", "가까운 곳에서 처리(就近办)", "한 번에 처리(一次办)", "기업 지원 정책 정밀 전달(惠企政策精准推送)", "정책 이행 직접 전달 및 직접 혜택(政策兑现直达直享)" 등은 모두 네트워크 또는 디지털 기술이 정부 관리 및 서비스에 적용되어 행정 효율성과 서비스 편의성을 높이는 사례에 해당한다. 새로운 차원의 디지털 정부 구축은 데이터 주도 및 데이터 활용 역량 강화에 초점을 맞춰야 하며, 데이터를 통해 정부에 역량을 부여하고 나아가 사회 전반에 역량을 확산시켜 전체 사회의 디지털 전환을 촉진해야 한다. 예를 들어, 정부는 디지털화된 행정과 감독을 통해 생성된 빅데이터를 활용해 기업이나 기타 시장 참여자의 데이터를 수집·분석하여 시장 주체의 프로필을 구축할 수 있다. 이를 통해 기업 발전에 더 정밀하고 효율적인 서비스를 제공할 수 있을 뿐만 아니라, 기업의 법규 위반 행위를 정확히 발견하여 적시에 감독·시정할 수 있다. 이렇게 하면 진정한 데이터 기반 행정과 서비스를 실현할 수 있다.

정부는 어떻게 제도 공급을 강화할 수 있을까? 디지털 경제 발전을 촉진하는 관점에서 볼 때, 한편으로 정부는 지속적이고 안정적이며 과학적인 정책과 법률 제도를 제공하여 시장 주체의 '클라우드 전환, 데이터 활용, 인공지능 도입'에 부합하는 규칙과 지침을 제시해야 한다. 이를 통해 기업의 디지털 전환에 대한 내생적 동력을 자극하고 '빅데이터+인공지능'의 사회경제적 심층 적용을 추진해야 한다. 다른 한편으로 정부 데이터 거버넌스를 강화하여 사회에 기계 판독 가능하고 재사용 가능한 원시 데이터를 개방함으로써 공공 데이터 요소의 공급자가 되어야 한다.

또한 디지털화는 사회 분업과 경제 구조를 전환시키고, 산업 융합과 산업 전환·업그레이드를 가속화하며, 전체 경제 운영 환경과 경쟁 환경을 변화시키고 있다. 기업이 새로운 디지털 환경에서 경쟁하고 발전하는 방식을 어떻게 규범화하고 공정한 경쟁 질서를 유지할 것인가는 정부 거버넌스와 규제에 대한 새로운 도전이다. 예를 들어, 인터넷 거대 기업과 인공지능 선도 기업이 전통 기업의 디지털 전환 과정에서 미치는 파급 효과를 어떻게 활용할지, 동시에 디지털 기술이 초래하는 독점적 행위가 전통 경제에 타격을 주지 않도록 방지하는 방안은 정부가 신중히 대응하고 예방해야 할 과제이다.

요컨대, 데이터는 디지털 경제의 가장 기초적인 사회 자원과 생산 요소이며, 현대 정부의 관리와 사회 거버넌스의 근본 요소이자 디지털 사회의 핵심 논리와 기반 자원이다. 데이터 구동을 목표로 하는 디지털 정부 개혁과 건설은 전 사회의 디지털 전환에 선도적 역할을 한다. 이를 위해서는 먼저 정부가 디지털 전환 사고방식에 따라 새로운 차원의 디지털 정부 구축을 선도해야 한다. 데이터 지능으로 정부 거버넌스 체계를 최적화하고, 정부의 데이터 거버넌스 역량을 강화하며, 조정 메커니즘을 확립해 디지털 경제 발전에 유리한 제도적 구조와 공정하고 질서 있는 환경을 조성함으로써 전 사회가 데이터를 공유하고 활용하여 경제·사회 전반의 고품질 발전을 주도하도록 해야 한다.

정보화(디지털화)에서 디지털 전환으로의 도약은 디지털 기술 적용하에 사회 발전 모델의 거대한 전환이다. 과거 행정 정보화가 전체 사회경제의 정보화를 주도했던 것처럼, 데이터 경제 발전 과정에서 정부의 디지털 전환이 전체 사회경제의 디지털 전환을 이끌어야 한다. 이는 한편으로는 정부가 사회경제 활동의 관리자이며 사회경제 활동에 필요한 기초 데이터를 집중 보유하고 있어 그 사회적 활용이 데이터 경제 촉진에 기초적 역할을 하기 때문이며, 다른 한편으로는 데이터의 사회적 활용 또는 재활용이 많은 불확실성에 직면해 기본 규칙 수립이 필요하고, 정부가 규칙 창설 능력을 갖춘 주체로서 데이터 재활용 측면에서 사회 주체에 모범적 선도 역할을 해야 하기 때문이다.

4. 정부 디지털 전환이 직면한 도전: 데이터 거버넌스

정부 디지털 전환의 핵심은 정부가 데이터 기반 공공 관리 및 공공 서비스로 전환하여 정부 내 데이터 요소의 활용과 지능화 수준을 높이는 것이다. 이를 위해 정부가 우선 수행해야 할 작업은 제품화 사고방식에 따른 데이터 거버넌스를 통해 데이터의 유일성, 정확성과 완전성을 바탕으로 정부 부처 간 데이터의 원활한 공유와 재사용을 실현하는 것이다.

실제로 2016년부터 중국에서는 '원스톱 온라인 권리(一網統管)+원스톱 온라인 처리(一網通辦)' 개혁을 추진해 왔으며, 이 개혁을 뒷받침하는 것은 데이터 거버넌스이다. 이를 통해 데이터를 재사용 가능한 데이터 요소로 전환하여 정부 부처 간 질서 있고 효율적인 공유 사용을 실현한다.

《행정정보자원 공유관리 잠정방법》은 행정정보자원 공유의 기본 원칙과 데이터 거버넌스 원칙을 제시하였다. 행정정보 공유 기본 원칙은 다음과 같다: 공유를 원칙으로 하고 비공유를 예외로 한다; 수요 지향적이며 무상으로 사용한다; 표준을 통일하고 통합 구축한다; 메커니즘을 구축하여 안전을 보장한다. 행정 데이터 거버넌스의 원칙은 "주관 부처가 제공하며 책임진다"는 거버넌스 원칙과 "처리 부처가 사용하며 관리하고 책임진다"는 거버넌스 책임 원칙이다. 이후 각 지방은 행정 데이터 공유를 위한 지방 규범을 시행하여 지역 간, 부처 간, 계층 간 행정 데이터의 질서 있는 공유를 추진하였다.

《"14차 5개년" 디지털 경제 발전계획》에서 국무원은 "디지털 공공 서비스의 보편적 접근성 및 균등성 강화"라는 정부 발전 목표를 제시하며, 디지털 인프라가 생산과 생활에 광범위하게 융합되어 행정 서비스,

공공 서비스, 민생 보장, 사회 거버넌스를 지원하도록 하는 것을 목표로 제시하였다. 지속적인 네트워크화, 디지털화, 지능화를 통한 기업 지원 및 민원 편의 서비스 체계를 구축함으로써, 전국 통합 행정 서비스 플랫폼 기능을 전면적으로 향상시키며, 행정 서비스의 표준화, 규범화, 편의화를 가속화하고, 행정 서비스의 디지털화 및 지능화 수준을 지속적으로 제고하여 기업과 국민에게 빈번히 요구되는 고빈도 서비스 사항을 "원스톱 온라인 처리"로 실현할 수 있는 체계를 갖추어야 한다. 특히 강조할 점은 데이터 인프라가 데이터 경제 발전의 물질적 기반이라는 점이다. 정부는 자원 배분자이자 공공 서비스 제공자로서 데이터 인프라 구축과 관리를 강화하여 데이터 경제 발전에 강력한 지원을 제공해야 한다. 데이터 플랫폼, 통신 네트워크, 클라우드 컴퓨팅 등 인프라 구축 및 업그레이드를 통해 데이터 인프라의 서비스 역량과 수준을 높이는 것은 정부가 데이터 경제 참여자로서 수행하는 중요한 역할이기도 하다.

현재 행정 데이터 공유는 일정한 성과를 거두었으며, 특히 '원스톱 온라인 처리'를 통해 국민 서비스와 관리 효율을 높여 국민의 실질적 혜택을 증진시켰다. 그러나 행정 데이터의 요소화 거버넌스, 부처 간 데이터의 합법적·효율적 공유 실현, 부처별 지능형 의사결정 지원 측면에서는 여전히 개선이 필요하다.

제 4 장 데이터 경제의 기본 구조

데이터 경제의 이상적인 상태는 각 조직이 데이터의 생산자, 분석 처리자, 응용자이자 동시에 데이터 요소의 공급자가 되어, 각 조직이 데이터 기반 운영과 데이터 지능화를 실현하며, 데이터 생산·유통·가공 분석을 기반으로 한 사회 분업 체계가 형성되고, 데이터의 사회적 배분과 활용이 실현되어 데이터 생산력을 주도적 발전 동력으로 삼는 것이다. 이러한 이상적인 구조를 구축하는 목적은 각 지역이 데이터 요소 시장을 육성하도록 유도하고, 각 조직이 데이터 경제에서 참여할 역할을 모색하며 데이터 경제 발전의 기회를 찾도록 하는 데 있다.

데이터 경제 발전 추진 과정에서 정부는 응용 역할을 수행한다. 한편 정부는 데이터 요소의 사회적 활용을 위한 제도 공급자로서 사회에 제도적 규칙과 정책 환경을 제공하여 데이터 요소 시장 구축을 유도한다. 다른 한편으로 각급 정부 부처는 수자원, 인구, 법인, 교통, 금융, 통신, 상공, 보건 등 방대한 기초 데이터 자원을 보유하고 있으며, 이러한 데이터는 다양한 방식으로 공개되어 사회에 제공될 수 있다. 정부는 데이터 요소 공급자로서 사회에 기초 데이터 자원을 제공하는 역할을 한다. 이에 대해서는 제6단원에서 별도의 강의를 통해 상세히 논의할 예정이며, 본 강의에서는 데이터 경제의 기본 틀과 운영 메커니즘을 개괄적으로 설명한다.

제 1 절　데이터 경제행위

행위 측면에서, 아래와 같은 행위를 수행하는 주체는 모두 데이터 경제 활동에 종사하는 것으로 간주된다.

1. 데이터 생산 활동

데이터 생산은 보편적인 현상이며, 특히 네트워크와 스마트 기기를 보유한 자들은 지속적으로 데이터를 생성할 수 있다. 이러한 데이터는 데이터 통합업체에 직접 연결되어 수익을 창출하거나, 거버넌스를 거쳐 재사용 가능한 데이터 제품으로 전환될 수 있다. 데이터 제품화 사고의 발전에 따라, 향후 각 조직은 데이터 제품화 가공 처리 능력을 갖추어 조직 내부 사용 및 외부 유통 활용 요구를 충족시켜야 한다.

심화 학습

데이터 생산 이론

인류는 데이터 주도 시대로 진입하고 있으며, 데이터는 사회의 기초 자원이 되었으나, 데이터는 여전히 공공 영역에 속한다고 여겨져 데이터 권리화를 방해하고 데이터 자원 활용 질서 확립을 저해하고 있다. 특정 대상을 묘사하는 데이터는 자연적으로 존재하는 것이 아니라 생산된 것이며, 데이터 가치(예측 분석, 새로운 지식 발견) 실현 과정은 원시 데이터 생산(수집), 데이터셋 생산(집합적 처리), 데이터 분석(분석적 처리) 세 가지 행위로 구분된다. 앞의 두 행위를 데이터 생산이라 칭하고 데이터 생산 이론을 제시해 보기로 한다. 데이터 생산 이론은 먼저 데이터 생산과 데이터 분석을 구분해야 한다. 원시 데이터 생산은 분석 원재료 제공자를 기반으로 하며, 그 가치를 인정하고 적절한 권리를 부여하여 다양한 분석 목적에 부합하는 데이터셋 생산을 가능하게 한다. 동시에 데이터 생산은 데이터 출처도 구분해야 한다. 개인으로부터 유래한 데이터가 반드시 개인이 생산한 것은 아니며, 개인이 데이터를 제공하거나 창작했을 때만 데이터 생산자로 간주된다. 따라서 데이터 생산 이론은 데이터를 일종의 자원으로 간주하는 상황에서 데이터 권리 배분에 이론적 근거를 제공하며, 적절한 권리 배분을 통해 원시 데이터 생산자에서 데이터 세트 생산자, 나아가 데이터 분석자에 이르는 데이터 활용 질서를 구축한다.

데이터 생산의 문제가 존재한다면, 우리는 데이터 출처자와 데이터 생산자를 구분해야 한다. 데이터가 기술하는 대상은 단지 데이터의 근원일 뿐, 반드시 데이터를 생성하거나 생산하는 것은 아니다. 데이터를 더 정확하게 표현하기 위해, 우리는 데이터가 묘사하는 대상(주제)을 데이터 원천 또는 데이터 출처자로 부르며, 데이터 수집 도구 시스템이나 장비를 설계하거나 데이터 수집 활동을 수행하는 것을 데이터 생산이라 부르고, 데이터 생산에 실질적인 기여를 하는 주체를 데이터 생산자라 부른다. 데이터 생산 활동은 데이터와 묘사 대상 사이의 분리를 실현하여 묘사하는 대상과 독립적으로 존재하는 형태를 미루며, 데이터 분석을 위한 원시 데이터(raw data)를 형성한다.

데이터가 기술 대상에서 수집되거나 분리된 후에는 직접적인 사용 가치가 없거나 제한된 사용 가치만을 지니며, 서로 다른 유형의 데이터 간 고립성을 해소하고 데이터의 상호 연결, 재정제 및 더 가치 있는 데이터 생성을 실현해야 한다. 이것이 바로 데이터 세트의 생산이다. 데이터셋 생산은 이미 형성된 데이터를 가공 처리하는 활동으로, 특정 목적에 따라 수집·집계, 정제·정리, 분류·집합을 거쳐 사용 가능한 데이터 자원을 형성한다. 이를 통해 원시 데이터를 사용 가치가 있는 제품성 데이터로 가공하며, 이를 데이터셋(datasets)이라 부른다. 가치 실현 측면에서 데이터는 '원재료' 상태에서의 수익화부터 '초가공' 후의 수익화까지 두 가지 방식으로 이루어지는데, API 인터페이스 호출과 데이터 파일 세트의 생산방식 형태로 나타난다. 명백히 API 인터페이스를 통한 원시 데이터의 수익화는 방대한 사용자 기반과 우수한 데이터 수집·통합 체계를 보유한 네트워크 서비스 제공자나 플랫폼이 데이터 가치를 실현하는 방식이다. 이러한 네트워크 플랫폼은 대부분 수집 과정에서 사용자 데이터를 이미 초기에 정제했기 때문에 원시 데이터의 직접 수익화가 가능하다. 반면 데이터셋 또는 데이터 파일 집합의 생산은 원시 데이터 수익화보다 더 보편적인 방식이다.

—가오푸핑(高富平):《데이터 생산 이론: 데이터 자원 권리 배분의 이론적 기초》,《교대법학(交大法学)》2019년 제4호

2. 데이터 유통·거래 활동

합법적으로 데이터를 보유한 자는 데이터를 가공 처리하여 사회적 수요를 충족하는 다양한 데이터 제품을 생산할 수 있으며, 이러한 데이

터 제품은 다양한 데이터 거래 방식을 통해 거래된다. 각 조직이 데이터 제품 생산 능력을 갖추게 되면, 각 조직은 본업에 종사하는 동시에 생산한 데이터 제품을 직접 유통 거래할 수 있게 되며, 데이터 유통 거래는 각 조직의 "부업"이 될 수 있다.

데이터 보유자가 타인에게 데이터를 제공하거나 타인이 데이터를 획득·사용하도록 하는 행위를 데이터 공유라고 부른다면, 데이터 공유와 데이터 유통은 동의어이다. 광의의 데이터 유통이란 타인에게 데이터를 제공하거나 타인이 데이터에 접근·사용하도록 하는 행위를 의미한다. 광의의 데이터 유통에는 데이터 공개, 데이터 공유, 데이터 거래(교환)가 포함된다.

심화 학습

데이터 유통 이론

데이터의 가치는 세계를 인식하는 데 있으며, 빅데이터와 인공지능은 데이터 획득 및 분석 수단을 변화시켜 인류에게 새로운 지식의 지혜 공급 방식을 제공하였다. 각 데이터 통제자가 보유한 파편화된 데이터는 끊임없이 유동하고 집적되며 다양한 목적의 데이터 분석에 결합될 때 비로소 그 가치를 실현하고 지능적 분석 수요를 충족시킬 수 있다. 데이터 유통은 데이터의 사회적 활용을 실현하여 데이터 경제의 핵심을 형성한다. 데이터 유통은 질적으로 데이터 사용 허가를 의미하며, 일대일 허가, 상호 허가, 일대다 허가 등 세 가지 방식을 포괄한다. 이 세 가지 허가는 데이터 사회화 활용의 모형을 종합적으로 구축한다. 개인 데이터와 비개인 데이터 모두 유통 가능성을 지니며, 핵심은 법적으로 데이터 관리자가 사용 허가 권한을 가질 수 있음을 인정하는 데 있다. 법률이 명확히 권한을 부여하지 않은 상황에서도 데이터에 대한 사실상의 통제권은 데이터 관리자에게 사실상의 데이터 사용권을 부여함으로써 데이터 유통의 문을 열 수 있게 한다. 핵심은 법률이 데이터 관리(사용)의 합법성 판단 기준과 데이터 유통 활용에 대한 책임 규정을 명확히 정립해야 한다는 점이다.

1. 일대일 데이터 허가

일대일 데이터 허가는 데이터 소유자(제공자)가 특정 대상에게만 데이터를 제공하고 사용을 허용하는 것을 의미한다. 일대일 데이터 허가는 흔한 데이터 유통 방식이다. 이는 기업 간 업무 협력에 내재될 수 있으며, 한쪽이 다른 쪽에 특정 범위 데이터 사용을 허가하는 형태일 수 있다. 또한 별도의 데이터 사용 허가 계약, 예를 들어 오픈 API 협약일 수도 있다. 오픈 API 협약에서는 한 시스템 운영자가 다른 주체에게 데이터 인터페이스나 채널을 개방하여 해당 주체의 프로그램이 시스템이 생성·저장한 데이터를 호출할 수 있게 한다. 심지어 많은 경우 데이터 이전이나 저장이 필요 없이 단순히 데이터 처리나 연산 활용만 허용하기도 한다. 실무에서 네트워크 기업이 타인에게 광고 서비스를 제공하고, 광고 회사가 소위 '광고 자리'를 구매하여 정밀한 푸시 또는 마케팅을 실현하는 대부분의 사례는 데이터 일대일 허가 호출 방식을 채택하여 데이터를 활용하는 경우이다. 데이터 개방 과정에서 데이터 보안을 위해 데이터 제공자는 인터페이스만 개방하여 데이터 분석자가 데이터를 처리하도록 허용하고 데이터를 이전하지 않을 수도 있다. 따라서 시스템 인터페이스를 개방하여 특정 대상이 특정 시간에 특정 데이터를 사용하도록 허가하는 것이 가장 일반적인 데이터 유통 방식이다.

2. 상호 데이터 허가

두 명 이상의 데이터 소유자가 상호 간 데이터 사용 허가를 주고받는 것을 상호 데이터 허가라고 하며, 이는 각자가 생성한 데이터를 공동으로 활용하는 행위이다. 이러한 데이터 허가는 본질적으로 상호 허가 방식이며, 데이터 공유라고도 할 수 있다. 데이터 공유의 기본 특징은 첫째, 주체가 특정 범위 내로 제한되며 최소 두 개 이상의 주체가 존재한다는 점이고, 둘째 특정 주체 간에 각자가 소유하거나 통제하는 데이터를 상호 사용하며 상호 사용 허가 메커니즘이 존재한다는 점이다. 컴퓨터 학문적 관점에서 데이터 공유란 서로 다른 장소에 위치하고 다른 컴퓨터 및 소프트웨어를 사용하는 사용자가 타인의 데이터를 읽고 다양한 연산 및 분석을 수행할 수 있도록 하는 것이다. 데이터 공유에서 각 공유자는 데이터 제공자이자 동시에 다른 주체가 제공하는 데이터의 수신자 또는 사용자가 된다. 데이터 공유는 특정 범위 내 주체가 기존 데이터 자원을 보다 효율적으로 활용하게 하여 자료 수집, 데이터 채집 등의 중복 작업과 관련 비용을 절감할 수 있게 한다. 공유 데이터는 해당 범위 주체의 공동 데이터 자원이라고 볼 수 있으므로, 데이터 공유의 원리는 상호는 자신의 데이터 사용권을 양도하여 데이터의 공유와 공용을 실현하는 것이다. 데이터 공유는 데이터 교환, 연결 방식을 통해 실현될 수 있으며, 공동으로 공유 플랫폼(데이터 풀)을 구축하는 방식으로 실현될 수도 있다. 두 방식의 차이는 데이터 중앙 집중화 여부에 있다. 그러나 어떤 방식이든 먼저 통일된 법정 데이터 교환 표준을 수립하여 데이터 형식을 규범화하고, 데이터가 통일된 표준에 따라 교환·

유통되어 공유 주체가 호출할 수 있도록 해야 한다.

3. 일대다 데이터 허가

일대다 데이터 허가는 데이터 소유자가 불특정 다수 주체에게 허가하는 사용을 의미하며, 그 핵심은 데이터 사용자가 대중성을 지니고 사회 수요자를 대상으로 하는 데이터 허가라는 점이다.

자유 사용 허가는 특정 데이터를 공개 데이터(Open data)로 명시하여 어떠한 조건도 설정하지 않고 불특정 사회 주체가 자유롭게 이용할 수 있도록 하는 것이다. 공개 데이터는 본질적으로 일종의 데이터 허가에 속하지만, 데이터 통제자가 사회 주체가 데이터를 사용할 수 있도록 어떠한 조건도 설정하지 않고 사용할 권한이 법률에서 부여된 것이다.

시행 시에는 표준화된 데이터 개방 허가 조항이나 데이터 개방 정책을 채택할 수 있다. 상대적으로, '조건부 사용 허가'는 데이터 소유자가 불특정 수요자에게 데이터 사용을 허가하지만, 사용 목적, 사용 주체 자격, 사용 대가 등 데이터 사용 조건을 제한하는 것이다. 조건부 데이터 허가는 본질적으로 데이터 거래로, 시장 메커니즘을 통해 데이터 자원을 수요자에게 배분하여 데이터의 사회적 활용을 실현한다. 이러한 시장화된 일대다 데이터 허가는 통제 가능하고 질서 정연해야 하므로, 데이터 거래는 일반적으로 전문 데이터 거래 플랫폼을 통해 이루어진다. 미국 데이터 브로커(Data broker), 상하이 데이터 거래 센터가 구축한 데이터 거래 플랫폼 등은 모두 데이터 거래에 서비스를 제공하는 기관에 속한다. 일단 시장화된 방식으로 데이터 제공자와 수요자 간 매칭이 이루어지면, 양측 간에도 허가 계약이 필요하며, 이러한 허가는 일대일 허가일 수도 있고 일대다 표준화된 허가 계약일 수도 있다. 후자만이 진정한 일대다 허가이다.

—가오푸핑(高富平):《데이터 유통 이론: 데이터 자원 권리 배분의 기초》,《중외법학(中外法学)》 2019년 제6호

3. 데이터 사용 활동

전체 데이터 경제 유통 활용 순환 과정에서 데이터 사용은 생산적 사용과 소비적 사용으로 구분된다. 생산적 사용이란 데이터를 가공 처리하여 새로운 데이터(기존 데이터와 통합될 수 있음)를 생성하는 것으로, 데이터 사용자가 다시 새로운 데이터(제품)의 보유자가 되는 것이다. 소비적 사용은 연구개발, 의사결정 또는 지능형 행동에 적용하기 위한 것이며, 새로운 데이터를 생산하는 것이 아니다. 전자의 사용은 데이터셋 또는 거버넌스 대상 원시 데이터를 대상으로 하며, 후자의 사용은 데이터 분석 산출물 또는 지식형 데이터 제품을 대상으로 한다. 전자의 사용에서는 사용자가 동시에 생산자(가공 사용자)인 반면, 후자의 사용에서는 데이터 수신자가 데이터 최종 사용자(소비자)이다. 이러한 두 가지 사용 행위와 관계를 구분하는 것은 데이터 사용/소비 관계를 규범화하는 데 중요한 의미를 지닌다.

데이터가 자원이 되는 배경에서 내부 및 외부 데이터를 집계 처리하여 조직 운영 요구를 지원하는 데이터 자원과 분석 역량을 구축하는 것은 모든 조직의 미래 기초 경제 활동이다. 이 활동은 조직 경영 활동의 구성 요소로서 조직 운영과 경쟁력을 지원함으로써 간접적으로 경제적 효과를 얻는다. 일단 상기 데이터 역량을 갖추게 되면, 각 조직은 두 종류의 데이터 제품을 산출할 수 있다. 재사용 가능한 데이터 세트(타인이 사용)와 데이터 분석에 사용되는 산출물(타인이 소비)이다. 어떤 의미에서 데이터 요소는 거버넌스가 적용된 원시 데이터(세트)의 유통 활용을 촉

진하고, 데이터의 생산적 사용을 장려함으로써 더 많고 우수한 지식 제품을 생산하여 사회 주체가 소비하도록 하여 데이터가 사회 생산력으로 전환되도록 하는 것을 목표로 한다.

심화 학습

데이터 분석—데이터 마이닝

데이터 분석의 궁극적 가치는 인간의 다양한 의사결정에 지식 또는 의사결정 지원 서비스를 제공하는 데 있으며, 이 과정은 데이터에 대한 심층적인 가공 처리를 필요로 한다. 분석 대상의 규칙을 발견하거나 미래 추세를 예측함으로써 데이터로부터 새로운 지식과 발견을 도출하여 예측적 판단이나 해결책을 제시할 수 있다. 실제로 빅데이터와 빅데이터 분석(big analytics)은 묶여 있으며, 데이터의 가치는 바로 빅 데이터 분석에서 비롯된다. 이는 데이터 분석(data analytics)이 '통찰력 획득(지식 창출)'과 '자동 의사결정(의사결정 자동화)'을 가능하게 하여 데이터 가치 창출과 실현의 메커니즘이기 때문이다.

DIKW 구조[1]하에서 데이터 분석의 결론은 정보로 나타난다. 이 정보는 분석에 사용된 데이터(원료)와 구별되는 새로운 데이터로, 원시 데이터(데이터셋)를 분석·해석하여 도출된 데이터이다. 이는 추론 데이터(inferred data) 또는 파생 데이터라고도 불린다. 원시 데이터에 비해, 데이

1 DIKW는 데이터(Data), 정보(Information), 지식(Knowledge), 지혜(Wisdom)를 가리킨다.

터 분석의 결론은 더 이상 특정 대상을 식별하는 데이터가 아니라, 데이터에서 새로운 지식과 법칙을 발견하거나 심지어 의사결정을 내리는 것이다. 원시 데이터를 바탕으로 추론하고 계산하여 분석된 데이터는 전통적으로 옥석을 옥기(玉器)로 가공하거나 목재를 가구로 가공하는 것과 유사하며, 새로운 물건이나 제품에 원재료적 데이터를 처리하고 분석하여 형성된 새로운 데이터는 원시 데이터(데이터 세트 내 데이터)와 추론 및 연역적 관계를 또는 파생 관계이지만, 이미 두 가지 다른 성질의 것이므로 동일한 수준에서 동일한 원리를 적용해 그 속성을 논의하기에는 부적절하다.

데이터 발견에서 보호해야 할 대상은 더 이상 데이터 자체가 아니라 정보의 응용 가치이다. 보호 방법은 데이터 마이닝으로 형성된 결과물의 형태와 가치에 따라 달라진다. 일부 발견된 가치는 의사 결정의 정확성과 효율성 향상(보조 의사 결정)에 직접 활용될 수 있으므로 추가 보호가 필요하지 않다. 일부는 저작권을 통해 AI가 생성한 콘텐츠를 보호해야 할 수도 있으며, 심지어 독창성을 가진 AI 시스템이나 알고리즘 자체에 대한 특허 보호를 통해 그 응용 가치를 보호할 수도 있다.

새로운 데이터의 생성은 끊임없이 진보하는 컴퓨터 과학 없이는 불가능하다. 데이터 분석 처리는 머신러닝, 딥러닝 등의 기술 적용과 함께 지속적으로 발전하며, 대규모 연산 능력을 갖춘 알고리즘 시스템 없이는 달성할 수 없다. 빅데이터는 인공지능에 원재료 기반을 제공하며, 인공지능은 데이터 분석에 알고리즘 지원을 제공하여 빅데이터 응용에 날개를 달아 전통적 데이터 분석 기술에 새로운 상상력을 부여한다. 다양한 형태의 인공지능으로 빅데이터를 분석함으로써 인간은 데이터로부터 새로운 지식이나 통찰력을 얻는 능력을 갖게 된다. 다양한 요구나 목적에 맞춘 데이터 분석을 통해 원재료적 성질의 데이터가 최종적으로 응용 가치를 발휘한다. 데이터 분석 처리는 데이터 경제 가치의 최종 실현을 위한 전제 조건이라 할 수 있다.

분명히 데이터의 분석 처리는 기술 역량 문제이며, 데이터 분석 기술과 역량을 가진 주체가 반드시 데이터를 소유하는 것은 아니다. 따라서 데이터 분석은 점차 전문 서비스로 분화된다. 이로써 데이터 경제 시대에는 데이터 생산자, 데이터 세트 생산자(데이터 집계 처리), 데이터 분석자로 구성된 사회적 분업이 형성되며, 이러한 분업을 가능케 하는 핵심은 데이터 유통(데이터 세트 생산에 원료를 공급)과 데이터 세트 유통(데이터 분석에 원료를 공급)이다. 데이터와 데이터 세트의 유통 없이, 데이터 생산자가 자신의 데이터만을 이용해 데이터 분석을 수행하는 것은 비효율적일 뿐만 아니라 빅데이터 분석 자체가 불가능하다. 데이터 경제 발전에 부합하는 사회적 분업을 형성하기 위해서는 데이터 경제 가치 사슬 내 각 주체의 역할을 명확히 규정하고, 그들의 기여를 인정하며, 최종 데이터 가치로부터 상응하는 보상이나 이익을 획득할 수 있도록 해야 한다. 이 과정에서 데이터 생산자는 데이터 광석의 생산자이며, 데이터셋 생산자(집계 처리자)는 데이터 광석의 선별자이고, 데이터 분석자는 데이터 광석의 '제련'자이다. 이 세 주체가 함께 데이터 경제 산업 체인을 구축하며, 사회의 모든 주체는 그 안에서 특정 역할 담당자가 될 수 있다.

다만 데이터 산업에서 이러한 분업은 역할의 통합을 방해하지 않는다. 데이터가 즉시 채굴·활용되는 상황에서 원시 데이터 생산자, 집계 처리자, 분석 처리자 역할은 동일 주체가 수행할 수 있기 때문이다. 따라서 여기에서의 역할은 데이터 산업 분업에 분석 도구를 제공하며, 각 역할에 상응하는 권리를 부여함으로써 산업 또는 경제 질서를 구축하는 데 목적이 있다.

—가오푸핑(高富平):《데이터 생산 이론: 데이터 자원 권리 배분의 기초》,《교대법학(交大法学)》2019년 제1호

제 2 절 데이터 경제 주체

이론적으로 모든 시장 주체는 데이터 경제 주체이다. 각 시장 주체는 데이터를 생산·유통·사용할 수 있으며, 데이터 경제 자원 배분과 활용의 대순환에 참여하기 때문이다. 사회 분업의 필요성에 따라 디지털 경제 형태에서는 데이터 생산·유통·사용 활동을 전담하는 주체가 반드시 존재하며, 이들의 주요 사업은 데이터 제품 생산, 데이터 서비스 또는 데이터 시장이다. 데이터 생산·유통(공유)·처리·분석에 전념하는 이러한 조직들이 데이터 경제의 핵심 역량이 된다. 위 분석에 따라, 데이터 경제 운영을 뒷받침하고 데이터 경제 발전을 주도하는 주력군은 다음과 같다.

1. 데이터 통합업체

데이터 통합업체는 하나 이상의 출처에서 데이터를 수집하고 부가가치 처리를 제공한 후 결과를 사용 가능한 데이터 세트(데이터 제품)로 재구성한다. 이렇게 생성된 사용 가능한 데이터는 판매 또는 라이선스 계약을 통해 고객에게 제공되거나, 쿼리 또는 API 방식을 통해 타인에게 제공된다. 데이터 통합업체는 타인에게 맞춤형 데이터 거버넌스 서비스를 제공하여 처리된 데이터를 고객에게 반환하거나 다양한 데이터 서비스를 제공할 수도 있다.

2. 데이터 시장 운영자

데이터 시장 운영자는 데이터 공급자에게 데이터를 제공하고 데이터 수요자가 데이터를 획득할 수 있도록 거래 매개체 서비스를 제공하는 데 전념하는 주체이다. 이러한 주체는 데이터를 소유하지 않으며, 데이터를 집계하거나 처리하지 않고 단순히 데이터 공급자와 수요자에게 중개 및 거래 서비스를 제공한다. 이러한 주체는 데이터 공유 플랫폼, 데이터 거래 플랫폼, 데이터 교환 플랫폼 등 다양한 명칭으로 불리고 있다.

3. 데이터 처리 제공업체

데이터는 정리, 개선, 보완, 라벨링 등의 거버넌스 활동을 거쳐야 사용 가능한 데이터로 전환될 수 있으며, 이 모든 과정은 전문적인 데이터 처리 활동 없이는 불가능하다. 데이터 처리는 전문 분야로 자리잡아 전문 기업이 담당하게 되며, 데이터 거버넌스와 관리 역시 아웃소싱되어 전문 서비스 형태를 이룰 수 있다.

4. 지능형 분석 서비스 제공자

광의적으로 지능형 분석 서비스는 데이터 처리 서비스 범주에 속하지만, 지능형 소프트웨어 및 도구에 집중하거나 타인에게 데이터 분석 서비스를 제공한다는 점에서 독립적인 데이터 경제 주체로 분류된다. 방대한 데이터 속에서 가치 있는 데이터를 찾아내는 것은 쉽지 않으며, 데이터 탐색과 분석 작업은 전문 기술을 필요로 하여 중요한 산업으로 부상하고 있다. 기술력이 뛰어난 기업들은 새로운 검색 기술과 지능형 분석 도구를 개발하여 판매 또는 서비스 형태로 분석자의 요구를 충족시키고 있다.

5. 보안 서비스 제공자

접근 제어와 보안 관리는 데이터 생산, 유통 및 적용 과정에서 가장 기본적인 요구사항이 될 것이며, 특히 데이터 공유 환경에서는 다층 접근 메커니즘을 구축하여 접근을 관리하고 데이터 활용 행위를 모니터링하며 실시간으로 세분화된 접근 제어를 구현해야 한다.

6. 데이터 브로커

데이터 유통은 수요 주도형으로, 공급과 수요를 매칭하는 과정이다. 이 과정에서 데이터 가치와 수요 발견 능력, 규정 준수 및 보안 관리 능력을 갖춘 공급과 수요를 연결하는 중개 기관이 필수적인 역할을 하며, 이를 데이터 브로커라 부른다. 데이터 브로커는 미국에서 최초로 등장했으며, 2010년경 마케팅 목적으로 소비자 개인 데이터를 수집·판매하는 전문 데이터 브로커가 나타났다. 2021년 7월, 《광둥성 데이터 요소 시장화 배치 개혁 행동 방안》은 사회적 데이터 중개 기관 설립을 장려하고 데이터 요소 시장 유통 중개 서비스를 규범화할 것을 제안하였다. 데이터 가치 발견과 데이터 매칭에 집중하는 데이터 브로커는 데이터 보유자에게는 잠재력 있는 사용자를, 데이터 수요자에게는 적합한 데이터를 찾아주는 데이터 경제의 중요한 '윤활유'가 될 것이다.

제 3 절 데이터 경제 시장 체계

데이터 경제의 시장 체계는 다양한 데이터 생산, 유통 및 사용 활동 위에 구축되며, 그중 데이터 유통은 다양한 데이터 경제 참여 주체가 생산적 활동을 구축하는 핵심이다. 데이터는 물질적 상품과 다르다. 물질적 상품의 사용이 실제 점유를 전제로 하는 반면 데이터의 사용은 해당 데이터를 통제하지 않아도 가능하다. 사용은 곧 유통이며, 유통은 데이터의 생명이고 데이터의 사회화 활용 방식이다. 데이터 경제의 본질은 타인에게 데이터를 사용하게 하는 데 있으며, 데이터를 이전하는데 있지 않다. 데이터 이전은 데이터 유통의 필수 조건이 아니다.

데이터 사용의 거래 관계는 제공자(the data provider)와 데이터 수취자(the data recipient) 사이에서 발생한다. 데이터 제공자는 데이터 수취자에게 데이터를 제공하는 주체이며, 합법적인 데이터 보유자여야 한다; 데이터 수취자는 데이터 제공자로부터 데이터를 획득하고 사용하는 주체이다. 데이터 사용의 거래의 대상은 데이터 사용(권)이며, 그 형태는 데이터 양도, 데이터 접근, 데이터 공유 등이 될 수 있다. 데이터 사용 거래는 데이터 제공 거래라고도 불린다. 유엔 국제거래법 위원회(UNCITRAL)는 데이터 유통 거래를 "데이터 제공(Data provision)"이라 칭하며, 이를 "데이터 제공자가 데이터 수취자에게 데이터를 제공하는 데이터 거래"로 정의한다.[2] 따라서 데이터 유통 공유 관점에서 데이터 경제를 구분할

2 데이터 제공자는 데이터 수신자에게 데이터 접근권(access to the data)을 부여하거나, 데이터 제공자가 통제하는 데이터 소스에 대한 접근권(access to a data source)을 부여함으로써 데이터를 제공할 수 있다. 광의의 데이터 제공은 데이터의 "판매(sale)" 또는 "라이선싱(licensing)"과 유사하다. 데이터 제공 거래에는 "데이터 공유(data sharing)"가 포함되며, 당사자들은 이를 통해 온라인 공간에서 지속적으로 데이터를 상호 제공하므로, 각 당사자는 데이터의 제공자이자 수신자이다.

경우, 데이터 경제의 시장 체계는 대략 다음과 같은 세 단계로 나눌 수 있다: (1) 기초층: 시장 주체 간 데이터 공유; (2) 중간층: 데이터 공유 및 협력; (3) 고급층: 데이터 거래 시장.

1. 기초층: 시장 주체 간 데이터 공유

데이터 공유는 일정한 관계를 가진 조직 간에 데이터 가치를 공유하는 방식으로, 거래 형태는 데이터 교환(데이터 자체 또는 시장 기회의 교환) 또는 데이터 사용권 거래 등으로 구분될 수 있다. 시장 주체 간 데이터 교환 또는 사용권 부여는 데이터 유통일 수도 있고 데이터 접근일 수도 있으며, 어떤 방식을 채택할지는 전적으로 양측의 거래 목적에 달려 있으며 심지어 상호 신뢰도에 따라 달라질 수 있다. 기업 간 데이터 거래는 상업적 관행 속에서 항상 존재해 왔으나, 주로 업무 협력이나 다른 거래 관계에 부수적으로 이루어져 왔다. 독립적인 데이터 거래가 합법화되면, 일정 수준의 업무 관계를 가진 주체들 간 데이터 공유와 가치 교환이 데이터 요소 시장의 근간을 이루게 될 것이다.

2. 중간층: 데이터 공유와 협력

다자간 데이터의 융합은 가치를 창출하므로, 서로 다른 주체 간의 데이터 공유는 데이터 가치 실현의 중요한 방식이 된다. 데이터 공유는

데이터 공유(data sharing) 방식을 포함하며, 당사자들은 온라인 공간을 통해 서로 데이터를 제공하므로 각 당사자는 데이터 제공자이자 수신자 역할을 동시에 수행한다. United Nations Commission on International Trade Law, *Revised draft legal taxonomy-revised section on data transactions* Fifty-fourth session(Vienna, 29 June-16 July 2021, A/CN.9/1064/Add.2).

변동성이 적은 주체 간의 데이터 상호 교환 또는 사용 허가를 의미한다. 데이터 공유는 데이터 생산 및 저장의 원본 시스템을 변경하지 않고 상호 간 접근 권한 부여 메커니즘을 통해 실현될 수도 있으며, 다자가 데이터를 공동 통제 매체로 전송해 공동 데이터 풀을 형성하고 서로에게 접근 권한을 부여하거나 데이터 원본에 대한 접근 권한을 부여하는 방식으로도 이루어질 수 있다.[3] 현재 데이터 공유는 과학 연구 분야에서 데이터 가치 실현의 기본 방식이 되었으며, 산업 분야에서도 다양한 데이터 공유 모델이 등장하고 있다.

데이터를 보다 효과적으로 공유·활용하기 위해 산업 상·하 구조의 기업, 인접 또는 동일 산업 간 다양한 협력 관계를 통해 데이터 생태계를 구축하는 것도 데이터 가치 실현의 한 방식이 되었다. 데이터 생태계에서 다수 조직 간의 협력 관계는 데이터 공유와 관리를 통해 기존 고립된 시스템에서는 불가능했던 새로운 가치를 창출한다. 조직 간 또는 다중 주체로 구성된 데이터 생태계는 데이터 공유를 촉진하여 중요한 고부가가치의 중요한 상업 활동으로 발전시켰다.[4] 데이터 생태계는 상대적으로 폐쇄적인 데이터 가치 교환의 '시장'으로도 볼 수 있으며, 데이터 공유와 함께 데이터 거래의 가장 기본적인 방식이 될 것이다.

3 ALI-ELI PRINCIPLES FOR A DATA ECONOMY—DATA TRANSACTIONS AND DATA RIGHTS(ELI Final Council Draft, 2021).

4 Per Runeson, Thomas Olsson, Johan Linåker, "*Open Data Ecosystems — An empirical investigation into an emerging industry collaboration concept*", Journal of Systems and Software, Volume 182, 2021, https://doi.org/10.1016/j.jss.2021.111088.

3. 고급 계층: 데이터 거래 시장

다음 두 조건이 충족될 때 시장화된 데이터 거래가 발생한다: 첫째, 영역을 초월하여 (조직 간) 재사용 가능한 데이터 제품이 존재해야 하며, 둘째 데이터 제공자와 수취자 간의 신뢰 문제를 효과적으로 해결하고 거래 중개 및 보안 서비스를 제공하는 주체가 존재해야 한다. 현재 국내외 데이터 시장 구축 사례를 보면 데이터 시장은 크게 두 가지로 구분된다: 데이터 통합업체를 중심으로 한 데이터 서비스 시장과 데이터 거래 플랫폼 운영자를 중심으로 한 데이터 거래 시장이다. 데이터 서비스 시장은 실제로 두 종류의 데이터 거래로 구성된다. 첫째, 데이터 최초 출처자와 데이터 통합업체 간의 데이터 유통 거래이다. 둘째, 데이터 통합업체와 최종 데이터 소비자 간의 데이터 서비스 거래이다. 데이터 거래 플랫폼은 데이터 시장(data marketplace)이라고도 불리며, 상품화된 데이터의 공급자와 수요자에게 중개 거래를 제공하여 데이터 제공자가 데이터 가치를 실현하고 데이터 사용자가 재사용 가능한 데이터를 획득할 수 있도록 한다.

데이터는 가치를 창출해야만 경제 자원이 될 수 있다. 정부는 데이터 가치 창출과 실현 방식을 모색하여 데이터 경제를 구축해야 한다. 데이터 경제는 디지털 데이터의 생산, 유통(판매), 소비를 다루는 경제이다.[5] 데이터 경제 활동은 주로 원시 데이터 생산, 활용 가능한 데이터셋 생산, 데이터 분석 활동으로 구성되며, 이 모든 활동을 관통하는 것은 가치 창출과 가치 실현이다. 데이터 가치 실현 방식에는 기본적인 비시

5 Data Economy: Radical transformation or dystopia? https://www.un.org/development/desa/dpad/wp-content/uploads/sites/45/publication/FTQ_1_Jan_2019.pdf.

장(비거래) 방식(예: 무상 공개)과 시장(거래) 방식이 모두 존재한다. 데이터 거래는 데이터(사용)를 금전 및 기타 등가물(데이터, 비즈니스 기회 등 포함)과 교환하는 모든 상업적 계약을 포괄한다.

제 2 편

데이터 요소 가치: 데이터 생산력

데이터는 객관적 세계의 투영이자 주체 활동의 기록이다. 데이터의 기본적 가치는 객관적 세계의 법칙을 인지하고, 연관 분석을 통해 데이터 뒤에 숨겨진 통찰이나 새로운 지식을 발견하며, 객관적 세계의 추세를 예측하는 데 있다. 오늘날 이 과정은 계산을 통해 실현되므로 데이터의 인지적 가치는 계산 가치라고도 불린다. 그러나 데이터 자체는 가치가 없거나 가치가 낮으며, 모아서야 비로소 통찰을 생성하거나 예측하는 가치를 지닌다. 데이터의 계산 가치는 지속적인 연관 분석을 통해 실현되며, 이는 일정 수준의 데이터 품질과 데이터 자체의 유통 가능성을 요구한다. 따라서 데이터 생산, 거버넌스, 유통을 경제적 자원 속성으로 다루어야 한다. 이 편은 데이터 자체의 특성과 가치를 논하고, 데이터 요소화 또는 데이터가 생산력으로 전환되는 메커니즘을 밝히며, 데이터 요소화—데이터 생산력의 형성 및 실현을 위한 제도적 요구를 제시한다.

제 5 장 데이터 생산 요소의 포괄적 의미

생산 요소로서 데이터는 기업이나 조직에 경제적 거래 가치를 가져와야 한다. 그러나 데이터의 가치는 계산 분석에 있으며, 데이터는 지식, 지혜적 행동 또는 지능으로 전환된 후에야 생산력으로 전환될 수 있다. 또한 생산력으로 전환되어야만 데이터는 최종적으로 경제적 효익을 가져와 생산 요소가 될 수 있다. 따라서 데이터는 직접 생산 요소가 될 수 없으며, 그 가치를 지속적으로 실현하고 생산력으로 전환되는 과정을 거쳐야 한다. 이 과정을 명확히 설명하기 위해 여기서는 두 단계로 요약한다: 데이터 요소가 지능적 성과로 전환되어 생산 요소가 되고, 데이터 지능이 사회경제적 생산 요소가 되는 것이다. 즉, 데이터 요소화는 지능적 성과를 생산하는 데 그치지만, 지능적 성과는 조직이나 전체 사회경제에 경제적 이익을 가져온다.

제 1 절 생산요소로서의 데이터의 이중적 의미

디지털 시대에서 데이터는 두 가지 의미를 지닌다: 하나는 디지털화된 정보와 지식이며, 다른 하나는 디지털화된 사실이다. 사람들은 종종

이 두 가지 의미를 혼용하여 많은 오해를 불러일으키며, 심지어 데이터가 어떻게 생산 요소가 되는지에 대한 이해 차이를 낳기도 한다. 실제로 두 가지 '데이터' 모두 생산 요소가 될 수 있지만, 그 내포, 실현 방식, 제도적 요구가 다를 뿐이다. 본서는 데이터와 디지털화된 정보 및 지식을 구분하여, 디지털화된 사실을 데이터라 칭하고 디지털화된 정보와 지식을 합쳐 지식[1]이라 부르며, 이 둘이 어떻게 생산 요소가 되는지를 다음과 같이 밝힌다.

1. 생산 요소의 의미

생산 요소(Factors of Production)란 국민 경제 운영 및 시장 주체의 생산 경영 과정에서 반드시 갖춰야 하는 기본 사회 자원을 말하며, 그 가장 주요한 특징은 경제 발전 시스템에 기초와 동력원을 제공한다는 점에 있다.[2] 경제 용어로서 생산요소는 경제적 이익을 얻기 위해 상품이나 서비스 생산에 투입되는 자원을 설명하는 데 사용된다. 이러한 의미에서 생산요소는 상품이나 서비스를 생산하는 데 필요한 모든 자원을 포함한다. 넓은 의미에서 생산요소는 생산 경영을 촉진하지만, 원자재처럼 최종 제품의 일부가 되지는 않는다.

1 정보와 지식은 차이가 있다. 정보는 객관적으로 존재하는 것에 대한 구체적 표현으로, 수신자에게 의미를 가지며 불확실성을 해소한다. 예를 들어, "어제 해는 동쪽에서 떴다"는 한 가지 정보이다. 지식은 한 종류의 사물의 상황, 공통적 특징 또는 일반적 법칙을 기술하므로, 지식은 재사용 가능한 일반적 기술이나 추상적 귀납적 요약이다. 지식은 인간의 행동을 지도하고 예측이나 판단을 내리는 데 활용될 수 있다. 예를 들어, 태양이 매일 동쪽에서 뜬다는 것은 인간이 요약해낸 지식이다. 정보와 지식을 합쳐 지식이라고 부르는 이유는 유용한 정보 역시 인간의 판단, 의사결정, 심지어 행동에 도움을 주기 때문이다. 인간은 시행착오나 정보 검증 과정에서 지식을 습득하며, 인간의 지혜로운 행동이라는 관점에서 둘은 동질성을 지닌다.

2 謝康, 夏正豪, 肖静华:《빅데이터가 현실 생산 요소가 되는 기업의 실현 메커니즘: 제품 혁신 관점》,《중국공업경제》 2020년 제5호.

전통적 경제 이론에서는 일반적으로 토지, 노동력, 자본을 3대 생산 요소로 간주한다.[3] 이론 발전에 따라 생산 요소의 내포는 지속적으로 확장되어 점차 생산 요소에 대한 다양한 개괄이나 표현이 등장하였다. 많은 경제학자들은 기업가 정신(Entrepreneurship)을 제4의 생산 요소로 인정한다.[4] 기술(技術)을 전통적 3대 생산 요소와 병렬하여 새로운 4대 생산 요소를 제안하는 경우도 있다. 20세기 90년대에는 정보 기술(IT)을 생산 요소로 규정하고 기업별 효과를 분석한 학자들도 있었다.[5] 일부 연구에 따르면 IT 자본은 일반 자본과 노동력의 순대체재 역할을 한다.

시간이 지남에 따라 IT는 생산에서 차지하는 요소 비중이 더욱 두드러진 수준으로 증가할 것이다.[6] 중국이 세계 최초로 데이터를 다섯 번째 생산 요소로 추가한 것은 여전히 정보 기술이 생산 요소로서의 혁신적 해석이다. 중국 공산당 중앙위원회와 국무원의 《더욱 완비된 요소 시장화배치체계 구축에 관한 의견》은 토지, 노동력, 자본, 기술, 데이터라는 다섯 가지 생산 요소를 완전하게 제시하고 윤곽을 그렸으며, 이는 중국

3 초기 정치경제학자들인 사이, 시니어, 존 멀러 등은 모두 이러한 관점을 지녔다. 참조: 사이: 《정치경제학 개론》, 상무인서관 1963년판; 시니어: 《정치경제학 개요》, 상무인서관 1977년판; 윌리엄 로셰르: 《역사적 방법의 국민경제학 강의 개요》, 상무인서관 1981년판.

4 기업가 정신(Entrepreneurship)은 새로운 기업을 설립하고, 새로운 아이디어와 제품을 탐구하여 생산을 조직하며 위험을 감수하는 것을 의미한다. 기업가는 모든 다른 생산 요소를 결합하여 조직하고 운영하는 조직자로, 이러한 조직자가 없으면 모든 생산 활동이 이루어질 수 없다. 따라서 창업이나 기업가 정신은 중요한 생산 요소로 간주된다. 기업가는 생산 요소의 효과적인 조정자(coordinating role)이자 혁신가 및 위험 부담자로서 노동자와 구별되며, 이로 인해 기업가는 일반적으로 제4의 생산 요소로 인정받는다. 이때 생산 요소의 의미는 가치 창출과 보상을 얻을 수 있는 투입으로 확장 해석된다.

5 Erik Brynjolfsson & Lorin Hitt (1995), Information Technology As A Factor Of Production: The Role Of Differences Among Firms, Economics of Innovation and New Technology, 3:3-4, 183-200.

6 Mueller, M. and Grindal, K. (2019), "Data flows and the digital economy: information as a mobile factor of production", Digital Policy, Regulation and Governance, Vol. 21 No. 1, pp. 71-87. https://doi.org/10.1108/DPRG-08-2018-0044.

의 생산 요소에 대한 권위 있는 명칭이 되었다.

2. 디지털 지식으로서의 사회경제적 생산 요소

생산력은 인간이 자연을 정복하고 개조하는 객관적 물질적 힘으로, 한 시대 인류 사회의 진보와 발전 능력을 집중적으로 반영한다. 생산력의 세 가지 요소에는 노동력, 생산 도구, 노동 대상이 포함되며, 그중 노동력이 결정적 생산 요소이다. 인간이 경제 활동의 주체이고, 인류의 지혜가 인류 문명을 창조했으며, 인간의 창조력과 지혜적 행동력은 경험과 지식에서 비롯되기 때문이다. 지식은 개인에게 힘을 실어줄 뿐만 아니라 조직, 나아가 전체 사회에 생산력을 창출할 수 있는 힘을 부여한다. 지식은 힘이다는 말은 사실상 지식의 사회경제적 발전에서의 역할을 정확히 표현한 것이다.

지식은 인류의 세계에 대한 인지 수준, 즉 인류가 세계를 인식하고 개조한 성과를 대표한다. 인류는 끊임없는 지식 습득과 경험 정리를 통해 판단·결정 능력과 실행 능력을 향상시켜 다양한 미지의 세계에 직면했을 때 올바른 해결책(지혜)을 찾을 수 있다. 개인의 능력은 지식과 경험의 축적에 달려 있으며, 기업의 자원 배분과 경영 관리 역시 효과적인 운영 및 의사결정 메커니즘을 구축하여 발전 과정에서 직면한 문제를 해결해야 한다. 따라서 인류 사회의 특정 단계에서 축적된 지식은 개인과 조직을 통해 구체적인 창조력, 실행력, 의사결정력으로 전환되며, 이는 다시 구체적인 생산력으로 이어진다. 동시에 각 개인과 조직이 생산해낸 지식은 인류 사회의 지식 바다로 흘러들어 세대를 초월하고 영역을 넘나드는 지식 콘텐츠가 된다.

디지털 기술의 적용은 인간의 정보 처리 능력을 변화시켰을 뿐만 아니라 지식 생산을 가속화했다. 이전에는 사람들이 문자, 숫자, 음성, 이미지 등을 통해 객관적 세계를 표현하고 객관적 대상을 인지했다. 디지털 기술 등장 이후, 인간은 이진수(값이 1 또는 0)를 저장 매체로 의존하게 되었다.

그리고 객관적 세계와 변화를 표현한다. 0과 1의 형태로 정보를 표현하고 처리하며 인간의 사회 인식을 표현하는 상황에서, 사람들은 컴퓨터를 이용해 정보를 획득하고 처리할 수 있을 뿐만 아니라 지식 생산과 혁신을 가속화할 수 있다. 동시에 모든 디지털 지식은 네트워크를 통해 전송, 전달 및 공유되어 지식 생산을 다시금 가속화한다. 따라서 디지털 기술 자체는 지식 생산을 가속화함으로써 사회적 생산력과 생산 효율성을 향상시킬 수 있다. 예를 들어 의료 분야에서 디지털 기술의 적용은 의사와 연구자가 대량의 의료 데이터를 더 빠르게 획득하고 처리하여 질병을 더 정확하게 진단하고 치료하는 데 도움을 줄 수 있다. 인공지능과 기계 학습 기술을 활용하면 의학 영상 속 미세한 변화를 분석하고 식별하여 질병을 더 정확하게 진단할 수 있다. 또한 이러한 기술은 의사 및 연구진이 새로운 치료법을 더 빠르게 발견하는 데 도움을 주며, 방대한 약물 화합물과 환자 데이터를 분석하여 최적의 치료 방안을 결정할 수 있게 한다. 이러한 진보는 의료 효율성을 높일 뿐만 아니라 환자 치료율을 향상시키고 의료 비용을 절감할 수 있다.

바로 이러한 이유로 디지털 정보와 지식은 생산 요소로 이해된다.[7]

7 가장 권위 있는 정의는 2016년 G20 항저우 정상회의에서 채택된 《G20 디지털 경제 발전 및 협력 이니셔티브》에서 비롯된다: "디지털 경제란 디지털화된 지식과 정보를 핵심 생산 요소로 사용하고, 현대 정보 네트워크를 중요한 매개체로 삼으며, 정보통신기술(ICT)의 효과적 활용을 효율성 제고와 경제 구조 최적화의 주요 동력으로 삼는 일련의 경제 활동을 의미한다." 중국정보통신연구원(CAICT)은 2017년 《중국 디지털 경제 발전 백서》에서 디지털 경제를 다음과 같이 정의한다: "디지털 경제는 디지털화된 지식과 정보를 핵심 생산 요소로, 디지털 기술

이러한 관점은 인류 사회가 고대부터 지금까지 정보를 활용하고 지식을 창조하며 객관적 세계와 사회 운영 효율을 지속적으로 개선해 온 일반적 법칙을 반영한다. 이 법칙에 따라 인류는 지식을 통해 지능을 형성하고, 다시 인간 지능이 정보를 가공 처리하여 지혜로운 행동과 결정을 만들어내며, 이를 통해 사회 구성원 조직과 사회 전체 생산력을 형성한다. 이러한 인식 아래 정보 가치의 본질은 비대칭성과 불확실성을 제거하여 자원 배분과 활용을 더욱 효율적으로 만들어 경제 효율을 높이거나 경제적 가치를 창출하는 데 있다. 이는 정보 경제가 현재 단계에 이르러 이미 달성한 기본적 합의이다.

심화 학습

지식 관리

지식 자체로는 "힘"을 생성하지 않으며, 오직 사람이 학습하고 습득하여 혁신과 지혜로운 행동을 창출할 때 비로소 생산력을 발생시킨다. 지식 성과는 정적인 정보 콘텐츠[8]로, 서적, 논문, 데이터베이스 등의 형태

혁신을 핵심 동력으로, 현대 정보 네트워크를 중요한 매개체로 삼아 디지털 기술과 실물 경제의 심층적 융합을 통해 전통 산업의 디지털화 및 지능화 수준을 지속적으로 향상시키고, 경제 발전과 정부 거버넌스 모델의 재구성을 가속화하는 새로운 경제 형태이다."

8 지식은 객관적 세계에 대한 관찰, 연구, 분석 및 정리를 통해 형성된 보편적 인식에서 비롯된다. 사회에는 지식을 전문적으로 '생산'하는 집단(예: 과학 연구자)이 존재하며, 이들은 객관적 사실 발견, 법칙 요약, 예측 또는 판단을 목적으로 활동한다. 반면 대다수는 선행 지식을 학습하여 특정 과제에 적용함으로써 행동으로 전환한다. 지식을 활용하는 실천자들은 직접적으로 지식을 풍부하게 하고 발전시키거나 간접적으로 지식 발전에 자료를 제공함으로써 순환 구조

를 띤다. 기업 솔루션, 프로세스 또는 실행력으로 전환되지 못할 경우 생산력을 창출하지 못한다. 즉 지식은 적용을 통해 생산력으로 전환되어야 하며, 이는 사람을 통해서이거나 생산 또는 경영 효율성 도구·방법의 개선을 통해서 이루어진다.

지식은 노동 기술과 자질의 원천이다. 특정 주체가 지식을 학습하고 습득하면 인간의 지혜로 전환되어 의사결정력과 실행력을 형성한다. 지식에 힘이 있는 이유는 인간이 이를 지혜로 전환할 수 있기 때문이다. 지식은 인간을 통해 구현되며, 궁극적으로 인간의 창의력, 의사결정력, 대응력에서 비롯된다. 즉 지식의 힘은 인간의 지혜나 실행력에서 비롯된다. 기업의 지식 생산력은 본질적으로 기업 직원의 지식과 능력 자질을 기반으로, 특정 분업 협력과 경영 관리 체계 속에서 창출되는 경영 성과 또는 생산력이다. 다만 지식은 개인에게 역량을 부여하고 생산력으로 전환될 수 있으며, 지적인 성과를 기록할 수 있는 문자가 등장한 이래 존재해 온 현상으로 오늘날의 새로운 현상이 아니다.

정보 기술의 발명과 응용으로 지식의 생산, 전파, 확산 속도가 크게 빨라지고 비용이 크게 낮아지면서, 인간의 지식 업데이트 및 혁신과 문제 해결 속도가 가속화되어 더 높은 생산성을 가져왔다. 이에 따라 기업 관리에서 새로운 전문 분야인 기업 지식 관리가 부상했다. 기업 지식 관리는 컴퓨터 시스템을 활용하여 조직의 모든 지식을 효과적으로 수집, 처리, 공유한다. 기업 조직 내에는 가치 있는 방안, 기획, 성과, 경험 등 방대한 지식이 존재하며, 이를 분류, 저장, 관리함으로써 기업의 지식 학습, 공유, 교육, 재활용을 촉진한다.

혁신과 결합하여, 궁극적으로 직원들의 혁신력과 실행력을 통해 기업

를 형성한다. 바로 이러한 순환 속에서 인류의 지식은 끊임없이 발전하고 진화한다.

의 생산성과 경쟁력으로 전환된다. 지식 관리란 기업이 지식과 경험을 효율적으로 활용하여 기록, 공유 및 체계화 관리함으로써 기업 업무 혁신과 효율적 협업을 가능하게 하는 것을 의미한다.

지식 관리는 본질적으로 정보 관리이며, 디지털 기술은 기업이 정보와 지식을 효과적으로 관리할 수 있는 도구를 제공하며, 이러한 관리는 조직의 정보 또는 지식 활용 효율성이나 능력을 향상시켜 파급 효과를 창출한다. 디지털 기술은 기업에 다양한 사실 정보와 지식을 보다 효과적으로 수집·처리하는 수단을 제공하여 기업의 의사결정 능력과 자원 배분 관리 능력(경영 성과 및 효율성 향상)을 높일 뿐만 아니라 전 직원의 혁신 능력을 한층 개선하여 기업 생산성 향상을 촉진한다. 어떤 의미에서는 효율적인 정보(지식 포함) 처리 기술이 존재하기 때문에 지식이 생산성으로 전환될 수 있다.

3. 데이터로서의 지식 생산 요소: 데이터가 지능적 성과를 산출하는 능력

디지털화된 지식이 생산 요소로서 인간의 빅데이터 활용 능력을 반영하지는 않는다. 오늘날 인간은 디지털화 과정에서 생성된 빅데이터를 활용할 수 있는 능력을 갖추었으며, 머신러닝을 통해 알고리즘 모델, AI 등 지능형 도구를 형성한다. 이러한 지능형 도구는 실제 시나리오의 데이터를 처리·분석하여 지능과 지식을 산출하며, 이 지능과 지식은 다시 생산력으로 전환된다.

인류 지식 생산에 관한 DIKW 모델[9]은 다음과 같이 고전적으로 설

9 DIKW는 영어 Data(데이터), Information(정보), Knowledge(지식), Wisdom(지혜)의 머리글자를 딴 약어로, 지혜 구조, 지식 구조, 정보 구조, 데이터 피라미드라고도 불린다. Martin Frické,

명한다: 지혜는 지식에서 비롯되고, 지식은 정보에서 비롯되며, 정보는 데이터에서 비롯된다."[10] 데이터는 특정 대상에 대한 관찰과 기록의 결과물이다.

결과는 특정 실체의 기본 속성 및 특정 시간, 장소, 상황에서 나타나는 행동이나 운동의 변화이다. 유용한 형태로 표현되기 전에는 데이터 자체는 가치가 없다. 데이터에 의미가 부여되면 정보가 되며, 정보는 데이터에 생명을 불어넣는다. 정보의 적용은 지식을 구성하고, 인간은 지식을 학습한 후 지혜를 형성함으로써 인류 문명은 "데이터→정보→지식→지혜"라는 단계적 구조를 보여준다. 따라서 인간의 지식은 데이터 분석 적용에서 비롯된다. 사실 표현으로서의 데이터는 지식 생성의 주요 원천이다. 인간은 끊임없이 객관적 사실을 발견하고, 법칙을 규명하며, 미래를 예측한다.

그러나 빅데이터가 등장한 이후, 인간이 데이터를 획득하고 분석·활용하는 역할은 기계(네트워크 시스템)에게 양보되었다. 이때의 데이터는 전통적인 수작업 기록이나 관측 데이터가 아니라, 네트워크 시스템 내에서 객관적 세계의 사물 운용에 관한 디지털화된 기록이다. 이러한 원시 데이터는 디지털화된 운영 과정에서 형성된 "부수적 산물"로, 그 자체로는 직접적인 활용 가치가 없다. 디지털 기술의 발전으로 인해 인간

Knowledge pyramid The DIKW hierarchy, https://www.isko.org/cyclo/dikw#refK 참조

10 Jennifer Rowley, The wisdom hierarchy: representations of the DIKW hierarchy, https://www. researchgate.net/publication/41125158_The_wisdom_hierarchy_Representations_of_the_DIKW_hierarchy. 또한 일부 학자들은 정보과학의 관점에서 DIKW 구조가 합리적이지 않으며 방법론적 결함이 있어 정보과학 및 관리 분야의 표준이 되어서는 안 된다고 주장한다. 데이터는 적절한 의미론적·절차적 방식으로 기록된 모든 것이며, 정보는 약한 지식(지식 역시 약한 지식)이다. 지혜는 적절한 행위자가 광범위한 실천적 지식을 습득하고 활용하는 것이다. See the Knowledge Pyramid: A Critique of the DIKW Hierarchy, http://inls151f14.web.unc.edu/files/2014/08/fricke2007.pdf.

은 데이터 뒤에 숨겨진 법칙을 발굴하고, 데이터가 반영하는 객관적 대상의 변화나 행동 경향을 예측할 수 있게 되었다. 따라서 원래는 활용할 수 없었고 가치가 없었던 데이터가 재활용되어 인간과 유사한 기계 지능을 생산하고, 의미 있는 지식이나 정보를 창출하며, 궁극적으로 생산력으로 전환될 수 있다. 원시 데이터는 이처럼 지능이나 지식을 생산하는 원료가 될 수 있으며, 지능이나 지식의 적용을 통해 다시 사회경제적 생산 요소가 된다. 즉각 수집·활용 환경에서 우수한 데이터 아키텍처 기반의 원시 데이터는 '빅데이터+인공지능'을 통해 직접 인사이트를 도출해 기업에 비즈니스 솔루션을 제공하고, 기업의 스마트 의사결정을 지원한다.

이때 생산 요소로서의 데이터는 머신러닝 등 지능 분석 도구가 활용할 수 있는 기계 판독 가능 원시 데이터다. 데이터가 생산 요소로 기능하는 것은 두 가지 측면에서 이해할 수 있다: 첫째, 데이터는 계산을 통해 정보로 전환되어 인간 지식 생산을 가속화하며, 데이터 자체가 지식 생산 요소가 되어 사회 생산력 향상을 촉진한다; 둘째, 데이터 계산 자체가 직접 지능(데이터 지능)을 생성하여 의사결정을 보조하거나 심지어 인간 의사결정을 대체할 수 있다. 이 두 종류의 데이터는 모두 기계가 읽을 수 있는 사실 데이터의 활용으로, 본질적으로 데이터 주도형 데이터 지능으로의 진화를 뒷받침하며, 이를 통해 새로운 생산력인 데이터 생산력을 창출한다. 원시 데이터가 생산력으로 전환되는 것은 디지털 기술 발전이 인간의 정보 처리 능력을 확장·향상시켜, 인간이 데이터를 활용해 객관적 세계를 인지하고 기계 지능을 생산하고 지식을 생산하며 의사 결정을 직접 지원하는 능력을 갖추게 되었기 때문이다.

제 2 절 데이터의 자원화 활용: 인류 사회의 새로운 과제

데이터의 가치는 세계를 분석하고 인지하여 통찰과 예측, 즉 지식을 형성할 수 있다는 데 있다. 과거에는 인간이 직접 데이터를 수집(물론 도구를 이용해 수집할 수도 있음)하고, "처리" 데이터를 통해 지식을 형성했다. 오늘날 다양한 지능 시스템은 데이터로부터 학습하고, 규칙과 지식을 발견하는 능력을 갖추어 인공지능 또는 기계 지능이 등장했다. 데이터는 기계 지능의 원천이며, 기계 지능은 지식의 원천이다. 기계 학습을 통해 데이터로부터 형성된 지능은 인간 지능을 보완하는 새로운 지능이다. 이를 위해 인간 사회는 기계 지능과 인간 지능이 상호 보완하는 새로운 지능 시대에 적응하기 위한 제도적 변화가 필요하다.

데이터 자체는 가치를 지니지 않으며 생산 요소가 아니다. 그러나 데이터는 거버넌스와 재사용을 거쳐 지능이나 지식 생산에 활용될 수 있으며, 나아가 사회경제 전반의 생산 요소로 전환된다. 따라서 데이터는 지금까지 사회 제도 규범 밖에 위치해 공공 영역에 속해 왔으며, 각국은 데이터 분석으로 형성된 혁신 성과(지식재산권 제도 포함)에 대해서만 보호를 제공해 왔다. 그러나 데이터 지능 시대에는 데이터를 생산하고 거버넌스하며, 기계가 데이터를 학습해 지능이나 지식을 형성하는 것이 산업화 활동으로 자리 잡았다. 우리는 기계 학습에서 대규모 데이터에 대한 요구를 직시하고, 혁신적인 사고로 데이터 지능 또는 데이터 생산성 실현에 부합하는 제도적 메커니즘을 설계해야 한다.

1. 데이터 자원화: 데이터 재사용 질서 구축 방안

인류 역사의 긴 흐름 속에서 데이터는 항상 공공 영역에 속하는 것으로 간주되어 왔으며, 누구나 수집하고 활용할 수 있는 공공 자원이었다. 데이터는 항상 자유 이용 모델을 채택해 왔다. 지적재산권 제도가 생겨난 후에도 사실, 데이터, 사상 등은 여전히 지적재산권 보호의 대상으로 포함되지 않았으며, 누구도 사실, 데이터, 파편화된 정보에 대해 어떠한 권리도 가지지 않아 누구나 자유롭게 접근하고 활용할 수 있었다. 이러한 상황에서 데이터는 그 자체의 개방성, 자유성, 공공성을 통해 사회화 활용을 실현해 왔다. 이러한 데이터 자원을 활용해 얻은 지식, 기술 등의 혁신 성과는 지적재산권 조건에 부합할 경우 일정 기간의 배타적 권리를 취득함으로써 보호받을 수 있으나, 데이터 자체는 영원히 공공 영역에 머무르게 된다.

한도 내의 독점권을 획득하여 보호받을 수 있으나, 데이터 자체는 영원히 공공 영역에 머무르게 된다. 현행 법률 제도가 데이터에 부여한 법적 성격은 공공 속성이며, 그 활용 방식은 자유로운 모드라고 할 수 있다. 데이터 활용으로 형성된 지식은 지식재산권 보호 요건을 충족할 경우에만 보호를 받는다. 이러한 자유로운 활용 방식이 데이터 경제 시대로 이어지면서 데이터 경제의 형성과 운영을 저해하고 있다.

자유 이용 모드에서는 공개된 데이터라면 누구나 자유롭게 접근하고 활용할 수 있다. 인터넷이 등장한 이후 전 세계 정보 자원이 네트워크를 통해 전송되고 교환되면서 정보 자원의 자유로운 이용에 무한한 공간이 열렸다. 네트워크 운영자의 정보 자원 통제와 인터넷의 정보 자유 개방 사이의 균형을 맞추기 위해, 인터넷은 초기부터 Robots 프로토콜을 고안해냈다. Robots 프로토콜은 국제 인터넷계에서 통용되는 검색 엔진 크롤링 범위에 관한 윤리 규범 또는 업계 관행으로, 한편으로는 정보 제공자의 의사를 존중하고 정보 관련 이해관계자의 권리(사용자 개인의 사생활 보호권 포함)를 보호하며, 다른 한편으로는 인터넷의 개방성을 유지하여 웹페이지 정보가 더 널리 전파되도록 한다. 현재 크롤링 기술(일정한 규칙에 따라 자동으로 월드 와이드 웹 정보를 수집하는 프로그램 또는 스크립트)은 웹 페이지 데이터 수집에서 저수준 데이터로 전환되어, 이른바 빅데이터 기업들이 데이터를 획득하고 빅데이터 마이닝을 수행하는 주요 수단이 되었다. 웹페이지 정보가 저작권 범위에 포함될 수 있다면 저작권자의 통제를 받을 수 있으나, 분석 가치가 있는 시스템 데이터, 메타데이터 등의 저수준 데이터에 대해 자유로운 크롤링을 허용할 경우 데이터 활용이 공지의 비극에 빠지게 되어 데이터 경제의 기반을 구축할 수 없게 된다. 크롤링 기술(자유와 개방을 상징)과 반크롤링 기술(통제를 상징) 사이에서 줄다리기가 벌어지고 있다. 법적으로, Robots 프로토콜을 초과하는 데이터 크롤링이 불법이며 대상 웹사이트의 권리를 침해한다는 판결 사례가 점점 늘어나고 있지만, 정보 자원의 공공 자원 성격은 여전히 크롤링 기술을 이용해 타인의 노동 성과를 빠르고 비용 없이 획득하는 구실로 활용되고 있다.

현재의 자유 이용 모델하에서는 데이터에 대한 권리가 불분명하고, 데이터 획득 방식과 수단의 합법성 판단에 명확한 규칙이 부재하며, 데이터 활용은 법적 불확실성에 가득 차 있어 데이터 가치 실현에 매우 불리하다. 국내에서는 점점 더 많은 데이터 소유자가 법적 무기를 들어 자신의 권리를 수호하고 있으며, 법원 역시 부정경쟁방지법을 활용해 데이터의 적정 사용과 부적절한 사용을 구분하는 데 노력하고 있다.

정당한 사용 사이에 경계를 설정하기 위해 노력하고 있다.[11] 데이터

11 예를 들어, 대중평점망(大众点评网) 대 바이두(百度) 사건[(2015)浦民三(知)初字第528号, (2016)沪73民终242号]에서 한타오(汉涛)사는 바이두사가 바이두 지도, 바이두 지식(百度知道)에서 다중평점망의 평가 정보를 대량으로 표절·복제하는 행위를 성공적으로 저지하고 사용자 평가 데이터에 대한 자신의 합법적 권리를 보호했다. “웨이보” 대 “마이마이” 사건[(2016)京73民终588号]에

는 통제와 자유로운 이용 사이에서 불확실성을 지니며, 관련 권리·책임·이익의 경계가 불분명하다. 데이터 소유자가 자신의 행동을 합리적으로 예측하고 데이터 자원을 효과적으로 배분·활용하는 것은 거의 불가능하다. 데이터 권리 귀속의 불분명한 경계는 데이터 공유와 유통을 방해하여 데이터의 사회화 활용을 실현하지 못하게 한다.

분명히 이러한 무질서한 상태는 데이터 경제를 열 수 없다. 데이터가 자원으로 간주되지 않고 사적 통제가 인정되지 않는 상황에서 데이터 유통과 사회적 활용은 저해되어 '빅데이터'를 형성하거나 '빅데이터 분석'을 수행하기 어렵기 때문이다. 데이터 경제는 필연적으로 데이터를 자원으로 간주하고, 데이터 통제자에게 권리를 부여하며, 데이터가 유통될 수 있도록 하여 데이터의 시장화, 사회화된 배분 및 활용을 실현해야 한다. 현재 데이터가 지속적으로 재사용되어 지식을 생산하고 경제적 방식이나 산업화된 방식으로 지식 생산 활동을 수행해야 하는 단계에 접어들었으므로, 자원 활용 방식을 어떻게 변화시켜 디지털로 생성된 데이터 자원을 질서 있게 활용할지 고민해야 한다. 이 점에서 중국이 최초로 데이터를 생산 요소로 규정하고, 경제적 자원 활용 방식으로 지식 생산 활동을 전개하는 단계에 진입함에 따라, 어떻게 자원 활용 방식을 변화시켜 디지털화 과정에서 생성된 데이터 자원을 질서 있게 활용할지 고민하는 체계를 구축해야 한다. 이 점에서 중국이 최초로 데이터를 생산 요소로 규정하고, 경제 자원 활용 방식에 따라 데이터 재사용

서 베이징 웨이멍창커 네트워크 기술 유한회사는 부정경쟁방지법을 활용해 타오유 회사가 계약 범위를 초과하여 신랑웨이보의 사용자 정보를 수집·사용하는 행위를 성공적으로 저지했다. 타오바오(중국) 소프트웨어 유한회사 대 안후이 메이징 정보 기술 유한회사 사건[(2017)浙8601民初4034号]에서 법원은 타오바오사가 관련 데이터 제품에 대해 경쟁적 재산권을 보유한다고 인정하고, 메이징사의 관련 행위가 부정경쟁에 해당한다고 판단하여 침해 행위 중단 및 경제적 손실 배상을 명령했다.

질서를 구축하려 시도하고 있다. 과거에 고수해 온 데이터의 자유로운 접근과 사용에 대해, 우리는 먼저 생산 요소로서의 데이터가 더 이상 사람이 읽을 수 있는 정보나 지식이 아니라 기계가 읽을 수 있는 원시 데이터임을 올바르게 이해해야 한다. 디지털화된 지식이나 정보와 달리, 이러한 원시 데이터 자체는 생산 요소가 아니며 경제적 가치가 극히 낮아 경제적 효과를 창출할 수 없다. 오히려 기술적 수단을 통해 데이터로부터 인간이 가지지 못한 지능을 얻어야 하며, 이러한 데이터 지능은 다시 인간에게 무한한 기대를 안겨준다. 데이터가 지식이나 지능 제품으로 전환되기 전까지는 직접적인 경제적 가치를 지니지 않으며 생산 요소로 간주될 수 없다. 그러나 우리는 인공지능과 머신러닝이 원시 데이터에 대한 끊임없는 수요를 충족시키기 위해 원시 데이터의 생산, 유통 및 분석 활용을 반드시 장려해야 한다. 이는 원시 데이터 자체의 생산과 유통을 하나의 생산 구조로 구축할 것을 요구한다.

생성 가치를 창출하는 경제 활동을 통해 고품질 데이터 요소의 공급을 촉진해야 한다. 이는 사실상 데이터 요소화를 직접적인 경제적 이익 창출이나 생산력 형성을 위한 생산 요소로 이해하기보다는 하나의 과정으로 인식할 것을 요구한다. 우리는 데이터 생산력 형성을 촉진하기 위해 이 과정에 질서를 부여해야 한다.

데이터가 어떤 의미에서 생산 요소가 되며, 어떻게 시장에서 상품화되어 유통되는지에 대한 이 기초적 명제의 이해는 데이터 요소 시장 육성에 극히 중요한 역할을 할 것이다. 본서는 데이터 요소를 두 개의 연속적 단계로 구분한다: 첫째, 데이터가 기계 지능 또는 지능형 제품의 생산 요소가 되는 단계, 둘째, 지능형 제품이 사회경제의 생산 요소가 되는 단계이다. 즉, 데이터가 사회 생산요소가 되는 것은 지능형 제품(지능형 도구나 지식)을 통해 실현되며, 데이터가 생산요소로서의 가치를 발휘하는 것은 데이터 기반 지능형 제품 생산이나 지식 출력 능력을 촉진하는 데 있다. 우리는 이러한 논리에 따라 데이터 요소의 기초 제도를 기획하고 설계해야 하며, 데이터의 직접적인 현금화 거래를 목표로 삼기보다는 지능형 제품 생산의 극대화를 지향해야 한다.

사례

건설 산업 디지털 리스크 관리 데이터 제품

푸산 위안헝리전 정보기술유한공사는 2015년 설립되어 건설, 부동산, 건설 폐기물, 도시 두뇌 등 건설 분야의 소프트웨어 및 하드웨어 시스템 연구 개발에 주력하고 있다. 회사는 건설 산업의 전체 생태계를 아우르는 데이터 제품을 주로 생산하며, 건설 산업 및 관련 산업에 깊이 뿌리내리고 있다. 각 지역 및 관련 산업 인터넷에서 정부 부처, 기업, 제3자 기관 등으로부터 가치 있는 데이터를 수집하고, 이를 통합·관리·가공하여 데이터 가치를 발굴하여 데이터 자산을 형성하고 데이터 서비스를 제공한다. 해당 데이터 제품은 주로 건설 산업 데이터를 기반으로 가공된다.

푸산 위안헝리전(佛山元亨利贞)사의 "건설 산업 디지털 리스크 관리 데이터 제품"은 건설 산업 데이터를 중심으로 가공하여 건설 기업들의 금융 활동을 분석하고, 금융 기관에 원스톱 디지털 리스크 관리 서비스를 제공한다. 이를 통해 금융 기관의 온라인 금융 서비스 효율성을 높이고, 대출 전·중·후 관리 비용과 운영 비용을 절감한다. 동시에 이 제품은 금융 기관에 동적 리스크 관리 데이터 모니터링 서비스를 제공하여 실시간 경보 정보를 제공하고 금융 기관의 업무처리 중 개입을 지원함으로써 부실채권 및 배상금 지급의 부정적 영향을 줄인다. 또한 이 제품은 자금 조달이 필요한 건설 업계 기업에 원스톱 자금 조달 신청 서비스를 제공하여 금융 기관과의 효과적인 매칭을 통해 기업의 자금 조달 성공률을 높이고 자금 부담을 줄여 기업의 자금 조달 어려움과 고비용 문제를 해결한다.

이 데이터 제품은 건설업계 기업 임금 지급 신용 평가 프로파일, 공사 프로젝트 임금 지급 동적 모니터링 경보 지수 등의 데이터 분석 보고서를 출력하여 농민공 임금 보증금 보험 인수 위험 평가 및 임금 지급 경보 개입에 근거를 제공한다. 동시에 건설업계 기업 시공 안전 신용 평가 프로파일, 공사 프로젝트 안전생산 동적 모니터링 경보 지수 등의 데이터 분석 보고서를 출력하여 안전생산 책임 보험 인수 리스크 관리 평가 및 사고 예방 서비스 리스크 경보 개입 등에 근거를 제공한다. 기업 대출 이행 신용 평가 프로파일, 인력 대출 이행 신용 평가 프로파일, 프로젝트 현금 흐름 안전 동적 모니터링 경보 지수, 인력 가처분 소득 안전 동적 모니터링 경보 지수 등의 데이터 분석 보고서를 출력하여 기업 건설 대출 및 근로자 급여 대출의 리스크 관리 평가에 근거를 제공한다.

—광둥 데이터 거래소《"건설업 디지털 리스크 관리 데이터 제품" 상장, 건설업 금융 리스크 관리 지원》정리

2. 정보 경제에서 데이터 경제로

정보경제학이 지식이라는 생산 요소의 경제 법칙을 탐구하여 정보 사회의 가치를 극대화하는 것이라면, 데이터경제학은 데이터 생산 요소의 실현 경로를 모색하고 데이터 요소의 가치를 극대화하는 경제 질서를 창출해야 한다.

정보 경제는 두 가지 측면에서 이해할 수 있다: 첫째, 정보 자체가 상품이 되는 지속적 과정이며, 둘째, 경제 활동이 다양한 형태의 불균형적이고 경쟁적인 정보에 의존하여 전개된다는 점이다. 어느 정도 정보의 생산, 유통 및 상품화는 산업 경제가 혁신과 지식을 요구한 결과이며, 디지털 기술이 이를 진정으로 산업화하여 이른바 정보 산업을 형성했다. 20세기 90년대 이후 정보 산업은 지속적으로 발전하며 전통 산업과 깊이 결합하거나 융합 발전하여 사회 경제 발전을 주도하는 힘이 되었다.

빅데이터 개념의 등장과 적용으로 디지털 기술은 더 이상 인간이 정보를 처리하는 도구가 아니다. 인간은 컴퓨터의 계산 능력을 활용해 인간이 처리하기 어려운 다양한 출처의 빅데이터를 자동 처리하기 시작했으며, 기계가 데이터를 자동으로 수집·처리·분석하는 자율 학습 능력, 즉 인공지능 또는 기계 지능을 형성했다. 기계 지능의 출현과 네트워크 통신 및 산업 응용 분야에서의 광범위한 적용은 사회가 기계 지능의 연구 개발과 응용을 촉진하기 위해 충분한 양의 기계 판독 가능 원시 데이터를 제공해야 할 필요성을 낳았다. 바로 이러한 배경 속에서 2014년 데이터 경제 개념이 제안되었으며, 사람들은 데이터 생산, 유통 및 사용(소비)을 통해 데이터 재활용(유통 활용) 질서를 구축하게 되었다. 본질적으로 **데이터 경제의 목적은 데이터를 생산하는 것이 아니라 지능형 제품을 생산하여** 인간 지능과 구별되는 기계 지능을 형성함으로써 인간의 인지 능력과 객관적 세계 개조 능력을 한층 더 향상시키는 데 있다. 데이터 경제는 본질적으로 지능 경제이며, 해외에서는 '데이터 주도(data-driven)'로, 중국에서는 '데이터 생산 요소(data production factor)'로 표현된다.

데이터 경제는 디지털 기술이 일정 단계까지 발전하고 응용된 산물로, 기계 지능의 데이터 수요를 반영한다. 이는 정보 경제를 대체하지 않으며, 오히려 데이터 경제 역시 궁극적으로 더 유용한 정보나 지식을 생산해 인간의 인지 및 의사결정 요구를 충족시킨다. 정보 경제와 데이터 경제는 함께 인간 사회 발전의 증폭기인 지식의 힘을 반영한다. 따라서 정보·데이터 경제는 지식 경제와도 연결되며, 심지어 지식 경제의 고급 진화 형태라 할 수 있다. 조지 길더는 《포스트 자본주의의 삶》에서 경제학의 정보 이론을 제시하며 지식의 경제적 역할을 충분히 밝혀냈다.

정보 경제는 디지털 경제의 전신이며, 데이터 경제는 디지털 경제의 새로운 구성 요소다. 우리가 디지털 경제를 농업 경제, 산업 경제에 이은 사회경제 형태로 이해할 때, 디지털 경제 형태 아래에는 다양한 하위 분야나 하위 개념이 존재할 수 있으며, 이를 통해 특정 경제 활동을 포괄하고 그 발전을 촉진하는 경제 질서를 구축할 수 있다. 데이터 경제는 바로 이처럼 사회경제 영역에 스며들어 경제 발전을 이끄는 엔진이 된다. 여기서 데이터 경제를 사용하는 목적은 데이터를 지향하는 경제 활동을 관찰·분석하고, 데이터의 내재적 가치, 즉 경제 활동에서 발휘하는 핵심적 역할과 탁월한 전환 능력을 드러내기 위함이다.[12]

12 Géczy, Peter, *Data Economy Dimensions*(2015). Global Journal of Business Research, v. 9(4), pp. 77-89, Available at SSRN: https://ssrn.com/abstract=2669630.

심화 학습

조지 길더의 경제학 정보 이론

조지 길더는《포스트 자본주의의 삶》[13]에서 지식의 경제적 중요성을 네 문장으로 요약했다. 즉 부는 지식이며, 성장은 학습이며, 돈은 시간이며, 정보는 새로운 발견이다(Wealth is knowledge, Growth is learning, Money is time and Information is surprise). 이는 그가 경제학 정보 이론으로 요약한 바이다. 그의 관점에서 물질이나 에너지는 희소하지도 않고 자유롭게 획득 가능하며, 지식이야말로 이를 부로 전환시킨다. 부의 본질은 지식의 축적에 있으며, 이는 학습과 혁신에서 비롯된다. 정보의 본질은 새로운 발견이며, 새로운 발견은 새로운 지식을 얻게 하고, 지식의 축적과 창조는 경제 성장을 이끈다. 주어진 시간에 더 많이 생산할수록 획득 가능한 가치는 더 커지므로, 시간은 생산성, 경제적 가치, 풍요의 정도를 측정하는 궁극적인 척도이다.

조지 길더(George Gilder)가 제안한 경제학 정보 이론은 클로드 섀넌(Claude Shannon)의 정보 이론을 기반으로 한다. 섀넌에게 정보는 질서나 결정, 안정성 또는 패턴이 아니라 그 반대이다. 정보는 모델을 깨는 것이며, 예상치 못한 비트(unexpected bits)이자 엔트로피(entropy)이다. 정보는 규칙이나 패턴이 아니다. 기대하거나 예측하는 것은 정보가 아니다. 확정된 모델로부터 계산된 것은 정보가 아니다. 정보는 기이한 만남이나 새로운 발견(surprise)이며, 새로운 발견이 정보에 대한 정확한 정의이

13 참조: George Gilder, Life After Capitalism, Regnery Gateway, 2023.

다. 이로부터 형성된 정보 이론은 시간과 공간 속에서 움직이는 데이터를 지속적으로 정의하고 측정하며 관리하는 지식이다. 정보 이론은 컴퓨터와 통신 과학의 핵심이다. 정보 이론 없이는 컴퓨터 과학은 지능을 갖지 못하며, 네트워크는 이해하기 어려워지고, 글로벌 정보 경제는 조각난 바벨탑(Babel)이 될 것이다.

정보 이론은 현대 컴퓨팅과 통신의 기초이자 정보 경제에 필수적인 과학이다. 이는 오늘날의 경제가 컴퓨터와 통신 산업 및 인프라가 주도하는 경제이며, 인공지능과 머신러닝이 모든 산업에 침투하여 신속하게 지식을 생성하고 이를 복지로 전환할 수 있는 경제이기 때문이다.

인터넷은 과거의 아날로그 회로 변환 시스템이 아닌, 패킷으로 전달되는 디지털 네트워크이다. 이 무한히 연결된 네트워크에서는 종단 간 채널이 필요하지 않으며, 표준에 따라 패킷을 보내기만 하면 된다. 인터넷은 이미 세계 지식의 가장 주요한 저엔트로피 운반체이므로 부(富) 그 자체이다. 그것은 무료의 새로운 발견 채널이며, 새로운 발견으로 가득 찬 정보를 전달한다. 컴퓨터는 궁극적으로 인간 지성을 광범위하게 배포(전파)하는 도구가 될 수 있다. 그러나 현행 경제 이론은 여전히 자원 희소성을 전제로, 수급 균형을 목표로 한다. 따라서 우리는 정보 이론을 경제학의 기초로 삼아야 한다.

전통 경제학은 인간 수요에 초점을 맞추고 자원 희소성을 출발점으로 삼는다. 경제 정보 이론은 인간 창조에 초점을 맞추고 시간 희소성을 출발점으로 삼는다. 전통 경제학은 수요 주도적이며 경제 활동의 목적은 수요 충족에 있다. 반면 경제 정보 이론은 공급 주도적이라고 본다. 공급은 시간에 의해 지배되며 전문성을 지니고, 수많은 사업 계획으로 구성되며 새로운 발견에서 비롯된 창의력에 의존한다. 공급은 새로운 상품이나 서비스를 제공하기 위해 시간을 소모하므로 시간으로 측정된다. 수요는 결함이 있고 정적이며 미성숙하며 시간을 소모하지 않으며 주관적이고 무의미하다. 공급이 증가하고 가치가 하락할 때 학습 진보를 예고하는데, 이는 공급 측의 양적 확장으로 생성된 새로운 지식이 가격 하락 속도와 동기화되기 때문이다.

경제학의 정보 이론은 돈이 상징화된 시간(tokenized time)이지만 시간 자체가 돈은 아니라고 주장한다. 돈은 부의 실체가 아니라 부를 측정하는 척도이다. 돈은 지식과 학습의 동적 구조화를 예고하며, 새로운 발견의 묶음이다. 지식과 학습이 없다면 부는 해체되고 돈은 의미와 가치를 상실한다. 정보 이론을 경제학으로 확장하면 새로운 경제 혁명을 이해하는 데 새로운 원칙을 제공할 수 있다. 조지 길더는 마지막으로 지적한다: 진정한 경제학은 정보 이론을 인식해야 하며 … 창조에는 창조자가 있음을 인정해야 한다. "경제학은 지식과 학습에 관한 학문이며, 우리가 세계 속에서 수행하는 창조적 역할을 담당한다."[14]

14 George Gilder, Life After Capitalism, Regnery Gateway, 2023 참조.

제 6 장 데이터 지능 기반 사회 생산력 형성

정보기술의 급속한 발전은 공간적 제약을 깨뜨렸으며, 우리는 '인간-기계-물체' 삼원 융합의 만물 상호연결 시대로 진입하고 있다. '인터넷+', '지능+'는 경제사회 전반의 디지털 전환을 촉진하며, 디지털 전환은 데이터 재사용을 통해 데이터 지능 또는 기계 지능을 최종적으로 형성하여 인류 사회를 인간 지능과 기계 지능이 상호 촉진하고 강화하는 새로운 시대로 이끌고 있다. 따라서 데이터 혁명은 궁극적으로 인간 인식의 혁명이며, 지식 생산과 응용 방식의 혁명으로, 결국 데이터 지능에 기반한 사회적 생산력을 형성한다.

제 1 절 데이터 지능: 데이터를 생산력으로 전환

생산력은 사람들이 자연을 정복하고 개조하는 능력으로, 인간이 객관적 세계의 법칙(지식)을 인지하고 적용하는 능력을 반영한다. 인류의 인지력, 의사결정력, 실행력은 과학 연구와 기술 혁신에 의해 주도되므로, 과학의 발전은 생산력에 중대한 영향을 미치며 생산력의 발전은 과학의 발전을 선행으로 필요로 한다. 또한 과학 자체도 점점 더 중요한 생산력이 되고 있다. 데이터 지능의 가치는 인간 지능과 구별되는 인공지능(또는 기계 지능)을 형성하고, 인간 지능과 상호 보완적인 새로운 지능을 창출하는 데 있다. 이는 인류 역사상 인지 혁명이며, 지식 생산 방식과 지능적 행동 능력의 혁명이며, 나아가 사회 생산력의 혁명이다.

1. 데이터는 어떻게 지능을 생성하는가?

데이터 마이닝은 새로운 지식을 생성하고, 머신 러닝은 지혜를 생성한다. 데이터가 있으면 지능이 생기고 지식이 생산되는 것처럼 보인다. 사실 인공지능은 여전히 컴퓨터 기술의 끊임없는 진보와 반복의 산물이며, 그 본질적 핵심은 여전히 기술 혁신이다. 우리가 데이터를 생산 요소로 제시한 후에는, 결코 데이터 자체를 생산력으로 간주해서는 안 된다. 데이터의 가치는 사용에 있으며, 특히 사회화된 활용에 있다. 어떻게 전 사회가 편리하고 저비용으로 데이터를 획득하며 지속적으로 데이터를 집적·활용하도록 하는 것이 데이터가 지능으로 전환되는 기초 조건을 제공한다. 그러나 데이터 지능의 형성 또는 데이터가 생산력으로 전환되는 것을 뒷받침하는 것은 여전히 컴퓨터 기술, 즉 컴퓨팅 파워와 알고리즘의 진보에 달려 있으며, 기술 진보를 지탱하는 것은 여전히 인간의 창조력이 최대한 발휘되는 데 있다.

인공지능은 컴퓨터 과학과 방대한 데이터 집합을 결합해 인류가 직면한 다양한 문제를 해결하는 시스템으로, 그 핵심은 인공지능 알고리즘(AI algorithms)이다. 데이터를 이 시스템에 입력하면 예측, 분석, 새로운 지식 발굴이 가능하다. 인공지능의 본질은 컴퓨터 지능이다. "인공지능은 컴퓨터에 지각, 학습, 추론 및 의사결정 지원 능력을 부여하여 인간과 유사한 방식으로 문제를 해결하는 기술 집합이다."[1] 과거 컴퓨터는 미리 작성된 고정된 프로그램에 따라만 작업할 수 있었으나, 학습 능력을 갖춘 컴퓨터는 사람, 사물, 장소, 사건 등 사이의 관계를 이해하여 '추론'하는 능력을 지닌다. 인간의 학습 대상이 지식이라면, 컴퓨터의 학습 대상은 데이터이다. 컴퓨터는 지속적인 학습을 통해 경험을 축적하여 지능 또는 지혜로운 행동력을 형성한다.

인공지능이 급속히 발전하고 응용되는 것은 주로 세 가지 측면의 발전 덕분이다: ① 데이터 가용성의 증가; ② 클라우드 컴퓨팅 능력의 지속적인 강화; ③ 인공지능 연구자들이 더 강력한 알고리즘을 개발해 냈기 때문이다. 디지털화가 심화됨에 따라 컴퓨터가 학습에 활용할 수 있는 데이터는 전례 없는 규모에 이르렀다. 데이터가 있어야 컴퓨터는 인식할 수 있으며, 이를 통해 '보고', '듣고', '이해'할 수 있다.[2] 기계의 지능 수준은 기계의 '학습' 능력에 달려 있으며, 이는 지식 그래프 기술의 지속적인 발전 덕분이다.

기계는 인간처럼 현실 세계의 지식을 이해할 수 없기 때문에, 기계 언어를 통해 현실에서 상호 연결된 개체와 그 관계를 표현함으로써 하나의 지식으로 구성된다. 수많은 지식이 모여 기계가 이해할 수 있는 지식 네트워크, 즉 지식 그래프를 형성한다. 따라서 지식 그래프는 AI의 두뇌라고도 불린다. 지식 그래프 구축의 핵심은 현실 세계의 다양한 지식을 컴퓨터가 저장하고 계산할 수 있는 구조(지식 표현이라 함)로 표현하는 것이다.

데이터 라벨링은 분류, 박스 표시, 주석 달기 등을 통해 이미지, 음

1 참조: 션샹양, [미국] 스보더: 《계산하는 미래: 인공지능과 그 사회적 역할》, 베이징대학출판사 2018년판, 4쪽.

2 참조: 션샹양, [미국] 스보더: 《계산하는 미래: 인공지능과 그 사회적 역할》, 베이징대학출판사 2018년판, 7쪽.

성, 텍스트 등의 데이터를 처리하고 대상의 특징을 표시하여 머신러닝의 기초 자료로 활용하는 과정이다. 데이터 라벨링의 기본 기능은 인공지능에 지식을 가르치고 지혜를 깨우치는 것이라고 할 수 있다. 정교하고 심층적인 의미 이해를 달성하려면 데이터 라벨링과 컴퓨팅 파워 투입만으로는 근본적인 문제를 해결할 수 없으며, 지식 기반의 자연어 처리(NLP)를 접목해야 한다. 이는 정교하고 심층적인 언어 이해로 가는 필연적인 길이다. 그러나 데이터 라벨링은 인력에 의해 수행되며, 인력 라벨링은 비용이 많이 든다. 이렇게 형성된 구조화된 지식은 현실 세계에서 급속히 증가하는 지식량에 비해 인력만으로 추가하는 것은 거의 불가능하며, 다양한 새로운 문제 해결 요구를 충족시키기 어렵다. 이에 따라 기계 학습이 등장하게 되었다.

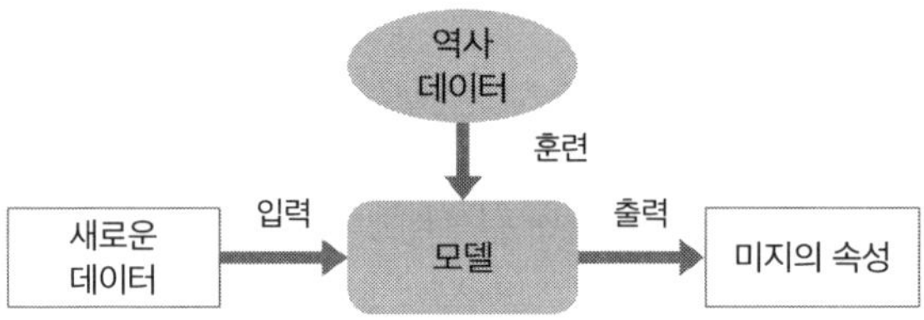

그림 6-1 데이터 인텔리전스 간략 도식

컴퓨터에서 "경험"은 일반적으로 "데이터" 형태로 존재하며, 컴퓨터는 기존 데이터를 기반으로 모델을 구축할 수 있다. 새로운 상황(새로운 데이터)에 직면했을 때, 모델은 우리에게 적절한 판단을 제공한다. 머신러닝은 알고리즘을 통해 기계가 방대한 역사적 데이터(훈련 데이터)에서 패턴을 학습하여 새로운 샘플에 대해 지능적인 식별 또는 예측을 수행할 수 있도록 하는 것이다. 따라서 머신 러닝은 데이터 모델을 통해 새로운 데이터를 분석하고 예측하는 기술이다. 소위 "학습"이란 데이터로부터 모델을 습득하거나 구축하여, 최종적으로 입력 데이터 상태에 따라 합리적인 예측을 제공하는 것이다. 따라서 머신 러닝은 데이터 구조(Data Fabric) 속에 숨겨진 지식을 자동으로 발견하는 과정으로, 이를 위한 전용 프로그램을 작성하지 않아도 통찰력(insight)을 지닌 알고리즘을 통해 특정(또는 다중) 문제를 해결하는 모델을 생성할 수 있다.

요약하면, 데이터는 인공지능에서의 역할에 따라 두 부분으로 나뉜다: 하나는 모델 훈련에 사용되는 샘플 데이터이고, 다른 하나는 기계가 분석 처리하는 데 사용되는 데이터이다. 훈련에 사용되는 데이터 양은 제한적이지만, 모델이 형성된 후 분석 처리되는 데이터는 무한하다. 데이터, 알고리즘, 컴퓨팅 파워의 작용 아래, 인간은 데이터 기반 지능—세계를 인식하고 개조하는 새로운 방법, 즉 "빅데이터+인공지능"이 가져온 인지 세계 능력의 변혁을 이루었다.

2. 인공지능이 생산력으로 전환되는 경로

인공지능은 데이터를 기반으로 하며, 데이터는 객관적 세계에서 비롯되어 객관적 세계를 분석하는 데 활용될 수 있으므로, 인공지능은 사회 각 분야와 다양한 목적에 적용 가능한 새로운 능력이다. 이 새로운 능력은 두 가지 경로를 통해 전달되어 사회 생산력으로 전환된다.

첫째, 지식을 제공하고 의사결정을 보조한다. 2010년 *Science*에 게재된 논문은 사람들의 이동 패턴이 매우 다양함에도 불구하고 대다수는 예측 가능하다고 지적했다. 이는 개인의 과거 행동 궤적을 바탕으로 그 또는 그녀의 미래 행방을 예측할 수 있음을 의미하며, 즉 93%의 인간 행동이 예측 가능하다는 것이다. 네트워크, 센서, 지능형 기기는 24시간 내내, 모든 샘플을 대상으로 객관적 세계를 실시간으로 기록한다. 표면상 무질서해 보이는 데이터는 집계 및 처리를 통해 데이터가 내포한 객관적 세계 대상의 내재적 법칙을 통찰하고, 새로운 인식이나 지식을 추출하거나 형성할 수 있다. 데이터에서 통찰력이나 예측을 도출하는 것은 인간 지식의 또 다른 원천이 되어 인간이 학습하고 참고할 수 있으며, 인간의 지혜로운 행동으로 전환된다. 인공지능의 지식 생산 방식하에서는 인간이 데이터를 수집·분석하여 지식을 생산할 필요가 없으며, 직접 지식을 획득하여 지혜로운 행동으로 전환하기만 하면 된다. 이러한 방식은 인간이 지식을 획득하는 생산 속도를 가속화할 뿐만 아니라 데이터에서 지혜로운 행동으로의 전환 시간을 크게 단축시킨다.

둘째, 기계 지능이다. 인공지능은 인간이 창조한, 인간의 지능과 능력을 모방·확장·확대할 수 있는 계산 기계이다. 센서가 장비·기계·도구에 장착되면 기계는 데이터 형태로 세계 만물의 상태와 변화를 전방위적으로 인지하게 되며, 거의 모든 지능 생명체처럼 주변의 모든 정보를 감지한다. 기계 학습은 기계가 인간과 유사한 지각·인지·추론·학습·결정 능력을 갖도록 한다. 인공지능 기술은 기계가 단순히 세계를 인지하는 단계에서 점차 현실 세계의 인과 관계망을 중심으로 인지, 추론, 학습 및 의사결정 능력을 점차 구축하게 하여 기계 지능을 갖게 한다. 다빈치 수술 로봇, 자동 운반 로봇, 자율주행 자동차, 심해 작업 로봇 등 기계 지능은 인간을 대체하여 복잡한 작업을 수행하고 심지어 인간이 수행하기 어려운 작업까지 완수하고 있다.

기계 지능이 인간의 작업을 담당하는 것 외에도, 기계 지능은 자원 배분 최적화 측면에서 중요한 역할을 수행하며 사회적 생산력을 창출한다. 인터넷은 HTTP 프로토콜을 통해 디지털화된 정보를 거대한 네트워크로 연결했으며, 이 네트워크 위에서 최초의 사회화된 기계인 검색 엔진이 등장했다. 전자상거래 플랫폼의 본질은 공급과 수요를 연결하는 상업 활동을 인터넷으로 이전하여 거대한 상업 정보 배포, 추천 및 상호작용으로 구성된 자원 배분 네트워크로 진화시킨 것이다. 이러한 고속 정보 처리 네트워크는 사회 생산력의 새로운 동력기가 되어 생산력 변혁을 주도한다. 인공지능 기술이 인터넷에 깊이 적용됨에 따라 기계 지능을 핵심으로 한 협업 네트워크는 점차 거대한 사회 자원 배분 및 활용을 위한 지능형 기계로 진화했다. 상업 정보 자원의 효율적 배분과 활용 외에도, 현재 지능형 네트워크와 지능형 모델은 전력 자원, 수력 자원, 풍력 자원 등의 배분 최적화에 적용되며 다양한 공학 프로젝트, 장비 공정 개선 등에 활용되고 있다.

기계 지능은 인간을 대체하는 힘이 아니라 인간이 창조한 지능 도구이다. 기계 지능과 인간 지능 사이에는 상호 보완적인 관계가 존재한다. 첫째, 인공지능과 인간 지혜의 상호 보완적 협력이다. 기계는 방대한 데이터에서 가치 있는 통찰력을 추출해 인간에게 지식을 제공하며, 이는 인간의 학습과 참고 자료가 되어 혁신을 촉진한다. 인공지능의 초강력 계산 분석 및 시뮬레이션 능력은 과학 연구, 공학 설계, 신약 개발을 지원할 수 있다. 둘째, 수행 업무 영역과 효과 측면에서도 인공지능과 인간은 상호 보완적 관계다. 기계 지능은 매우 강력하여 위험한 환경 작업이나 제조업의 고정밀 작업 등 인간이 수행하기 어려운 많은 임무를 완수할 수 있다. 로봇은 휴식이 필요 없어 24시간 작업이 가능하므로 특정 분야에서 인간을 대체할 수 있다. 의료 분야에서는 로봇이 의사의 수술을 보조하여 수술 정밀도와 성공률을 높일 수 있다. 산업 생산에서는 로봇이 반복적인 작업을 수행함으로써 인간의 노동 강도를 경감시킨다.

3. 데이터 기반 기업으로 거듭나 조직의 생산성 향상

데이터 자체는 가치를 지니지 않으며, 데이터가 당연히 생산성을 갖는 것은 아니다. 핵심은 기업이 지능형 시스템을 활용하고 데이터를 활용하는 능력에 달려 있다. 업계 전문가 안샤오펑은 "데이터 생산성의 본질은 인간이 세계를 인식하고 개조하는 방법론을 재구성하는 것"이며, "데이터 생산성의 가치는 디지털 세계에서 기업 운영 상태를 묘사하고 실시간 분석, 과학적 의사 결정 및 정밀한 실행에 있다"고 지적했다. "데이터 요소가 가치를 창출하는 것은 데이터 자체가 아니라, 데이터가 비즈니스 실천에 기반한 알고리즘, 모델과 결합될 때 비로소 가치를 창출한다."[3] 데이터 자체에는 가치가 없으며, 분석과 활용에 있다. 알고리즘과 컴퓨팅 파워는 데이터를 생산력으로 전환하는 핵심 요소다. 기업이 지능적 분석을 지원할 수 있는 데이터 아키텍처와 지능 분석 플랫폼을 구축해야만 기업 연구개발, 제품 설계, 마케팅 및 운영 관리를 뒷받침하여 데이터를 기업 생산력 또는 수익 창출 능력으로 전환할 수 있다.

상업의 본질은 가치와 효율이라는 두 요소로 구현된다. 데이터 마이닝과 분석은 관찰 대상이나 외부 세계에 대한 통찰과 예측을 얻고, 미지의 세계에 대한 판단을 내릴 수 있게 한다. 인공지능 분석 도구를 활용하면 외부 사물에 신속하게 반응하거나 올바른 결정을 내릴 수 있다. 따라서 데이터는 지능적 분석을 지원하고, 새로운 지식을 발굴하며, 혁신을 촉진하고, 경영자의 신속하고 정확한 의사결정을 뒷받침한다. 이것

3 안샤오펑(安筱鹏): 《데이터 생산력의 부상》, 이지진(李纪珍), 종홍(钟宏) 외 편저 《데이터 요소 지도간부 독본》, 국가행정관리출판사 2021년판, 27쪽.

이 데이터가 새로운 생산 요소이자 기업 경쟁력의 원천이 되는 근본적인 이유다. 따라서 데이터 기반 운영을 적극 발전시키는 것이 기업의 생산성 향상을 위한 중요한 수단이 된다.

첫째, 시장 경쟁은 어느 정도 속도와 시간의 경주이며, 시간과 속도 우위를 바탕으로 시장 경쟁 우위를 창출할 수 있다. 개념에서 실천으로의 신속한 이해와 전환은 기업의 성공률을 크게 좌우한다. 누가 먼저 새로운 기술, 사상, 이념을 제품으로 전환해 시장에 출시하거나 점유하느냐에 따라 선점 우위를 확보하고 시장 경쟁을 주도할 수 있다. 누가 제품과 서비스에서 지속적으로 혁신하여 더 많은 안정적인 고객을 유치하느냐에 따라 경쟁 우위를 차지할 수 있다. 많은 산업에서 경쟁 우위를 보호하는 주된 수단은 지식재권이 아니라 혁신이나 시간적 우위이다. 기술 혁신은 기업이 시간과 속도를 기반으로 경쟁할 수 있는 우위를 제공한다. 빅데이터, 클라우드 컴퓨팅, 사물인터넷의 발전으로 마이크로프로세서 성능은 전례 없이 향상되었고, 메모리 가격은 급격히 하락했으며(용량은 급증했다), 컴퓨팅 능력과 에너지 효율(거의 모든 컴퓨팅 자원의 가상화)은 더욱 향상되었다. 효율적으로 활용되어 학습, 혁신 및 사업 계획 실행의 효율성을 현저히 향상시킬 새로운 가능성을 제공했다.

둘째, 제품과 시장에 대한 의사결정의 정확성은 기업 경쟁에서 치명적인 요소이다. 올바른 의사결정은 종종 정보—데이터의 포괄성, 진실성 또는 완전성—의 확보에 달려 있다. 빅데이터의 대규모(양), 다양성 및 데이터 품질(진실성·활용성)은 정밀하고 포괄적이며 과학적인 의사결정을 지원하여 기업 의사결정을 불패의 지위에 올려놓을 수 있다. 동시에 사람들이 정보를 더 잘 활용하여 경쟁 우위를 확보하고, 방대하고 다양하며 진실된 데이터를 신속하게 확보해 분석함으로써 새로운 지식이나 비즈니스 동향을 선제적으로 발굴하고 정확한 예측과 판단을 내릴 수 있게 한다. 이로써 데이터 기반 의사결정(Data Driven Decision, DDD)은 데이터 경제의 가장 주요한 구현 형태이자 데이터가 생산 요소로 인정받는 핵심 이유이다.

마지막으로, 데이터 인텔리전스는 혁신을 주도할 수 있다. 데이터의 가치는 궁극적으로 데이터 분석이 다양한 활동과 의사 결정에 적용될 때 발생하며, 새로운 발견, 새로운 결과, 새로운 절차 또는 더욱 정밀한 의사 결정으로 나타날 수 있다. 데이터 분석은 새로운 아이디어, 새로운 해결책 또는 미래를 더 정확하게 예측할 수 있는 능력을 가져올 수 있으며, 이러한 가치는 데이터 주도 혁신(data-driven innovation)으로도 설명된다. 데이터는 인류 사회 혁신 발전의 새로운 자원으로서, 기업 혁신과 지속적인 경쟁력 확보의 수단이 된다. 상품과 서비스에 관한 모든 데이터 자원의 수집 및 분석은 제품 제조 공정과 기술을 최적화하여 지속적으로 새로운 제품이나 서비스를 출시하는 데 기여한다. 스마트 제조 또는 산업 인터넷은 본질적으로 데이터를 수집·분석하여 제품 제조 공정과 기술을 최적화하고 지속적으로 새로운 제품이나 서비스를 출시하는 과정이다. 2013년 소프트웨어 및 정보 산업 협회는 《데이터 주도 혁신》 백서[4]를 발표하며 데이터 주도 혁신을 제안하고 정의했다: "데이터 주도 혁신은 기업과 공공 기관이 데이터 분석을 기반으로 정보를 활용하여 개인 및 조직(중소기업 포함)의 일상 운영 서비스와 제품을 개선하는 능력을 의미한다." 실제로 데이터 주도 혁신은 데이터가 사회 경제 발전과 변혁을 주도하는 핵심 동력이 되었다.

4 데이터 기반 혁신—정책 입안자를 위한 가이드: 데이터의 경제적·사회적 가치 이해 및 활성화, SIIA 백서, 2013. http://archive.siia.net/index.php?option=com_docman&task=doc_view&gid=4279&Itemid=318.

데이터가 생산 요소가 된 이유는 데이터가 이미 기업이 생산 또는 경영에 투입하는 활동 속의 자원은 기업 효율성과 경쟁력을 높이는 자산이 된다. 대규모, 다양성, 신뢰할 수 있는 출처의 데이터(실제 사용 가능)는 기업이 정확하고 신속하며 올바른 의사결정을 지원하며, 기업 혁신을 돕고 제품 성능을 개선하며 서비스 품질을 높이고 에너지 소비를 줄일 수 있다. 또한 시장을 정확히 포착하여 시장 경쟁력을 향상시킬 수 있다. 데이터의 가치는 데이터 분석(데이터 마이닝 포함)에서 비롯되며, 데이터 분석은 "통찰력 획득(지식 창출)"을 통해 "자동 의사결정" 또는 지능형 의사결정을 실현한다. 즉, 데이터는 기업의 시장 경쟁력과 의사결정 능력을 개선함으로써 생산성을 높인다.

데이터 요소가 기업에 힘을 실어주는 것은 네트워크 기업이나 소수 플랫폼 기업의 전유물이 아니라 모든 기업에 혜택을 줄 수 있다. 다만 기업 내에서 데이터가 발휘하는 역할과 기업이 데이터를 활용하는 능력에는 차이가 존재한다. 일부 인터넷 기반 기업들은 데이터에 완전히 의존하는 수익 창출 전략을 수립했으며, 데이터는 그들의 비즈니스 모델의 핵심 자원이자 경쟁력의 원천이다. 반면 일부 전통 기업들은 이미 디지털 전환의 길을 걷기 시작했으며, 점차 정보 자원 활용에서 네트워크 데이터 자원 활용으로 확장하여 데이터를 활용해 기존 비즈니스 모델과 프로세스를 더 잘 조정하고 의사 결정을 촉진하여 생산, 유통 또는 마케팅 역량을 강화하고 있다. 스마트 사물인터넷(IoT)과 디지털 트윈 기술은 강력한 운영 모니터링 및 프로세스 개선 능력을 제공하여 IoT가 비즈니스에 미치는 포괄적 영향을 촉진하며, 데이터 적용 시나리오와 잠재력을 더욱 확장할 것이다. 따라서 오늘날 빅데이터 시대에는 제조업을 포함한 모든 기업이 데이터를 생산 요소로 활용할 기회를 지니고 있으며, 핵심은 데이터화 전환을 실현하여 기업의 데이터 수집, 처리,

분석 및 적용 능력을 향상시키는 데 있다.

제 2 절 데이터 기반 제도: 데이터가 사회적 생산력으로 전환되는 제도적 조건

생산력은 개인적 관점에서나 사회적 관점에서나 검토될 수 있다. 데이터는 사회적 존재이면서 사회화되어 활용되어야 가치를 창출하므로, 데이터의 사회적 생산력 형성을 연구하는 것이 매우 중요하다. 이 측면에서 디지털 기술의 적용은 새로운 생산력에 부합하는 생산관계를 구축하는 데 기초적 역할을 하며, 생산관계에 적합한 데이터 기반 제도를 창안하고 데이터 접근성을 높이며 고품질 데이터의 유통 활용성을 증대시키는 것이 데이터가 사회적 생산력으로 전환되는 핵심 인프라가 된다.

1. 생산관계 변혁: 새로운 생산력에 부합하는 생산관계

디지털 기술은 데이터 지능을 유발하여 새로운 생산력을 형성하는 동시에 생산 관계에 영향을 미친다. 디지털화된 생산 관계는 생산의 조직 방식을 변화시키고, 새로운 교환 모드를 창출하며, 사회 구성원의 분배 참여 방식과 방법을 혁신하여 디지털 생산력에 부합하는 다량의 새로운 소비 형태와 새로운 조직을 창출한다. 디지털 전환은 생산 방식의 재구성을 촉발하고, 새로운 생산 관계의 조정을 유발하여 새로운 사회적 생산력을 형성할 것이다. 디지털 기술은 개인에게 역량을 부여하며, 개인의 사회화는 더 많은 가능성 선택과 더 큰 외부성 영향을 지니게 되어 사회 분업, 자원 배분 방식, 개인과 조직 간의 관계를 변화시키고, 궁극적으로 사회경제 운영의 조직 형태, 구조 및 체계 아키텍처를 바꿀 것이다.

기존 생산 방식의 재구성을 넘어, 디지털화는 신흥 산업의 생산 방식을 개척할 수 있다. 산업 인터넷, 지능형 관리, 알고리즘 예측, 디지털 트윈 등의 디지털 기술은 제조업의 연구개발, 설계, 엔지니어링, 생산, 운영 전 과정을 연결하여 원자재부터 고객까지의 완전한 산업 체인을 형성함으로써 산업 조직과 업무 운영 능력을 종합적으로 향상시킨다. 디지털화는 경영, 생산, 관리, 마케팅 거버넌스 구조를 변화시켜 완전히 새로운 운영 비즈니스 형태를 창출하고, 제조업과 서비스업의 융합을 촉진하며 제조업의 전환과 업그레이드를 지원한다.

디지털 기술이 가져온 생산 관계의 변혁은 주로 네트워크 통신 기술이 사회경제에 적용된 결과로, 네트워크 연결·집합·융합 등의 효과로 나타난다. 데이터는 점차 경제 발전의 핵심 생산 요소로 부상하며, 데이터 자원은 생산·유통·분배·소비 활동 전반에 중대한 영향을 미친다. 빅데이터 활용은 사회 생산 요소의 네트워크 공유·집약적 통합·협업적 개발·고효율 활용을 촉진하여 전통적 생산 방식을 변화시키고, 다른 생산 요소의 생산성을 활성화·향상시킨다. 데이터는 데이터 경제의 '원재료'이며, '인터넷+'은 데이터의 연결과 공유를 실현한다. 데이터 경제는 데이터가 전면적으로 연결된 후의 산출물과 효익이다. 따라서 이는 전체 경제 형태와 발전 모델의 전환을 가져온다. 디지털화는 생산 관계의 변혁을 촉진하는 동시에 지속적으로 빅데이터를 생성하여 데이터 지능의 생산력을 잉태한다. 이 둘의 상호작용이 디지털 경제의 사회적 생산력 전체 그림을 구성한다.

심화 학습

네트워크는 사회 자원 배분과 조직적 활용의 방식

디지털 경제의 첫 번째 특징은 네트워크 통신 수단의 적용이다. 인터넷을 대표로 하는 컴퓨터 네트워크는 전통적 전자 통신과 구별되는 뚜렷한 특징을 지니는데, 디지털성(아날로그 신호 전자 통신 대체)과 전 과정 전자성(통신, 기록 및 재현 방식 모두 디지털화) 외에도 세계성, 상호작용성, 가상성, 지능성을 갖는다. 네트워크는 디지털 기술의 통합적 응용으로, 컴퓨팅, 통신, 미디어 등 다중 기술을 포괄한다. 초기 사람 간 상호작용을 위한 인터넷에서 사물인터넷(IoT)으로 발전하며, 사람과 사람, 사람과 기계, 기계와 기계 간 상호작용이 이루어지는 만물 상호연결 시대를 형성했다. 이러한 디지털 기술 복합체는 지속적으로 사회경제적 분업과 사회 자원 배분·활용 방식을 변화시키고 있다.

연결성은 경제 시스템의 기본적 요구사항이며, 바로 네트워크의 핵심 기능이다. 인터넷은 단순한 통신 수단(통신 및 기록 방식)을 넘어 디지털 미디어이자 사회 활동 플랫폼으로, 자원을 조직하고 연결하는 초능력을 지닌다. 네트워크는 이미 경제 연계와 분업 협업의 기반 시설이 되었으며, 전통적 경제 가치는 해체되고 새로운 경제 질서가 형성되고 있다.

네트워크가 사회경제 조직과 운영 방식에 가져온 변화는 주로 다음 세 가지 측면에서 나타난다.

첫째, 직판 경제. 과거에는 농산물 생산자와 공산품 제조자 모두 여러 단계의 도매상을 거쳐 소매상에 도달한 후 소비자에게 전달되었다. 오늘날 네트워크 기술의 적용으로 각 생산자는 자체 네트워크 판매 체계를 구축하거나 온라인 거래 플랫폼에 매장을 개설하여 직접 제품을 판매할 수 있다. "온라인 거래 시스템+물류"를 통해 제품 생산자는 상품을 소비자에게 직접 전달할 수 있다. 이러한 거래 방식을 "직판 모델"이라 한다. 직접판매 방식의 최대 특징은 공급자와 수요자가 직접 만나고, 단계가 적으며, 속도가 빠르고, 거래 비용이 낮다는 점이다. 예를 들어 생산자는 수요에 맞춰 생산하고, 주문량에 따라 원자재를 구매하여 생산 및 출하함으로써 원자재와 제품의 적체 및 재고를 줄여 자금과 창고 비용을 절감할 수 있다. 뿐만 아니라 공급자와 판매자가 직접 계약하고 상호작용함으로써 소비자의 제품 선호도를 파악하고 맞춤형 생산을 실현할 수 있으며, 심지어 소비자의 아이디어를 제품 디자인으로 전환할 수도 있다. 인터넷은 거의 모든 사업자에게 소비자와 직접 접촉할 기회를 제공하여 상업 유통 단계를 줄일 뿐만 아니라 맞춤형 생산과 맞춤형 서비스를 기반으로 한 비즈니스 모델을 형성했다.

둘째, 플랫폼 경제이다. 네트워크의 최대 장점은 사용자와 업무를 무한히 연결하고 통합하여 일정 규모의 온라인 거래 플랫폼과 상업 집적 생태계를 형성할 수 있다는 점이다. 네트워크가 비즈니스에 처음 적용되었을 때, 다양한 B2B, B2C, C2C 온라인 거래 플랫폼은 모두 거래 당사자 또는 다수에게 네트워크 영업장소, 거래 중개, 정보 게시 등의 서비스를 제공하며, 거래 당사자 또는 다수가 독립적으로 거래 활동을 수행할 수 있도록 하는 운영자였다. 전자상거래 플랫폼 운영자는 우선 네트워크 부가가치 서비스 제공자(ICP 라이선스 보유 필수)로서 등록 사용자에게 네트워크 통신, 상호작용, 저장, 전시 등의 네트워크 정보 서비스를 전문적으로 제공하는 동시에 비즈니스의 조직자이자 관리자이다. 플랫폼은 다수의 사용자(영업허가를 보유한 기업 및 개인 사업자, 플랫폼에 등록한 자연인—통칭 플랫폼 내 운영자)를 유치·통합하여 플랫폼이 정한 규칙에 따라 경영 활동을 수행하게 한다. 동시에 플랫폼은 상품 전시, 창고 보관 및 배송, 결제, 데이터 분석 등의 제3자 서비스를 통합하여 플랫폼 내 사업자에게 비즈니스 서비스를 제공함으로써 다양한 서비스를 통합하고 각종 거래 목적을 실현하는 종합 거래 플랫폼을 형성한다.

플랫폼 내 거래는 두 가지 유형으로 구분된다: 하나는 플랫폼 운영자와 플랫폼 내 운영자(사용자) 간의 네트워크 및 비즈니스 서비스 관계이며, 다른 하나는 플랫폼 내 운영자와 플랫폼 등록 사용자(운영자와 소비자 포함) 간의 상품 매매 또는 서비스 거래 관계이다. 거래 플랫폼은 플랫폼 내 거래를 지원, 관리 및 서비스하는 기능을 수행하며 일정 거래 수수료를 부과한다. 본질적으로 네트워크 거래 플랫폼은 하나의 상업 생태계로, 각 사용자의 행동은 어느 정도 플랫폼 전체의 상업적 평판에 영향을 미친다. 사물인터넷의 출현은 플랫폼 모델을 산업 생산 분야로 확장시켰다. 센서의 저비용화와 원격 무선 기술의 신뢰성은 사물인터넷을 산업 생산의 인프라로 만들었으며, 제품 중심 경제에서 플랫폼 경제로의 전환을 이끌었다. 디지털 트윈을 제품과 프로세스에 통합함으로써 플랫폼은 상호 연결된 제조업체에게 데이터 수집, 공유 및 분석 서비스를 제공하여 작업 방식을 최적화하고 효율성을 향상시킨다. 디지털 경제에서 데이터, 제품 및 서비스는 다양한 디지털 플랫폼을 통해 제공되며, 플랫폼은 어디에나 존재하여 디지털 경제의 보편적 모델로 자리잡았다. 비록 플랫폼이 법적 의미의 회사 구조와 유사점이 전혀 없지만, 네트워크 엔드투엔드 구조에서 발생하는 네트워크 외부성으로 인한 집중 동력은 플랫폼 운영자가 디지털 생태계 내 대부분의 가치를 포착할 수 있게 하며, 동시에 네트워크 집적 효과를 활용해 거의 모든 업무를 아웃소싱 및 외부화하여 막대한 가치를 창출한다. 이는 본질적으로 디지털 기술의 매력이며, 일부 학자들은 디지털 플랫폼을 새로운

경제 제도(新经济制度)로 간주하기도 한다.[5]

셋째, 융합 경제. 디지털 기술 또는 ICT의 경제 분야 지속적 심층 적용은 전통 산업의 기술 경계, 업무 경계, 시장 경계, 운영 경계를 허물어 상호 융합된 사회경제 생태계를 형성한다. 산업 융합(Industry Convergence)은 서로 다른 산업 또는 동일 산업 내 다른 업종 간 상호 침투, 확장, 교차 심지어 재구성을 통해 점차 새로운 업태를 형성하는 과정으로, 이 과정은 다음과 같은 수준에서 발생한다.

(1) 통신과 미디어의 융합: 전자통신, 방송, 신문출판 등 산업은 디지털 기술의 적용으로 동질화 또는 융합 현상을 보이며, 디지털 통신, 콘텐츠 생산, 정보 전파(전송)가 일체화된 디지털 인프라를 형성했다. 이러한 인프라는 더 많은 기능과 서비스를 제공하며, 전체 사회의 정보와 지식 생산 및 집산지가 되어 사회경제 전반의 디지털 전환을 지탱하는 기반이 된다. 네트워크의 본질은 데이터 생산에 있으며, 데이터는 현실 사회와 가상(디지털) 사회를 지속적으로 관통하여 결국 사회 활동의 경계를 허물고 사회 활동과 경제 활동을 융합시킨다. 이로 인해 경제의 사회화, 사회의 경제화 현상이 나타난다.[6]

(2) 기초 산업과 서비스업의 융합: 디지털화가 농업, 제조업, 에너지 등 전통 산업을 깊이 있게 변화시키면서 이들 산업이 모두 네트워크화, 디지털화 운영으로 진입하게 되었고, 이는 수평적 산업연쇄 재편과 수직적 최종 소비자 연결을 형성하며 제품 설계, 생산, 판매, 서비스를 일체

5 Islam Zelimkhanovich GELISKHANOV and Tamara Nikolaevna YUDINA, DIGITAL PLATFORM: A NEW ECONOMIC INSTITUTION, Quality-Access to Success, Vol. 19, S2, July 2018, https://publications.hse.ru/pubs/share/direct/541867280.pdf.

6 이러한 의미에서 디지털 사회와 디지털 경제는 거의 불가분의 관계이며, 이 책의 디지털 경제에 대한 논의는 디지털 사회에 대한 논의라고도 할 수 있다. 따라서 이 책은 오늘날의 디지털 전환 변혁을 종종 사회경제적 관점에서 설명한다.

화한 산업 형태를 만들어냈다. 이러한 변화는 모두 사물인터넷(IoT)의 광범위한 도입 덕분이다.[7] 사물인터넷은 기계 간 통신 및 인간과의 통신을 가능케 하여 생산 공정과 프로세스 최적화, 제조 과정 자동화, 공장 관리 지능화를 가져올 뿐만 아니라 제조업, 판매 및 사후 서비스의 융합을 촉진하여 제조업과 서비스업의 경계를 허물고 있다. 이는 서비스화 비즈니스 모델(Servitization Business Model)이라고도 불린다.[8] 2019년 국가발전개혁위 등 15개 부처가 공동으로 발표한《첨단 제조업과 현대 서비스업의 심층적 융합 발전을 촉진하기 위한 시행 의견》은 두 산업의 융합을 추진하여 제조업의 고품질 발전을 위한 새로운 형태와 메커니즘을 형성하고자 한다. 사물인터넷의 지속적인 발전과 심층적 적용은 농업, 에너지 등 기초 산업에 힘을 실어주며, 이들의 디지털 전환을 촉진하고 비즈니스 모델과 새로운 산업 생태계를 혁신하고 있다.

(3) 금융과 산업의 심층적 통합: 핀테크는 금융 산업의 디지털 전환을 지속적으로 촉진하는 동시에 산업과 금융의 융합 발전을 촉진한다. 디지털 경제에서 금융 서비스는 전 산업에 걸쳐 전면적으로 침투하여 공급망 금융, 소비 금융 등 현대적 금융 형태를 형성할 것이다.

(4) 디지털 경제는 지역 통합을 지속적으로 가속화할 것이다: 디지털 기술 자체가 지역적 경계를 허무는 도구이며, 여기에 시장 주체의 자원

7 사물인터넷(IoT)은 기기 간, 기기와 시스템 간 데이터 수집 및 교환을 실현하기 위한 기기 상호 연결 네트워크로, 간단히 "센서+액추에이터(Actuators)+인터넷"으로 이해할 수 있다.

8 서비스화는 기업이 성능과 가치 창출을 통해 사용자의 변화하는 요구를 충족시키는 것을 의미한다. 서비스 형태는 다양할 수 있다: 제품 사용 기간 제공, 공장 내 관리 프로세스, 품질 관리, 예측 유지보수, 장비 가동 시간 보장 등. 따라서 서비스화는 '제품 즉 서비스(Product as a Service)' 개념보다 훨씬 광범위하다. 서비스화 정도는 완전히 제품 중심(0% 서비스화)에서 완전히 서비스 중심(100% 서비스화)까지 다양할 수 있다. 따라서 서비스화는 사용되는 물리적 장비의 소유권이 여전히 제조업체에 속할 수 있음을 의미할 수 있다. See Langley, D.J. Digital Product-Service Systems: The Role of Data in the Transition to Servitization Business Models. Sustainability 2022, 14, 1303. https://doi.org/10.3390/su14031303.

배분 역량이 더해져 자원 사회 배분과 활용 효율 극대화 목표를 끊임없이 추구하게 된다. 이는 산업 경계를 허무는 동시에 자원 지역 경계를 돌파하여 지역 경제 통합을 가속화할 것이다.

요컨대, 네트워크 통신 기술은 디지털 경제의 자원 배분 도구로 자리매김하며, 종방향과 횡방향 두 차원에서 사회와 산업의 분업 협력 체계를 지속적으로 재구성하여 네트워크 플랫폼을 경제 운영의 인프라로 만든다. 이러한 자원 배분과 사회 분업 협력의 구조적 변혁은 끊임없이 산업과 지역 경계를 허물며, 나아가 경제와 사회 사이, 공공과 사적 영역 사이의 경계를 모호하게 만든다. 이 모든 것이 네트워크의 힘이 사회 경제에 가져온 변혁이다.

—가오푸핑(高富平):《디지털 경제: 사회경제 변혁의 힘》,

《서북공업대학 학보》 2023년 제2호

2. 데이터 개방 제도와 데이터 생산성

데이터의 사회화 활용은 데이터 요소의 성장 잠재력을 해방시키는 기초이며, 이 측면에서 일반적으로 공공 데이터는 개방 제도를 시행해야 하고, 사적 영역에서는 자발적 데이터 공유, 유통 및 거래를 주요 경로로 삼아야 한다고 여겨진다.

데이터 개방은 데이터의 활용 가능성에 초점을 맞추어 빅데이터 분석의 필요를 충족시킨다. “오픈 데이터”는 본래 “오픈 소스(Open Source)”의 개방적 이념에서 비롯되었으며, 이는 빅데이터 시대에 데이터의 사회적 활용 문제를 해결하기 위해 도입되어 정부, 기업, 비영리 기관의 데이터는 물론 개인 데이터까지 “잠금 해제”할 것을 촉구한다. 현재 해외에서는 ‘오픈 데이터’ 개념 아래 정부 데이터 개방을 시행하고 있으며, 우리나라에서는 공공 데이터 개념 아래 정부를 포함한 공공 기관의 데이터 개방을 추진하고 있어 정부 데이터 개방이 데이터 개방의 주된 전장이 되고 있다. 이는 정부 자체가 공공 제품을 생산하고 공공 서비스를 제공하는 기관이기 때문에 시대의 요구에 부응하여 정부 운영 과정에서 생성된 데이터 및 공공 재정 투자 건설·운영으로 형성된 데이터 제품(또는 서비스)을 오픈 데이터의 이념과 규칙에 따라 사회에 제공하는 것이 당연하기 때문이다. 정부가 보유한 데이터는 공공 재정 또는 공공 업무 수행 과정에서 생성된 것으로, 데이터 경제 발전(또는 빅데이터 응용)을 지원하기 위해 정부는 보유 데이터를 사회가 자유롭게 활용할 수 있도록 제공해야 한다. 이를 통해 정부 데이터 자원을 최대한 개발·활용하고 데이터의 혜택을 실현할 수 있다.

정부 데이터 개방 제도는 거버넌스 가치와 경제적 가치를 동시에 지닌다. 거버넌스 가치 측면에서는 주로 다음과 같이 나타난다: 공공 데이터 개방은 대중의 가치 재창출 참여를 촉진함으로써 정부 투명성을 높이고 신뢰도를 강화한다. 공공 데이터 개방은 사회적 결속력과 복지 증진을 통해 가치를 창출함으로써 사회 관리 강화, 공공 서비스 최적화, 행정 효율성 향상에 기여한다. 정부 데이터 개방은 정부와 시민의 협력을 통한 사회 거버넌스 개선 방식을 촉진하여 시민의 적극적인 사회 거버넌스 참여를 유도한다.

정부 데이터 개방의 경제적 가치 측면에서는, 공공 데이터 개방이 경제적 행위를 통해 가치를 창출함으로써 새로운 서비스와 상업적 기회를 창출하고 데이터의 상업적 가치를 실현할 수 있다. 2013년 6월 주요 8개국 정상회담(G8)에서 체결된 《G8 오픈 데이터 헌장(Open Data Charter)》은 정부 데이터 공개의 다섯 가지 원칙을 제시하였다. 여기에는 정부 데이터는 원칙적으로 개방해야 한다는 점(이른바 "자동 공개 데이터")

과 “거버넌스 개선”을 강조하는 것 외에도, “데이터의 고품질성과 충분한 양 확보”, “모든 사용자의 활용 가능성 보장”, “혁신 촉진”이 포함된다. 정부 데이터 개방의 대상은 원시 데이터 또는 기초 데이터 수준까지 깊이 들어가며, 데이터의 원본성, 완전성, 개발 활용 가능성을 강조한다. 이는 데이터가 내포한 사회적 가치와 경제적 가치를 최대한 발휘하기 위함이다. 따라서 개방 데이터 제도 설계 측면에서 볼 때, 개방 데이터의 목적은 모두 데이터의 사회적·상업적 가치를 해방시켜 정부 데이터의 사회화 활용을 실현하는 데 있다.

다만 정부가 사회 데이터 분석의 “원재료” 공급자가 되려면, 데이터 거버넌스에 자원을 투입하고 사회 데이터 활용의 안전 및 법적 위험을 관리·통제해야 한다. 공공 데이터 개방이 단순히 사회에 무상으로 제공하는 것이 아니며, 이에 상응하는 투자와 거버넌스 체계가 필요함은 분명하다.

3. 데이터 기반 제도 생산력

제도 생산력은 인간 창조력이 발휘되는 원인이며, 과학기술 생산력과 물질 생산력은 인간 창조력이 발휘된 결과이다. 우수한 제도는 더 진보된 기술이 탄생하는 전제이자 보장이며, 인간의 창조력 발휘와 발전을 촉진하는 보장 체계이기도 하다. 인간의 생산 활동은 본질적으로 인간의 창조 활동이다. 인류의 창조력은 항상 일정한 제도 규칙의 사회적 환경 속에서 발휘된다. 달리 말하면, 일정한 사회 제도 환경은 인류 창조력 발휘를 제약하는 무대이며, 이 무대가 제공하는 인센티브의 규모, 조건 및 발전은 특정 시기 인류 창조력 발휘의 폭과 높이를 결정한다.[9]

데이터 요소에 있어서 제도는 특별한 가치를 지닌다. 데이터는 새로운 생산 요소로서 무형성, 비소모성 등의 특징을 지니며, 거의 제로 비용으로 무한 복제가 가능하다. 이는 전통적인 재산권, 유통, 분배, 거버넌스 등에 새로운 도전을 제기하며, 디지털 생산력 발전에 부합하는 생산 관계 구축이 시급히 필요하며, 지속적으로 디지털 생산력을 해방하고 발전시켜야 한다.[10] 따라서 데이터의 특성에 부합하고 디지털 경제의 법칙에 맞는 데이터 기반 제도를 구축하여, 디지털화 과정에서 형성된 데이터가 질서 있게 사회적으로 활용될 수 있도록 할 필요가 있다. "데이터 20조"에서 제시한 데이터 기반 제도는 바로 디지털 생산력 발전에 부합하는 생산관계를 구축하려는 것이다.

데이터 거버넌스 체계는 데이터 재활용에 필수적인 제도적 보장이다. 데이터 거버넌스 체계의 핵심은 데이터 재산권 정책, 데이터 프라이버시 보호 정책, 데이터 경쟁 정책 및 데이터 감독 정책이다.[11] 사회 차원의 데이터 거버넌스는 제7장 제3절 사회 데이터 거버넌스 실천을 참고하기 바란다.

9 리밍: 《사회 제도와 제도 생산력의 변증법적 관계에 관하여》, 《사회과학 종횡(신이론판)》 2012년 제3호.

10 《데이터 기초 제도 구축으로 데이터 요소 역할 강화하기-국가발전개혁위원회 책임자 기자 질의응답》, https://www.ndrc.gov.cn/xxgk/jd/jd/202212/t20221219_1343696_ext.html.

11 唐要家, 唐春晖: 《데이터 요소 경제 성장 배가 메커니즘 및 거버넌스 체계》, 《인문잡지》 2020년 제11호.

심화 학습

데이터 생산력의 세 가지 요소

(1) 새로운 생산자: 지식 창조자

데이터 생산력의 본질은 인간의 해방과 전면적 발전을 위한 것이다. 미래에 생산력의 대발달과 물질의 극대적 풍요는 우리를 새로운 사회로 이끌 것이다. 무인 광산, 무인 공장, 무인 소매점, 자율주행차, 무인 레스토랑이 어디에나 존재할 것이며, 인간은 더 이상의 의식주 문제에 시달리지 않을 것이다. 점점 더 많은 산업 노동자와 지식 노동자가 지식 창조자가 될 것이며, 사람들은 자신의 호기심을 충족시키는 데 더 많은 시간과 에너지를 쏟을 수 있을 것이다.

(2) 새로운 생산 도구: 지능형 도구

디지털 경제 시대에 인류 사회가 자연을 개조하는 도구 역시 혁명적인 변화를 시작했으며, 그중 가장 중요한 표지는 디지털 기술이 노동 도구를 지능화시킨다는 점이다. 산업 사회에서 에너지 변환을 특징으로 하는 도구는 점차 지능화된 도구에 의해 구동되며, 정보 사회의 전형적인 생산 도구인 지능 도구를 형성했다.

디지털 기술의 발명은 인간의 감각, 신경, 사고, 효과 기관을 대체하고 확장하여 새로운 생산 도구인 지능형 도구를 창조해냈다. 지능형 도구는 유형의 지능형 장비와 무형의 소프트웨어 도구. 유형의 지능형 장비: 산업 사회는 에너지 변환 도구인 엔진, 변속기, 작업기를 기반으로 센싱, 계산, 통신 및 제어 시스템을 추가했다. 전통적인 에너지 변환 도구는 지능화된 도구로 구동되어 전통 산업 사회의 생산 도구가 질적 변화를 겪게 했으며, 인간의 지적 활동을 충분히 해방하고 향상시켰다. 무형의 소프트웨어 도구로는 산업 설계의 컴퓨터 지원 설계(CAD), 컴퓨터 지원 시뮬레이션(CAE), 집적 회로 설계의 전자 설계 자동화 도구(EDA) 등이 있다. 새로운 지능형 도구는 단순히 인간의 체력을 연장하는 것이 아니라 지능을 확장하는 수단이다. 지능형 도구 사용은 인류가 디지털 경제로 나아가는 중요한 지표가 되었다.

데이터 생산력의 부상

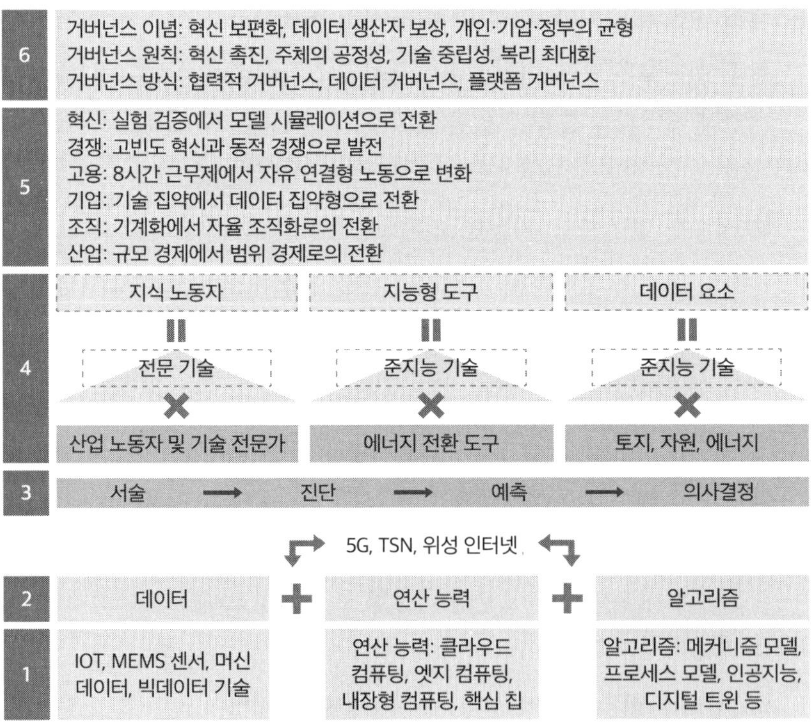

그림 6-2 데이터 생산성의 발생

(3) 새로운 생산 요소: 데이터

데이터 생산력이 가치를 창출하는 근본 논리는 사이버 공간을 대상으로 알고리즘과 컴퓨팅 파워를 통해 암묵적 데이터와 지식을 명시적으로 전환하는 것이다. 데이터를 정보로, 정보를 지식으로, 지식을 의사 결정으로 전환하며, 데이터는 자동 순환 과정에서 복잡 시스템의 불확실성을 해소한다. 데이터 요소의 가치는 데이터 자체에 있는 것이 아니라, 데이터 요소가 다른 요소와 융합하여 창출하는 가치에 있으며, 이러한 역량 강화의 촉발 효과는 지수적으로 증가한다.

데이터 생산력의 핵심 가치는 "데이터＋컴퓨팅 파워＋알고리즘＝서비스"로 요약될 수 있다. 데이터 생산력 시대의 가장 질적 변화는 생산 전 과정, 전 산업 체인, 전 생애 주기 관리 데이터의 접근성, 분석 가능성, 실행 가능성을 실현한 것이다. 데이터의 시의성, 정확성, 완전성이 지속적으로 향상되고, 데이터 개발 활용의 깊이와 폭이 끊임없이 확장된다. 데이터 흐름, 물류, 자금 흐름의 협업 수준과 통합 능력, 데이터 이동의 자동화 수준이 기업의 미래 핵심 경쟁력 원천이 된다.

—안샤오펑(安筱鹏):《데이터 요소가 어떻게 가치를 창출하는가(数据要素如何创造价值)》, 출처: 알리연구원(阿里研究院), http://www.aliresearch.com/.

제 7 장 데이터 거버넌스: 데이터 활용 및 안전 사용 프레임워크

데이터의 가치는 계산에 있으며, 데이터에서 지식을 발굴하고 예측 및 판단 또는 의사결정을 내리는 데 있다. 그러나 네트워크에서 비롯된 디지털 기록 자체는 계산 가능성(즉, 사용 가능성)을 지니지 않는다. 이러한 전환을 실현하는 과정이 데이터 거버넌스로 요약된다. 기술적 개념으로서 데이터 거버넌스는 데이터 사용 가능성을 개선하기 위한 처리 행위이다; 제도적 차원에서는 데이터 이해관계자 간 협력을 통한 행위이자 특정 데이터 활용 목표를 달성하기 위한 행위이다. 기업이나 조직 내에서 데이터 거버넌스는 데이터 자산화(데이터 가치화)를 목적으로 하는 조직 관리 활동으로 진화한다. 데이터 거버넌스는 데이터 경제에서 가장 기초적인 개념이자 제도이다. 데이터 거버넌스를 올바르게 이해하고 활용하는 것은 데이터 생산, 유통 및 사용 질서를 구축하고 데이터 요소의 사회화 활용을 실현하는 데 중요한 의미를 지닌다.

제 1 절 데이터 거버넌스의 기본 프레임워크

데이터 거버넌스는 다양한 시나리오에 적용되며 다중적 의미를 지니므로, 우리는 데이터 거버넌스의 핵심 내포를 파악하고 이해해야 하며, 서로 다른 시나리오에서 데이터 거버넌스가 나타내는 상이한 의미를 사용해야 한다.

1. 데이터 거버넌스 개념 문제

데이터 경제에서 가장 중요하고 널리 사용되는 개념은 데이터 거버넌스(Data Governance)이지만, 동시에 가장 모호한 개념이기도 하다. 거버넌스란 최소 두 개의 상충하는 목표 사이에서 의사결정 경로를 협력적으로 조직하고 지표를 설정하여 양측 이해관계자 간 수용 가능한 균형점을 찾는 과정이다. 서로 다른 이해관계자의 목표가 상충할 때 거버넌스가 필요하며, 모든 주체가 동일한 목표를 가질 때는 관리(management)가 된다. 거버넌스는 합의에 기반한 의사결정을 추구하는 것이 아니라, 다수의 의사결정이 합리적인 방향으로 수렴되거나 일관된 효과를 도출하도록 이끄는 것이다. 이러한 의미에서 데이터 거버넌스는 이해관계자의 요구를 조정하고, 데이터(또는 정보) 생성/수집 데이터(또는 정보)를 생성/수집하는 사람, 데이터를 사용/분석하는 사람 및 기타 모든 이해관계자 간에 균형을 제공하여 공동 목표를 달성하는 과정이다. 따라서 가장 적절한 데이터 거버넌스 정의는 모든 이해관계자의 이익을 위해 데이터의 사용 가능성(재사용성)을 지속적으로 개선하는 사업이다.

엄밀한 의미에서 거버넌스와 관리는 차이가 있으며, 데이터 관리(DM)와 데이터 거버넌스(DG) 역시 구분이 존재한다. 데이터 거버넌스는 데이터 관리의 핵심 구성 요소로 간주되며, 데이터 관리의 범위는 더 넓고 내용이 풍부하다.[1] 단지 데이터 품질과 마스터 데이터 관리에 거버넌스 기능이 내재되어 있기 때문에, 종종 포괄적으로 기업 데이터 거버넌스라고 불린다.

이해관계자 이론이 기업 관리에 도입되면서 회사 관리는 회사 거버넌스로 대체되고 있으며, 거버넌스는 조직이나 사업의 공동 목표를 위해 협력하는 행위로 이해된다. 거버넌스는 더 높은 차원, 즉 조직 전략을 수립하고 감독하며 실현하는 방식으로 위치 지워진다. 이러한 추세 속에서 데이터 거버넌스와 데이터 관리의 구분도 점차 희미해져 의도적으로 구분할 필요조차 없어지고 있다. 따라서 우리나라의 실무에서는 보다 포괄적인 의미로 데이터 거버넌스를 사용하며, 데이터 관리를 데이터 거버넌스 안에 포함시키고 있다.

따라서 우리는 거버넌스와 관리의 의미와 메커니즘 차이를 이해할 필요가 있으나, 조직 범위 내에서는 데이터 거버넌스와 데이터 관리를 구분하는 의미가 크지 않다. 거버넌스 원칙과 메커니즘은 결국 전체 데이터 관리에 스며들게 되며, 즉 데이터 관리는 반드시 거버넌스 개념과 원칙 아래에서 수행되므로, 최종적으로 데이터 관리라고 부르든 데이터 거버넌스라고 부르든 그다지 중요하지 않다. 그러나 조직 범위를 벗어나 데이터 생태계, 데이터 공간, 데이터 연합체 및 전체 사회 범위에서

1 영역 외에서는 데이터 거버넌스(data governance)보다 데이터 관리(data management)가 더 많이 사용되며, 데이터 거버넌스는 데이터 관리의 일부에 불과하여 조직이 데이터 관리를 원활히 수행하기 위해 설립한 기관과 각종 규정 체계를 가리킨다. 다만 중국에서는 더 유행하는 데이터 거버넌스로 데이터 관리를 대체하는 데 익숙해져, 데이터 거버넌스가 데이터 관리 내용을 포괄할 수 있는 광범위한 개념이 되었다. 왕광성(汪广盛): 《국내외 데이터 거버넌스의 현황과 미래》, 이지진(李纪珍), 종홍(钟宏) 외 편저 《데이터 요소 지도 간부 읽기》, 국가행정관리출판사 2021년판, 207-208쪽.
Gartner사는 데이터 거버넌스와 관리의 의미를 구분하여 두 용어를 사용한다: 데이터 거버넌스는 데이터와 분석의 평가, 생성, 소비(사용), 통제 행위의 적절성을 보장하기 위한 의사결정 권한의 규범 및 책임 프레임워크이다; 데이터 관리(DM)는 기업 내에서 데이터 주제 영역과 데이터 구조 유형 범위에 걸쳐 모든 애플리케이션과 비즈니스 프로세스의 데이터 소비 요구를 충족시키기 위한 일관된 데이터 접근 및 제공을 실현하는 실천, 아키텍처 기술 및 도구로 구성된다. https://www.gartner.com/en/information-technology/glossary.

구성될 때는 데이터 재사용 체계를 구축하려면 데이터 관리가 아닌 데이터 거버넌스를 활용해야 한다.

따라서 데이터 거버넌스의 적용 시나리오에 따라 그 의미는 완전히 일치하지 않는다. 단일 조직(예: 기업) 내에서 데이터 거버넌스는 데이터 자산화(데이터 가치화)를 목적으로 하는 조직 관리 활동이다. 데이터 거버넌스는 일반적인 조직 관리 활동과 마찬가지로, 먼저 자산화 전략을 중심으로 데이터 거버넌스 규칙과 표준을 수립하고, 조직 내 역할을 정의하며, 거버넌스 책임을 배분하고, 실행을 감독하여 각 역할이 회사 전략(비즈니스 목표)을 준수하고 데이터를 관리하도록 보장한다. 데이터 생태계, 사회 수준 및 조직 관계가 존재하지 않는 모든 상황에서 우리는 데이터 거버넌스를 사용하여 데이터 관련 이해관계자들의 이익을 조율하고, 이에 상응하는 권한, 책임 및 의무를 부여하며, 거버넌스 목표 달성을 위한 데이터 사용 규칙과 실행 메커니즘을 수립한다. 데이터 생태계에서는 참여자들의 데이터 이익 극대화를, 사회 전체에서는 데이터의 사회적 가치 또는 사회 전체 이익의 극대화를 목표로 한다.

상기 차이점 외에도, 사람들은 또 다른 의미에서 데이터 거버넌스를 사용하는데, 이는 데이터 거버넌스를 데이터를 개선하여 사용 가능하거나 유용한 데이터로 만드는 행위로 이해하는 것이다. 이는 특정 데이터 품질을 목표로 하는 데이터 거버넌스이다. 이러한 거버넌스는 데이터를 사용 가능한 상태로 만들어 사용 가치 또는 교환 가치를 창출하기 위한 것으로, 데이터 생산 활동에 비유되기도 한다. 이러한 의미에서 데이터 거버넌스의 영어 표현은 데이터 큐레이션(data curation)이다.

데이터 큐레이션은 정제, 분류, 주석 추가 또는 기록 보완의 과정이거나, 데이터 형식이나 포맷을 변경하여 상호 운용 가능하고, 연결 가능하며, 다양한 분석 목적에 부합하는 사용 가능한 데이터 또는 데이터 세트로 집계될 수 있도록 하는 행위이다. 데이터 큐레이션은 직역하면 "데이터 기획" 또는 "데이터 편집"이며, 의역하면 데이터 정리가 된다. 다만 여기서 "정리"는 앞서 언급한 두 가지 거버넌스의 내포를 지니지 않고 순수한 기술적 처리 행위에 불과하다. 아마도 이러한 정리는 데이터 요소화 활용의 전제 조건이며, 데이터의 수익화와 사회화 활용을 목적으로 하는 데이터 관리(거버넌스)가 필연적으로 포함해야 할 내용일 것이다.

이상에서 알 수 있듯이, 데이터 거버넌스는 광범위한 의미를 지니며 특정 시나리오나 맥락에서만 진정으로 이해될 수 있다. 데이터 거버넌스는 최소한 다음과 같은 의미를 갖는다.

첫째, 데이터의 가용성 또는 품질을 중심으로 전개되는 지속적인 개선 행위(기술적 처리 의미의 정리, data curation);

둘째, 데이터 이해관계자와의 협력을 통해 특정 목적을 위한 데이터 활용 질서를 구축하는 행위(거버넌스 본연의 의미에서의 데이터 거버넌스, data governance);

셋째, 데이터 자산화(데이터 가치화)를 목적으로 하는 조직 관리 활동(관리 의미상의 데이터 거버넌스, data management)으로 데이터 활용 거버넌스, 규정 준수 및 보안 관리, 데이터 자산화 또는 수익화 경영 관리 등을 포함한다.

이러한 구분에도 불구하고, 조직(기업을 대표적 사례로)의 관점에서 데이터 거버넌스를 논할 때는 위 세 가지 의미가 융합될 수 있다.

2. 데이터 거버넌스를 수행해야 하는 이유

데이터 거버넌스의 필요성은 다음 세 가지 측면에서 나타난다:

(1) 데이터의 활용 가능성과 재사용성

데이터는 어디에나 존재하며 끊임없이 생성되지만, 조직이 실제로 데이터를 활용하려 할 때 사용 가능하거나 유용한 데이터가 없다는 사실을 발견한다. 데이터 재사용은 다음과 같은 문제에 직면한다:

- 데이터 품질 저하(예: 속성 누락, 오래된 값);
- 데이터 검색 및 접근에 오랜 시간이 소요됨;
- 누가 핵심 데이터 객체(예: 고객, 제품, 직원 및 그 품질)를 책임지는지 불분명함;
- 데이터 관리 활동이 임시로 수행되며 기록되지 않음;
- 데이터 카탈로그에 데이터를 기록하는 데 오랜 시간이 소요됨.

거버넌스가 적용되지 않은 데이터는 집계 및 통합 분석을 수행하기가 거의 불가능하다. 또한 데이터 수집량이 증가할수록 거버넌스 난이도도 높아진다. 데이터 레이크가 직면한 가장 큰 문제는 효과적인 데이터 거버넌스의 부재이다. 일관된 데이터 정의와 메타데이터가 부족하기 때문에, 사용자가 이러한 데이터 레이크의 데이터에 접근할 때 그 의미를 명확히 파악하지 못할 수 있다. 알고리즘 엔지니어들은 대부분의 시간을 데이터 거버넌스 작업에—데이터를 사용 가능한 상태로 유지하는 데—소비한다.

(2) 데이터 보안

데이터는 위험을 내포한 자원이며, 데이터 사용의 규정 준수 위험을 방지하고 관리하는 것은 데이터 자산화를 목표로 하는 데이터 거버넌스의 핵심 요소이다. 데이터 요소화 활용은 주체 간, 영역 간 유통 활용이 필요하며, 이는 기업 데이터 자산화 활용에 도전 과제를 제기한다. 따라서 데이터 규정 준수 및 보안 관리는 데이터 거버넌스의 핵심 요소가 되어, 요소화 활용과 유통 활용으로 인한 법적·보안 위험을 방지한다. 이는 주로 기술적·관리적·법적 수단을 통해 데이터 접근, 재사용, 유통의 안전 질서를 보장하고, 데이터 유통 활용으로 인한 합법적 권익 침해를 방지하며, 데이터 남용 및 보안 위험을 차단하는 데 초점을 맞춘다.

(3) 데이터 자산화

데이터가 생산 요소가 된다는 것은 데이터가 새로운 경제 자원이 된다는 표현이다. 이는 데이터 자원을 조직의 자산으로 편입하여 관리해야 함을 의미한다. 다른 자원과 다른 점은, 다른 자원은 자산이 되면 기업 자산 관리 체계에 편입되는 반면, 데이터는 관리(또는 거버넌스)를 통해서야 비로소 자산이 된다는 것이다. 따라서 데이터는 관리에 의존하여 존재하고 가치를 실현하는 자원이며, 이는 데이터 관리의 중요성을 부각시킨다. 데이터 거버넌스의 궁극적 목표는 조직의 가장 중요한 자산을 보호하는 동시에 인력, 팀, 업무 기능 간에 일관되고 신뢰할 수 있는 데이터 자원을 구현하여 데이터 분석 기반의 지능형 의사결정을 실현하는 것이다. 거버넌스 또는 관리를 거친 모든 데이터 거버넌스 프로세스, 전략, 표준 및 역할 구성은 데이터의 가용성, 보안성, 고품질 유지와 함께 이해, 통합, 보존의 용이성을 보장하기 위해 마련된다. 데이터가 이러한 속성을 갖출 때, 이를 "거버넌스 적용 데이터(governed data)"라고 부르며, 거버넌스 적용 데이터는 자산 속성을 지니게 되어 기업 데이터 자산 범주에 포함될 수 있습니다.

3. 데이터 거버넌스 및 그 목표

기업 데이터 거버넌스의 목표는 표준화되고 통합되며 보호되고 저장되는 데이터의 방법, 책임 및 프로세스를 수립하여 사용 불가능하거나 활용도가 낮은 데이터를 유용한 데이터로 전환하여 기업 자산으로 만드는 것이다.

데이터 거버넌스는 데이터의 전체 수명 주기를 포괄하는 일련의 정책과 절차를 형성하여 데이터를 비즈니스 자산으로 전환하고 조직 성과를 개선하거나 향상시킨다. MDM Institute는 데이터 거버넌스를 매우 생생한 표현으로 묘사했다: 데이터 거버넌스는 조직이 데이터를 기업 자산(enterprise asset)으로 전환하는 데 필요한 인력, 절차 및 기술의 "협주곡"이다.[2]

거버넌스는 두 개 이상의 상충되는 목표 사이에서 의사결정 경로를 조율하고 조직 및 지표이다. 이해관계자의 목표가 다를 때 거버넌스가 필요하며, 모두가 동일한 목표를 가질 때는 데이터 관리이다. 거버넌스는 양측 이해관계 사이에서 수용 가능한 균형점을 찾는 것이지만, 모든 결정에 대해 합의(이는 종종 달성하기 어렵거나 시간과 노력이 많이 소요됨)를 구하는 것이 아니라 여러 의사결정을 지도하여 합리적인 방향을 공동으로 제시하는 것이다. 이는 데이터 거버넌스가 협력 메커니즘과 관리 수단, 의사결정권 배분 및 행사, 통일된 규칙 수립, 그리고 이러한 규칙의 이행 감독을 모두 필요로 함을 의미한다. 따라서 의사결정권과 권한 배분은 여전히 데이터 거버넌스의 핵심이다.

데이터 거버넌스와 데이터 관리의 가장 큰 차이는, 데이터 거버넌스

2 http://0046c64.netsolhost.com/whatIsDataGovernance.html.

가 데이터를 통제하고 활용 가능한 자산으로 전환하는 데 있는 반면, 데이터 관리는 데이터 자산을 관리하는 데 있다는 점이다. 이 둘은 연속적인 과정이므로 통합될 수도 있다. 데이터 거버넌스의 핵심은 이해관계자들의 이익을 조율하고 데이터 관련 행동을 일관화하는 관리 및 기술적 규칙 체계를 구축하여, 특정 품질 관리 기준을 충족하는 활용 가능한 데이터(자산화)를 형성하는 데 있다. 바로 이 때문에 IBM은 데이터 거버넌스를 품질 관리 원칙(quality control discipline)으로 직접 규정하며, 조직 정보의 관리, 사용, 개선 및 보호에 더 엄격한 규율적 제약을 부여하는 것을 목표로 한다. 효과적인 데이터 거버넌스는 조직 간 협업과 구조화된 의사 결정을 촉진함으로써 기업 데이터의 품질, 활용성 및 완전성을 향상시킬 수 있다.[3]

데이터 품질이 데이터 거버넌스의 핵심 목표인 이유는 데이터가 지능형 분석에 활용될 때만 기업에 이익이나 가치를 창출할 수 있기 때문이다. 따라서 거버넌스는 일정 수준의 품질을 갖춘 계산 가능한 분석 데이터 자산을 형성하는 유일한 경로이다. 거버넌스를 거친 데이터만이 특정 품질 요건을 충족하여 기업의 자산으로 전환될 수 있다. 데이터는 신뢰할 수 있는 의사결정을 내릴 때 가치를 가지며, 이는 데이터가 관련성, 정확성, 신뢰성, 이해 및 사용 용이성 등의 특성을 충족해야 함을 의미한다.

요약하면, 데이터 거버넌스는 일반적으로 다음과 같은 목표를 달성하기 위해 노력한다:

3 IBM Data Governance Council Maturity Model(October 2007), http: //databaser.net/moniwiki/pds/DataWarehouse/leverage_wp_data_gov_council_maturity_model.pdf.

- 데이터 접근성: 이는 중요한 데이터가 필요한 비즈니스 기능에 사용 가능하도록 보장한다.
- 데이터 품질: 데이터가 정확하고 완전하며 일관성 있고 최신 상태를 유지하도록 보장한다.
- 데이터 무결성: 이는 데이터가 한 플랫폼에서 저장 및 전송되어 다른 플랫폼으로 이동할 때 기본 품질을 유지하도록 보장한다.
- 데이터 가용성: 데이터의 구조와 태그가 올바르게 설정되어 검색이 용이하도록 보장한다.
- 데이터 보안: 민감한 데이터가 적절히 보호되어 데이터 손실 가능성을 최소화한다.

4. 데이터 거버넌스 프레임워크

데이터 거버넌스를 핵심으로 하는 데이터 관리는 데이터 중심 기업의 기본 요소가 되었으며, 데이터 가용성(데이터 품질)을 핵심으로 하여 기업 운영 발전 전반을 지원하는 관리 체계로 기능해야 한다. 이러한 관리 체계는 최소한 다음 다섯 가지 측면으로 구성된다.

(1) 정책, 표준 및 전략

데이터 거버넌스 수행의 첫 번째 작업은 데이터 정책, 데이터 표준 및 데이터 전략을 수립하고, 정책과 표준을 초안 작성, 검토, 승인 및 감독하는 것이다.

(2) 데이터 품질

데이터 품질과 가용성 개선은 데이터 거버넌스의 주요 목표이다. 데이터 품질은 "데이터가 목적에 부합하도록(fit for purpose)"하며, 데이터에 대한 신뢰를 구축하고 데이터 분석 결론의 정확성을 보장한다. 데이터 품질은 데이터 자산화의 기초 작업이다. 먼저 통합된 비즈니스, 기술 및 운영 데이터 용어집과 데이터 계보도를 구축해야 한다. 다음으로 데이터 정확성, 데이터 유일성 또는 중복성, 데이터 일관성, 표준성 및 시의적절성 등 데이터 품질 평가 기준을 확립해야 한다.

(3) 개인정보, 규정 준수 및 보안

규제 및 규정 준수 요구사항 역시 데이터 거버넌스의 동인이다. 데이터 규정 준수는 데이터 거버넌스 전 과정에 걸쳐 상하 모든 영역과 부서에 걸쳐 적용된다. 이동 중인 데이터와 정적 민감 데이터를 보호하기 위한 보안 인프라를 구축하고, 데이터 보호, 보안, 접근, 감사 및 통제 정책을 설계해야 한다.

(4) 데이터 아키텍처 및 데이터 통합

데이터 거버넌스는 비즈니스 프로세스 내에서 데이터 처리 역량을 종합적으로 설계하여 데이터 활용 요구를 충족시키는 것이다. 이를 위해 일관된 데이터 모델과 정의를 수립하여 통합된 데이터 아키텍처와 상호 운용 가능한 데이터 인프라를 구축해야 한다.

(5) 데이터 분석 플랫폼 구축을 통해 기업의 지능형 의사결정(BI) 지원

데이터 거버넌스는 데이터 분석 요구에 집중하며, 조직적이고 성숙한 데이터 기반 의사결정 능력 구축을 목표로 한다. 데이터 거버넌스 초기 단계에서는 기업이 어떤 데이터를 활용해 어떤 의사결정을 지원하는지, 어떤 분야에서 어떤 주기로 어떤 보고서를 작성하거나 제공할지,

이러한 보고서 간 연관성 및 다중 목적 활용 가능성 등을 우선적으로 확정해야 한다.

제 2 절 기업 데이터 거버넌스 실천

데이터는 거버넌스를 통해 유용해지며, 유용한 데이터는 관리되어야 기업 자산이 될 수 있다. 데이터 거버넌스는 독립된 시스템이 아니라 비즈니스 발전을 효과적으로 지원하는 기업 거버넌스 체계의 유기적 구성 요소이다. 따라서 각 기업은 자신의 발전 단계와 전략적 목표에 부합하는 데이터 거버넌스 체계를 구축하기 위해 노력해야 한다.

1. 데이터 거버넌스 모델

디지털 전환 기업에서 데이터는 기업의 기초 자원이 되며, 따라서 데이터 전략은 기업 발전의 기본 전략이 되고 데이터 거버넌스는 기업 데이터 전략의 핵심 부분이다. 따라서 데이터 거버넌스는 하나의 프로젝트도, 한 부서의 일도 아닌 조직 전체가 협력하여 지속적으로 추진하는 사업이다. 이는 서로 다른 주체들을 적절한 조직 체계에 통합하여 부서 간 협업을 실현해야 함을 의미한다.

데이터 거버넌스 모델은 데이터 수집, 저장, 사용 및 처리를 위한 시스템과 프로세스를 명확히 정의하고 의사 결정자의 역할을 명시하는 프레임워크이다. 각 조직은 데이터를 생성하고 사용하는 주체가 다르기 때문에 서로 다른 유형의 데이터 거버넌스 모델을 가진다. 모든 조직에 적합한 단일 데이터 거버넌스 모델은 존재하지 않는다. 모든 사업부 및 이해관계자의 의견을 수렴하고, 회사의 요구를 충족하는 맞춤형 데이터 거버넌스 모델을 개발하는 데 시간을 투자한다면, 기업이 데이터 보안을 유지하면서 데이터로부터 최대 가치를 창출할 수 있는 강력한 프레임워크를 제공할 것이다.

일반적인 데이터 거버넌스 모델은 크게 네 가지로 분류된다.

첫 번째는 단일 업무 부서를 가진 분산형 데이터 거버넌스 모델이다. 이 모델은 일반적으로 데이터를 생성, 관리 및 사용하는 개별 업무 사용자로 구성된다.

이 모델은 모든 데이터를 직접 관리하고 유지하는 개인 사업자에게 매우 적합하다. 이 모델에서는 데이터를 생성하고 설정하는 동일인이 일반적으로 데이터를 사용하는 유일한 사용자이다.

그림 7-1 단일 사업부 분산형 데이터 거버넌스 모델도

두 번째 유형은 다중 사업 부서를 가진 분산형 데이터 거버넌스 모델이다. 다중 사업 부서를 가진 분산형 데이터 거버넌스 모델에서는 각 사업 부서가 고객, 공급업체 및 기타 이해관계자를 공유할 수 있으므로 하나의 마스터 데이터 세트를 공유한다.

이 모델은 마스터 데이터를 관리 및 유지하는 기업 소유자를 위해 구축되었다. 그러나 이 모델에서는 데이터가 서로 다른 팀의 여러 직원이 사용하고 공유한다. 이렇게 하면 기업에 여러 사무실이나 매장이 있는 경우 정보가 분류되어 팀원 모두에게 배포될 수 있다.

그림 7-2 다중 사업부 분산형 데이터 거버넌스 모델

셋째, 중앙 집중식 데이터 거버넌스 모델이다. 중앙 집중식 데이터 거버넌스 모델에서는 단일 또는 다수의 비즈니스 유닛이 마스터 데이터를 중앙에서 관리할 수 있다. 비즈니스 유닛이나 데이터 소비자의 요청에 따라 중앙 조직이 마스터 데이터 관리를 담당한다.

그림 7-3 중앙 집중식 데이터 거버넌스 모델도

이 모델에서 한 명의 기업 소유주 또는 여러 기업 리더가 마스터 데이터를 통제한다. 개인 또는 팀은 다른 부서로부터의 요청에 따라 데이터 생성 및 설정을 통제한다. 이 시스템을 통해 데이터는 팀 리더에게 집중되며, 팀 리더는 필요에 따라 직원들에게 정보를 배포한다. 이는 대규모 직원을 보유하고 내부 정보 공유 방식을 표준화해야 하는 기업에 효과적이다.

네 번째 유형은 분산 실행을 갖춘 중앙 집중식 데이터 거버넌스 모델이다. 이 모델에서는 중앙 집중식 데이터 거버넌스 기관이 데이터 거버넌스 프레임워크와 정책을 정의하는 역할을 맡고, 각 비즈니스 부서는 해당 부문의 마스터 데이터를 생성하고 유지 관리한다.

이 모델에서는 하나의 팀이 마스터 데이터를 통제하지만, 각 팀은 정보를 기여하기 위해 자체 데이터 세트를 생성한다. 이는 관리자와 팀 구성원 모두가 내부 데이터 수집 및 공유에 대한 책임을 지게 됨을 의미한다.

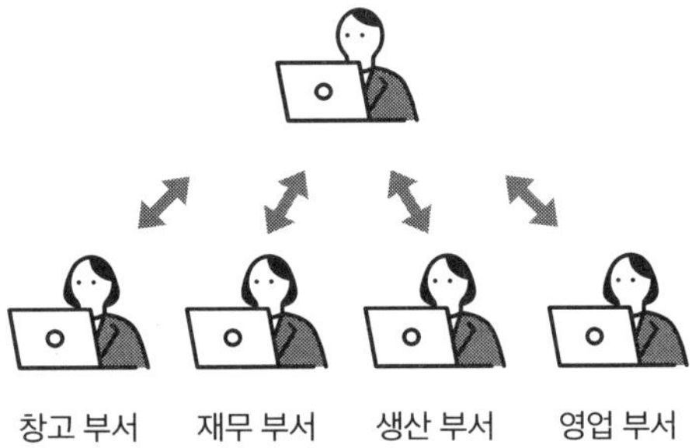

그림 7-4 분산 실행을 위한 중앙 집중식 데이터 거버넌스 모델도

데이터 거버넌스 모델은 마스터 데이터 관리 책임의 기본 구조를 정의하며, 데이터 거버넌스 전략은 데이터를 관리하는 인력, 프로세스 및 기술을 정의한다.

2. 데이터 거버넌스의 기반 시설: 데이터 아키텍처

데이터 아키텍처는 비즈니스 전략을 실행에 옮기는 핵심 인프라이며, 데이터 거버넌스는 비즈니스 전략이 운영 현장에서 구현되는 가교 역할을 한다.

DAMA는 데이터 아키텍처를 "조직 전략과 일치하여 전략적 데이터 요구사항을 수립하고 이를 충족시키기 위한 설계를 통해 데이터 자산 관리의 청사진을 정의하는 것"으로 정의한다. 이 정의에는 세 가지 핵심 키워드가 있다: 첫째, "청사진" —구체적인 실행 계획이 필요하다; 둘째, "조직 전략과의 일치"—데이터 아키텍처는 비즈니스 목표 및 데이터가 이러한 목표를 지원하는 방식과 직접적으로 연관되어야 한다; 셋째, 전략적 데이터 요구사항 수립— "효과적인 데이터 아키텍처는 반드시 미래 지향적이어야 하기" 때문이다.

데이터 아키텍처는 반드시 표준, 다양한 추상화 수준의 주 설계 문서, 데이터가 시스템을 통과하는 모든 컨테이너와 경로에 대한 설명과 같은 구체적인 산출물을 가져야 한다. 데이터 아키텍처의 구체적인 내

표 7-1 데이터 아키텍처 내용표

데이터 아키텍처 주요 내용	
1	데이터 사용 관련 정책, 지침 원칙, 사용 목적 선언 및 책임 메커니즘
2	데이터 모델(기업 개념 모델, 논리적 데이터 모델, 특정 애플리케이션용 논리적 데이터 모델 등 포함)
3	데이터 카탈로그
4	데이터 소스 목록
5	주요 데이터 또는 참조 데이터, 그리고 광범위하게 공유되는 데이터
6	정의된 핵심 데이터(용어집, 사전, 정의 및 적용 기준 포함)
7	메타데이터 및 그 관리 방식
8	데이터 계승 및 시스템 흐름
9	구현 로드맵

용은 표 7-1과 같다.

데이터 아키텍처는 데이터 거버넌스의 기반이며, 데이터 거버넌스는 데이터 아키텍처가 기능하는 실행 프레임워크이다. 이는 조직, 인력 및 프로세스를 포괄하며 데이터 중심 문화를 조성한다.

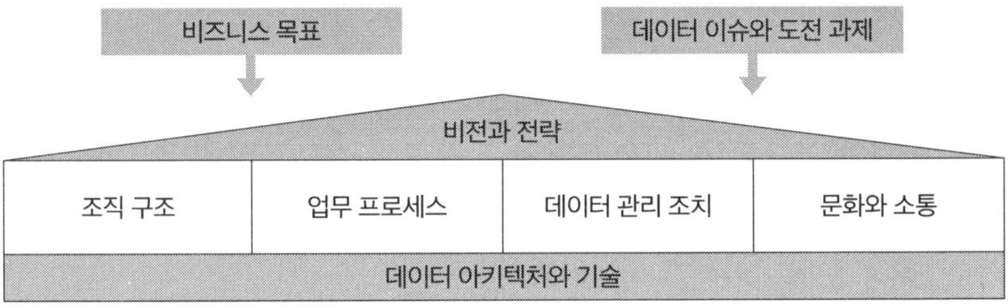

그림 7-5 데이터 아키텍처는 데이터 거버넌스 프레임워크의 기반

데이터 거버넌스와 데이터 아키텍처는 상호 지원하고 강화하는 관계이다. 지속 가능한 데이터 중심 비즈니스를 구축하려면 기업이 필요로 하는 데이터 아키텍처와 데이터 거버넌스를 인식하고, 데이터 거버넌스를 지속적인 개선 사이클로 형성하기 위해 협력해야 한다. 이를 통해 데이터의 활용도를 높이고 비즈니스 요구에 따라 지속적으로 발전시켜야 한다.

성공적인 기업 데이터 아키텍처 구축 및 유지 관리는 데이터 아키텍트만의 업무가 아니다. 데이터 모델러, 데이터 거버넌스 관리자, 데이터베이스 관리자 등도 이 과정에서 역할을 수행해야 한다. 본질적으로 데이터 거버넌스는 협업이며, 데이터 아키텍처를 구축하기 위해서는 팀워크가 필요하다.

3. 데이터 거버넌스 정책

데이터 거버넌스에서 가장 핵심은 데이터 거버넌스 정책을 수립하고 이를 조직 내에서 데이터를 생산, 호출, 처리, 사용하는 모든 주체에 적용하여 궁극적으로 조직 목표에 부합하는 일관된 데이터 행동과 결과를 도출하는 것이다. 데이터 거버넌스에 필요한 정책은 크게 네 가지 측면으로 구분된다.

(1) 데이터 거버넌스 구조 정책: 조직은 기업의 데이터 및 정보 자원을 관리하기 위한 공식적인 정책이나 제도적 규범을 채택하고 직원들이 이러한 지침을 준수하도록 요구해야 한다. 데이터 아키텍처 정책의 핵심은 조직이 데이터 거버넌스를 어떻게 구현할 것인지 정의하는 것이며, 그중 가장 핵심은 데이터 거버넌스 조직 구조를 구축하는 것이다. 일반적으로 데이터 거버넌스 리더십 책임자와 기업 데이터 관리(EDM) 팀(고위 관리자/디렉터, 데이터 세트 유지보수를 담당하는 데이터 관리자 및 최종 사용자로 구성)으로 이루어진다.

(2) 데이터 접근 정책: 데이터 접근 정책은 직원들이 조직의 데이터와 정보에 접근할 수 있도록 보장하며, 전체 회사와 모든 사업 부문에 적용된다. 이 정책은 한편으로는 직원들에게 데이터에 편리하게 접근하거나 호출할 수 있는 경로와 절차를 제공하는 동시에, 데이터 자산을 보호하여 데이터가 권한을 부여받은 개인에 의해서만 접근되고 올바르게 사용되도록 보장한다. 각 데이터 포인트는 데이터 관리자에 의해 분류되며, 데이터 사용자는 자신의 역할에 따라 적절한 접근 수준을 부여받아야 한다.

(3) 데이터 사용 정책: 데이터 사용 활동은 데이터 읽기, 생성, 업데이트, 공유로 구분된다. 데이터 사용 정책은 사용자가 윤리적으로 데이터

를 사용하고 모든 적용 가능한 법률 및 표준을 준수하도록 보장한다. 직원은 오직 업무 목적에 한해 데이터에 접근 및 사용해야 하며, 개인적 또는 기타 부적절한 목적으로 사용해서는 안 된다. 합리적으로 할당된 보안 접근 수준 외에도 사용 행위에 대한 모니터링 및 감사가 마련되어야 한다.

(4) 데이터 무결성 정책: 데이터 무결성 정책은 조직 데이터의 일관성을 보장한다. 이는 핵심 데이터 요소를 조직 단위 및 컴퓨팅 시스템에 통합하여 직원과 계약자가 데이터에 의존하여 정보 획득 및 의사 결정 지원을 가능하게 한다. 데이터 무결성은 데이터의 유효성, 신뢰성 및 정확성과도 관련되며, 데이터의 비즈니스 프로세스에 대한 명확한 이해와 개별 데이터 포인트의 일관된 식별을 기반으로 그 유효성을 보장한다. 데이터 무결성은 데이터 품질 거버넌스의 핵심이다.

정책 외에도 데이터 거버넌스는 복잡한 프로세스를 포함하며, 이는 데이터 거버넌스 위원회가 세심하게 수립하고 실행해야 하는 영역이다. 일반적으로 데이터 거버넌스에는 다음과 같은 프로세스가 포함되며, 다양한 제도적 규칙에서 명확히 규정되어야 한다:

4. 데이터 거버넌스 정책 실행 및 프로세스

데이터 거버넌스 실행은 여전히 일반적인 관리 프레임워크 체계에 속하며, 모든 구성원이 의사 결정 방식과 행동 방식에 대해 일치된 목표를 가져야 한다. 그렇지 않으면 모든 이해관계자의 지지를 얻고 데이터 거버넌스 계획을 실현할 수 없다.

(1) 목표: 데이터 관리는 통일된 전략적 계획과 명확한 목표를 가져야 데이터 활동의 일관성과 전체성을 유지할 수 있다. 데이터 관리의 목

표는 데이터 자산을 관리하여 안전하고 효과적으로 활용하고 데이터 자산의 가치를 실현하는 것이다.

(2) 조직: 데이터 거버넌스에는 관련 규칙을 수립하고 실행할 인력과 조직 구조가 마련되어야 한다. 데이터 관리는 전담 부서에서 수행해야 하며, 데이터 거버넌스 사무국은 기능 간 지원(업무 또는 IT에 국한되지 않음)을 제공할 수 있다. 예를 들어, CDO(최고 데이터 책임자)는 조직의 전략에 부합하는 비즈니스 연속성과 성장을 보장하기 위해 데이터를 충분히 효과적으로 활용할 책임을 진다. CDO에게 보고하는 데이터 관리자는 데이터 관리 규칙 및 표준 준수를 보장해야 한다.

(3) 규칙: 조직은 제도적 규칙(정책, 요구사항, 표준, 책임, 통제)과 참여 규칙(서로 다른 부서가 이러한 규칙을 수립하고 실행하는 방법을 명확히 함)을 갖추어야 한다.

(4) 통제: 데이터 거버넌스 사무소는 동일한 원칙에 따라 운영된다. 데이터 품질 관리 프로세스를 통해 담당 자산의 품질을 모니터링할 수 있다. 이후 사무소는 데이터 품질 수준에 따라 조직 성과에 대한 기여도를 판단하며, 사전에 설계된 데이터 품질 지표를 활용해 데이터 품질이 조직에 미치는 영향을 구체적으로 측정한다. 데이터 관리 프로세스를 운영하면서 가치를 창출하고, 비용과 복잡성을 관리하며, 규정 준수를 보장한다.

데이터 거버넌스의 목표는 데이터를 진정한 자산으로 인식하고 관리함으로써, 지속적인 가시적 성과(조직, 규칙, 통제 및 평가 수단 등)를 통해 기업 운영을 지원하고 수익성 또는 경쟁력을 강화하는 것이다. 성공의 핵심은 기업이 고유한 데이터 자산을 보유하고, 이를 활용하여 새로운 가치 창출 용도(인공지능, 데이터 과학 등)를 도입할 수 있는 능력에 있다. 데이터 거버넌스는 프로젝트가 아닌 기업의 장기적 경영 전략에 대한 투자이다.

5. 비즈니스 전략과 통합된 데이터 거버넌스

비즈니스 전략부터 시작하여 해당 전략을 지원하는 데 핵심적인 데이터가 무엇인지 확인한다. 기업이 보유한 데이터를 평가하고 비즈니스 발전에 적합한지 판단하며, 적합하지 않을 경우 개선을 위해 무엇이 필요한지 결정한다. 개선은 주로 IT 측면이 아닌 비즈니스 측면에서 이루어진다. 예를 들어, 각 부서마다 '고객'을 나타내는 데 서로 다른 코드나 용어를 사용한다면 동일한 데이터를 재사용 가능한 자산으로 통합하기 어렵 쉽다.

오늘날 데이터의 범위, 규모, 복잡성은 놀라운 속도로 발전하고 있다. 통합 데이터 아키텍처를 구축하고 데이터를 거버넌스하지 않는다면 조직은 데이터화 물결에 뒤처질 것이다. 필요한 것은 일관되고 효과적인 데이터 아키텍처이며, 문제 식별, 솔루션 구축, 예방적 능동적 거버넌스 구축에 집중해야 한다. 다시 말해, 화재가 발생한 후 진화하는 수동적 방식이 아니라 화재가 발생하기 전에 차단해야 한다. 이는 각 조직이 데이터 전략을 수립해야 함을 의미한다.

데이터 전략은 IT 부서가 개발하고 실행하는 것이 아니라 기업 전체 전략의 일부가 되어야 하며, 조직과 그 비즈니스 목표, 전략적 목표를 데이터 전략에 반영해야 한다. 현재는 최고 데이터 책임자와 같은 전담 기관이 데이터 전략을 기획하고 실행하는 것이 일반적이다. 데이터 전략 수립은 모든 이해관계자의 의견을 수렴하고, 데이터 관리 용어가 아닌 모두가 이해할 수 있는 비즈니스 언어로 작성되어야 한다. 이를 통해 모든 구성원이 쉽게 이해할 수 있도록 하며, 비즈니스 목표와 전략의 변화에 따라 지속적으로 조정 및 업데이트되어야 한다.

데이터 주도 비즈니스(data-driven business)가 등장하기 전에는 비즈니스와 데이터 전략 간의 관계가 선형적이었다. 기업은 먼저 전략적 목표를 수립한 후, 비즈니스 전략과 계획을 뒷받침하기 위해 필요한 데이터 역량을 구축하기 위한 데이터 전략을 수립했다. 이는 IT 부서가 데이터 전략의 주요 주도자였음을 의미한다.

그러나 데이터 주도 환경에서는 데이터가 비즈니스 운영과 프로세스의 촉진자로서 종속적 역할을 하는 사고방식은 이제 구식이 되었다. 데이터 자체가 비즈니스가 되고 있으며, 비즈니스 전략과 데이터 전략의 발전은 병행되고 상호 촉진되어야 한다. 모든 데이터 중심 조직은 데이터 전략을 수립하고 실행해야 한다.

예를 들어, 일련의 소비재를 생산하는 제조 기업을 생각해 보자. 전통적으로 이 기업은 슈퍼마켓 등의 도매업체 및 기타 제3자 채널을 통해 제품을 판매하는 데 주력해 왔다. 따라서 최종 구매자에 대한 이해는 기껏해야 대략적이며 상당한 오차가 존재한다. 그러나 해당 기업은 새로운 디지털 채널을 구축해 제품을 최종 고객에게 직접 판매하기로 결정했다. 도매업체를 줄이면 이익률을 높일 수 있고, 최종 고객을 더 잘 이해하며 관계를 구축할 수 있기 때문이다. 이러한 상황은 새로운 비즈니스 전략과 함께 필요한 데이터 전략을 수립하지 않으면 실현 불가능하다.

제 3 절 사회적 데이터 거버넌스 실천

사회적 차원에서 데이터 거버넌스의 본질, 즉 데이터 이해관계자들의 협력을 통해 특정 목적의 데이터 활용 질서를 구축하는 것이 가장 잘 구현된다. 사회 전체 차원에서 데이터 거버넌스의 목표는 데이터의 사회적 가치 또는 이익을 극대화하는 것이며, 이를 실현하기 위한 데이터 활용 질서 구축이 데이터 거버넌스의 기본 목표가 된다. 사회적 차원에서 정부는 데이터 거버넌스의 책임 주체로서 정부가 사회 공공 관리 업무 기능을 수행하는 범주에 속하며, 정부의 입법 또는 규칙 제정 권한을 통해 데이터 사회화 이용 질서를 구축하고 데이터의 사회적 가치를 실현한다.

1. 사회 차원의 데이터 거버넌스: 데이터 사회화 이용 질서의 실현

데이터는 객관적 사실의 디지털 기록으로, 본질적으로 사회성을 지니며 사회에서 비롯되어 사회 주체에 의해 사용되며 객관적 세계의 법칙을 인식하는 데 활용된다. 사회 차원에서 데이터 거버넌스의 목표는 데이터 관련 이해관계자의 권익을 협조적으로 처리하고 효과적인 데이터 활용 질서를 구축하여 데이터의 인지 가치를 극대화하는 것이다.

빅데이터 분석은 데이터 상관관계 분석으로, 계산 기술을 통해 데이터 내 정보를 추출·분석하여 데이터의 법칙과 추세를 밝혀내며 의사 결정과 혁신에 지원과 참고를 제공한다. 빅데이터는 어디에나 존재하며 끊임없이 생성되지만, 각 주체가 생성하고 보유하는 데이터는 제한적이거나 미미하다. 특정 대상의 행동이나 운동 법칙을 완전하게 인지하려면 충분한 양의 데이터를 확보해야 한다. 충분한 양의 데이터가 있을 때만 데이터 간 연관성을 통해 데이터가 대표하는 객관적 대상의 운동 법칙을 발굴 분석할 수 있다. 소규모 데이터 모델이 있어야 대규모 모델을 형성할 수 있으며, 대규모 모델이 있어야 지능이나 GPT를 생산할 수 있다. 이는 각 주체가 보유한 데이터의 가치가 제한적이며, 불완전한 데이터는 인지력이나 지식력을 형성하지 못한다는 것을 의미한다. 따라서 데이터의 가치를 형성하고 실현하려면 서로 다른 주체에 분산된 데이터를 지속적으로 집계, 통합, 결합해야 한다. 각 사회 주체에서 비롯된 데이터는 잠재적 분석 가치를 지니지만, 단일 데이터의 가치는 제한적이거나 독립적이지 않다. 각 주체의 데이터는 사회화 배분과 활용을 거쳐야만 자원 가치를 형성할 수 있다.

거버넌스가 사회나 국가에 적용되는 것처럼, 데이터 거버넌스(Data Governance)도 사회 전체에 광범위하게 적용되어 데이터의 사회화적 활용을 실현하는 제도적 조치로 기능한다. 머신러닝 등 지능형 도구가 보편화된 상황에서 데이터 마이닝 분석을 통해 새로운 지식을 발견하고, 미래를 예측하며, 규칙을 찾는 것은 이미 사회의 기본적 요구가 되었다. 모든 국가는 데이터 권리를 어떻게 배분하고 데이터 활용 질서를 구축할 것인지라는 과제에 직면해 있다. 유럽연합 집행위원회는 데이터 거버넌스를 공유 메커니즘, 협약, 기술 표준 등을 통한 데이터 사용 규칙과 방식의 체계로 정의한다. 이러한 인식에 기반하여 유럽연합 집행위원회는 2020년 11월 25일 유럽연합의 새로운 데이터 전략을 뒷받침하는 핵심 제도인 《데이터 거버넌스법》을 통과시켰다. 이른바 데이터 거버넌스는 데이터 공유에 대한 신뢰를 증진하고 데이터 가용성 메커니즘을 강화하고 데이터 재사용(Data Re-use) 측면의 기술적 장벽을 극복하는 데 있다. 이러한 의미에서 데이터 거버넌스는 한 국가가 데이터의 사회화 활용을 규범화하고 데이터 자원 활용 질서를 구축하는 개념이 되었다. 데이터 거버넌스는 점차 데이터 보호를 대체하며 데이터 활용 질서 실현의 주요 메커니즘으로 자리 잡고 있다.

데이터의 사회화 배분과 활용의 이상적인 상태는, 각 주체가 생성한 데이터가 다른 주체가 접근하고 사용할 수 있도록 허용되어야 하며, 각 주체는 필요한 데이터를 획득하고 집계하여 분석을 수행할 수 있어야 한다는 것이다. 데이터가 모든 사회 주체에 의해 활용될 수 있을 때 그 사회적 가치는 극대화된다. 그러나 데이터의 사회적 가치 극대화 실현은 제도 선택의 딜레마에 직면한다. 데이터 자유 이용 모델(공개된 것은 모두 자유롭고, 접근 가능한 것은 모두 자유롭게 사용 가능)을 채택할 경우 데이터 자원의 무질서화를 초래하여 데이터 생산자의 적극성을 저해할 뿐만 아니라 남용, 사생활 침해, 사회 안전 문제 등을 야기할 수 있다. 선행 수집이나 노동을 근거로 배타적 지배권(데이터 재산권 인정)을 부여할 경우, 후속 사회 이용자는 거래를 통해서만 데이터를 획득·사용할 수 있게 되어 데이터의 '사유화'를 강화하게 된다. 이는 데이터 본연의 사회적·공공적 특성에 부합하지 않을 뿐더러, 효과적인 시장이 명확한 데이터 재산권 기반 위에 구축되어야 한다는 점에서 데이터의 사회화 활용이 효과적으로 실현될 수 있을지 의문이다.

분명히 데이터의 사회적 가치 실현에는 데이터 흐름이 필요하지만, 위 두 극단을 극복해야 한다. 재산권은 자원 효율적 활용의 도구로 여겨지며, 자유로운 이용의 공유지 비극을 종식시킬 수 있다. 그러나 이는 자원과 권익 귀속이 명확히 구분될 수 있다는 조건하에, 재산권자의 이익 극대화를 목적으로 한 제도적 장치이다. 이처럼 전통적 재산권 패러다임에 기반한 시장경제가 데이터 자원 사회화 배분과 활용의 효과적 수단이 될 수 있을지는 의문이다. 어떤 재산권 배분이나 권한 부여 메커니즘도 데이터의 사회적 가치 실현에 기여해야 한다. 아마도 우리는 가치가 제한적이고 미미하며 독립적이지 않으며 무한한 조합을 통해 가치를 실현해야 하는 데이터 자원을 위한 새로운 패러다임, 즉 거버넌스 패러다임을 모색해야 할 것이다.

2. 사회적 차원의 데이터 거버넌스 제도적 구조: 개인 권익, 사회적 이익, 국가 안보

데이터 자원의 사회화 활용이 전통적 재산권 패러다임을 돌파해야 하는 배경 속에서, 다양한 이해관계자를 조율하여 데이터의 사회화적 질서 있는 활용을 실현하는 거버넌스 패러다임이 점차 인정받으며, 심지어 데이터 사회화 재사용 질서 구축의 기본적 합의가 되었다.

데이터 거버넌스와 데이터 활용의 사회적 질서는 매우 부합한다. 데이터의 사회화 활용 자체가 데이터상의 이익을 소멸시키지 않으며, 데이터 통제자가 데이터 권익을 100% 독점하기는 어렵다. 오히려 데이터에는 다중 이해관계자가 존재하며, 소위 데이터 보호 문제는 본질적으로 데이터상 각 주체의 이익을 협력적으로 보호하는 문제이지, 데이터 소유권을 특정 주체에 귀속시키고 권한 부여를 통해 그 데이터 이익을 유지하는 단순한 문제가 아니다. 따라서 전통적인 "권한 부여+권한 제한" 보호 모델이나 통제자의 배타적 지배권이라는 재산권 패러다임은 데이터 자원 보호와 유통 활용에 적용하기 어렵다. 데이터 보호의 본질은 상충하는 권익을 조율하는 데 있으므로, 거버넌스 개념과 메커니즘이 데이터 보호의 새로운 패러다임으로 기능할 수 있다.

데이터의 사회적 활용을 실현하기 위해서는 먼저 데이터 생산자(수집, 가공 처리 등)의 이익을 보호하고, 데이터 통제 및 가치 실현 권리를 부여해야 한다. 데이터 보유권은 바로 데이터 생산자의 권익 보호를 의미한다. 데이터 보유자의 권리를 보호하고 데이터의 지속적인 유통, 집적 및 융합 분석을 촉진함으로써 데이터의 사회적 가치를 극대화할 수 있으며, 이는 사회 전체의 이익에 부합한다. 그러나 보유자에게 데이터에 대한 배타적 지배권을 부여해서는 안 되며, 보유자가 누리는 권리는 단지 창출한 데이터 가치 또는 데이터에 대한 합법적 이익 보호일 뿐, 데이터에 대한 지배권이 아니다. 이러한 비배타적 사용권 배치는 여전히 데이터 접근과 사용에 일정한 개방성을 부여하여 각 사회 주체가 데이터를 획득하고 사용할 권리를 보호한다.

데이터의 사회화적 활용은 데이터가 반영하거나 연관된 주체의 권익을 소멸시키지 않는다. 예를 들어, 데이터가 개인을 가리키거나 분석이 개인과 연결될 경우 사생활 이익, 개인정보 권익 등의 인격적 이익이 관련된다. 기계 장비의 데이터라 하더라도 소유자의 합법적 권익이 관련될 수 있다. 사회 주체가 데이터를 획득하고 사용함에 있어서는 데이터에 부여된 각종 합법적 권익을 존중해야 하며, 데이터 권익 보호를 전제로 해야 한다. 우리는 다양한 데이터에 부여된 다중적 이익을 확인하고 각 당사자의 이익을 조화롭게 보호할 때 비로소 데이터 사회화 활용의 질서를 구축할 수 있다.

동시에 데이터 활용은 국가 안보 이익과도 관련된다. 데이터는 침투성을 지니며, 데이터 활용과 국가 안보는 얽히고설킨 관계를 맺고 있기 때문이다. 승객 이동 기록, 고속철도 운행 데이터, 해운 기초 데이터, 선박 화물 정보, 기상 데이터 등의 취득과 활용은 모두 국가 안보를 위협할 수 있다. 빅데이터 분석은 기밀 데이터와 비기밀 데이터의 절대적 경계를 모호하게 만들며, 전통적으로 비기밀로 분류되던 파편화된 데이터의 집적 분석조차도 중요한 정보 통찰을 형성할 수 있다. 사이버 공간이 국가 주권의 새로운 영역으로 인식되면서 데이터 주권(Data Sovereignty) 개념이 점차 확립되어 국가 법률에 반영되고 있다. 데이터 주권은 국가가 국가 주권에 기반하여 자국 영토 범위 내에서 생성된 데이터에 대한 독립적 통제권을 의미하며, 자국 데이터가 타국으로부터 침해받지 않도록 안전성과 안정성을 보장하는 것을 목적으로 한다. 데이터 주권은 사실상 국가에 국경 간 데이터 이동을 규제할 권리를 부여한다. 따라서 데이터 유통 및 활용은 국가의 데이터 국외 유출 통제를 준수하여 국가 안보 이익을 유지해야 한다. 이처럼 데이터의 사회화 유통과 활용이 이루어지는 동시에 국가 안보 위험을 어떻게 방지할 것인가는 데이터 거버넌스가 고려해야 할 중요한 측면이다.

"데이터 이해관계자들의 행동을 협조하여 데이터 사회화 이용 질서를 구축한다"라는 의미에서 데이터 거버넌스를 이해한다면, 데이터 이용 질서 구축은 단일 주체의 권한 부여가 아니라 각 주체의 이익을 조율하여 "데이터 사용 규칙과 조건"을 수립하고 데이터 이용 질서를 구축하는 것이다. 개인 데이터 거버넌스의 기본 목표는 사회적 가치 또는 사회적 이익이어야 한다. 데이터 보유자 권리의 목표는 데이터 보유자에게 재산권을 부여하는 것이 아니라, 데이터의 사회적 가치 극대화를 위한 유통·이용 질서를 구축하는 데 있다. 보유자가 데이터를 외부 제공하거나 사용 허가할 권리가 있음을 명확히 하면 데이터 유통·이용이 시작될 수 있다.

데이터의 사회적 가치를 극대화하기 위해서는 데이터 보유자의 데이터가 가능한 한 많은 주체에 의해 사용되도록 해야 한다. 각 주체는 사회 데이터 순환 체계 내 특정 노드의 일시적 통제자일 뿐, 장기적으로 통제해서는 안 된다. 그렇지 않으면 사회 데이터 흐름이 차단되거나 중단될 수 있다. 데이터는 "데이터가 있는 곳에 권리가 있다"는 규칙이 아니라 "통제가 있는 곳에 권리가 있다"는 규칙을 따라야 한다.

심화 학습

새로운 거버넌스 관점의 개인 데이터 거버넌스 원칙

자원 관점에서 개인 데이터는 경제적 가치를 지니며, 일정 규모의 데이터를 집계·매칭·통합하면 개인의 특성을 포괄적이고 정밀하게 분석하여 행동 패턴이나 성향 등을 예측할 수 있다. 이를 통해 상업, 사회 거버넌스 등 분야의 의사결정에 활용될 수 있다. 기계 작동 습관 연구는 기계 성능 개선이나 에너지 소비 절감으로 이어질 수 있다. 일정량의 병리 샘플을 분석하면 병인을 규명하고 조기 예방·치료가 가능해진다. 이와 같이 개인과 연관된 다양한 데이터가 수집·처리·분석되어 의사결정에 활용되면서 기술 혁신을 촉진하고 개별 조직의 경제적 효율성을 높일 뿐만 아니라, 사회 자원 배분과 사회 분업 체계를 지속적으로 개선하여 전체 사회경제 운영 효율을 증진시키고 있다. 이러한 배경에서 개인 데이터의 사회적 가치 실현은 데이터 거버넌스가 고려해야 할 최우선 요소가 되어야 하며, 데이터 거버넌스의 기본 목표가 되어야 한다.

개인 데이터의 개인적 가치보다 사회적 가치에 주목하고, 사회적 가치 실현을 출발점으로 데이터 권리(힘) 구조를 설계하며 데이터 활용 질서를 구축하는 것은 개인 데이터 보호(데이터 거버넌스)의 중대한 변혁이다. 이는 개인 데이터 거버넌스가 개인위주에서 사회위주로 전환되어야 함을 의미하며, 개인 데이터 처리(사용)의 권리(힘) 배분은 다중 주체와 협력 관계로 전환되어 개인 데이터의 사회적 가치(이익)를 최적으로 실현해야 한다. 이러한 데이터 거버넌스는 "데이터 접근, 통제, 공유 및 사용 방식에 영향을 주거나 받는 모든 참여자 간의 권력 관계와 데이터로부터 가치를 창출하고 이를 분배하기 위한 다양한 사회-기술적 배열" 이다. 데이터 거버넌스의 핵심은 데이터에 대한 의사결정권이며, 새로운 거버넌스 개념하에서는 데이터 거버넌스 방식과 그로 인해 발생하는 가치의 영향을 받는 모든 개인, 조직 및 단체가 데이터 이해관계자로서 데이터 거버넌스 의사결정에 참여하고 그 가치를 공유하며 자신의 이익이 보호받도록 해야 한다. 이러한 거버넌스는 반드시 특정 상황에서 다양한 데이터 활용 모델을 통해 실현되며, 추상적인 법적 규범으로는 달성될 수 없다.

…

새로운 데이터 거버넌스 개념하에서 거버넌스 목표를 달성하기 위해 필자는 다음과 같은 원칙을 제안한다.

첫째, 개인 데이터 거버넌스의 목표는 사회적 가치 또는 사회적 이익을 기반으로 해야 하며, 개인 가치(이익)와 사회적 가치(이익)가 충돌하는 경우 개인은 사회에 양보해야 한다.

둘째, 개인 데이터상의 인격적 이익(인격 존엄, 자율성 등 주체적 권리 포함)과 개인 데이터상의 재산적 이익(또는 경제적 이익)을 구분해야 한다. 개인 데이터상의 재산적 이익(경제적 이익)은 경제적 가치 창출과 성과 위험 책임 분담의 원리에 따라 권리와 의무, 이익과 책임을 배분해야 한다. 개인 데이터의 사용은 개인의 인격적 권익(주체적 권리)을 침해하지 않는 것을 전제로 하나, 데이터상의 인격적 이익과 데이터 처리 과정에서의 인격적 이익을 구분해야 한다. 데이터 자본인의 인격적 이익에 대해서는 개인에게 결정권(방어적 권리)을 부여해야 하나, 기타 개인 데이터의 경우 처리 또는 사용으로 인해 인격적 이익이 훼손된 경우에만 침해 중지와 손해배상 구제권을 부여한다.

마지막으로, 동일한 성격의 이익만이 효력 순위나 우선순위 결정을 할 수 있으며, 개인 데이터가 서로 다른 성격의 이익을 포함할 경우 데이터 주체의 권리가 다른 이해관계자의 이익보다 우선한다고 당연히 결론지을 수 없다. GDPR에서 데이터 주체의 권리를 데이터 관리자나 제3자의 정당한 이익보다 우위에 두는 것은 잘못된 이익 순위 설정이다. 인격적 이익의 경우, 개인적 사생활과 집단적 사생활 중 어느 것이 우선하는지의 문제만 존재한다. 물론 공권력 남용에 대항하는 측면에서는 개인의 기본권(인권) 보호를 우선시할 수 있다. 따라서 「개인정보보호법」 영역에서는 데이터 주체의 권리가 우선적으로 보호된다는 결론을 도출할 수 없다.

개인 데이터에 대한 각 이해관계자의 권익을 법적으로 평등하게 대우하고, 동등한 성격의 이익하에서 개인 이익이 집단 또는 사회 전체 이익 혹은 공공 이익에 양보하는 원칙을 따를 때, 우리는 사회 가치(이익)를 목표로 하는 데이터 거버넌스 규칙과 메커니즘을 구축할 수 있다; 동시에 우리는 인격적 이익과 경제적 이익을 구분해야 하며, 데이터 주체 권리에 우선적 지위를 무분별하게 부여하거나, 주체 권리에 기반한 결정권을 당연히 경제적 자원 결정권으로 연결시켜서는 안 된다. 그러면 구체적인 데이터 활용 시나리오나 모델에서 각 당사자의 이익을 조화시키는 거버넌스 구조를 구축할 수 있을 것이다.

—가오푸핑(高富平), 인라메이(尹腊梅):《데이터 상의 개인정보 권익: 보호에서 거버넌스로의 패러다임 전환》,《저장사회과학(浙江社会科学)》 2022년 제1호

3. "데이터 20조" 속 데이터 재산권의 거버넌스 패러다임

"데이터 20조"는 데이터 요소의 가치를 경제적·거버넌스적·분배적 삼중 가치로 규정하며, 데이터 특성에 부합하고 디지털 경제 발전 법칙

에 맞으며 국가 데이터 보안을 보장하고 혁신 주도성을 구현하는 데이터 기초 제도를 구축함으로써 데이터의 합법적·효율적 유통 사용을 촉진하고 실물 경제에 활력을 불어넣는다. "데이터 20조"는 데이터 재산권, 유통 거래, 수익 분배, 안전 거버넌스 네 가지 측면의 기초 제도를 제안하고 설계하여, 전 국민이 디지털 경제 발전의 혜택을 공유하도록 촉진하고, 혁신 주도 심화, 고품질 발전 추진, 국가 거버넌스 체계와 거버넌스 능력 현대화를 추진하는 것을 목표로 한다. 데이터 재산권 설계 측면에서 '데이터 20조'의 기본 사고와 틀은 다음과 같다: 데이터 출처와 생성 특성에 따라 데이터 생산, 유통, 사용 과정의 각 참여자(데이터 출처자, 데이터 처리자)가 누리는 합법적 권리를 각각 규정하고, 데이터 자원 보유권, 데이터 가공 사용권, 데이터 제품 경영권을 분리 배치한 재산권 운영 메커니즘을 구축한다. 이러한 설계는 본질적으로 거버넌스 체계이지 전통적 재산권 체제가 아니다.

첫째, '데이터 20조'는 데이터 소유권을 탐구하지 않고, 누가 생산(가치 창출)하고, 누가 보유하며, 누가 사용하는지에 대한 접근 방식을 직접 채택하여 데이터 사용권 유통 거래를 통해 데이터 재이용 질서를 구축한다. 보유된 데이터 사용권 자체는 배타성을 가지지 않으므로, 단일 주체가 지배하는 권리 체계가 존재하지 않는다.

둘째, 데이터 출처자의 권익과 데이터 보유자의 권익을 구분한다. 데이터상에는 다중 이익이 공존할 수 있으며, 특히 데이터가 연관되거나 기술하는 대상의 이익은 데이터의 사회적 활용까지 확장될 수 있다. "데이터 20조"는 데이터 출처자가 자신이 요약한 데이터에 대해 합법적 이익을 가질 수 있으나, 데이터 이해관계자의 이익을 실질적으로 통제하지는 않는다고 규정한다. 따라서 데이터 출처자의 합법적 권익 보호는 데이터 보유자가 데이터를 합법적으로 통제·유통·사용할 수 있는 전제 조건이며, 이를 통해 일종의 이용 균형 관계가 형성된다.

셋째, 데이터 재산권의 구조적 분할을 제안하는 재산권 메커니즘을 제시한다. 데이터 자원 사회화 활용을 실현하기 위해 "데이터 20조"는 데이터 자원 보유권, 데이터 가공 사용권, 데이터 제품 경영권을 분할하는 재산권 운영 메커니즘을 구축한다. 이러한 분리는 데이터의 공유 가능성 또는 비배타성에 기인하므로, 동일한 데이터에 여러 개의 상호 독립적인 데이터 사용권이 공존함으로써 분리를 실현할 수 있다. 따라서 모권리(일반적으로 소유권)로부터 파생적 데이터 사용권을 분리하는 전통적 재산권 분리의 의미는 존재하지 않는다. 가치 창출을 기반으로 합법적으로 취득하여 가공·사용하는 각 가공자에게 독립적 보유자 지위를 부여하고 독립적 데이터 사용권을 보장함으로써 데이터의 사회화 유통·활용을 극대화할 수 있다.

마지막으로, 데이터 요소의 특성에 부합하는 데이터 가치 분배 메커니즘을 제안한다. 데이터 가치 창출과 실현은 다수 주체가 참여하는 연속적 과정이며, 참여자는 사전에 가격을 책정할 수 없다(명확한 재산권이 존재하지 않기 때문). 따라서 "투입한 자, 기여한 자, 이익을 얻는 자" 원칙에 따라 배당, 수수료 등 다양한 수익 공유 방식을 통해 각 단계의 주체가 상응하는 보상이나 이익 분배를 받을 수 있도록 한다. 이러한 가치 배분 방식은 데이터 요소 시장이 전통적 재산권 패러다임이 아닌 강력한 거버넌스 패러다임을 보여줌을 시사하며, "시장 평가에 따른 기여도, 기여도에 따른 보상 결정" 체계를 어떻게 형성할지는 장기적 탐구가 필요하다.

종합하면, '데이터 20조'는 데이터 재산권을 사용했지만 재산권 사고방식을 따라 데이터 요소 사회화 이용 질서를 구축하지 않았으며, 오히려 채택한 거버넌스 패러다임이 데이터 유통 이용 질서 구축에 명확한 방향을 제시한다.

4. 정부의 데이터 거버넌스에서의 이중 역할

데이터 거버넌스에서 정부는 두 가지 역할을 수행한다. 첫째는 정부 데이터의 거버넌스 주체로서, 둘째는 전체 사회 데이터의 거버넌스 주체로서이다. 전자의 경우, 정부 기관이 거버넌스하는 데이터는 자체 생산 데이터이며, 거버넌스 목적은 정부 데이터의 요소화 활용이다. 여기에는 해당 부처의 의사 결정 지원, 공공 기관 간 공유 및 사회 공개를 통해 정부 데이터의 사회적 가치를 실현하는 것이 포함된다. 후자의 경우 정부는 사회 공공 관리 기관으로서 규칙을 제정하고 시행하며, 전 사회 데이터 재사용 질서를 구축하여 전 사회 데이터의 사회화 활용을 실현한다.

(1) 정부 데이터 거버넌스에서의 정부 역할

정부가 공공 관리 및 공공 서비스 과정에서 생성한 데이터(정부 데이터, 공공 데이터라고도 함)는 재사용 가능한 가치 있는 데이터 요소로 관리되어 정부 데이터의 사회적 가치를 실현해야 한다. 정부 데이터 관리에서 정부의 역할은 기업 조직의 데이터 관리 역할과 유사하며, 핵심은 정부 기관이 생산한 데이터의 재사용 가치를 발휘하는 것이다. 정부 재사용 가치는 정부 기관의 지능적 의사결정 지원, 다른 공공 기관과의 공유를 통한 거버넌스 가치, 사회에 개방하여 사회적 활용을 창출하는 가치를 포함한다. 자체 데이터의 거버넌스 주체로서, 정부 기관이 보유한 데이터 소유권이 기업과 다르다는 점을 제외하면 거버넌스에 적용되는 수단, 방법, 내용 및 목표는 거의 차이가 없다. 따라서 앞서 조직 기반 데이터 거버넌스 원칙은 원칙적으로 정부 자체 데이터 거버넌스에도 적용된다.

(2) 정부는 사회 데이터의 거버넌스 주체로서

정부가 데이터의 관리자로서 역할을 수행하는 것은 공공 업무 관리자 책임을 이행하는 결과이다. 데이터 자원화 또는 요소화 활용이라는 배경 아래, 정부는 데이터 자원 사회화 활용 질서 구축의 책임을 지고 있으며, 법률 규범을 제정하고 시행함으로써 데이터의 합법적 권익을 보호하고 데이터의 효율적·규정 준수적 유통 활용을 촉진한다. 공정하고 효율적인 데이터 재활용 질서를 구축하는 것은 정부가 데이터 경제에서 제공할 수 있는 가장 기본적인 공공 서비스이다. 이는 정부가 사회 전체 이익의 관점에서 데이터의 사회적 가치 극대화를 목표로 제도적 규칙을 구축하고, 규칙을 감독 및 시행하며, 안전하고 질서 정연하며 효율적인 데이터 활용 환경을 조성할 것을 요구한다. 사회 전체의 데이터 활용 측면에서 정부의 역할은 규칙을 제정하고 공정하며 질서 있는 활용 환경을 조성하는 것이지, 사회 주체가 데이터 거버넌스와 데이터 활용에 직접 참여하는 것을 대체하는 것이 아니다. 데이터가 자원으로 부상하는 배경에서 데이터 생산자 또는 보유자의 권리를 존중하고 데이터 보유자의 적극성을 최대한 발휘시키는 것이 데이터의 효율적이고 규정을 준수하는 활용을 실현하는 핵심이다. 따라서 두 가지 역할을 구분하여 정부 데이터를 거버넌스하고 정부 데이터 요소 가치를 발휘시키는 동시에 사회 주체의 사회화 활용을 위한 규칙을 창제하는 것이 정부가 데이터 경제의 건전한 발전을 추진하는 핵심이다.

제 3 편

데이터 요소의 기초 이론

데이터가 생산 요소로 자리매김했다는 사실은, 데이터 활용 방식이 과거의 자유로운 이용에서 질서 있는 사회화된 이용으로 크게 전환되었음을 의미한다. 이는 인류 사회가 대규모 데이터 활용을 필요로 하고, 기계 지능을 통해 인지와 지식을 생산하는 새로운 단계에 접어들면서 발생한 새로운 과제이기도 하다. 따라서 우리는 인류 사회 발전의 기본 가치관을 바탕으로, 데이터의 사회화된 이용 질서 요구에 부응하는 새로운 데이터 자원화·활용 이론을 구축할 필요가 있다. 본 단원에서는 데이터의 본질, 가치, 관리 및 활용 등 전 과정을 포괄하는 3단계 데이터 요소 기초 이론을 제시하고 설명한다. 첫째, 데이터 본체론은 데이터의 내재적·외재적 특성을 규명하여, 데이터 기초 제도의 출발점으로 삼는 것을 목표로 한다. 둘째, 데이터 가치 실현론은 데이터의 가치가 통제 자체에 있지 않고 사용에 있음을 밝히며, 데이터 가치 창출과 극대화 실현을 목표로 하는 기초 제도를 제시한다. 셋째, 데이터 활용 규범론은 데이터 활용 질서 구축을 위한 기초 분류 체계를 제공함으로써 서로 다른 데이터의 성질과 유형을 구분하고, 이에 상응하는 데이터 사회 활용 규칙을 수립하는 것을 목표로 한다. 이러한 데이터 요소 이론은 데이터 요소를 보다 효과적으로 관리하고 활용하여 경제적·사회적 가치를 극대화하는 데 중요한 지침과 지원을 제공한다. 동시에 데이터 요소 이론은 데이터의 규범성과 표준성을 강조함으로써, 데이터의 정확성과 안전성을 확보하는 데 중요한 역할을 수행한다.

제 8 장 데이터 존재론[1]: 데이터

데이터는 객관적 존재에 대한 기록[2] 또는 서술(描述)로서, 어떤 사물의 특성이나 규칙성(规律)[3]을 나타내고 분석하는 데 활용된다. 데이터가 특정한 의미를 지닐 때에는 정보(信息)라고도 불린다. 데이터에 대응하는 지식(知识)은 객관세계의 규범을 추상적으로 정식화하거나 정리한 것이다. 디지털화된 환경속에서 모든 기록과 표현이 디지털 방식으로 나타나면서, 데이터와 지식의 경계가 모호해졌다.[4] 그러나 여전히 인지적 또는 계산적 가치를 지닌 데이터(사실)와 내용적 또는 사상적 가치를 지닌 지식을 구별할 필요가 있다. 디지털화된 데이터 자체는 뚜렷한 사회적 특성을 가지며, 그 자원화 활용은 전통적인 단일 통제 방식만으로는

1 [역자 주] 온톨로지(ontology)는 중국에서는 본체론(本体论)이라고 번역하고 있으나, 한국에서는 존재론으로 번역하고 있다.

2 [역자 주] '기록'(Recording)과 '서술'(Description)은 데이터가 객관 세계를 담아내는 두 가지 양식이다. '기록'은 수치, 영상, 음성 등 대상의 물리적 신호를 있는 그대로 포착하여 고정하는 방식(Raw Data)을, '서술'은 대상의 속성이나 특징(예: 이름, 주소, 분류 등)을 표준화된 언어나 기호를 통해 기술하는 방식을 말한다.

3 [역자 주] 데이터는 객관 세계 자체가 아니라, 후술하는 바와 같이 그것을 측정하거나 기록함으로써 생성된 결과물로서, 사물에 내재된 반복적 패턴이나 질서, 즉 일정한 규칙성을 재현하거나 반영한다. 반면 '규율'이나 '규칙'은 사물에 내재된 성질이 아니라, 외재적으로 작동하는 규범적 통제 개념이므로, 내재적 질서를 뜻하는 '规律'의 번역어로는 타당하지 않다.

4 [역자 주] 문맥상 '기록'은 데이터, '표현'은 지식을 의미한다. 본래 구분되던 이 두 영역이 디지털 환경에서 모두 동일한 디지털 신호로 처리되기에 그 경계가 흐려진다는 의미이다.

실현되기 어렵다.

제 1 절 데이터의 의미

데이터란 객관세계에 존재하는 다양한 사물이나 개체(entity)[5]의 성질, 상태, 관계, 현상, 운동 또는 변화 등을 기호로 표현하거나 반영한 것이다.

인류는 객관세계를 인식하기 위해서는 일정한 매개 수단(媒介)[6]이 필요하며, 문자·숫자·음성·도형 등과 같은 기호를 통해 객관적 사물의 존재와 규칙성을 표시하고 재현한다. 객관세계는 하나의 사실로서 존재[7]하기 때문에, 측정이나 기록[8]을 거쳐야만 인식·분석·제시될 수 있다. 데이터는 바로 사실 대상에 대한 측정 또는 관찰 기록이며, 측정이나 관찰이 없다면 사실을 표현하는 데이터 역시 존재할 수 없다.

데이터는 인류가 어떤 의미와 중요성을 표현하고 객관세계를 설명

5 [역자 주] '엔터티(entity)'는 중국에서는 일반적으로 '실체(实体)'로 번역된다. 철학에서 '실체'는 객관적 세계에 독립적으로 존재하는 존재를 뜻하지만, 정보학에서는 속성(attribute)을 가진 식별 가능한 데이터 단위를 의미한다. 이에 따라 한국의 정보학에서는 이 개념을 일반적으로 '개체'로 번역한다.

6 [역자 주] 인간은 객관 세계를 인식하고 지식의 토대를 이루는 정보를 구성하기 위해 먼저 언어, 문자, 이미지 등과 같은 기호적 표현 방식을 활용하는데, 이러한 표현 방식을 '매개 수단(媒介)'이라 한다. 이러한 기호적 매개 수단은 종이, 화면, 음파 등 구체적인 물리적 기반 위에서 실현되는데, 이를 '매개체(介质)'라고 한다. 이와 같이 실현된 데이터는 다시 책, 서버, USB, 데이터베이스(DB) 등과 같이 정보를 장기간 보존하고 운반할 수 있는 저장 시스템에 담겨 저장·이동되며, 이러한 저장 시스템을 '담지체(載体)'라고 한다.

7 [역자 주] 비트겐슈타인에 따르면, 세계는 사물들의 총합이 아니라, 사실들의 총합이다.(Die Welt ist die Gesamtheit der Tatsachen, nicht der Dinge).

8 [역자 주] 앞서 '데이터'의 정의에서 '기록'을 '비언어적 방식의 기계적 포착'으로 한정한 것과 달리, 이 문맥에서의 '기록'은, 대상과 직접 접촉하는 행위인 '측정'과 더불어, 객관적 대상을 인지 가능한 형태로 고정(fixation)하는 일반적이고 포괄적인 행위를 의미한다.

하기 위한 도구 또는 매개체(介质)[9]이다.[10] 이러한 매개체를 통해 구현된 데이터는, 오직 특정한 상황(場景)과 목적에 결합되어 의미 있는 사물을 반영하고 표현할 때에만 비로소 특정한 의미를 지닌다(의미 있는 데이터는 정보[11]라고도 불린다). 데이터를 통해 객관적 대상을 인식하고, 그 성질, 특징, 운동(변화)의 규칙성을 종합함으로써 다양한 지식을 형성하고, 이를 통해 인류는 객관세계에 대한 인식 과정을 시작한다. 지식[12]이란 인류가

9 [역자 주] 원문에서는 데이터를 객관 세계를 서술하는 '도구' 또는 '매개체(介质)'라고 병렬하여 설명하고 있다. 데이터는 문자, 기호, 이미지, 영상 등 다양한 매개 수단(媒介)을 활용하여 정보를 표현하고 전달하는 기능을 수행하므로, 정보에 대하여 '도구'로서의 성격을 가질 수 있다. 다만, 여기서 병렬된 '매개체(介质)'는 이들 매개 수단이 구체적으로 실현되는 물리적 기반을 의미하므로, '도구'와는 개념적 층위가 다르다. 따라서 원문의 개념 구조를 보다 정밀하게 해석하면, 다음과 같이 표현하는 것이 적절하다: "데이터는 인류가 의미를 표현하고 객관세계를 서술하는 도구이며, 이는 문자·기호 등 다양한 매개 수단(媒介)이 구체적으로 실현되는 물리적 기반, 즉 매개체(介质)를 통해 구현된다."

10 인류가 객관 세계를 인식하기 위해서는 기호, 문자, 숫자, 음성, 이미지, 동영상과 같은 매개 수단(媒介)이 필요하다. 이는 객관적 사물을 표상하거나 재현하고, 의미를 전달하는 도구이자 담지체(載体), 재료 역할을 한다.

11 [역자 주] 정보학에서는 정보를 일반적으로 '잘 정돈되고(Well-formed), 의미 있는(Meaningful) 데이터'로 정의한다. 즉, '세상에 대한 주장을 담고 있는 잘 정돈된 데이터'를 의미하며, 정보가 참인지 거짓인지는 아직 판단하지 않은 상태이다. 그러나 데이터가 정보로 전환되기 위해서는 인식 주체(cognitive agent)의 인지적 틀(cognitive frame)을 통한 능동적 해석이 선행되어야 하며, 여기에 특정 목적과 맥락에 따른 의미 부여가 수반되어야 한다. 그 결과, 데이터는 현실 세계의 특정 양상을 기호화하여 객관화된 표현물이며, 정보는 이러한 데이터가 맥락 속에서 의미를 획득한 해석적 산물로 이해하는 것이 보다 타당하다.

12 [역자 주] 전통적으로 지식은 '정당화된 참된 믿음(Justified True Belief, JTB)'으로 정의되어 왔다. 그러나 이 정의는 우연히 참이 된 믿음처럼, 세 가지 조건(정당화, 진리, 믿음)을 모두 만족하더라도 여전히 지식이라 보기 어려운 사례들—즉, 게티어 사례(Gettier Problem)—를 설명하지 못하는 한계를 지닌다. 이러한 문제를 극복하기 위해 플로리디(Floridi)는 지식의 분석틀을 '믿음 중심(belief-centered)' 인식론에서 '정보 중심(information-centered)' 인식론으로 전환할 것을 제안한다. 플로리디는 먼저 정보를 물리정보(physical information), 형식정보(syntactic information), 의미정보(semantic information)로 구분하고, 이 중 오직 의미정보만이 지식의 구성 요소가 될 수 있다고 본다. 의미정보는 '형식적으로 잘 정돈되고(well-formed), 의미를 가지며(meaningful), 진리조건을 충족하는(true)' 데이터를 의미한다(data + meaning + truth). 이러한 의미정보는 인식 주체의 인지 체계 안에서 정보 상태(informational state)로 구체화(instantiated)되며, 부호화(encoded) 과정을 통해 구성(constituted)된다. 정보 상태란 하나의 참된 의미정보가 인지 체계 내부에서 특정한 내용(content)을 가진 상태로 정착된 것으로, 지식의 최소 단위(atom)에 해당한다. 그러나 단일한 정보 상태는 고립된 의미 단위에 불과하기 때문에, 그것만으로는 지식이라 부르기

일정한 단계에서 객관세계를 인식한 성과(认知成果)로서, 객관세계의 규칙성에 대한 종합과 그 규칙성에 대한 사유의 표현을 반영한다. 만약 지식을 사실에 기초한 판단·분석이라고 본다면, 지식은 사실(데이터)과 결론(데이터에 근거하여 도출된 판단)으로 구성된다고 할 수 있다.

디지털 기술이 등장하기 이전에는, 사람들은 문자·숫자·음성·이미지 등을 활용하여 객관세계를 표현하고 객관적 대상을 인식하였다. 디지털 기술이 등장한 이후, 인류는 이진수(그 값이 1 또는 0)를 통해 객관세계 및 그 변화를 저장하고 표현하게 되었다. 컴퓨터 언어에서는 데이터·정보·지식이 표현 형식에서 별다른 차이가 없으며, 모두 0과 1의 형태로 표현되고 처리될 수 있다. 디지털 기술은 정보의 담지체(载体),[13] 즉 문자·숫자·음성·이미지 등의 기호를 동질화하였다. 이에 데이터는 디지털화된 사실기록이라고도 불린다.

디지털 기술의 활용은 인류의 정보 처리 능력을 변화시켰을 뿐만 아니라, 기계가 지식을 생성하는 방식을 탄생시켰다. 모든 사실기록과 분석결과는 CPU에 의해 논리적으로 처리될 수 있으며, 이는 원시데이터(입력)가 새로운 데이터(출력)로 생성되는 과정으로 전개된다. 알고리즘과 컴퓨팅 능력(算力)[14]의 향상에 따라, 정보시스템은 빅데이터를 처리할 수

에 충분하지 않다. 플로리디에 따르면, 지식은 다수의 정보 상태들이 인지 체계 안에서 상호 연결되어 정합성(coherence), 관련성(relevance), 안정성(stability)을 갖춘 구조로 조직될 때 형성된다. 이러한 구조적 구성물이 바로 정보적 구조(informational structure)이며, 지식은 이와 같은 체계적 상태로 정의된다. 다시 말해, 지식이란 참된 의미정보들이 복수의 정보 상태로 분해되고, 이들이 인지 체계 내에서 통합적으로 구성된 하나의 구조를 이루는 상태를 뜻한다. 따라서 플로리디에게 지식은 더 이상 심리적 태도(attitude)로서의 믿음이 아니라, 참된 의미정보가 정합적으로 조직된 정보 상태들의 구조적 총체, 즉 정보 중심의 구조적·체계적 구성물로 재정의된다.

13 [역자 주] 여기에서는 '载体'는 개념적으로 '媒介(매개 수단)'의 오용으로 보인다. 디지털화는 문자, 숫자, 음성, 이미지 등 이질적인 기호 형식을 이진 코드로 환원함으로써, 데이터 표현의 형식을 통합하였다.

14 [역자 주] '算力'은 '연산 능력'으로 직역할 수 있으나, 빅데이터 분석은 단순한 수치 연산을 넘

있는 능력을 갖추게 되었으며 — 이는 머신러닝, AI 알고리즘 등으로 나타난다. 이에 인류는 기계가 데이터를 생산·분석하여 지식 또는 정보를 산출하는 시대에 진입하게 되었다. 사람은 기계가 생성한 데이터를 직접 식별하거나 활용할 수 없으며, 이러한 데이터는 알고리즘적 연산(처리·마이닝·분석 등의 계산)의 과정을 거쳐야만 사람이 식별할 수 있는 정보나 지식으로 전환된다. 이러한 전환된 정보나 지식은, 기계에 의해 즉각적인 지능적 실행(예: 자율주행)으로 이어지거나, 인간의 이해와 학습 과정을 통해 지능적 의사결정이나 행동으로 전환된다. 이것이 바로 '빅데이터+인공지능'이 인류에게 가져다준 지능 혹은 새로운 지식 생산 방식이다. 빅데이터는 "통찰이나 지식을 생산하는 원시 데이터 처리 시스템"이며,[15] 빅데이터 분석을 통한 지식 생산 방식은, 인류가 세계를 인식하고 지식을 창출하는 과정과 일치한다. 즉, 먼저 객관세계를 관찰·기록(데이터 수집)하며, 그다음 분석·처리(데이터 분석)를 거쳐, 마지막으로 지식을 생산하는 방식이다.

디지털 기술은 데이터·정보·지식 간의 경계를 변화시켜, 모든 지식 형태가 디지털 형식으로 표현될 수 있게 했다. 이에 따라, 광의의 데이터는 디지털화된 지식과 디지털화된 사실로 구분될 수 있으며, 디지털화된 지식은 정보의 범주에 속하고, 디지털화된 사실이야말로 데이터의 본래적 의미에 해당한다.[16] 사실 속성의 데이터는 분석을 통해 지식을

어 추론, 패턴 인식, 예측 등 복잡한 컴퓨팅(computational) 과정을 포함하므로, 여기에서는 '컴퓨팅 능력'으로 번역하였다.

15 Justin Ellingwood , An Introduction to Big Data Concepts and Terminology, Published on September28, 2016, https://www.digitalocean.com/community/tutorials/an-introduction-to-big-data-concepts-and-terminology.

16 [역자 주] 통상적으로 데이터와 정보는 구별되지만, 저자는 광의의 디지털 데이터를 그 표상 내용에 따라 '디지털화된 사실'과 '지식 형태의 데이터'로 구분하고 있다. 이 둘은 각각 사실 속성의 데이터, 지식 속성의 데이터에 대응한다.

생산하는 데 그 가치가 있으며, 지식 속성의 데이터는 단지 사상이나 내용을 담는 담지체(載体)[17]일 뿐이며, 그 가치는 사상의 내용을 담는 데 있다. 예를 들어, 온라인 개인 사용자 데이터는 개인행태 데이터와 콘텐츠 데이터[18]로 구분되는데, 비록 모두 데이터라고 불리지만 웹페이지 데이터·상호작용 데이터·대화 데이터 등과 같은 개인행태 데이터의 가치는 행위자의 특성이나 행동 경향을 분석하는 데에 있다. 반면, 문서·영상·음성 데이터, SNS 데이터 등과 같은 콘텐츠 데이터의 가치는 사용자(用户)의 사상 표현과 관련되며, 내용적 가치를 가지므로 저작권법의 보호를 받을 가능성이 있다.

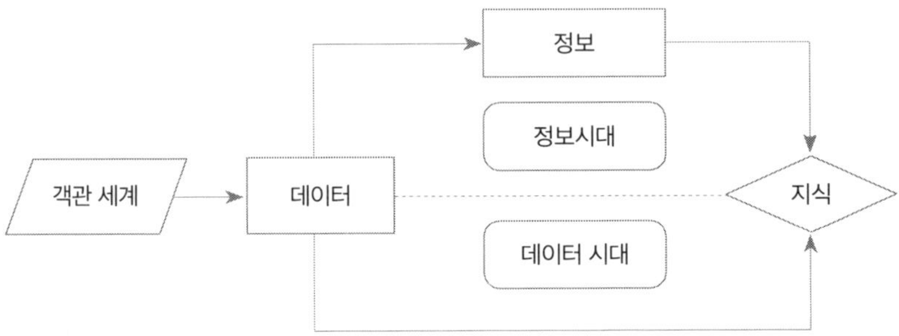

그림 8-1 서로 다른 시대의 인지 방식

디지털 경제 시대에는, 디지털 자원의 이용 질서가 디지털화된 사실과 디지털화된 지식의 구분을 전제로 구축되어야 한다. 지식이 단지 디

17 [역자 주] 담지체(載体)는 데이터를 장기간 보존하고 운반하는 물리적 시스템인 반면, 데이터는 그 시스템에 담기는 내용적 기록이다. 이처럼 데이터와 담지체는 개념적 층위가 명확히 분리된다. 따라서 '지식 형태의 데이터 자체의 기능적 위상이 담지체에 고정되어 있다는 것을 강조한 것이다.

18 [역자 주] 개인 행태 데이터는 사실 속성의 데이터에 해당하고, 콘텐츠 데이터는 지식 속성의 데이터에 해당한다.

지털화(기록·표현·전파 방식에 디지털 기술을 채용)되었다는 이유만으로 그 가치나 보호 상태가 달라지는 것은 아니다. 지식이 보호되는지 여부와 그 보호 방식은 디지털 시대에 새롭게 등장한 문제가 아니다. 디지털 경제 시대가 해결해야 할 과제는 디지털화된 사실(데이터)의 이용 질서를 정립하고, 데이터의 유통·이용 또는 사회적 배분·이용을 장려하여, 더 많고 더 빠른 창조·혁신과 지식 생산을 촉진하고, 이를 지능적 활동(智慧行动)으로 전환하며, 궁극적으로 생산력으로 전환시키는 데 있다. 이는 디지털화된 사실(데이터)을 경제적 자원(생산요소)으로 간주하고, 데이터의 사회적 배분과 이용을 효과적으로 실현할 수 있는 메커니즘을 구축함으로써 가치 있는 정보와 지식의 생성을 가속화하고, 나아가 전체 사회의 생산력 진보를 촉진하는 것을 의미한다.

제 2 절 데이터의 자연적 속성

컴퓨터가 발명된 이후, 디지털 기술은 인류가 정보를 처리하는 기본 수단이 되었으며, 디지털 방식의 저장·분석·표현·전송·공유 등은 인류의 정보 처리 능력을 향상시키고 지식 생산을 가속화시켰다. 디지털 기술이 심화되어 활용됨에 따라, 기계 판독용 데이터는 머신러닝, 지식 생성, 사물 변화의 규칙을 예측하기 위한 원재료가 되었다. 기계 판독용 데이터이든 인간 가독(可讀) 정보이든 모두 디지털 형태로 표현될 수 있다. 양자를 구분하면, 기계 판독용 데이터는 단지 사실의 기록에 해당하고, 정보는 사실과 지식(또는 지적 산물)으로 구분될 수 있다. 디지털 형태의 사실 데이터 또는 사실 정보는 다음과 같은 특성을 지닌다.

1. 비직관성(무형성)

디지털화된 정보나 데이터는 모두 0과 1의 코드 형태로 객관적으로 존재하는 디지털 기록이며, 이는 특정 물리적 매개체(介质)에 저장되지만 그 매개체는 단지 데이터의 담지체(载体)[19]에 불과하다. 적절한 소프트웨어와 하드웨어 도구의 도움이 없이는, 사람들은 이러한 데이터를 감지(感知)하거나 처리·이용할 수 없다. 이러한 비직관성은 무형성이라고도 불린다. 그러나 무형성이 통제 불가능함을 의미하는 것은 아니며, 인류는 디지털 기술 수단을 통해 데이터를 통제하고, 권한 없는 접근(访问) 또는 획득(获取)을 방지하며, 데이터 또는 정보의 이용을 실현한다.이러한 의미에서 데이터/정보는 통제 가능한 것이다.

2. 복제 및 전송의 용이성(易复制和易传输性)

전통적인 종이 기반 방식에 비해, 디지털화된 데이터 또는 정보는 복제가 매우 용이하며, 사본은 원본과 높은 수준의 동일성을 유지하고, 복제 비용 또한 매우 낮거나 사실상 무시할 수 있는 정도이다. 이러한 복제 용이성으로 인해 정보나 데이터는 광속에 가까운 속도로 전송·전파·공유될 수 있으며, 이 과정에서 정보 자체의 가치가 감소되지 않고, 지리적 제약의 영향도 거의 받지 않는다. 이러한 특성은 정보 또는 데이터의 전파를 촉진하는 동시에, 데이터가 불법적인 접근·취득·도용의 위험을 증가시키는 요인이 되기도 한다.

19 [역자 주] 이 장 각주6에서 보는 바와 같이, 매개체(介质)와 담지체(载体)는 기능과 역할이 서로 다른 개념이다.

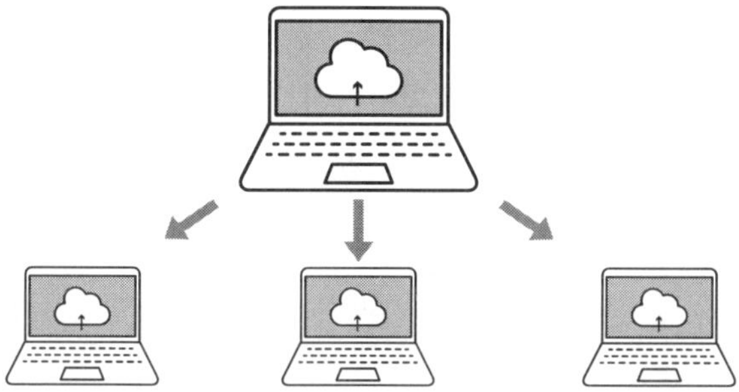

그림 8-2 데이터의 복제와 전송

3. 비배타성

비배타성이란 어떤 것이 한번 생성되면, 타인의 사용을 배제하기 어렵다는 것을 의미한다. 데이터나 정보는 일단 공개되거나 타인에게 획득되면, 그 사용과 전파를 막기가 어렵다. 정보나 지식의 경우, 타인이 일단 열람하거나 수령(收受)하면 곧바로 그것을 이용하게 된다. 기계 생성 데이터(机器数据)의 경우에도 일단 외부에서 접근되거나 크롤링(爬取)되는 경우 연산에 사용될 수 있다.

4. 비경쟁성

비경쟁성이란 특정 주체가 어떤 대상을 소비하더라도, 그 대상이 타인에게 제공될 수 있는 가치가 감소하지 않는다는 것을 의미한다. 데이터와 정보의 경우, 어느 한쪽이 이를 사용하더라도 타인의 사용을 방해하거나 간섭하지 않는다. 정보는 일단 창출되면 그 사용에 드는 사회적 비용은 사실상 '0'에 가깝다. 공개 데이터나 정보는 강한 공공재적 속성을 지닌다. 그러나 데이터와 정보는 자연적으로 존재하는 것이 아니며,

본래 공공재가 아니기 때문에, 데이터 및 정보 보호에 난제(難題)가 발생한다. 지식의 창출과 혁신은 보호되어야 하지만, 법은 사실데이터(事實數據) 또는 사실정보(事實情報)에 대해서는 독점권(專有權)을 부여하지 않는 것이 원칙이다. 따라서 생산자에 의해 생산·이용된 정보나 데이터가 보호를 받을 수 있는지는, 전적으로 그의 해당 정보나 데이터에 대한 통제 능력에 달려 있다.

5. 사용을 통한 가치 창출(使用产生价值)

데이터는 존재 자체만으로는 가치를 창출하지 않으며, 데이터나 정보의 가치는 오직 사용에 달려 있는데, 그 사용에는 두 가지 방식이 있다. 하나는 데이터나 정보 자체를 연구하거나 분석하여, 그 탐색과 연구 과정에서 통찰(启示)이나 발견을 얻는 것이다. 다른 하나는 데이터나 정보를 다른 데이터나 정보와 비교·결합함으로써 더 높은 가치를 지닌 정보를 창출하거나 새로운 지식을 발견하는 것이다.

6. 비소모성

재화와 달리, 데이터나 정보는 사용한다고 해서 그 가치가 감소되지 않으며, 사람들이 데이터나 정보를 사용할 때 그 가치가 소진될 것을 우려할 필요가 없다. 오히려, 사람들이 데이터나 정보를 사용하는 과정에서 파생 데이터나 정보가 생성될 수 있는데, 이는 축적성(蓄積性)을 지닌다. 즉, 데이터나 정보의 가치는 사용 횟수가 증가함에 따라 오히려 더 커지고, 사용에 의해 소모되지 않는다.

7. 공유 적합성(适合分享性)

데이터나 정보의 가치는 사용에서 발생하며, 사용주체가 많을수록 실현되는 가치 또한 커진다. 데이터나 정보의 가치 실현에는 더 많은 사용자가 필요하고, 동시에 데이터의 비배타성은 다수에게 제공하는 데 적합하다. 우리는 이러한 특성을 데이터 또는 정보의 공유 가능성이라고 부른다. '재화(good)'가 교환을 목적으로 하는 것이라면, 데이터와 정보는 공유를 목적으로 한다. 데이터나 정보는 '장미를 건네면 손에 향기가 남는다'(赠人玫瑰, 手有余香)[20]는 속성과 유사하게, 보유자(持有者)가 이를 스스로 사용하면서 동시에 타인에게 제공하여 사용할 수 있게 한다.

8. 원시 데이터의 비희소성(非稀缺性)

데이터는 원천적으로 누구나 적법하게 수집(采集)할 수 있으며, 모든 사회 주체는 객관세계의 사실을 확보하고 그 규칙성을 인식하기 위한 데이터 취득권(获取权)을 가진다. 어떤 의미에서 데이터는 본질적으로 희소하지 않으며, 무한히 공급될 수 있는 자원이다. 그러나 수집된 데이터를 가공·처리하거나 관리하여 가용데이터(可用数据) 또는 재가용데이터(可重用数据)로 전환하는 과정에는 (자원의) 투입과 노동이 필요하므로, 이렇게 생산된 가공데이터는 일정한 희소성을 갖게 된다. 그러나 데이터의 개방성을 유지하고, 가공·사용 주체가 사실상 희소 자원을 생성하는

20 [역자 주] "赠人玫瑰, 手有余香"은 중국어 성어로, 가치 있는 것을 타인에게 나누어 줄 때, 제공자 자신도 그 행위로부터 이익을 얻는다는 뜻이다. 여기에서는 데이터를 타인에게 제공하더라도 제공자의 이익이 감소하지 않으며, 오히려 공유를 통해 추가적인 가치가 발생할 수 있음을 의미한다.

것을 방지[21]하는 것은 데이터 기본제도 설계에서 반드시 고려해야 할 요소이다.

데이터는 경제적 가치를 지니며 생산요소가 될 수 있고, 동시에 다른 어떤 생산요소와도 구별되는 특성을 갖추고 있다. 현재의 과제는 이러한 특성에 근거하여, 데이터의 가치를 최대한 활용할 수 있는 제도를 설계하는 것이다.

제 3 절 데이터의 자원적 속성과 사회적 속성

데이터는 순수한 경제적 자원이 아니라 사회적 자원이며, 이는 사회 각 주체로부터 생성되고 다시 사회 각 주체에 의해 사용된다. 모든 사회 주체는 데이터를 획득(获取)하고 사용하여 객관세계의 규칙성을 인식하고, 교류(交往) 또는 거래(交易)[22]의 상대방, 나아가 사회[23]의 운용(运行)을 이해할 권리 또는 자유를 가진다. 사회의 정상적 운용을 보장하기 위해서는, 사회는 각 사회 주체가 데이터를 획득하고 사용할 권리를 보호해야 한다. 우리는 무단으로 데이터를 크롤링(爬取)하여 사용하는 것이 아니라, 데이터의 질서 있는 이용을 보장하기 위해 데이터를 유통·이용하는 질서를 구축할 필요가 있다. 데이터 경제 제도를 설계함에 있어, 우리는 우선 데이터 자원의 사회성(社会性)을 인정해야 한다.

21 [역자 주] 법적 보호가 되지 않는 사실 데이터에 대해 정당한 기술적 보호는 필요할 수 있지만, 그것이 공공성과 공유 가능성까지 침해할 정도로 과도한 통제로 이어지는 것을 막아야 한다는 것이다.

22 [역자 주] '교류'는 비경제적 관계를, '거래'는 경제적 관계를 의미한다.

23 [역자 주] 여기서 '사회'는 앞서 언급한 교류 또는 거래가 이루어지는 장(場)으로서의 사회를 의미한다.

1. 데이터의 인식 가치(认知价值)

데이터는 객관세계를 인식하기 위한 매개 수단(媒介) 또는 도구이며, 데이터를 통해 교류 상대방과 객관세계를 인식하는 것은 인류 역사에서 변함없는 법칙이다. 따라서 인식 가치는 데이터가 지니는 가장 기본적 가치라고 할 수 있다.

인간이 객관세계를 인식하기 위해서는 일정한 매개 수단(媒介)이 필요하며, 곧 기호·문자·숫자·음성·도형 등의 매개체(介质)[24]를 통해 객관적 사물의 존재와 그 규칙성을 표현하고 재현한다. 객관세계는 하나의 사실로서 존재하며, 인간이 인지할 수 있는 전달 매체(传播媒介)[25]로 전환되기 위해서는 측정이나 기록이 필요하다. 그리고 데이터란 바로 이러한 사실 대상(事实对象)[26]에 대한 측정 또는 관찰의 기록을 의미한다. 측정이나 관찰이 없다면, 사실을 표현하는 데이터 또한 존재할 수 없다. 따라서 데이터는 인류가 일정한 함의(含义)와 의미(意义)를 표현하고, 객관세계를 서술하는 도구 또는 매개체(介质)[27]가 된다. 인류는 데이터를 이용하여 객관적 대상을 인식하고, 그 성질·특징·운동(변화)의 규칙성을 종합하여 다양한 지식을 형성한다. 지식이란 인류가 일정한 단계에서 객관세계를 인식한 성과(认知成果)로서, 객관세계의 규칙성에 대한 종합

24 [역자 주] 여기서 "介质"는 "媒介"의 오기로 판단된다. 즉, 기호·문자·숫자·음성·도형 등은 매개체가 아니라 매개 수단이다.

25 [역자 주] ''매개 수단'(媒介)과 '전달 매체'는 언어, 문자, 이미지, 도표, 음성 등과 같이 동일한 기호적 대상을 지칭한다. 다만, '매개 수단'이 인간의 인식 및 지식 구성에 초점을 둔 기호적 표현 방식인 반면, '전달 매체'는 이러한 기호적 대상을 기반으로 정보의 전달과 소통이라는 동적 기능을 강조하는 용어이다.

26 [역자 주] '사실 대상'은 관찰이나 측정, 기록의 과정을 거쳐 디지털로 전환되며, 그렇게 전환된 결과가 바로 '디지털화된 사실'이다.

27 [역자 주] 데이터가 매개체의 기능을 수행하는 것이 아니라, 매개체를 통해 구현된다고 해석하는 것이 보다 정확하다. 자세한 내용은 주9를 참고하기 바란다.

과 그 규칙성에 대한 사유의 표현을 반영한다. 지식은 사실(데이터)과 결론(규칙성의 추상화 또는 판단)으로 구성되며, 인류의 인식 체계를 구축한다.

디지털 기술은 인류가 사실을 디지털 형태로 기록하고 표현하기 위한 도구이다. 예를 들면 컴퓨터를 이용하여 객관적 사실을 기록하고 처리하며, 나아가 데이터를 자동으로 수집·처리·분석할 수 있는 기능을 갖추게 되면서, 인류의 데이터 획득 및 분석·처리하는 능력을 크게 증강시켰다. 특히 사물인터넷(万物互联) 기반의 유비쿼터스 네트워크(泛在网络) 환경에서는, 모든 데이터가 그 서술 대상(실체)과 연계(关联)될 수 있다. 데이터는 추출·조직·집적되어 데이터셋(数据集)으로 구성된 후 분석에 활용될 수 있으며, 데이터 간의 관계를 분석함으로써 데이터 이면에 존재하는 객관적 규칙성을 도출할 수 있다. 따라서 빅데이터 분석은 "연관 분석"(关联分析)이라고도 불린다. 데이터가 객관세계와 다양한 수준에서 결합(勾连)되기 때문에, 데이터는 무한한 컴퓨팅 가치(计算价值)[28]를 갖게 된다. 알고리즘과 컴퓨팅 능력(算力)의 혁명적인 개선으로 정보 시스템은 빅데이터(大数据)를 처리할 수 있는 능력을 갖추게 되었고, 인류는 기계가 데이터를 생산·분석하여 지식 또는 정보를 산출하는 새로운 시대에 진입하게 되었다. 이러한 이유로 데이터는 인공지능의 원료(原料)이자 인공지능에 의한 지식 생산의 원료이다. 이에 따라 데이터의 인식 가치(认知价值)는 인공지능이 활용하는 원재료(原材料) 가치로 변화하였다.[29]

28 [역자 주] 计算价值는 직역하면 '계산 가치' 또는 '연산 가치'가 될 수 있지만, 빅데이터 분석은 단순한 수치 연산을 넘어 추론, 패턴 인식, 예측 등 복잡한 컴퓨팅(computational) 과정을 포함하며, 또한 이러한 컴퓨팅을 통해 도출되는 가치라는 점에서 '컴퓨팅 가치'로 번역하였다.

29 [역자 주] 과거에는 데이터가 '인식 가치', 즉 인간의 지식 형성을 위한 수단으로 이해되었으나, 이제는 인공지능의 작동 자원(原材料)으로 기능하며 실질적인 생산 가치를 지니게 되었음을 의미한다.

2. 데이터의 출처와 사용의 사회성

데이터는 객관세계(자연 및 사회)의 투영(映射) 또는 기록이기 때문에, 사회 내 모든 주체와 연관(关联)될 수 있다. 데이터 과학에서 데이터가 서술하거나 지시하는 대상을 데이터 주제(数据主题, subject)라 하고, 데이터 주제는 객관세계에서 관찰의 대상이 될 수 있는 객체(entity)를 의미한다. 이러한 객체는 사람, 사물(实物), 조직, 사건, 추상적 개념 등 그 어떠한 대상이라도 될 수 있다. 데이터는 일정한 규칙에 따라 객관세계(각종 객체)의 존재와 변화를 서술한 디지털 기록(사실)이다. 사회 각 주체(主体)의 이익은 데이터에 반영되거나 데이터에까지 확장될 수 있으며,[30] 이는 곧 데이터 출처(来源)의 관점 또는 데이터 주제(数据主题)의 관점에서 볼 때, 데이터에는 본래부터 보호할 이익이 내재함을 의미한다. 이러한 이익을 데이터 출처자(数据来源者)[31]의 이익이라고 한다.

30 [역자 주] '데이터에까지 미친다'는 표현은, 주체의 이익이 기존의 영역을 넘어 데이터라는 새로운 범위로 확장되어, 이제 데이터 자체가 그 이익을 담지하는 새로운 보호 대상이 된다는 의미이다. 예를 들어, 소비자가 물건을 구매하는 과정에서 생성된 구매 내역 데이터는, 해당 주체의 권리가 작용하는 새로운 보호 대상이 되며, 이는 그 데이터에 대해 열람, 정정, 삭제 등을 요청할 수 있는 권한으로 연결된다.

31 [역자 주] '데이터 출처자'는 특정한 데이터셋을 기준으로 정의되는 개념이다. 데이터는 생성 → 정제 → 가공 → 변환(转换) → 결합의 여러 단계를 거치며, 각 단계에서 새로운 데이터셋이 형성된다. 각 데이터셋에는 그 형성 과정에 실질적으로 기여한 고유한 출처자가 존재한다. 출처자는 데이터셋의 형성 과정에서 동일인으로 유지될 수 있으나, 새로운 출처자가 추가될 수도 있다. 하나의 데이터셋을 기준으로 보면, 한편에는 그 데이터셋을 활용하여 사회적·경제적 활동을 수행하는 데이터 사용자, 다른 한편에는 해당 데이터셋의 형성 과정에 다양한 방식으로 기여한 기존 출처자가 존재한다. 문제는 데이터 사용자가 기존 데이터셋을 활용하여 새로운 데이터를 생성하는 경우이다. 이때 새로운 데이터 생성물에 대한 이해관계자로서 그 생성물을 산출한 데이터 사용자와 그 생성물의 기초가 된 기존 데이터셋에 관여한 기존 출처자가 동시에 존재하게 된다. 데이터 사용자는 데이터 구매·라이선스 계약 등 계약적 방식으로 기존 출처자와의 이해관계를 조정할 수 있으나, 오늘날의 대규모·다원적 빅데이터 환경에서는 계약만으로 이해관계를 조정하기 어렵다. 이에 저자는, 데이터 사용자에게 부여되는 권리를 '데이터 사용권(使用权)'으로, 해당 데이터가 형성되기까지 기여한 기존 출처자들의 이익을 '기존 데이터 권익(既有数据权益)'으로 파악한 뒤, 데이터 활용을 촉진하면서도 기존 출처자의 정당

데이터 주제가 자연인인 경우 이를 데이터 주체라고 하며, 이는 데이터 주체의 권익 보호(중국에서는 '개인정보 권익 보호'[32]라 함)와 관련된다. 개인 데이터는 개인에 관한 것이며, 개인이 데이터 주체이다. 그러므로 개인 데이터의 처리는 응당 개인 주체의 권익이 침해받지 않도록 존중하고 보호하는 것을 기준으로 삼아야 한다. 개인정보 보호법은, 사람들이 적법한 방식으로 개인 데이터를 처리하는 것을 허용하는 동시에 개인이 개인데이터 처리로 인해 침해받지 않도록 보호하는 법률 제도이다. 한편, 데이터 주제가 소유자가 있는 물건(有主物)인 경우 그 물건의 소유자(所有者)와 사용자(使用者)는 어떠한 권익을 향유하는가? 또한 데이터 주제가 법인 등 조직일 경우, 그 조직의 이익을 보호해야 하는가? 이러한 문제들에 대해, 현재는 명확한 법적 제도와 규범이 마련되어 있지 않다. 그러나 확실한 것은, 데이터와 관련된 모든 합법적 이익은 존중되고 보호되어야 한다는 것이다. 다만, 이러한 보호는 데이터 사용권(使用权)과의 균형 속에서 이루어져야 하며, 그 균형에 근거하여 어느 정도에서, 어떤 방식으로 기존 데이터권익(既有数据权益)[33]을 보호할지를 결정해야 한다.

데이터는 사회로부터 발생하며, 다시 사회의 각 주체에 의해 사용되어야 한다. 모든 사회 주체는 데이터를 사용할 권리를 가지며, 이를 통

한 이익을 보호할 수 있도록 데이터 사용권과 기존 데이터 권익의 균형을 제도적으로 확립해야 한다고 주장한다.

32 [역자 주] 중국《개인정보보호법》제1조 개인정보 권익을 보호하고(个人信息权益保护), 개인정보 처리 행위를 규범화하며, 개인정보의 합리적 이용을 촉진하기 위하여 헌법에 근거하여 이 법을 제정한다.

33 [역자 주] 데이터 사용권과 기존 데이터 권익은 상호 대립되는 개념이다. 전자가 현재 데이터를 보유하고 활용하는 권리를 의미한다면, 후자는 데이터의 가치 창출에 기여했던 이해관계자의 권익을 의미한다. 따라서 양자의 균형이란, 데이터의 효과적인 활용과 데이터 이해관계자 보호 사이의 균형을 의미한다.

해 객관세계를 인식하고 나아가 객관세계를 변화·발전시키고자 할 수 있다. 우리는 자연과 사회의 객관적 규칙성을 탐구하고, 모든 대상(개인 또는 조직)을 인식하고 교류하기 위해서는 이들에 관한 다양한 데이터를 확보해야 한다. 더 나아가 인류 사회의 발전과 작동 자체가 데이터의 자유로운 획득을 전제로 이루어져 왔다. 따라서, 우리는 각 사회 주체가 데이터를 획득하고 이용하여 사회 활동에 종사할 권리를 인정할 필요가 있다. 이는 사회 주체의 인식과 탐구의 자유를 보호하고, 각종 사회 활동이 원활히 전개될 수 있도록 하며, 궁극적으로 사회 진보와 복지를 실현하기 위함이다. 이러한 이유에서 데이터 자원은 개방성과 획득가능성(可获取性)을 유지해야 하며, 데이터를 필요로 하는 주체가 그것을 획득할 수 있어야 한다. 데이터 기본 제도를 설계할 때는"데이터의 유통 및 활용을 촉진하고, 데이터 사용자(数据使用者)의 이익을 보호하는 것"를 기본 출발점으로 삼아야 한다.

3. 데이터의 공공영역에서 위상(定位)

인류 역사의 긴 흐름 속에서, 데이터는 줄곧 공공영역(公共领域)에 속하는 것으로 인식되어 왔으며, 누구나 수집하고 활용할 수 있는 공공자원(公共资源)으로 여겨져 왔다. 따라서 데이터는 지금까지 개인이 통제하는 사권(私权) 체계에 편입되지 않았고, 그렇게 되는 것도 허용되지 않았다. 지식재산권 제도가 성립한 이후에도, 사실·데이터·사상(idea) 등은 지식재산권 보호의 대상에 포함되지 않았다. 이에 따라 누구도 사실·데이터·파편화된 정보(碎片化的信息)에 대해 권리를 주장할 수 없으며,누구나 이를 자유롭게 획득하고 이용할 수 있다. 이러한 상황에서 데이터는 그 자체의 개방성·자유성·공공성을 통해 사회적 활용을 실현한다. 그리고 이러한 데이터 자원을 이용하여 획득한 지식이나 기술 등 혁신적 성과(创新成果)가 지식재산권의 요건을 충족하는 경우, 일정 기간 독점권(专有权)를 부여하는 방식으로 보호할 수 있지만, 데이터 자체는 여전히 공공영역에 머무르게 된다. '사실은 보호되지 않고, 지식은 공개되어야 한다'는 원칙은 지식재산권 제도의 전제로 작용하며, 이 원칙은 혁신적 성과(创新成果)에 대해 혁신자에게 독점권(专有权)를 부여하는 조건이 된다. 따라서 사실 데이터(事实数据)는 본원적으로 공공적 속성을 지니며, 자유이용 방식을 채택하여야 한다. 즉, 누구든지 사실 데이터를 취득할 수 있으며, 이를 자유롭게 이용할 수 있다. 어떠한 주체도 타인의 사실 데이터 사용을 통제하거나 배제할 권한을 갖지 않는다.

4. 데이터 자원화 이용에 따른 질서 정립의 필요성(秩序需求)

데이터는 자원적 속성을 지니며, 과학 연구이든 상업적 의사결정이든 또는 기타 사회 활동이든 간에, 사실과 규칙성을 먼저 발견한 사람이 객관세계에 대한 정확한 판단을 내릴 수 있고, 그에 따라 사회적 우위를 점할 수 있다. 과거에 데이터를 공공영역에 두었던 가장 주요한 이유는, 지식재산권을 통해 혁신적 성과(创新成果)를 보호하면서도 혁신의 원재료를 사권(私权)의 통제 범위 밖에 두어, 인간의 인식의 자유와 정신적 독립을 보호하려는 데 있었다. 이는 인류의 사상 교류, 사회적 상호작용, 각종 활동이 원활하게 이루어질 수 있도록 하고, 과학 연구와 문학·예술이 전인의 성과 위에서 지속적으로 혁신할 수 있게 하기 위한 것이었다. 빅데이터 시대로 접어들면서, 기계가 데이터 이면의 객관세계의 규칙성을 발견하기 위해서는 방대한 양의 데이터를 학습할 필요가 있게 되었다. 그러나 각 주체가 직접 수집할 수 있는 데이터는 제한적이므로, 모든 주체는 필연적으로 타인으로부터 간접적으로 데이터를 확보할 필요가 있다.[34] 데이터는 컴퓨팅 가치(잠재적 경제적 가치)를 지니므로, 각 주체는 가능한 한 데이터를 확보·축적(사재기)하기 위해 온갖 방법을 동원할 것이며, 대가 또는 보상(价值交换)을 얻을 수 있는 경우가 아니라면, 외부에 데이터를 제공하기를 꺼릴 것이다. 따라서 우리는 데이터 보유자(持有者)의 데이터에 대한 통제적 지위를 인정해야 하며, 이를 통해 보유자가 데이터를 외부에 공유하거나 유통하도록 유도하고, 데이터의 유통 및 이용(재이용) 질서를 구축해야 한다. 또한 디지털 환경에서 생성되는 다양한 데이터가 당연히 기계판독가능성(可机读), 연계가능성(可关联), 분석가능성(可分析)과 같은 사용가치(使用价值)를 지니는 것은 아니다. 따라서 고품질의 활용 가능한 데이터를 제공하기 위해서는 데이터 보유자가 데이터의 품질을 개선하도록 유인할 필요가 있다. 다시 말해, 지능형 제품(智能产品)의 생산 과정에서 원재료[35]의 생산과 공급 자체가 하나의 산업이자 경제 활동으로 발전하였으며,이에 따라 경제적 규칙에 따라 데이터 가치 창출자(생산자)의 기여를 인정하고, 그들에게 데이터의 유통에 관한 권리를 부여함으로써 데이터의 사회적 배분과 이용을 가능하게 해야 한다.

따라서 데이터 경제 시대로 접어들면서, 데이터는 사회 구성원이 자

34 [역자 주] 원문에서 말하는 "각 주체가 직접 수집할 수 있는 데이터는 제한적이다"라는 표현은 다음과 같은 의미이다. 개인이나 조직은 실제로 물리적 환경, 기술적 역량, 업무 범위, 수집 장비의 성능, 시간과 비용 등에 의해 접근하고 관찰하며 기록할 수 있는 데이터의 범위가 자연스럽게 제한된다. 따라서 한 주체가 독자적으로 방대한 데이터나 전체적·포괄적 데이터를 확보하는 것은 불가능하며, 필연적으로 공유·교환 또는 타인으로부터의 간접적 확보가 필요하다.

35 [역자 주] 여기서 말하는 "원재료"는 인공지능·머신러닝 모델을 학습시키기 위해 투입되는 원시 데이터(raw data)를 의미한다. 지능형 제품이나 알고리즘 시스템의 생산 과정에서 데이터는 모델의 입력 재료로 사용되어 연산·처리·학습되기 때문에, 데이터 산업과 인공지능 경제에서는 새로운 형태의 "생산 원료"로 간주된다.

유롭게 사용할 수 있는 자원에서 하나의 경제적 자원으로 전환되었고, 이에 따라 법적 개입을 통해 데이터의 유통·이용 질서를 확립할 필요가 있다. 이는 데이터 보호과정에서 여러 이익이 병존한다는 전제하에. 데이터 자원을 효과적으로 활용하기 위한 것이다. 과거와 같이 자유 이용 방식을 그대로 유지하여, 공개된 데이터는 누구나 확보할 수 있고, 확보된 데이터는 누구나 자유롭게 사용할 수 있다고 본다면, 데이터의 효율적·질서 있는 이용 체계는 형성될 수 없다. "크롤링"과 "크롤링 차단"은 데이터가 무질서하게 이용되는 상태, 즉 비효율적 이용 상태를 보여 주는 대표적 사례이며, 이러한 상태는 데이터와 관련된 권익 보호뿐 아니라 사회적 공익의 유지에도 부정적 영향을 미친다.

5. 데이터의 사회성과 자원성을 통합하는 기초제도의 탐색

데이터의 재이용(重用)은 더 이상 과거의 자유 이용 방식에 의존할 수 없다. 데이터의 접근성과 공급 문제를 해결하기 위해서는 데이터 생산자(数据生产者)의 기여를 인정하고, 그들이 데이터를 사회에 공유하거나 제공하도록 유인할 필요가 있다. 이를 통해 데이터가 유통 과정에서 지속적으로 가치가 증대되고, 본래의 효용을 충분히 발휘할 수 있게 된다. 그러나 동시에 데이터 생산자에게 배타적 지배권(排他支配权)을 부여할 수는 없다. 그 이유는 데이터가 본질적으로 사회적 성격을 지니고 있으며, 데이터 이용자의 이익 또한 보호되어야 하기 때문이다. 물권법의 사고방식처럼, 데이터를 먼저 수집하거나 가공·처리했다는 이유만으로 해당 주체에게 배타적 권리를 인정하게 되면, 그 권리가 다른 이용자들의 데이터 접근과 활용을 사실상 제약하는 결과로 이어질 수 있다. 데이터는 지속적인 유통과 이용을 통해 그 가치가 실현되는 사회적 자원이며, 그 이용은 비경쟁성과 공유 가능성(可分享性)을 갖는다. 따라서 특정한 개인이나 기업(单一主体)에게 데이터에 대한 장기적이고 안정적인 재산권을 부여하여 그들의 데이터에 대한 지배(사용) 이익을 보호하는 것은 필요하지도 않고, 데이터 가치 실현에도 도움이 되지 않는다. 나아가 다른 사람이 데이터를 획득하여 객관세계를 인식하고 개조하는 것을 방해할 우려가 있다.

명확한 것은, 데이터 기본 제도는 한편으로는 데이터 보유자(数据持有者)가 데이터를 외부에 제공하도록 유인할 수 있어야 하며, 다른 한편으로는 이용자가 데이터를 확보할 수 있는 권리를 보장하여 데이터의 사회성과 공공성이 유지되도록 해야 한다는 점이다. 이러한 제도적 목표를 실현하기 위해서는 데이터 보유자의 사용권을 인정하고 보호할 필요가 있다. 여기서 말하는 사용권은 보유자가 데이터를 스스로 활용할 수 있을 뿐 아니라, 이를 타인에게 제공하여 유통시키는 권한까지 포함하는 개념이다. 다만 이러한 사용권은 배타적 성격을 가지지 않으며, 데이터가 일단 유통된 이후에는 더 이상 보유자가 통제할 수 없다. 그리고 데이터를 적법하게 확보하여 가공·활용하는 모든 주체는 각각 독립적인 데이터 사용권을 가진다. 이와 같은 제도적 설계는 데이터를 사회적으로 널리 활용하게 하고, 데이터가 지속적으로 유통·축적되는 과정에서 그 사회적 가치가 극대화되도록 하는 데 기여한다.

제 9 장 데이터 가치 실현 이론: 데이터 요소의 제품화 과정

데이터 경제는 데이터 자원 자체에 잠재적 가치가 있음을 인식하고, 나아가 그러한 데이터의 가치를 실현하기 위해 끊임없이 노력하는 과정이다. 만약 데이터를 통해 생산력을 증가시키거나 데이터의 최종적 가치 자체를 실현할 수 있다면, 이로써 사용자에 대한 경제적 이익, 나아가 사회 전체에 대한 이익을 가져올 수도 있을 것이다. 그러나 이와 같은 데이터의 가치를 실현하기 위한 제품—즉 스마트 제품(智能产品)이 실제 생산되기 전까지는, 데이터는 단지 머신러닝(机器学习)의 재료에 불과하며, 데이터의 가치 또한 불확실한 것, 정확하게 평가할 수 없는 것이라 할 수밖에 없다. 결국 데이터를 이용하여 실제로 생산력을 증가시키기 위하여서는 먼저 데이터의 흐름과 활용에 관한 질서를 구축한 뒤, 데이터를 활용할 수 있는 스마트 제품의 생산을 촉진하여야 한다.

제 1 절 데이터의 요소화 과정: 데이터 요소와 데이터 제품의 이분법

데이터 자원은 가치를 지니고 있다. 데이터는 데이터 분석이나 머신러닝에 활용되어 새로운 지식을 창조하거나 사용자로 하여금 보다 스마트한 행동을 하게끔 유도하고, 나아가 다양한 사회경제적 이익을 창출할 수 있다. 이와 같은 과정 전체를 '데이터 요소의 가치 실현'이라고 한다면, 이는 다시 순차적으로 첫 번째, 데이터 '요소'의 생산 및 유통 단계와, 두 번째, 데이터 '제품'의 생산 및 유통 단계로 이분할 수 있을 것이다.

1. 데이터의 요소화: 데이터를 유통 가능하게 만드는 과정

원시 데이터(原始数据, source data)[1]란 객관적 세계의 실체 또는 객체와 연관된 사실로서의 데이터를 의미한다. 데이터 과학계에서는 이를 '출처가 검증된 데이터(经过来源验证的数据)'라고도 한다. 여기에서 '원시'라 함은 데이터가 아무런 가공도 거치지 않았다는 의미가 아니라, 객관적 세계의 실체와 연관 또는 직접 연결되어 있고, 나아가 데이터를 지속적으로 연결시키면서 계산적인 분석을 할 수 있다는 의미이다. 다시 말해, 오직 원시 데이터만이 '계산가치'를 가지고 있다고 할 수 있다.

기계가독형 데이터(可机读数据, machine-readable data)란 컴퓨터와 같은 스마트 장치가 자동적으로 읽고 처리할 수 있는 데이터를 의미한다. 기계가독형식(机器可读格式, machine-readable format)이란 소프트웨어 애플리케이션이 특정한 데이터를 쉽게 식별하고 추출할 수 있도록 하는 구조

1 [역자 주] 통상적으로 '원시 데이터'라는 표현에 대응하는 개념은 'raw data'이며, 'source data'는 '원천 데이터'로 번역되는 경우가 많음. 양 개념은 혼용되는 경우가 많으나, 세부적으로 전자는 데이터의 수집 후 특별한 가공을 거치지 않았다는 점을 강조하며, 후자는 데이터와 그 출처 사이의 연관성을 강조한다는 차이가 있음. 따라서 저자의 의도에 부합하는 표현은 'source data'라고 생각됨.

화된 문서 형식(개별적인 사실진술 및 그 내부구조 포함)[2]을 말한다. 이처럼 기계가독성을 갖춘 데이터에 대하여서만 비로소 데이터 포인트(数据点, Data-points)를 식별하고 데이터를 추출할 수 있으며, 다시 이러한 데이터를 조합한 뒤 특정한 위치에 저장함으로써 추가적인 처리가 가능하다.

기계가독형 원시 데이터는 데이터 분석을 위한 조건을 갖추어야 하며, 품질에 관한 기준 또한 만족해야 한다. 데이터마이닝(数据挖掘)과 머신러닝(机器学习)의 용도에서 볼 때, 데이터의 품질에 관한 기준은 아래의 여섯 가지로 정리해볼 수 있을 것이다.

(1) 완전성: 필수적인 필드(字段)와 정보(信息)를 포함하며, 누락이나 중복이 없어야 한다. 완전성이란 해당 데이터 제품[3]을 구성하는 모든 요소의 값이 유효하며, 데이터의 손실 및 결측(缺失, missing data)이 없고, 모든 구성 요소가 사용할 수 있는 상태임을 의미한다.

(2) 적시성: 데이터의 생성·수집부터, 분석·활용까지 걸리는 시간적 간격은 가능한 짧아야 한다. 데이터는 적시에 업데이트됨으로써 최신 상태를 유지해야 하며, 정확한 시간기록 기능(时间戳, time-stamp)을 갖추어야 한다. 적시성의 요청은 데이터 분석의 목적에 따라 달라진다. 데이터 수집 즉시 사용(即采即用)해야 하는 데이터의 경우라면 시간적 간격이 짧을수록 좋을 것이다.

2 [역자 주] 여기에서 말하는 '개별적 사실진술(个别事实陈述)'이란 정보 자체의 값(예컨대, 신분증에 기재된 이름이나 나이 등의 숫자)을 의미하고, '내부구조(内部结构)'란 정보 사이의 관계에 관한 정보(예컨대, 이름이라는 'key'와 홍길동이라는 'value'를 연결하는 형식)을 의미하는 것으로 보이는데, 이는 데이터 과학에서 말하는 '시맨틱 데이터(Semantic Data)'의 개념과 거의 유사함.

3 [역자 주] 저자는 데이터 요소와 데이터 제품에 관한 이분법을 제시하면서도, 데이터의 요소화를 위하여 원시 데이터가 갖추어야 하는 품질기준을 설명하는 과정에서 원시 데이터 자체를 "数据产品(데이터 제품)"이라고 지칭하고 있음. 이는 비록 원시 데이터라 할지라도 데이터의 완전성을 갖춘 이상 이미 기계가독형 데이터, 나아가 요소화를 거친 데이터 제품으로서 잠재적 가치가 있다는 점을 강조하기 위한 것으로 보임.

(3) 정확성: 데이터는 현실 세계의 상태와 상황을 반영해야 하며, 다의성(歧義, ambiguity)이나 오류가 없어야 한다. 정확성은 주어진 시간 내에 데이터 제품이 현실 세계의 상태를 얼마나 잘 반영하는지의 척도이며, 관찰 대상과 사이 연관성의 정도, 상세성(颗粒度, granularity)의 정도, 진실성의 정도가 데이터의 품질을 결정한다.

(4) 상호운용성: 데이터의 구조와 언어에 일관성·기계가독성·이식성(移植性, portability)이 갖추어져야 하며, 서로 다른 주체가 사용하는 시스템 및 네트워크 사이에서 접근·호출·공유·분석이 용이하여야 한다.

(5) 일관성: 서로 다른 데이터 소스(数据源)와 상황(场景)[4]에서 생성된 데이터는 동일한 형식과 의미를 가져야 하며, 다른 시나리오에서 사용되는 데이터와 모순되지 않아야 한다.

(6) 유효성: 데이터는 유효해야 하며, 특정한 업무상 필요한 목적과 용도를 만족시켜야 하고, 데이터의 표준·형식·모델(模型)에 부합해야 한다.

당연한 이야기이지만, 데이터 품질의 기준은 특정한 데이터 분석 및 처리의 목적에 따라 바뀌게 된다. 실무현장에 따라서 다양한 데이터 품질에 대한 기준과 적용의 수준이 상이할 수도 있을 것이다.

4 [역자 주] 场景(chǎngjǐng, 장경)은 통상 "시나리오" 또는 "상황"으로 번역되는데, 해당 문장의 경우 데이터 생성에 관한 용도(의료, 수사 등) 및 조건(기간, 종류 등) 기타 데이터의 생성에 관한 '상황'을 의미하는 것으로 보임. 관련하여 데이터 과학에서는 데이터의 변수에 여러 가지 수식을 대입하여 결과를 예측하는 데이터 시나리오(Data Scenario) 개념 또한 존재하는데, 해당 문장에서 말하는 场景은 문맥상 "시나리오"보다는 "상황"에 가까움.

2. 데이터 요소의 유통가능성: 상품으로서의 데이터

계산·분석(计算分析)이나 머신러닝에 사용되는 데이터는 특정 요구사항을 충족하는 기계가독형 원시 데이터이어야 하며, 비록 '플러그 앤드 플레이(plug-and-play)'까지는 아니더라도 쉽게 설치할 수 있는 표준화된 품질을 갖추어야 한다. 일단 이러한 기준을 만족하면, 데이터는 곧 유통가능성을 갖추게 된다. 하지만 실제로 유통될 수 있는지의 여부는 법률적 기준, 즉 데이터 컴플라이언스(数据合规)의 조건을 만족하는지에 달려 있다.

데이터의 획득 및 보유는 그 자체로 데이터상에 존재하는 법적 이익을 소멸시키지 않는다. 따라서 데이터의 유통 전에 반드시 유통 가능성에 대한 법률적 검토—즉 컴플라이언스 검토를 거쳐야 한다. 일반적으로 데이터 유통이 가능한지의 여부는 아래와 같은 요소에 달려 있다.

(1) 데이터 출처(source)의 합법성이 입증되어야 한다. 데이터의 보유자는 데이터의 수집 및 취득이 합법적으로 이루어졌으며, 데이터상에 존재하는 법적 이익을 침해하지 않았다는 점을 증명해야 한다. 만약 데이터가 자체적으로 생산된 것이라면 해당 시스템의 운영 및 데이터의 형성에 관한 기록이 존재해야 하고, 만약 데이터가 간접적으로 획득된 것이라면 구매 및 사용계약에 관한 증빙 등이 있어야 한다.

(2) 합법적으로 취득한 데이터에 대한 가공이 필요하다. 가공에는 데이터 클리닝, 라벨링, 신규 데이터의 추가, 규격화, 알고리즘 모델을 이용한 가공 등이 있다. 데이터의 보유자는 이러한 가공을 통해 새로운 가치를 형성하고, 나아가 자신의 데이터 유통에 관한 정당성을 확보하는 기초를 마련하게 된다.

(3) 유통 및 이용이 금지되어 있지 아니하여야 한다. 법률의 금지규

정이 존재하거나, 데이터 그 자체에 거래하기 부적합한 내용(예: 신원 정보, 사생활 정보, 민감 정보 등)이 포함되지 않아야 하며, 나아가 국가 안보를 위협하는 상황이 발생하지 않아야 한다.

만약 데이터 자체가 사용가치를 가짐과 동시에 유통을 위한 법적 조건을 만족한다면, 데이터는 유통 가능성을 가지게 되고, 나아가 "상품"으로서의 성질을 띠게 된다고 할 수 있다.

데이터는 끊임없이 생성되고 변화하며, 그 형태와 가치는 모두 유동적이다. 즉, 데이터의 가치는 다른 데이터와 연결되어 끊임없이 이루어지는 계산·분석 속에서 새로운 가치를 만들어내는 데에 있다. 데이터 사이에서 이루어지는 모든 연결과 결합은 매번 새로운 사용 가치(생명)를 생성한다. 데이터 생산자에게 있어 데이터는 매시간 변화하고 증가하는 것이므로, 변하지 않고 고정된 데이터란 실로 존재할 수 없다. 데이터 자원 보유자의 권리 또한 결국 데이터 자원에 대한 현재의, 사실상의 통제권을 보호받는 것이다. 유통되고 있는 구체적인 데이터가 데이터의 수신자 입장에서 실제 사용할 수 있는 데이터인지의 여부는 데이터가 사용되는 그 시점에 가서야 비로소 알 수 있는 것이다.

데이터 생산자는 마치 상수도 공장과 같다. 다양한 물을 가공하여 각기 다른 용도에 맞는 물로 만든다는 점에서 그러하다. 수요자는 각자의 필요에 맞는 수질의 물을 선택하거나 특별한 물을 주문할 수도 있다. 결국 유통가능한 데이터라 함은 실제 거래 시점에서야 비로소 그 내용이 확정되거나, 또는 평소에 공급되고 있다가 추후 사용량을 확정함에 따라 비용을 지불하게 되는 상품이라고 할 수 있다.

데이터 자원은 가공·처리를 거쳐야만 비로소 위와 같은 품질을 만족하는 유통가능 데이터가 될 수 있다. 이처럼 유통가능한 데이터는 상품의 성질을 가지므로, 이를 일컬어 "제품으로서의 데이터(data as a product)"라고 부른다. 이에 관하여 "제품으로서의 데이터"와 "데이터 제품(data product)"은 다르다는 점에 유의하여야 한다. "제품으로서의 데이터"라고 부르는 이유는, 데이터가 가공을 거쳤고 또 유통가능하므로 이를 '제품'에 빗대어 볼 수 있기 때문이다. 하지만 이는 어디까지나 '요소화된 데이터'일 뿐이어서, 아직 최종적인 데이터 제품 그 자체라고 하기는 어렵다. 이는 주로 데이터의 최종 산출물 – 즉 데이터 제품과 구별하기 위한 것이다. 이에 관한 구체적 논의가 궁금하다면 제15장 제2절과 제15장 제3절을 읽어 보는 것을 권한다.

3. 데이터 요소 유통: 수신자에 대한 데이터에 대한 가공 및 처리 권한 이전

데이터 유통이란 데이터 보유자가 처리(治理)[5]를 마친 유통 가능한 데이터를 제공하여 데이터 수신자로 하여금 이를 사용할 수 있도록 하는 것을 말하며, 여기에는 원시 데이터의 사용권 자체의 이전은 물론 사용권(접근, 호출, 분산 컴퓨팅 등)을 부여하는 행위도 포함된다.

데이터 유통에서 데이터 보유자는 데이터 제공자가 되고, 데이터 사용자는 데이터 수신자가 된다. 데이터 보유자는 데이터 수신자가 필요로 하는 데이터를 제공하고, 데이터 수신자는 이에 대한 대가를 지불함으로써 데이터 사용권을 획득한다. 데이터 거래의 목적물은 데이터의 사용(권)이며, 거래의 방식은 데이터의 양도(원시 데이터의 이전), 데이터

5 [역자 주] '治理(zhìlǐ, 치리)'는 기본적으로 국가를 다스리고 관리하는 행위를 의미하며, 종종 거버넌스(governance)와 동의어로 여겨짐. 다만, 중국에서는 통상 상하수도의 관리를 '水治理'라고 표현하며, 저자는 위 문단에서 제품으로서의 데이터를 상수도에 비유한 바 있으므로, 해당 문장에서의 '治理'는 원시 데이터를 선별 및 가공하는 과정, 즉 '처리'로 번역하는 것이 적절함.

에 대한 접근권한 부여, 데이터의 공유 등이 있다. "데이터 20조"[6]에 따르면, 데이터 유통 방식에는 장내(场内)[7] 및 장외(场外)에서의 "개방, 공유, 교환, 거래" 등의 방식이 모두 포함된다.

앞서 언급했듯이, 스마트 제품을 생산하는 원재료(要素)로서의 '유통 가능한 데이터'는 본래 그 사용가치의 수명이 짧을 수밖에 없다. 데이터가 수신자에 의해 사용된 이상, 원본 데이터는 이미 가공(改变形态)되었거나 새로운 데이터로 변형(形成新数据)되어 있을 것이다. 따라서 유통가능한 데이터의 수신자는 구태여 거래의 안전을 위하여 데이터 보유자로부터 재산권을 이전받을 필요가 없다. 반면, 데이터 수신자는 데이터를 사용할 때마다 새로운 데이터를 형성하며 이로써 새로운 데이터의 보유자가 된다. 이러한 점에 비추어 볼 때, 데이터 유통의 본질은 데이터에 대한 합법적 사용권의 부과와 데이터의 가공 및 사용으로 인한 새로운 데이터 보유권의 취득이라고 할 수 있을 것이다.

6 [역자 주] 데이터 20조(数据二十条)란, 2022. 12. 중화인민공화국 공산당 중앙위원회와 국무원 명의로 발표된《데이터 요소의 역할을 잘 수행하기 위한 데이터 기반 제도 구축에 관한 의견》을 의미함. 해당 의견서는 데이터 기초제도의 구축에 관한 20개의 핵심조항을 담고 있기 때문에, 이를 통칭하여 '데이터 20조'라고 부르게 된 것임. 참고로, 저자는 해당 의견서 제10조(培育数据流通和交易服务生态。—데이터 유통 및 거래 서비스의 생태계 육성) 중 일부 내용(支持数据处理者依法依规在场内和场外采取开放, 共享, 交换, 交易等方式流通数据。—(정부는) 데이터 처리자가 법규에 따라 장내 또는 장외에서 개방, 공유, 교환, 거래 등의 방식으로 데이터를 유통하는 것을 지원한다.)을 참고하여 위와 같이 서술한 것으로 보임.

7 [역자 주] 여기에서 장(场)이란 데이터거래소(数据交易所)를 의미함. 현재 중국 내에는 위 '데이터 20조'를 근거로 24개 이상의 데이터 거래소가 설치되었으며, 활발하게 운영되고 있음. 한편 장외(场外) 거래란, 데이터거래소 외에서 이루어지는 거래 일체를 의미함.

심화 학습

데이터 유통 및 이용에 관한 권리와 의무의 배분

데이터 유통 및 이용에 관한 권리와 의무는 다음과 같이 배분할 수 있다: 보유자는 스스로 데이터 이전(데이터 사용권 양도)의 방식을 선택함으로써 수신자가 원시 데이터를 취득하도록 허용할 수 있다. 아니면, 보유자는 사용권 부여(접근허가)의 방식을 선택하여, 수신자가 데이터를 읽거나 계산하는 등 사용하는 것만 허용할 수도 있다. 또한 데이터 보유자는 데이터 사용에 관한 조건, 목적, 기한을 설정할 수도 있다. 데이터 수신자는 합의된 범위 내에서 데이터를 독점적으로 사용할 권리를 가지며, 데이터 사용의 결과물(새로 생성된 데이터)를 취득할 권리 또한 가진다. 데이터 사용자가 새로이 원시 데이터를 획득한 경우, 데이터 사용자는 이를 취합하여 새로운 데이터 결합 제품(新数据集产品)을 생산할 수 있으며, 이를 다시 유통 및 거래함으로써 새로운 데이터의 유통 및 이용이라는 순환을 시작할 수도 있다. 데이터 유통에 관한 구체적인 권리 배분은 다음과 같다.

첫째, 원칙적으로 원시 데이터의 이전 여부와 관계없이, 데이터 보유자는 수신자에게 데이터를 제공하여 사용하게 한 후에도 데이터에 대한 자신의 통제권을 상실하지 않는다. 다만, 특정한 사용자에 대해서는 "권리소진(权利用尽)"의 법리가 적용된다. 즉, 데이터 보유자는 데이터(사용권)를 공유한 후에 데이터 또는 데이터 사용의 성과물을 회수할 수 없으며, 데이터 수신자는 데이터의 사용과 관련하여서는 새로운 보유자가 되어, 이전 데이터 보유자가 다음 데이터 보유자에게 통제권을 행사할 수 없다. 이러한 법리는 데이터의 지속적인 유통과 이용을 보다 촉진하는 역할을 한다.

둘째, 데이터 보유자는 데이터를 이전한 후에도, 스스로의 권리를 포기하지 않는 한, 여전히 원본 데이터에 대한 유통권 및 사용권을 향유하며, 나아가 지속적으로 새로운 데이터를 추가하여 새로운 데이터 제품을 생산할 수도 있다. 원시 데이터는 그 성질상 지속적인 생성이 이루어지며, 데이터 제품 또한 함께 지속적으로 업데이트되기 마련이다. 데이터의 유통은 데이터 생명의 종료를 의미하는 것이 아니며, 오히려 유통 후에도 동일한 데이터 수신자 또는 다른 데이터 수신자들에게 계속하여 데이터가 제공될 수 있다. 따라서 데이터 보유자가 데이터 생산 및 보유를 스스로 포기하지 않는 한, 보유자는 지속적으로 데이터에 대한 이익을 향유할 수 있다.

셋째, 데이터 수신자는 데이터 사용에 의하여 생성되는 새로운 데이터의 보유자가 되며, 새로운 데이터 유통이나 공유를 시작할 수 있다. 수신자가 새로운 데이터 보유자가 되는 근거는 데이터에 대한 가공 및 처리이며, 이를 통해 데이터의 지속적인 개선, 가공 및 유통을 장려하고, 끊임없는 유통과 이용을 통해 데이터 가치를 실현하도록 할 수 있다.

요약하자면, 데이터 유통 거래의 당사자를 명확하게 정의하는 방법이 존재한다는 전제하에, '1회 소진 원칙(一次用尽原则)'의 권리 설계를 통해 데이터 유통 및 이용을 촉진하고 데이터 가치를 극대화할 수 있다. 이는 데이터 가치의 특징에 부합함과 동시에 데이터 유통 및 이용 질서와 효율을 모두 고려한 일종의 제도적 조치이다.

—가오푸핑(高富平): 《데이터 보유자의 권리: 데이터 유통 및 이용에 관한 질서를 구축하기 위한 새로운 패러다임(数据持有者权: 构建数据流通利用秩序的新范式)》, 《중외법학(中外法学)》 2023년 제2호

제 2 절 데이터 가공·사용: 사용가능한 데이터 및 데이터 제품의 생산

데이터는 끊임없는 처리 또는 사용 과정에서 요소화·제품화되며, 최종적으로 그 가치를 실현하게 된다. "데이터 20조"가 제시한 '가공사용권(加工使用权)'[8]의 개념은, 실제로 끊임없이 데이터 가치를 개선하여 최종적으로 데이터 제품을 형성하는 생산행위를 의미하는 것이다. 앞서 서술했듯이, 이러한 가공 및 사용을 통해 데이터는 계산·분석이 가능한 원재료(데이터 요소)가 되며, 데이터 요소의 끊임없는 유통은 스마트 제품의 생산조건을 만족시키고, 최종적으로는 사회가 소비하고 사용할 수 있는 제품, 즉 '데이터 제품'을 생산한다. 이 과정에서 서로 다른 가공·사용 행위가 존재할 수 있다. 가공과 사용은 그것이 형성하는 데이터의 상태나 제품화 정도에 따라 세분화되어야 하는데, 기본적으로는 데이터 '요소'를 생산하기 위한 '가공·처리'와 데이터 '제품'을 생산하기 위한 '분석·사용'의 2가지로 분류할 수 있다.

1. 데이터 가공·처리: 데이터 요소의 생산

초기 데이터 수집 당시부터 계산·사용이 가능한 데이터 요소가 형성되기까지의 과정에서 데이터에 대한 처리가 이루어지게 된다(매번 데이터를 취합하는 과정만 하더라도 이에 상응하는 처리과정이 수반됨). 즉, 데이터 가

8 [역자 주] 데이터 20조 제4조는 '建立数据产权结构性分置制度。—데이터 재산권의 구조적 분리 제도 확립'이라는 제목하에, 데이터 재산권을 자원의 보유권(持有权), 데이터 가공사용권(加工使用权), 데이터 제품의 경영권(经营权)으로 3분하고 있음.

공·처리는 데이터 취합·이용 또는 데이터 요소화 과정에 필요불가결하게 수반되는 절차이다. 필자는 이 과정을 통틀어 '원시 데이터와 데이터 집합의 생산'이라고 일컫는다.

'생산'이라 함은 단지 비유일 뿐이다. 실제로 생산이란 데이터의 의미, 구조, 차원(维度),[9] 품질을 끊임없이 개선하고, 형식이나 기술 표준을 조정하며, 데이터의 가용성을 증가시키는 가공·처리 행위를 의미한다. 이러한 가공·처리를 통해 유통가능한 데이터 또는 데이터 요소(데이터 집합의 형태로 나타남)를 생산할 수 있는바, 이는 '데이터 큐레이션(数据整理, data curation)'과도 그 의미가 일맥상통한다.

넓은 의미에서 볼 때, 데이터의 가공·처리를 통해 그 가치를 변경하거나 새로운 가치를 부가한다면 이를 통해 거래가능한 데이터(즉, "상품")를 형성할 수 있다고 말할 수 있다. 다만, 이 경우 데이터가 스마트 제품의 의미를 지닌 '데이터 제품'으로 형성되는 개념과 혼동을 유발할 수 있으므로, 거래가능한 데이터를 '데이터 제품'이라고 부르지는 않는다. 데이터 요소의 유통은 결과적으로 후속적인 분석·이용에 사용되는, 분석·사용이 가능한 다양한 데이터의 집합 즉 데이터 호수(湖水), 또는 특정한 분석에 사용되기 위한 데이터 집합을 형성하게 된다.

2. 데이터 분석·사용: 데이터 제품의 생산

사용가능한 데이터 집합이나 데이터 호수를 합법적으로 취득한 보

9 [역자 주] 维度(wéidù, 유도)는 기본적으로 차원(次元) 또는 관점(觀點)으로 번역할 수 있는데, 해당 문장에서 维度는 데이터 집합이 가지고 있는 정보의 분류에 따른 차원 내지 열(column)을 의미하는 것으로 보임(예컨대, 고객의 개인정보라는 데이터가 이름, 성별, 회원등급 등의 세부적 열로 나누어져 있다면, 해당 열들을 각각의 维度로 볼 수 있음).

유자는 즉시 사용을 시작하게 된다. 이러한 사용행위의 목적은 새로운 지식을 발굴하고, 알고리즘을 훈련시키며, 스마트 제품을 생산하는 것이다. 데이터 프로파일링(剖析分析, data profiling), 데이터 마이닝(挖掘分析, data mining), 머신러닝 등이 이러한 유형의 사용에 포함되며, 이들의 공통점은 계산·분석을 통해 데이터 이면에 자리한 의미, 규칙 또는 추세를 발견하여 나간다는 것이다.

이러한 유형의 사용에 있어서 '처리' 행위 자체는 그다지 많이 이루어지지 않을 수 있지만, 이를 위하여서는 산업지식(行业知识),[10] 모델도구(模型工具)[11] 등 데이터 과학, 계산과학에 대한 전문적 지식이 필요하다. 또한 이 경우 데이터에 대한 처리·가공이 아예 필요하지 않을 수도 있으며, 그보다도 데이터의 '가치 발견'이 중요하다. 이는 "데이터 20조"에서 말하는 "가공·사용" 중에서도 가장 중요한 분류에 속하며, 가치 있는 데이터 제품을 생산하기 위한 핵심적 단계이다.

데이터 자원은 가공·사용으로 인해 끊임없이 데이터 제품의 형태로 변하여 가며, 유통을 통해 다양한 시장의 경제주체가 가진 데이터 요소에 대한 수요를 만족시키고, 각 사회 주체의 스마트한 의사결정을 지원하며, 심지어 스마트 제품을 수출하거나 서비스를 제공하는 능력을 형성할 수도 있다. 또한, 데이터 유통 시장에서는 다양한 데이터 통합 사업자(数据集成商)가 발생할 것이다. 데이터 통합 사업자는 스스로 계산·분석을 수행하여 다양한 지식을 도출하고 각종 스마트 제품을 생산할

10 [역자 주] 行业知识(hángyè zhīshi)는 "업계 지식" 또는 "산업 지식"으로 번역할 수 있는데, 이는 데이터 과학에서 말하는 도메인 지식(Domain Knowledge—데이터가 속한 특정한 산업 분야 —예컨대 법률, 의료 등—에 관한 전문적 지식)의 개념과도 유사함.

11 [역자 주] 模型工具(móxíng gōngjù)는 "모델 도구" 또는 "모델링 툴"로 번역할 수 있는데, 해당 문장에서는 데이터의 가치를 발견하고 스마트 제품을 만들기 위해 사용되는 '분석 모델(딥러닝 모델 등)'과 ''관련 소프트웨어 도구(프로그래밍 라이브러리 등)'를 의미하는 것으로 보임.

수도 있고, 혹은 다른 사업자에게 계산 분석을 위임하여 각종 데이터 제품을 생산하도록 할 수도 있다. 데이터 통합 사업자는 데이터 제품의 주된 생산자이자 공급자가 될 것이다.

3. 데이터 가공·사용자에 대한 보호

데이터 유통의 본질은 타인이 데이터를 사용하도록 허용하여, 서로 다른 주체에게 귀속되어 통제되고 사용되는 데이터를 형성하는 것이다. 따라서 우리는 특정 상황(特定场景)에서 가공 사용자에게 "권한을 부여(赋权)"하고, 그에 따라 서로 다른 활용 방식(应用场景[12])하의 데이터 가공 사용자가 '데이터 요소 보유권'을 누린다는 점을 인정해 주어야 한다. 보유자의 관점에서 볼 때, 만약 유통을 통해 타인에게 데이터를 제공하여 사용하게 하고 대가를 얻을 수 있다면 이 역시 데이터 가치를 실현하는 방식에 해당한다. 사회적인 관점에서 볼 때, 데이터 유통은 수신자에게 특정한 상황에서 가공·사용할 권리를 부여하고, 또 경제적 가치를 창출한다.

데이터 자원 보유자가 타인에게 데이터를 제공하여 사용하게 한 이상, 보유자가 데이터 양도(원시 데이터 이전)를 통해서든 혹은 사용권 부여(계산·분석 후 그 결과물만 획득)를 통해서든 관계없이, 수신자는 데이터에 대한 가공·사용을 진행할 수 있다. 필자가 보기에, "데이터 20조"가 제시

12 [역자 주] 应用场景(yìngyòng chǎngjǐng, 응용장경)은 통상적으로 "응용 시나리오" 내지 IT용어 유스케이스(Use Case)로 번역될 수 있으며, 이는 데이터나 기술이 구체적으로 어디에, 어떻게 쓰이는지를 설명하는 용어임. 다만 저자는 ① 데이터 보유자가 '特定场景'의 사용자에게 데이터에 관한 권한을 부여(赋权)하였다면, ② 이후 해당 사용자가 서로 다른 '应用场景' 아래에서 데이터 요소의 보유권을 향유할 수 있어야 한다는 논지를 펼치는 과정에서 위와 같은 용어를 사용하고 있으므로, 해당 문장의 '应用场景'은 '활용 방식'으로 번역하는 것이 자연스러움.

한 '데이터 가공사용권'은 합법적인 유통을 통해 형성된 데이터의 가공 사용권을 인정하고 보호하려는 데 그 목적이 있다. 데이터 가공사용권은 마땅히 데이터 유통의 본질적 내용(目的和內容)이 되어야 하는바, 데이터 가공사용권에 대한 가장 효과적인 보호 방식은 데이터 가공·사용자가 가공을 통해 형성된 데이터 제품의 보유권을 확실히 취득하도록 인정하여 주는 것이다. 이는 곧, 데이터 수신자가 가공·사용으로 인해 다시금 데이터(제품)의 보유자가 되어, 사용·유통 및 수익의 권리를 누리게 됨을 의미한다.

데이터 제품화는 사용 불가능한 상태의 데이터가 사용 가능하고 유용한 데이터 집합, 나아가 생산력으로 전환될 수 있는 지식이나 스마트 도구로 변하는 과정에 있어서 모든 데이터 형태의 개선과 그 생산물을 포괄하는 통일적 개념이다. 공유·교환·재사용이 가능한 데이터는 거래의 관점에서 이를 모두 "상품"으로 볼 필요가 있다. 나아가 우리는 데이터의 가치를 개선하거나 새로이 부가하는 모든 데이터 가공·사용 행위를 생산활동으로 보고, 다시 그 결과를 '제품'으로 봄으로서 위와 같은 상품의 거래에 대한 정당성을 설명할 수 있다. 다만, 데이터의 최종적 생산물은 안정적인 형태와 가치를 가지며 보다 '제품'의 특징에 부합하고 그에 대하여 안정적인 재산권이 부여될 수 있기에, 이를 별도로 '데이터 제품'이라 부르는 것이다. 반면, 그 이전에 데이터 가치를 개선하기 위하여 취합 및 처리를 통해 형성된 데이터는 단지 '제품으로서의 데이터(data as a product)'라고 한다. 이렇게 함으로써, 각기 다른 두 가지 생산적 노동의 결과물은 각기 다른 종류의 재산권으로 구조화될 수 있고, 서로 다른 유통 체제를 통해 각자의 가치를 실현할 수 있다.

제 3 절 데이터 제품의 거래: 데이터 요소 가치의 최종적 실현

데이터를 지속적으로 취합하고 이용하는 목적은 데이터 제품을 만들어 내는 데에 있다. 하지만 '데이터 제품'은 데이터 자체가 아니라 '데이터 인텔리전스' 또는 '데이터 인텔리전스의 산출물'이며, 이를 '스마트 제품'이라고도 칭한다. 스마트 제품의 본질은 데이터의 계산·분석 능력으로서, 주로 지능형 서비스 방식을 통해 사용자 및 사회에 새로운 역량을 부여(赋能)한다.

1. 데이터 제품: 데이터 인텔리전스에 의존하는 산출물

데이터 가치 실현의 첫 번째 단계는 데이터 자원에 대한 가공·사용 또는 심층적 처리(深度治理)를 진행하여, 구별이 가능하고(可界定), 유통이 가능하며, 재사용이 가능한 원시 데이터 집합을 형성하는 것이다. 거래 가능한 데이터 집합은 비록 그 자체로서 제품으로서의 속성을 가지고 있고, 심지어 데이터 정돈의 구조,[13] 나아가 조직적 모델[14]을 갖춘 경우도 있지만, 그 사용가치는 데이터 자체의 '연결 가능성', '취합 가능성', '편집 가능성'을 통해 구현된다. 이러한 데이터 집합에는 고정된 형태와 가치가 존재하지 않으므로, 이를 '데이터 제품'이라고 부르지 않는다.

하지만 위와 같은 데이터의 끊임없는 취합이 있어야만 비로소 각종

13·14 [역자 주] 원문은 "甚至也有结构或模型", 즉 단순한 "구조와 모델"임. 다만, 저자는 해당 문장에서 비록 데이터 집합이 정돈에 관한 스키마(Schema)를 가지고 있고, 나아가 데이터 내부의 스키마가 조직적인 모델을 형성하고 있다고 하더라도, 그것만으로는 이를 "데이터 제품(data product)"이라고 할 수 없다는 논지를 펼치고 있으므로, 그러한 취지를 감안하여 의역하였음.

스마트 제품을 최종적으로 생산하는 능력을 갖출 수 있다. 모든 스마트 제품은 일정한 양의 데이터를 계산·분석한 후에 만들어지며, 개발자는 스마트 제품에 직접 지식을 입력하거나 일정한 모델 또는 도구를 개발 및 사용하게 된다. 따라서 이른바 스마트 제품은 모두 일정량의 데이터 리소스 풀(数据资源池)에 기반하여 구축되며, 지속적인 업데이트에, 심지어 최적화에 의존하기도 한다. 말하자면, 스마트 제품이란 단순히 이미 취합된 데이터 자원에 기반한 계산·분석 또는 머신러닝 능력을 보다 더 많이 구현한 것에 불과하다고 할 수 있다.

ChatGPT를 예로 들어본다. ChatGPT는 사용자의 질문에 응답하기 위하여 대량의 데이터, 특히 문자 데이터에 의존하기 때문에, 이를 일종의 데이터 제품으로 볼 수 있다. 대량의 텍스트 데이터가 이 모델의 학습에 사용되며, 나아가 문맥(场景)을 이해하고 관련된 응답을 생성하는 데에도 사용된다. 하지만 ChatGPT는 단순한 데이터 제품이 아니다. ChatGPT는 원활한 사용자 경험을 만들어 내기 위해 머신러닝 알고리즘, 자연어 처리 기술, 소프트웨어 공학이 결합된 복합적 시스템이기 때문이다. ChatGPT는 사용허가(许可使用)의 방식으로 사용자에게 서비스를 제공하며, 모든 사용자가 쉽게 접근 및 사용하여 사용자 경험을 향상시킬 수 있도록 한다. ChatGPT는 사용자 질문의 의도를 분석한 다음 일련의 답변을 만들어낼 수 있다(물론, 오류를 범하거나 답변을 신뢰할 수 없는 경우도 있음). 이는 분명히 지속적인 지능형 서비스를 통해 사용자에게 서비스를 제공하는 "하나의 새로운[15] 제품"으로 보아야 한다.

15 [역자 주] 원문은 一种"产品"임. 一种(yī zhǒng, 일충)은 "하나의 종류", "일종의", "어떤 한 종류의"라는 의미인데, 저자는 ChatGPT를 단순한 数据产品과 구별하여 새로운 종류의 제품으로서 정의하고자 함. 따라서 해당 문장에서 一种"产品"은 "하나의 새로운 제품"으로 번역함.

2. 데이터 제품의 형태

데이터는 끊임없이 취합되고, 가공·처리 및 분석되는 과정을 거쳐 최종적으로 사회에 새로운 역량을 부여하는 소비재—즉 알고리즘 모델, 스마트 도구, 지적 문제에 대한 결론, 분석 및 예측 등과 같은 '스마트 제품'을 만들어 낼 수 있다. 이 과정에서는 '요소로서의 데이터'의 유통이 존재한다. 가치가 있으면서 유통가능한 데이터 역시 넓은 의미에서 '제품'이라고 부를 수 있다. 다만 분석의 편의를 위해, 이전 단계(제9장 제2절)에서 생산된 재사용 가능한 데이터 또는 데이터 집합에 대해서는, 우리가 이를 '데이터 제품'이라 부르지 않고, 데이터 제품을 생산하기 위한 "반제품"으로만 간주한다. 하지만 데이터 자원이 끊임없이 가공, 유통되어 데이터 제품이 생겨나는 여정은 연속된 하나의 과정이며, 데이터 제품은 그 종착점이다. 이 과정에서 어느 정도 수준의 데이터 가공 결과물이 비로소 '데이터 제품'을 구성할 수 있는가 하는 문제는 상거래의 과정에서 결정되어야 할 것이다. 법률적인 관점에서 볼 때, 범위·형태·가치가 고정된 데이터 산출물일수록 보다 안정적인 데이터 재산권(产权)을 부여할 필요가 있다. 즉, 데이터 제품의 보유자라면 마땅히 데이터 제품의 가치를 안정적으로 실현할 수 있도록 보장하는 권리 - 데이터 재산권을 누려야 한다.

데이터 제품은 추상적으로 분류될 수도 있다. 즉, '모델 유형 데이터 제품(模型类数据产品)' '지식 유형 데이터 제품(知识类数据产品)'으로 대강 나누어 볼 수 있다.

데이터는 끊임없이 변화하는 상황(场景) 속에서 유통·이용되면서 연결·연관·결합함으로써 계산가치를 구현한다. 그리고 계산 분석으로 인해 비교적 고정적 형태를 갖춘 데이터 산출물의 형태, 즉 '모델 도구(模

型工具)'나 '지식 콘텐츠(知识内容)'가 생성된다. 데이터 제품화는 점(点)이 아니라 과정이다. 이 과정 전반에 걸쳐 권리의 확정(确权)이 필요하며, 이를 통하여 원시 데이터의 처리와 유통을 장려하고 더 많은 지능적 성과물을 생산할 수 있다. 이 과정에서 데이터 요소 생산자에게 권리를 부여하는 목적은, 원재료로서의 데이터 요소의 유통을 보다 촉진하고, 끊임없이 취합함으로써 빅데이터를 형성하고, 나아가 대규모 모델(大模型)을 생성하며, 지능적 성과물(智能成果)을 생산하는 데 있다. 데이터 가치의 최종 실현을 보장하기 위하여서는 위처럼 최종적으로 산출된 지능적 성과물에 대하여 법적 지위를 부여해야 한다. 일단 데이터가 가치와 형태가 고정된 데이터 제품(지능적 성과물)으로 전환된다면, 이에 대하여 안정적인 형태의 재산권이 보장되어야 한다. 이는 데이터 제품 생산자가 양도, 경영위탁, 사용권 부여 등의 방식을 통해 데이터 제품의 가치를 실현할 수 있도록 보장하기 위함이다. 지능적 성과물의 보유자가 누리는 권리가 어느 정도 배타적 권리(专有权)로서의 성격을 가져야 한다는 점은 분명하다.

사례

"데이터 제품"으로 변신한 "건전성 지수"가 현대 수산업의 발전을 촉진하고 있다

광둥 이치(广东翼启) 컴퓨터 소프트웨어 개발 유한회사는 '양식업자 경영 건전성지수 데이터 제품'을 구축했다. 해당 제품은 공공 관리 업무 플랫폼을 기반으로 수집된 수산업 생산자의 기본적 데이터, 직접 건축한 건물의 데이터, 해역의 수질 데이터, 수확량 데이터, 수산물의 시가 등의 데이터를 취합한 후, 가공과 처리를 거쳐 양식업자의 경영 상황을 표시하여 준다. 이 제품은 특히 금융에 관련된 의사결정을 보조함으로써 양식업자의 자본 증대 및 생산 관리에 도움을 주고 있다.

이 데이터 제품은 광둥 이치 컴퓨터 소프트웨어 개발 유한공사가 난아오(南澳)현에서 개발된 "소도시 브레인(小镇大脑)"이라는 산업적 스마트 플랫폼을 이용하여 양식업자들의 데이터를 가공 및 처리하여 만든 것으로, 선아오(深澳)진(镇)[16] 지방정부와 산터우(汕头)시 중국공상은행(中国工商银行)이 공동으로 발표했다. 이 데이터 제품은 주로 회사가 양식업자의 기초 데이터, 직접 건축한 건물의 데이터, 해역의 수질 데이터, 수확량 데이터, 양식 제품의 시가 등 원시 데이터를 수집한 뒤, 데이터 프라이버시 보안 및 합법성과 컴플라이언스를 보장받는다는 전제하에, "데이터를 플랫폼 외부로 유출하지 않는다(数据不出域),[17] 데이터에 대한 사용만 가능하고 원본에 직접 접근하지는 못한다(数据可用不可见)"는 원칙에 기반하여 만들어낸 데이터 분석의 성과물이다.

여기에서 '경영건전성지수'가 곧 양식업자의 신용평가점수가 되며, 다시 점수에 따라 '매우 건전함', '비교적 건전함', '건전함', '건전하지 않음', '매우 건전하지 않음'의 5개 등급으로 나누어진다. 이 데이터 제품은 계산 분석 모델을 이용해 원시 데이터를 계산하고, 이를 통해 양식업자의 경영건전성에 대한 상황을 산출 및 보고하는 기능을 수행하는

16 [역자 주] 镇(zhèn, 진)은 중국의 행정 구역 단위 중 하나로, 한국의 '읍(邑)'이나 '면(面)'과 유사한 '소도시'를 의미함.

17 [역자 주] 域(yù, 역)은 본래 "영역", "경계", "도메인(Domain)" 등으로 번역되나, 해당 문장에서는 원시 데이터가 가공 및 사용되는 경계선, 즉 小镇大脑이라는 플랫폼을 의미하고 있음.

바, 결국 이는 '지능적 성과물'이라 할 수 있다. 이러한 데이터 제품은 양식업자가 금융기관에 대출을 신청할 때 사용되며, 금융기관의 대출 여부 판단을 위한 객관적 데이터를 제공한다. 이 데이터 제품은 산터우 시 은행과도 실시간 상호연동되며, 중국공상은행의 공식 위챗(微信) 미니프로그램인 "공은i보혜(工银i普惠)"를 통해 대출신청자(정보주체)의 위임을 받아 관련된 정보를 획득한 뒤, 개인의 대출한도를 분석 및 평가한다. 동시에, "소도시 브레인"은 위와 같은 정보를 시각화하고 다시 "공은i보혜" 시스템에 전송한다. 이러한 온라인 종합 서비스 채널 구축을 통해, 과학기술에 관한 새로운 역량을 부여함으로써 농축수산업 금융 서비스의 내실을 강화하고, 새로운 기술이 농축수산업 금융 분야에 널리 적용되도록 적극적으로 장려하며, 빅데이터·블록체인 등 정보기술을 운용함으로써 농축수산업 관련 대출에 따른 리스크 식별, 모니터링, 조기 경고 및 처리의 수준을 높이고, 농축수산업 대출 관련 데이터의 축적과 공유를 강화할 수 있다.

—산터우 금융(汕头金融)의《바다목장[18] "청사진"을 그리다
—중국공상은행 산터우 지점, 금융으로 어촌 산업 "발전의 길"을 돕다
(绘制海洋牧场"蓝图"—工商银行汕头分行金融助力乡村产业走好"振兴路")》에서
발췌·정리함.

18 [역자 주] 바다목장이란 인공적인 구조물(인공어초)이나 자연석 등을 시설하여, 물고기가 서식·성장할 수 있는 울타리 없는 서식지를 조성한 해역을 의미함(한국수자원공단 통합수자원정보시스템 참조).

3. 데이터 제품의 수익화

데이터의 가공·사용자는 데이터 가치 창출 및 실현의 과정에서 데이터 또는 데이터 요소의 유통을 통해 수익을 창출할 수도 있고, 데이터 제품을 통해 수익을 창출할 수도 있다. 데이터로부터 최종 생산되는 스마트 제품은 대부분 사용권 부여의 방식으로 거래되며, 스마트 제품의 이전에 따른 거래 자체에서 사용권 부여의 방식을 수반하는 것도 흔한 일이다.

독립적으로 거래 및 사용이 가능한 데이터 제품은 원시 데이터에 의존하여 실행되는 것이 아니며, 대부분 데이터베이스에 기반하여 산출된 통계 또는 예측·분석 보고서, 독립적 모델, 혹은 (로봇, 자율주행차 등) 스마트 제품에 설치되어 있는 지능형 소프트웨어나 알고리즘이라는 형태로 변형된 데이터에 의하여 실행된다. 데이터 제품의 거래는 '매매'로 볼 수 있지만, 그 이면은 "스마트 장치의 매매+지능형 소프트웨어의 사용권 부여 또는 구독"으로 구성되어 있다. 앞으로 이러한 거래 방식은 스마트 제조업 시대에 있어서 공산품 거래의 기본이 될 것이다.

독립적으로 존재할 수 없는 지능형 제품은 일반적으로 데이터 서비스의 형태로 거래되는데, 예를 들면 '데이터 분석에 기반한 맞춤형 솔루션(数据分析提供个性化解决方案) 제공'과 같은 것이 바로 그것이다. 실제로 여기에서 말하는 데이터 서비스란 데이터 통합을 통해 만들어진 지능형 산출물(智能输出) 또는 산출된 지능형 솔루션(输出的智能解决方案)이지, 데이터 그 자체를 의미하는 것은 아니다.

제 10 장 데이터 이용 규범론: 데이터 분류 체계

데이터는 복합적 존재이므로, 데이터 이용 질서를 확립하기 위해서는 데이터를 분류해야 한다. 분류 규범은 복잡한 사회적 이익을 법률로 조정하는 주요한 경로이다. 데이터는 그 분류 목적에 따라 다양한 관점에서 분류될 수 있다. 예를 들면, 국가안보 관점에서 《데이터안전법》은 데이터를 핵심 데이터, 중요 데이터, 일반 데이터로 구분하는데, 이러한 분류는 데이터 안전 관리, 특히 국외 반출 통제를 위한 기준에 의한 것이다. 데이터의 기본 분류와 관련하여, 통제 주체 관점에서 정부데이터와 사회데이터로 나눌 수 있으며, 데이터 이용 통제 여부 관점에서 공공데이터와 비(非)공공데이터로 구분될 수 있고, 개인 권익 관련 여부 관점에서 개인정보와 비(非)개인정보로 구분될 수 있다.

제 1 절 정부데이터와 사회데이터

《빅데이터 발전을 촉진하기 위한 행동요강》(国发〔2015〕50号)은 "정부데이터와 사회데이터"의 이분법을 채택하여 정부데이터("정무데이터"라고도 함)와 사회데이터 자원의 통합적인 활용을 명확히 하는 한편, "정부데이터의 개방 및 공유를 추진하고, 사회사업 데이터의 융합과 자원 통합을 촉진함으로써 정부의 종합적인 데이터 분석능력을 크게 향상할 것"이라고 밝혔다. 그 주요한 목표는 "정부데이터와 사회데이터를 고효율적으로 수집하고, 유효하게 통합하고 충분히 활용하여, 정부가 빅데이터를 활용하는 메커니즘을 건전화하고, 빅데이터 운용을 정부 거버넌스 역량 제고의 중요한 수단으로 삼아 정부 서비스와 관리감독의 적절성과 효과성을 지속적으로 향상시킨다"라는 것이다. 이는 데이터 귀속관계 내지 사실통제에 기반한 데이터 분류 방식이다.

1. 정부데이터

정부데이터는 정부가 생성, 통제, 관리하는 데이터를 의미한다. 정부데이터는 성질에 따라 분류되는 것이 아니라 실제 통제관계 내지 귀속주체에 따라 분류된다. 정부데이터는 주체 관점에서 데이터를 설명하며, 대체로 정부가 보유하거나 통제하는 데이터를 말한다. 협의의 정부는 국가 기구 중에 행정권을 행사하고 행정 기능을 수행하는 행정기관만을 의미하며, 광의의 정부는 입법, 사법, 행정을 포함한 각종 국가권력기관을 통칭한다. 후속적 입법 실무에서는 정무정보자원이라는 개념도 제시되었다. 《행정정보자원 공유관리 잠정방법》(国发〔2016〕51号)에 의하면, 정무데이터는 "정무부서가 직무를 이행하는 과정에서 제작 혹은 취득하여 일정한 형식으로 기록, 보존한 문서, 자료, 도표, 데이터 등의 각종 정보자원이며, 정무부서가 직접 또는 제3자를 통하여 법에 따라 수집한 정보 내지 법에 따라 관리를 위임받은 정보, 직무수행상 정무정보시스템에 의존하여 형성된 정보자원 등을 포함한다."라고 한다. 여기서 정무부서란 정부부처 및 법령에 의하여 행정기능을 위임받은 사업

단위 혹은 사회조직을 말한다. 정무데이터(정보)와 정부데이터는 명백히 교차되는 지점이 있으나, 완전히 일치하지는 않는다. 정부데이터는 데이터 귀속 또는 통제 관계를 강조하는 반면, 정무데이터는 "직무수행" 과정에서 제작과 취득을 강조하고 있다. 법적 성질상으로 볼 때, 정부데이터는 공공데이터와 동일하지는 않다. 공공데이터는 법적 성질 측면에서 데이터를 규정하며, 공개 가능하며 자유로운 이용이 가능한 데이터에 해당한다. 정부가 통제하는 데이터 중에서 일부는 공공데이터 또는 자유데이터에 속하므로 대중에게 개방되어야 하나, 그중에 일부는 정부 내부 데이터에 속하거나 심지어 국가 기밀에 속하며, 기업 영업비밀이나 개인 프라이버시를 포함하기도 하므로 대중에게 공개하기에 적합하지 않다. 결국 공공 데이터 범주에 속하는 정부 데이터만이 무조건적 개방 내지 이용의 대상이 될 수 있다. 다만, 현행 일부 지방입법은 정부 데이터를 바로 공공데이터로 지칭하는 관행이 있다.

2. 사회데이터

사회데이터는 사회에 관한 데이터가 아니라, 정부 외 사회 주체가 통제하는 데이터이다. 데이터 소속 관계로 구분하면, 사회데이터는 정부가 통제하는 데이터(약칭, 정부데이터)와 사회 주체가 통제하는 데이터(약칭, 사회데이터)로 구분할 수 있다.

정부 외 사회 주체는 법률상 민사주체(사법상의 주체, 약칭 사(私)주체)라고 한다. 《민법전》 규정에 의하면, 중국에서 민사주체는 자연인, 법인, 비법인 조직, 법인은 영리법인, 비영리법인, 특별법인으로 나뉜다. 민사주체의 운영 과정에서 형성되는 데이터를 사회 데이터라고 한다. 법률상 정부는 사회 공익을 위하여 존재하는 주체인 반면, 사회 주체는 개별 주체 이익을 위하여 존재하는 주체이다. 즉, 사회 주체는 독립된 이익 속성을 가지므로, 그 행위의 목적은 해당 주체 이익의 실현이다. 사회 주체 중에는 공익 목적을 가진 주체(예를 들어, 공공사업 기업, 공익사업 단위, 비영리조직)도 있지만, 공익 사업이라는 측면이 곧바로 주체 이익의 독립성이나 사적 이익성을 바꾸지는 않는다. 따라서 정부 외 주체는 민법상 동일한 법적 성질과 지위를 갖는다.

3. 정부데이터와 사회데이터의 구분 근거

《빅데이터 발전을 촉진하기 위한 행동요강》이 발표된 이후, 《톈진시 빅데이터 발전 및 응용 촉진조례》는 사회데이터를 별도의 장으로 규정하고 있으며, 사회데이터를 "정무부서 이외의 기타 조직, 단위 또는 개인이 활동을 전개하는 과정에서 생성·취득·축적한 각종 정보자원"이라고 정의하고 있다. 같은 장에서는 업종 협회, 학회, 상회 등 사회 조직, 상수도, 전력, 가스, 난방, 대중 교통 등 공공서비스를 제공하는 기업, 의료, 교육, 양로 등 사회서비스 기관 및 전자상거래 플랫폼 운영자의 데이터 개방이나 개발 이용을 중점적으로 열거하고 있다. 이 지방성 법규는 법적 정의상 정부 외 주체가 보유한 데이터를 사회데이터로 간주하고 있는데, 이는 타당한 분류라고 할 것이다. 왜냐하면 정부는 공공관리기관으로서 공권력을 행사하고 공적 사무를 수행하며 공법적 규범을 따르기 때문이다. 정부 외 기타 조직이나 단위, 개인이 보유한 데이터는 그 성질이나 적용 법률에 따라 정부와는 다르게 구별되고 있으며, 이를 포괄적으로 사회데이터라고 한다.

4. 정부데이터와 사회데이터 구분의 규범적 함의

중국에는 국유기업 사업단위와 공용사업이 존재하며, 공익 목적은 이들 사업의 기본적 특징이지만, 사업상 공익적인 성격만으로 주체의 법적 성질을 결정지을 수는 없다. 따라서 공용기업과 공익사업 단위는 여전히 사회 주체에 속한다. 현재 일부 지방정부의 데이터 개방 정책 실무상으로는 업무 성격에 따라 공공데이터를 정의하면서, 공용사업이나 공익사업 단위를 전부 공공데이터 개방의 범위에 포함시키는 관행이 있다. 이는 실제로 정부데이터(공무데이터)와 사회데이터의 관계를 혼동하는 것이다. 정부는 사회에 공공재 및 공공서비스를 제공하는 유일한 법적 주체이며, 그 외 법적 주체는 비록 국가가 투자한 기업, 사업 단위라 하더라도 각자 독립된 이익을 가지고 있다. 공익형 국유기업이 민생 보장, 사회 봉사, 공공재, 서비스 제공을 주요 목표로 하더라도 그들이 생성한 데이터가 당연히 공공데이터라는 것을 의미하는 것은 아니다. 공공 데이터 자체는 무조건적으로 개방된 결과일 뿐이며, 주체와는 무관하게 누구든지 공공데이터를 사회에 제공할 수 있다. 이러한 이유로 인하여 공용사업, 공익사업, 사업단위 데이터가 전부 공공데이터에 속한다고 단정할 수는 없다.

"데이터 20조"가 데이터 자원 보유권을 확립한 배경하에서, 정부기관을 포함한 조직은 모두 데이터 자원 보유자가 될 수 있다. 다만, 이러한 데이터 자원 보유자는 그들이 보유한 데이터의 성질에 근거하여 가공·유통 및 이용하여야 한다. 공용기업, 공익기업, 사업단위는 정부에 기본 공공서비스에 필요한 데이터를 제공할 의무가 있는 동시에, 여전히 그들이 형성한 데이터를 자주적으로 가공, 유통, 이용할 권리를 가진다. 이에 관한 상세한 논의는 후술하기로 한다.

제 2 절 공공데이터와 비(非)공공데이터

공공데이터는 데이터 영역의 기초적인 개념이며, 흔히 데이터 개방의 전제 개념으로 다뤄지고 있다. 하지만 데이터 개방은 공공데이터의 존재를 전제로 하는 것이 아니라, 사회에 무조건적으로 데이터를 제공할 법적 의무를 부담하는 것을 전제로 하여야 한다. 여기서 주된 관건은 법률상 공공데이터를 어떻게 규정할 것인지의 문제인데, 저자는 공공데이터를 데이터 보유자가 대외적으로 데이터를 제공하는 일종의 이용 상태, 즉 자유롭게 이용할 수 있는 데이터라고 본다.

1. 현행 지방입법상 공공데이터의 정의

2016년 중국은 최초로 정부데이터 개방 정책을 제시하였으나, 현재까지도 국가적 차원에서 정부데이터 개방에 관한 제도적 규범이 존재하지 않는다. 여러 지방 입법은 정부데이터 개방을 탐색하는 과정에서 정무(정부)데이터 개방을 공공데이터 개방으로 대체하는 경향을 보편적으로 나타내고 있으며, 공공데이터에 대하여 비교적 광범위한 정의를 내리고 있다. 그 기본적인 논리는 다음과 같다. 즉, 공공 관리와 공공 서비스를 수행하는 조직은 공공기관이고, 공공기관이 직무를 수행하는 과정에서 형성한 데이터는 전부 공공데이터이며, 공공데이터는 공공데이터 개방 플랫폼에 집결하여 사회에 개방하여야 한다는 것이다.

예를 들어, 2021년 《상하이시 데이터 조례》는 공공데이터를 "국가기관, 사업단위, 법에 의해 공공사무 관리직능을 위임받은 조직 및 급수, 전력, 가스, 대중교통 등 공공서비스제공조직(이하, 공공관리 및 서비스기관으로 통칭함)이 직무수행 과정에서 수집, 생성한 데이터"라고 정의하였다. 2022년 1월에 공포된 《저장성 공공데이터 조례》는 공공기관을 모든 공용사업 운영자까지 확대하였다. 이 조례에서 말하는 공공데이터는 "본 성의 국가기관, 법령, 규정에 의해 공공사무 관리 직능을 위임받은 조직 및 급수, 전력, 가스, 대중교통 등 공공서비스 운영 단위(이하, 공공관리 및 서비스기관으로 통칭함)가 법에 따라 직무를 이행하거나 공공서비스를 제공하는 과정에서 수집, 생성한 데이터"이다. 또한, "본 성의 응용 수요에 근거하여, 중앙 세무, 해관, 금융감독 등 국가 부문이 절강에 파견한 관리기구가 제공하는 데이터도 공공데이터에 포함된다"고 명시하였다. 이러한 입법이 충칭시, 스촨시, 샤먼시 등 지방 입법에도 영향을 미침에 따라, 공공데이터가 한층 광범위하게 정의되는 방향으로 정비되었다.

이러한 분류 방식은 주체의 "공공성"을 업무의 공공성으로 확장하여, 공용사업과 공익사업 조직이 생산하는 데이터는 전부 공공데이터로 간주하는 것이다. 그 결과, 공공데이터의 생산 주체가 정부 등 공공관리기관과 공공서비스에 종사하는 기타 공공서비스 기관(이하, 통칭하여 공공기관이라고 함)으로 확장되었다.

상술한 공공데이터 정의 규정상 목적은 공공기관이 사회에 개방해야 할 데이터의 범위를 획정하기 위한 것으로, 일단 공공데이터라는 라벨이 붙는 한 데이터 보유자는 곧 사회에 개방할 의무를 갖게 된다. 현행 지방 입법은 데이터 성질이 아닌 데이터 보유 주체의 관점에서 공공데이터를 정의하고 있다.[1]

1 유일한 예외로는 2021년에 제정된 《베이징시 공공데이터 관리방법》으로, 데이터 생성 주체의 관점이 아니라 공공적 사용가치를 강조하고 있다. 동 방법 제2조는 다음과 같이 규정하고 있다: "본 방법에서 말하는 공공데이터란, 국가기밀, 영업비밀, 개인 프라이버시에 관련되지 아니하고, 컴퓨터 정보시스템에 의거하여 기록되고 저장되는 각종 데이터 중 공공적 사용가치를 가진 데이터를 말한다."

이는 실질적으로 데이터 생성이나 생산 관계에 따라서 내려진 정의로서, 업무(행위)의 성질로 산출된 데이터 성질을 정의하는 것이며, 데이터 자체의 성질 내지 데이터 재사용의 목적에 따라 데이터의 성질을 정의하는 것이 아니다.[2] 이러한 정의가 야기하는 문제로는 공공 성질을 가진 업무 활동으로 인하여 생성된 데이터가 전부 공공데이터에 속하는지 여부를 논의할 가치가 있다.

본서는 공공관리 직책이나 공익사업 서비스 이행으로 생성된 데이터가 업무 운영의 전체 과정과 각 영역을 망라하여 이러한 공공기관의 "주요 업무"를 거의 구성한다고 본다. 이러한 기관의 업무 운영으로 인하여 생성된 데이터가 모두 개방에 적합하거나 공공데이터로 정의되는 것은 아니다. 그러므로 보유 주체나 업무 속성의 관점에서 공공데이터를 정의하는 것이 전부 실행 가능한 방안이라고 볼 수는 없으며, 공공데이터는 데이터 자체의 성질 및 데이터 재사용 목적을 결합하여 정의하여야 한다.

2. 공공데이터의 법적 정의

지방 입법은 통상 초기 업무의 성질에 의하여 데이터의 성질을 정의하고 있는데, 공공기관의 업무 성질이 공공성을 가지고 있기 때문에 그로부터 생성된 데이터 역시 당연하게 공공적 성격을 지닌다고 본다. 공공데이터는 어떠한 데이터를 사회에 개방할 수 있는지에 관하여 정의하거나, 정부가 데이터 개방을 추진하는 것을 용이하게 하기 위한 것이

2 관련 연구자들도 공공데이터의 정의 문제에 대하여 의문을 제기하였다. 정춘옌(郑春燕), 탕쥔치(唐俊麒), 《공공데이터의 규범적 함의에 관한 논의》, 《법치연구》 2021년 제6호 참조.

다. 그렇기에 데이터 재이용 또는 중복 이용 대상이 되는 데이터의 성질을 규정하기 위한 목적을 보유하고 있다. 비록 공공관리 업무 및 공공서비스 업무 운영 과정에서 형성된 데이터라 하더라도 반드시 개방에 적합하거나 공공데이터로 개방되어야 하는 것은 아니라는 의미이다.

데이터는 본질적으로 공공성을 지니고 있으므로, 일단 공개되면 타인이 취득하거나 이용할 수 있다. 법률상 공공데이터 정의는 공개되면 바로 공공데이터라는 경우를 분명하게 배제하고 있다. 데이터 자원 보유권이 존재한다는 전제하에서, 공공데이터는 데이터를 대외적으로 제공하는 무조건적 사용 상태이다. 다시 말해, 공공데이터는 보유자가 법률 규정에 근거하여 사회에 제공하는, 모든 주체가 자유롭게 사용할 수 있는 데이터이다. 공공데이터는 데이터 보유자가 데이터를 공적 영역에 둔 결과이지, 데이터 보유자가 데이터 보유 자체로 인하여 생성된 결과가 아니다. 공공데이터는 데이터 통제자의 존재를 인정한다는 전제하에서 데이터 재이용 상태에 대한 정의이다.

이는 데이터 생산자가 생산한 데이터 성질에 관한 규정이 아니다. 이러한 정의에 의하면, 개인, 기업, 정부는 전부 공공데이터 제공자가 될 수 있다. 여기에는 두 가지 상황이 존재하는데, 첫째는 각종 주체가 의식적으로 생산한 데이터에 대하여 비밀유지조치를 취하지 않아 외부 주체가 비침입적 방식으로 데이터를 취득하거나 이용하도록 허용하는 경우이다. 둘째는 각종 주체가 법률 규정에 의하여 사회에 무조건적으로 제공해야 하는 경우이다. 예를 들면, 정보 공개 직무를 수행하는 정부가 사회에 무조건적으로 데이터를 제공하여 사회 주체가 자유롭게 사용하도록 하는 경우를 말한다. 공개되어 자유롭게 사용될 수 있는 "데이터"는 주로 기초 데이터(역자 주: "raw data"를 의미함)가 아니라 정보인 경우가 흔하다. 기초 데이터의 사용에는 비교적 큰 위험이 존재하며,

기초 데이터가 무조건적으로 제공되거나 통제되지 않은 기초 데이터 사용이 이루어지면 데이터 제공자에게 위험을 초래하기 때문이다. 그러므로 지방 정부가 추진하는 데이터 개방은 주로 정부 부처의 업무 요약, 통계 정보, 보고서 형식을 갖는다.

3. 공공데이터와 조직 성질 무관

공공데이터는 보유자가 의도적으로 공개한, 어떠한 이용 제한도 설정하지 않은 데이터로서, 데이터 보유자가 공공기관인지 여부와는 무관하다. 물론 정부데이터라고 하더라도 모두 공개 가능한 것은 아니며, 기업이 통제하는 데이터 또한 자유로운 이용과 공개 대상이 될 수 있다. 자유롭게 사용할 수 있는 공개된 데이터는 전부 공공데이터 내지 자유데이터에 속한다. 예를 들면, 기업 홈페이지상 타인이 자유롭게 열람하도록 게시한 뉴스, 보고, 통계 데이터 등은 전부 공공데이터로 간주될 수 있다.

주의할 점은, 공개된 개인정보의 사용은 합법적인 목적을 가지고 있는 한 제3자가 동의 없이도 이용할 수 있으나, 그러한 이용이 정보주체의 권익을 침해해서는 안 된다는 점이다. 만일 개인정보의 오·남용으로 인하여 인격권이 침해되는 경우, 정보주체는 법적인 구제를 요청할 수 있다. 이러한 의미에서 공개된 개인정보상 개인의 권리는 여전히 법적 보호를 받을 수 있다.

4. 공공데이터와 비(非)공공데이터 구분 의의

공공데이터는 상당한 모호성을 가지고 있으며, 법률상 그 의미를 명확히 하는 것은 중요한 의의를 갖는다. 데이터를 일종의 자원으로 보고 데이터 자원 보유자의 존재를 인정하는 전제하에서, 데이터 자원 보유자의 이익을 어떻게 보호할 수 있는지, 그리고 동시에 사회 운영에 필요한 공공데이터 자원풀을 유지하여 사회 공공이익 필요를 충족시킬 수 있는지를 반드시 고려하여야 한다.

데이터 영역에는 엄격한 의미의 사적 데이터(private data)가 존재하지 않으며, 일단 데이터가 공개되면 더 이상 사적인 것이 아니게 된다. 그러나 공개된 데이터가 공공데이터와 동일하지는 않다. 만약 공공데이터를 누구든지 자유롭게 사용할 수 있는 공개된 데이터로 정의하고, 사적 데이터를 특정인이 통제하는 공개되지 않은 비밀 데이터(confidential data)라고 정의한다면, 데이터 생산 및 이용 과정에서 공개되어 있지만 누구든 자유롭게 사용할 수 있는 것에는 속하지 않는 데이터가 대량으로 존재할 수 있다. 데이터 보유자는 이와 같은 유형의 데이터 사용에 대해 통제할 권리를 가지고 있으며, 그렇지 않으면 데이터 보유자의 권리가 제대로 실현될 수가 없다. 즉, 데이터 보유자는 자신이 의도치 않게 "공공 데이터"로 공개된 데이터의 부적절한 사용을 제지할 권리가 있다.

데이터는 다목적적 특성으로 인하여 데이터 보유자가 정부에 공공이익 또는 공익 목적을 위해 데이터를 제공하더라도, 여전히 자율적으로 통제하여 합법적인 목적으로 사용할 수 있다. 핵심적인 사항은 법률에서 사회 주체가 사회 공익 목적과 공공이익을 위하여 어떤 데이터를 제공해야 하는지를 명확히 해야 하며, 이러한 데이터는 특정 목적에만 한정되어 정부가 이를 조건부 및 유상 방식으로 대외적으로 재제공하는 것이 금지된다는 점이다. 예를 들어, 의료기관이 공중 보건, 질병 예방통제 등과 같은 공공 건강 목적으로 정부에 데이터를 제공하는 경우에는 소위 "공공데이터"로서 조건부 유상으로 대외 개방하여서는 아니 된다.

요컨대, 일단 공공데이터 개념을 명확하게 정의하고 나면, 각종 주체가 자율적으로 통제하는 데이터를 가공, 이용, 유통하는 데 필요한 지침을 제공할 수 있다. 이러한 의미에서, 법률에 특별한 규정이 있거나 자발적으로 생산한 데이터를 자유로운 이용을 위해 개방하는 경우를 제외하고, 각종 주체가 자신이 생산한 데이터를 통제하고 사용할 수 있다. 이러한 규칙이 있다면, 데이터 보유권을 기반으로 질서 있는 데이터 유통과 이용 질서를 확립할 수 있다.

심화 학습

개방데이터

개방데이터는 역외(域外)에서 유래하였으며, 데이터가 어떤 주체이든지 제한 없이 사용할 수 있도록 공개될 수 있는 데이터를 묘사하는 용어이다. 이는 대체로 법률상 공공데이터에 상응하는 개념이다.

개방데이터는 하나의 명사(名词)로서, 데이터의 법적 성질의 일종이다. 국제 사회에서는"개방 지식 국제"(역자 주: "Open Knowledge International"을 의미함)에서 제시한 정의를 보편적으로 채택하고 있는데, 이에 따라 "개방 데이터는 누구나 어떠한 목적이든 자유롭게 사용, 수정 및 공유할 수 있는 데이터"라고 본다. 또한, 개방데이터(Open data)는 공중에게 제공되는 디지털 데이터로서 기술적·법적인 측면에서 누구든지 언제나 어디서든 자유롭게 사용·재사용 및 재배포할 수 있는 데이터이며, 최대한 출처를 명시하거나 재공유 가능성을 요구할 뿐이다. 개방데이터 연구원 또한 동일한 정의를 내리고 있는데, "개방데이터란 누구든지 획득, 사용 및 공유할 수 있는 데이터"라고 말한다. 이에 따라, 개방데이터는 본질적으로 공공 영역(public domain)에 있는 자유데이터이며, 그 사용에 대해서는 어떠한 제한도 받지 않는다.

개방데이터가 점차적으로 공공부문에 도입되면서, 사회가 활용할 수 있는 공공데이터 자원을 형성하고 있다. 주요 8개국(G8)이 2013년 6월에 서명한 《G8 오픈 데이터 헌장(Open Data Charter)》은 정부데이터 개방의 5가지 원칙을 제시하면서, 정부데이터 개방원칙(이하, "자동 개방데이터"라고 함)과 더불어 "고품질과 충분한 양의 데이터 확보", "모든 사람의 데이터 이용 가능성", "거버넌스 개선", "혁신 촉진"을 강조하였다. 개방데이터는 때때로 정부 데이터와 연관된다. 하지만 정부데이터가 전부 개방의 대상이 되거나 개방에 적합한 것은 아니며, 개방 가능한 정부데이터는 그중에 일부에 불과하다. 따라서 정부데이터(정무데이터)는 개방데이터와 동일한 개념으로 볼 수 없으며, 정부데이터의 개방에 관하여 더 자세한 사항은 제19장을 참고하기 바란다.

제 3 절 개인정보와 비(非)개인정보

개인정보와 비(非)개인정보는 데이터법에서 흔하게 볼 수 있는 개념이며, 비록 중국 입법이 개인데이터(정보)에 대한 명확한 정의를 내리고 있으나, 개인데이터와 비(非)개인데이터 사이에 명확한 경계가 존재하지는 않는다. 따라서 규범적인 목적에서 출발하여 체계적인 해석을 진행할 필요가 있다.

1. 개인정보란 무엇인지

개인정보는 유럽에서 개인데이터(personal data)라고 한다. 중국《개인정보보호법》 제4조 제1항은 다음과 같이 규정하고 있다. 개인정보를 전자적 또는 기타 방식으로 기록된 식별되었거나 식별 가능한 자연인과 관련된 각종 정보(익명처리된 정보는 제외)라고 정의하고 있으며, 익명화 처리 후의 정보는 포함되지 않는다. 이러한 정의의 핵심은 "자연인과 관련된", "각종 정보"이다.

개인정보에서 개인은 오로지 자연인만을 말하며, 자연인은 생명을 가진 개인이다. 사람은 조직, 물체와는 다르다. 자연인은 주체이지 객체가 아니며, 독립적이고 자주적인 의사 및 존엄성을 가진 주체로서 존중되어야 한다. 그러나 자연인은 사회 일원으로서 객관적 존재이자 인지의 대상이 된다. 데이터 과학에서는 사람도 일종의 사실(실체entity라고 칭함)로서 데이터가 기록하거나 묘사하는 대상이라고 보므로, 정보주체 또는 데이터 주체(data subject)라고 한다.

자연인과 관련된 각종 정보는 일반적으로 두 가지 부류로 분류되는데, 하나는 데이터가 특정 개인에 대한 식별 및 지목 기능을 가지는 것으로 식별성 데이터(실무에서는 식별자라고 함)라고 한다. 다른 한 유형의 데이터는 오로지 사실, 사건, 과정, 위치 등을 반영하거나 기록할 뿐 특정인을 지목하는 기능은 가지지 않으며, 이를 서술성 데이터 내지 속성 데이터라고 한다. 식별성 데이터는 신원 지인(指認) 기능을 담당하는 데이터로서, 자체적으로 개인을 가리키거나 개인과 연관될 수 있으므로 이를 직접 개인정보로 정의할 수 있다. 서술성 데이터는 개체의 특징을 묘사하고 반영하는 데이터(단순히 개체 성질과 특징을 식별하기 위한 데이터)로서, 식별성 데이터와 결합될 때 혹은 개인을 식별할 수 있도록 결합될 때에만 비로소 개인정보에 해당할 수 있다.

심화 학습

개인정보 분류

개인정보는 데이터 자체 기능 관점에서 식별류 데이터와 서술류 데이터로 구분할 수 있다. 먼저 식별류 데이터는 성명, 신분증, 지문, 안면, 디지털 ID 등(식별자라 함)을 포함하며, 이러한 정보는 세 가지 주요 특징을 가진다. 첫째, 정보 자체가 특정 개인을 지목하는 기능을 가진다. 둘째, 해당 정보는 개인이 사회활동(교제, 거래)에 참여하는 데 필수적이다. 셋째, 누구든지 직관적으로 해당 정보가 개인 속성을 가지거나 특정인과 연결될 수 있는 속성이 있음을 식별할 수 있다. 식별성 정보는 개인정보 중에서 경계가 비교적 명료하며 개인이 통제하기 쉬운 정보이다. 서술류 개인정보는 속성데이터, 행위데이터 및 관계데이터로 나눌 수 있다.

(1) 속성데이터

속성데이터는 개인의 성장 과정에서 형성된 자연적 속성과 사회적 속성을 가진 데이터이다(예컨대, 성별, 신장, 민족, 생년월일, 학력, 직업, 직함, 직위 등).

(2) 행위데이터

행위데이터는 개인이 시간과 공간의 변화에 따라 생성하는 데이터이다. 네트워크화, 데이터화 및 지능화된 생존 환경에서 한 사람의 활동, 과정 및 행위는 어디에서나 존재하는 네트워크와 센서에 의하여 포착되고 기록되어 개인 행위데이터를 형성하게 된다. 인터넷 접속(특정 웹사이트 방문시 개인 컴퓨터에 저장된 쿠키를 통한 기록), 네트워크 거래 및 서비스, 소셜 네트워크 사이트, 이메일 서비스, 게임 소프트웨어, 건강 소프트웨어 및 라이프 스타일 등 소프트웨어, 무선 네트워크, 소셜 네트워크 사이트 플러그인, 내장 센서가 갖춰진 스마트 워치, 스마트 밴드 등에서 개인과 관련된 대량 데이터를 실시간으로 기록하고 생성할 수 있다.

(3) 관계데이터

관계데이터는 개체와 개체 간 연관성 데이터이며, 예컨대 사람과 사람 간 교제 관계와도 같다. 관계 데이터는 개인이 각종 행위를 하는 과정에서 형성된 데이터인데, 일부 관계 데이터는 일종의 사실이며, 일부 관계 데이터는 행위 데이터 분석을 통하여 도출된다. 예를 들어, 위챗 그룹은 의심할 여지 없이 개인의 사교 관계를 반영할 수 있으며, 개인과 특정 위챗 계정 간 통신 행위(시간, 지속성 등)를 통하여 개인과 해당 위챗 계정 간 관계 밀접도를 분석할 수 있다. 관계 데이터를 통하여 하나의 거대한 네트워크를 생성할 수 있으며, 이는 네트워크 데이터 내지 그래프 데이터라고도 한다. 관계 데이터의 분석은 하위 그룹 식별, 정보 전파, 사기 식별 등에 활용될 수 있다. 그러나 관계 데이터는 사용자 프라이버시를 유출할 위험성이 있는데, 사용자가 속성 데이터에 대해 프라이버시 처리를 했더라도, 관계 데이터는 공격자가 구체적인 사용자를 특정하도록 할 수 있다. 따라서 관계 데이터 보호에 특별히 주목할 필요가 있다.

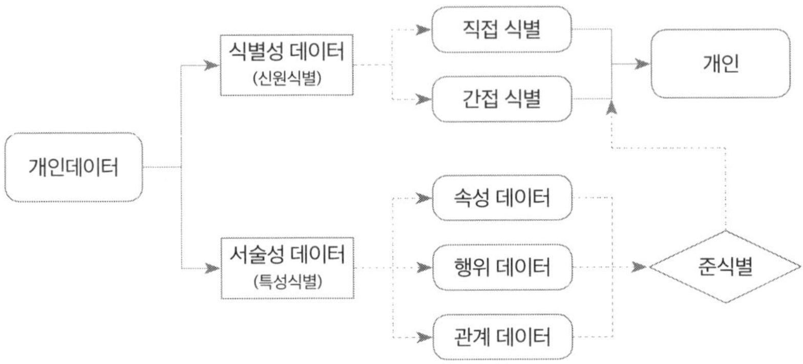

그림 10-1 개인정보 분류

2. 《개인정보보호법》의 규범 목적

개인정보에는 인격권과 개인정보 권익이 포함되며, 이러한 권익을 침해받지 않도록 보장하는 것이 데이터 이용행위 일체의 전제가 된다. 알권리와 결정권, 열람권 등 개인 데이터 처리 과정에서 권리보장(개인정보 권익)은 개인정보보호 입법상 직접적인 목적이며, 인간 존엄, 자유 등 인격권 보장은 궁극적인 목적이다. 그리고 개인데이터는 개인정보를 포함하는 데이터 집합이다. 개인데이터 보호 제도의 목적은 데이터 처리 과정에서 개인정보 권익 보장을 실현하는 것이며, 설령 처리되는 데이터에 개인정보가 포함되지 않더라도 여전히 개인정보 권익 보호 문제가 발생할 수 있다.

3. 비(非)개인정보의 정의

비(非)개인정보는 데이터 중에서 개인정보와 관련되지 않거나 자연인과 무관한 데이터를 말한다. 데이터는 세상 만물의 디지털화된 묘사이며, 묘사 대상의 다양성으로 인하여 데이터 종류를 일일이 열거할 방법이 없다. 데이터 보호는 개인데이터로부터 먼저 시작되었기에, 우리는 법적 보호의 관점에서 또 다른 상대적인 개념, 즉 비(非)개인데이터를 쉽게 형성하게 된다. 다시 말하면, 개인을 묘사하지 않는 데이터를 비(非)개인데이터로 분류함으로써, 나아가 개인데이터와 비(非)개인데이터의 이원적 구분이라는 기본적 유형이 형성되는 것이다.

비(非)개인데이터에 관하여는 일반적으로 제외 방식을 통해 범위를 정의하는 방식을 취하고 있는데, 비(非)개인데이터에 대한 규범화를 시도한《유럽의회 및 이사회의 EU 비(非)개인 데이터의 자유 유통 프레임워크에 관한 규정》(2019년 5월 발효)[3]조차 비(非)개인데이터를 "개인데이터 외 데이터"로만 정의할 수 있을 뿐이다(제3조 참조). 개인정보(데이터) 개념 자체의 모호성에 더하여, 개인정보보호의 본질이 개인정보 처리 과정에서 개인의 권익이 침해받지 않도록 보호하는 데 초점이 맞춰져 있으므로, 제외 방식에 의존하여 비(非)개인데이터를 정의하는 방식은 비(非)개인데이터 범위의 모호성과 불확실성을 초래할 수 있다.

3 유럽연합(EU) 집행위원회는 2017년 9월 13일에《유럽의회 및 이사회의 유럽연합(EU) 내 비(非)개인데이터의 자유로운 이동을 위한 프레임워크에 관한 규정(안)》을 발표하였으며, 해당 제안은 2018년에 채택되어 2019년 5월부터 시행되었다. 이는 유럽의회 및 이사회의 유럽연합(EU) 내 비(非)개인데이터의 자유로운 이동을 위한 프레임 워크에 관한 규정(2018년 11월 14일)(REGULATION (EU) 2018/1807 OF THE EUROPEAN PARLIAMENT AND OF THE COUNCIL of 14 November 2018 on a framework for the free flow of non-personal data in the European Union)(https://eur-lex.europa.eu/legal-content/EN/TXT/PDF/?uri=CELEX:32018R1807)이다.

실제로 데이터 묘사 대상(실체) 혹은 주체가 "비(非)개인"에 속하는 경우, 비(非)개인데이터 범주 내 속한다. 이에 따라 데이터가 사물, 기계, 물질 천체, 조직기구 내지 사건 등과 같은 실체를 묘사하는 경우에는 비(非)개인 데이터에 해당한다. 따라서 비(非)개인데이터는 구체적 개인을 식별하는 특성이나 능력을 가지지 않는 데이터이며, 그에 대한 묘사는 자연인 이외의 각종 실체이다.

첫째, 개인과 무관한 데이터이다. 이러한 데이터는 개인과 절대 관계를 맺지 않는다. 가장 좋은 예는 기계가 순수하게 생산한 자연이나 사회운영 등에 관한 데이터로서, 예를 들면 센서가 수집한 실외온도, 교통시간표, 날씨, 해류, 공공예산 및 환경오염 등이 있다.

둘째, 개인 데이터를 처리하여 특정 개인을 식별할 수 없고 복원할 수 없는 데이터이다. 이러한 데이터는 과거에는 개인 데이터였으나 기술 처리 이후 개인을 식별하는 기능을 상실하였으며, 익명화된 데이터라고도 불린다.

4. 비(非)개인정보 구분의 모호성

실무상으로 개인데이터와 비(非)개인데이터 간에는 수많은 연결점(접점)이 존재하며, 기계가 생성한 데이터라고 하여 전부 비(非)개인데이터는 아니다. 그 이유는 이러한 데이터가 때로는 특정인으로부터 간접적으로 생산되거나 특정인과 연결될 수 있기 때문이다. 그 전형적인 예로, 등록 사용자의 사물인터넷기기가 수집한 데이터는 반드시 비(非)개인데이터에 속하는 것이 아니며, 일부는 여전히 개인을 식별하는 성능을 가지고 있으므로 개인 데이터 범주 내 속할 수 있다. 익명화된 데이터도 절대적으로 식별이 불가능하거나 재식별이 불가능한 것은 아니며, 보다 많은 데이터를 수집하여 재식별 분석을 수행한다면 특정 개인을 식별할 수 있다. 다시 말해, 익명화된 데이터 또한 개인 식별성을 가질 수 있다. 이러한 의미에서 본다면, 특정 데이터 또는 정보가 개인정보(개인데이터) 범주 내에 속하는지 여부를 결정하는 핵심은, 특정 상황에서, 특정 처리 영역에서 특정 개인을 식별하는지 여부에 달려 있다. 즉, 우리는 이러한 정보가 개인정보에 속하는지에 관하여 단독으로 살펴볼 수 없으며, 핵심은 특정인을 연관시키거나 분석하는 데 사용되는지 여부에 달려 있고, 이는 주로 개인정보의 사용 방식과 사용 목적에 따라 좌우될 수 있다. 이는 개인데이터와 비(非)개인데이터의 구분이 상대성과 모호성을 갖도록 만든다.

사물인터넷[4]의 출현과 응용은 빅데이터 생산에서 주요한 요인이며, 객관적 세계와 기계로부터 유래하는 데이터는 대부분 사람과는 무관하나, 반드시 그런 것만은 아니다. 이는 사물인터넷 기기에도 소유자가 있기 때문이며, 매우 많은 사물인터넷 데이터가 표면상으로는 화물, 기계의 기록처럼 보이지만 여전히 소유자와 연결될 수 있다. 예를 들면, 화물 운송 중에 위치 데이터는 화물 데이터로서 지능화 관리에 사용될 수 있지만, 화주(사람)를 식별할 수 있는 가능성을 가지고 있다. 마찬가지로, 전기 계량기, 수도 계량기 등 상태 데이터도 이러한 특성을 가진다. 이에 따라 사물인터넷 데이터가 전부 비(非)개인데이터라고 볼 수는 없으며, 많은 기계나 사물에 관한 데이터는 사람과의 연결(신원)을 차단한 후에만 비로소 진정한 비(非)개인데이터가 될 수 있다.

4 현재 비교적 공인된 사물인터넷의 정의는 다음과 같다: 무선 주파수 식별, 적외선 센서, 전 지구 위치결정 시스템, 레이저스캐너 등 정보감지설비를 통하여 약정된 프로토콜에 따라 전 물품을 인터넷과 연결하여 정보 교환 및 통신을 진행함으로써 지능화된 식별, 위치 확인, 추적, 모니터링 및 관리를 수행하는 네트워크.

"데이터 20조"는 공공데이터와 기업데이터를 정의하는 경우에 의도적으로 개인정보 데이터를 제외하였다. 이는 정부가 생산하거나 기업이 생산한 데이터에 개인데이터가 포함되지 않는다는 의미가 아닌, 정부가 대외 개방하거나 기업이 데이터를 유통·이용하는 경우, 우선 데이터상 개인정보 권익을 반드시 적절하게 보호해야 하며, 개인정보 권익과 관련되지 않을 때에만 사회화된 유통·이용이 가능하다는 의미이다. 이는 컴플라이언스 관리에 의하여 실현될 수 있으며, 정부데이터 내지 기업데이터에 개인데이터가 포함되지 않는다는 것을 의미하지는 않는다.

제 4 절 공공데이터, 기업데이터, 개인데이터의 교차 문제

실무에서는 일반적으로 데이터를 공공데이터, 기업데이터, 개인데이터의 세 가지 유형으로 구분하고 있다. "데이터 20조"는 이러한 실무상의 보편적 인식을 반영하여 "공공데이터, 기업데이터, 개인데이터의 분류·등급별 권리확정 및 권한부여 제도를 구축"할 것을 강조하고 있다. 데이터의 출처 및 생성 특징에 근거하여, 데이터 생산·유통·이용 과정에서 각 참여자가 향유하는 합법적 권리를 각각 규정하고, 데이터 자원 보유권, 데이터 가공·이용권, 데이터 제품 경영권 등으로 분리된 재산권 운영 메커니즘을 구축해야 한다는 것이다. 즉, "데이터 20조"는 데이터를 "공공데이터, 기업데이터, 개인데이터"의 세 가지 기본 유형으로 구분하였다. 그러나 본서는 이와 같은 세 가지 유형 간에 명확한 구분 기준이 존재하지 않는다고 본다. 구체적인 적용 상황에서 구체적인 보호 목적에 따라 결합하여야만 비로소 데이터 분류의 의의가 나타날 수 있다.

1. "데이터 20조"상의 공공데이터, 기업데이터와 개인데이터에 대한 정의

"데이터 20조"는 공공데이터를 "각급 당정기관 및 기업, 사업단위가 법에 따라 직무를 수행하거나 공공서비스를 제공하는 과정에서 생성된 데이터"라고 정의한다. 이는 데이터 처리행위가 의존하는 행위 목적 및 법적 근거에 상응하는 개념으로서, 법이 부여한 직권을 행사하거나 법이 규정한 직책을 수행하는 과정에서 생성된 데이터가 곧 공공데이터라는 의미이다. "데이터 20조"는 기업데이터를 "각종 시장주체가 생산, 경영활동 중에 수집·가공한 개인정보 및 공공이익과 관련되지 않는 데이터"로 규정하고 있다. 즉, 기업데이터에는 개인데이터 및 공공이익에 관련된 데이터가 제외되므로, 기업이 보유하거나 통제하는 모든 데이터가 반드시 기업데이터에 해당하는 것은 아니라는 것이다. 한편《민법전》과《개인정보보호법》에서 개인정보의 개념을 명확히 정의하고 있으므로, "데이터 20조"는 개인데이터 개념을 별도로 상세히 설명하지 않으며 단지 "개인정보를 담고 있는 데이터"로만 규정하고 있다. 다시 말하면, 개인데이터는 식별되었거나 식별 가능한 개인과 관련된 데이터이다. 데이터 형식과 관련해서는, 이론적으로는 전자적 형식 뿐만 아니라 기타 방식으로 기록된 것도 가능하지만, 통상적으로 전자적 방식으로 기록된 데이터 형식을 말한다.

상술한 개념 체계하에서 검토해야 할 문제는 "공공이익과 관련된 데이터"가 곧 "데이터 20조"에서 규정한 공공데이터인지 여부이다. "데이터 20조"의 목적은 공공데이터, 기업데이터, 개인데이터의 경계를 명확하게 함으로써, 서로 다른 데이터 유형에 따라 보유, 이용, 수익 취득 등 권리를 다르게 설정하는 것이다. 이러한 관점에서 보면, 기업데이터는 공공데이터와 개인데이터를 포함하지 않는 기업이 통제하는 데이터로 해석하는 것이 타당할 것이다. 본장 제2절에서 언급한 바와 같이, 공공데이터는 데이터 보유자가 데이터를 공공 영역에 공개한 결과로 형성되며, 데이터 보유자가 단지 데이터를 보유하고 있다는 사실 그 자체로 성립되는 것은 아니다. 공공데이터의 정의 설정에 있어서는 행위 목적과 그 법적 근거뿐만 아니라, 데이터 자체에서 내포하는 이익 속성을 같이 고려하여야 한다. "데이터 20조"에서 말하는 공공데이터의 정의는 엄밀히 따지자면 명료하다고 보기 어렵다. 한편으로는 정무데이터의 개념을 사용하여 공공데이터를 설명하고 있으며, 다른 한편으로는 "데이터의 자유로운 이용과 공개 여부와 같이 규범적 속성의 관점에서 공공데이터 및 비(非)공공데이터를 구분한다"는 취지를 반영하고 있다.

2. "데이터 제20조" 데이터 유형 구분의 이해

서로 다른 데이터마다 내포하는 이익 속성이 다르므로, 데이터 유형에 따라서 상이한 유통 및 이용 규칙을 설계해야 한다는 점에 대해서는 학계의 공감대가 형성되어 있다. "데이터 20조"가 공공데이터, 기업데이터, 개인데이터를 구분하는 것 또한 바로 이와 같은 목적에 근거하고 있다. "데이터 20조"는 단순하게 다양한 데이터 유형을 구별하는 데에만 그치지 않고, 서로 다른 데이터 유형에서 교차·중첩을 배제하여 일종의 "유아무타(有我无他)", 즉 배타적 구분 상태를 달성하고자 한다. 그러나 데이터 분석과 활용에 이용되는 데이터 집합은 다양성 및 혼합성 등의 특징을 지니며, 그중에는 필연적으로 여러 종류의 데이터가 포함된다. 우리는 데이터 유형의 구분과 식별 자체는 비교적 용이하게 할 수 있으나, 서로 다른 분류 기준에서 다양한 데이터 사이에는 명확한 경계가 존재하지 않는다. 예를 들면, 공공데이터와 개인데이터를 비교하는 경우에 공공데이터 중에서는 개인과 관련된 데이터가 포함될 수 있으며, 개인데이터 중에서도 공공 이익과 관련된 데이터가 포함될 수 있다. 마찬가지로, 기업이 통제하는 데이터 중에는 개인과 관련된 데이터가 포함될 수 있는데, 만약 개인데이터를 기업데이터 범위에서 제외한다면, 기업이 통제하는 개인데이터에 대하여 어떤 권리를 향유하는지에 관한 문제가 해결되지 않는다. 동일한 데이터가 서로 다른 분류 기준에 의하여 여러 데이터 유형으로 평가될 수 있으며, 그에 따라 다양한 규칙이 병렬적으로 적용될 수 있다. 그러므로 이러한 병행 규칙들이 상충되지 않도록 정교하게 설계해야 하며, 서로 다른 관점·차원, 평가 체계하에서도 데이터의 전방위적 보호를 실현할 필요가 있다.

앞서 언급한 정부데이터와 사회데이터, 공공데이터와 비(非)공공데이터, 개인데이터와 비(非)개인데이터의 구분을 종합하면, "데이터 20조"에서 규정한 공공데이터는 광의의 정부데이터 개념에 보다 유사한 것으로 이해된다. 이는 일부 특수한 공공이익과 관계되어 공개 및 자유로운 이용이 필요한 경우가 있을 수 있으며, 공개될 필요가 없는 경우도 있다. 또한, 개인데이터를 포함할 수 있으며, 단지 정부기관의 조직 운영 과정에서 발생한 비(非)개인데이터일 수도 있다. 한편으로 "데이터 20조"가 규정한 기업데이터는 사회데이터의 구성요소에 속하며, 기업이 자율적으로 그 이용 방식을 결정할 수 있다. 그러나 상기 데이터 분류 체계와는 달리, 기업데이터에서 개인데이터와 공공이익에 관련된 데이터를 제외하고 있어 이해상으로는 다소 모호하고 불합리한 측면이 있다. "데이터 20조"에서 규정하는 개인데이터의 정의는 앞서 본 데이터 분류체계와도 일치하며, 이미 식별되었거나 식별 가능한 개인과 관련된 데이터로서 개인정보 보호 규칙의 적용을 받는다.

제 4 편

데이터 요소의 기초 제도:
데이터 재사용 거버넌스 프레임워크

"데이터 20조"는 데이터 보유자 권리를 기반으로 한 데이터 기본제도를 제시하여 데이터 요소의 유통 및 활용 질서를 구축하는 데 그 목적이 있다. 이런 제도 설계는 데이터 보유자가 데이터 사용권을 누린다는 것을 인정하는 전제에서, 그에게 데이터 출처자·사회·국가 이익 보호 의무를 부여하고 각 당사자의 이익 실현에 유리한 거버넌스 프레임워크와 유통·활용 규칙을 수립하는 것이다. 데이터 출처자의 합법적 권리는 현행 법률이 개인 및 법인 조직의 합법적 이익을 보호하는 데서 비롯되며, 전반적으로 데이터 사용자(보유자)의 부당한 이용으로 인한 합법적 권익 침해를 소극적으로 방어하는 성격의 권리에 해당한다. 데이터 보유자는 규정 준수 및 안전 관리 의무를 준수한 기반 위에서 데이터 사용권을 가지며, 여기에는 데이터를 타인에게 유통시켜 그 대가를 취득하는 유통권이 포함된다. 데이터 보유자의 사용권은 가치 창출에 기반한 합법적 이익 보호에 근거하며, 선점이나 노동에 따른 데이터에 대한 배타적 사용권이 아니다. 이러한 제도 설계의 주요 목적은 각 사회 주체가 데이터를 수집/사용하고, 객관적 세계를 인식하며, 사회경제 활동에 참여할 자유(권리)를 보호하는 데 있다. 데이터 권리의 구성은 각 주체 역할을 균형 있게 조율하면서 안전한 데이터 재사용 질서를 구축하는 데 목적이 있다. 이 질서는 상충되는 이익을 조정하여 시너지를 내는 거버넌스 메커니즘에 의존한다. 따라서 데이터 재사용 질서는 배타적 권리 패러다임(재산권 패러다임)이 아닌 거버넌스 패러다임에 기초한다.

제 11 장 데이터 출처자의 이익 보호

데이터 보유자가 합법적으로 데이터 통제권을 취득했다고 해서 데이터 사용 및 유통 권리를 누릴 수 있는 것은 아니다. 데이터 보유자는 또한 데이터에 존재하는 개인 이익, 사회 공공이익 및 국가 이익을 보호하고 데이터 합법성 및 규정 준수 의무를 이행해야 한다. 데이터 출처자에 대한 보호는 데이터 보유자가 이행해야 할 데이터 보안 규정 준수 의무에 내재된 요구사항이다. 디지털 데이터가 최초 생성되는 관점에서 데이터는 크게 사람, 사물(기계), 조직의 세 가지 출처로 구분된다.

첫째, 개인 활동에서 비롯된 데이터로, 디지털 시대를 살아갈 때 개인은 데이터를 생성할 뿐만 아니라 개인 활동 자체가 기록된다. 둘째, 네트워크 및 스마트 기기 운영에서 비롯된 데이터로, 사물인터넷 환경에서 연결된 다양한 기기와 기계가 대량의 데이터를 생성한다. 셋째, 조직 운영 및 대외 교류(거래) 활동에서 비롯된 데이터로, 네트워크화 또는 디지털화된 사무를 운영하는 다양한 조직도 대량의 데이터를 생성한다(이러한 데이터는 "부수적 산물"이라고 불린다).

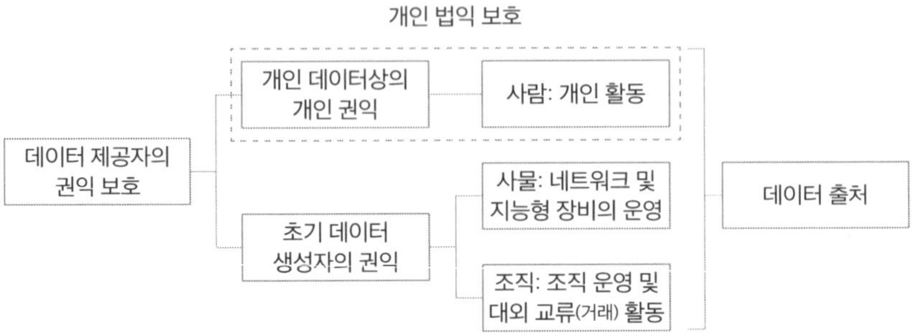

그림 11-1 데이터 출처자의 권익 보호

제 1 절 데이터 소스와 출처자

데이터는 객관적 세계의 반영이며, 모든 데이터에는 원천(source)이 존재한다. 데이터 원천은 데이터가 유래된 위치이며, 초기 원천 데이터가 특정 주체와 관련될 때 데이터 출처자가 존재하게 된다. 즉, 데이터 출처자는 바로 데이터가 설명하는 대상이다.

1. 데이터 소스

데이터 소스는 데이터가 생성된 최초 위치일 수도 있고, 물리적 정보가 최초로 디지털화된 위치일 수도 있다. 그러나 다른 프로세스가 그것에 접근하고 사용하기만 하면 데이터는 다른 데이터의 출처가 될 수도 있다(예: 재고 테이블은 데이터 소스이며, 고객에게 웹사이트 서비스를 제공하는 웹 애플리케이션이 이것에 접근함). 데이터 소스는 데이터베이스, 평면 파일, 물리적 장치의 실시간 측정값, 크롤링한 네트워크 데이터, 또는 인터넷에 넘쳐나는 수많은 정적 데이터(역주: 한 번 생성되거나 저장된 후에는 고정된 상태를 비교적 오래 유지하는 데이터) 및 스트리밍 데이터 서비스 중 하나일 수 있다. 데이터 소스는 크게 머신 데이터 소스와 파일 데이터 소스 두 가지 유형으로 나뉘며, 저장, 수집 및 사용 방식이 다르다.

머신 데이터 소스: 머신 데이터 소스의 이름은 사용자가 정의하며, 데이터를 수신하는 기계에 위치해야 하며 쉽게 공유될 수 없다. 머신 데이터를 조회하려면 합법적인 인증이 필요하며, 소프트웨어 드라이버와 드라이버 관리자를 통해 데이터 소스 이름(DSN)을 입력하여 연결하거나 조회하여 사용한다.

파일 데이터 소스: 파일 데이터 소스는 공유 가능한 단일 컴퓨터 파일(일반적으로 확장자 .dsn)에 모든 연결 정보를 포함한다. 머신 소스와 달리 파일 데이터 소스는 다른 컴퓨터 파일과 마찬가지로 편집 및 복사가 가능하다. 이를 통해 사용자와 시스템이 공통 링크를 공유하면서 동시에 동일한 파일 데이터 소스를 사용할 수 있다. 물론 '공유할 수 없는' .dsn 파일도 있는데, 이 파일은 기기 한 대에만 존재하여 이동하거나 복사할 수 없다.

2. 데이터소스 출처자

데이터 소스는 데이터 출처에 대한 기술적 설명이다. 데이터 사용 관계를 구축하기 위해서는 데이터 소스에 보호해야 할 합법적 이익이 포함되어 있는지를 고려해야 한다. 데이터 소스는 두 종류의 주체와 관련 있다. 하나는 데이터를 생성, 유지 및 관리하는 주체인 생산자이며, 다른 하나는 데이터가 설명하는 대상인 데이터 주체이다. 전자의 합법적 이익은 데이터 보유자의 권리로 보호받을 수 있다. 후자의 경우, 우리는 이를 데이터 출처자라고 부른다. 즉, 데이터 출처자는 데이터가 매핑, 지시 또는 설명하는 주체이다. 해당 주체는 데이터를 생성하지 않았거나 혹은 생성에는 참여했지만 데이터를 통제하지 않는 주체를 의미한다. 《개인정보보호법》에서 출처자는 바로 데이터 주체 또는 정보 주체이다.

데이터 재사용 질서를 구축하려면 데이터에 대한 정당한 이익을 보호해야 한다. 이때 데이터생성자 또는 생산자에 대하여는 보유자의 권리로서 대표하고, 데이터가 기술하는 대상 또는 주체에 대해서는 데이터 출처자로서 대표하며, 이들의 법적 보호 이익을 규정하는 것이 필요하다. 데이터에 대한 합법적 이익은 명예, 프라이버시 등 인격적 이익과 같은 법률 규정에 기인하며, 나중에 등장한 개인정보 권익도 포함한다.

제 2 절 데이터 출처자의 권익 보호 문제

1. 현행 법률은 사실 데이터까지 보호하지 못함

데이터 출처자의 합법적 이익을 보호해야 하는 이유는 데이터소스가 사회에서 비롯되며 사회가 사용할 수 있는 자원이 될 수 있기 때문이다. 만약 데이터 수집, 사용 및 유통(재이용) 행위가 데이터 대상의 이익을 침해한다면 출처자의 반발과 불신을 초래하여 데이터의 사회화 이용을 방해할 수 있다. 따라서 어떠한 데이터 이용 행위라도 예외 없이 타인의 합법적 이익을 보호하여야 한다는 원칙과 구체적인 법률 규정을 준수해야 한다. 현행 법률에서 데이터와 관련된 합법적 권익을 확립한 것은 주로 저작권, 영업비밀 등의 지식재산권, 국가 기밀 및 안보 이익, 개인의 인격권 등이다.

데이터는 항상 인류 사회가 수집 가능한 자원이었으나, 빅데이터 시대에 접어들면서 사람들이 수집하고 이용하는 데이터는 근원적으로 기계 판독이 가능한 사실 데이터(역주: 해석이 들어가지 않은 객관적인 사실을 그대로 기록한 데이터)가 되었다. 이러한 데이터는 여전히 현실 주체 또는 그의 합법적 이익을 지향하거나 반영하는 속성을 지니고 있다. 사람들은 데이터를 수집하고 사용할 때 이러한 합법적 이익의 보호 문제를 고려해야 한다. 그런데 현행 법률은 실제로는 사실 데이터나 사실 정보를 전혀 보호하지 않는다. 특허법은 가치 있는 기술 정보 그 자체를 보호하지 않으며, 저작권법 역시 사실 정보를 보호하지 않는다. 영업비밀은 출처자가 직접 비밀 유지 조치를 취한 가치 있는 정보 자원인데, 대부분의 원시 데이터는 특정 조직의 영업비밀과 관련이 없다.

2. 개인 데이터상 개인 권익의 보호

데이터는 수집 및 사용이 가능하나, 데이터 사용이 개인과 매핑되거나 관련될 경우 개인 권익 보호 문제가 발생한다. 전통적인 인격권 보호 체계하에서, 성명과 초상은 개인을 직접 특정하기 때문에 법률상 개인에게 성명권과 초상권을 부여하고, 무단 사용을 금지하는 일반 원칙이 확립되어 있다. 그 외의 개인정보는 사용이 허용되지만, 개인의 명예와 사생활 이익을 보호하며, 개인정보 사용이 명예권과 사생활권을 침해할 경우 개인에게 손해배상 구제를 청구할 권리를 부여한다.

컴퓨터의 사용이 보편화되면서, 컴퓨터를 이용한 개인정보의 수집·저장·처리·분석은 개인에게 새로운 위험을 초래하게 되었다. 이에 따라 해외에서는 선제적으로 개인 데이터 또는 개인정보 보호 제도를 구축하였다. 중국은 2012년 전국인민대표대회 상무위원회가 《네트워크 정보 보호 강화에 관한 결정》을 제정하며 개인정보 보호 제도를 도입하였고, 2021년에는 《개인정보보호법》을 제정하였다. 《개인정보보호법》은 논리적으로 데이터나 정보가 설명하는 대상(주체)이 개인일 때, 개인이 주체이므로 개인 데이터에 대해 데이터 주체의 권익(중국에서는 개인정보 권익이라 함)을 보호해야 한다고 규정한다. 《개인정보보호법》은 동의 없이는 개인정보를 수집·사용할 수 없다는 권리 부여 규칙을 정립하지 않고, 대신 개인정보 처리의 정당한 규칙을 정립하여 개인정보 처리 행위가 개인 주체의 이익을 침해하는 것을 방지한다. 개인정보 처리가 개인에게 미치는 위험은 모두 다르기 때문에, 데이터나 정보의 종류에 따라 처리 규칙 또한 모두 다르다. 직접적으로 개인을 식별할 수 있는 정보(식별자) 또는 해당 정보를 포함하는 데이터 세트의 처리는 통상 개인의 동의를 얻어야 한다. 반면 직접적으로 개인을 식별할 수 없는 정보 처리의 경우에는 사생활·평등권 등 정보 주체의 합법적 권익을 침해하지 않도록 하는 것이 가장 중요하다.

3. 데이터 수집 또는 생성자의 권익

디지털 네트워크는 이미 인류 사회의 기반 시설이 되었으며, 각 사회 주체의 활동은 기록될 수 있고 객관적 세계는 감지될 수 있어 이를 기반으로 빅데이터가 형성된다. 일부 데이터는 사람이 생성하거나 사람의 참여하에 형성된 반면, 대량의 데이터는 기계 운영으로 생성된다. 분명히 네트워크 환경에서 모든 데이터에는 출처가 있으며, 출처가 있는 데이터에는 생성 주체도 존재한다. 그렇다면 데이터 생성 주체는 보호받을 수 있는 합법적 이익이 있을까?

앞서 언급한 바와 같이, 현행 법률 제도는 이 영역을 다루지 않고 있으며, 대신 모든 사실 데이터를 공공 영역에 두고 있다. 중국에서는 데이터 자원 유통 이용 질서 구축을 모색 중이며, 데이터 생성자의 합법적 이익을 보호하기 위해 데이터 자원 보유권을 제안하고 있다. 데이터 자원 보유자는 생성한 데이터 자원의 안전을 유지하고, 데이터를 개발·이용하며, 데이터의 가치를 획득할 권리를 가진다. 일단 이러한 권리가 확립되면 데이터 생성자의 권익 보호는 데이터 자원 보유권에 흡수되어 데이터 출처자의 권익 보호 범주에 포함되지 않게 된다.

4. 출처자 이익 보호

데이터 자원화 또는 요소화 배경에서(역자 주: 중국 정부는 공식적으로 데이터를 새로운 생산요소로 지정하고, 데이터 거래소를 설립하여 데이터가 시장에서 활발히 유통되고 다른 생산요소와 결합해서 새로운 산업을 창출하도록 정책적으로 지원하고 있음), 데이터 출처자의 권익 보호는 공공 정책의 핵심 문제가 된다. 데이터 결합 또는 자연인과 관련된 개인정보 권익 보호이든, 데이터 생성자 또는 생산자 권익 보호이든, 모두 마땅히 데이터에 존재하는 합법적 이익 또는 데이터 처리에 관련된 합법적 이익에 대한 보호이어야 하며, 데이터 지배권 또는 지배 이익에 대한 보호이어서는 안 된다. 이는 데이터를 사회적 자원으로 자리매김하고, 데이터의 접근 가능성 및 사용 가능성을 보장하기 위한 필연적 귀결이다. 오직 데이터 출처자에게 합법적 이익이 존재하고 또한 법률이 데이터를 통제하거나 결정할 적극적 권리를 명확히 부여한 상황이어야만, 출처자는 비로소 타인의 데이터 접근을 저지할 권리를 가진다. 법률이 출처자에게 합법적 권리를 명확하게 부여한 상황에서는, 정당한 권한을 부여받지 않고는 데이터를 수집할 수 없다는 금지규칙을 수립해야 한다. 만약 그런 상황이 아니라면 데이터는 바로 수집 가능하며, 단지 수집과 이용 시 데이터에 존재할 수 있는 합법적 이익을 보호할 필요가 있을 뿐이다. 법적으로 출처자의 합법적 이익 보호는 행위 규범을 통해 실현된다. 어떤 접근 및 이용 행위가 정당한지, 이용자가 출처자의 합법적 이익을 보호하기 위해 어떤 규칙을 따라야 하는지 명확히 할 필요가 있다.

"데이터 20조"는 데이터 출처자에게 "데이터 생성을 촉진함으로써 발생한 권리"를 인정하지만 데이터에 대한 전유권을 부여하지는 않으며, 여전히 "정보 주체의 동의 또는 법률에 규정된 사유에 기반한 데이터 유통 사용 모델"을 채택하고 있다. 데이터가 개인과 관련될 경우, 데이터 처리는 《개인정보보호법》의 규정을 준수해야 한다. 《개인정보보호법》 등 법률에 따라 데이터의 합법적 이익을 보호하는 것은 데이터가 자원으로 유통·활용되는 전제 조건이다.

위와 같은 데이터 출처자에 대한 소극적 이익 보호 외에도, 《개인정보보호법》은 개인정보의 열람·복제권 및 이동권을 규정함으로써 개인 데이터 출처자에게 어느 정도 통제적 성격을 지닌 재산권을 부여했다. 《개인정보보호법》 제45조는 개인이 자신의 개인정보에 대한 열람 및 복제권을 누릴 수 있도록 규정하고 있으며, 이는 유럽연합의 '일반 데이터 보호 규정(GDPR)'에 명시된 접근권 및 복사본 취득권에 해당한다. 열람 및 복제권은 데이터 주체의 인격권 보호에서 비롯된 것으로, 개인이 데이터 처리의 합법성과 처리 데이터의 정확성을 이해하고 검증할 수 있도록 하여 개인정보 처리 활동에 대한 알권리를 구현한다. 이는 데이터 처리 과정에서의 오류와 편향을 교정하는 데 기여함으로써 개인이 정확하고 합리적인 결정을 내리는 데 도움을 준다. 《개인정보보호법》 제45조는 개인이 개인정보 처리자에게 자신의 개인정보를 열람·복제할 권리가 있을 뿐만 아니라, 개인정보를 자신이 지정한 개인정보 처리자에게 이전해 줄 것을 요청할 권리도 부여한다. 이는 "중국판" 데이터 이동권(이하 개인정보 이전권, 약칭 이전권)이라 불린다. 개인정보 이전권의 인정은 개인이 서비스 제공자를 전환하는 비용을 낮추고, 개인정보의 자유로운 유통을 촉진하며, 자신의 개인정보 사용에 대한 위험 통제 능력을 향상시킨다. 이는 개인과 데이터 보유자 간의 절대적으로 불리한 지위를 변화시켜 데이터 수집 및 전송 권리를 다시 개인 자신에게로 되돌리는 데 의미가 있다. 이동권 확립은 거시적 차원에서 데이터 유통을 촉진하고 데이터의 "낙인 효과"(역자 주: Locke-in Effect)를 해소하며, 데이터 독점이 건전한 경쟁 질서를 훼손하는 것을 방지할 수 있다. 개인정보가 서로 다른 데이터 서비스 제공자 간에 유통될 수 있게 됨으로써 시장 주체 간 경쟁이 활성화되고 시장 기술 및 모델 혁신이 촉진되며 개인정보 보호 수준이 향상되어 개인이 디지털 경제에서 데이터 이익(역자 주: 데이터를 활용함으로써 창출되는 모든 경제적, 사회적 이익과 혜택, 가치를 포함)을 함께 나눌 수 있게 된다. 그러나 일부 학자들은 데이터 이동권이 데이터 통제 이탈, 심지어 데이터 유출이라는 보안 리스크를 심화시켜 타인의 사생활권이나 개인 데이터 권익을 위협할 수 있다고 지적한다. 또한 데이터 간 상호운용성 부족 역시 데이터 이동권 실현의 기술적 장애물이다.

이전권 실현은 《개인정보보호법》의 관철 및 시행의 시금석으로, 기업은 정보 이전권에 대한 연구를 중시하고 이를 관철하여 실현해야 한다. 《개인정보보호법》의 주된 취지는 개인이 자신의 개인정보 이용에 대해 가지는 통제를 강화하는 것이며, 이는 개인정보 처리/이용의 모든 단계에서 개인의 동의를 관철하는 것 외에도 개인정보 처리 과정에서 개인에게 부여된 수많은 권리의 설계에도 반영되어 있다. 개인정보 이전권은 바로 개인 의지의 구현이다. 《개인정보보호법》이 명확히 규정한 상황에서 우리는 개인의 이러한 권리를 합리적으로 해석하고 보호할

수 있을 뿐이다. 이와 관련해 필자는 중국의 개인정보 이전권에 대해 다음과 같은 원칙을 제안한다:

첫째, 이전 가능한 개인정보의 범위는 개인이 제공하거나 게시한 내용으로 한정되어야 하며, 일반적으로 기기가 기록한 내용을 포함해서는 안 되고, 더욱이 처리자의 계산·분석 결과나 추론을 포함해서는 안 된다.

둘째, 개인정보 이전은 시장 경쟁에 유익해야 한다. 기존 개인정보 처리자의 정당한 상업적 이익을 침해해서는 안 되며, 새로운 처리자가 무임승차하는 결과를 초래해서도 안 된다.

셋째, 개인정보 처리자의 협력 의무(이전 경로를 제공하는 것)는 처리자에게 과도한 부담과 비용을 초래해서는 안 된다. 과도한 부담은 처리자가 개인의 이전권 행사를 거부하는 정당한 사유가 될 수 있다(제50조).[1]

넷째, 개인이 "지정한 개인정보 처리자"가 이전 방식을 통해 개인정보를 수집하는 경우에도 여전히 필요성 원칙(역주: 최소수집 원칙)에 따른 제한을 받아야 한다(이를 통해 정보 주체의 자유를 제한함). 이전 방식은 단지 개인정보 수집 방식의 보충 수단일 뿐이다.

다섯째, 처리자가 "비식별화된 개인정보"를 공유하거나 외부에 제공하는 것은 이전권의 대체 수단이 될 수 있다.

결론적으로, 우리는 데이터 출처자의 이익에 대한 일정한 보호를 고려해야 하며, 데이터의 개방적 활용을 인정하는 동시에 데이터 최초 생성자에게도 보호할 이익이 존재한다는 점을 인정해야 한다. 최초 데이

1 중국 《개인정보보호법》 제50조는 "개인정보 처리자는 개인이 권리를 행사할 수 있도록 편리한 신청 접수 및 처리 체계를 구축해야 한다. 개인의 권리 행사 요청을 거부할 경우 그 사유를 설명해야 한다. 개인정보 처리자가 개인의 권리 행사 요청을 거부할 경우, 개인은 법에 따라 인민법원에 소송을 제기할 수 있다"라고 규정한다.

터 생성자의 합법적 이익을 어떻게 정의하고, 데이터의 외부 제공을 어떻게 장려할 것인가는 법률로 명확히 규정해야 할 과제이다.

제 3 절 개인 데이터 권익 보호 규칙

데이터 출처자는 "데이터 20조"에서 유래하는 개념으로, 아직까지 법률규범에 들어오지 않았다. 현행 법률 체계에 근거할 때 비교적 확실한 것은 데이터가 개인과 연관되거나 개인을 식별할 때, 개인 권익 보호가 출처자 이익 보호 범주에 포함될 수 있다는 점이다. 개인 권익 보호는 데이터 요소화 및 유통 활용의 전제로 볼 수 있다.

1. 개인정보 보호 목적

EU와 미국의 법률은 개인정보 보호 분야가 비교적 일찍 발전해 왔으므로, 우리는 EU와 미국의 법률을 통해 개인정보 권익 보호의 본래 취지를 탐구할 수 있다.

유럽 대륙은 개인 데이터 보호를 일종의 기본적 인권 보호로 간주하므로, 개인 데이터는 인간의 존엄성과 관련되어 있다. 데이터 처리는 데이터 주체의 의사를 무시해서는 안 되며, 그렇지 않으면 이는 인간에 대한 존엄을 저버리는 것이다. "인간을 목적으로 대한다."는 고려에서 유럽 연합(EU) 입법은 개인데이터에 자기결정권 또는 통제권을 부여했다. 한편, 미국 법률은 사생활 보호권 관점에서 출발하여, 개인이 "정보 프라이버시권"을 보유하며, 자신의 데이터 사용에 대한 통제권을 가졌다고 본다. 그러나 유럽이든 미국이든 개인에게 부여된 정보 보호 권리는 절대적 배타적 권리가 아니다. "정보 자유" 역시 인권(유럽 인권 이론)이자 헌법적 자유(미국 수정 헌법 제1조는 정보 자유/표현의 자유를 보장할 것을 요구)이기 때문이다. 이러한 균형하에서 개인정보 보호의 주요 목적은 정보의 사용으로 인해 개인의 기본권이 침해되지 않도록 보호하고, 정보 남용이 개인의 존엄, 자유, 평등 등과 같은 인격권을 훼손하는 것을 방지하는 데 있다.

마찬가지로, 중국 《개인정보보호법》은 "헌법에 근거하여 이 법을 제정한다"고 명확히 선언함으로써, 개인정보 권익은 헌법이 보호하는 개인의 권익을 보호하는 것을 의미한다. 이는 본질적으로 시민의 인격적 존엄을 수호하는 것이지 단지 개인정보 자체에만 주목하는 것이 아니다. 실제로 개인정보는 사회 활동의 산물이자 사회 활동의 필수 구성 요소로서 사회성과 공공성을 지닌다. 따라서 개인정보 권리는 개인이 개인정보 사용에 대해 절대적 결정권을 가지는 것을 의미하지 않는다. 《개인정보보호법》은 공정하고 합리적인 개인정보 이용 규칙을 수립함으로써 개인정보의 합리적 이용을 촉진하는 데 목적을 두고 있을 뿐, 개인정보 사용 자체를 금지하는 것이 아니다.

개인정보 권리를 헌법의 개인 권리에서 비롯된 것으로 이해하는 것은 개인정보 보호와 데이터 요소화 활용 간의 충돌을 해결하는 데 도움이 된다. 데이터 요소화 활용은 데이터의 사회적 가치 실현에 중점을 두고 데이터를 통해 사회에 역량을 부여하며 사회 생산성을 향상시켜, 최종적으로 사회에 이익을 창출하고 국민이 그 데이터 이익을 향유할 수 있도록 하는 것이다. 확실히 개인정보상 개인 권리 보호와 사회 발전 및 사회 복지 증진은 마땅히 균형을 이루어야 한다. 《개인정보보호법》은 개인정보 보호와 개인정보 활용 촉진이라는 이중 목적을 지니고 있다.

2. 개인정보 처리의 합법성 판단 기준

《개인정보보호법》은 동의 없이 개인정보를 사용하는 것을 곧바로 권리 침해나 위법으로 규정하는 대신, 복잡한 개인정보 위법성 판단 규칙을 마련하였다. 이에 따라 보다 더 완벽한 개인정보 처리를 위해 아래의 규칙을 준수해야 한다.

첫째, 개인정보 처리는 합법성, 정당성, 필요성 원칙을 준수해야 하며 과도하게 처리해서는 안 된다. 개인정보의 수집, 저장, 사용, 가공, 전송, 제공, 공개 등의 행위는 법률적 틀 안에서 이루어져야 하며 법률, 행정법규의 규정과 당사자 간 약정을 위반해서는 안 된다.

둘째, 개인정보 처리는 해당 자연인 또는 그 후견인의 동의를 얻어야 하며, 다만 법률·행정법규에서 달리 정한 경우는 예외로 한다. 개인정보를 처리하기 전에 개인 또는 그 후견인의 동의를 얻어야 한다. 그러나 법률·행정법규가 달리 정한 경우, 예를 들어 긴급 상황에서 개인정보를 처리하는 경우와 같은 예외적인 상황이 존재할 수 있다.

셋째, 개인정보 처리는 정보 처리 규칙을 공개하고, 정보 처리 목적·방법·범위를 명시해야 한다. 개인정보 처리 시 투명하게 공개하여 개인 또는 그 후견인이 개인정보가 어떻게, 왜, 어느 범위까지 처리되는지 이해할 수 있도록 해야 한다.

넷째, 개인정보 처리는 법률, 행정법규와 당사자 간 약정을 위반해서는 안 된다. 개인정보 처리 시 법률, 행정법규의 규정을 준수해야 하며, 관련 규정이나 당사자 간 약정을 위반해서는 안 된다.

결론적으로, 개인정보 처리의 적법성을 판단할 때 위에서 언급한 규칙을 종합적으로 고려하여 개인정보 처리가 법률, 행정법규 및 당사자 간 약정에 부합하는지를 확인해야 한다.

심화 학습

개인정보 처리의 적법성 판단 세 가지 측면

《개인정보보호법》은 결국 개인정보 주체가 자신의 개인정보에 대해 배타적·지배적 성격을 지닌 개인정보 권리를 가진다고 선언하지 않는다. 그렇다면 개인정보 처리 활동의 합법 여부는 "원칙적으로 개인정보 주체의 동의를 거치고, 예외적으로 법률·법규의 수권을 받는" 식의 틀로써 결코 판단될 수 없다. 따라서 개인정보 처리 활동의 합법성 판단은 보다 복잡한 과정이다.

전반적으로, 《개인정보보호법》은 세 가지 측면에서 개인정보 처리 활동의 합법성을 종합적으로 검토한다: 첫째, 개인정보 처리 활동의 목적; 둘째, 개인정보 처리 활동의 합법적 근거: 셋째, 개인정보 처리 활동의 과정.

첫째, 개인정보 처리 활동의 목적이다. 개인정보 처리 활동의 목적은 사실상 개인정보 처리 활동이 존재하는 이유이기도 하다. 개인정보 처리자는 항상 특정 목적을 달성하기 위해 개인정보를 처리함으로써 이를 실현한다. 예를 들어, 개인정보 처리자는 어떤 집단이 자신의 잠재적 목표 고객층 인지를 식별하기 위해 개인정보를 수집·분석할 필요가 있으며, 더 나아가 개인의 특성 및 선호도를 파악할 필요가 있다. 개인정보 처리 목적에 대한 요구사항은 주로 두 가지이다: 첫째는 합리성이며, 둘째는 명확성이다. 목적의 합리성이란 목적이 현행 법률 규범의 금지 조항을 위반하지 않는다는 의미이다. 예를 들어 사기를 목적으로 하는 것은 비합리적이며, 개인의 성적 지향 등 사생활을 염탐하는 것을 목적으로 하는 것도 비합리적이다. 목적의 명확성은 개인정보 처리자가 처리 목적을 기술할 때 한편으로는 모호하게 표현해서는 안 되며, 다른 한편으로는 그 목적이 지나치게 광범위해서는 안 된다는 것이다.

둘째, 개인정보 처리 활동의 합법적 근거이다. 개인정보 처리 활동의 합법적 근거란 개인정보 처리자가 《개인정보보호법》 제13조 제1항에 열거된 일곱 가지 사유 중 하나에 부합할 때만 개인정보를 처리할 수 있음을 의미한다. 이 일곱 가지 사유는 아래와 같다. (1) 개인의 동의를 얻은 경우, (2) 개인이 당사자 일방이 되는 계약의 체결 및 이행에 반드시 필요한 경우, 또는 법에 따라 제정된 노동 규칙 및 제도와 법에 따라 체결된 단체 협약에 따른 인적 자원 관리에 필수적인 경우, (3) 법정 직무 또는 법정 의무 이행에 필수적인 경우, (4) 공중보건 비상사태 대응 또는 긴급 상황에서 자연인의 생명·건강·재산 안전 보호에 필수적인 경우, (5) 공공이익을 위한 뉴스보도, 여론 감독 등을 위해 합리적인 범위 내에서 개인정보를 처리하는 경우, (6) 《개인정보보호법》의 규정에 따라 합리적인 범위 내에서 개인이 스스로 공개하거나 기타 이미 합법적으로 공개된 개인정보를 처리하는 경우, (7) 법률, 행정법규에서 정한 기타 사정.

셋째, 개인정보 처리 과정이다. 개인정보 처리 목적이 합리성과 명확성의 두 가지 요건을 충족하고 개인정보 처리의 합법적 근거를 갖춘 이후에만, 개인정보 처리 활동을 시작할 수 있다. 다만, 개인정보 처리 과정에서도 일정한 요건을 충족해야 한다. 이러한 요건은 《개인정보보호법》 "제5장 개인정보 처리자의 의무"에 집중적으로 규정되어 있다. 이에 따르면, 개인정보 처리자는 개인정보의 처리 목적, 처리 방식, 개인정보의 종류 및 개인 권익에 미치는 영향, 존재할 수 있는 보안 위험 등에 따라 다음 조치를 취하여 개인정보 처리 활동이 법률 및 행정법규의 규정에 부합하도록 하고, 아울러 권한 없는 접근 및 개인정보 유출, 변조, 분실을 방지해야 한다. (1) 내부 관리 제도 및 운영 규정을 제정할 것, (2) 개인정보에 대해 분류 관리를 실시할 것, (3) 암호화, 비식별화 등 적절한 보안 기술적 조치를 취할 것, (4) 개인정보 처리 작업 권한을 합리적으로 확정하고 종사자에 대한 정기적인 보안 교육 및 훈련 실시, (5) 개인정보 보안 사고 발생시 비상 대응 계획을 수립하고 조직적으로 시행, (6) 법률·행정규정이 정한 기타 조치. 이 외에도 개인정보 보호 책임자 지정, 개인정보 처리 법규 준수 여부에 대한 정기적 규정 준수 여부 감사, 개인정보 보호 영향 평가 사전 실시, 처리 상황 기록 등 기타 의무가 포함된다. 또한 개인정보 유출, 변조, 분실 발생 또는 발생 가능성이 있는 경우 개인정보 처리자는 즉시 구제 조치를 취하고 개인정보 보호 의무를 수행하는 부서 및 개인 정보 주체에게 통지해야 한다. 더불어 중요한 인터넷 플랫폼 서비스를 제공하고 사용자 수가 방대하며 업무 유형이 복잡한 개인정보 처리자는 다음 의무를 이행해야 한다. (1) 국가 규정에 따라 개인정보 보호 규정 준수 제도 체계를 구축·완비하고, 주로 외부 구성원으로 구성된 독립기관을 설립하여 개인 정보 보호 상황을 감독한다. (2) 공개·공정·공평의 원칙에 따라 플랫폼 규칙을 제정하고, 플랫폼 내 제품 또는 서비스 제공자의 개인정보 처리 기준 및 개인정보 보호 의무를 명확히 한다. (3) 법률·행정규정을 심각하게 위반하여 개인정보를 처리하는 플랫폼 내 제품 또는 서비스 제공자에 대해서는 서비스 제공을 중단한다. (4) 정기적으로 개인정보 보호에 관한 사회적 책임 보고서를 공개하고 사회적 감시를 받는다.

3. 개인정보 처리 과정에서의 개인의 권리와 그 성격

《개인정보보호법》은 개인이 자신의 개인정보 처리 활동을 통제하고 개입할 권리를 부여하는데, 이것이 바로 개인정보 처리 과정에서 개인이 가진 권리이다. 《개인정보보호법》 제4장은 개인정보 처리 과정에서 개인이 누리는 권리를 명확히 규정하고 있다. 이 규정에 따르면, 구체적인 개인정보 처리 관계에서 개인은 개인정보 처리자에 대해 다음과 같은 권리를 가진다. (1) 알권리: 처리 전 필요한 사항을 고지받고 개인정보 처리자에게 그들의 개인정보 처리 규칙에 대해 설명해 줄 것을 요구할 권리, (2) 결정권: 타인이 자신의 개인정보를 처리하는 것을 제한하거나 거부할 권리(단, 법률 및 행정법규에 별도의 규정이 있는 경우는 제외한다.), (3) 열람·복제권: 개인정보 처리자에게 처리 중인 자신의 개인정보의 열람·복제를 요청할 권리(비밀유지 또는 국가기관의 법정 직무수행의 방해에 해당하는 경우는 제외), (4) 정보이전권: 정보처리자에게 개인정보를 자신이 지정한 다른 정보처리자에게로 이전해 줄 것을 요청할 권리, (5) 부정확하거나 불완전한 정보를 정정하고 보충할 권리, (6) 특정 상황에서 처리된 개인정보를 삭제할 권리(처리 목적이 이미 달성되었거나 더 이상 필요하지 않게 된 경우; 제품 또는 서비스 제공을 중단하거나 보존 기간이 만료된 경우; 개인의 동의 철회; 법률 또는 약정을 위반하여 개인정보를 처리한 경우 등).

《개인정보보호법》에 따르면, 동의는 개인정보 처리의 합법성의 핵심요소 중 하나로, 개인정보 처리 전에 개인이 개인정보에 대해 행사하는 통제권이지, 개인정보 처리 과정에서의 권리가 아니다. 개인정보 처리 과정 중에 개인이 가지는 권리는 개인정보 권익을 보호하기 위한 절차적 또는 수단적 권리로 여겨진다. 따라서 법률을 위반하여 이러한 권리 행사에 영향을 미친 경우에 민사상 손해배상을 받을 수 있는지 여부는 구체적인 위법 행위가 개인정보 권익에 실질적 손해를 초래했는지에 달려 있다.

만약 개인정보 처리자가 관련 법규나 당사자 간 약정을 위반한다면, 개인은 그에게 정당한 권익 침해 중단을 요구하고 손해배상을 청구할 수 있다. 따라서 개인정보 처리자는 개인정보 처리시 신중하게 행동하여 법과 규정을 준수하고 개인의 정당한 권익을 존중해야 한다.

4. 통제된 인가 기반의 비식별화 또는 상대적 익명화를 구축하여 개인 데이터의 유통 활용 실현

통제된 인가 기반의 비식별화 또는 상대적 익명화를 구축하는 것은 개인 데이터의 유통 활용을 실현하는 중요한 수단 중 하나이다. 이러한 기술적 수단은 개인의 프라이버시를 보호하면서 동시에 특정 상황에서 데이터의 유통과 활용을 허용한다. 이하는 개인 데이터의 통제된 인가 기반의 비식별화 또는 상대적 익명화를 실현하는 방법이다.

- 비식별화: 개인 데이터에 일정한 처리를 가해 특정 개인과 관련된 유일 식별자를 제거하는 방법이다. 예를 들어, 성명, 주민등록번호 등의 개인 식별자를 삭제함으로써 데이터가 특정 개인과 직접적으로 연결될 수 없도록 만든다. 이렇게 처리된 데이터는 특정 범위 내에서 유통·활용될 수 있으나 특정 개인과 직접 연결되지는 않는다.
- 상대적 익명화: 개인 데이터를 일정한 범위 내에서 특정 개인과 직접 연결될 수 없도록 처리하는 것이다. 예를 들어, 개인 데이터를 일정한 규칙에 따라 비식별화하거나 암호화 처리하여 데이터

가 특정 범위 내에서 특정 개인의 정보로 직접 해석될 수 없도록 만드는 것이다. 이렇게 처리된 데이터는 더 광범위한 범위에서 유통 및 활용될 수 있지만 특정 개인과 직접 연관시킬 수는 없다.

- 개인 프라이버시 보호 협약: 개인 데이터 유통 및 활용에 관한 개인 프라이버시 보호 협약을 수립하여 데이터 사용 목적, 범위, 기간 및 데이터 반환·처리 등을 명확히 규정한다. 협약 체결을 통해 개인 데이터가 유통 및 활용 과정에서 충분히 보호되도록 보장함과 동시에 데이터 사용자의 정당한 권익을 보호한다.

위 방법들은 개인 데이터의 통제된 인가 기반의 비식별화 또는 상대적 익명화를 실현하여 개인 프라이버시를 보호함과 동시에 특정 상황에서 데이터의 유통과 활용을 허용한다. 실제 운영에서는 구체적인 상황에 따라 적합한 방법을 선택하고 법과 규정을 준수하도록 확실히 해야 한다.

5. 개인정보 분석 처리 행위에 대한 감독 강화

개인정보 침해는 사전에 완전히 방지할 수 없으며, 개인의 동의만으로는 실질적으로 개인 권익을 보호할 수 없다. 오직 개인정보 처리 행위에 대한 감독을 강화하고, 유해한 개인정보 처리 행위를 처벌하며, 개인 프라이버시 및 개인정보 권익을 침해하는 행위에 대한 손해배상을 강화해야만, 비로소 사회가 개인정보를 합법적이고 정당하게 사용하는 것을 허용하게 되고 진정으로 개인정보 권익을 보호할 수 있다.

심화 학습

개인정보의 유통 활용

개인정보를 사회적으로 활용 가능한 자원으로 인식 해야지, 단지 개인 소유 또는 전적으로 개인에 의해 지배되는 것으로만 이해해서는 안 된다. 이는 개인정보 보호와 데이터 요소 시장 구축 간의 협동적 제도 방안을 탐색하는 데에 기초를 제공한다. 정보 남용 방지 및 시민의 기본권 보호라는 목적을 달성하기 위해 관련 데이터 유통 메커니즘을 구축할 때 아래 몇 가지 내용을 고려할 수 있다.

"동의"의 적용 범위를 축소하고 데이터 처리에 대한 거버넌스를 강화한다. 《개인정보보호법》은 개인정보 사용에 대한 통제를 규정하므로, 정보 처리자는 오직 시민의 동의나 기타 합법적 근거가 있을 때에만 개인정보를 처리할 수 있다. 그러나 실제로는 정보 처리자가 '고지' 요건을 충족했다는 합법적 근거를 확보하기 위해, 상세하지만 장황한 이용약관과 개인정보 처리방침을 설계한다. 사용자는 이러한 약관을 거의 읽지 않으므로 충분한 동의는 형식주의로 전락하고 만다. 더 나아가 사용자가 이용약관에 동의하지 않으면 해당 제품을 사용할 수 없는 경우도 있다. 현실 생활에서 "동의"는 개인정보 권익 보호 역할을 하지 못할 뿐 아니라 도리어 합법적인 기업의 운영 비용을 증가시키고 있다.

개인 데이터 요소화는 개인 데이터가 공유·유통 가능한 자원의 하나로서 공개 시장에 진입하여, 이를 필요로 하는 이용자가 데이터를 취득할 수 있음을 의미한다. 그러나 《개인정보보호법》은 이러한 유형의 데이터 유통에 대한 규범과 지침을 마련하고 있지 않다. 이러한 상황에서 데이터 요소 시장 구축에 유리한 방안은 '개별 동의'의 적용 범위를 축소하고, 비식별 처리된 개인정보의 시장 유통을 허용하며, 데이터 처리 거버넌스 강화로 중심을 전환하여 개인 프라이버시, 기본권 또는 데이터 안보에 위험을 초래하는 처리 행위를 엄격히 단속하는 것이다.

신뢰할 수 있는 개인 데이터 유통 제도를 구축해야 한다. 데이터 유통은 기술 혁신, 서비스 개인화 및 효율화에 기여하는 동시에 또한 무시할 수 없는 위험을 야기할 수 있다. 신뢰할 수 있는 개인 데이터 유통 제도를 구축하려면 유통 위험을 통제 가능한 범위 내에서 예방하고, 위험 요소를 파악하며, 맞춤형 조치를 취해야 한다. 유통되는 데이터는 거래 가능하고 재사용 가능하며 기계 판독 가능한 원시 데이터이어야 한다. 이러한 유형의 데이터는 인증 및 평가를 거친 신뢰할 수 있는 플랫폼에서 거래되도록 하여 "통제와 계량이 가능"하도록 해야 한다. 데이터 유통 중에 거래 당사자는 데이터 범위, 사용 목적 및 보안 관련 책임을 명확하고 정확하게 약정해야 한다. 플랫폼은 거래 당사자에게 안전하고 신뢰할 수 있으며 공정하고 투명한 거래 유통 환경을 제공해야 한다. 제도와 규칙을 설계하고 보안 책임 의무를 합리적으로 분배함으로써 데이터 유통은 통제 가능하고, 책임 소재는 추적 가능하며, 규정 준수는 감독 가능해야 한다.

불법적인 개인 데이터 이용 및 시민의 기본권 침해에 대한 단속을 강화해야 한다. 개인 데이터의 유통과 이용이 개인에게 반드시 해를 끼치는 것은 아니며, 진정으로 시민의 권익에 피해를 주는 것은 부적절한 사용이나 남용 행위이다. 불법적인 데이터 거래, 개인 프라이버시를 침해하는 데이터 처리, 데이터를 이용한 시민의 정당한 권리 침해 행위에 대해 엄격히 단속함으로써 개인 데이터 유통의 적극적인 환경을 조성하고 개인의 권리가 침해받지 않도록 보호할 수 있다.

정부, 조직 및 개인은 점점 더 많은 개인 데이터를 생성, 수집 및 처리하고 있다. 데이터 보호는 개인 데이터 처리의 이익과 위험을 균형 있게 조정하여 개인이 자신의 데이터가 안전하게 수집 및 저장되며 합법적인 목적으로만 사용된다는 확신을 가질 수 있도록 하는 것을 목표로 한다. 데이터 보호법은 일반적으로 개인 데이터 처리가 합법이고 제한적으로, 그리고 투명하고 정확하며 안전하게 이루어질 것을 요구한다. 이러한 법률은 주로 개인의 프라이버시를 보호하고 자신에 관한 데이터가 어떻게 처리되는지에 대해 어느 정도의 통제권을 부여한다. 또한 일반적으로 조사를 진행하고 의무를 집행할 권한을 가진 기관을 설립한다. 강력한 데이터 보호 체계는 확실성을 제공하여 디지털 경제에서의 투자, 경쟁 및 혁신과 디지털 정부 및 민간 부문 서비스의 도입을 촉진할 수 있다. 통제권은 보호 수단이지 결코 개인에게 배타적이고 절대적인 권리를 부여하는 것은 아니다.

제 12 장 데이터 보유자의 권리 구성

데이터 사용은 통제 없이는 불가능하며, 데이터 유통과 이용에도 질서가 필요하다. 데이터 사용 및 이용 질서를 구축하는 제도적 도구가 바로 데이터 보유자 권리이다. 데이터 보유자 권리는 "데이터 20조"에서 비롯되었으며, 이는 데이터의 특성에 부응하고 디지털 경제 발전 법칙에 부합하는 데이터 기초 제도이다.

데이터 보유자는 특정 주체가 데이터의 사실 상태를 통제하는 것을 의미한다. 보유자가 누리는 권리는 데이터 가공 및 사용을 기반으로 하는 권리이므로 형성된 데이터 형태와 가치에 따라 달라진다. 데이터 보유자가 누리는 권리는 불변이 아니라 동적으로 변화하는 것이다.

제 1 절 데이터 보유자

데이터 사용은 통제 없이는 불가능하며, 통제자는 바로 데이터 보유자이다. 데이터 보유자가 되는 유일한 조건은 합법적으로 데이터를 취득하는 것이다. 이러한 논리에 따르면, 어떤 사회 주체든 합법적으로 데이터를 취득하기만 하면 데이터 보유자가 될 수 있다.

1. 데이터 취득의 합법적 방식

데이터는 객관적 세계를 기록, 반영 또는 묘사한 디지털 기록이다. 객관적 세계(때로는 정보라고도 함)는 존재하지만 기록은 존재하지 않는다. 데이터가 자연적으로 존재하는 것이 아니라는 것을 인정한다면, 데이터 취득에도 "원시취득"과 "승계취득"이 존재한다. 데이터 법에서는 각각 직접 취득과 간접 취득이라고 부른다.

데이터 직접 취득은 사회 주체가 직접 수집, 기록, 저장한 데이터이다. 이러한 디지털화된 기계 판독이 가능한 데이터 생성 과정을 데이터 생성 행위라 하며, 데이터 생산에 비유되기도 한다. 인류 사회 운영의 기본 전제는 법률이 금지하거나 제한하지 않는 한 데이터는 수집 가능하다는 것이다. 실무적으로 장비나 인적 자원을 통해 데이터를 수집 또는 생성하고 법률의 제한 조건을 준수하기만 하면 일반적으로 합법적으로 데이터를 생성한 것으로 간주할 수 있다. 많은 경우 데이터 생성은 업무 운영의 결과이지만, 특정 목적을 위해 데이터를 수집하는 경우도 존재한다. 불법 침입(역자 주: 예를 들어, 해킹)이나 절도 방식으로 취득한 데이터는 합법적인 데이터 취득이라고 할 수 없다.

데이터의 간접 취득은 기존 보유자로부터 데이터를 획득하는 것이다. 주로 두 가지 방식으로 구분된다. 하나는 데이터 보유자가 자발적으로 제공하는 방식(무상 제공, 교환, 유통, 거래 등)이며, 다른 하나는 합법적으로 공개된 데이터 또는 통제되지 않은 데이터를 취득하는 것이다. 전자는 데이터 보유자의 의사를 반영하는 반면, 후자는 사회 운영의 암묵적 규칙으로, 데이터 보유자가 공개적으로 배포하거나 시스템 내에서 크롤링을 허용한 데이터는 모두 공공이 취득할 수 있다고 추정된다.

실제로 사회 운영과 경제 활동 전개는 데이터의 흐름과 정보 교환을 동반하므로, 많은 경우 데이터 획득은 잠재적이거나 의도하지 않은 것이며, 또한 많은 경우 법적 개입이나 간섭이 필요하지 않다. 데이터 요소화 배경하에서 우리는 데이터 개방과 자유로운 유통을 위한 충분한 여지를 계속 남겨두어야 하며, 동시에 가치 있는 데이터 자원에 대해서는 데이터 보유자의 통제하에 질서 있게 유통되고 활용될 수 있는 체계를 수립해야 한다.

2. 어떤 사회 주체도 데이터 자원 보유자가 될 수 있음

디지털 경제 시대에 접어들면서 데이터는 모든 조직이 이용할 수 있는 기초 자원이 되었으며, 어떤 조직이든 데이터 자원 보유자가 될 수 있거나 마땅히 되어야 한다. 다만, 조직의 업무 성격과 목적에 따라 데이터 활용에 차이가 있을 뿐이다. 따라서 데이터 보유자는 개방적인 개념 체계로, 위에서 서술한 방식으로 합법적으로 데이터를 취득했다면 마땅히 그 데이터 자원 보유자로서의 지위를 확립해 주어야 한다.

현재 법률은 일반적으로 데이터 자원을 공공 데이터와 사회 데이터로 구분하므로, 데이터 자원 보유자도 정부 데이터 자원 보유자와 사회 주체의 자원 보유자로 나뉜다.

3. 정부 부처가 데이터 자원 보유자가 되는 경우

정부 부처는 공공 관리 및 공공 서비스 수행을 위해 대량의 데이터 자원을 수집, 관리 및 활용해야 하므로 중요한 데이터 자원 보유자가 된다. 다만 정부가 보유한 데이터 자원은 공공 이익과 공공 질서를 위해 사용되므로, 사회 조직의 데이터 보유권과 구별하여 공공 데이터 자원 관리권이라 칭한다. 향후 법률상 공공 관리 및 공공 서비스를 수행하는 기관이 법률이 명시적으로 규정한 권한 또는 직무 범위 내에서 보유한 데이터 자원 관리권을 행사하여 법률이 정한 목적을 달성할 수 있도록 해야 한다.

정부 기관에는 공공 업무를 위임받아 수행하는 기관이 포함되나, 공공기업 및 공익 사업 단위는 제외된다. 공공기업 및 사업 단위는 정부의 공공 관리 및 공공 서비스 필요를 충족시키기 위해 데이터를 제공할 의무가 있으며, 이는 해당 기관이 데이터 자원 보유자가 되는 것을 방해하지 않는다.

정부가 보유한 데이터는 두 가지 측면에서 유래한다. 한편으로는 정부 부처 및 조직이 운영 과정에서 생성하고 제작한 데이터이며, 다른 한편으로는 공공 관리 및 공공 서비스 목적으로 사회 주체가 정부에 제공한 데이터이다.

4. 데이터 자원 보유자의 법적 의미

데이터 보유는 데이터 통제에 대한 일종의 사실적 기술이다. 전통적 생산 요소와 비교할 때 데이터 요소는 가치의 다원성, 이익의 공존성, 기술 의존성 등의 특징을 지닌다. 데이터의 가치는 유통과 이용에 있다. 이 모든 것은 통제 없이는 불가능하다. 비록 데이터를 통제하는 것이 반드시 권리를 보유하거나 권리 보유와 동일시되지는 않지만, 통제는 데이터 권리를 주장하기 위한 기초이자 전제이다. 보유는 특정 주체와 특정 데이터 사이의 사실적 통제 관계를 기술하는 것으로, "보유"라는 용어로써 데이터의 실제 통제 상태를 표현한다. 데이터 자원 보유자의 법적 의미를 명확히 하는 데에는 두 가지 목적이 있다.

첫째, 데이터 자원 안전 관리 의무의 확립이다. 데이터는 위험을 내포한 자원으로, 법적으로 우선 데이터 사용의 안전성과 규정 준수 책임 주체를 정립해야 한다. 데이터 보유자는 데이터 안전 관리 의무자이자 책임 주체로서, 합법적으로 취득한 데이터에 대한 안전 통제를 수행하고 타인의 불법 취득 및 데이터 사용 위험을 방지할 의무를 진다.

둘째, 데이터 유통·이용 질서의 구축이다. 데이터 안전 및 규정 준수 관리는 데이터 요소화·자산화 이용의 전제 조건이자 기초이다. 데이터 보유자는 법이 허용하는 범위 내에서 데이터를 유통하고 운영할 수 있으며, 데이터의 사회 이용 질서를 형성한다. 이는 법률이 데이터 보유자의 권리를 명확히 하고 제한함으로써 데이터 보유자가 누리는 권리 내용을 구성하는 것에 달려 있다.

종합하면, 데이터 보유자의 법적 의미는 먼저 보유자의 안전 및 규정 준수 관리 의무를 명확히 하여 데이터 활용의 첫 번째 질서를 형성하고, 이를 바탕으로 법률이 데이터 보유자의 권리를 명확히 하여 데이터 요소화·자산화 이용의 두 번째 질서를 형성하는 데 있다. 이로 말미암아 데이터 보유자는 권리, 의무, 책임을 통합한 주체가 되어 데이터 유통 및 이용 질서를 구축한다.

제 2 절 데이터 보유자의 권리

데이터 재산권 측면에서, "데이터 20조"의 지도 사상은 "데이터 출처와 생성 특성에 따라 분리 설정하는 재산권 운영 메커니즘"을 구축하는 것이다. 데이터 재산권 운영 메커니즘은 데이터 가치 생성 및 실현 과정에 기여하며, 데이터 생산, 유통 및 사용 과정에서 보유자가 기여한

공헌이나 역할에 따라 그에 상응하는 권리를 구성해야 한다.

1. 데이터 보유자의 데이터 사용권

데이터 보유자는 합법적으로 보유한 데이터에 대한 통제, 사용 및 수익을 창출할 권리를 가진다. 그 핵심은 데이터 사용권으로, 자신이 사용하거나 타인이 사용할 권리의 이전(유통)를 포함한다.

초기 권리 구성 측면에서 "데이터 20조"의 지도 사상은 소유권 개념을 약화하는 대신 사용권을 강조하여, 데이터 사용권 유통에 초점을 맞춘 "삼권 분립"의 데이터 재산권 제도 프레임워크로 요약된다.[1] 따라서 데이터 보유자가 가지는 데이터 재산권의 목적은 보유자의 데이터 사용권을 확립하고 이를 기반으로 하여 데이터의 유통 이용을 구축하는 데 있다. 데이터 사용권은 데이터 보유자가 데이터를 적극적으로 사용할 권리를 강조하며, 보유자 자신의 분석 처리, 조직의 지능적 의사결정을 뒷받침하기 위한 활용은 물론 데이터 사용권의 "처분"도 포함한다. 데이터 사용권의 처분은 데이터 유통을 의미하며, 데이터 사용권의 양도 또는 타인에게 사용 허가를 부여하는 형태로 나타난다. 실제로 보유자의 안전 관리에 기반하여 보유자는 자체 사용을 실현할 수 있으나, 한편으로 데이터 재산권에서 가장 중요한 것은 보유자가 "유통권(처분권)"을 보유한다는 점을 명확히 하는 것이다. 데이터 사용권이 타인의 사용을 완전히 배제하는지에 관해서는 타인의 취득 방식, 취득 목적 등에 따라 달라지며 구체적인 사용 행위의 위법성과 정당성에 근거하여 판단

1 참조: 「데이터 기초 제도 구축으로 데이터 요소 역할 강화 — 국가발전개혁위원회 책임자 기자 질의응답」, https://www.ndrc.gov.cn/xxgk/jd/jd/202212/t20221219_1343696.html.

해야 한다. 법률상 데이터 보유자의 사용권 행사를 명확히 규정하는 것은 한편으로는 그 권리를 데이터 소유가 아닌 사용에 국한함으로써 권리를 제한하는 것이다. 다른 한편으로는 권한 부여를 통해 외부에 데이터 제공을 허용함으로써 데이터 유통 이용의 문을 열어 데이터의 사회적 활용을 촉진하는 것이다. 일단 법률이 데이터 관리자에게 타인의 데이터 사용을 허락할 수 있는 허가권이 있음을 인정하게 되면, 각 데이터 관리자에게서 잠자고 있던 데이터가 비로소 풀려나와 타인의 데이터와 결합하여 그 가치를 발휘할 수 있다. 일단, 데이터 보유자의 유통권을 인정해야만, 데이터를 필요로 하는 모든 주체가 충분히 많은 양의 규모가 큰 데이터를 확보할 수 있다. 따라서 데이터 관리자에게는 자신의 데이터를 분석·사용할 권리와 타인에게 데이터 사용을 허가할 권리가 부여되어야 한다. 데이터 사용권 구성은 데이터 재사용 질서 구현 및 데이터의 사회적 가치 극대화 목표 달성에 기여할 수 있다.

2. 데이터 보유자의 사용권 보호 기반: 가치(이익) 보호에 기반한 제한적 권리

데이터 보유자의 데이터 사용권은 보유자가 합법적으로 취득하고 가공하여 형성한 데이터 이익을 보호하기 위한 것으로, 물권 초기의 권리 구성 규칙, 즉 선점 또는 가공 사용을 통해 배타적 데이터 재산권을 취득하는 방식이 완전히 적용될 수 없다. 이는 근본적으로 원시 데이터 자체의 가치는 미미하고 또한 희소하지 않으며, 주로 후속 가공 처리를 통해 가치가 창출되기 때문이다. 따라서 "선점 취득 소유권"과 "노동을 통한 노동 성과물 소유권 취득"은 데이터 보유자의 권리 구성의 기초가 될 수 없다. 그렇지 않으면 데이터를 먼저 사용한 자가 후속 사용자의 데이터 권리 획득을 방해하게 된다. 데이터는 사회·공공적 성격을 지니며, 데이터 자원 획득 또는 취득은 일정한 개방성을 유지해야 한다. 만약 먼저 데이터를 취득한 자가 보유자로서 곧 소유자이거나 배타적 사용권을 가진다고 한다면, 이는 데이터 자체의 인지 매개체적 속성(역자주: 데이터가 현실세계에 대한 정보를 담아 인간이 세상을 인식하고 이해하도록 돕는 매체의 역할을 한다는 본질적 속성)과 데이터 본연의 성질과도 맞지 않는다. 따라서 데이터 보유권 또는 그에 따른 데이터 사용권은 데이터에 대한 배타적 사용권이 아니라, 데이터 보유자가 창출한 가치나 이익에 대한 보호이다.

데이터 가치 창출을 위한 데이터 사용 행위(가공 사용)는 두 가지 유형으로 구분된다. 첫째는 데이터를 수집·조합·정리·보강하여 활용 가능한 데이터 세트를 형성하는 것이고, 둘째는 데이터에 대한 컴퓨팅·마이닝 분석을 통해 새로운 지식이나 예측 등을 생성하는 사용행위이다. 이 두 유형의 사용으로 생성된 데이터 사용 산출물(데이터 제품 및 지식 제품)은 보유자가 스스로 사용할 수 있을 뿐만 아니라 유통·이용이 가능하며, 거래를 통해 데이터의 가치를 실현할 수 있다. 데이터 보유자는 합법적으로 취득한 데이터를 가공 처리함으로써 가치를 창출하거나 추가했으므로, 데이터의 가치를 실현하기 위해 자율적으로 이용하거나 외부(거래)에 제공할 수 있다. 즉, 데이터 보유자는 거래 행위를 통해 대가를 얻을 수 있다.

데이터 보유자가 누리는 권리는 데이터를 개선하고, 보완하는 등의 첨부행위를 통해 자신이 창출한 가치를 보호하는 데만 국한될 뿐, 데이터를 영구적으로 지배하는 것은 아니다. 데이터 유통을 허용하는 것은 창출된 가치를 실현할 수 있을 뿐만 아니라 후속 사용자의 데이터 수집 및 이용 요구를 충족시킬 수 있다. 데이터 보유자의 권리는 전통적인 데이터 지배권이 아니라 보유자의 합법적 이익을 보호하는 권리이다. 따라서 보유자의 데이터 권리는 절대적이지 않고 제한적이다. 보유자는 데이터 지배성 측면에서 배타성과 영구성을 가지지 않는다. 데이터 권리 구성은 데이터의 생산적 노동(가치 창출)을 기반으로 해야 한다. 또한 데이터는 반드시 개방성을 유지하여 사회 주체가 수집할 수 있도록 해야 한다.

3. 데이터 보유자 권리 설정의 동적 특성

데이터는 일련의 가공 처리와 분석 적용을 거쳐야 비로소 생산력으로 전환되어 경제적 가치를 창출한다. 이 과정을 데이터 요소화 또는 데이터 제품화라고 한다. 그러나 우리는 최종 데이터 제품 보유자의 권리만을 확립해서는 안 되며, 재사용 가능한 데이터 또는 데이터 요소 보유자의 권리를 확립하여 데이터 요소의 지속적인 유통을 촉진하고 더 많은 데이터 제품을 생산함으로써 데이터 요소의 가치를 극대화해야 한다. 데이터 요소의 형태와 가치는 단계마다 모두 다르며, 이러한 각기 다른 형태와 가치의 데이터에 근거하여 각각의 보유권을 확정하는 것을 동적 권리 확정 메커니즘이라 한다.

동적 권리확정 개념하에서 데이터 보유권은 가공 처리 또는 거버넌스 노동(역자 주: 데이터의 품질, 보안, 표준, 규제 준수 등을 관리하는 데 투입되는 노력)을 기반으로 다양한 형태의 데이터에 대해 보유, 사용 및 수익을 누릴 수 있는 권리로 구체화된다. 이는 데이터가 가공 처리를 거쳐 생산 요소가 되며, 지속적인 가공 사용을 통해 가치를 실현한다는 판단하에 필연적으로 도출되는 결론이다. 데이터 요소의 권리확정 및 권한 부여는 데이터 자원의 서로 다른 단계별 가공 사용 행위에 상응하는 권리를 부여하여 가치 창출을 장려하고 데이터의 가치를 실현하는 것이다.

데이터 자원을 다양한 형태의 활용 가능 데이터 또는 가치 있는 데이터로 전환하는 과정을 데이터 제품화라고 한다면, 유통·이용 과정에서 데이터 제품 보유권은 끊임없이 변화하고 갱신될 것이다. 이 과정을 명확히 구분하고 서로 다른 "데이터 제품"에 따라 다른 권리를 부여하기 위해, 우리는 데이터의 최종 산출물을 데이터 제품이라 부르며, 데이터 제품을 생산하는 유통 가능 데이터를 데이터 요소(제품으로서의 데이터)라 부른다. 데이터 요소는 데이터 제품을 생산하는 원재료에 해당하며, 데이터 제품은 데이터 요소 사용의 결과물이다. 데이터 제품은 본질적으로 더 이상 데이터가 아니라 지능 또는 지식이며, 통칭하여 지능형 제품이라 부른다.

4. 요소 데이터 보유자의 권리 구성

원시 데이터의 가치는 컴퓨팅 분석, 더 많은 데이터와의 연계, 조합 또는 통합을 통해 발현된다. 따라서 유통은 원시 데이터 가치 증대의 주요한 방식이다. 원시 데이터는 지식 생산과 기계 지능의 원료이다. 그러나 원시 데이터는 지속적으로 "거버넌스-통합-거버넌스-통합"을 반복하여 데이터 융합 컴퓨팅을 수행하고, 이를 통해 컴퓨팅이 가능한 데이터 자원 풀을 형성하여 그 가치를 발굴 분석해야 한다.

요소적 성격을 지닌 데이터에 있어 유통은 바로 데이터 사용이며, 사용하려면 반드시 유통되어야 한다. 보유자의 관점에서 유통은 데이터 사용 방식이다. 유통을 통해 데이터 교환 가치가 실현되기 때문이다. 데이터 사용자의 관점에서 보면, 유통은 데이터를 수집하여 사용하는 것을 의미하며, 이를 통해 데이터 컴퓨팅 가치가 실현된다. 따라서 유통은 데이터 요소가 가치를 실현하는 주요 경로이자 방식이 된다. 이로 인해 유통권은 데이터 요소 보유자에게 가장 중요한 권리이다.

데이터 요소 가치 실현의 방식으로서 데이터 유통은 유형물 유통과 구별되는 중요한 특징을 지닌다. 유형 물품은 하나의 주체만이 배타적으로 사용할 수 있어, 그 유통은 원래 권리자가 유형물을 포기하고 오직 하나의 양수인만이 사용권(또는 소유권)을 취득함을 의미한다. 반면 데이터는 다수가 동시에 사용할 수 있는 특성으로 인해 보유자는 데이터 보유를 포기하지 않은 상태에서 동시에 다수인에게 제공할 수 있다. 보유자가 데이터를 유통하는 것은 데이터에 대한 권리를 포기하는 행위가 아니며, 오히려 그 권리를 절대로 포기해서는 안 된다. 데이터 원천으로서 지속적으로 새로운 데이터를 생산, 업데이트하고 누적해야만 비로소 그 데이터가 가치를 지니기 때문이다. 데이터 요소는 지속적 공급에 적합하며 일회성 양도나 매매에는 적합하지 않다. 데이터 생산자는 지속적으로 데이터를 생산하고 다양한 수요자에게 데이터를 제공해야만 데이터 가치를 극대화할 수 있다. 데이터 사용자의 관점에서 지속적인 데이터 생산자만이 가장 최신의 가치 있는 데이터를 공급할 수 있다. 따라서 데이터 보유를 유지하면서 지속적으로 데이터를 유통시키는 것이 데이터 요소 가치 실현의 방식이다.

데이터 요소가 유통된 후, 데이터를 받은 사용자는 기존 데이터와 혼합하여 새로운 데이터 세트를 형성해 사용하거나, 컴퓨팅을 통해 새로운 데이터를 수집할 수 있다. 어떤 방식을 사용하든 데이터 사용자는 이렇게 생성된 새로운 데이터에 대한 보유권을 획득하게 되며, 원래 보유자는 후속 데이터 유통에 대한 보유권을 상실한다. 데이터 유통 과정에서 데이터 보유자는 데이터의 후속 사용 영역, 목적 또는 용도를 제한할 수 있지만, 수취자(사용자)는 독립적인 새로운 데이터의 보유권을 획득하여 다시 후속 데이터 유통을 시작할 수 있다. 이는 데이터 요소 유통을 원활하게 하여 데이터의 사회적 가치를 극대화하는 제도적 장치이다.

5. 유통 가능 데이터의 조건

법적 관점에서 유통은 데이터 보유자가 데이터 사용권을 처분하는 것이므로 데이터의 유통 가능성 문제를 해결해야 한다. 경제적으로 데이터는 사용 가치(컴퓨팅 가치)를 지니며 사용자의 요구를 충족시킬 수 있어야 유통 가능한 "상품"이 될 수 있다. 동시에 경제적으로 유통 가능한 데이터는 법적 유통 조건도 충족해야 한다.

법적으로 데이터 또는 데이터 세트가 유통되려면 최소한 두 가지 요건을 충족해야 한다. 첫째, 데이터가 타인의 합법적 이익을 침해하는 상황이 없어야 하며, 둘째, 데이터 유통이 법률 규정을 위반하지 않아야 한다. 만약 이 중 하나라도 존재하면, 데이터의 합법성에 영향을 미쳐 데이터 유통에 위험을 초래한다. 따라서 유통 가능한 데이터의 법규 준수 평가는 데이터 유통 과정에서 매우 중요한 위치를 차지한다.

제 3 절 데이터 보유자 권리의 구체적 형태

추상적 개념상 데이터 보유권은 데이터 보유자 권리의 약칭으로, 법에 따라 데이터를 취득한 보유자가 합법적으로 취득하고 통제하는 데이터에 대해 가지는 사용, 유통 및 수익 권리로 정의될 수 있다. 여기서 사용은 보유자가 직접 사용하는 것을 의미하며, 예를 들어 가공 처리나 분석 활용 등이 이에 해당한다. 유통은 가공 사용을 통해 생성된 데이터 제품을 타인에게 제공하는 것을 가리킨다. 그리고 수익은 데이터 사용 및 유통을 통해 얻는 보답이나 대가를 의미한다. 이 중에서 사용은 명백히 보유자 권리의 핵심이다. 이는 보유자가 데이터를 수집하고 통제하는 목적이 데이터 사용에 있기 때문일 뿐만 아니라, 데이터는 사용을 통해 비로소 가치를 창출하기 때문이다. 여기서 사용이란 데이터에 대한 생산적 가공 처리를 의미하며, 가치를 개선하거나 창출하는 데이터 처리 행위를 가리킨다.

위에서 서술한 바와 같이, 데이터 보유권 구성은 데이터 가치가 실현되는 전 과정에 걸쳐 이루어지며, 이전과 다른 데이터 요소가 형성될 때마다 독립적인 데이터 보유권이 부여되어야 한다. 이러한 동적 부여 논리에 따르면, 데이터 자원 보유권은 데이터 보유권의 시작점이며, 데이터 제품 보유권은 데이터 보유권의 종착점이다. 그 사이에는 무수히 많은, 상대적으로 독립적인 데이터 형태와 가치있는 데이터의 보유자가 존재한다. 이 과정에 존재하는 데이터 보유자들을 명확히 기술하기 위해 여기서는 서로 다른 형태의 데이터 보유자를 구분하여 정의한다.

1. 최초 데이터 생산자가 데이터 보유자인 경우

근원적으로, 지식 생산에 활용 가능한 대량의 데이터는 사람들이 의도적으로 생산한 것이 아니라 인간 사회 활동의 결과물이다. 지능형 네트워크, 스마트 기기 및 각종 센서 장치는 사람, 사물(자연물과 인공물), 조직, 사건의 사실적 상태와 과정을 기록하고 감지하여 빅데이터를 형성한다. 데이터는 인간의 인지 활동과 사회 활동의 산물로서, 인간이 사회 활동과 과학 연구 활동을 수행하는 과정에서 발생하는 "부수적 결과물"

이다. 데이터의 생성은 어디에서나 이루어진다. 기업이 다양한 업무 시스템을 사용할 때, 온라인 거래를 할 때, 우리가 차량으로 출근할 때, 각종 가전제품을 이용할 때에도 다양한 디지털 기록이 생성된다.

설령 업무 환경에 있지 않더라도 대중교통수단이나 공공장소에 들어서면 여전히 "천로지망(天罗地网)"(역자 주: 하늘의 그물망과 땅의 올가미. 즉, 피할 수 없는 감시망을 의미한다)과 같은 안면인식, 보안 감시 등에서 벗어날 수 없다. 이러한 데이터는 사람과 기계의 상호작용 과정에서 순수하게 기계에 의해 기록되어 형성된다. 이 모든 것이 빅데이터의 원천이 된다. 데이터 유통 및 이용 질서를 구축하기 위해서는, 최초 데이터 자원의 수집가 또는 생산자의 합법적 지위를 확인하고 데이터 자원을 안전하게 관리할 의무를 명확히 한 기반 위에서, 데이터 사용, 유통 및 수익 창출 권리를 명확히 규정할 필요가 있다.

데이터 수집은 관찰 대상과의 상호작용 또는 다양한 네트워크 장비, 센서, 컨트롤러 및 기타 측정 설비를 직접 운영하여 최초 데이터를 생성하는 과정이므로, 데이터 출처자는 데이터 생성자라고도 부른다. 예를 들어, 자체 운영 네트워크 서비스의 클라이언트 또는 서버 측에서 생성된 데이터, 다양한 자동 인식 및 데이터 캡처 기술(RFID, 바코드/마그네틱선 스캔, GPS 센서 등)을 통해 데이터 대상의 정보를 획득하는 경우를 들 수 있다. 데이터 수집가는 장비를 직접 활용해 데이터를 수집하거나 생성하는 주체로, 제3자와의 협력 계약이나 거래를 통해 데이터를 취득하는 경우는 포함되지 않는다. 예를 들어 API 인터페이스 서비스를 통해 제3자가 운영하는 데이터를 호출하는 경우가 이에 해당한다.

데이터 자원 보유자는 거의 제한이 없으며, 합법적인 네트워크 시스템이 데이터를 기록하거나 생성하기만 하면 데이터 자원 보유자가 될 수 있다.

2. 데이터 거버넌스 주체가 데이터 보유자인 경우

데이터는 본래부터 가치를 지니는 것이 아니며, 일정한 품질을 갖춘 데이터 세트로 변환되어야 비로소 머신러닝이나 알고리즘 훈련에 사용될 수 있다. 데이터 생산자는 데이터를 수집하는 동시에 데이터 클리닝 및 정제, 출처 식별, 포맷 변환, 정보 라벨링 등의 처리 활동을 수행하여 데이터를 알고리즘 훈련이나 지능형 분석에 사용할 수 있는 요소(원재료)로 변환한다.

데이터 거버넌스는 데이터 자원 보유자가 지속적으로 데이터 품질을 개선하고 완성도를 높이며 데이터 활용성을 제고하는 가공 처리 행위이다. 데이터 거버넌스의 핵심은 이해관계자의 이익과 특정 데이터 사용 목적에 따라 일정한 품질 관리 기준을 충족하는 활용 가능한 데이터(자산화)를 형성하여, 사용 가능하지만 활용하기 어려웠던 데이터를 사용하기 편하고 유용한 데이터로 전환시키는 것이다. 따라서 데이터 거버넌스 과정 또한 가치를 창출한다. 데이터 거버넌스 담당자(과학 관리자 또는 데이터 주석자라고도 함)는 전문적인 수집, 선택, 분류, 변환, 검증 및 보존을 통해 데이터의 신뢰성, 발견 가능성, 접근성, 재사용성을 보장하고 특정 사용 목적에 부합하도록 한다. 가치 창출 관점에서 데이터 거버넌스는 원자재를 가공하여 특정 컴퓨팅 분석 목적에 부합하는 데이터 제품으로 생산하는 활동에 해당한다. 따라서 데이터 거버넌스 주체 역시 합법적으로 잘 관리된 데이터를 통제하고 사용할 수 있어야 마땅하다. 데이터 재사용 질서를 실현하고 가치 창출자 또는 가치 부가자에게 일정 통제권을 부여함으로써 데이터 유통 이용 질서를 개방할 수 있다.

데이터 거버넌스 주체라는 개념은 합법적 취득, 통합, 거버넌스를 수행한 주체가 창출한 데이터의 가치는 마땅히 보호받아야 한다는 점을 강조한다. 이는 본질적으로 "거버넌스를 수행한 자가 유통할 권리를 가진다"는 원칙을 확립하여 데이터 거버넌스를 장려함과 동시에 종전 권리자와 새로운 권리자 사이의 관계를 차단하여 데이터 유통과 이용을 촉진한다. 데이터 거버넌스 주체가 거버넌스를 통해 형성한 성과는 여전히 데이터 요소 범주에 속하므로, 데이터 자원 또는 데이터 요소 보유자라고 할 수 있다.

3. 데이터 통합자가 데이터 보유자인 경우

데이터 통합이란 흩어져서 끊임없이 생성되는 데이터를 한데 모아, 중앙 집중화되고 통일된, 사용 가능한 데이터 자원으로 만드는 것을 의미한다. 이는 기업 내부의 여러 부서나 시스템 간 데이터를 재통합하여 중복성과 모호성을 제거하고 통합 관리되는 기업 데이터 센터를 구축하는 데 사용될 수도 있다. 또한 외부 데이터를 획득하여 전문적인 데이터 통합 플랫폼을 구축하는 데 사용될 수도 있다.

기술적 관점에서 데이터 통합(data integration)은 서로 다른 출처의 데이터를 하나의 단일하고 응집력 있는 데이터 세트로 조합하는 과정을 의미한다. 데이터 통합 방법은 여러 소스에서 데이터를 추출(Extract), 변환(Transform), 로드(Load)하는 과정(약칭하여 ETL)으로 요약되며, 이는 표준화, 완전성, 일관성, 확장성을 갖춘 데이터 자원을 형성하기 위함이다. 데이터를 수집, 집적 및 재구성하는 과정에서 데이터 파이프라인(data pipeline)을 활용하여 데이터를 한 시스템에서 다른 시스템으로 효율적이고 안전하게 이동시키기도 한다. 데이터 파이프라인은 데이터를 한 출처에서 다른 출처로 전송하는 일련의 과정을 의미한다. 한편, 데이터 통합은 서로 다른 데이터 소스들을 조합하고 조정하여 하나의 통일된 뷰를 만드는 데 중점을 둔다. 통일된 뷰는 일반적으로 데이터 웨어하우스라고 불리는 중앙 데이터 저장소에 저장된다.

법적 관점에서 말하면, 데이터 통합 과정은 데이터 유통 과정이다. 데이터 통합자는 다른 데이터 생산자나 보유자로부터 합법적으로 데이터를 수집한 후, 이를 기반으로 하여 데이터 클리닝, 검증 및 보완, 의미 정보 라벨링, 포맷 통일 등의 처리를 거쳐 재사용 가능한 데이터 자원을 만든다.

다양한 데이터 소스가 하나의 데이터베이스에 통합되어 해당 데이터베이스 사용자에게 필요한 정보에 대한 효과적인 접근을 제공할 때 데이터 통합이 발생한다. 데이터 주도 시대에 접어들면서 모든 조직은 올바른 방법으로 데이터 통합을 수행해야 한다. 예를 들어, 고객 데이터 통합은 판매, 계정, 마케팅 등 서로 다른 업무 시스템에서 각 고객에 관한 정보를 추출한 후, 이 정보를 조합하여 고객 서비스, 보고 및 분석을 위한 단일 고객 뷰로 만드는 작업을 포함한다. 물론 데이터 경제에서는 빅데이터 분석 서비스를 전문으로 하는 기업도 탄생했으며, 이들의 핵심 업무는 다양한 소스로부터 데이터를 수집하고, 데이터를 거버넌스하며, 데이터 마이닝 및 분석을 통해 다양한 수준의 데이터 제품을 만드는 것이다.

데이터 통합을 통해 형성된 데이터 제품 개발 및 제공 역량은 데이터 제품을 최종적으로 산출하기 위한 기반이 된다. 통합된 데이터 자원은 요소형 데이터 제품의 중요한 형태로 볼 수 있으며, 우리는 통합 데이터 자원 보유자에게 데이터 또는 데이터 제품을 가공·분석하고 유통하며 수익을 얻을 권리를 부여해야 한다.

4. 데이터 제품 생산자가 데이터 보유자인 경우

“데이터 20조”에서 언급된 데이터 “가공 사용”은 가치를 창출하는 데이터 사용 행위로 이해되어야 하며, 이는 데이터의 요소화 및 제품화 행위, 혹은 데이터 생산 행위라고 말할 수 있다. 그러나 데이터 가공 사용이 의사 결정이나 경제 활동에 직접 적용될 때 데이터는 진정한 생산력으로 전환되어 조직과 사회에 이익을 가져다준다. 이러한 과정에서 데이터 가공 사용자의 독립적 보유권을 인정해 주는 것은 데이터 요소의 유통을 촉진하여 더 많은 데이터를 통합하고 더 많은 지능 또는 지식을 산출할 수 있다. 이렇게 데이터로부터 나오는 산출물을 데이터 제품이라 부른다. 데이터 제품은 인간의 의사결정이나 지능적 행동을 지원하는 지식이 될 수도 있고, 혹은 기계의 자동 작동을 지원하는 모델이 될 수도 있다. 이런 의미에서 데이터 제품은 더 이상 데이터나 데이터 요소가 아니라 원시 데이터와 구별되는 지능형 제품이다. 데이터가 “가공 사용”을 통해 데이터 제품으로 전환될 때, 데이터 자원 보유권은 데이터 제품 보유권으로 발전한다. 데이터 제품 보유권은 데이터 자원이 가공 사용으로 인해 형태가 변화하면서 나타나는 자연스러운 결과이며, 데이터 가공 사용 행위에 대한 최고의 보호 장치이다.

제 13 장 데이터 보유자의 의무: 데이터 규정 준수 관리

데이터는 위험을 내포한 자원이므로, 데이터 보안과 규범 준수는 데이터 보유자가 보유권을 행사할 수 있는 전제 조건이다. 심지어 데이터 보유권조차도 보유자의 관리를 기반으로 해야만 누릴 수 있는 재산권이다. 따라서 데이터 보유권은 특정 데이터가 특정 주체의 지배하에 있는 전통적 재산권 패러다임이 아니라, 다양한 이해관계를 처리하는 전제하에 합법적이고 정당한 사유에 기반한 데이터에 대한 제한적 권리의 행사이며, 행위/책임 규범에 의존하여 운영되는 거버넌스 패러다임이다.

제 1 절 데이터 보유권: 권리와 의무가 일체화된 재산권 제도

데이터 보유권은 데이터 보유자가 합법적으로 데이터를 취득하고 통제한다는 전제하에, 데이터 보유자가 창출한 가치에 따라 그에 상응하는 권리를 구성하는 제도적 장치이다. 따라서 보유자가 규정을 준수하고, 안전하게 데이터를 취득·통제·사용하는 것은 데이터 보유자가 그의 권리를 누리기 위한 근본적인 전제조건이다.

1. 합법적 데이터 통제: 보유자의 권리 향유 전제

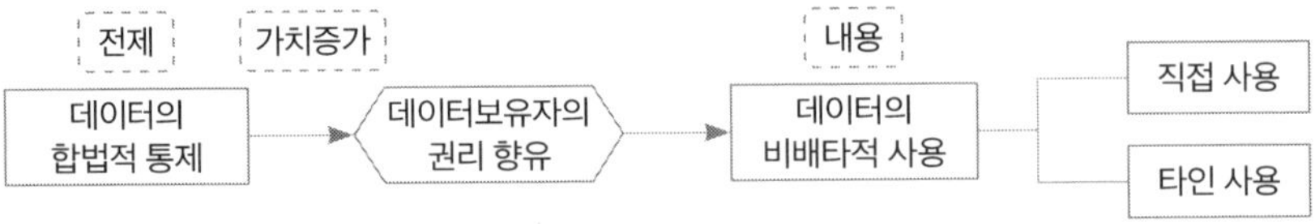

그림 13-1 데이터 보유자 권리의 전제와 내용

위 그림에서 보듯이, 데이터 보유자 권리의 전제는 합법적인 데이터 통제이며, 합법적인 데이터 통제는 먼저 합법적인 데이터 수집, 즉 합법적인 데이터 채집과 수집 및 그 외의 방식을 통한 간접적인 취득을 의미한다. 데이터 수집 과정에는 법률의 금지 규정이나 금지된 방법으로 데이터를 수집한 정황이 존재하지 않아야 한다. 많은 법률이 데이터와 관련하여 다양한 합법적 이익과 데이터 유통 및 이용 규칙을 규정하고 있으며, 데이터 보유자가 권리를 행사하기 위해서는 반드시 이러한 법률을 준수해야 한다.

실제로 데이터는 위험을 내포한 자원이며, 데이터의 취득·보유·사용시 반드시 데이터의 위험을 통제해야 한다. 이는 데이터 실무에서 데이터 보안 및 규정 준수 관리로 나타난다. 또한 보안 및 규정 준수 관리는 데이터 사용의 전 생애 주기에 걸쳐 적용되어야 한다. 데이터 보유자의 권리 행사는 단순히 합법적 보유뿐만 아니라 당연히 합법적 사용까지 포함한다. 즉, 규정 준수 및 보안 관리는 데이터 보유와 사용의 전 과정에 걸쳐 적용되어야 한다. 데이터 보유자가 누리는 모든 권리는 규정 준수 및 보안 관리를 전제로 한다.

2. 사실적 통제와 법적 보호의 관계

데이터 안전 통제는 데이터 보유자가 권리를 누리는 전제 조건이지만, 안전 통제가 곧 권리와 동일한 것은 아니다. 데이터 보유자가 데이터를 처분하여 거래 대가를 얻는 정당성의 근거는 보유자의 가치 창출에 있다. 합법적으로 취득한 데이터를 반드시 처리하고 가공하여 새로운 데이터 가치를 형성해야 한다. 데이터는 본래부터 사용 가치를 지닌 것이 아니라 지속적인 사용을 통해 가치를 창출하는 것이며, 합법적으로 취득한 데이터는 거버넌스 및 가공 처리를 거쳐 사용 가능하거나 재사용 가능한 데이터로 전환되어야 비로소 가치를 창출한다. 데이터 보유자는 데이터 사용권을 보유한다. 즉 데이터 보유자는 데이터를 직접 사용할 수 있을 뿐만 아니라 타인에게 데이터를 제공·공유·허가할 수도 있다.

데이터 보유자의 권리 보호는 그가 창출한 가치나 이익을 보호하는 것이지, 통제하고 있다는 사실 자체를 보호하려는 것이 아니다. 데이터 보유권은 단순히 사실적 통제에 기반하여 발생하는 권리로 이해되어서는 안 된다. 순수한 사실적 통제는 통제자가 데이터를 "독점적으로 사용"할 수 있게 하지만, 법적으로 권리가 인정되지 않으면 데이터 보유자는 외부 제공을 꺼리게 되고, 또한 사용자는 합법적 경로로 데이터를 획득할 수 없어 데이터 유통·활용 질서가 구축되지 못한다. 동시에 보유자는 안전 통제를 통해 데이터에 대한 배타적 통제 및 사용 효과를 창출할 수 있으며, 이는 타인이 데이터를 정당하게 취득하여 사용하는 것을 방해할 수도 있다. 심지어 독점 효과를 초래하여 행정 개입을 유발할 수 있다. 따라서 사실적 통제는 전제 조건이며, 보유자가 누리는 권리는 법률에 의해 명확히 규정되고 제한되어야 한다. 보유자의 이익을 보호하는 동시에 사회적 공익을 보호하고 데이터의 접근성과 개방성을 보장해야 한다.

3. 데이터 보유자의 권리와 제한

데이터 보유자의 권리는 데이터 보유권으로 단순화할 수 있으나, 데이터 보유권을 결코 데이터 지배권으로 이해해서는 안 된다. 이는 데이터 보유자의 합법적 권익을 확인하고 보호해주는 것이다. 여기서 데이터 보유자에 대한 "권한 부여"는 사실상 데이터 보유자의 데이터에 대한 권리 경계를 명확히 함으로써, 그의 합법적 이익을 보호하는 동시에 다른 사회 주체가 데이터를 활용할 수 있는 여지를 남겨두는 것이다.

데이터 보유자의 데이터 사용권은 배타성을 가지지 않는다. 이는 데이터 수집이 개방성을 지니며, 각 사용자가 동일한 데이터 소스에서 동일하거나 유사한 데이터를 수집할 수 있고, 동일하거나 유사한 데이터가 서로 다른 주체에 의해 보유될 수 있기 때문이다. 동시에 데이터 사용은 본래 비배타적 성격을 지니므로, 데이터 보유자가 데이터 사용권을 양도하더라도 여전히 데이터를 보유할 수 있다. 데이터 출처는 검증하거나 증명하기 매우 어려운 사항이므로, 데이터 보유와 사용은 배타성을 실현할 수 없으며 데이터의 비배타적 사용이 데이터 사용의 기본 상태이다. 설령 데이터 보유자가 보안 조치를 통해 배타적 보유와 사용을 실현할 수 있다 하더라도, 법률은 마땅히 이를 제한하여 데이터 보유권이 보안 통제로 인해 "사실상" 배타적 지배권으로 격상되는 것을 방지해야 한다.

따라서 데이터 이용은 "데이터가 있는 곳에 권리가 있다"는 원칙이 아니라 "통제권이 있는 곳에 권리가 있다"는 원칙을 따라야 한다. 보유자에게 있어서 유통은 그 가치를 실현하는 주요 방식이며, 유통권을 인정하는 것은 보유자의 이익을 실현하는 것일 뿐만 아니라 데이터의 사회적 가치를 극대화하는 것이다. 컴퓨팅 가치가 있는 사실 데이터에 있어서, 모든 주체는 사회 데이터의 거대한 순환 시스템의 한 노드를 잠시 거쳐가는 임시 통제자일 뿐이며, 장기적으로 통제해서는 안 된다. 그렇지 않으면 사회 데이터 흐름이 막히게 될 것이다.

이러한 권한 구성은 법리상 영업비밀의 "권한 부여" 원리와 유사하다. 한편으로는 보유자의 사용권을 인정하면서도, 다른 한편으로는 데이터가 외부로 유통되면 사용권이 즉시 상실되어 더 많은 주체가 데이터를 사용할 기회를 창출한다. 보유자의 데이터 자원 통제권 인정은 데이터 유통 질서 구축을 위한 필요조건이지, 보유자와 특정 데이터 간의 배타적 사용(지배) 관계를 고정화하는 것이 아니다. 데이터 자원 보유자는 규정 준수 및 안전 생산과 데이터 관리 의무를 갖지만, 이러한 안전 관리로 인한 사실상의 통제는 법적 개입과 교정을 통해 보완되어야 한다. 사용권을 명확히 하는 동시에 데이터 공개 및 유통 의무를 통해 그 권리를 제한해야 한다. 어떤 의미에서 유통은 데이터 자원 보유자의 권리이자 내재적 의무이다—데이터 보유자는 사회에 데이터를 제공하고 더 많은 데이터 주체가 사용할 수 있도록 할 의무를 진다.

데이터 보유자의 권리는 법적 인정과 보호가 필요하지만, 권한 부여 규범 모델이 아닌 행위 규범 모델을 채택한다. 데이터 행위 규범은 데이터의 취득, 유통, 사용 등 데이터 처리 행위를 규율하는 규범으로, 합법적 행위를 규정함과 동시에 불법적 행위도 명확히 한다. 이러한 행위 규범은 사람들에게 타인이 통제하는 데이터를 합법적으로 취득할 수 있는 권한을 부여하는 동시에 기존 데이터 보유자의 권리를 보호하는 역할을 한다.

4. 데이터 보유자의 책임: 권리와 책임이 일치하는 안전 책임

데이터는 위험을 내포한 자원이며, 이는 데이터 요소가 다른 생산 요소와 구별되는 중요한 특징이다. 데이터 요소화와 시장화 활용은 권리·책임·이익 일치 원칙에 따라 데이터의 안전 위험을 감수할 수 있는 수준으로 통제해야 한다.

데이터가 물질적 상품과 구별되는 주요 특징은 데이터상에 다양한 이익이 공존할 수 있다는 점이다. 데이터를 합법적으로 취득했다고 해서 반드시 데이터를 임의로 사용할 수 있는 것은 아니다. 여전히 데이터상의 합법적 이익을 보호하는 규칙을 준수하고 사회 공익을 유지해야 한다. 데이터 보유자가 법에 따라 데이터를 사용할 때는 데이터에 담겨 있는 주체의 이익을 보호해야 한다. 예를 들어, 데이터상의 개인 권익과 공공 이익, 국가 안보를 보호해야 한다. 따라서 데이터를 자원으로 간주하고 데이터 유통·이용 질서를 구축하는 동시에 반드시 그에 상응하는 책임 체계를 마련해야 한다.

안전 책임 구성 측면에서는 데이터 보유자의 책임 원칙을 수립해야 한다. 즉, 데이터 보유자는 자신이 보유한 데이터의 합법성과 데이터 사용의 합법성에 대해 책임을 져야 한다. 여기서 책임은 데이터 안전 보장 의무뿐만 아니라 데이터 수집, 처리, 분석 및 적용상 규정 준수 의무도 포함한다. 데이터 보유자는 그에 상응하는 규정 준수 및 안전 관리 능력을 갖추고 데이터 규정 준수 및 안전에 대해 책임을 질 수 있을 때만 비로소 데이터를 효과적으로 활용할 수 있는 능력을 갖출 수 있다.

데이터 책임 측면에서는 데이터의 정적 안전성이나 자체 활용에 대한 책임뿐만 아니라, 데이터가 요소로서 지속적으로 유통·이용되는 과정에서의 책임이 더욱 중요하다. 따라서 데이터 유통·이용 체인상 각 주체의 책임을 합리적으로 구성하고, 유통 체인상의 안전 관리 의무를 적절히 분배하여 데이터 가치를 실현해야 한다. 과정에 참여하는 각 주체가 안전 책임을 이행하여, 책임을 추적할 수 있어야 한다. 데이터 유통은 데이터 사용 방식이며, 데이터 보유자는 자신의 사용 행위에 대해 책임을 지는 동시에 데이터 유통에 대한 책임을 진다. 그러나 데이터 보유자가 후속 사용자의 사용 행위에 대해 무한 책임을 진다면, 누구도 불확실한 위험을 감수하면서까지 타인이 사용하도록 데이터를 유통하려 하지 않을 것이다.

데이터 유통 활용의 책임 구성 측면에서, 한편으로는 데이터 유통이 안전하게 통제 가능해야 하며, 보유자에게 유통 이용 안전 책임을 부과하여 유통 대상, 데이터 전달 또는 사용 환경, 데이터 용도 등에 대해 책임을 지도록 하여 데이터가 안전한 환경에서 합법적 목적으로 사용될 수 있도록 보장해야 한다. 다른 한편으로는 "데이터를 보유하고 사용하여 이익을 얻는 자가 책임을 진다"는 자주적 책임원칙을 견지하여, 데이터 사용자가 자신의 데이터 사용에 대한 합법성과 안전성에 대해 책임을 지도록 제약해야 한다. 데이터 유통에서는 데이터 사용자가 자신의 데이터 사용 행위에 대해 독립적으로 책임진다는 원칙을 반드시 확립해야 한다. 따라서 보유권을 기반으로 한 데이터 유통 기초 제도 설계에서, 데이터 보유자가 데이터 또는 데이터 사용권을 사용자에게 양도한 후에는 사용자가 데이터 또는 데이터 사용 결과(신규 데이터)의 보유자가 되어 보유권을 행사함과 동시에 데이터 사용에 대한 책임을 진다. 오직 데이터 보유자에게 고의 또는 중대한 과실이 있는 경우에만 후속 사용자의 권리 침해 또는 위법 행위에 대해 책임을 진다. 이는 권리와 책임 일치 원칙이 데이터 유통 책임 구성에 구체적으로 구현된 것이다.

따라서 데이터 위험은 유통·이용 전 과정에 걸쳐 존재하며, 데이터 규정 준수 및 안전 관리 역시 데이터 이용 전 과정은 물론 데이터 이용 생태계 전반에 걸쳐 역할 분담, 협력 및 시너지의 방식을 통해 데이터 이용 위험에 공동 대응해야 한다.

종합하면, 데이터 보유권은 전통적 의미의 재산권이 아니며, 보유자가 데이터 활용을 자율적으로 결정하게 하는 것이 아니라 데이터를 사회적 자원으로 간주하는 전제하에 데이터의 사회적 가치를 극대화하기 위한 일련의 제도적 장치이다. 사회 자원 보유자로서 데이터 보유자는 데이터 이익을 누리는 동시에 데이터의 사회적 가치를 실현할 의무와 데이터상의 권익을 보호할 의무를 모두 부담한다. 이는 데이터는 사회에서 비롯되어 다른 사회 주체의 이익을 반영하기 때문이다. “데이터 20조”에서는 이를 데이터 출처자의 이익이라 칭한다. 예를 들어, 데이터가 개인과 관련될 경우 개인정보 권익 보호 전제하에 데이터를 사용해야 한다. 실제로 데이터에는 다른 조직, 사회, 국가의 이익과도 관여되어 있으므로, 보유자는 이를 유지하고 관리해야 한다. 따라서 데이터 보유자는 데이터상의 다양한 이해관계인의 권익이 시너지를 낼 수 있게 조화롭게 처리해야 하며, 데이터상의 합법적 권익을 보호하고 외부에 데이터를 제공(개방)할 의무를 지닌다. 이처럼 데이터 보유권은 권한, 책임, 이익이 일체화된 권리 설계이다. 이러한 권리는 보유자의 데이터에 대한 지배권이 아니라, 법적 이익 보호를 기반으로 한 데이터의 사회적 가치 실현을 촉진하는 제도적 장치이다. 이러한 새로운 재산권은 거버넌스 패러다임이라 불리는데, 이는 데이터 재사용 질서를 구축함과 동시에 데이터의 개방성 또는 가용성(획득가능성)을 반드시 보장해야 하는 것을 의미한다.

제 2 절　데이터 요소 이용과 데이터 보안: 새로운 데이터 보안 관점

빅데이터 시대에 인류의 정보 활용 능력은 더욱 강화되었으며, 정보기술은 단순히 정보를 처리·저장·전송하는 수단을 넘어 인류의 정보 처리 능력을 기초 데이터(역주: 'raw data'를 의미) 영역까지 확장시켰다. 이는 네트워크 시설과 스마트 기기에서 실시간으로 생성되는 디지털 기록까지 이르렀으며, 이러한 데이터는 컴퓨팅 분석을 통해 가치 있는 생산 요소 또는 자원으로 간주된다. 데이터 보안 관리는 한편으로는 과거에 사람이 읽고 활용하던 가치 있는 정보 중심에서, 이제는 대규모·다양화·개별 가치 밀도가 낮은 기계 판독 데이터 중심으로 전환되었다. 다른 한편으로는 정적인 자율 활용 보안에서 동적인 유통 활용 보안으로 확장되었다. 이는 기존 데이터 보안의 의미와 실현 방식을 크게 변화시켰다. 데이터 요소로서 유통되고 활용되는 현실에 걸맞은 데이터 보안 제도와 운영체계를 구출할 필요가 있다.

1. 전통적인 데이터 보안

정보 보안은 컴퓨팅 응용과 더불어 등장한 개념으로, 일반적으로 컴퓨터에 저장된 정보나 데이터의 비밀성, 무결성, 가용성을 유지하는 것을 의미한다. 《네트워크안전법》은 네트워크 안전을 네트워크 데이터의 세 가지 속성을 보장하는 능력으로 정의한다. 즉, 필요한 조치를 통해 네트워크에 대한 공격, 침입, 방해, 파괴, 불법 사용 및 예기치 못한 사고를 방지하여 네트워크가 안정적이고 신뢰할 수 있는 상태로 운영되도록 하며, 네트워크 데이터의 무결성, 비밀성, 가용성을 보장하는 능력이다. 이 세 가지 속성 중 비밀성은 보안의 기본 의미이며, 무결성과 가용성은 보안의 더 높은 요구사항으로, 전자화된 데이터가 종이 기록을 대체하기 위한 특별한 요구사항이다.

비밀성(기밀성이라고도 한다)은 비밀 유지 의무를 지닌 자가 정보를 누설하지 않고 정보의 비밀성을 유지하는 것을 의미한다. 실질적으로 비밀성은 특정인 또는 특정 범위의 사람만이 특정 데이터나 정보를 통제하고 인지하며, 다른 사람이 수집·접근·인지하지 못하는 일종의 사실 상태를 가리킨다. 비밀성은 일반적으로 기술(암호화, 기술적 조치), 관리(제도적 규범), 법률(계약 등)에 의존하여 실현된다. 정보나 데이터는 지속적으로 활용되거나 심지어 유통 중에 있기 때문에, 이 과정에서 서로 다른 사람들이 처리하거나 인지하게 된다. 따라서 정보 비밀성 문제는 궁극적으로 해당 정보에 접근하는 사람들의 행위 규제로 귀결되며, 이는 단순한 기술적 문제가 아니다. 실무에서는 오직 비밀유지가 필요한 정보만이 비밀성을 유지해야 하며, 비밀유지가 필요하지 않은 정보는 대개 공개되거나 자유롭게 수집 가능한 상태에 있다. 특정 주체에게 가치 있는 정보라면, 그 주체는 대개 자신의 사생활이나 상업적 이익을 보호하기 위해 적절한 비밀유지 조치를 취한다.

무결성과 가용성은 전자정보(디지털 데이터)가 서면 기능을 갖기 위한 특수한 요구사항이다. 종이 환경에서는 법원에서 인정하는 유효한 종이 기록(정보)은 원본을 기준으로 하지만, 디지털화된 정보에는 원본이 존재하지 않거나 원본을 확인하기 어렵다. 법률적으로 전자정보는 최초 생성 후 정보의 무결성과 가용성을 유지해야 서증의 진정성 요건을 충족할 수 있다고 규정한다. 이 두 기준은 정보보안 분야에 흡수되어 정보보안의 표준이 된다.

무결성(Integrity)은 데이터 생성 후 정보 내용이 변경되지 않음을 의미한다. 이는 정보 또는 데이터 전송·저장 과정에서 권한 없는 행위에 의해 위·변조를 당하지 않거나, 혹은 위·변조된 후에 이를 탐지할 수 있도록 보장해야 한다. 권위 있는 해석에 따르면, 전송·표시 과정의 형식 변경, 암호화, 인증 등은 변경으로 간주되지 않으며, 무결성 기준이 강조하는 것은 내용의 무결성이지, 원본 기록 형식의 절대적 불변성은 아니다.

가용성은 저장된 정보가 향후 호출(역자 주: 데이터를 불러오는 것), 열람 또는 사용될 수 있음을 의미한다, "가용성"은 단순히 사람이 사용할 수 있다는 의미뿐만 아니라 컴퓨터가 처리할 수 있음을 포함하며, 일반적으로 전자 데이터가 잘 보존되고 해당 소프트웨어로 호출 및 열람이 가능함을 의미한다. 가용성은 정보 보안의 요구사항으로 도입되어 정보 서비스 제공자(예: 저장 서비스)의 제품 및 서비스 품질을 설명하는 데 자주 사용된다. 예를 들어, 데이터 세트의 데이터 가용성을 판단할 때는 데이터의 일관성, 정확성, 무결성, 시의성 및 실체 동일성이라는 다섯 가지 측면에서 가용성을 검토한다.

2. 데이터 요소에 적합한 데이터 안전 정의

전통적인 안전의 세 가지 속성 개념은 데이터 안전에 완전히 적용되지 않는다. 빅데이터 시대에 데이터의 기밀성은 여전히 중요하지만, 모든 데이터 요소가 비밀을 유지해야 하거나 유지할 수 있는 것은 아니다. 데이터 무결성은 외부로부터의 데이터 위·변조를 어떻게 방지할 것인가를 포함할 뿐만 아니라, 데이터의 전체 수명 주기에 걸쳐 정확성과 일관성을 유지하고 보장하는 것으로도 나타난다. 데이터 가용성도 다양한 사용 목적에 따라 서로 다른 의미를 가질 수 있다. 따라서 전통적인 보안 개념은 데이터 요소화 활용에 완전히 적용되지 않는다.

바로 이 때문에《데이터안전법》제3조는 데이터 자원화 활용에 적합한 데이터 안전을 정의하고 있는데, 데이터 안전을 효과적으로 보호하고 합법적으로 활용하는 일종의 역량으로 규정한다: "데이터 안전이란 필요한 조치를 통해 데이터가 효과적으로 보호되고 합법적으로 이용되는 상태를 유지하며, 지속적인 안전 상태를 보장할 수 있는 역량을 말한다."

이 정의에 따르면, 데이터 안전은 다음과 같은 의미를 지닌다.

- 데이터가 효과적으로 보호되고, 데이터가 지속적인 안전 상태에 있는 것이다. 일반적으로 여기서 안전 상태는 데이터 자체의 안전 통제 상태로 이해되며, 저장 및 통신 중인 데이터에 대한 비인가 접근, 사용, 파괴, 수정 또는 파기를 방지한다. 이론적으로 데이터 안전 통제 상태를 포함할 뿐만 아니라 데이터에 대한 합법적 권익이 효과적으로 유지되는 것도 포함한다.
- 데이터가 합법적으로 이용되는 상태이다. 데이터가 효과적으로 보호되는 것은 이용을 위한 것이며, 이용 안전은 합법성에 중점을 둔다. 데이터 이용의 합법성과 규정 준수는 안전이 가져야 할 본질적인 의미가 되었다.
- 데이터 안전은 일종의 데이터 관리 능력이다. 데이터 안전은 데이터 위험을 완전히 제거한 절대적 안전(safety)이 아니라, 적절한 보안 조치(security)를 통해 데이터 안전 위험을 수용 가능한 수준으로 유지하고 보장하는 것이다. 이러한 안전 상태를 달성하려면 제도적 규범, 기술적 조치 및 조직 체계를 통해 위험에 상응하는 안전 관리를 실시해야 한다. 안전은 본질적으로 조직의 데이터 위험

관리 능력이다.

이는 사실상 조직의 관점에서 데이터 안전을 정의한 해석이다. 이 정의는 국가 안보에도 적용될 수 있다. 국가 차원의 데이터 안전은 필요한 조치를 취해 자국 데이터가 효과적으로 보호되고 활용되도록 확보함으로써 국가가 지속적인 안전 상태를 유지할 수 있는 역량을 갖추도록 보장한다.

3. 데이터 안전의 내연 확장

빅데이터, 인공지능 기술의 출현과 함께 유비쿼터스 디지털 인프라가 생산해내는 빅데이터 자원은 단순한 기초 데이터가 아닌 보편적인 존재가 되었다. 데이터가 생산 요소가 된 배경에서, 무엇보다 방대한 데이터 흐름을 통제·관리·활용하여 생산력으로 전환하는 역량이 요구된다. 이는 데이터 안전 관리가 데이터 위험을 방어하는 것에서 벗어나, 안전하고 규정을 준수하며 효율적으로 데이터를 활용하는 방향으로 전환해야 함을 의미한다. 데이터 안전은 데이터 자원화(요소화), 자산화 및 자본화 활용의 전제 조건이 되며 데이터 안전은 데이터 가치 획득의 적극적인 내용을 지닌다.

(1) 데이터 자산 안전과 직결되는 데이터 안전

데이터 자원화 배경에서 각 사회 주체는 데이터 자원 및 데이터 수요가 지속적으로 증가함에 따라 수단과 방법을 가리지 않고 데이터를 수집, 획득, 저장 또는 통제하며, 다양한 수단을 통해 데이터를 활용하여 경제적 이익을 얻고자 한다. 데이터가 자원 또는 생산 요소가 되면서, 데이터 안전은 데이터 생산, 유통 및 사용의 안전으로 진화했다. 데이터 안전은 더 이상 문서적 정보의 안전에 국한되지 않고, 컴퓨팅 가치를 지닌 데이터 자원 안전으로 확대되었다. 데이터 안전의 의미는 기능적 사용을 충족시키는 것뿐만 아니라, 무엇보다도 자산 안전을 유지하는 것이 중요하며, 데이터 안전 관리는 기업 자산 관리의 중요한 내용과 구성 요소가 되었다. 데이터 안전 관리는 실제로 기술, 관리 및 법적 수단을 종합적으로 활용하여 이용 가능한 데이터에 대한 관리를 실현하는 것이다. 데이터 안전은 이미 데이터 자체의 안전을 넘어 조직 운영의 안전으로 확대되었다. 데이터 유통 및 활용 질서를 구축하기 위해서는 먼저 데이터의 합법적 생산자 또는 보유자의 안전 관리 의무를 확립하고, 이러한 기반 위에서 사용권을 명확히 규정하고 규범화해야 한다. 데이터 보유권이 안전 관리에 의존해야만 비로소 실질적으로 작동될 수 있다고 말할 수 있다. 이를 위해서는 우수한 제도 설계가 필요하며, 상업적 실행 가능성, 법적 보장, 기술적 지원으로 뒷받침되는 "규정 준수+안전+자산" 관리를 하나로 통합한 관리체계를 수립해야 한다.

(2) 데이터 안전은 데이터 이용 질서 안전으로 귀결

데이터 수명 주기는 무한히 연장된다. 전통적인 안전은 주로 데이터 수명 주기, 즉 데이터의 생성, 저장, 사용 및 폐기 단계를 중심으로 구축되었다. 그러나 실제 데이터 자원 환경에서는 데이터의 수명 주기가 정보나 지식으로 전환되는 시점을 종점으로 삼지 않고, 원시 데이터의 컴퓨팅 가치가 소멸되는 시점을 수명 주기의 종점으로 삼는다. 데이터가 대상과의 연관성을 유지하는 한 컴퓨팅 분석 가치를 지니므로, 데이터 안전의 수명은 데이터가 원시 상태를 유지하는지 여부나 데이터 보유자의 의지에 더 이상 좌우되지 않는다. 이와 같이 데이터 수명은 무한히 연장되며, 법규상 요구되는 경우가 아니라면 데이터 삭제나 암호화 등은 더 이상 데이터 안전을 유지하는 수단이 아니다.

데이터 요소 시장이라는 배경에서 데이터 사용은 데이터 안전의 핵심이 되며, 유통은 데이터 사용과 가치 실현의 주요 방식이다. 생산 요소 또는 자원으로서 데이터의 가치는 데이터의 수집 및 통합, 융합 컴퓨팅, 채굴 및 분석에 달려 있으며, 끊임없는 유통과 활용을 통해서만 데이터의 자원 가치를 실현할 수 있다. 데이터 사용 안전이 안전의 핵심이 된다는 것은 데이터 안전이 기존의 접근 제어(data access control)에서 사용 제어(data usage control)로 전환하여 질서 있는 데이터 유통 및 활용 질서를 수립함을 의미한다. 데이터 사용 통제는 데이터를 공개하거나 타인에게 제공할 때 특정 환경에서 데이터 사용자에 대한 제한을 가하여, 후속 데이터 재사용이 데이터 보유자(제공자)의 통제와 감독을 받도록 한다. 데이터 사용 통제는 접근 통제의 연장선상에 있으며, 접근 통제를 기반으로 수행된다. 접근 통제가 누락될 경우 그 후속단계인 사용 통제는 거의 실현 불가능하다. 접근 통제와 달리 사용 통제의 목표는 접근 또는 사용 권한 부여 후 데이터 사용에 제한이나 제약을 가해 데이터 사용이 데이터 계약 약정 및 법적 규정을 준수하도록 보장하고 불필요한 보안 위험을 방지하는 데 있다.

(3) 크로스 도메인 안전이 데이터 보안의 핵심 요소로 부상

유통은 데이터 요소의 가장 중요한 사용 방식이며, 데이터 유통은 주로 시스템 간, 제어 도메인 간 이동을 의미한다. 보안 제어 경계가 크게 변화하여 데이터 안전은 단일 주체의 정보 시스템이나 안전 영역을 벗어나 데이터 상·하류 간의 유통·이용 질서 안전으로 진화했다. 데이터 안전은 단일 조직의 기존 시스템 경계나 제어 경계를 벗어났다. 따라서 데이터 유통·이용 질서 보안은 데이터 안전의 중요한 구성 부분이 되었다.

분산 컴퓨팅 아키텍처를 채택한 상황에서 데이터 안전 경계는 모호해지고 범용화된다. 전통적 보안 제품이 사용하는 모니터링, 로그 파일 분석, 데이터 탐지 및 취약점 평가 기술은 빅데이터 환경에서 효과적으로 작동하지 못하며, 빅데이터 분야의 요구를 충족시키지 못하고 데이터 의미도 완전히 이해하지 못한다. 시스템 보안 경계의 모호성, 유입될 수 있는 미지의 취약점, 분산 노드 간 및 빅데이터 관련 컴포넌트 간의 통신 보안은 점차 새로운 보안 취약점으로 부상하고 있다. 분산형 데이터 리소스 풀은 다수의 사용자 데이터를 한데 모을 수 있는 반면, 사용자 데이터 격리를 어렵게 만드는 문제가 있다. 신기술이 가져온 도전에 대응하기 위해 네트워크 및 데이터 보안 기술은 동시 진화를 통해 전통적인 안전 경계 기반 방어 전략을 타파하고, 더 세분화된 접근 제어를 구현하며, 암호화 및 키 관리 능력을 향상시켜 데이터 안전을 보장해야 한다.

(4) 데이터 규정 준수가 데이터 안전의 중요한 요소가 됨

데이터 안전 자체는 디지털 기술의 취약성으로 인한 정보/데이터 저장, 전송 및 처리 안전만을 지칭하며, 법적 의미에서의 안전 준수는 포함하지 않는다. 법률이 데이터 이용 행위에 개입하는 경우가 증가하고, 불법 데이터 행위가 행정적 또는 형사적 책임을 초래하는 것도 점차 데이터 자산 운영의 위험 요소가 되고 있다. 따라서 법적 안전도 데이터 보안에 포함되고 규범 준수는 안전 방어 조치가 되어야 한다. 데이터 수집 및 사용은 반드시 법적 규범을 따라야 하며, 데이터 경제 활동 역시 네트워크 규제, 상업 활동 규제, 사회 안정 등과 같은 강제성 규범을 준수해야 한다. 법을 준수하고(위법 행위 금지) 데이터상 타인의 권익을 침해하지 않는 것은 데이터 이용의 두 가지 기본 원칙이다. 이를 위반할 경우 기업은 침해 소송이나 행정 처벌, 심지어 형사 처벌 위험에 직면하게 되어 기업의 건전하고 지속 가능한 발전에 위협이 된다. 따라서 데이터 규정 준수 관리는 데이터 안전 관리(데이터 거버넌스)의 중요한 내용이 된다. 데이터 주체의 프라이버시와 주체의 권익 안전을 유지하는 전제하에, 개인 관련 데이터를 합법적으로 사회화하여 활용할 수 있도록 하는 것이 데이터 요소화 활용의 최우선 과제가 되었다.

4. 데이터 안전의 외연 확장

데이터가 사회적 자원이 된 배경에서 데이터 안전은 사회 각 분야로 침투하며, 개인·사회·국가 안보의 중요한 내용이 된다.

(1) 데이터 안전은 사회 기반 시설의 안전과 직결

전통적인 정보 안전하에서는 각 조직이 수집, 사용 및 통제하는 정보가 제한적이었으며, 보관해야 할 디지털 데이터는 주로 파일, 문서 등 경계가 명확한 인간 생산 정보에 국한되었다. 반면 데이터 안전은 개별 조직의 안전뿐만 아니라 전체 국민경제 운영의 안전과 국가 안보와도 관련되어 있으며, 데이터 생산, 유통 및 사용을 위한 인프라 안전은 데이터 보안의 중요한 내용이 되었다. 빅데이터는 지능형 교통, 지능형 전력망, 스마트 시티 등 국민경제 운영과 사회 발전에 크게 의존하는 정보 인프라라 할 수 있으며, 핵심 데이터 인프라의 안전은 데이터 안전과 직결된다. 데이터 안전의 내용과 의미가 전면적으로 확장되면서 데이터 안전은 완전히 새로운 의미를 갖게 되었다. 《네트워크안전법》은 "핵심

정보 인프라" 제도를 확립하여 핵심 인프라 운영자에게 더 높은 데이터 안전 보호 의무를 부여한다.

(2) 개인정보 보호는 데이터 안전의 중요한 내용

인터넷, 스마트폰, 센서 등 신기술의 지속적인 보급으로 점점 더 많은 개인 데이터가 수집 및 저장되고 있다. 개인 데이터가 정부, 은행, 병원, 통신사, 쇼핑 사이트, 물류 회사 등 수많은 조직에 광범위하게 존재할 때, 각 개인의 활동은 사실상 항상 서로 다른 조직의 데이터베이스에 의해 "기록"되고 "감시"되고 있다. 이러한 데이터가 기술적으로 통합된 후에는 개인에 대한 정밀 분석이 가능해지며, 점차 개인 생활의 전체 모습을 재구성하여 개인의 프라이버시를 숨길 수 없게 만든다. 수많은 데이터 분석 및 응용 활동이 개인을 중심으로 이루어지기 때문에 개인 데이터는 빅데이터의 중요한 구성 요소가 된다. 조직의 개인 데이터 수집 능력과 응용 시나리오가 지속적으로 확장되는 동시에 개인의 데이터 통제력은 약화되고 있다. 이러한 상황에서 개인의 존엄성, 자유 및 프라이버시를 전제로 데이터를 활용하고 프라이버시 침해 위험을 방지하는 방법은 데이터 보안의 중요한 내용이 된다.

(3) 데이터 안전은 국가 안보와 관련

데이터는 과학기술 혁신, 사회 거버넌스, 기업 혁신 발전의 사회적 자원이 되어 데이터의 안전을 자원 안전, 경제 안전, 국가 안전으로 격상시켰다. 한 국가의 지리 공간 데이터(위치 데이터), 국방 건설 데이터, 기술 연구 개발 데이터, 경제 운영 데이터, 정치적 의사 결정 정보 등은 다른 국가에 의해 쉽게 수집 및 분석될 수 있다. 이를 통해 다른 국가의 특정 행동 결정이나 행동을 예측하고 대응 전략을 수립함으로써 국가의 정치, 경제, 군사 안보를 위협할 수 있다. 따라서 자국민의 인권 보호와 국가 안보 이익을 고려하여 데이터 현지 저장, 데이터 해외 유출 통제, 각종 무역 제한 조치 등을 시행하는 것이 오늘날 국제 정치 문제가 되었으며, 국가 주권이 사이버 공간과 데이터 영역으로 확장되었다. 스노든이 폭로한 "프리즘 게이트" 사건(역자 주: 2013년 에드워드 스노든이 미국 국가안보국이 '프리즘' 프로그램을 통해 IT 기업 서버에서 전 세계인의 개인정보를 비밀리에 수집해왔다는 사실을 폭로한 사건)은 국가 안보 문제가 빅데이터라는 혹독한 시험대에 올라 있음을 단적으로 보여준다.

5. 국가 안보의 실현

국가 안보란 국가 정권, 주권, 통일 및 영토 보전, 국민의 복지, 경제·사회 지속가능한 발전 및 국가의 기타 중대한 이익이 위험에 처하지 않고 내외부의 위협을 받지 않는 상태, 그리고 지속적 안전 상태를 보장하는 능력을 의미한다.[1] 데이터 안전은 국가 안보와 직결되며, 국가 안보적 의미에서 데이터 안전의 내포는 더욱 풍부해지고 외연은 더 유연해진다. 따라서 데이터 경제 시대에 데이터는 국가 간 경쟁과 대결의 도구나 '무기'가 되었으며, 데이터 안전은 국가 주권, 정치, 경제, 군사, 과학기술 등 안보 이익과 직결된다.

국가안보는 대외적으로 국가 주권 이익을 수호하는 것으로 나타나며, 주로 주권에 기반한 관할권 행사에 의존한다. 국가 주권은 사이버

1 중국 《국가안전법》(2015년, 전국인민대표대회 상무위원회) 제2조. 국가안보 범위는 지속적으로 확장되어 현재 16개 측면의 기본 내용으로 요약된다: 정치 안보, 국토 안보, 군사 안보, 경제 안보, 문화 안보, 사회 안보, 과학기술 안보, 사이버 안보, 생태 안보, 자원 안보, 핵 안보, 해외 이익 안보, 생물 안보, 우주 안보, 극지 안보, 심해 안보.

공간으로 확장되어 데이터에 대한 독립적 관할권을 행사하는데, 이를 데이터 주권이라 부른다. 데이터 안전 측면에서는 "발전과 안보를 통합적으로 계획하고, 총체적인 국가 안보관을 확립한다"는 원칙을 관철하여 새로운 안보 구도를 형성함으로써 새로운 발전 구도를 보장해야 한다. 발전은 중국의 생존력, 경쟁력, 발전력, 지속력을 강화하는 것이지만, 발전에는 지속적이고 안정적인 환경이 필요하다. 따라서 국가안보 체계를 완비하고 국가안보 유지 능력을 강화하는 동시에 글로벌 안보 거버넌스에 적극 참여하여 국가 발전에 안정적인 환경을 제공해야 한다. "안보는 발전의 전제이며, 발전은 안보의 보장이다."

《데이터안전법》은 발전과 안보의 조화라는 이념을 구현하여 대외 데이터 보안 방어 체계를 구축하고, 국내 데이터의 안전하고 질서 있는 활용을 보장하며 디지털 경제 발전을 목표로 한다.[2] 국가 안보 유지 측면에서,《데이터안전법》은 데이터 안전 심사 제도, 데이터 수출 통제, 투자 무역에서의 데이터 제한 또는 금지 조치 등 국가 이익을 보호하기 위한 데이터 국외 유출 통제 체계를 구축했다.[3] 물론 국가 안보 유지는 단순히 국가 주무 부서의 일이 아니라, 더 중요한 것은 각 조직과 개인의 책임이라는 것이다. 데이터 안전은 침투성을 지니며, 어떤 조직이나 개

2 중국《데이터안전법》제1조: "데이터 처리 활동을 규범화하고, 데이터 보안을 보장하며, 데이터 개발 활용을 촉진하고, 개인 및 조직의 합법적 권익을 보호하며, 국가 주권, 안전 및 발전 이익을 유지하기 위해 이 법을 제정한다." 제13조: "국가는 발전과 안전을 총체적으로 고려하며, 데이터 개발 활용과 산업 발전을 통해 데이터 보안을 촉진하고, 데이터 보안을 통해 데이터 개발 활용과 산업 발전을 보장한다."

3 중국《데이터안전법》제24조: "국가는 데이터 보안 심사 제도를 수립하여 국가 안보에 영향을 미치거나 미칠 수 있는 데이터 처리 활동에 대해 국가 안보 심사를 실시한다. 법률에 따라 이루어진 안전 심사 결정은 최종 결정이다." 제25조: "국가는 국가 안보와 이익 유지, 국제 의무 이행과 관련된 규제 대상 데이터에 대해 법에 따라 수출 통제를 시행한다." 제26조: "어떤 국가 또는 지역이 데이터 및 데이터 개발·활용 기술 등과 관련된 투자, 무역 등에서 중화인민공화국에 대해 차별적인 금지, 제한 또는 기타 유사한 조치를 취하는 경우, 중화인민공화국은 실제 상황에 따라 해당 국가 또는 지역에 대해 동등한 조치를 취할 수 있다."

인의 부적절한 데이터 수집 또는 사용 행위는 국가 안보를 위협할 수 있다. 따라서 《데이터안전법》 등 국가 법률은 다양한 데이터 안전 제도를 수립하여 각 조직 기관이 자체 데이터 안전 의무를 이행하도록 함으로써 개인 데이터의 안전을 실현하는 동시에 국가 안보를 유지해야 한다. 이는 국가 차원에서 국가 안보 관점에 따라 국내 안보와 국제 안보를 구분하여 협력적인 데이터 안전 거버넌스 프레임워크와 체계를 구축하고, 사회 주체(자연인, 법인 및 기타 조직)의 데이터 이용 행위에 대한 규범을 마련하여, 데이터 이용 질서를 구축하며, 안전한 이용 환경을 조성하는 것이다. 어떤 조직의 데이터 거버넌스가 데이터 자체의 안전성, 효율성 및 규정 준수 사용 등의 문제 해결에 중점을 둔다면, 국가 차원의 데이터 보안 거버넌스는 국가 주권 안전 유지와 국내 발전의 안전 환경 조성에 중점을 둔다. 국가(사회)와 기업 두 차원이 상호 협력하고 작용해야만, 비로소 빅데이터 시대에 부합하는 포괄적인 데이터 보안 체계를 구축할 수 있다.

제 3 절 위험에 기반한 데이터 안전 및 규정 준수 관리

데이터 안전은 더 이상 데이터 자체의 안전을 보호하고 통제하는 것이 아니라, 데이터 요소화 이용 과정에서 통제와 사용에 따른 위험 관리 문제이다. 단일 조직(기관) 또는 데이터 보유자 입장에서 데이터 안전은 디지털 경제하에서 발전의 최우선 과제이다. 데이터 안전 전략은 디지털 전환 또는 데이터 주도 발전 전략 실현의 차원으로 격상되어야 하며, 데이터 가치 극대화 목표를 달성하기 위해 위험 기반 데이터 안전 관리 체계를 통해 데이터 요소화 이용 목표를 실현해야 한다.

1. 기업 데이터 보안 목표와 수단

데이터 보안의 목표는 안전하고 효율적인 데이터 요소화 이용을 통해 데이터 자산화 목표를 실현하는 것이다. 데이터 안전 관리는 기술, 관리, 법률 세 가지 수단을 종합적으로 활용하여 조직과 전체 사회의 데이터 안전을 구축하는 것이다. 구체적으로 말하자면, 데이터 생성 및 이용 생태계에 초점을 맞춰 데이터의 출처, 형태, 응용 시나리오를 명확히 하고, 관리, 제도 규정, 기술 수단을 총망라하는 포괄적인 보안 방어 체계를 구축하여, 데이터 안전 방호의 폐쇄형 관리 체인(역자 주: 피드백을 통해 끊임없이 스스로를 강화하고 개선하는 '선순환 관리체계'를 의미함)을 형성해야 한다. 데이터 거버넌스는 한 조직의 데이터 자산 관리이자 안전 관리이며, 이 둘은 분리할 수 없는 관계이다.

2. 안전과 규정 준수 관리를 통합한 조직 체계 수립

현재 많은 기업에는 IT 부서와 컴플라이언스 부서가 존재하며, IT 부서는 보안을, 컴플라이언스 부서는 법무를 담당한다. 데이터 안전, 규정 준수, 자산의 삼중 관리 업무가 부상함에 따라 데이터 관리 부서를 어떻게 설정할 것인가는 확실히 기업이나 모든 조직의 골치 아픈 문제가 되었다. 그러나 데이터 관리 조직 구조를 어떻게 설정하든, 기업은 데이터 안전, 규정 준수 및 자산 관리 업무를 전담하는 조직이나 인력이 필요하며, 조직을 나누어 설립하는 상황에서는 각 부서의 협조와 협력을 통해 데이터 안전 관리를 수행해야 한다.

통합 또는 협력을 강조하는 주된 이유는 데이터 안전 문제가 기술적 문제가 아니라 기업 관리 문제이며, 데이터 규정 준수 관리는 데이터 안전과 동시에 진행되어 일체로 시행되어야 하기 때문이다. 데이터 안전은 기업 운영 또는 업무 보안과 관련될 뿐만 아니라, 데이터를 활용하여 업무 운영을 재구성하는 방법과도 깊이 연관된다. 데이터 기반의 지능형 의사결정 기업을 구축하려면 데이터 자산화를 위한 전략적 방향과 조직이 없이는 실행이 어려울 것이다. 데이터 안전 지원이 없다면 데이터 보유권은 효과적으로 시행될 수 없다. 데이터 자산화는 법적 보장뿐만 아니라 기술적 수단과 관리적 수단의 안전 보장도 필요하다. 데이터 관리는 다방면의 연계 협력을 통해 완성되어야 하는 작업으로, 일반적으로 통일된 정책과 제도를 수립하고 전담 조직 또는 인력을 구성하여 시행해야 한다. 이러한 조직 구조에는 다음과 같은 직책을 두어야 한다. 의사결정 기관, 실행 관리 기관, 참여 기관 및 감독 기관. 의사결정 기구는 주로 보안 전략, 관리 제도, 안전 보호 제도 및 보장 체계를 심의하며, 구체적인 보안 관리는 실체적 관리팀이 수행해야 한다. 동시에 가상 태스크포스를 구성하는 방안도 고려해야 하며, 모든 부서가 보안 구축에 참여해야 한다. 또한 부서별 책임에 따라 다양한 데이터 보안 역할을 설정하여 데이터 보안 구축 요구를 충족시켜야 한다.

현재 많은 기업은 법적 요구사항이나 자체 업무 필요에 따라 최고 데이터 책임자(CDO) 또는 유사한 전문 기관·직위를 설치하고 있다. 이는 규정 준수 또는 포괄적 안전 문제를 해결하는 최적의 방법일 수 있다. 그러나 데이터 자산화 관리 방식은 여전히 모색 중이며, 그중 가장 핵심은 기업이 이미 그것을 발전 전략으로 격상시켰는지이다.

심화 학습

빅데이터 시대의 최고 데이터 책임자

데이터 품질을 향상시키고 데이터 자산을 보다 효과적으로 활용하기 위해 미국을 비롯한 서구 선진국들은 공공 및 민간 부문에 최고 데이터 책임자(Chief Data Officer, CDO) 제도를 도입하여 데이터 전략, 데이터 품질, 데이터 가치, 데이터 안전 관리를 시행하고 있다. 2002년 미국의 캐피털원(역주: Capital One) 회사가 최초로 최고 데이터 책임자 직책을 신설했다. New Vantage Partners의 《2020 빅데이터 고위 관리직 조사》 연구에 따르면, 포춘 500대 기업 중 절반 이상이 최고 데이터 책임자를 임명했다. 최고 데이터 책임자 제도는 점차 공공 부문으로 확대되었다. 2009년 미국 콜로라도주가 최초의 정부 최고 데이터 책임자를 임명했다. 2012년 시카고시는 《개방 데이터 행정 명령》을 공포하며 정부 부처에 최고 정보 책임자와 최고 데이터 책임자를 동시에 설치했다. 2013년 미국 연방준비제도이사회(FRB)는 연방 차원에서는 최초로 최고 데이터 책임자를 임명했으며, 이후 교통부, 상무부, 미국국제개발처(USAID) 등 기관들도 공식적으로 최고 데이터 책임자 제도를 도입했다. 미국 외에도 영국, 프랑스, 캐나다, 뉴질랜드 등 세계 주요 선진국들은 중앙 및 지방 정부 차원에서 정부 최고 데이터 책임자를 잇달아 설치했다.

IBM 기업 가치 연구소는 최고 데이터 책임자가 데이터 분석 전략을 수립하고 실행하여 기업 가치를 창출하는 업무 리더라고 정의한다. 최고 데이터 책임자는 조직 전략 관리의 다섯 가지 핵심 영역에서 리더십을 발휘한다: 데이터 레버리지(기존 데이터 자산 활용 방안 모색), 데이터 확충

(내부·외부 데이터 자원을 결합하여 데이터를 확충하는 것), 데이터 수익화(새로운 수익원 발굴), 데이터 보호(데이터를 자산으로 보호), 데이터 유지 보수(데이터 품질 관리).

미국《증거 기반 정책기본법(2018)》은 최고 데이터 책임자의 직무를 다음과 같이 명시하고 있다.: (1) 데이터 라이프사이클 관리를 총괄하며, 기관 내 데이터 사용·보호·전파·생성 담당자와 협조하여 기관의 데이터 수요 충족 보장, (2) 기관의 데이터 자산을 관리하고 기관 데이터가 데이터 관리 모범 사례에 부합하도록 확실히 보장, (3) 최고 정보 책임자(CIO)와 협력하여 데이터 인프라를 개선하고 데이터 자산 접근성을 저해하는 장벽을 제거, (4) 실행 가능한 범위 내에서 기관 내 데이터를 최대한 활용하는 것을 보장하며, 증거 제공, 사이버 보안 확보, 기관 운영 개선 등에 사용하는 것을 포함한다.

빅데이터 시대의 정부 최고 데이터 책임자(CDO)가 수행하는 세 가지 역할: 리더, 조정자, 역량 강화자. "리더"는 최고 데이터 책임자가 정부 업무의 전략적 의사 결정 단계에서 방향성을 제시하는 기능을 발휘하여, 정부 부처가 데이터 기반형 조직이 되도록 보장해야 한다. "조정자"는 최고 데이터 책임자가 조직 내외에 분산된 데이터를 총괄적으로 조정하여 통합, 개방 및 공유를 실현해야 함을 강조한다. "역량 강화자"는 최고 데이터 책임자가 데이터 역량 강화에 중점을 두고, 정부 기관을 위한 빅데이터를 개발하고 이용할 새로운 기회를 적극적으로 찾으며, 데이터 가치 발굴과 응용을 촉진해야 함을 의미한다.

최고 데이터 책임자 제도는 빅데이터 시대 데이터 거버넌스의 파편화에 대한 대응이며, 새 시대 국가 통치와 행정의 새로운 형태와 방식이자 정부 거버넌스 현대화가 추구하는 필연적 요구이다. 2021년 5월《광둥성 최고 데이터 책임자 제도 시범 사업 계획》이 발표되어 광저우, 선전, 주하이, 포산, 샤오관, 허위안, 중산, 장먼, 마오밍, 자오칭 등 10개 지급시(역주: 한국의 광역시급) 이상 도시와 성 공안청(역자 주: 한국의 지방경찰청), 지방금융감독국 등 6개 부서를 선정해 최고 데이터 책임자(CDO) 제도 시범 운영을 시작했다.

위《시범 사업 계획》은 수석 데이터 책임자 제도 설립의 목표가 데이터 요소 시장화 배분 개혁을 가속화하고, 행정 데이터 공유 조정 메커니즘을 완비하는 데 있다고 명확히 제시했다. 이 방안의 발표는 중국 정부의 수석 데이터 책임자 제도 시범 운영의 출발점으로 여겨지며, 국내 정부 부처가 정부 수석 데이터 책임자 제도를 신설하는 새로운 물결을 열었다.

—장민쥐안(蔣敏娟)의《데이터 주도형 정부로 나아가기: 빅데이터 시대의 최고 데이터 책임자(CDO)—내포, 가치 및 추진 전략》,《행정관리 개혁》 2022년 제5호에서 발췌

3. 데이터 컴플라이언스: 윤리 기반, 법률 준수

규정 준수(compliance) 관리는 기업 리스크 관리에 속하며, 기업 경영 활동이 형식과 실체 모두에서 법률, 관리 규범 및 내부 규칙에 일치하도록 하여 기업의 핵심 리스크를 방지하고 좋은 상업적 평판을 유지하는 것을 목표로 한다. 데이터 안전은 정보 보안에서 비롯되고 사이버 보안과도 얽혀 있으며, 동시에 네트워크 또는 데이터와 관련된 다양한 법률 규범의 제약을 받는다. 따라서 데이터 안전은 내용이 복잡하고 준수해야 할 규범이 또한 매우 복잡하여 아주 잘 갖추어진 구조와 체계가 필요하다.《국가안전법》,《데이터안전법》,《네트워크안전법》,《개인정보보호법》 등은 가장 기본적인 법률이며, "보안등급 2.0"(역자 주: 네트워크 안전 등급 보호제도. 중국의 모든 네트워크 운영자가 정보 시스템의 중요도에 따라 등급을 나

누고, 각 등급에 맞는 보안 요구 사항을 의무적으로 준수하도록 하는 제도)은 가장 기초적인 관리 요구사항이다. 데이터 안전 관리 체계는 마땅히 법률 기준을 최소한의 기준으로 삼고, 데이터 자산화 관리를 기본 요건으로 하여 기술, 관리, 법률의 세 가지 수단을 활용해 데이터 보안 통제와 이용을 실현해야 한다. 기업의 데이터 보안 프레임워크는 업종, 시나리오, 데이터 속성 등에 따라 준수해야 할 기본 법률 체계를 선택하고 다른 법률을 참고하여 구축해야 한다.

데이터 규정 준수의 도전은 그 포괄성, 전사적 적용성, 일상성에 있을 뿐만 아니라 데이터 규정 준수의 "규정" 자체가 매우 복잡하다는 점에 있다. 규범의 적용 범위는 《네트워크안전법》, 《데이터안전법》, 《개인정보보호법》 등 네트워크 또는 데이터 법 분야뿐만 아니라 거의 모든 규제 법률, 경제 및 상사 법률 분야까지 포함된다. 규범의 위계적 측면에서 보면, 법률, 행정 규정, 부서 규정 및 사법 해석과 그 지방 법률뿐만 아니라 업계 규범, 기술 표준 및 공인된 정당한 정보 또는 데이터 사용 기준까지 포함된다. 현재 기업 컴플라이언스의 기본 근거는 아래 그림으로 나타낼 수 있다.

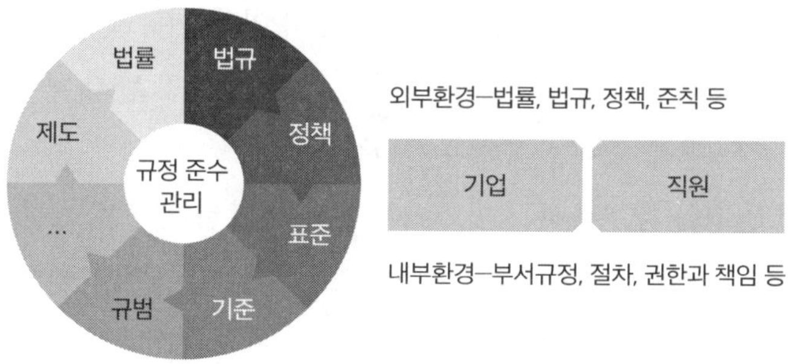

그림 13-2 기업 데이터 컴플라이언스의 기본 근거

규정 준수 관리의 본질은 기업 제도와 문화 구축이다. 기업은 법률, 업계 기준, 심지어 윤리 기준을 기업 내 각 계층 및 직원의 행위 규범으로 전환하고 기술적·관리적 수단을 통해 이를 감독·이행함으로써 기업 운영과 활동이 법적 규범 및 기업 가치관에 부합하도록 확립해야 한다. 주목할 점은, 규정 준수 관리에서의 “규정”이 법률 규범에만 국한되지 않고 업계 기준, 상업 윤리 등도 포함한다는 것이다. 법률 규범은 기업의 규정 준수의 최소 기준일 뿐이며, 기업의 행동 기준은 법률 규정보다 높거나 엄격할 수 있다. 이로써 더 나은 사회적 평가를 얻고 기업 평판을 높일 수 있다.

4. 안전 평가 메커니즘의 충분한 활용

데이터 안전 관리 프레임워크는 일반적으로 데이터의 전체 수명 주기를 기반으로 하며, 모든 보안 및 규제 준수 지표를 중심으로 데이터 안전 프레임워크를 구축하여 데이터 안전 관리 목표를 실현한다. 이는 기업의 구체적인 상황에 따라 구축 계획을 수립하고, 단계적으로 안전 관리 제도를 구축 및 실행 정착시켜야 한다. 데이터 안전 관리를 효과적으로 수행하기 위해서는 일반적으로 데이터 안전 현황을 평가한 후, 기업 발전 목표를 중심으로 이에 상응하는 안전 제도 및 관리 체계를 구축하고 걸맞은 관리 조치를 취해야 한다.

안전 관리를 재구축하는 기업에게 보안 평가는 매우 중요하다. 기업은 업무와 프로세스에 대한 포괄적인 조사를 실시하여 데이터 생성, 사용, 교환, 공유 등의 단계를 파악하고, 업무 시스템과 데이터를 종합적으로 정리해야 한다. 데이터 처리 과정에서의 주체, 객체(데이터), 과정(처리 시간대, 지역, 권한, 결과 등) 속성 등을 정리하여 데이터 흐름도를 작성하고, 법률 및 보안 규칙과 대조하여 데이터 위험 요인과 구축 및 대응이 필요한 보안 전략 또는 조치를 식별하거나 발견해야 한다.

데이터 안전 관리를 시행하기 위해 현행 법률은 각종 안전 및 위험 평가를 제시하고 있다. 《네트워크안전법》에 따르면, 감독 기관, 업계 또는 기업은 사이버 보안 위험 평가를 수행해야 하며, 핵심 정보 인프라 부서는 연간 보안 점검 평가를 실시해야 한다. 동시에 데이터 보안 위험이 존재하거나 중요한 데이터에 대해서는 정기적으로 위험 평가를 실시해야 한다. 《개인정보보호법》에 따르면, 개인정보 처리자는 중요한 개인정보 처리 활동에 대해 사전에 위험 평가를 수행해야 한다. 또한 데이터가 국외로 이전될 때에는 데이터 국외 이전 안전 평가를 수행해야 한다. 이처럼 다양한 데이터 안전 평가들은 데이터 안전 관리를 촉진하고, 법규에 따라 데이터 위험을 보다 효과적으로 관리하는 데 기여할 수 있다.

5. 규정 준수 책임 경감 또는 면제: 규정 준수 증명의 중요성

모든 조직은 사용자, 감독 기관 또는 책임 있는 권한 기관에 데이터 처리가 법규를 준수함을 증명해야 하며, 이는 조직의 규정 준수 관리에 기록이 필요함을 의미한다. 데이터 규정 준수 관리의 역할은 단순히 완벽한 제도 규칙을 수립하고 이행 메커니즘을 구축하여 법적 위험을 예방하는 데 그치지 않는다. 더 중요한 것은 안전 사고 발생 시 책임을 면제받거나 경감받을 수 있도록 전면적이고 합리적인 안전 예방 조치를 이미 취했음을 증명하는 것이다. 따라서 데이터 규정 준수 관리의 핵심 역할은 기업이 법적 요구 사항을 충족하거나 그 이상의 조치를 이미 시행했음을 증명하는 데 있다. 중요한 것은 규정 준수 관리를 시행하는 것이 아니라, 모든 규정 준수 조치, 과정 및 결과에 대한 기록을 보유하여 사건 발생 시 근거를 통해 규정을 준수한 것이 확인 가능하도록 하는 것—즉, 자신의 규정 준수성을 증명할 수 있어야 하는 것이다. 데이터 규정 준수 관리를 시행할 때, 로그와 문서가 생성될 것이며 이는 책임과 규정 준수에 대한 증거로 사용될 수 있다.

데이터 규정 준수를 증명하는 대표 예시 목록:

(1) 데이터 보호 정책의 채택 및 시행;

(2) 데이터 수명 주기 전반에 걸친 적절한 데이터 보호 조치 시행;

(3) 개인 데이터 처리 위탁 계약;

(4) 처리 활동 기록 유지;

(5) 적절한 보안 조치 시행;

(6) 데이터 유출 또는 보안 사고 발생 시 감독 기관에 보고하거나 관련 개인에게 통지한 기록;

(7) 개인정보 보호 영향 위험 평가 보고서;

(8) 기타 필요한 기록.

6. 위험 기반 안전 관리

데이터 규정 준수는 기업 데이터 안전 및 법적 위험(책임)을 예방하고 체계적 위험을 방지하는 것을 목표로 한다. 데이터 규정 준수는 기업 데이터의 수집, 취득 및 사용의 합법성을 규범화하여 데이터 가치를 극대화하는 동시에 법적 위험을 회피하고 기업의 안정적·지속적 발전을 유지하는 것을 목표로 한다. 물론 데이터 규정 준수가 위험을 완전히 제거할 수는 없지만, 불필요한 위험을 해소하고 시스템 위험을 방지할 수 있다. 실제로 데이터 안전 및 규정 관리의 최고 경지는 위험 기반 보안 관리이다. 각 기업은 법적 허용 범위 내에서 해당 산업 특성에 부합하고, 데이터 규모·특성·응용 시나리오에 근거하여, 데이터 종류와 위험 수준에 따라 다양한 유형과 위험 등급에 대한 보안 관리 체계를 구축하여 데이터 위험을 수용 가능한 수준으로 통제해야 한다.

다른 규정 준수 관리와 마찬가지로, 데이터 규정 준수도 데이터 수집 및 사용 규범을 기업 운영과 직원 행동 지침으로 전환하여 기업 문화의 일부가 되어야 한다. 다른 규정 준수에 비해 데이터 규정 준수는 더 보편적이며, 기업 운영 프로세스와 모든 직원 행동에 걸쳐 있는 하나의 종합적이고 체계적인 과업이다. 어느 한 단계에서의 작은 허점도 기업 전체에 위험을 초래할 수 있다. 따라서 다른 규정 준수 관리에 비해 데이터 규정 준수 관리는 더 도전적이다.

제 5 편

데이터 경제의 운영 체제와 메커니즘

데이터는 본래부터 이용 가능성을 지닌 것은 아니며, '데이터 거버넌스(数据治理)'를 통해 비로소 생산요소로 전환될 수 있다. 이러한 과정을 총칭하여 '거버넌스(治理)'라 하며, 거버넌스는 데이터 상품화(产品化)를 목표로 한 생산활동이다. 데이터 경제는 데이터의 가치 창출(생산)과 가치 실현(유통)을 핵심으로 하는 경제로서, 모든 기업이 데이터 자산을 이용할 수 있는 능력을 갖추고, 데이터의 사회적 배분과 활용의 대순환 과정에 참여하는 경제를 의미한다. 미시적 관점에서는 기업이 먼저 데이터 기반의 기업으로 전환하여 데이터를 이용해 업무를 효율적·지능적으로 운영해야 한다. 이를 바탕으로 데이터 요소와 데이터 상품을 생산해 내고, 데이터 요소의 사회적 배분과 활용에 참여함으로써 데이터의 사회적 가치를 실현해야 한다. 거시적 관점에서는 데이터 유통 조건과 표준을 마련하고, 데이터 유통과 활용을 위한 채널을 구축하며, 명확한 데이터 유통 규칙을 수립함으로써, 데이터 요소의 유통·활용을 위한 시장 체제를 형성해야 한다. 또한, 양질의 데이터 요소 수급 매칭 메커니즘을 통해 데이터의 사회적 활용을 실현해야 한다.

제 14 장 기업의 데이터 요소화: 미시적 데이터 경제

데이터 재산권의 본질은 데이터의 유통과 활용 질서를 구축하여 데이터 가치를 극대화하는 데 있다. 데이터 보유권(数据持有权)은 데이터의 특성에 부합하면서 데이터 경제 질서를 구축하기 위한 제도적 도구이다. 데이터 유통·활용 촉진의 핵심은, 구체적인 제도 설계를 통해 데이터 가치 재산권(数据价值产权)의 운영 메커니즘을 어떻게 극대화하느냐에 있다. 데이터의 가치가 사용(使用)에 있다면, 데이터 기초 제도는 데이터 사용과 재사용(유통·활용)을 보장하는 제도적 안전장치가 되어야 하며, 데이터 보유권은 바로 이러한 데이터 사용과 재사용을 실현하기 위한 제도적 장치로서 기능한다.

데이터 상품화는 단일 시점에 이루어지는 것이 아닌 과정이며, 이 과정 전반에 걸쳐 권리의 확정(确权)이 필요하다. 이를 통해 원시 데이터(原始数据)의 거버넌스와 유통을 촉진하여 더 많은 지능형 성과를 생산할 수 있다. 이러한 측면에서 우리는 데이터 요소 시장과 지능형 상품(데이터 상품) 시장을 구분하고, 각각에 서로 다른 데이터 재산권(데이터 보유권)을 부여하여 적절한 거래 질서를 구축한다.

제 1 절 데이터 요소화: 상품화 사고방식으로의 데이터 거버넌스

데이터 요소를 생산력으로 전환하고, 그 가치가 극대화되도록 하기 위해, 우리는 데이터 가치가 실현되는 과정에서 나타나는 특성에 따라 데이터 가치 실현에 적합한 재산권 제도와 유통 방식을 설계해야 한다.

1. 데이터 요소화: 이용 가능한 데이터의 형성

최초 생성된 데이터는 그 즉시 계산이나 분석에 사용할 수 없으며, 지속적인 데이터의 집적(汇集)을 통해 비로소 이용 가능한 데이터 세트를 형성하게 된다. 이 과정에서 데이터 거버넌스를 수행하여 데이터가 특정 분석 목적에 부합하도록 해야 한다. 데이터 가치는 연관성을 통해 계산·분석이 가능성하다는 데 있지만, 원시 데이터(原始数据)는 이러한 조건을 갖추지 못하고 있다. 따라서 데이터 거버넌스와 집적을 통해 이용 가능한 데이터로 개선해야 한다. 컴퓨터 과학자 빈야이 알 로(Vinay R. Rao)는 데이터가 다음 조건을 충족할 때 비로소 가치가 있다고 지적한다.

(1) 적시에 제공될 것,

(2) 간결하고 체계적으로 조직되어 있으며 관련성이 있을 것,

(3) 경험적 의미와 맥락을 지닐 것,

(4) 여러 데이터 출처의 집합이다.

즉, "데이터가 문제 해결과 올바른 의사결정을 내리는 데 필요한 시간, 노력, 자원을 줄여줄 수 있을 때, 그것은 가치 있는 상품이 된다".[1] 여

1 Vinay R. Rao, How data becomes knowledge, Part 1: From data to knowledge, https://

기서 말하는 상품은 생산요소(生产要素)로 이해할 수 있다.

2. 데이터 요소 가치의 실현: 데이터 집적의 힘

데이터는 집중화되어 단일한 진실의 원천을 형성해야 하며, 이를 통해 신뢰할 수 있는 데이터, 데이터 출처, 일관된 결과의 가치를 높일 수 있다. 산출 과정에서 부수적으로 발생하는 데이터는 분산화·파편화된 형태이므로, 이를 집중화해야만 특정 주체를 분석하는 데 활용될 수 있다. 예를 들어, 통합된 데이터가 없다면 보고서를 작성하기 위해 여러 계정과 사이트에 로그인하고, 각 애플리케이션에서 데이터를 복사·정리해야 하는 번거로움이 있다. 따라서 데이터 요소 가치 실현은 다양한 출처의 정보를 통합하여 분석 요구사항이나 운영의 필요를 충족시키는 과정이다.

데이터 통합(data integration)은 여러 이질적인 데이터 출처로부터 데이터를 결합하여 일관된 데이터 저장소로 병합하고, 이를 통해 통합된 데이터 관점(视图)을 제공하는 데이터 전처리 기술이다. 다만 데이터 출처가 다양하고, 서로 연결되지 않은 시스템에 존재하기 때문에 데이터 집합을 형성하는 데 어려움이 있다. 따라서 효과적인 데이터 통합은 AI 알고리즘 적용의 전제 조건이 된다. 데이터 통합은 기업에 다음과 같은 이점을 제공한다:

(1) 단일하고 신뢰할 수 있는 데이터 버전을 제공하며, 원격 동기화 및 접근 가능;

www.ibm.com/developerworks/library/ba-data-becomes-knowledge-1/ba-data-becomes-knowledge-1-pdf.pdf.

(2) 정확한 데이터에 기반한 분석·예측·의사결정 능력 강화;

(3) 조직·고객에 대한 포괄적 이해;

(4) 전체 기업 및 이해관계자의 데이터 접근성 향상.

통합된 데이터의 품질은 주로 다음 세 가지 지표로 평가된다:

- 신선도(新鲜度): 소스 시스템(源系统)의 변경이 데이터 웨어하우스(数据仓库)에 반영되기까지 걸리는 시간.
- 세분성(颗粒度): 데이터 웨어하우스에 저장된 데이터의 세분화 정도.
- 일치도(匹配度): 서로 다른 시스템의 데이터가 일관된 사실을 가리키는 정도.

3. 데이터 요소화: 상품화 사고(思维)

사회 활동에서 발생하거나 센서에 기록된 데이터 자체의 가치는 높지 않으며, 지속적으로 집적(汇集)·정리(整理)하고 연관성을 조직화하여 충분한 규모의 데이터 세트(数据集)를 형성해야만, 데이터 뒤에 숨겨진 객관적 세계나 관련 대상의 규칙 또는 추세를 파악할 수 있으며, 이를 통해 통찰력을 얻고 지혜를 형성하여 객관적 현실을 변화시키는 능력으로 전환할 수 있다.

이른바 데이터 상품화(数据产品化)란, 전통적인 상품의 생산과 공급 방식에 따라, 사용자의 요구에 부합하는 이용 가능한 데이터 상품을 생산하는 것을 말한다. 이는 데이터의 최소 단위인 데이터 세트(数据集)에 대한 거버넌스 요구를 의미한다. 즉, 데이터 생성 시점부터 거버넌스를 통해 데이터를 개선하여 데이터의 발견 가능성, 이해 가능성, 상호 운용성, 신뢰성을 보장하여, 데이터의 재사용성을 확보해야 한다. 데이터가 원본 생성 환경을 벗어나 재사용될 수 있게 되면, 그 데이터는 상품처럼 유통될 수 있다. 따라서, 데이터의 재사용성은 데이터가 유통될 수 있는 기초 요건이자, 데이터 상품화의 상징(标志)이다.

데이터의 품질을 보장하고 사용자의 재사용 목적을 충족시키는 것 외에도, 데이터 상품화는 물리적 상품이 브랜드를 갖는 것처럼, 디지털 상품 또한 식별 가능한 표지(识别标识)를 가져야 한다. 데이터의 유통을 위해서는 기본적인 설명이 필요하며, 수요자에게 데이터의 책임 주체(持有者), 데이터의 성능 또는 응용 가능한 분야, 기술적 구성 그리고 그것을 운용하기 위해 필요한 인프라(基础设施)를 명확히 알려야 한다. 동시에 외부인이 데이터를 검색(检索), 발견(发现), 획득(获取)할 수 있도록 데이터에는 명칭, 코드(编码) 또는 목록(目录)이 있어야 한다. 데이터가 이러한 조건을 충족할 때, 그 데이터는 상품처럼 유통될 수 있는 상태가 된다.

데이터 상품화는 데이터의 영역 간 또는 주체 간 통합과 유통의 곤란을 해결하는 데에만 쓰이는 것이 아니라, 기업 내부에서도 데이터 통합과 활용의 수단으로 도입될 수 있으며, 이를 통해 공유 인프라를 구축하고, 지능형 의사결정을 지원하는 방법이 될 수 있다. 이러한 개념은 데이터 과학자이자 알고리즘 엔지니어인 자막 데흐가니(Zhamak Dehghani)가 2019년에 출간한 《데이터 메쉬: 대규모 데이터 기반 가치 전달(Data Mesh: Delivering Data-Driven Value at Scale)》에서 제시한 데이터 메쉬 아키텍처(数据网格架构)에 기초한다. 그녀는 데이터 상품을 데이터 메쉬 내의 "아키텍처 퀀텀(架构量子)", 즉 "독립적으로 배포·관리될 수 있는 최소 아키텍처 단위"라고 정의하였다. 또한 그녀는 데이터 상품이 "발견 가능성, 이해 가능성, 신뢰 가능성, 주소 지정 가능성, 상호운용 가능성, 조합 가능성, 안전성, 로컬 접근 가능성(本地可访问)이라는 특성과 그 자체로 가치를 지녀야 한다"고 보았다. 그녀는 데이터 상품화란, 각 도메인 또는 부서가 "자신들이 제공하는 데이터 세트에 상품적 사고를 적용하는 것이며, 자신들의 데이터 자산을 자신들의 상품으로 간주하고, 조직 내의 다른 데이터 과학자, 머신러닝(ML) 및 데이터 엔지니어를 고객으로 보는 사고방식"의 결과라고 설명한다.[2]

상품화 사고방식으로 데이터를 거버넌스하면 기업 내부에서 각 부서가 통일된 표준과 기술 요구사항에 따라 데이터를 관리·운영할 수 있어, 데이터를 신속하게 집계하고 융합 컴퓨팅(融合计算) 수행이 가능해진다. 또한 이 방식은 데이터 생성 단계에서부터의 거버넌스를 가능하게 하며, 분산 저장 및 컴퓨팅을 실현함으로써, 우선 집계한 후 거버넌스하는 중앙 집중식 아키텍처(集中式架构)의 한계를 벗어날 수 있다. 나아가 각 기업이 통일된 기준에 따라 재사용 가능한 데이터를 생산할 수 있게 되면, 활용 가능한 데이터 부족 문제는 사라질 것이다. 다만 이를 위해서는 데이터 상품화에 대한 적절한 인센티브 제도가 마련되어야 한다. 그렇게 된다면 데이터 유통 질서가 구축될 수 있다. 데이터 요소화 활용이란 곧 데이터 상품화를 의미하며, 상품화적 사고방식으로 데이터를 거버넌스하고 유통시켜 데이터 지능형 애플리케이션(数据智能应用)을 뒷받침한다.

2 Zhamak Dehghani, How to Move Beyond a Monolithic Data Lake to a Distributed Data Mesh, https://martinfowler.com/articles/data-monolith-to-mesh.html.

사례

산업사슬(产业链) 데이터, 데이터 상품으로 '화려한 변신'

포산 중타오렌 공급망 서비스 유한회사(佛山众陶联供应链服务有限公司)(이하 "중타오렌")은 2015년에 설립되었으며, 석탄·전력·점토·화학원료 등의 공동 구매(集采业务)를 통해 도자기 제조업의 생산비 절감을 주요 사업으로 하고 있다. 그러나 이후 디지털 기술을 활용하여 도자기 산업 내의 비규범적 경영, 거래비용 산정 곤란 등의 문제를 해결하는 과정에서, 거래 가능한 데이터 상품을 성공적으로 개발하였고, 이를 광저우 데이터거래소(广州数据交易所)에 상장했다.

도자기 제조에 필요한 점토 등의 원자재에는 세금계산서(发票)가 없는 경우가 많다. 예를 들어, 원자재 기업이 80만 위안을 들여 점토를 소규모로 매입한 후, 이를 제조기업에 100만 위안에 판매할 경우, 공급자는 세금계산서가 없어 부가가치세(增值税)를 100만 위안을 기준으로 납부해야 한다. 결국 80만 위안의 점토 구입비용이 비용 인정을 받지 못해 세전 공제가 불가능하게 되고, 부가가치세율 13%를 기준으로 하면 약 10.4만 위안의 세금을 추가 부담하게 된다. 이와 관련하여 2018년 6월, 중국 국가세무총국(国家税务总局)은《기업소득세 세전공제 증빙관리방법(企业所得税税前扣除凭证管理办法)》을 발표하였으며, 여기에는 재정영수증(财政票据)·납세증명(完税凭证)·수납증빙(收款凭证)·분할명세서(分割单) 등 다양한 외부 증빙을 세전공제 증빙으로 인정할 수 있다고 명시되어 있다. 다만, 그러한 외부 증빙은 진위 여부를 증명할 수 있어야만 공제 증빙으로 인정된다. 이에 따라 중타오렌은 2019년부터 자재장부(物料台账),

물류장부(物流台账), 자금장부(资金台账), 거래장부(交易台账), 네 가지 장부를 활용해 거래증거 신뢰체인(交易证据可信链)을 구축하는 방안을 모색하기 시작했으며, 이를 통해 도자기 기업이 비용을 인정받고 납세 경로를 확보할 수 있도록 지원했다. 구체적으로는 계약서, 계량표(磅单), 자격증서, 운행경로, 품질검사보고서, 지급증빙, 대조표 등 거래과정에서 발생하는 원본 증빙 데이터(原始凭证数据)를 수집하고, 온·오프라인 교차검증(线上线下交叉验证)을 통해 특정 거래가 실제로 발생했음을 입증한다. 이와 동시에 데이터의 위·변조방지(防篡改), 부인방지(防抵赖), 추적가능성(可追溯)을 보장하며, 검증 완료된 결과는 "거래 증거 사슬 증서(交易证据链证书)"로 발급된다.

거래 증거 사슬 증서는 가치 있는 데이터 상품으로서, 기업이 이를 비용 공제의 증빙 자료로 활용할 수 있기 때문에, 국가의 세수 누수를 방지하면서 동시에 기업의 종합 세부담을 34% 줄일 수 있다. 또한 해당 증서를 기업의 신용 증명 자료로 사용하여, 도자기 기업이 "재무제표 없음(无报表), 담보 없음(无抵押), 신용등급 없음(无信评)"이라는 이유로 자금 조달이 어려운 점을 해결할 수 있게 되었다. 2023년 5월, "중타오롄 거래 증거 체인 증서(众陶联交易证据链证书)"는 광둥성 컴플라이언스위원회(广东省合规委员会)의 컴플라이언스 적합성 심사(合规审查)를 통과하였으며, 광저우 데이터거래소의 표준 데이터 상품(标准的数据产品)으로 상장되었다.

중타오롄은 디지털 기술을 활용하여 도자기 산업의 구조적 문제를 해결하는 과정에서, 거래 흐름(交易流), 물류 흐름(货物流), 자금 흐름(资金流)의 삼류 통합 데이터 플랫폼을 성공적으로 구축하였다. 이를 통해 데이터의 진실성과 비변조성을 기술적으로 보장하고, 산업사슬 데이터를 신뢰 가능한 거래 데이터 상품으로 전환시켰다. 이로써 산업에 디지털 역량을 부여하는 동시에, 중타오롄이 디지털 서비스 영역을 지속적으로 확장할 수 있는 기회를 창출하게 되었다.

—21세기 경제보도(21世纪经济报道)《'중타오롄' 데이터 상품 해부: 전통 도자기 산업은 어떻게 위기 속에서 천만 위안 규모의 신사업 모델을 창출했는가?(解密"众陶联"数据产品: 传统陶瓷业如何于困境中闯出千万级新业态?)》 정리.

4. 데이터 집적(汇集) 및 활용 방식: 중앙집중식(集中式)과 분산식(分布式)

데이터 집적을 실현하는 방법은 "추출(Extract)·변환(Transform)·적재(Load)", 즉 ETL이라고 불린다. ETL은 클라우드 데이터베이스(云数据库)의 도입과 함께, 대용량·비정형(非结构化) 데이터 세트의 생산 문제를 해결하기 위해 등장한 기술이다. 이 방식은 먼저 변환하고 나중에 적재한다(先转换再加载)는 프로세스를 통해 소스 코드(源代码)로부터 직접 데이터를 불러올 수 있으며,[3] 데이터 추출 및 저장을 위해 복잡한 사전 정의나 방대한 계획을 수립할 필요가 없다. 전형적인 ETL 데이터 통합 과정에서, 클라이언트(客户机)는 메인 서버(主服务器)에 데이터 요청을 전송하고, 메인 서버는 필요한 데이터를 수집하여 단일하고 일관된 데이터 세트로 통합한다(그림 14-1 참조). ETL은 조직이 서로 다른 시스템에서 데이터를 추출하고, 사전에 데이터 정제(数据清理)를 수행하여 데이터 품질을 향상시키고 일관성을 확보한 뒤, 이를 목표한 데이터베이스에 적재할 수 있도록 한다. 그러나 ETL은 시간이 많이 소요되는 배치 작업(批处理)

3 ETL은 소스 위치(源位置)로부터 데이터를 복사하거나 내보내지만, 그것을 임시 저장소(暂存区)에 적재하여 변환하지 않고, 원시 데이터(原始数据)를 직접 대상 데이터 저장소로 적재하여 필요에 따라 변환할 수 있도록 한다.

방식이므로, 일반적으로 업데이트 빈도가 낮고 규모가 작은 데이터 저장소를 구축할 때 주로 활용된다.

ETL 기반의 데이터 통합은 비즈니스 인텔리전스(BI)와 효율적인 의사결정(有效决策)의 기초를 마련한다. 이는 데이터 마이그레이션, 다양한 데이터 소스의 병합(合并不同的数据源), 기업 애플리케이션 통합을 포함하며, 시스템 간 상호운용성을 실현하고, 여러 데이터 소스를 하나의 관계형 데이터 웨어하우스로 통합하는 과정이 포함된다. 데이터 웨어하우스는 사용자가 일관된 형식으로 쿼리를 실행하고, 보고서를 작성하며, 분석을 수행하고 데이터를 검색할 수 있게 한다. 이러한 구조는 현대 기업의 비즈니스 인텔리전스(BI) 시스템을 지원하는 핵심 기반이 된다. 데이터 웨어하우스는 분석을 위한 방대한 데이터를 제공하며, 데이터 재사용성과 의미 분석에 중점을 두어 데이터를 기업의 전략적 자산으로 전환하는 핵심 역할을 수행한다.

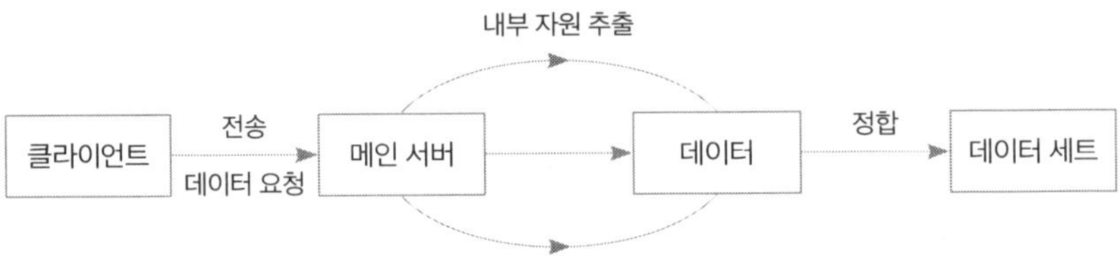

출처: 저자가 전형적인 ETL 데이터 통합 과정의 설명을 바탕으로 작성함.

그림 14-1 전형적인 ETL 통합 과정

하지만, 데이터 통합은 데이터 집적·활용의 한 방식에 불과하다. 데이터 원천에서 상품화된 데이터 거버넌스를 수행하는 경우, 데이터는 분산 저장되고, 연합 컴퓨팅(联合计算)이 경제적·효율적인 데이터 집적 활용 방식이 된다. 특히 분산 컴퓨팅 기술은 데이터가 분산된 상황에서도 컴퓨팅과 애플리케이션을 구현할 수 있다. 가장 중요한 점은 데이터가 통일된 기준에 따라 거버넌스되어야 한다는 것이며, 중앙 집중 저장되지 않더라도 실제 데이터 위치 정보를 포함해야 한다는 점이다. 데이터 저장 방식과 위치에 관계없이 데이터는 하나의 통합된 데이터 세트로 나타낼 수 있다. 즉, 분산 상태에서도 데이터가 필요에 따라 변환(转换)되고, 연합 컴퓨팅될 수 있다. 데이터 연합의 장점은 기존의 ETL(추출·변환·적재) 과정을 대체하여 데이터 과학자가 데이터 쿼리 및 분석에 집중할 수 있게 하며, 데이터 지연을 줄일 수 있다. 사용자는 데이터 웨어하우스를 구축하거나 ETL 기술을 통해 데이터를 웨어하우스로 이동시키지 않아도 된다. 전체 데이터를 대상으로 쿼리함으로써 조직의 BI 활용을 간소화할 수 있다.

제 2 절 데이터 요소 가치 실현

데이터는 사용을 통해 가치를 가지며, 사용을 통해 그 가치를 실현할 수 있다. 여기서 사용(使用)은 자체 사용과 타인에게 사용 허용하는 것을 모두 포함한다. 기업의 관점에서 보면, 자체 사용은 데이터를 집적·분석하여 기업 의사결정을 지원하는 것을 의미하며, 타인 사용은 데이터의 유통을 통해, 다른 사람이 데이터를 사용하도록 함으로써 사용수익(使用收益)을 공유하는 것을 의미한다.

1. 데이터를 효과적으로 활용하여 기업 가치 창출

데이터의 가치는 계산을 통해 새로운 지식을 발견하고 예측하거나 지능적 지원을 제공하는 데 있으며, 이러한 데이터 기반 지능 분석은 사회와 경제 활동 전반에 적용될 수 있다. 이로 인해 발생하는 가치는 기존 사회 활동에서 분리될 수 없다. 즉, 데이터의 가치는 기존 생산·경영 활동이나 조직 운영을 개선하고, 운영 효율성을 높이며, 성과와 효과를 향상시키는 데 있다.

데이터를 활용하여 지능적 분석을 통해 수익을 창출하는 과정을 "데이터 수익화(Data Monetization)"라 하며, 이는 데이터의 가치를 실현하는 과정을 의미한다. 가트너(Gartner)사의 정의에 따르면, 데이터 수익화란 데이터를 활용하여 계량 가능한 경제적 이익을 얻는 과정을 말한다.[4] 따라서 데이터 수익화 과정은 곧 기업이 데이터를 활용하여 가치를 창출하는 과정이다. 데이터가 기업에 가치를 제공할 수 있을 때, 비로소 데이터는 진정한 생산요소(生产要素)가 된다. 오늘날 거의 모든 기업은 데이터를 활용해 신규 고객을 개척하고 기존 고객을 유지하며 상품 품질을 개선하고 기업 운영 비용을 절감할 수 있음을 인식하고 있다. 이는 기업이 데이터를 거버넌스하고 지능형 데이터 분석 플랫폼을 구축하며 데이터를 전략적 자산으로 간주하도록 요구한다.

안샤오펑(安筱鹏) 알리연구원(阿里研究院) 부원장은 다음과 같이 제시하였다. 데이터 요소의 가치는 인류가 객관적 세계를 이해하고, 예측하며, 통제하는 새로운 체계와 모델을 재구축하는 데 있다. 기업은 자원을 배분하는 조직이며, 기업 경쟁의 본질은 자원 배분 효율성의 경쟁이다. 기업 자원 최적 배분의 과학성, 실시간성, 효과성은 정확한 데이터를 정확한 시간에, 정확한 방식으로, 정확한 사람과 기계에 전달하는 것에서 비롯되며, 이를 "데이터 흐름의 자동화(数据流动的自动化)"라 부른다. 데이

4 https://www.gartner.com/en/information-technology/glossary/data-monetization.

터 흐름 자동화의 본질은 데이터 기반 의사결정이 경험 기반 의사결정을 대체하도록 하는 것이다. 데이터+컴퓨팅 파워(算力)+알고리즘(算法)을 기반으로 물리적 세계의 상태를 기술하고, 원인을 분석하며, 결과를 예측하고, 과학적 결정을 내릴 수 있다. 즉, "데이터+알고리즘"은 정확한 지식을 담은 데이터를 정확한 시간에 정확한 사람과 기계에 전달하여, 정보 흐름(信息流)이 기술 흐름, 자금 흐름, 인재 흐름, 물자 흐름을 이끌어, 자원 배치 효율을 최적화한다.[5]

사례

실시간 교통 데이터가 고속도로 고정밀 지도의 '디지털 기반'이 되다

광동성 교통그룹 유한회사(广东省交通集团有限公司)는 광동성 당위원회와 성정부의 승인을 받아 설립된 대형 국유자산 위탁경영 유한책임회사로, 주요 사업은 고속도로 투자·건설 및 운영, 자동차 여객·화물 운송, 현대 물류, 도로 설계·시공·감리, 스마트 교통 등이다. 이 회사는 기초 교통 인프라 구축이 완비된 후, 스마트 교통 서비스에 주목하여 실시간 교통 데이터를 데이터 상품으로 구축하고, 고속도로 건설·관리·유지·운영·서비스를 위한 기초적 지원과 혁신적 역량을 제공하고 있다.

현재 실시간 교통 데이터 상품은 주로 ETC 센서를 설치하여, 차량이 고

5 안샤오펑(安筱鹏), 《데이터 요소가 어떻게 가치를 창출하는가(数据要素如何创造价值)》, 출처: 알리연구원(阿里研究院), http://www.aliresearch.com/.

속도로를 주행할 때 실시간 데이터를 수집하고, 이를 스마트 교통 빅데이터 플랫폼으로 실시간 전송한다. 플랫폼에서는 수집된 데이터를 도로망 운영 및 긴급 지휘·조정, 도로망 장비 관리, 도로 시설 유지 및 긴급 대응, 도로 이용자 서비스, 도로 시설·장비 통합 표시 등 핵심 응용 시나리오에 활용함으로써 교통 운영의 안전성과 효율성을 종합적으로 향상시키며, 이러한 시나리오 기반 데이터 상품은 고속도로 "고정밀 디지털 기반(高精度数字底座)"이 된다.

광동성 교통그룹의 고정밀 디지털 기반은 지도를 입구(入口)로 삼아 지리적·물리적 관리 데이터를 통합한다. 고정밀 디지털 기반 데이터 거버넌스의 주요 과제는 다음과 같다. 따라서 고정밀 디지털 기반 데이터 거버넌스의 주요 업무 과제는 첫째, 원천 데이터 수집 및 분석을 통한 데이터 특성 파악 및 데이터 자원 목록 구축; 둘째, 폐쇄형 데이터 품질 관리를 시행하여 검증 규칙을 수립하고 검증을 수행하며 품질 보고서를 작성하고 원천 데이터 수정 등을 통해 데이터 품질을 향상; 셋째, 마스터 데이터(主数据)의 통합 모델을 구축하여 마스터 데이터와 각 업무 시스템 간 매핑 관계를 설정함으로써 동일한 도로 시설 장비의 업무 속성 데이터가 여러 업무 시스템에서 명확한 변환을 거쳐 통합되도록 하여 업무 시스템 간 데이터 융합 활용을 지원; 넷째, 업종 내 융합(同业融合)을 실현하여 도로 시설·장비의 공간 지리 속성과 다중 업무 속성 데이터를 연관 매핑하고, 데이터 모델을 통해 정확하고, 포괄적이며, 일관된 장비·시설 정보를 제공하여, 고정밀 디지털 기반 서비스 지원을 가능하게 한다. "고정밀 디지털 기반"의 응용 시나리오는 4개 플랫폼과 1개의 통합 표시 플랫폼으로 구성된다. 4개의 플랫폼은 첫째, 도로망 운영 및 긴급 지휘·조정 플랫폼; 둘째, 도로 시설 유지 및 긴급 대응 플랫폼; 셋째, 도로망 전기기계 설비 관리 통합 플랫폼; 넷째, 도로망 운전자 서비스 플랫폼이며, 1개의 통합 표시 플랫폼은 도로 시설 장비의 동적 통합 표시 플랫폼이다. "고정밀 디지털 기반"은 현재 대규모 적용이 가능한 조건을 갖추었으며, 향후 고속도로 건설, 관리, 유지보수, 운영, 서비스 등에 통합 지도와 데이터 서비스 기능을 제공하여 고속도로 운영 관리 효율성 향상에 기여할 수 있다.

—광동성 교통그룹 정보센터장 양화(梁华)의 2023 중국 고속도로 정보화 대회
《디지털화·지능화가 고속도로 고품질 발전에 기여
(数字化, 智能化助力高速公路高质量发展)》 주제 포럼 발표 내용 정리

2. 데이터의 효과적 활용, 데이터 수익화 방식

데이터가 기업에 가져다주는 가치 관점에서, 데이터는 단순히 자체적으로 활용되어 효율성과 수익성을 향상시킴으로써 간접적으로 가치를 창출할 뿐만 아니라, 외부에 데이터를 "판매(销售)"하여 기업에 직접적인 수익을 가져다줄 수도 있다. 따라서 실무에서는 조직이 데이터를 활용해 가치나 수익을 창출하는 관점에서 데이터 수익화를 데이터 직접 수익화와 간접 수익화의 두 가지 방식으로 구분할 수 있다.

앞서 언급한 바와 같이, 기업은 내·외부 데이터를 통합하고 데이터 인텔리전스 분석을 활용하여 자체 비즈니스 서비스와 운영을 개선함으로써 보완적 수익 흐름을 창출한다. 이러한 데이터의 자체 활용을 통한 가치 창출은 데이터의 간접적 수익화 방식이라 불린다. "간접"적이라 칭하는 이유는 데이터 분석이 기업 운영 및 관리 전반에 걸쳐 스며들어 창출되는 가치가 기업 조직의 총수익 (총이익) 증가로 나타나기 때문이다.

직접 수익화 방식은 외부 방식이라고도 하며, 자체 생산한 데이터를 초기 가공·분석·처리하여 만들어진 데이터 상품이나 서비스를 직접 수

익으로 전환하는 것을 의미한다. 앞서 설명한 원시 데이터 생산, 데이터 세트 생산 및 데이터 분석은 모두 데이터 가치의 직접적 실현을 목표로 하는 전문적 경제 활동에 해당한다. 데이터 가치의 직접적 실현 방식은 본질적으로 데이터 자산 운영이며, 데이터 자산을 활용해 완전히 새로운 수익원을 창출하거나 주력 사업 자체가 데이터 자산 운영 또는 지능형 서비스에 종사하는 것이다.

표 14-1 데이터 수익화의 두 가지 방식

	의미	방식
직접 수익화	자체 데이터 또는 외부 데이터와 융합하여 상품화 사고방식으로 가공·분석 처리하여 데이터 상품 또는 서비스를 형성하고, 이를 직접 수익으로 전환	(a) 데이터 제공/공유(데이터 사용 허가) (b) 통화 또는 비통화 대가를 통한 데이터 교환 또는 거래 (c) 중개자 또는 데이터 마켓을 통한 데이터 거래 (d) 인사이트, 분석 및 보고서 제공 또는 판매 (e) 비즈니스 솔루션 제공 (f) 데이터 담보 대출
간접 수익화	데이터 분석을 통한 비즈니스 서비스 및 운영 개선으로 경영 성과 향상, 한계 이익 또는 수익 흐름 창출	(a) 생산 공정 및 프로세스 최적화, 에너지 소비 감소, 재고 축소, 비용 절감, 성과 개선 (b) 리스크절감 또는 컴플라이언스 개선 (c) 신규 사업, 신상품 또는 시장 개발 (d) 고객에 대한 이해도 향상 및 기존 상품/서비스 개선 (e) 자원 배분 및 활용 효율 최적화로 경쟁 우위 창출 (f) 파트너십 구축 및 강화 (g) 특수 회사 구조를 통해 데이터를 대차대조표에 반영

3. 데이터 수익화와 데이터 경제

데이터 가치 실현의 두 가지 방식은 데이터를 생산요소로서 관찰하고 분석하는 기초가 된다. 실제로, 데이터 가치의 직접적 실현 방식에서는 데이터 자체가 "생산" 활동이나 경제 활동이며, 간접적 실현 방식에서는 데이터가 전체 경제 활동을 지원하는 생산요소로 작용한다. 데이터는 생산요소로서 이 두 가지 측면에서 이해되어야 한다.

데이터 화폐화(数据货币化)는 먼저 내부에서 시작되며, 데이터 거버넌스를 통해 기업 내부 데이터의 품질과 의사결정 효과를 향상시켜, 기업 운영 효율성과 수익성을 높인다. 이후 데이터 상품화 및 서비스화를 고려하여 데이터 가치를 극대화한다. 상품화 과정에서 원시 데이터는 세분화, 정제, 분석 및 패키징을 거쳐 명확한 가치 제안, 설명, 가격 책정을 갖추며, 변화하는 고객 수요를 충족시킨다. 이 과정에서 기업은 데이터 상품화의 비즈니스 기회를 발견하게 된다. 따라서 전문 데이터 생산 기업이 아닌 경우, 기업 내부 데이터 상품부터 시작하여 기업의 지능적 의사결정을 지원하는 데이터 상품을 우선 생산하는 것이 바람직하다. 결국 데이터 거버넌스는 복잡하고 다양한 기술을 요구하는 작업으로, 적절한 데이터 아키텍처, 업무 프로세스, 그리고 데이터 상품 개발 및 관리에 능숙한 개발 및 관리 역량을 갖춘 인력이 필요하다. 기업이 데이터 거버넌스 경험을 충분히 축적한 후, 외부 데이터 거래를 시도하고 데이터 생태계를 구축할 수 있다.

각 기업이 상품화 사고방식으로 데이터를 거버넌스하여 데이터에 지능적 능력을 부여한다면, 데이터는 필연적으로 거래 가능한 상품으로 전환된다. 즉, 이 시점의 데이터는 수용자가 사용하여 가치를 창출할 수 있는 특성을 갖게 된다. 데이터는 출력자에게 이익을 제공할 뿐 아니라, 입력자에게도 가치를 제공하며, 유용한 거래 가능한 상품이 된다. 데이터의 궁극적 가치는 인지적 가치나 지능형 의사결정 가치로 나타나며, 이 가치를 최종 실현하기 위해 먼저 데이터를 "상품"으로 간주하고 경제 법칙에 따라 유통시켜야 한다. 따라서 데이터 유통은 데이터의 궁극적 가치 실현을 촉진하는 데이터 경제 질서를 구축하고, 각 단계의 가치 창출을 인정하며, 데이터 가치 실현 권한을 부여한다. 데이터 생산, 유통, 사용은 모두 이러한 목적을 중심으로 구축된 경제 질서이며, 이것이 바로 데이터 경제이다.

4. 기업의 데이터 활용 능력: 데이터가 생산력으로 전환되는 출발점이자 종착점

데이터 가치는 데이터 지능(数据智能)으로 구현되므로, 데이터 경제 자체의 가치 또한 데이터 지능 실현을 촉진하는 데 있다. 데이터 경제의 목적은 모든 기업이 데이터를 활용할 수 있는 능력을 갖추도록 하는 것이다. 각 기업이 데이터 활용 능력을 갖춰야만 데이터가 기업 생산력으로 전환되어 사회 생산력을 형성할 수 있다. 데이터 경제 질서 구축은 데이터의 직접적 현금화(데이터 거래)에 있는 것이 아니라, 데이터 활용—즉 각 조직이 데이터를 지능으로 전환하는 능력에 있다. 따라서 데이터 요소 시장(数据要素市场) 구축의 목적은 각 기업에 역량을 부여하는 것이며, 각 기업이 데이터가 생산력으로 전환되는 출발점이자 종착점이 된다.

모든 기업은 하나의 사회적 존재이므로, 기업이 데이터 주도 발전을 실현하려면 한편으로는 자체의 비즈니스 데이터를 잘 활용해야 하고, 다른 한편으로는 외부 데이터를 확보하여 외부 데이터와 내부 데이터를 융합해야만 진정한 내부 데이터 활성화가 가능하다. 이러한 의미에서 기업의 데이터 주도 발전은 외부 환경, 즉 데이터 요소 시장이 필요하며, 이는 기업이 내·외부 데이터를 거버넌스하고 상품화 사고방식에 따라 내부 수요를 충족시키는 데이터를 생산할 수 있을 뿐만 아니라, 다양한 데이터 거래 채널을 원활하게 하여 데이터를 직접 수익화할 수 있어야 함을 의미한다. 각 기업이 내·외부 데이터를 활용할 수 있는 역량을 갖추고, 외부로 데이터를 제공할 수 있을 때, 다른 기업에 역량을 부여하며 사회 전체가 데이터 기반 발전을 실현할 수 있다. 즉, 각 기업이 데이터 활용 능력을 갖출 때, 사회 전체가 데이터 주도 발전을 이룰 수 있다.

제 3 절 데이터 주도형(数据驱动型) 기업이 되는 방법

데이터 주도형 기업이 되기 위해서는 데이터 자산 관리 아키텍처를 구축하고, 데이터 전략을 수립하며, 데이터와 비즈니스를 분리(解耦)하여 데이터의 도메인 간 상호 연결, 교환, 유통을 실현함으로써 데이터의 교환 가치를 실현해야 한다. 동시에 기업은 비즈니스 데이터를 효과적으로 활용하고 외부 데이터를 확보하여 외부 데이터와 내부 데이터를 융합해야만 내부 데이터를 진정으로 활성화할 수 있다. 또한 기업은 데이터 거버넌스 체계를 구축하여 데이터 품질을 보장하고, 데이터 보안 체계를 구축하여 데이터 안전을 보장해야 한다. 마지막으로, 기업은 데이터 인텔리전스 응용 체계를 구축하여 데이터를 생산력으로 전환하고 사회적 생산력을 형성해야 한다.

1. 데이터 자산 관리 아키텍처 구축

데이터 거버넌스를 핵심으로 하는 데이터 관리는 데이터 주도 기업의 기본 요소가 되었으며, 데이터 활용 가능성(데이터 품질)을 중심으로 기업 전체 운영과 발전을 지원하는 관리 체계가 되어야 한다. 이 책에서는 체계적 관점에서 데이터 관리 프레임워크를 제시한다.

(1) 데이터 전략

데이터 거버넌스 수행의 첫 번째 작업은 데이터 정책, 데이터 표준,

데이터 전략을 수립하는 것이다. 기업의 데이터 요구사항과 데이터 전략을 수립하고, 현행 데이터 관리 성숙도를 진단·평가하며, 미래지향적 데이터 관리 역량을 구축하고, 데이터 전문 직무과 조직을 체계적으로 마련한다. 데이터 정책, 표준 및 절차를 수립·승인하며, 데이터 관리 프로젝트와 서비스를 계획·지원한다. 데이터 자산 가치와 관련 비용을 설정하고, 이러한 기반 위에서 정책과 표준을 초안 작성, 검토, 승인 및 감독한다.

(2) 데이터 품질

데이터 품질과 활용성을 개선하는 것이 데이터 거버넌스의 주요 목표이다. 데이터 품질은 "데이터가 목적에 적합하도록" 만드는 것이며, 데이터에 대한 신뢰를 구축하여 데이터 분석에 기반한 의사결정이 정확하게 이루어지도록 한다. 데이터 품질은 데이터 자산화의 기초 작업이다. 품질 개선을 위해서는 먼저 통일된 비즈니스, 기술, 운영 데이터 용어 사전과 데이터 계보도를 구축해야 한다. 비즈니스 용어와 기술 용어를 매칭하고(예: vender는 데이터베이스에서 공급업체를 나타냄), 각 용어와 그 연관성을 정확히 정의해야 한다. 요약하면, 데이터 사전(data dictionary), 운영 메타데이터(operational metadata), 마스터 데이터(master data)를 구축하고 상호 매칭시켜야 한다. 데이터 품질 평가 기준은 데이터 정확성, 데이터 고유성 또는 중복성, 데이터 일관성, 표준 준수성 및 시의성(timeliness)이다.

(3) 프라이버시, 컴플라이언스 및 보안

규제 및 컴플라이언스 요구사항 또한 데이터 거버넌스의 내재적 요소이다. 데이터 프라이버시와 컴플라이언스는 데이터 생성부터 저장까지 법률과 공공 기대에 부합하도록 보장하며, 데이터 보안을 유지하고 데이터 유출 및 손상을 방지한다. 데이터 컴플라이언스는 데이터 거버넌스 전 과정에 걸쳐 이루어지며, 모든 영역과 부서에 적용된다. 민감 데이터를 보호하기 위해 보안 인프라를 구축하며, 데이터 보호, 보안, 접근, 감사 및 통제 정책을 포함한다.

(4) 데이터 아키텍처와 데이터 통합

비용 절감과 운영 효율성 향상을 추구하는 조직은 데이터 인프라를 단순화하고 통합하기를 원한다. 데이터 거버넌스는 비즈니스 프로세스에서 데이터 처리 능력을 전체적으로 아키텍처화하고, 데이터 활용 요구를 충족시키는 것을 목표로 한다.

(5) 데이터 분석 플랫폼 구축을 통한 기업 지능형 의사결정(BI) 지원

데이터 거버넌스는 데이터 분석 요구를 기반으로 높은 수준의 데이터 분석 의사결정 역량을 육성하는 데 초점을 둔다. 데이터 거버넌스 초기 단계에서는 기업이 어떤 데이터를 활용해 어떤 의사결정을 지원하며, 어떤 분야에서 어떤 빈도로 보고서를 작성하거나 제공할지, 이러한 보고서 간의 연관성 및 다중 목적 활용 가능성을 먼저 확인해야 한다.

2. 기업에 적합한 데이터 아키텍처 구축

데이터 경제 시대에 기업 데이터 아키텍처는 데이터 주도 발전을 실현하는 기반 시설이 된다. 성공적인 기업 아키텍처 계획 수립의 최대 과제는 애플리케이션 생태계에 대한 정확한 정보를 수집하고, 생태계 변화 시 정보를 유지하는 것이다. 기업 데이터는 정적 데이터와 동적 데이

터로 구분되며, 두 유형 모두 기록되어야 하고, 이를 위해 통합 시스템 아키텍처가 필요하다.[6]

정적 데이터를 기록한다는 것은 데이터베이스, 데이터 레이크, 데이터 웨어하우스, 평면 파일 등 데이터 저장 위치를 확인하는 것을 의미한다. 기업은 열(列), 필드(字段), 테이블(表)에서 이러한 정보를 모두 캡처하고, 그 위에 중첩된 모든 데이터를 포함해야 한다. 이는 단순히 데이터 자산의 기술적 측면만 이해하는 것이 아니라, 기업이 해당 데이터 자산을 어떻게 활용하는지 이해해야 함을 의미한다.

동적 데이터 기록은 데이터가 소스 시스템과 대상 시스템 사이에서 어떻게 흐르는지에 초점을 맞추며, 단순히 데이터 흐름 자체뿐만 아니라 이러한 데이터 흐름이 메타데이터에 따라 어떻게 구조화되는 방식을 살핀다. 이에 대한 동적 데이터 기록은 시스템 간 상호작용을 포함하며, 데이터의 유입, 유출 및 상호 간의 논리적·물리적 데이터 자산 구조를 모두 다룬다.

기업 데이터 거버넌스의 기본 목표는 '단일 버전의 데이터'를 생성하는 것이다. 단일 버전의 데이터 자원만이 비즈니스의 공동 관점(Shared View)을 실현하고 의사결정 분석을 지원하며, 데이터 자산화—비즈니스 성과 향상을 통한 수익 창출 혹은 데이터 거래를 통한 수익 실현—를 가능하게 한다.

6 데이터 아키텍처는 데이터가 존재하는 위치와 조직 및 시스템 전반에 걸쳐 어떻게 전파되는지에 대한 이해를 제공한다. 데이터 인벤토리와 데이터 흐름도를 통해 데이터가 한 시스템에서 다음 시스템으로 이동할 때 발생하는 변경 및 변환을 시각화할 수 있다. 또한, 누가 시스템을 사용하고 어떤 목적으로 사용하는지 파악함으로써 시스템 내 데이터 품질 향상에 관련된 잠재적 비즈니스 영향을 식별하는 데 도움을 주며, 지표 및 측정 기준 수립에 기여한다. 이러한 도표는 데이터 생성과 갱신이 누가 어디서 수행하는지에 따라 컴플라이언스 준수 여부를 평가하는 방법을 결정하는 데 도움을 준다. 데이터 책임과 소유권을 포괄하는 데이터 인벤토리 및 데이터 흐름도는 책임과 소유권에서 존재할 수 있는 모든 격차를 식별하는 핵심 도구이다.

이러한 목표를 달성하기 위해서는 비즈니스 목표와 비즈니스 프로세스가 데이터 아키텍처를 주도해야 하며, 비즈니스 주도형 데이터 아키텍처가 데이터 거버넌스를 실현해야 한다. 또한 거버넌스를 거친 일관된 표준의 단일 출처 데이터가 필요하다. 중요한 것은 기업 데이터가 비즈니스 부서 내부 및 부서 간에 정의되고 이해되며 적절히 조정되도록 보장하는 것이다. 데이터 사용은 발표된 표준과 지침을 준수해야 하며, 예외 사항은 적절히 관리되고 데이터 정책이 제대로 시행되어야 한다.

기업 데이터 모델을 개발하여 데이터 아키텍처를 형성하는 것은 기업/데이터 거버넌스의 핵심 기반이다. 기업 데이터 모델링(EDM)은 기업 또는 회사에서 사용하는 데이터를 위한 그래픽 모델을 만드는 것으로, 이는 어떤 시스템이나 애플리케이션과도 독립적이며, 데이터의 물리적 획득, 저장, 처리 또는 접근 방식에 의존하지 않는 단일 통합 데이터 정의를 나타낸다. 이 모델은 데이터 사용을 관리하는 비즈니스 규칙을 포함하고, 기능과 조직 경계를 넘어 중복된 데이터를 식별할 수 있기 때문에, 조직 전체에 데이터의 통합된 관점, 즉 "단일 버전의 사실(单一版本的事实)"을 제공한다.

그러나 기업 데이터 모델 개발은 단기간에 이루어지는 일이 아니며, 올바른 접근법이 필요하다. 특히 중요한 것은 주제 영역 모델과 기본 개념 데이터 모델을 개발하는 것으로, 이를 통해 기업 전체에서 사용하는 기본 데이터에 대한 조직적 이해를 확보하고, 데이터 거버넌스 계획의 효율성을 높일 수 있다.

3. 가치 실현을 내적 동력으로 삼아, 점진적으로 데이터 요소화 활용 목표 달성

내부적 또는 간접적 접근법에는 데이터를 활용한 측정 가능한 비즈니스 성과 개선 및 의사 결정이 포함된다. 외부적 또는 직접적 접근법은 비즈니스 파트너로부터 유리한 조건을 얻기 위한 데이터 공유, 데이터 또는 정보 교환, (데이터 브로커 또는 독립적인) 데이터 판매, 또는 정보 상품 및 서비스 제공(예: 기존 상품의 부가가치 요소로서 정보를 제공) 등을 포함한다.

기업 데이터의 가치는 측정 가능하다. 데이터 가치 측정 방식은 주로 세 가지이다:

- 생산/구매 비용: 데이터의 가치는 데이터를 생산하거나 구매하는 비용에 의해 결정된다.
- 사용 가치: 데이터의 가치는 회사 업무 프로세스와 전반적인 성과에 대한 기여도에 따라 결정된다(예: 고객 만족도 향상, 재고 감소, 또는 직접 판매를 포함한 비즈니스 모델에서 판매 인력의 효율적 배치).
- 시장 가치: 데이터의 가치는 시장에서 판매될 때의 가격에 의해 결정된다.

4. 데이터 자산 회계 처리 제도 구축

데이터가 생산요소 또는 자원으로 기능하는 배경에서, 데이터 자원을 대차대조표(资产负债表)에 반영할 수 있는 회계 처리 규칙을 찾는 것이 필요하다. 즉, 데이터 자산화 문제를 해결하기 위해 제도적으로 요구된다. 회계상으로는 기업이 과거의 영업 거래나 각종 활동을 통해 형성하고, 기업이 소유하거나 통제하며, 기업에 경제적 이익을 가져올 것으로 예상되는 자원은 모두 자산으로 인식할 수 있다. 그러나 데이터 권리 확정, 평가 및 측정 등의 문제로 인해 데이터 자원을 대차대조표에 반영하는 데는 회계기준 적용상의 어려움이 존재한다. 2023년 8월, 재정부(财政部)는 《기업 데이터 자원 관련 회계 처리 잠정 규정(企业数据资源相关会计处理暂行规定)》(이하 "《회계규정》")을 발표하여 회계 확인 범위, 처리 기준 등에 관한 원칙적 규정을 마련했다.

《회계규정》은 현행 기준의 자산 인식에 대한 측정 요건을 변경하지 않으며, 단지 어떤 유형의 자산으로 "대차대조표에 반영"할 수 있는지에 대한 의문을 해소하고, 측정 기준을 명확히 한다. 이에 따라, 데이터는 무형자산(无形资产)과 재고자산(存货) 두 가지 자산 형태로 반영된다. 대차대조표에는 데이터 요소나 생산 요소 개념을 사용하지 않고 '데이터 자원'으로 표기된다. 여기서 데이터 자원은 거버넌스를 거쳐 사용 가능하거나 재사용 가능하고, 현금화 가능한 데이터 자원을 의미하며, 처리되지 않은 원시 데이터가 아니다.

《회계규정》에 따라, 《기업회계기준 제6호—무형자산(企业会计准则第 6 号 —无形资产)》(财会〔2006〕3号)에 정의된 무형자산 정의와 인식 조건에 따라 데이터 자원이 무형자산에 해당하는지 확인하고, 초기 계량, 후속 계량, 처분 및 폐기 등 관련 회계처리를 수행한다. 또한, 《기업회계기준 제1호—재고자산(企业会计准则第 1 号—存货)》(财会〔2006〕3号)에 따른 정의와 인식 조건을 적용하여, 기업 일상 활동에서 보유하거나 판매용으로 사용되는 데이터 자원을 재고자산으로 확인하고, 초기·후속 계량을 수행한다. 회계규정은 비용, 지출, 수익 등을 어떻게 산출할지에 대한 지침만을 제공한다.

저자의 데이터 가치 형성에 대한 이해에 따르면, 단순히 비즈니스 운영을 통해 생성된 데이터는 가공 처리(거버넌스)를 거쳐야만 생산 요소 또는 사용 가치를 가지게 되며, 이때 데이터 자산으로 장부에 반영될 수 있다. 이렇게 데이터 자산은 의사결정을 지원하는 무형자산이 될 수도 있고, 표준화된 재사용 가능 데이터로 가공되어 재고자산 형태로 반영될 수도 있다. 회계상 두 가지의 구분은 비교적 단순하다. 데이터 자산이 사용 및 판매 시 배타성이 없다면 무형자산이며, 배타성이 존재한다면 재고자산으로 본다. 그러나 이는 데이터가 무형자산과 재고자산으로 구분되는 본질적 차이를 의미하지 않는다. 왜냐하면 판매는 데이터 상품의 현금화 수단일 뿐만 아니라 사용권 이전, 즉 사용 허가가 일반적인 방식이기 때문이다. 이 경우 소위 배타성 조건을 충족하지 못한다. 데이터는 다양한 가치와 비경쟁적 사용 특성을 가지므로, 많은 경우 데이터는 무형자산이면서 동시에 재고자산으로 기능할 수 있으며, 본질적 차이가 없을 수도 있다. 핵심은 재사용 가능성과 표준화 여부가 데이터 자원을 상품화할 수 있는 조건이 될 수 있다는 점이며, 무형자산은 반드시 이에 제한되지 않는다.

데이터 자원의 형태는 복잡하고 가치는 다양하므로, 《회계규정》은 여전히 인식 기준, 공시 수준, 측정 방법 등의 문제를 해결하기 위한 실무적 탐구가 필요하다. 심지어 일부 전문가들은 데이터 자산을 별도의 제4장표로 설정하여 기업 가치 평가 체계에 보다 유연하게 통합할 것을 제안하기도 한다. 저자는 데이터 자산화가 기술적 수단, 법적 보장, 데이터 자산 관리가 상호 협력할 때 가능하다고 믿는다. 데이터 자원을 대차대조표에 반영한다고 해서 모든 데이터가 데이터 자산이 되는 것은 아니며, 핵심은 자산화를 목표로 한 데이터 자산 관리 체계를 구축하는 것이다. 기업 운영 과정에서 생성되거나 외부에서 확보·집계된 데이터 자원을, 비용 회계 제도와 연계하여 데이터 자산으로서 자산화하고 자본화 운영을 완성하는 데 있다.

제 15 장 데이터 요소의 사회적 활용: 거시적 데이터 경제

데이터는 사회적 자원이며, 사용을 통해서만 가치가 창출되는 자원이다. 데이터 사용을 촉진하여 사회 주체가 데이터를 최대한 활용하도록 하는 것은 데이터 경제의 핵심이자 데이터 기초 제도 설계의 기본 목표이다. 사회 전체적 관점에서 볼 때, 데이터 가치 실현은 (생산 요소로서의) 데이터 유통과 데이터 상품 거래라는 두 과정을 거친다. 첫 번째 과정은 데이터 상품의 생산을 충족시키고, 두 번째 과정은 데이터의 사회적 소비를 충족시킨다. 그리고 이러한 사회적 소비를 통해 데이터는 생산력으로 전환된다. 이 두 과정이 바로 완전한 데이터 경제를 구성한다.

제 1 절 데이터 요소의 사회적 활용: 데이터 요소의 공급 문제

데이터 가치의 최종 실현 관점에서 볼 때, 데이터의 사회적 활용 정도가 높을수록 데이터가 생산력으로 전환될 가능성은 커진다. 데이터 인텔리전스는 소수만의 전유물이 되어서는 안 되며, 모든 시장 주체가 보유해야 할 역량이 되어야 한다. 사회 주체가 수용 가능한 비용으로 활용하기 좋은 데이터를 확보할 수 있도록 하는 것이 데이터 인텔리전스 형성의 기초이다.

1. 데이터 재사용성: 데이터 공급과 수요 매칭 조건

인터넷에서 사물인터넷(IoT)으로 발전함에 따라, 인류 사회는 유비쿼터스 네트워크화(泛在网络化) 생존 단계에 진입했다. 이 단계에서 데이터는 일정한 의미에서 더이상 희소 자원이 아니다. 그러나 실제로 데이터의 활용률은 매우 낮다. 2020년 기준, 전 세계에서 생성·포착·복제·사용된 데이터의 총량은 약 64.2ZB였지만, 그중 2020년에 생성되고 소비된 데이터의 단 2%만이 저장(保存)되어 2021년까지 보존(保留) 되었다.[1] 동시에, 데이터를 보유한 주체가 이를 활용하지 않거나 충분히 활용하지 못하는 반면, 데이터를 활용하고자 하는 사람들은 사용할 데이터가 없는 상황이 일반적으로 존재한다. 데이터가 생산 요소(자원)로 기능하는 상황에서 가장 중요한 것은 데이터 재사용의 잠재력을 끌어내는 것이다. 이 점에서 우리는 디지털 환경에서 생성된 데이터가 일반적으로 타인에게 바로 이용 가능한 속성을 가지지 않는다는 사실을 인정해야 한다. 이는 데이터의 가치가 그 자체에 있는 것이 아니라, 데이터 간의 연관·결합·계산 분석을 통해 도출되는 통찰력에 있기 때문이다. 또한 데이터가 생성되는 구체적 맥락에서 벗어나 원본 시나리오나 시스템을 이탈할 경우, 제3자가 이를 활용하려면 투명하고 일관된 방식으로 데이터가 기록되어야 하며, 모든 사용자가 그 데이터가 의미하는 바를 이해

1 Amount of data created, consumed, and stored 2010-2025, Published by Statista Research Department, Mar 18, 2022, https://www.statista.com/statistics/871513/worldwide-data-created/.

할 수 있어야 한다. 이러한 점에서 데이터 재사용성은 데이터 요소의 사회적 활용 또는 유통 활용을 위한 핵심 조건이라 할 수 있다.

데이터 요소의 재사용성이란, 데이터 요소가 단순히 원래의 생산자가 사용하는 것(원래 환경에서 사용 가능)뿐 아니라, 타인에게 제공되어 새로운 상업적 환경과 생태계에서도 활용될 수 있음을 의미한다. 데이터 요소가 재사용성 요건을 충족하면, 데이터 요소의 시장화 유통 과정에서 존재하는 장애를 식별하고 제거하는 데 도움이 되며, 데이터 경제의 발전을 촉진하고, 데이터 요소가 창출하는 가치를 보다 효과적으로 활용할 수 있다. 시장 주체들이 서로 다른 출처에서 온 방대한 데이터 요소를 지속적으로 재사용할 수 있을 때에만, 빅데이터의 이점을 충분히 활용하여 새로운 트랜드(趋势), 패턴(模式), 관계(关系)를 발견하고, 경제적·사회적 가치를 지닌 통찰과 지식을 창출할 수 있다. 따라서 데이터의 재사용성은 데이터 요소의 시장화를 위한 기본적인 기술적 기준이자 데이터 유통을 실현하는 핵심 경로가 된다. 바르트 카스텔레인스(Bart Kasteleyns)와 헬레나 우르식(Helena Ursic)은 데이터 재사용의 세 가지 유형을 데이터 재활용(Data Recycling), 데이터 재목적화(Data Repurposing), 데이터 재맥락화(Data Recontextualization)로 정리하였다. 그리고 두 번째와 세 번째 유형의 데이터 재사용이 유럽 데이터 경제에서 가장 큰 부가가치를 창출할 것이라고 주장했다. 서로 다른 출처(예: 다양한 사회 부문 및 산업)의 데이터 요소를 결합하여 새로운 대규모 데이터 세트를 형성함으로써 데이터 요소의 부가가치가 크게 증가할 수 있다.

따라서 데이터가 특정 개인에게 사용 가능하다고 해서 반드시 사회적 활용이 가능한 것은 아니다. 사회적으로 활용될 수 없는 데이터는 유용한 "상품(商品)"으로서 유통될 수 없으며, 재사용성을 충족하는 데이터만이 유통 가능성을 가지며, 데이터가 사회적으로 활용될 수 있을 때에만 비로소 데이터 경제 질서를 구축할 수 있다.

2. 데이터 요소 공급과 수요 매칭 문제

빅데이터의 등장으로 인공지능은 급격한 발전과 응용을 이루었으며, 이로 인해 인공지능은 더욱 보편화되면서도 지속적으로 발전을 이어가고 있다. 사용자 데이터 분석에 기반한 스마트 추천에서부터, ChatGPT를 대표로 하는 대규모 모델 기반 생성형 인공지능에 이르기까지, 빅데이터 기반 지능(데이터 지능 또는 기계 지능)은 무한한 응용 잠재력과 매력을 보여주고 있으며, 인류 사회의 인지 능력 혁명을 주도하고 있다.

이러한 배경 속에서 데이터가 사회적 자원(중국에서는 생산 요소로 표현)이 된다는 점은 세계적 공감대를 형성했다. 이에 따라 데이터 인텔리전스 개발 능력을 보유했는지 여부와 관계없이 모든 기업은 데이터를 "부(财富)"로 간주하며 지속적으로 데이터를 획득·통제하거나 심지어 비축(囤积)한다. 그러나 기술적 역량을 가진 기업조차 합법적인 방법으로 데이터를 확보할 수 없는 상황이 존재한다. 오랜 기간 동안, 데이터 사용자는 주로 기술적 수단(대표적으로 크롤링 기술)에 의존해 무질서하게 데이터를 수집해 왔다.

크롤링 기술(爬虫技术)은 인터넷상의 방대한 데이터/정보를 편리하고 신속하게 획득하기 위해 등장했다. 인터넷의 개방과 자유 원칙은 정보 자원의 자유로운 활용을 위한 무한한 공간을 제공하였으며, 인터넷 운영자가 정보 자원에 대한 통제와 정보 자유 개방의 균형을 맞추기 위해, 인터넷은 초기부터 Robots 프로토콜을 발명해 인터넷 운영자가 크롤링 가능한 데이터 경계를 자율적으로 설정할 수 있게 했다. 그러나 크롤링 기술은 곧 인간의 제약에서 벗어나 프로그램/코드 또는 기계 크롤러 단계로 발전하였다. 크롤링 대상도 표층 정보에서 하위 데이터(底层数据)로 확장되었다. 크롤링 기술은 오늘날 대부분의 빅데이터 기업들이 데이터를 확보하고 빅데이터 마이닝을 수행하는 거의 유일한 수단이 되었다.

크롤링 기술은 효율적일 수 있으나, 경제적이지는 않다. 크롤링 등의 기술적 수단을 통해 데이터를 획득하는 것은 수많은 법적 위험에 직면할 수 있다. 뿐만 아니라, 가장 중요한 문제는 데이터의 진정성, 완전성, 일관성 등이다. 크롤링으로 획득한 데이터의 품질은 보장되지 않으며, 데이터 공급의 안정성과 지속성은 기대하기 어렵다. 따라서 데이터 엔지니어나 데이터 과학자는 데이터의 사용 가능성을 보장하기 위해 많은 시간과 노력을 들여 데이터를 거버넌스 해야 한다.

《데이터 과학 2017년 보고서(数据科学 2017年报告)》 조사에 따르면, 데이터는 데이터 과학자 업무의 핵심이며, 양질의 데이터 확보가 AI 프로젝트 성공의 최대 장애물로 나타났다. 데이터 과학자는 업무 시간의 51%를 데이터 수집(收集), 정제(清洗), 라벨링(打标签), 조직화(组织)에 할애하는 반면, 데이터 구조화 및 모델링에는 19%, 데이터 모델 발굴에는 10%, 알고리즘 개선에는 9%의 시간을 사용한다.

데이터 확보의 어려움을 줄이고, 데이터 정제 및 조직 작업량을 감소시키는 것이 AI 연구개발과 응용을 촉진하기 위해 해결해야 할 최우선 과제이다. 이를 위해 상품화 사고방식을 데이터 거버넌스 분야에 도입하여 사용자 요구에 맞춰 표준화된 데이터를 생산함으로써 데이터 과학자 및 알고리즘 엔지니어의 요구를 충족시키는 것이 데이터 수요와 품질 문제를 해결하는 가장 효과적인 접근법으로 떠오르고 있다.

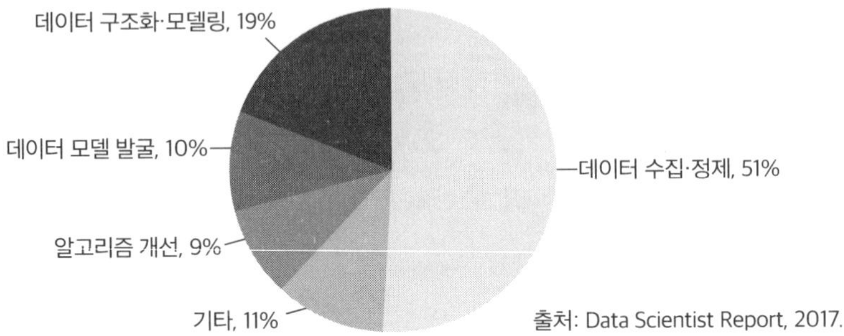

그림 15-1 데이터 과학자의 업무 시간

데이터 과학자가 업무 시간의 절반 이상을 데이터 정제와 조직에 할애하는 이유는, 실제로 데이터 과학자가 바로 사용할 수 있는 데이터가 존재하지 않기 때문이다. 만약 이러한 데이터가 제공되고, 데이터 과학자가 더 신속하고 저렴한 비용으로 데이터를 획득하고 통합할 수 있다면, 데이터 과학자는 데이터를 보다 효율적으로 분석하고, 더 정확한 모델을 학습하며, 더 우수한 인텔리전스를 산출할 수 있다. 분명히, 데이터 경제 또는 데이터 요소 시장 구축 목표는 바로 활용 가능한 데이터 공급 문제를 해결하는 데 있다. 간단히 말해, 데이터 상품화는 데이터 요소 활용의 기본 경로이며, 일단 데이터가 상품으로 유통될 수 있게 되면, 사용 가능한 데이터 공급 문제는 자연스럽게 해결된다.

3. 데이터 재사용의 전제: 데이터와 응용의 분리

데이터가 유통·활용 가능하다는 것은, 데이터가 사회의 서로 다른 주체에 의해 동일한 용도 또는 다른 용도, 다른 시점에 사용될 수 있음을 의미한다. 이러한 사용을 실현하려면 데이터와 원래의 응용 시나리오의 분리를 실현해야 한다.

디지털 기술의 사회·경제적 응용은 주로 업무 운영 효율 향상을 목적으로 하며, 디지털화 역시 업무 중심으로 이루어진다. 따라서 이 과정에서 생성·처리되는 데이터 또한 업무 서비스 목적에 맞춰져 있다. 그러나 디지털 전환은 데이터 중심이며, 단순히 자체 업무 데이터뿐 아니라 다른 주체의 업무 시스템 데이터도 포함한다. 이를 위해 데이터는 재사용 가능하고 유통 가능해야 하며, 필요로 하는 사람들이 이를 활용(사회적 활용)할 수 있어야 한다. 이를 실현하기 위해 데이터와 응용의 분리가 필요하다.

데이터와 애플리케이션의 분리(Decoupling)는 본질적으로 데이터가 원래의 시나리오와 애플리케이션에서 벗어나 더 많은 시스템, 도구 및 주체에 의해 활용될 수 있도록 하여 데이터의 영역 간 상호 연결, 교환 및 유통을 실현하고 데이터의 교환 가치를 실현하는 것이다. 데이터의 업무적 색채가 강할수록 데이터의 유동성은 떨어진다. 데이터가 업무와 분리되어야만 데이터는 유통 가능한 자원이 될 수 있으며, 데이터는 다시 자원을 재구성하고 더 많은 새로운 비즈니스 모델을 창출하는 힘이 된다.

일부 전문가들은 데이터와 애플리케이션의 분리가 인터넷 및 디지털 경제 발전의 대세가 될 것이라고 지적한다. 이는 인터넷 발전 법칙에 부합하는 필연적 결과로, 데이터 요소 흐름과 가치 실현을 촉진하고 디지털 플랫폼의 규정 준수 부담을 줄일 뿐만 아니라, 데이터 활용 기반 비즈니스 모델 혁신에 더 큰 공간을 제공함으로써 궁극적으로 디지털 경제의 고품질 발전을 촉진하게 된다.[2]

2 李晓东:《数据互操作技术助力数字经济发展新阶段》,《IT 经理世界》2023年 第1期。

용어 설명

결합(耦合)과 분리(解耦)

결합(耦合)이란 두 개 이상의 체계가 상호 작용을 통해 서로에게 영향을 주고 결국 결합되는 현상을 의미한다. 분리(解耦)는 이러한 결합 관계를 해제하는 것을 뜻한다. 분리의 본질은 모듈화(模块化)에 있으며, 그 목적은 각 구성 요소가 독립적으로 사용될 수 있도록 하는 것이다. 즉, 서로 관련된 두 요소를 고정된 통로, 즉 인터페이스(接口)를 통해 결합하되, 통로 양쪽의 매개변수(参数)는 자유롭게 정의하고 유연하게 변경할 수 있도록 한다.

소프트웨어 공학에서 객체 간의 결합도는 객체 간의 의존성을 의미한다. 결합도가 높을수록 유지보수 비용이 증가한다. 따라서 소프트웨어 설계는 가능한 한 코드 결합도를 줄이고, 데이터 모델(数据模型), 업무 로직(业务逻辑), 시각 표시(视力显示) 간의 결합을 낮춰, 연관 의존성을 최소화하여, 한 부분의 변경이 전체 시스템에 영향을 미치지 않도록 해야 한다.

4. 데이터 유통 기술 조건: 데이터 상호운용성

데이터 요소의 재사용성은 저장, 처리, 전송 시스템 간의 호환성과 연결성에 좌우되므로, 데이터 요소의 재사용성은 데이터 상호운용성(Interoperability)으로 표현될 수 있다. 데이터 상호운용성은 내부적으로는 데이터를 생성(创建), 저장(存储), 검색(查找), 공유(共享), 재사용(重用)하는 기능과 관련되며, 기관 조직 간 또는 사회 전체적으로는 데이터 공유(分享) 또는 유통(流通)의 기반 인프라를 의미한다. 상호운용성은 시스템뿐 아니라 데이터 요소에도 적용되며, 궁극적으로 시스템이 데이터를 교환하고, 이후 최종 사용자가 이해할 수 있는 방식으로 데이터를 제공할 수 있도록 한다. IEEE[3]는 상호운용성을 "두 개 이상의 시스템 또는 구성 요소가 정보를 교환하고, 교환된 정보를 활용할 수 있는 능력"이라고 정의하였다.[4] 이 능력을 실현하기 위해서는 구문적(Syntactic) 및 의미적(Semantic) 상호운용성을 확보해야 하며, 이를 통해 시스템은 데이터를 교환하고 최종 사용자가 이해할 수 있는 방식으로 데이터를 제공하고 활용할 수 있다.

데이터 상호운용성은 내부적으로는 데이터를 생성, 저장, 검색, 공유, 재사용하는 데 필요하며, 기관 간 또는 사회 전체적으로는 데이터 공유·유통의 인프라 역할을 한다. 따라서 데이터 상호운용성은 점차 유통 제도 문제로 발전하게 되며, 법적으로 데이터를 어떻게 다루고, 데이터 생산자나 보유자를 어떻게 규제할지, 데이터 요소의 유통을 효율적, 효과적, 적시적, 고품질로 실현하기 위한 체계와 메커니즘을 설계하는 문제가 핵심이 된다. 또한 이는 관련된 복잡한 절차를 줄이고, 유통 관련 비용을 낮추는 데에도 기여한다.

데이터 상호운용성 문제가 해결되면 데이터를 표준화되고 자동화

3 전기전자기술자협회(IEEE, Institute of Electrical and Electronics Engineers)는 미국의 전자 기술 및 정보 과학 엔지니어 협회로, 세계에서 가장 큰 비영리 전문 기술 학회 중 하나이다. 회원 수는 40만 명 이상이며, 160개 이상의 국가에 걸쳐 분포되어 있다. IEEE는 전기, 전자, 컴퓨터 공학 및 관련 과학 분야의 개발과 연구에 주력하며, 항공우주, 정보기술, 전력 및 소비자 전자제품 등 분야에서 900개 이상의 산업 표준을 제정했다. 현재 IEEE는 상당한 영향력을 가진 국제 학술 조직으로 발전하였다.

4 IEEE, IEEE Standard Computer Dictionary: A Compilation of IEEE Standard Computer Glossaries, *IEEE Std* 610, vol. 1, no. 1, pp. 1-217.

된 데이터 전달 방식으로 구축할 수 있으며, 데이터 상품을 모듈화된 패키지로 취급할 수 있다. 이를 통해 데이터 팀은 별도의 스크립트 없이도 해당 패키지를 생성, 사용, 기획 및 재사용할 수 있다. 데이터 상품은 데이터 엔지니어의 업무 효율성을 높이고, 데이터 과학자, 데이터 분석가, 개발자, 심지어 데이터에 정통한 비즈니스 관리자도 데이터 엔지니어의 도움 없이 데이터를 활용할 수 있게 한다. 이렇게 함으로써 데이터는 데이터 파이프라인(Data Pipelines) 내에서 흐르며, 데이터가 진정으로 상품화되는 것이다.

심화 학습

데이터 상호운용 기술은 디지털 경제 발전과 데이터 가치 실현을 뒷받침하는 핵심 요소로 부상

첫째, 데이터 상호운용성은 데이터와 애플리케이션의 분리 및 데이터 전체 수명 주기를 지원하는 기술적 기반이다. 인터넷 데이터 상호운용성은 수집, 전송, 저장부터 계산, 응용, 소멸에 이르는 데이터 전체 수명 주기를 관통한다. 인터넷 데이터 상호운용성은 식별권 설정(标识确权), 인증 및 권한 부여(认证授权), 안전한 교환(安全交换)이라는 세 가지 핵심 문제를 해결해야 한다. 통합 식별 체계 구축을 통해 데이터의 접근성과 가용성을 실현하며, 식별 체계에는 권리 확인 기능(确权功能)을 내장하여 데이터 소유자(数据所有者)와 보유자(持有者)의 합법적 권익을 보호해야 한다. 데이터 접근과 사용의 전제 조건은, 데이터 사용자의 신원이 인증(认证)되고, 데이터 요청이 데이터 소유자의 권한 승인(授权)을 받는 것이다. 인증과 권한 부여는 데이터 상호운용 과정의 안전성과 합법성을 보장한다. 안전한 교환은 데이터 분류화·등급화(分类分级), 알고리즘 관리 등 데이터 거버넌스 관련 문제를 해결해야 하며, 이는 데이터 상호운용 과정에서 데이터 거버넌스 규칙을 수행하는 핵심 단계이다. 인터넷 데이터 상호운용성은 데이터 거버넌스의 "공동 권한, 공동 향유, 공동 이익(共权, 共享, 共赢)"의 기본 원칙을 준수해야 하며, 개방적이고 포용적인 인터넷 정신으로 인터넷 발전을 촉진해야 한다.

둘째, 데이터 상호운용 기술은 데이터 애플리케이션이 데이터 중개 플랫폼(中台) 모델에서 데이터 중심(中枢) 모델로 발전하도록 지원한다. 전통적인 도메인 간 데이터 연계 방식은 데이터 허브 모델로, 하나의 중앙 플랫폼(集中平台)을 두고 원시 데이터를 수집하여 데이터 유통 수요를 충족시키는 것이 특징이다. 그러나 데이터가 도메인을 벗어나게 되면 통제 불가능한 데이터 보안 위험에 직면하게 되며, 이는 데이터 가치 실현을 저해하고, 결과적으로 데이터 요소 활성화를 방해한다. 데이터 상호운용 시스템은 응용과 데이터를 연결하는 중심축(枢纽)으로서, 도메인 간 데이터 연계 모델을 기존의 "데이터 허브"에서 "데이터 중심"으로 발전시키며, 데이터 교환의 신뢰성을 보호한다. 데이터 상호운용 시스템은 데이터를 중앙에서 수집하거나 저장하지 않고도 도메인 간 데이터 연계를 수행해야 한다. 이를 위해 도메인 간 데이터 색인 및 권리 확인(确权)을 통해 전통적 데이터 센터 저장 방식을 대체하며, 데이터 관리 및 권한 반환을 기반으로, 데이터와 애플리케이션이 분리된 후의 데이터의 효율적 활용을 위한 토대를 마련한다.

셋째, 데이터 상호운용 기술은 디지털 경제 발전 패러다임 구축을 지원한다. 디지털 경제 발전은 계층적 구조를 가지며, 전통적 경제 형태와 인프라를 토대로 하여 구축되고 디지털 문명의 발전을 수용한다. 디지털 경제 발전은 물리적 디지털 인프라, 논리적 디지털 인프라(데이터 상호운용 시스템), 디지털화 발전 애플리케이션이라는 세 가지 모듈의 지원 없이는 불가능하다. 데이터 상호운용 시스템은 물리적 디지털 인프라와 디지털화 발전 애플리케이션을 연결하는 중심축(中枢) 역할을 하며, 데이터와 애플리케이션의 분리 모델을 따르며, 데이터 소유권과 보유권을 충분히 존중한다. 또한 데이터 거버넌스 규칙을 내재화하여 데이터 상호운용 프로세스에서의 안전성과 컴플라이언스 준수를 보장한다. 동시에, 디지털 경제 발전은 기술, 표준, 정책, 산업 등 다양한 주체의 공동 노력과 협력이 필요하며, 이를 통해 디지털 데이터를 핵심 요소로 한 디지털 경제의 고품질·지속가능한 발전을 추진할 수 있다.[5]

5. 효과적인 데이터 유통 체계 및 메커니즘

데이터 상호운용성은 데이터 유통의 기술적 문제를 해결하지만, 데이터 요소를 시장화된 "상품(商品)"으로 만들기 위해서는 이에 적합한 제도를 구축하여 데이터가 지속적으로 유통·활용되도록 해야 한다. 이와 관련하여 가장 중요한 문제는 데이터 생산자의 인센티브 문제를 해결하는 것이다. 이를 위해 데이터 자원 식별 시스템(数据资源识别系统), 권리 확인 규칙(确权规则), 권한 관리 체계(授权管理体系)를 마련하고, 데이터 유통 질서를 확립해야 한다.

데이터는 본질적으로 바로 사용할 수 있는 생산요소가 아니며, 거버넌스→집적→재거버넌스→재집적의 반복 과정을 거쳐야 다양한 분석

5 李晓东:《数据互操作技术助力数字经济发展新阶段》,《IT 经理世界》2023年 第1期。

목적이나 계산 분석 목적에 맞게 활용될 수 있다. 이는 빅데이터가 계산·분석 목적으로 사용되려면 진실성, 완전성, 일관성, 연관성을 갖추어야 하기 때문이다. 빅데이터의 가장 큰 특징은 이질적이고 다중 출처라는 점으로, 출처는 검증과 확인이 필요하며 동시에 데이터는 특정 시나리오에 종속되어 시나리오를 벗어난 데이터는 식별이 불가능하다. 서로 다른 시스템과 주체에서 유래한 데이터를 효율적으로 연결하기 위해서는 데이터 요소와 속성(描述)에 대한 명확하고 일관된 정의가 필요하며, 이를 통일된 형식(统一格式)으로 변환해야 한다. 이렇게 하면 데이터가 어디로 유통되든, 어떤 통찰을 얻거나 문제를 해결하려는 목적이든, 획득한 데이터를 정확히 이해하고 더 많은 데이터와 매칭 및 통합할 수 있다. 이 과정을 통칭하여 데이터 거버넌스라 한다. 데이터 거버넌스는 데이터 검증(核实), 보완(完善), 라벨링(标注) 등 처리 과정을 포함하며, 데이터를 사용 가능하거나 재사용 가능한 데이터로 만든다. 이러한 거버넌스 활동을 통해 데이터는 지속적으로 상품화되고, 가치를 창출하므로 데이터 생산 행위로도 간주되며, 데이터 세트의 생산이라 불린다.

분명히, 데이터 거버넌스는 창출한 가치에 상응하는 보상(回报)을 제공해야 하며, 그래야 거버넌스 수행자(생산자)가 데이터를 유통하려는 동기를 갖는다. 앞서 언급한 바와 같이, 데이터 보유권의 권리 배분 원칙은 가치를 창출한 주체에게 적절한 권리를 부여하고, 보유자가 데이터 유통·활용을 시작할 동기를 제공하는 것이다. 데이터의 특수성으로 인해, 보유자에게 특수한 재산권 구조(产权结构)가 부여된다. 즉, 보유자는 원 데이터를 지속적으로 보유하면서(데이터 지속 생산 및 공급 가능), 동시에 사용권(使用权)을 다양한 주체에게 부여할 수 있으며, 사용자는 이를 통해 다시 보유자가 되어 재유통 권리를 가지게 된다. 이러한 권리 구조는 재사용 가능한 데이터 요소 유통을 최대화하고, 데이터 요소 가치를 극대화할 수 있다.

데이터 보유권 제도 외에도, 데이터 요소가 시장화된 "상품"으로 유통되기 위해서는 안전하고, 효율적이며, 신뢰 가능한 유통 메커니즘이 필요하다. 데이터가 아무리 상품화되더라도 비표준 상품이므로, 전통적인 물리적 상품이나 자산처럼 완전한 시장 거래가 불가능하다. 동시에 데이터 자체는 위험성을 지닌 자원이며, 데이터 보유권만으로는 그 위에 공존하는 이익과 법적 위험을 해결할 수 없다. 따라서 데이터 유통 메커니즘 구축이 매우 중요하며, 이 과정에서 유통 가능한 데이터의 표준과 구현 방식이 핵심적인 역할을 한다.

제 2 절 데이터 요소 유통: "데이터를 상품으로"

데이터 유통·활용 질서를 구축하고, 데이터의 사회적 활용을 극대화하기 위해 가장 먼저 해결해야 할 문제는 어떤 데이터가 유통 가능한지, 그리고 어떻게 유통될 수 있는지이다. 데이터가 자유롭게 유통되는 상품이 될 수 있는지, 이를 시장화 메커니즘을 통해 사회적 배분과 활용을 실현하고, 나아가 사회적 효용을 최대화할 수 있는지는, 데이터를 생산 요소로 보고 경제 원리에 따라 활용하여 가치를 실현하고자 할 때 반드시 답해야 하는 기초적인 질문이다.

데이터 경제를 보다 명확하게 규명하기 위해 저자는 데이터 요소의 사회적 가치 실현을 두 단계로 구분한다. 첫째, 데이터가 데이터 지능(기계 지능)의 생산 요소로 기능하는 경우와 둘째, 데이터 지능이 사회경제의 생산 요소로 기능하는 경우이다. 전자의 경우 데이터를 상품으로 간주하여 유통을 통해 그 사회적 가치를 극대화한다—더 많은 지능형 상품을 생산하는 것이다. 후자의 경우 데이터 상품을 사회경제의 생산 요소로 간주하여 유통을 통해 그 사회적 가치를 극대화한다—데이터 생산력을 창출하는 것이다.

1. 데이터가 생산 요소로 기능하는 두 가지 층위(层次)

디지털 경제에 진입하면서 데이터는 자원이자 생산 요소가 되었다. 이는 데이터 시대의 특징에 부합하는 판단이다. 그러나 우리는 한 가지 사실을 인정해야 한다. 즉, 파편화된 데이터는 큰 가치가 없으며, 연관되고 조직되며 집적되어 데이터 인텔리전스를 형성하고, 이를 다시 인간의 지혜로 전환해야 비로소 생산력으로 전환되어 경제적 이익을 가져올 수 있다는 점이다. 데이터는 생산력으로 전환되어 생산 효율을 높이고, 비용을 절감하며, 이익을 제공할 때 비로소 생산 요소가 된다. 데이터는 "사용 불가"에서 "생산력으로 전환 가능"으로 가는 과정이 있으며, 이 과정은 간단히 수집과 집적를 통해 데이터 세트를 형성하고, 알고리즘을 훈련시킨 후 알고리즘을 통한 지능형 지식을 산출하는 것으로 설명될 수 있으며, 거의 모든 데이터 과학자들이 빅데이터 가치 사슬을 설명할 때 이 과정을 언급한다.

밀러(H. G. Miller)와 모크(P. Mork)는 데이터 가치 창출 과정을 분해하고 통합하여, "데이터 가치사슬(数据价值链)" 개념을 제시하였다. 이는 데이터 포착부터 의사결정까지의 포괄적 데이터 관리 프레임워크로서, 다양한 이해관계자와 기술을 지원한다.[6] 커리(Edward Curry)는 데이터 가

6 H. G. Miller and P. Mork, "From Data to Decisions: A Value Chain for Big Data," in IT Professional, vol. 15, no. 1, pp. 57-59, Jan.-Feb. 2013.

치사슬 개념을 보다 체계적으로 정리하여, 이를 데이터 수집, 데이터 분석, 데이터 큐레이션(data curation), 데이터 저장, 데이터 활용의 다섯 단계로 분해하였다.[7]

앞서 언급한 바와 같이, 이 책은 두 종류의 데이터 요소를 구분한다: 데이터 상품을 생산하는 데이터 요소—원시 데이터 또는 원재료, 사회경제에 가치를 부여하는 데이터 요소—데이터 상품. 생산 요소로서, 우선 지능적 분석에 필요한 원시 데이터가 있으며, 이는 지식의 생산 요소 또는 지능의 생산 요소이다. 데이터 지능이 형성되면, 기계 지능은 곧바로 지능형 행동으로 전환되어 직접 생산력을 창출하거나, 지식 정보를 생성한 후 인간의 지능을 통해 의사결정을 거쳐 다시 생산력으로 전환될 수 있다. 이러한 전환은 새로운 내용과 방식이 포함되지만, 오늘날에만 존재하는 것은 아니다. 이런 의미에서, **데이터의 요소화와 시장화 활용의 핵심 과제는 데이터를 데이터 상품 생산을 위한 생산 요소로 전환하는 것이다.**

데이터 지능은 데이터를 생산 원자재로 삼아, 그 계산 가치를 기반으로 분석·발굴하여 의사결정을 형성하고, 이를 통해 과학 연구, 상업 운영, 사회 거버넌스의 가치 생산 방식을 지원한다. 이러한 의미에서의 데이터 요소는 더 이상 단순한 디지털 지식이 아니라, 지능형 네트워크 시스템에서 생성되어 머신러닝 등 데이터 지능 분석 도구가 활용할 수 있는 기계 판독 가능한 원시 사실 데이터를 포괄한다. 데이터 요소 시장을 육성·형성하기 위해서는 데이터가 자원으로부터 생산 요소로 도

7 Edward Curry, *The Big Data Value Chain : Definitions, Concepts, and Theoretical Approaches*, In: Cavanillas, J., Curry, E., Wahlster, W. (eds) New Horizons for a Data-Driven Economy. Springer, Cham. https://doi.org/10.1007/978-3-319-21569-3_8.

약해야 한다. 즉, 데이터의 요소화와 시장화 과정이 필요하다. 데이터의 요소화는 데이터 자원이 원시성, 기계 판독 가능성 및 품질 기준 요구사항을 충족하도록 하는 과정으로, 이를 통해 데이터 자원이 사용 가능성을 갖추어 데이터 지능의 가치 생산과 실현 방식을 지원한다. 데이터 요소의 시장화는 데이터 요소의 재사용 가능성을 실현하고, 데이터를 사회적 활용 가능한 "상품(产品)"으로 만들어, 표준화된 상품 형태로 데이터 요소가 유통될 수 있도록 하는 것을 목표로 한다.

2. 유통 가능 데이터: 데이터로서의 상품

데이터가 유통될 수 있도록 하기 위해서는 두 가지 문제를 해결해야 한다. 첫째는 데이터 보유자의 지위(보유권)를 인정하는 것이고, 둘째는 보유자의 데이터가 재사용 가능해야 한다는 것이다. 후자의 문제를 해결하기 위해 상품적 사고를 데이터에 적용하여, 데이터가 상품 특성을 갖도록 처리하는 방식이 등장하였다. 이렇게 사고방식으로 형성된 데이터를 "상품으로서의 데이터"라고 부른다.

데이터는 분석적 가치를 지닌다. 데이터 종류와 양이 증가하고, 데이터 활용이 점점 전문화됨에 따라, 데이터를 상품으로 간주하여 생산·공급·집적하는 것이 산업 실무에서 점차 일반화되고 있다. 중국에서 제안한 데이터의 생산요소화(데이터 요소화)**는 사실상 "데이터 상품화"를 의미한다.** 데이터 상품화는 기본적으로 데이터를 기존에 사용하기 어렵거나 쓸모없던 상태에서 상품처럼 사용 가능하고 유용한 데이터로 전환하는 것이다. 데이터가 상품으로 존재한다는 것은, 경제학적 사고를 적용하여 "사용 불가·사용 불편한 원시 데이터를 사용 가능·재사용 가능한 데이터로 전환"하는 문제를 해결하고, 이를 통해 데이터 수집, 집적,

가공, 관리, 유통, 거래의 경제 질서를 창출하는 것이다. 오늘날, 기계는 데이터를 생산하고 학습하며 지식, 통찰력, 패턴을 창출하여 인간과 구별되는 지능 체계가 되었다. 데이터가 상품으로서의 의미를 갖는 것은 기계 지능에 충분한 원자재를 제공하기 때문이다.

데이터를 상품으로 보면, 유통 가능한 데이터의 진입 장벽이 크게 낮아진다. 범위가 식별 가능하고 재사용 가능하며 가치 있는 데이터라면 유통 대상이 될 수 있습니다. 이러한 데이터 상품은 매우 광범위하여, 연관 분석에 활용 가능한 데이터 스트림(数据流), 데이터 테이블, 데이터 항목, 데이터 세트 모두 독립적인 거래 가능한 상품으로 간주될 수 있다. 원시 데이터, 파생 데이터, 데이터 세트, 보고서, 분석 뷰(分析视图), 3D 시각화, 알고리즘, 의사 결정 지원(仪表板), 자동 의사 결정 등도 모두 광범위하게 데이터 상품으로 지칭될 수 있다.

3. 데이터 상품의 전형: 데이터 세트

데이터 요소는 지식 생산의 원재료로, 처리 과정을 거쳐 지속적으로 반복적으로 재사용 가능한 원시 데이터를 의미한다. 여기서 원시 데이터란, 해당 데이터가 여전히 객관적 세계와의 연관성을 유지하고 있어, 실체적 법칙 발견에 계속 활용될 수 있는 데이터를 뜻한다. 데이터 요소는 데이터 세트를 전형적인 형태로 하며, 데이터 세트는 조직화된 데이터 집합을 의미한다. ISO[8]에서 정의한 데이터 세트는 상품 특성을 갖춘

8 국제표준화기구의 영어 약칭. 정식 명칭은 International Organization for Standardization이다. ISO는 각국 표준화 단체(ISO 회원 단체)로 구성된 세계적인 연합체이다. 국제 표준 제정 작업은 주로 ISO 기술위원회에서 수행한다. ISO는 전기 기술 표준화 분야에서 국제전기기술위원회(IEC)와 긴밀히 협력한다. 중국은 ISO의 정식 회원국이며, 중국을 대표하는 기관은 중

데이터로 더욱 적합하다. 데이터 세트(data set)는 하나 이상의 형식으로 접근 혹은 다운로드 가능한 식별 가능 데이터 집합(identifiable collection of data)을 뜻한다.[9] 데이터 세트는 크기가 다양할 수 있으며, 더 큰 데이터 세트에 포함된 단일 요소나 요소 속성만큼 작을 수도 있다.[10] 재사용 가능성 측면에서, 아무리 작더라도 연관성을 지녀야 하며, 특정 객체를 식별할 수 있는 데이터여야 한다. "고부가가치 데이터 세트"는 재사용 가능성, 데이터 소유자에게의 가치, 재사용자에게의 가치라는 세 가지 중요한 특징을 갖는다.[11] 데이터의 생성 과정은 실제로 데이터 세트에 부가가치를 부여하고, 이를 이해·구매·소비하기 쉬운 데이터 상품으로 패키징하는 과정이라 볼 수 있다.

데이터 세트(data set)는 관련성이 있는 이산(离散) 데이터 항목의 집합으로, 이러한 데이터 항목들은 개별적으로 접근하거나 조합하여 접근할 수 있으며, 전체를 하나의 단위로 관리할 수도 있다. 데이터 세트는 시스템에서 실행되는 프로그램이 사용하기 위해 특정 기준에 따라 정렬된 데이터 기록 파일이다. 데이터 세트는 카탈로그화될 수 있으며, 이를 통해 데이터 세트의 저장 위치를 지정하지 않고도 이름으로 참조할 수 있다. 데이터 세트는 특정 유형의 데이터 구조로 구성될 수 있다. 예

국 국가표준화관리위원회(Standardization Administration of China, SAC)이다.

9 데이터 세트는 더 큰 데이터 세트 내에 물리적으로 위치하지만, 일부 제약(예: 공간 범위 또는 요소 유형)을 받는 더 작은 데이터 집합일 수 있다. 이론적으로 데이터 세트는 더 큰 데이터 세트 내에 포함된 단일 요소 또는 요소 속성만큼 작을 수 있다. 데이터 세트는 표 형태로 제공될 수 있으며, 워드 프로세싱 문서, 스프레드시트 또는 데이터베이스의 테이블 형태로 저장·배포될 수 있다. 또한 AVRO, JSON, RDF, XML 등 다양한 대체 형식으로 제공될 수도 있다.

10 데이터 단위를 의미하며, 속성 집합을 통해 그 정의, 식별, 표현 및 허용 값을 제한한다. 참고: ISO/IEC 11179-3:1994.

11 Brecht Wyns,etc. Good practices for identifying high value datasets and engaging with re-users: the case of public tendering data, https://www.w3.org/2013/share-psi/wiki/images/3/31/Share-PSI_Submission_Paper-PwC_v0.03.pdf.

를 들어, 데이터베이스에서는 데이터 세트가 업무 데이터(성명, 급여, 연락처 정보, 판매 수치 등)의 집합을 포함할 수 있다. 데이터베이스 자체도 하나의 데이터 세트로 간주될 수 있으며, 예를 들어 특정 회사 부서의 판매 데이터가 이에 해당한다.

요소 유형 데이터 상품 또는 데이터 세트는 정적 데이터일 수 있으나, 일반적으로 데이터 스트림 또는 지속적으로 생산되는 스트리밍 데이터 형태를 가진다. 지속적으로 생산되는 스트림 데이터의 경우, API 인터페이스를 통해 제공되거나 데이터 플랫폼이 제공하는 인터페이스를 통해 제공되거나 데이터베이스 구독 방식으로 거래된다.

사례

데이터 세트(数据集)로 타일 산업 발전을 촉진

텐치 빅데이터 연구 플랫폼(天池大数据科研平台)은 알리바바 그룹 산하에서 가장 유명한 중국어 경연 플랫폼이다. 알리바바 그룹은 2014년 공식적으로 "텐치(天池)" 빅데이터 연구 플랫폼을 출시했으며, 이 플랫폼은 알리클라우드(阿里云)의 개방형 데이터 처리 서비스 ODPS를 기반으로 학계에 방대한 데이터(알리 데이터 및 제3자 데이터)와 분산 컴퓨팅 자원을 제공하여 "데이터 집단 지성 및 공동 창작(数据众智, 众创)"을 실현하는 1위 플랫폼을 구축하는 것을 목표로 한다.

전통 산업에 AI 기술을 적용하기 위해 천치는 타일 데이터 세트를 출시했다. 이 데이터 세트에는 타일 생산 라인에서 발생할 수 있는 모든 일반적인 결함이 포함되어 있다. 결함 유형에는 분말 덩어리(粉团), 모서리 균열(角裂), 유약 방울(滴釉), 잉크 단절(断墨), 잉크 방울(滴墨), B공(B孔), 오염(落脏), 가장자리 균열(边裂), 모서리 결손(缺角), 타일 잔재(砖渣), 흰 테두리(白边) 등이 있다. 특정 시점에서만 관찰 가능한 결함도 포함되어 있으며, 저각도 조명 흑백 사진, 고각도 조명 흑백 사진, 컬러 사진 등을 통해 생산 환경에서 발생하는 모든 결함을 식별할 수 있도록 했다. 이는 중국 내에서 처음으로 타일 결함 품질 검사 데이터 세트에 초점을 맞춘 사례이다.

예를 들어 유약 폴리싱 타일의 생산 과정은 일반적으로 원재료 혼합 및 연마, 탈수, 프레스 성형, 잉크 인쇄, 유약 코팅, 소성, 연마를 거쳐 마지막으로 품질 검사 및 포장 단계로 이어진다. 산업 자동화 발전 덕분에 생산 과정은 대부분 무인화가 가능하지만, 품질 검사 단계는 여전히 인력에 크게 의존하고 있다. 일반적으로 한 생산 라인에는 2~6명의 품질 검사자가 필요하며, 이러한 검사 방식은 효율이 낮고, 품질 편차가 크며, 비용이 높다. 타일의 표면은 사용자가 품질을 판단하는 가장 직관적인 기준이며, 타일 산업의 생산 및 품질 관리의 중요한 단계이자 오랜 기술적 난관으로 꼽혀 왔다. 또한 장시간 강한 조명 아래에서 타일 표면의 결함을 육안으로 검사하는 작업은 작업자의 시력에도 영향을 미친다. 타일 표면 결함 검사 데이터 세트는 기초 데이터 세트를 참조하여 검사자가 없이도 타일 표면 결함을 효과적이고 직관적으로 확인할 수 있도록 구현되었다. 데이터 라벨링 과정에서 다모원(達摩院)의 알고리즘 전문가들이 데이터 품질을 전 과정에서 검증하여, 톈치 데이터 집합의 품질을 보장했다.

—톈치 빅데이터 연구 플랫폼,《타일 표면 결함 검사 데이터 집합》에서 발췌

제 3 절 데이터 산출물: 데이터 상품

데이터 유통의 궁극적인 목적은 데이터 가공·활용 또는 생산적 사용을 지속적으로 충족시키는 데 있다. 이는 데이터를 활용해 알고리즘을 훈련시키며 데이터 이면에 존재하는 지식과 패턴을 탐구하는 과정으로 이어진다. 이러한 일련의 데이터 가공·처리 과정의 마지막 단계의 핵심은 데이터 분석과 머신러닝이며, 그 결과로 데이터 상품이 산출된다. 이 단계에서의 데이터 상품은 더 이상 생산요소로서의 데이터 범주에 속하지 않으며, 지식의 영역에 해당한다. 따라서 이러한 산출물은 지능형 상품으로 불린다.

1. 유통 가능한 데이터의 산출물: 데이터 상품

데이터 요소화 활용의 궁극적 목표는 사회에 기여할 수 있는 데이터 상품을 생산하는 것이다. 이러한 데이터 상품은 일종의 데이터 산출물로서, 형태와 가치가 비교적 안정적이며 전통적 의미의 상품의 기본 특성을 지닌다. 데이터 상품과 데이터 요소의 가장 큰 차이는 그 가치의 본질에 있다. 데이터 요소의 가치는 계산 가치로, 생산적 활용을 위해 지속적으로 수집·결합되어 데이터 상품을 산출하는 과정에 쓰인다. 반면 데이터 상품의 가치는 콘텐츠 가치로, 이는 소비적 사용을 위한 것이며, 사용자는 이를 통해 도구적 효용을 얻거나 지식 콘텐츠를 흡수하여 사회적 의미가 있는 의사결정이나 지능적 행동을 수행한다. 즉, 데이터 상품의 응용(소비)은 다시 사회적 생산력으로 전환된다.

데이터 산출물은 크게 모델 상품(模型产品)과 지식 상품(知识产品)이라는 두 가지 유형으로 구분된다. 도구형 데이터 상품은 데이터 자체가 아니라 데이터 분석 방법이나 기술적 도구에 해당한다. 이러한 상품에는 데이터 마이닝, 매칭, 정제, 상관성 계산, 추적 알고리즘 모델에 사용된다. 개발자는 사용자가 정의한 함수의 알고리즘을 데이터 시장에 업로드 할 수 있으며, 수요자는 이를 "구매"하여 사용함으로써 데이터 분석을 수행할 수 있다. "데이터 상품은 데이터로 학습되어 자가 적응성과 광범위한 적용성을 갖춘 경제적 엔진이며, 데이터로부터 가치를 추출하고 새로운 데이터를 산출하는 시스템이다".[12] 이와 같이 데이터로부터 학습하고, 적응하며, 폭넓게 적용 가능한 지능형 분석 서비스에 대한 시장 수요는 빠르게 확대되고 있다. 또한 도구 자체도 데이터 상품으로 간주될 수 있다. 모든 조직이 데이터 분석 능력을 보유하고 있는 것은 아니기 때문에, 이러한 도구형 데이터 상품의 중요성은 점차 커지고 있다. 고객이 데이터를 보유하고 있지만 이를 통해 어떤 비즈니스 목표를 달성할 수 있는지 명확히 알지 못할 경우, 특정한 데이터 분석 문제를 해결하는 도구형 상품을 활용할 수 있다. 예컨대, AI나 빅데이터 전문 기업들은 상품 추천, 텍스트 생성, 사건 발생 확률 예측 등을 수행하는 데이터 상품을 제공한다. 또한 시멘틱 네트워크 기반의 지식 그래프 역시 도구형 데이터 상품으로 간주될 수 있다. 진정한 지식 그래프는 "다양한 정보원을 수집·통합하여 온톨로지에 내재화하고, 추론기를 통해 새로운 지식을 도출"하기 때문이다.[13] 이러한 지식 그래프는 머신러닝과 AI의 효율적 작동을 뒷받침하는 핵심적 데이터 상품이 된다.

12 Benjamin Bengfort, Jenny Kim, Data Analytics with Hadoop, Published by O'Reilly Media, Inc. Released, at Chapter 1. The Age of the Data Product(2016).

13 모든 지식 저장소가 지식 그래프인 것은 아니다. 지식 저장소는 지식을 표현하는 하나의 방식이지만, 그 구축 방식에는 본질적인 차이가 존재한다. 완전히 수작업으로 구축된 지식 저장소에서부터 자동 추출 및 처리된 지식 그래프까지 다양한 형태가 있다. Lisa Ehrlinger and Wolfram Wöß, "Towards a Definition of Knowledge Graphs", http://ceur-ws.org/Vol-

데이터는 지식을 생산하는 요소이다. 기계가 방대한 양의 과거 데이터(훈련 데이터)로부터 규칙을 학습하고 모델을 형성할 수 있게 되면, 입력된 데이터 상태에 따라 합리적인 예측이나 통찰—즉 지식—을 산출할 수 있다. 이러한 지식은 빅데이터 분석의 결과이자 산출물로서, 과학 연구나 경영 의사결정 등 다양한 산업 분야에서 활용될 수 있다. 빅데이터 분석과 응용에 대한 수요가 증가함에 따라, 사회에는 새로운 형태의 데이터 공급자 형태의 기업이 등장하고 있다. 이들은 한편으로는 데이터를 수집·통합하여 재사용 가능한 데이터 자원을 구축해 데이터 수요자에게 제공하고, 다른 한편으로는 다양한 알고리즘 모델을 개발하고 머신러닝 시스템을 설계하여 새로운 지능형 서비스나 지식 서비스를 창출한다. 저스틴 로키츠(Justin Lokitz)가 제시한 세 가지 빅데이터 비즈니스 모델 가운데 "정보로서의 서비스(Information as a Service, IaaS)"와 "답변으로서의 서비스(Answers as a Service, AaaS)"는 이러한 지식형 데이터 상품의 거래 형태를 가리킨다.[14] 디지털 전환의 과정에서 모든 기업이 충분한 데이터를 보유하고 있는 것은 아니며, 데이터를 가지고 있더라도 이를 분석·활용할 역량을 갖추지 못한 경우가 많다. 이러한 이유로 "정보로서의 서비스"와 "답변으로서의 서비스"는 폭넓은 시장 수요를 형성하게 되었다.

1695/paper4.pdf 참조.

14 이 책에서는 빅데이터 비즈니스 모델을 "데이터로서의 서비스(Data as a Service, DaaS)", "정보로서의 서비스(Information as a Service, IaaS)", "답변으로서의 서비스(Answers as a Service, AaaS)"로 구분한다. Justin Lokitz, Exploring Big Data Business Models & the Winning Value Propositions Behind Them, Business Models Inc. 참조.

2. 데이터 상품이 곧 지능형 상품이다

디지털 상품군의 새로운 구성원으로서 데이터 상품은 데이터로부터 산출되거나 데이터에 의해 지원되는 지능형 상품으로 이해될 수 있다.

데이터의 요소화 활용은 우선적으로 머신러닝에 사용될 데이터를 생산·공급하는 데서 출발하며, 그 후 머신러닝 등을 통해 형성된 데이터 상품이나 데이터 서비스가 비로소 인간의 소비재 영역으로 진입하게 된다. 데이터 상품은 디지털 형식으로 존재하며, 가치가 고정되어 있고, 내용적·도구적 가치를 가지며, 인간이 직접 소비할 수 있다는 점에서 소프트웨어, 전자책, 디지털 창작물, 오디오·비디오, 지식 베이스(知识库) 등과 유사하다. 그러나 데이터 상품은 데이터에 기반한 지식 또는 지능적 산출(智能输出)에 의존한다는 점에서 차별화된다.

지능형 상품(intelligence product)이란 지능적이며, 네트워크로 연결되어 있고, 소프트웨어에 의해 지원되는 상품으로, 실시간 피드백을 통해 지속적으로 개선될 수 있다. 이러한 상품이 생성·수집하는 데이터는 조직에 지능형 서비스를 제공하여, “서비스화”에 기반한 새로운 비즈니스 및 수익 모델을 창출한다. 데이터에 기반한 지능형 상품은 보다 넓은 생태계와 상호연결되어, 고객 경험을 향상시키고, 상품 성능 및 서비스 최적화, 애자일(agile) 공급망, 지속가능한 가치 창출을 가능하게 함으로써 조직이 “솔루션 제공자(解决方案提供商)”로 전환하도록 돕는다. 이와 같이 지능적이고, 상호연결되어 있으며, 소프트웨어로 지원되는 상품들을 통칭하여 지능형 상품과 서비스라 하며, 이는 조직이 전통적인 “제조-판매-운송” 중심의 비즈니스 모델에서 서비스 기반의 새로운 모델로 전환하게 한다. 전통적 상품에서 지능형 상품 및 서비스로의 이행은 복잡한 과정으로, 이는 고객 중심 사고, 새로운 비즈니스 모델, 조직 구조의 변화, 새로운 생태계 협력관계, 그리고 디지털 역량을 요구한다.

예를 들어, ChatGPT는 방대한 텍스트 데이터에 기반해 훈련되어, 특정 상황을 이해하고 사용자 질의에 대한 응답을 생성한다. 사용자 입장에서는 ChatGPT가 하나의 데이터 상품이지만, 그 이면에는 머신러닝 알고리즘, 자연어처리 기술, 복잡한 소프트웨어 공학이 결합된 복합적 시스템이 존재한다. 또 다른 예로, 다양한 데이터 서비스의 경우 사용자는 단지 개인화된 답변, 솔루션 또는 분석 결과만을 받아들이지만, 그 뒤에는 데이터 통합 기업이 사용자의 요구에 따라 적합한 데이터를 선택하고, 특정 알고리즘을 적용하여 계산·분석한 결과가 존재한다. 이러한 의미에서 데이터 상품은 디지털 상품군의 새로운 구성원이며, 기계 지능이 가져온 새로운 인류의 "복리(福利)"이다. 따라서 이러한 데이터 상품은 본질적으로 지능형 상품이다.

3. 광의의 데이터 상품 개념 아래, 데이터 시장

데이터는 원시 데이터에서 출발하여 상품으로서의 데이터를 거쳐, 궁극적으로 소비 시장에 진입하는 데이터 상품으로 발전하는 하나의 연속적 과정이다. 이 과정에는 다양한 형태와 유형의 유통 가능한 데이터가 존재한다. 상품으로서의 데이터와 데이터 상품은 모두 이러한 유통 가능한 데이터를 추상화한 개념으로, 데이터의 유통 및 활용 질서를 보다 체계적으로 구축하기 위한 표현이라 할 수 있다. 데이터를 상품으로 간주하는 것은 기본적으로 데이터의 유통을 가능하게 하기 위한 개념적 설계에 불과하며, 이는 단지 가공자에게 데이터 유통권(流通权)을 부여함으로써 그 창조적 가치를 실현하게 하는 데 목적이 있을 뿐 지속적인 통제는 필요하지 않다. 그러나 일단 데이터로부터 산출물이 형성되어 그 가치가 일정하게 고정되는 경우에는, 장기적이고 안정적인 보유권(持有权)을 확립해야 한다. 이는 데이터 상품의 생산자(보유자)가 지속적인 거래를 통해 그 가치를 실현할 수 있도록 보장하기 위한 것이다.

데이터의 상품화를 하나의 연속적 스펙트럼으로 본다면, 데이터 상품화의 정도가 깊어질수록 투입 비용은 증가하지만, 동시에 그 용도의 범위는 넓어지다가 점차 좁아지고 특화된 방향으로 변화한다. 데이터 시장의 가격 측면에서 보면, 가공·처리 정도가 깊어질수록 데이터의 용도가 한정되거나 특화되고, 이에 따라 그 가치는 고정되며, 가격 평가 또한 용이해진다. 반대로, 처리 수준이 낮은 데이터일수록 활용 범위는 넓지만, 그 가치의 불확실성이 커지고, 구체적인 활용 시나리오가 없는 데이터는 그 가치를 산정하기가 어렵다.

그림 15-1은 더글라스 레이니(Douglas B. Laney)가 제시한 거래 가능한 데이터 상품 목록으로, 거래 가능한 데이터 상품의 형태와 비용 및 효용 간의 관계를 간략히 설명한다.

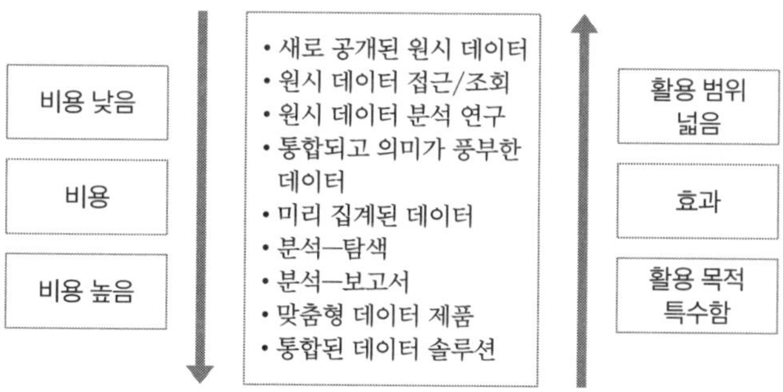

출처: Douglas B. Laney, 《상품 관리 방법에서 데이터 수익화로(产品管理方法到数据变现)》.

그림 15-1 생산요소로서의 데이터 형태와 비용 및 효용의 관계도

분명히, 상품으로서의 데이터와 데이터 상품의 이분법(二分法)은 단

지 분석상의 편의를 위한 구분일 뿐이며, 현실에서의 데이터 상품은 훨씬 더 다양한 형태를 지니고 있으며 양극단 사이에 위치한다. 이는 데이터 시장이 유통 가능한 데이터의 특성에 따라 구축되어야 함을 의미하며, 이에 대한 구체적인 논의는 제16장 제2절에서 다룬다.

제 4 절 데이터 소비: 데이터 가치의 최종 실현

데이터 경제의 목적은 데이터 상품의 생산을 촉진하고 그 소비를 활성화하는 데 있다. 이를 위해서는 데이터 요소 시장과 데이터 상품 소비 시장을 구축하고, 두 시장의 목적을 실현할 수 있는 데이터 유통·거래 제도를 설계하여 데이터 경제의 기본 프레임을 형성해야 한다.

1. 데이터 경제의 기본 구조: 데이터 요소 시장과 데이터 상품 소비 시장

데이터 경제의 궁극적인 목표는 지식 생산과 지능적 소비를 촉진하여, 데이터 상품을 활용하여 사회 생산력을 향상시키는 것이다. 하지만 그 전제는 우선 사회가 소비할 수 있는 데이터 상품을 생산해야 한다. 이러한 맥락에서, 데이터 상품의 생산을 위한 데이터 요소의 생산 및 유통을 담당하는 시장을 데이터 요소 시장이라 하고, 데이터 상품의 거래를 통해 소비가 이루어지는 시장을 데이터 소비 시장이라 부른다.

데이터 요소 시장은 데이터 요소의 유통을 통해 데이터 상품의 생산을 촉진하며, 데이터 소비 시장은 데이터 상품의 거래를 통해 데이터 상품의 소비를 촉진한다. 두 시장은 상호 연계되고 상호 촉진하며, 함께 데이터 경제의 전체 구도를 구성한다. 데이터 소비 시장은 데이터 상품의 생산을 견인할 수 있고, 반대로 데이터 요소 시장의 번영과 발전은 더 많은 데이터 상품을 생산하여 사회의 데이터 상품 소비 수요를 충족시킨다.

일반적인 경제 법칙의 관점에서 볼 때, 데이터 경제의 발전은 수요 또는 소비에 의한 견인이 필요하다. 그러나 데이터는 직접적인 소비재가 아니기 때문에, 소비 가능한 상품으로 전환되어야만 사회적 생산력으로 이어질 수 있다. 따라서 데이터 경제에서 소비 시장은 이러한 전환을 실현하는 핵심적 역할을 담당한다.

데이터 경제의 궁극적 목적을 실현하기 위해서는 데이터 상품 소비의 견인력뿐 아니라, 데이터 요소 시장의 건전한 발전을 통해 더 많고 더 우수한 데이터 상품을 생산·공급하여 사회가 소비할 수 있도록 해야 한다. 따라서 데이터 요소 시장의 구축이란, 재사용 가능한 원시 데이터의 생산과 유통을 촉진하여 더 많은 데이터 상품을 생산하는 것을 의미한다. 원시 데이터의 수집, 융합 계산, 머신러닝 과정을 통해서만 지식이나 지능이 산출될 수 있기 때문이다. 데이터 요소 시장은 데이터 상품 생산에 필요한 원료를 제공하는 시장이지, 데이터 상품의 소비가 이루어지는 시장이 아니다. 데이터 상품의 유통과 소비는 다시 데이터 요소 시장의 발전을 견인하지만, 양자는 혼동되어서는 안 된다. 우리는 데이터 자원을 보유한 자에게 유통권을 부여하여, 데이터 상품 생산에 필요한 데이터 세트를 생산하도록 유인해야 하며, 나아가 데이터 세트 보유자의 권리를 명확히 하여 데이터 세트의 지속적인 유통을 촉진해야 한다.

2. 지능형 상품: 디지털 상품의 새로운 유형

디지털 상품은 디지털 기술이 콘텐츠 창작, 제작, 전파 및 소비에 적용된 결과물이다. 디지털 상품은 디지털 시대의 정보 콘텐츠 소비재를 의미하며, 그 가치는 콘텐츠에 내재된 의미와 효용에서 드러난다.

디지털 기술의 발전으로 인해 모든 정보 콘텐츠, 문자와 시청각 작품, 이미지 등은 디지털화될 수 있으며, 디지털화된 콘텐츠는 네트워크를 통해 전송·유통될 수 있다. 이에 따라 디지털 상품의 창작, 제작, 전파, 소비는 하나의 중요한 산업으로 발전하였다. 즉, 디지털 상품은 디지털 형식에 기반하고 네트워크를 통해 전달 가능한 콘텐츠 상품 전반을 지칭한다.

디지털 상품은 디지털 형식으로 존재하며, 그 가치는 주로 콘텐츠 가치 혹은 도구적 가치로 나타난다. 예를 들어 전자책, 온라인 강좌, 이메일 리스트, 그래픽, 소프트웨어, 테마, 템플릿, 동영상, 음악 등이 이에 해당한다. 이러한 디지털 콘텐츠는 일종의 디지털 재화로서 온라인에서 판매되거나, 네트워크를 통해 다운로드·열람·시청할 수 있으며, 스트리밍 형태로 제공·소비될 수도 있다. 디지털 상품이 반드시 기업에 직접적인 수익을 가져오는 것은 아니지만, 상품이나 서비스에 디지털 접점을 생성할 수 있다. 다시 말해, 디지털 콘텐츠 상품의 가치는 단지 그 자체의 콘텐츠 가치에만 있지 않고, 소비자의 참여와 상호작용을 통해 소비자에 대한 통찰을 얻고, 이를 기반으로 더 나은 콘텐츠 상품이나 서비스를 제공할 수 있다는 점에서도 나타난다.

인간의 정보 처리 기술과 역량이 발전함에 따라, 우리는 원시 데이터를 가공·처리하여 지능이나 지식을 산출할 수 있게 되었다. 이러한 산출물은 디지털 상품의 새로운 "유형(物种)"으로 볼 수 있다.

데이터의 산출물인 모델, 지능형 도구, 예측 분석 등은 비록 데이터 상품이라 불리지만, 그 자체는 더 이상 단순한 데이터가 아니라 지식의 범주에 속한다. 인간의 지적 성과에 비유하자면, 데이터 상품은 지능적 산물로 간주될 수 있다. 즉, 기존의 콘텐츠 소비 체계에서 디지털 상품은 소비재로 기능하지만, 데이터 산출물—즉 지능과 지식—은 디지털 상품의 영역에 속하며, 이는 디지털 상품의 새로운 "유형", 곧 새로운 지능형 상품이라 할 수 있다.

데이터 분석의 활용은 단순히 지능형 상품을 생산하는 것에 그치지 않고, 데이터 지능 자체가 사회경제의 지속적인 변혁을 이끄는 동력으로서 기존 상품의 형태와 소비 방식을 변화시키고 있다. 넓은 의미에서, 디지털 상품은 디지털 형태로 존재하며 가치를 제공하는 모든 것으로 정의될 수 있다. 콘텐츠 상품 외에도 지능형 상품의 등장은 기존 상품의 지능화 전환을 촉진하고 있다. 지능화된 환경에서 디지털 상품의 가치는 사용자의 요구나 상업적 목표를 충족시키는 데 있다. 이는 생산·탐색·교환·인지·반응 등의 기능을 수행함으로써 실현된다. 지능형 상품을 통해 새로운 사물을 창조하고, 정보를 탐색하며, 데이터를 교환하고, 오락을 즐기거나 지식을 습득할 수 있다. 또한 사물인터넷(IoT) 기기를 활용하여 각종 장치를 인지·제어·관리함으로써, 전혀 새로운 상품 경험을 제공할 수 있다.

3. 데이터 상품의 거래 방식: 데이터 서비스 또는 지능형 서비스

지능형 상품은 데이터의 산출물로서, 일반적으로 상품 매매나 양도의 형태로 거래되지 않고 서비스 형태로 거래된다. 상품 거래와 서비스 거래의 차이는, 상품 거래의 경우 적합한 상품을 인도하는 것 외에 보유자가 다른 의무나 후속 작업을 수행할 필요가 없는 반면, 서비스 거래의 경우 보유자가 지능형 도구를 지속적으로 제공하거나, 사용을 허가하거나, 혹은 맞춤형 데이터 분석이나 솔루션을 제공한다는 점에 있다.

이러한 점에서 데이터 상품은 형태와 가치가 상대적으로 안정적이지만, 전형적인 매매 거래나 양도 거래가 아닌 서비스 거래 방식을 취한다. 상품의 다운로드, 설치 또는 전달이 존재하더라도 지속적인 서비스가 수반된다. 지속적인 데이터 지원이나 기술 서비스가 결여된다면, 지능형 소비는 사실상 실현되기 어렵다.

데이터 시장에서는 종종 명칭과 실질이 일치하지 않는 현상이 나타난다. 즉, 데이터 상품을 생산하기 위한 원재료로서의 데이터(상품으로서의 데이터)는 유통 및 거래가 필요하지만, 데이터의 최종 산출물인 데이터 상품은 서비스의 형태로 거래되는 것이다. 따라서 데이터 서비스 혹은 지능 서비스가 각 사회 주체의 데이터 소비의 주요 형태가 될 것이다. 이러한 이유로 데이터 시장에서는 첫째, 타인에게 데이터 세트를 제공하여 사용할 수 있도록 하는 데이터 유통 거래와 둘째, 데이터의 산출물인 지능형 상품을 제공하는 데이터 또는 지능 서비스 거래, 두 가지 유형의 거래를 명확히 구분해야 한다.

심화 학습

지능형 서비스와 상품의 디지털화

디지털화가 심화됨에 따라, 전통적인 상품과 서비스 역시 디지털 전환이 시작되었다. 현대의 상품이나 서비스는 모두 디지털 기술과의 결합 방식을 모색하고 있으며, 그 결과 모든 상품과 서비스의 디지털화가 이루어지고, 새로운 비즈니스 모델과 핵심 가치 제안이 형성되고 있다. 이는 인간 중심적 설계를 기반으로 상품이 사용자와 '대화'하며 고객 경험을 강화하고, 애자일 방법론을 활용하여 상품 전달과 가치 실현의 속도를 높이는 것을 의미한다.

비(非)디지털 콘텐츠 상품 또한 네트워크를 통한 판매와 서비스가 가능해졌으며, 이를 통해 디지털 접점을 형성하고, 사용자와 상품이 상호작용하는 인터페이스를 구축함으로써 상품을 기업의 상업적 가치와 연결하여 가장 중요한 경험과 결과를 제공할 수 있게 되었다. 디지털 상품은 고성과(高绩效) 조직의 핵심 연결고리로, 우수한 디지털 상품일수록 성장과 차별화를 지원하고, 경쟁력을 향상시키며, 조직의 회복탄력성을 강화한다. 이러한 네트워크화와 디지털화는 모든 상품 및 서비스 제공자에게 새로운 기회를 제공한다. "인터넷+(互联网+)" 또는 "+인터넷(+互联网)"이라는 표현은 이러한 변화를 상징적으로 설명하며, 결국에는 소비자 중심의 산업 운영 방식, 즉 소비자 데이터 분석에 기반한 제조업과 서비스업으로의 전환을 이끈다. 이는 맞춤형 생산과 개인화 서비스로 요약된다.

지능화는 이러한 상품의 디지털 전환을 한층 더 촉진한다. 전통적 상품에 센서를 내장함으로써 상품은 더욱 지능화되고, 스스로 문제를 해결할 수 있게 된다. 예를 들어, 기계에 센서가 장착되면, 그 상태에 대한 신뢰할 수 있는 정보를 생성하여 자가 진단과 자동 유지보수 자동화를 가능하게 하여, 장비의 고장으로 인한 생산 라인이나 공장 전체의 정지 사태를 예방할 수 있다. 또한, 기계 작동 과정에서 생성된 운영 데이터를 분석함으로써 제조 공정을 개선하고, 서비스 수요를 예측하는 등의 선제적 대응이 가능해진다. 나아가 센서가 도입되면, 모든 것이 연결되어, 상품 및 기계 간의 협동 작업이 실현된다. 예컨대, 건설 현장의 크레인에 내장된 센서가 서로 통신함으로써, 좁은 공간에서 여러 대의 크레인이 안전하게 작동하며 충돌을 방지할 수 있다. 이러한 지능형 협동은 사물인터넷 환경에서 작업을 과거보다 더 빠르고 안전하게 수행할 수 있게 한다. 상품 간 연결성은 또한, 상품이 외부 세계(사람 및 공급망 포함)와 상호작용하는 방식을 개선할 새로운 가능성을 연다. 기업은 데이터 분석을 활용해 "자신이 누구인지, 무엇을 판매하며, 어떻게 운영할 것인지"를 재정의할 수 있게 된다. 예를 들어, 스마트카 산업에서는 자동차를 중심으로 관련 상품과 서비스가 결합된 새로운 생태계가 이미 구축되어 있다.

디지털 상품 전환의 핵심은 언제든지 경로를 조정할 수 있는 유연성이다. 이를 위해 제조 기업은 거래 정보와 데이터 분석을 동일 플랫폼에 통합할 수 있어야 한다. 모든 데이터를 이해와 분석이 용이한 형식으로 결합하면 더 통찰력 있는 제안과 아이디어가 도출되며, 이후 인간이나 지능형 기계가 실행에 옮길 수 있다. 이는 데이터 또는 지능형 서비스가 모든 산업과 주체에 스며들어야 하는 보편적 요구임을 의미한다. 데이터 인텔리전스는 어디에나 존재하며, 데이터 경제는 모든 곳에서 작동하게 될 것이다.

4. 데이터 소비의 제도적 요구

데이터 소비 시장은 데이터 서비스를 사회경제 체계 속에 통합하여 생산력으로 전환시키는 핵심 단계이다. 이 시장은 주로 데이터 서비스 혹은 지능 서비스로 구성되며, 그 중심적 역할을 하는 주체는 일정한 양의 데이터를 통합·보유하고 있으며, 그 데이터로부터 지식이나 지능을 생산해내는 주체이다. 법제도적 관점에서 볼 때, 데이터 소비 시장에서 주도적 역할을 하는 데이터 보유자의 권리를 보호해야 한다. 특히 중요한 점은, 데이터가 가공·이용되어 최종적인 데이터 상품으로 형성된 이후에는, 상품의 생산자가 안정적인 재산권을 향유해야 한다는 것이다. 이때 지식재산권의 원리를 참고하여, 데이터 상품의 보유자에게 일정 기간의 독점권(专有权)을 부여함으로써, 안정적인 데이터 소비 거래 시장을 뒷받침할 수 있고, 지능 또는 데이터 서비스 제공자와 소비자 간의 거래 관계를 합리적으로 조정하고, 데이터를 실제 생산력으로 전환시키는 과정을 촉진할 수 있다.

해외 입법례

독일 디지털 상품 소비 계약

2022년, 독일 민법전은 디지털 상품에 관한 소비계약 규정을 신설하여 제327조에 디지털 상품 소비계약 관련 조항을 추가하였다. 여기에서 정의된 '디지털 상품'에는 디지털 콘텐츠(예: 소프트웨어, 전자책, 애플리케이션, 디지털 음악 파일, 디지털 게임)와 디지털 서비스[예: 스트리밍 서비스, 인스턴트 메신저 서비스, SaaS(Software as a Service), 온라인 회의 서비스] 등이 포함되며, 이 둘을 통칭하여 디지털 상품이라 한다. 이 규정은 소비자가 디지털 상품에 대해 금전 또는 데이터를 대가로 제공하는 경우, 디지털 상품에 관한 규정이 적용된다는 점을 강조한다. 즉, 이는 비교적 광의의 디지털 상품 개념으로, 온라인상에서 "교부(交付)"가 가능한 거래는 거의 모두 이 범주에 포함될 수 있다.

제 16 장 데이터 요소 시장 체계 구축

데이터 경제는 데이터의 사회적 활용을 실현하고, 데이터를 모든 사회 주체가 이용할 수 있는 자원으로 만들어 데이터의 사회적 가치 극대화를 목표로 한다. 데이터 요소의 시장화된 유통과 거래는 데이터의 사회적 이용을 촉진하고 실현하는 중요한 수단으로 인식되며, 따라서 데이터 요소 시장체계의 구축은 데이터 경제 전체에서 기초적 위치를 차지한다. "데이터 20조(数据二十条)"의 전반적 지도사상은 데이터의 특성, 특히 데이터 가치의 형성과 실현 과정에 착안하여, 데이터 가치의 극대화를 달성할 수 있는 재산권 운용 메커니즘을 설계하고 데이터 요소 시장을 구축하는 데에 있다.

제 1 절 데이터 거래와 데이터 시장의 기본 문제

수요가 있으면 거래가 있다. 사회의 데이터 수요가 증가함에 따라 데이터 거래 시장도 점차 부상하였고, 거래 내용과 형식도 지속적으로 탐색하고 있다. 어떤 의미에서 보면, 데이터베이스나 디지털 도서관과 같은 데이터 자원의 수집·집적·배포 자체가 초기 데이터 시장의 형태였으나, 당시의 거래 주요 내용은 정보와 지식 자원, 즉 인간의 필요를 충족시키기 위한 정보 자원에 국한되었다.

빅데이터와 인공지능 개념의 부상과 함께, 한편으로는 유비쿼터스 네트워크가 데이터 생성을 기하급수적으로 증가시켰고, 다른 한편으로는 비즈니스 인텔리전스 의사결정이 데이터 수요를 매우 활발하게 만들었다. 인터넷 초기에는 공개와 자유의 원칙이 지배적이었으며, 이 원칙은 사실 데이터의 취득 방식에 영향을 미쳤다. 즉 공개된 것은 모두 획득 가능하고 심지어 기술적 수단으로 획득 가능한 것은 모두 사용할 수 있었다. 하지만 데이터가 자원으로 인식되기 시작한 이후에는, 데이터 생산자의 통제하에 있는 원시 데이터를 둘러싸고 "크롤링(爬)"과 "반(反)크롤링"의 전쟁이 지속되어 왔다. 무질서한 데이터 수집과 이용 행위는 데이터 자원의 사회적 활용을 저해하는 근본적 문제로 대두되었으며, 이는 시급히 해결되어야 할 과제가 되었다. 데이터 생산자의 권리를 인정하는 전제하에, 평화롭고 질서 있는 데이터의 취득과 이용을 시장화된 거래 메커니즘을 통해 실현하여, 데이터 자원의 사회적 배분과 활용을 제도적으로 확보하는 것이 사회경제 발전의 긴급한 요구로 등장하였다. 이는 또한 산업계와 정부 모두가 실현하려는 데이터 요소의 기본 제도이기도 하다. 이와 관련하여, "데이터 20조(数据二十条)"는 이미 데이터 보유권을 기반으로 한 데이터 사용권 유통 거래 프레임워크를 제시했으나, 데이터 요소 시장을 어떻게 구축할지에 대해서는 여전히 논의가 필요한 일련의 문제들이 남아 있다.

1. 데이터 거래란 무엇인가

사람들이 서로 상품을 교환하거나 금전을 매개로 등가 교환하는 것이 시장 거래이다. 시장 거래는 등가 교환 원칙에 따라 이루어지는 모든 거래를 포괄하며, 유형 상품에서 서비스로, 유형 재화에서 무형 재산, 지분, 지식재산권 등으로 확장된다. 공개적이고 합법적인 방식으로 대가를 지급하며 교환·무역·거래가 이루어진다면 모두 시장 거래의 범주에 포함된다.

데이터는 사회의 운영과 사회 활동(상업 거래 포함)의 "윤활유" 또는 "혈액" 역할을 하기 때문에, 데이터가 거래의 대상으로 인정되든 그렇지 않든 간에 데이터는 사회 활동과 거래의 전개와 함께 자연스럽게 흐른다. 금전을 대가나 매개로 한 데이터 거래가 등장하기 이전에도, 데이터는 시장 주체들 사이에서 "등가물"로서 광범위하게 유통되었으며, 상업적 협력이나 교환의 "거래 수단"이자 다양한 비즈니스 관계를 원활하게 만드는 "윤활유" 역할을 해왔다. 데이터 교환은 다음의 두 가지 방식으로 이루어진다. 첫째는 데이터와 데이터를 교환하는 방식, 둘째는 데이터와 상업적 기회를 교환하는 방식이다.

데이터와 데이터를 교환하는 행위를 데이터 상호교환(数据互换)이라고 하며, 이는 데이터 보유자가 자신의 데이터를 상대방의 데이터와 교환하는 행위를 의미한다. 데이터 상호교환은 물물교환과 유사한 개념으로, 데이터 물물교환이라고 부를 수 있다. 물물교환이 화폐가 발달하지 않은 시기의 거래 형태라면, 데이터 물물교환은 데이터의 가치가 명확히 산정되기 어렵고, 데이터의 재산권이 불분명한 상황에서 상호 의존적이거나 협력적인 상업 환경 속에서 상호 신뢰와 데이터에 대한 이해를 바탕으로 신속히 이루어지는 교환 형태라 할 수 있다. 이러한 데이터 물물교환 자체가 데이터 거래로 간주되기도 한다. 데이터 교환은 점차 데이터 공유(数据共享)로 발전하여, 다수 주체가 하나의 교환 메커니즘을 통해 다자간 데이터 거래 체계를 구현한다. 이 경우, 양측 또는 다수의 당사자가 데이터를 공동으로 통제하는 매체로 전송하고, 상호 간 접근 권한 또는 데이터 원본에 대한 접근 권한을 부여한다. 이러한 거래 방식이 진정한 의미의 데이터 공유로, "데이터 풀링(data pooling, 数据池)" 거래라고 한다.[1] 따라서 데이터 공유는 데이터 상호교환의 원리를 기반으로 발전한 보다 복잡한 형태의 데이터 거래 방식이라 할 수 있다.

소위 데이터 교환 비즈니스 기회는 데이터를 특정 시장 점유율이나 거래 기회 등과 교환하는 것을 의미한다. 데이터 교환 비즈니스 기회는 본질적으로 여전히 데이터 거래이지만, 데이터 거래에 비해 더 은밀하고 간접적인 형태이다. 데이터가 디지털 경제에서 지닌 중요한 가치는 비즈니스 기회이며, 데이터는 새로운 시장에 접근하거나 시장을 개척하는 도구이다. 따라서 많은 비즈니스 협력이나 거래에서 한쪽이 데이터를 제공하고 다른 쪽이 직접 시장 기회나 시장 점유율을 양도하는 거래가 발생한다.

데이터의 상품화 사고가 성장함에 따라, 데이터는 기존의 업무 시나리오나 상업적 관계로부터 분리되어 독립적인 거래 상품이 되었다. 이에 따라 데이터를 거래 대상으로 하는 "매매(买卖)" 형태의 거래 관행이 등장하였고, 화폐를 대가로 하는 데이터 거래가 본격화되었다. 이러한 거래는 흔히 데이터 매매라고 불리지만, 데이터 자체에는 소유권이 존재하지 않기 때문에, 이는 소유권 이전을 전제로 한 전통적 의미의 매매와는 성격이 다르다. 만약 법이 데이터 보유권(数据持有权)의 본질을 데이터 사용권(数据使用权)으로 인정한다면, 화폐를 대가로 한 데이터 거래는 데이터 사용권 거래로 볼 수 있다. 즉, 데이터 보유자가 데이터를 제

1 ALI-ELI PRINCIPLES FOR A DATA ECONOMY—DATA TRANSACTIONS AND DATA RIGHTS(ELI Final Council Draft, 2021).

공하여 상대방이 이를 사용할 수 있도록 하고, 데이터 수취자가 그 대가를 지불함으로써 데이터 사용권을 취득하는 형태이다. 이와 같이 금전적 대가를 통해 데이터 사용권을 교환하는 거래를 우리는 데이터 거래라고 부른다.

데이터 교환과 달리, 데이터 거래는 상업적 관계와 친분 관계의 제약을 벗어나 진정한 의미의 데이터 사회적 배분과 활용을 실현할 수 있다. 즉, 금전을 매개로 데이터 거래의 범위(지역, 주체, 산업 등)를 크게 확장하고 시장 주체의 업무 관계를 초월하여 진정한 거래 시장 메커니즘을 통해 데이터 자원의 사회화 배분을 실현한다. 데이터 교환(데이터 교환, 공유 거래 등)이 특정 주체 간의 데이터 유통이라면, 데이터 거래는 불특정 다수의 낯선 시장 주체 간의 거래(시장화 거래 방식)에 속하며, 데이터 거래 법률 관계를 명확히 하기 위해 더 많은 법률 제도 개입이 필요하다. 데이터 사용권은 바로 이러한 유형의 데이터 거래 법률 관계를 규정하는 기초 제도이다.

이상에서 알 수 있듯이, 등가 교환의 의미에서 데이터 거래는 데이터 상호 교환과 금전을 매개로 한 데이터 사용권 거래를 포함한다. 따라서 데이터 교환 역시 광의의 데이터 거래로 이해될 수 있다. 이 책은 광의의 데이터 유통이라는 용어를 사용하여 다양한 데이터 교환 방식을 포괄한다. 반면 데이터 거래는 좁은 의미로, 금전을 대가로 하는 데이터 사용권 거래를 가리킨다.

2. 데이터 거래에는 중개 조직인 '데이터 시장'이 필요

데이터 거래가 금전을 매개로 하여 제3자가 운영하는 거래 형태로 이루어질 때, 거래 장소의 의미를 지닌 데이터 마켓(data marketplace)이

탄생한다. 중국에서는 이러한 데이터 거래 장소를 데이터 거래소(数据交易所)라고 부른다. 데이터 거래소의 운영자는 데이터를 소유하지 않으며, 단지 거래 당사자들에게 거래 공간, 중개, 비즈니스 지원 등의 서비스를 제공하는 양면시장의 역할을 수행한다.

데이터는 표준화된 상품이 아니고, 데이터에 내재된 불확실성과 위험성이 존재하기 때문에, 단순한 상업 협력 관계를 넘어선 데이터 거래에서는 거래 비용을 낮추고 거래 안전성을 확보하기 위한 전문적인 데이터 서비스가 필요하다. 그러나 데이터 거래소가 합법적 데이터 거래의 유일한 통로는 아니며, 국가가 규제하는 전통적 거래소와도 구별된다.

상품 또는 서비스 거래(transaction or trade)가 반드시 고정된 장소에서 이루어질 필요는 없지만, 고정된 거래 시장(marketplace)은 시장 관리에 유리하고 소비자의 선택과 비교를 용이하게 하여 시장 경쟁을 촉진한다. 다만, 국가의 규제를 받는 특수 상품 거래, 증권 및 금융 자산 거래는 국가가 허가한 거래 장소에서 이루어져야 한다. 현재 중국에서 법정 장소(法定场所)에서 거래해야 하는 주요 대상은 증권 거래, 선물 거래, 귀금속 거래 등이다.

현재 중국 전역에는 정부가 발기(发起)·주도(主导)하거나 승인(批复)한 데이터 거래소가 44곳에 달한다. 중국 정부는 데이터 거래 제도에 여전히 신중한 태도를 유지하고 있으며, 현재의 승인은 법률상 행정허가(行政许可)에 해당하지 않는다. 아직까지 어떠한 법률도 데이터 거래를 허가사업(特许经营)으로 규정하지 않았다. 유일하게 《데이터안전법》 제19조에서 "국가는 데이터 거래 관리 제도를 수립·완비하고, 데이터 거래 행위를 규범화하며, 데이터 거래 시장을 육성한다"고만 규정하고 있다. 따라서 데이터 거래소가 국가 인가를 받아야 하는 허가사업의 범주에 속하는지 여부는 향후 연구가 필요한 쟁점이다.

앞서 언급한 바와 같이, 광의의 데이터 거래에는 데이터 교환과 데이터 사용권 거래가 포함된다. 데이터 교환은 주로 거래 관계나 협력 관계가 있는 기업 간, 즉 비교적 신뢰할 수 있는 범위 내에서 이루어진다. 예를 들어, 관련 기업이나 산업과 관련된 데이터 교환·공유 협약을 통해 실현된다. 반면, 금전을 대가로 하는 데이터 사용권 거래는 이러한 협력 관계를 넘어 지역이나 산업을 초월하여 이루어질 수 있다. 이때 데이터 거래는 다음과 같은 문제에 직면하게 되며, 이를 해결하기 위해 일정한 시장 중개 기구의 지원이나 서비스 제공이 필요하다

(1) 거래 주체 간 신뢰 문제. 데이터 거래가 낯선 상대방 사이에서 이루어질 경우, 상호 신뢰가 부족하거나 온라인 환경에서는 실체 확인이 어려울 수 있다. 이때 중개 기관이 신뢰 메커니즘을 제공해야 한다.

(2) 거래 가능 데이터의 합법성 판단. 데이터 거래의 안전성을 보장하기 위해 수요자는 공급자가 거래 가능한 데이터의 합법적 권리를 보유하고 있는지를 확인해야 한다. 이는 데이터의 출처, 가공 여부, 유통의 합법성 등 복잡한 문제를 포함하며, 수요자가 독자적으로 조사하기에는 어렵거나 비용이 크다.

(3) 데이터 거래의 보안 리스크 통제. 데이터 거래는 사용자가 데이터에 접근하고 활용하는 것을 의미하므로, 외부 사용으로 인한 위험은 통제 가능해야 한다. 그렇지 않으면 공급자에게 보안 리스크가 발생하고, 이는 유통 거래를 저해할 수 있다. 법적 책임 분배 외에도 누가 어떤 책임을 져야 하는지를 입증하고 판단할 수 있는 체계가 필요하며, 실무에서는 일반적으로 제3자를 도입해 상대적으로 안전한 유통 거래 환경을 구축함과 동시에 책임 추적 문제를 해결한다.

(4) 데이터 수급의 매칭 문제. 데이터는 각 산업에서 생성되지만, 그

가치 실현은 산업 간 결합과 분석을 통해 이루어진다. 따라서 특정 산업의 데이터를 어떻게 타 산업과 연계·통합할 것인지는 복잡한 문제이다. 데이터 상품의 표준화뿐 아니라, 수요를 발견하고 그에 맞게 생산·공급하는 메커니즘이 필요하며, 이를 위해서는 산업 지식과 네트워크를 가진 매칭 시스템이 중요하다. 그렇지 않으면 데이터 가치는 공급 측에서 발견되지 않을 뿐만 아니라 수요 측에서도 수용되지 못한다.

(5) 데이터 거래의 편의성과 비용 통제. 데이터는 원본 시나리오를 벗어나 자유 거래될 수 있는 속성이 없기 때문에, 제도적 기반이 없으면 데이터 거래는 무질서하고 남용될 위험이 크다. 이는 사회적 비용과 리스크를 증가시킨다. 따라서 데이터 기초 제도는 데이터의 사회적 재사용 질서를 구축하고 데이터의 사회적 가치를 발휘시키며, 동시에 데이터의 사회적 활용이 초래하는 부정적 영향을 사회가 수용 가능한 수준으로 낮추는 것을 목표로 한다. 거래 가능한 데이터의 조건과 방식, 시장 규칙, 시스템 간·조직 간·산업 간 데이터 유통 통로를 구축하는 것은 데이터 거래의 건전한 발전에 유리하다.

데이터 거래에는 위와 같은 수요가 존재하기 때문에, 실무에서는 이러한 기능의 일부 또는 전부를 담당하는 다양한 데이터 거래 중개 기관이 등장하게 되었다. 일반적으로 데이터 거래 중개 기관은 데이터 공급자와 수요자(사용자)에게 매물 등록 및 가격 문의, 거래 성사, 인도 및 이행, 신용, 보안 및 규정 준수 서비스를 제공한다. 그러나 이러한 수요가 존재한다고 해서 당사자들이 일대일 데이터 거래를 제한하는 것은 아니다. 원칙적으로 데이터 거래는 당사자가 자유롭게 거래 방식을 선택하고, 스스로 리스크와 비용을 감수할 수 있어야 한다. 다만, 중개 기관이 더 다양한 데이터 상품, 검증 가능한 품질, 합법적·안전한 환경, 낮은 거래비용과 통제 가능한 리스크를 제공할 때, 비로소 당사자는 데이터 거래소를 통해 거래를 선택하게 된다.

데이터 거래소의 인가 절차가 엄격한 만큼, 인가를 받지 않았거나 지방정부의 비준으로 설립된 기관은 데이터 거래센터(数据交易中心), 거래회사(交易公司), 거래플랫폼(交易平台) 등의 명칭을 사용한다. 그러나 규범화된 운영을 통해, 데이터 거래의 문제를 실질적으로 해결할 수 있다면, "거래소(所)"와 본질적 차이는 없다. 모두 장소의 의미에서 데이터 시장에 해당하며, 거래 중개 서비스 기관, 즉 "시장 내(场内)" 거래로 볼 수 있다. 이러한 중개 기관의 발전은 시장이 수용할 수 있는 비즈니스 모델을 찾고, 공급자와 수요자에게 실질적 가치를 제공하느냐에 달려 있다. 결국, 장내 거래 여부, 어느 거래소를 선택할지는 시장 주체의 자율적 선택에 맡겨진다.

3. 데이터 거래의 대상: 거래 가능한 데이터의 문제

수요가 있으면 공급이 생기고 거래가 이루어지는 것이 데이터 거래의 사회적 기반이다. 문제는 데이터가 사회의 투영물이라는 점이다. 데이터는 다양한 형태로 존재할 뿐 아니라, 그 위에는 복잡한 이해관계가 얽혀 있다. 따라서 순수하게 수요나 상업적 이익만을 동력으로 삼을 경우, 사회적 공익과 공공질서가 훼손될 위험이 있다. 그러므로 데이터 거래에는 반드시 법적 제도의 개입이 필요하며, 어떤 데이터가 거래 가능하고 어떻게 거래할 것인지 명확히 하여 데이터 거래가 공익을 침식하거나 사회에 불필요한 문제를 초래하지 않도록 해야 한다. 즉, 거래 가능한 데이터는 단순한 경제·상업의 문제가 아니라 동시에 법적 문제이기도 하다.

데이터 거래의 목적은 공개 데이터의 자유로운 접근이 부족한 부분을 보완하기 위한 것이지, 데이터 공개 제도를 대체하기 위한 것이 아니다. 또한 데이터 거래의 본질은 안전하고 정당한 데이터 이용 질서를 구축하는 데 있으며, 데이터를 단순히 상업적 거래 대상으로 만드는 것이 아니다. 따라서 제도 설계 전반에 걸쳐 데이터의 사회성과 공공성을 충분히 고려해야 한다. 즉, 대가를 전제로 한 유상 데이터 제공을 허용하되, 데이터의 개방성과 접근 가능성을 보장하고, 데이터 독점을 방지해야 한다. 이러한 맥락에서 거래 가능한 데이터를 생산요소로서의 데이터와 데이터 상품으로 구분하는 것은 의미가 있다.

요소로서의 데이터는 지식이나 지능을 생산하기 위한 원재료로서의 데이터를 말한다. 데이터의 유통과 이용 질서를 구축하기 위해 이를 상품으로 간주하더라도, 그 본질적 가치는 객관적 세계를 사실적으로 반영하고 있으며, 계산·분석이 가능하다는 데 있다. 가공이나 처리 과정을 거쳤다 하더라도, 여전히 사실의 영역에 속한다. 따라서 데이터를 수집·가공한 자에게 일정한 권리를 인정하고, 유통 가능한 데이터로 취급하더라도, 사실 데이터는 개방성을 유지해야 한다. 이를 위해 원천 데이터 생산자가 장기적·배타적으로 데이터를 통제하지 못하도록 제도적으로 제한해야 한다. 다시 말해, 이러한 데이터에 대해서는 유통과 동시에 권리를 상실하는 제도를 도입할 필요가 있다. 이는 데이터 보유자의 권리를 제한하고, 다른 한편으로 데이터의 신속한 유통을 촉진하기 위한 것이다. 반면, 데이터 산출물로서의 데이터 상품은 이미 단순한 데이터의 범주를 벗어나 지적 산출물의 성격을 가진다. 다만, 인간의 창작물과 구별하기 위해 지능상품(智能产品)이라 부른다. 지능상품은 안정된 형태와 명확한 가치가 있으며, 그 생산자(데이터 상품 생산자)에게는 일정 기간 동안 자신의 창작물의 가치를 실현할 수 있도록 비교적 안정된 보유권을 부여해야 한다. 이 경우 비록 여전히 보유권(持有权)이라 칭하더라도,

그 권리는 지식재산권 체계 내에서 논의될 수 있는 재산권적 성격을 지닌다.

따라서 요소로서의 데이터(데이터가 상품인 경우)와 데이터 산출물로서의 데이터 상품을 구분하는 것은 매우 중요한 의미를 지닌다. 이는 인류 사회가 기계 지능과 인간 지능이 상호 보완하는 시대로 진입함에 따라, 어떻게 효율적으로 지식 생산을 조직하고 새로운 데이터 생산력을 형성할 것인지와 직결된다. 우리는 데이터 상품화 또는 지식 생산 질서를 구축하기 위해 보유권 제도가 필요하지만, 요소로서의 데이터와 데이터 산출 결과로서의 데이터를 반드시 구분해야 하며, 요소 데이터의 유통 거래를 데이터 요소 시장 구축의 핵심으로 삼아야 한다.

요소로서의 데이터 유통에 있어 가장 핵심적인 것은 요소 가치 특성에 부합하는 제도적 메커니즘을 구축하여 유통 조건을 갖춘 데이터가 발견 가능하고 검증 가능하며 접근 가능하도록 해야 하며, 동시에 유통과 이용의 안전성과 합법성을 보장하는 체계가 마련되어야 한다. 데이터 상품(지능 또는 지식 상품)의 경우, 데이터 상품에 부합하는 재산권 확정 제도(确权机制)를 수립하여, 데이터 상품이 보다 시장 친화적인 방식으로 거래·유통될 수 있도록 해야 한다.

4. 데이터 거래 인프라 공급 문제

데이터 요소 시장을 구축하는 과정에서 우리는 데이터 요소가 아무리 표준화되고 상품화되더라도 산업적 속성, 시나리오 속성, 기술적 속성 등에서 완전히 독립할 수 없다는 점을 명확히 인식해야 한다. 따라서 일반적인 상품처럼 대중화·시장화될 수 있는 거래와 달리, 데이터 거래는 데이터 시장의 인프라에 의존한다.

(1) 데이터 목록

데이터 목록은 데이터 경제의 핵심 인프라이다. 우수한 데이터 목록은 유일하게 신뢰할 수 있는 데이터 소스로 기능하며, 조직 내에서 공유 가능한 모든 메타데이터를 통합하고, 협업 및 연동을 용이하게 한다. 데이터 목록은 메타데이터를 자동으로 탐색·분석(profile)·조직화하고, 검색하기 쉽게 만들어 사용자가 데이터 세트를 명확히 이해하도록 돕는다. 이를 통해 데이터 시스템이 보다 지능적으로 작동하며 데이터의 가치를 효과적으로 발휘할 수 있다.

데이터 목록을 작성할 때는 통일된 데이터 용어 체계를 갖추어야 하며, 동일한 사물에 대해서는 동일한 명명 규칙이나 수치 표현을 적용해야 한다. 또한 데이터에 대한 일관된 설명을 가져야 하고, 검색 및 탐색 기능을 제공해야 한다. 사용자는 비즈니스 항목을 검색하여 관련 데이터 세트를 신속히 찾아내고 분석을 수행할 수 있으며, 비즈니스 인텔리전스의 효과를 극대화할 수 있다.

데이터 목록은 단순히 조직 내부의 데이터 자산화를 위한 관리 수단이 아니라, 산업 간 데이터 교환과 데이터의 사회적·시장적 유통을 가능하게 하는 인프라이다. 체계적인 데이터 목록이 없다면 데이터의 사회적 배분과 효율적 활용은 사실상 불가능하다. 따라서 데이터 용어집, 데이터 분류 체계, 고유 식별자(ID) 및 검색 시스템은 데이터 요소 시장 구축의 핵심 인프라를 이룬다. 통합적이고 상호운용 가능한 데이터 체계를 확립하는 것은 데이터 주도 성공의 핵심 요소로, 데이터 목록은 데이터 기반 전략의 초석이 된다.

(2) 데이터 상호운용성

데이터 상호운용성은 고품질 데이터의 특징으로, 가치 창출·지식 생산·협업·적용성 등과 같은 광범위한 개념과 연결된다. 상호운용성은 기술적, 의미적, 제도적 차원에서 존재하며, 데이터 가치 사슬과 데이터 생태계 전반의 연결성 속에서 그 중요성이 드러난다. 기술적 층위에서는 표준화된 인터페이스를 통해 데이터 접근이 가능해야 한다. 데이터 층위에서는 표준 분류와 용어 체계를 바탕으로 데이터 및 메타데이터를 작성해야 하며, 합의된 모델과 스키마를 준수해야 한다. 데이터 생산·유통·활용 과정 중에는 모든 주체가 동일한 데이터 기술 규범에 합의하고 이를 준수해야 한다. 조직·기관 층위에서는 기관 내부 및 기관 간 데이터 수집, 처리, 분석, 전파의 책임(및 책무성)을 명확히 분배하고, 효과적인 거버넌스를 통해 상호운용성을 달성해야 한다. 이러한 상호운용성은 데이터 생태계의 유연성과 지속 가능성을 보장하는 핵심 인프라 요소이다.

(3) 데이터 거버넌스 표준

데이터 거버넌스는 데이터의 요소화와 시장화 이용을 뒷받침하는 핵심 제도적 행위이다. 이는 법적 제약하에서 데이터를 합리적으로 활용하기 위한 요구이자, 지속가능한 데이터 품질 관리의 기반이기도 하다. 데이터를 요소로 활용하기 위해서는 먼저 사업 목적에 부합하는 거버넌스 표준과 정책을 수립하고, 이를 준수해야 한다. 이를 통해 비로소 데이터 자원을 데이터 요소로 전환하여 활용하거나 재활용 가능한 형태로 만들 수 있다. 또한 데이터가 목적에 부합하도록 관리되고, 비즈니스 의사결정 및 지능형 판단을 지원할 수 있다. 데이터 거버넌스는 개별 조직(기업)의 데이터 자산화뿐 아니라, 개방형 혹은 폐쇄형 데이터 생태계 내에서의 데이터 교환·공유의 전제조건이며, 나아가 데이터 상품의 사회적 배분을 실현하기 위한 필수 기반이다. 즉, 데이터 거버넌스는 데이터 정책·기술규범·프로세스를 수립하고 이를 실행·감독하는 과정이며, 각 조직·산업·사회 전반의 데이터 거버넌스 규칙과 실행 체계는 데이터 요소 시장을 구성하는 또 하나의 인프라라 할 수 있다.

(4) 데이터 서비스 수준 협약

서비스 수준 협약(Service Level Agreement, SLA)은 고객과 서비스 공급자 간에 체결되는 협약으로, 서비스 공급자가 제공해야 할 서비스 수준과 품질 기준을 규정한다. 이에는 서비스 가용성, 장애 대응 시간, 서비스 품질 등의 최소 기준이 포함된다. 데이터 유통 및 데이터 서비스 거래는 본질적으로 지속적 거래이며, 다수의 기술 서비스 내용을 포함하므로 업계 특성에 맞는 데이터 거래 서비스 수준 협약을 수립해야 한다. 이를 통해 표준 가동 시간, 제공 시간, 응답 시간 및 해결 시간 등 구체적인 성능 지표를 명확히 하여, 데이터 제공자와 이용자 간의 거래 기준을 설정할 수 있다. 이 협약은 데이터 유통 거래에 있어서는 고객과 서비스 공급자 간 관계를 관리하는 중요한 도구로 작용한다. 이를 통해 고객은 서비스 제공자가 안정적이고 고품질의 서비스 제공을 보장받을 수 있으며, 데이터 요소 시장에서 거래 안정성을 높이는 제도적 장치가 된다.

제 2 절 다원적 데이터 거래 시장 체계

데이터의 유통은 디지털 경제의 혈류이며, 데이터 경제의 목적은 데이터의 순환과 활용 질서를 구축하는 데 있다. 앞서 언급한 바와 같이, 데이터의 유통과 거래는 사회경제 운영에서 비교적 보편적인 현상이

될 것이며, 대체로 기초층(시장 주체 간의 데이터 공유), 중간층(데이터의 공동 이용 및 협력), 그리고 고급층(데이터 거래시장)으로 구분할 수 있다. 명백히, 데이터 요소시장 구축의 목적은 데이터 관련 기초 제도 건설을 통해 이 세 가지 층위가 효율적으로 작동하도록 촉진하는 데 있으며, 특히 시장화된 데이터 거래를 통해 데이터 요소의 사회적 배분과 활용을 실현하는 것이다. "데이터 20조"는 다음과 같이 명시하고 있다. 규범적이고 효율적인 데이터 거래소를 통합적으로 구축하고, 데이터 거래소의 배치를 최적화하며, 거래소의 수량(数量)을 엄격히 통제하고, 다양한 유형의 데이터 거래소가 함께 발전하도록 유도한다. 따라서 우리는 데이터 거래소의 선도적 역할을 발휘하는 기반 위에서 다층적이고 다원적인 데이터 유통·거래 체계를 육성하고 구축해야 한다.

1. 데이터 요소 시장 주체의 육성

데이터 요소 시장은 소수 데이터 기업만의 문제가 아니라, 모든 시장 주체의 문제이다. 데이터 경제 또한 소위 데이터 상인(数商)만으로 유지될 수 있는 경제가 아니라, 모든 사회 주체가 함께 참여하는 경제이다. 모든 기업이 데이터의 상품화 능력을 갖추어야 비로소 지속적이고 풍부한 거래 가능한 데이터 요소를 공급할 수 있으며, 모든 기업이 지능화된 응용 능력을 갖추어야 지속적인 데이터 수요가 발생한다. 데이터 공급이 충분하고, 데이터의 집적이 편리·효율적이며 비용이 저렴해야만 사회가 소비할 수 있는 대량의 지능형 상품이 생산되어 사회적 생산력으로 전환된다. 만약 데이터 거래가 결국 사회적 생산력으로 전환되지 못한다면, 실물경제의 발전을 지원하려는 데이터 요소시장 건설의 근본 목표에서 벗어나는 것이다. 따라서 데이터 요소 시장 구축은 각 기업의 디지털 전환에서 시작하여 각 기업이 데이터 주도형 발전 모델로 전환하도록 해야 한다.

데이터 주도형 발전의 본질은 데이터 지능 기술의 응용 역량에 있다. 만약 데이터의 거버넌스·관리·활용이 여전히 IT 부서나 소수 전문가만의 영역에 머문다면, 데이터 기반의 지능적 의사결정은 기업 차원에서 실현될 수 없다. 이를 위해 각 기업은 자사의 발전 단계에 따라 경제적이고 효율적이며 확장 가능하고 안전한 데이터 인프라(즉, 데이터 플랫폼 또는 "현대적 데이터 스택")를 구축해야 한다. 이를 통해 데이터를 효과적으로 보호·공유·활용하는 것은 물론, 데이터 활용 역량을 갖춘 인재를 양성하여 데이터의 생산·거버넌스·활용이 모든 직종의 기본 업무 역량으로 자리 잡도록 해야 한다. 이것이 바로 "데이터 민주화(数据民主化)"의 진정한 의미이다.

2. 데이터 통합사업자: 데이터 요소 시장의 중추 역량

모든 기업이 효율적으로 데이터를 수집·처리·분석하여 실시간으로 비즈니스 인사이트를 도출할 수 있는 역량을 갖추는 것은 여전히 이상적인 목표이며, 적어도 단기간 내에는 실현하기 어렵다. 이에 따라 데이터의 수집, 거버넌스, 활용을 전문으로 하는 데이터 기업(이른바 데이터 통합사업자)이 등장하게 되었다. 데이터 통합사업자는 구매자로서 다른 주체로부터 데이터를 확보하거나 구매하고, 다른 한편으로는 판매자로서 가공·정제된 데이터 상품을 데이터가 필요한 주체에게 다시 판매한다. 즉, 데이터 통합사업자는 데이터 자원을 데이터 상품으로 전환하여, 사회 각 주체에 데이터 역량을 부여하는 중요한 매개체로서 데이터 유통과 활용의 주요 방식 중 하나이다.

현 단계에서는 데이터 요소시장이 아직 미비하기 때문에, 이러한 데이터 통합사업자들은 주로 크롤링 등 기술적 수단을 통해 데이터를 수집하고 있으며, 이로 인해 상당한 법적·윤리적 위험이 존재한다. 그러나 데이터 보유권 제도가 확립되어 데이터 보유자가 합법적으로 데이터를 외부에 유통할 수 있게 되면, 데이터 통합사업자가 합법적이고 특히 고품질 데이터를 확보할 수 있는 길이 열리게 된다. 이후 통합사업자는 데이터를 정제·변환·분석·응용함으로써 재사용 가능한 데이터 요소와 데이터 상품을 생산하고, 이를 합법적으로 유통·거래함으로써 사회 전반에 힘을 실어줄 수 있다.

무엇보다도 데이터 통합사업자는 클라우드 기반의 현대적 데이터 아키텍처를 갖춘 데이터 수집·거버넌스·활용 플랫폼을 구축해야 한다. 이는 데이터의 확장성을 지원하는 기반 인프라로서, 데이터 플랫폼(data platform)이라 부르며, 데이터 통합 플랫폼, 또는 데이터 분석 플랫폼이라고도 한다.

일반적으로 데이터 통합 플랫폼은 다음 세 부분으로 구성된다.

(1) 데이터 통합: 데이터 통합은 커넥터와 게이트웨이를 제공하여 외부 데이터를 Common Data Service(CDS)에 가져오고 Common Data Model(CDM) 형태로 저장한다. 이러한 연결망을 통해 조직은 다양한 외부 데이터를 한곳에 통합하여 비즈니스 애플리케이션 및 분석에 활용할 수 있다. 통합 방식은 크게 ETL(추출-변환-적재)과 ELT(추출-적재-변환) 두 가지 방식으로 구분된다.

(2) 데이터 거버넌스: 데이터 플랫폼의 가장 중요한 역할은 다양한 데이터 소스에서 수집된 방대한 양의 데이터를 일관된 정책과 기준으로 처리하여, 여러 데이터 소스 간의 데이터 포인트 분석 및 연계가 가능하도록 하고, 데이터를 원시 형태로 유지하는 것이다. 이를 통해 향후

다양한 목적에 따라 재집계·변환·조직·재구성할 수 있으며, 이렇게 구축된 혼합형 데이터 생태계는 여러 형태의 데이터 분석 수요를 충족시킬 수 있다.

(3) 데이터 분석: 플랫폼은 소프트웨어와 지능형 도구를 통합하여 사용자가 데이터를 관리·접근하고, 이를 사용자·응용프로그램·기타 기술에 제공할 수 있도록 지원한다. 그 결과 조직은 보다 높은 수준의 협업과 지능형 의사결정을 실현할 수 있다. 현대적 데이터 통합 플랫폼은 데이터 주도형 설계 패턴(data-driven design pattern)으로, 확장 가능한 데이터 구조를 기반으로 하며, 머신러닝을 통해 새로운 데이터로부터 새로운 지식을 발견하는 능력을 갖춘다.

데이터 플랫폼은 단일 기업의 데이터 인프라로 기능할 뿐만 아니라, 사회 전체 혹은 여러 조직 간의 데이터 인프라로도 활용될 수 있다. 전문 데이터 통합사업자는 다양한 조직의 데이터를 연계·통합하여 사회에 지능형 서비스를 제공하는 전문 데이터 기업이다. 이들은 시장에서 데이터를 확보하거나, 시장에 데이터 상품을 제공한다. 겉으로는 단순한 데이터 시장 운영자처럼 보이지만, 본질적으로는 데이터 상품 생산자이다. 데이터 통합사업자는 단순히 데이터를 중개 판매하는 중개자가 아니라, 데이터를 조직화·통합·가공·분석하여 모델 또는 지능형 상품의 형태로 다시 생산하고 이를 제공하는 주체이다. 따라서 데이터 통합 기업은 데이터 요소시장 내에서 핵심적인 역할을 수행하며, 데이터 상품 및 서비스 시장의 주요 주체가 될 것이다.

사례

데이터 요소 시장화 서비스 제공자

데이터바오(数据宝)는 국유(國有) 빅데이터의 개방·공유·활용을 전면적으로 추진하기 위해 구축된, 국내 최초의 국유 데이터 자산 위탁운영(代运营) 전문 플랫폼이다. 이 플랫폼은 공신력 있는 국유 데이터 자원을 보유하고 있으며, 빅데이터 자산 거래에 대한 합법적·규범적 운영 자격과 4단계 데이터 보안 체계를 갖추고 있다. 이를 통해 국유 빅데이터 자원 제공자와 수요자 간에 안정적·효율적·안전한 데이터 교류 "파이프라인"을 구축하는 역할을 수행한다. 데이터바오는 중앙 부처 및 국유기업에 소속된 기관으로서, 국가급 빅데이터 상품 유통 과정에서 "심사자·서비스 제공자·감독자"의 3중 역할을 수행하며, 국유 데이터 자산이 실제 활용되는 과정에서 합법성과 안전성을 보장한다.

현재 데이터바오는 자체 기술 역량을 기반으로 보험, 금융, 물류, 범(汎) 인터넷 등 다양한 분야에서 적용 가능한 수백 개의 표준화된 데이터 상품을 개발하였다. 이 회사는 이미 2000개 이상의 고급 브랜드 고객에게 서비스를 제공하고 있으며, 200여 개의 세부 산업 분야에서 응용 시나리오를 구축하였고, 누적 1만여 개의 정부 및 기업 고객을 확보하였다. 사업 영역 또한 전국으로 확산되어 있다. 예를 들어, 데이터바오는 공안, 통신사, 금융기관, 기업 등으로부터 직접 연계된 권위 있고 합법적인 다중 출처 데이터 자원을 바탕으로, 쉰페이(讯飞) 오픈 플랫폼의 실명 인증 절차를 최적화하여 사용자 경험을 제고한 바 있다.

—데이터바오,《중국을 선도하는 데이터 요소 시장화 서비스 제공기업》을

바탕으로 정리.

3. 데이터 교환 또는 공유 플랫폼

데이터 교환 플랫폼은 구성원들이 데이터를 검색, 공유, 획득 및 활용할 수 있도록 구축된 데이터를 상호 교환 또는 공유하는 플랫폼이다. 각 구성원은 독립적인 자체 데이터 보유자로서의 권리를 행사하고, 자율적으로 자신이 보유한 데이터를 관리·가공하여 데이터 상품을 형성하며, 공통의 데이터 규칙에 따라 구성원 간 데이터 교환 또는 공유를 수행한다. 이러한 플랫폼은 데이터 공급자와 데이터 수요자를 매끄럽게 연결함으로써, 각 구성원이 자신의 자율적으로 데이터 가치를 실현할 수 있도록 한다.

실무적으로 데이터 교환 플랫폼은 종종 산업 데이터 스페이스(行业数据空间) 라고 불리며, 일반적으로 다음 세 가지 주체로 구성된다.

- 데이터 제공자: 시장에 데이터를 제공하는 데이터 보유자
- 데이터 사용자: 데이터를 획득하고 사용하는 주체
- 중개 운영자: 데이터 유통, 전시, 교환, 공유를 가능하게 하는 플랫폼 운영자

플랫폼의 기본 구조는, 데이터 제공자가 데이터를 업로드하면 데이터 사용자가 원하는 데이터를 검색·접근·활용할 수 있도록 하는 방식이다. 주목할 점은, 데이터가 플랫폼 내부의 중앙 데이터베이스에 저장되는 것이 아니라, 각 데이터 제공자가 지정한 출처 위치에 그대로 저장된 상태에서 분산형 방식으로 제공된다는 것이다. 즉, 단일 중앙 저장소

나 중앙 집중식 운영 플랫폼이 존재하지 않는다.

데이터 스페이스는 데이터 통제와 신뢰할 수 있는 데이터 공유를 위해 설계된 구조로, 데이터는 항상 제공자의 통제하에 유지된다. 제공자는 데이터에 태깅된 실행 가능한 계약(可执行合同)을 통해 누가, 어떠한 목적과 조건으로 데이터에 접근하고 사용할 수 있는지를 결정한다. 이를 위해 데이터 스페이스는 상호운용 가능한 IT 환경을 제공하여, 데이터가 어디에 저장되거나 어떤 플랫폼에서 사용되든 데이터의 이동성과 상호 접근성을 보장한다.

"데이터 스페이스"란, 하나 또는 복수의 산업 생태계 내에서 동일한 데이터 저장·공유 표준과 지침을 준수하는 신뢰할 수 있는 파트너 간 데이터 공유 관계를 의미한다. 데이터 스페이스의 특징은 데이터를 중앙집중적으로 보관하지 않고, 각 소스에서 분산 저장하며, 필요 시 의미적 상호운용성(semantic interoperability)을 통해 데이터를 교류·활용한다는 점이다. 따라서 데이터 스페이스는 각 구성원의 데이터 보유권을 존중하는 전제하에, 구성원 간의 합의 메커니즘과 공동 거버넌스에 기반하여 운영되며, 구성원들의 자율적인 데이터 관리 역량을 요구한다.

데이터 스페이스는 특정 산업 내에 국한될 수도 있고, 산업을 초월할 수도 있으며, 한 지역 내 또는 지역 간 다수의 참여자를 포함할 수 있다. 이는 물리적 장벽을 줄이고, 시장 진입 시간을 단축하며, 분산 지능(distributed intelligence)을 활용해 모든 참여자(규모나 역할을 불문하고)에게 부가 가치를 창출할 수 있는 유효한 경로가 된다.

EU의 IDS(International Data Spaces)는 이러한 데이터 교환의 대표적 사례로, EU 내부에서 신뢰할 수 있고(안전성, 자율성, 합의 기반, 감사 가능성), 상호운용적(의미 기반), 분산형(탈중앙화) 데이터 시장 인프라를 구축하는 것을 목표로 한다. 본질적으로 관련 산업 단체가 공동으로 기관을 설립해 데이터 교환 플랫폼을 운영함으로써 모든 연합 구성원이 합의 또는 공동 규칙에 따라 데이터를 교환할 수 있도록 한다.

사례

의료 그룹 건강 데이터 스페이스 탐구

선전시(深圳市) 난산구(南山区) 의료그룹은 "1+C+N" 의료그룹 통합 모델을 국내 최초로 창안하여, 관할 구역 내 공립 사회건강센터를 의료그룹 본부로 통합 편입시켰다. 즉, "1"은 구(区)의 의료그룹 본부, "C"는 구에 속한 각 공립 의료·보건기관, "N"은 관할 지역의 기타 의료·보건기관을 의미한다. 이들은 "선도적 기반을 구축하고, 현장을 강화하자(建高地, 强基层)"를 목표로 국제적 수준의 통합형 우수 의료서비스 체계를 구축했다.

의료그룹 건강 데이터 스페이스는 등록 인증 센터를 통해 데이터 제공자, 데이터 사용자, 데이터 운영자, 데이터 감독 기관 간의 다자간 신뢰 생태계를 구축한다. 또한 데이터 사용통제센터를 통해 데이터 이용통제 기능을 제공하여 데이터 제공자의 데이터 주권을 보호한다. 아울러 증거보존센터를 통해 전 과정에서 신뢰할 수 있고 시각화된 감사 추적 서비스를 제공하여, 제공자는 언제든 검증과 추적이 가능하고, 사용자는 "증명 없이도 결백(免证清白)"을 입증할 수 있으며, 제3자 감독 기관에도 필요한 정보를 제공할 수 있다.

이 데이터 스페이스는 의료 산업 내 데이터 공유 및 교환 경험을 축적하여, 향후 의료 산업을 대상으로 공공 건강 데이터와 개인 건강 데이터의 신뢰성 있는 유통을 촉진하는 동시에 데이터 보안을 보장함으로써, 주민 건강데이터의 안전한 공유를 위한 새로운 발전 방향을 제시하고 있다. 또한 지역 대학 연합, 의료-예방 융합, 의료-교육 융합, 의료-요양 융합 등 개혁 조치의 효과를 한층 강화하며, 과학적 데이터 활용을 통해 주민에게 전방위적이고 전 생애주기의 건강관리 서비스를 제공한다.

건강의료 데이터 스페이스를 통해, 향후 의료산업을 대상으로 공공 건강데이터와 개인 건강데이터의 신뢰 가능한 유통을 촉진하고, 건강의료 데이터의 안전을 보호하며, 산업 내 데이터 고립 현상을 해소하고, 데이터 융합과 공유를 규범화 및 촉진하여 데이터의 가치를 극대화할 수 있다.

—《심천특구보》,《 의료개혁 '난산모델'
: 고품질·고효율 통합형 의료보건서비스체계 구축》을 기반으로 정리.

4. 데이터 상품 거래 플랫폼

데이터 상품 거래 플랫폼은 전문 기술 기업이 구축한 공급자 데이터를 통합한 데이터 상품 거래 시장이다.

데이터 상품 거래 플랫폼은 통합 데이터 마켓 시장이라고도 하며, 데이터 상품의 전자상거래 플랫폼에 해당한다. 일반적으로 제3자가 데이터 거래 플랫폼과 거래 규칙을 마련하고, 데이터 공급자는 플랫폼에 입점하여 각자의 공간에서 데이터 상품(또는 데이터베이스 인터페이스)을 업로드한다. 이를 다른 등록 계정 소유자가 열람하거나 검토할 수 있게 하며, 공급자와 수요자가 직접 데이터 유통 계약을 체결하도록 허용한다.

수요자는 선택한 데이터 상품을 직접 공유하거나 사용할 수 있다. 플랫폼은 데이터의 전달, 정산, 컴플라이언스, 보안 관리 등 거래 과정 전반에 걸쳐 다양한 서비스를 제공한다.

데이터 상품 거래 플랫폼 운영자는 시장 참여자(특히 데이터 공급자)와 긴밀한 관계를 구축하여, 여러 공급자의 데이터를 통합해 고객에게 맞춤형 데이터 판매 솔루션을 제공하고, 고객 가치를 창출한다. 플랫폼 운영자가 데이터 수집 과정에서 공급자를 지원하여, 데이터 상품을 정제하고 고객이 원하는 세분화된 데이터 시장 포지셔닝을 돕기도 한다. 세분화된 시장이 형성되면, 데이터 시장 운영자는 맞춤형 서비스를 통해 특화된 가치를 제안한다.

데이터 시장 통합에는 중앙 집중형 플랫폼 인프라가 필요하다. 데이터 거래 플랫폼은 주로 클라우드 서비스를 기반으로, 고객이 데이터 상품을 개발·홍보·거래하도록 돕는 기술 기업의 형태로 운영된다. 데이터를 보유한 주체는 플랫폼의 데이터 구조, 분류, 상품 설명 등에 따라 데이터 상품을 제작하며, 이렇게 형성된 데이터 상품은 고객의 데이터 시스템에 저장될 수 있지만, 중앙 집중형 플랫폼 인프라를 통해 하나의 통합된 시스템으로 통합 관리된다. 데이터 상품은 공급자 명의 또는 데이터 시장 명의로 거래되며, 거래 방식에 따라 가격 책정 및 수익 배분 구조가 달라진다. 만약 데이터 상품이 플랫폼 운영자 명의로 판매된다면, 거래 수익은 플랫폼 운영자에게 귀속되고, 운영자는 이를 다시 데이터 공급자에게 분배한다.

세계적으로 유명한 데이터 마켓 운영자 중 일부는 이러한 데이터 상품 거래 플랫폼 모델을 채택하고 있다. 대표적으로 Snowflake와 SAP가 있다. 중국의 경우, 하이난 데이터 상품 슈퍼마켓(海南数据产品超市) 역시 데이터 상품 거래 시장과 유사한 형태로 운영되고 있다.

사례

하이난 데이터 상품 슈퍼마켓

하이난 데이터 상품 슈퍼마켓은 정부 주도로 구축된, 데이터 개발·생산, 유통·거래 및 안전한 활용을 통합한 '3합1(三合一)' 통합 플랫폼이다(http://dsj.hainan.gov.cn/sjzy/sjcpcs/).

데이터 상품 슈퍼마켓의 기본 개념은 다음과 같다. "데이터 상품이 관련 객체와 '얽혀 있다(纠缠)'는 것은, 완성된 형태의 데이터 상품은 존재하지 않으며 단순 거래는 불가능하다는 것을 의미한다." 따라서 안전하고 신뢰할 수 있는 플랫폼이 필요하며, 이를 통해 보다 넓은 보안 영역과 신뢰 영역을 형성해야 한다. 이 영역을 경계로 삼아, "데이터가 영역 밖으로 나가지 않는다(数据不出域)"는 원칙 아래 여러 데이터 처리자가 그 안에서 데이터를 수집·교환·통합할 수 있도록 한다. 또한 이 경계 안에서 데이터 처리자는 데이터 보유권의 출처, 권리 배분 관계 등 관련된 권익을 명확히 규정할 수 있어야 한다. 이와 동시에, 이러한 안전하고 신뢰할 수 있는 플랫폼은 데이터 관련 당사자들이 신뢰하고 수용할 수 있어야 하므로, 정부가 주도하여 공신력 있는 플랫폼을 구축하고, 데이터 상품의 개발·생산, 유통·거래 및 안전한 활용 전 과정을 지원해야 한다.

"데이터 상품 슈퍼마켓"은 단순한 데이터 거래 플랫폼이 아니라, 데이터 상품 개발·생산 플랫폼으로서, 신뢰성 있는 플랫폼을 기반으로 데이터를 수집·통합하고, 이를 기반으로 데이터 상품이 형성된다. 동시에 이는 데이터 상품 유통·거래 플랫폼이기도 하여, 개발된 데이터 상품이

"데이터 상품 슈퍼마켓"에 진열되어 수요자와 공급자가 매칭되고 거래가 이루어진다. 더 나아가 데이터 상품의 안전한 활용 플랫폼으로서, 데이터 상품은 고립된 상태로 서비스를 제공할 수 없으며, 반드시 데이터 관련 주체의 실시간 권한 부여가 필요하다. 이와 같은 권한 부여와 동시에 원본 데이터 보유자가 실시간으로 데이터를 제공하여 데이터 상품 서비스를 완성한다. 이 과정은 반드시 원래의 개발·생산 플랫폼, 즉 기존의 보안 영역과 신뢰 영역에 의존하며, 데이터 상품의 실시간 온라인 서비스 속에서도 "데이터는 영역 밖으로 나가지 않음(数据不出域)", "사용은 가능하지만 보이지 않음(可用不可见)"이라는 원칙을 실현한다. 즉, "데이터 상품 슈퍼마켓"은 데이터 수집·통합, 데이터 상품 개발·생산, 유통·거래 및 안전한 활용을 하나로 연결하여, 데이터 상품 개발자가 플랫폼을 기반으로 상품 서비스를 제공할 수 있도록 지원하는 "3합1"형 데이터 요소 통합 개발·활용 플랫폼이다. 비유하자면, "데이터 상품 슈퍼마켓"은 "화창베이(华强北)+타오바오(淘宝)+클라우드 서비스(云服务)" 모델을 채택하고 있다. 즉, "화창베이" 모델을 통해(전자 부품 공급망을 통합하여 완제품을 생산하는 방식) 데이터 공급망을 통합하여 데이터 상품을 개발·생산하고, "타오바오" 모델을 통해 데이터 상품의 유통과 거래를 실현하며, "클라우드 서비스" 모델을 통해 최종 사용자에게 안전하게 서비스를 제공한다.

하이난 "데이터 상품 슈퍼마켓"은 거래 관리, 감독 관리, 개발·생산, 운영 서비스, 보안 관리 등 5대 영역에서 20여 개의 관리 규칙을 제정하여, 데이터 자원의 전 생애주기 동안 안전하고 통제 가능한 유통 및 컴플라이언스 준수를 보장한다. 동시에 정부 빅데이터 보안 시스템에 기반하여, 기술적·물리적·인적 방어 체계를 표준화함으로써 데이터의 효과적 규제를 확보했다. 아울러 블록체인, 프라이버시 컴퓨팅 등 첨단 기술을 활용하여, 데이터 개발·활용의 출처는 추적 가능하고, 유통 경로는 확인 가능하며, 행위는 기록되고, 책임은 명확히 규명될 수 있는 체계를 구현하였다.[2]

5. 데이터 거래소: 데이터 거래 서비스 플랫폼

데이터 수요의 증가에 따라, 국내외에서는 공개적 중개 시장 메커니즘을 활용하여 데이터의 자유로운 유통과 거래를 촉진하려는 방안을 지속적으로 모색해 왔다. 중국 각지에 설립된 데이터 거래소는 이러한 목표를 달성하기 위해 만들어졌다. 데이터 거래소는 데이터 거래 플랫폼을 구축하여, 성숙한 데이터 상품의 공급자 또는 수요자에게 거래 서비스를 제공한다. 데이터 상품의 생산, 전달, 사용(통합 컴퓨팅)은 공급자와 수요자의 시스템 혹은 제3자 시스템 내에서 이루어지며, 데이터 거래 플랫폼은 데이터를 저장하거나 직접 접촉하지 않고, 단지 데이터 상품의 상장, 중개, 계약 이행 지원 등의 서비스를 제공하여 데이터 제공자와 수용자가 합법적이고 효율적인 방식으로 거래를 성사시킬 수 있도록 돕는다. 즉, 데이터 거래는 데이터 제공자와 수용자 간에 이루어지며, 데이터 시장은 단지 거래 서비스를 제공하는 조직일 뿐이다.

이러한 데이터 시장 운영자는 데이터 호스팅이나 데이터 거버넌스에 필요한 인프라를 제공하지 않는다. 이 경우 모든 데이터 거버넌스나 데이터 상품의 생산은 데이터 제공자가 독립적으로 수행한다. 데이터 거래 플랫폼은 데이터를 통합하거나 처리하지 않으며, 데이터의 호스팅

2 董学耕,《数据产品超市—数据产品开发生产, 流通交易和安全使用的一体化》, http://dsj.hainan.gov.cn/ywdt/jwyw/202304/t20230428_3407962.html 참조.

도 담당하지 않는다. 오직 거래 자체를 위한 서비스만 제공한다. 데이터 거래 플랫폼의 주요 서비스는 데이터 상품 목록의 공개, 데이터 거래 과정에서의 법률·기술·보안·컴플라이언스 관련 문제 해결, 데이터 유통 및 거래의 절차와 규칙 구축 등에 있다. 이를 통해 데이터 유통 및 거래 과정을 통제 가능하게 하고, 책임을 추적할 수 있으며, 준법성을 감독할 수 있는 안전하고 신뢰할 수 있는 데이터 공유 및 유통 활용 생태계를 형성한다. 데이터 제공자의 데이터는 모두 원래의 시스템 환경에 저장 및 운영되며, 거래되는 데이터는 각자의 데이터 시스템 내에서 거버넌스를 마친 후 거래 시점에 데이터 시장에 상장되어 전시된다. 이후 거래 플랫폼을 통한 매칭으로 데이터 수용자와 거래가 성립된다. 거래된 데이터 상품은 계속해서 데이터 제공자의 시스템이나 지정된 데이터 소스, 데이터 영역 내에 저장된다. 데이터는 데이터 거래 플랫폼이 구축한 전송 채널을 통해 데이터 사용자에게 전달되거나, 제3자 전달 시스템을 이용하여 전달될 수 있다. 상하이 데이터 거래소는 바로 이러한 데이터 유통·거래 모델을 기반으로, 데이터의 공급자와 수요자 간 거래를 중개하는 시장으로 구축된 대표적인 사례이다.

사례

상하이 데이터 거래소 거래 프로세스

상하이 데이터 거래소는 2021년 11월 25일에 설립되었다. 데이터 요소의 권리 확정(确权), 가격 책정, 상호 신뢰 구축, 시장 진입, 규제 등 여러 문제를 해결하기 위해, 상하이 데이터 거래소는 합법적 상장과 중개 거래(撮合交易)를 핵심으로 하는 독자적인 데이터 거래 체계를 구축하였다. 상하이 데이터 거래소의 거래 프로세스는 사전, 진행 중, 사후 관점에서 상품 합법적 등록, 상장 신청, 데이터 상장, 거래 계약 체결, 청산 및 결제, 거래 등록(备案) 등 일련의 절차를 포함한다.

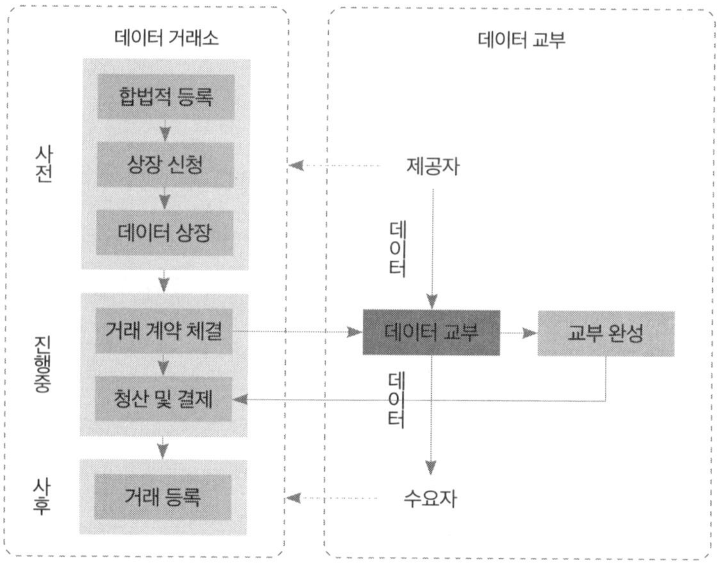

출처: 디지털 시티 클라우드 클래스(数字城市云课堂)

그림 16-1 상하이 데이터 거래소 거래 프로세스

데이터 상품은 상장되기 전에 먼저 사전 준비 절차를 거쳐야 하며, 여기에는 컴플라이언스(준법) 평가, 품질 평가, 거래소 심사가 포함된다. 규범 심사를 통과한 상품만이 최종적으로 상장을 완료할 수 있다.

시장에서 상장된 상품과 수요가 존재할 경우, 거래 매칭이나 제3자 중개 서비스를 통해 데이터 거래 계약이 체결된다.

계약이 체결된 후에는 데이터 제공자 또는 제3자 서비스 제공자가 다자간 보안 컴퓨팅 및 연합학습 환경에서 데이터를 교부하며, 교부 절차가 완료된 뒤에는 정산 과정이 진행된다.

거래 계약의 이행이 모두 완료되면, 상하이 데이터 거래소가 거래 완료 증서를 발급한다.

6. 데이터 생태계 관점에서의 데이터 거래 실현

사회가 데이터에 대해 가지는 수요의 다양성은 데이터 공급자의 상상을 훨씬 뛰어넘는다. 타인이 데이터를 안전하고 효과적으로 활용할 수 있도록 하는 모든 방식은 데이터 공유에 해당하며, 이는 곧 데이터의 유통으로 이어진다. 데이터 공유는 상업적 목적의 데이터 교환·공유·거래이든, 공익적 목적이나 과학 연구용 데이터 공유 플랫폼이든 간에 두 가지 핵심 문제를 반드시 해결해야 한다. 첫째는 데이터의 가치 발견과 이익 분배, 둘째는 데이터 유통·활용의 안전성과 합법성이다.

데이터와 비즈니스의 분리가 데이터 유통 거래의 전제 조건으로 여겨지지만, 완전한 분리는 현실적이지 않거나 데이터 자체의 가치를 상실하게 한다. 데이터 상품화 과정에서 분리 정도가 높을수록 객관적 사실에서 멀어지고, 추상적이고 일반적인 지식으로 나아가며, 이 경우 비로소 대중적인 거래 상품이 될 수 있다. 즉, 데이터 활용의 최상단 단계에 위치한 데이터 상품만이 시장 거래 공간에 진입할 수 있으며, 지식 생산이나 지능형 상품 요소로서의 데이터는 주로 비즈니스 협력이나 파트너십 기반의 데이터 생태계 내에서 실현된다. 데이터 생태계는 데이터 가치 실현의 매우 중요한 방식이며, 데이터 경제의 핵심 인프라로 간주된다. 데이터 생태계의 구축과 유지 자체가 디지털 경제 시대에 빅데이터를 충분히 활용하기 위한 생존 전략이라 할 수 있다. 데이터 생태 시스템은 여러 조직이 데이터 공유를 중심으로 형성한 새로운 협력 관계로서, 기존의 고립된 시스템 내에서는 불가능했던 새로운 가치를 데이터의 공유와 관리를 통해 창출한다. 데이터 생태계의 출현은 각 개별 주체가 보유한 데이터가 한정되어 있고, 머신러닝(ML) 등 애플리케이션이 방대한 외부 데이터를 필요로 함에도 불구하고, 그 외부 데이터의 획득 경로가 원활하지 않거나 고품질 데이터 확보가 어렵다는 문제를 해결하기 위함이다. 따라서 다양한 협력, 연계, 공유 관계를 통해 데이터 생태계를 구축하고, 함께 데이터 가치를 창출하고 공유하는 것이 중요한 데이터 "유통" 및 활용 방식으로 부상했다.

일반적으로 데이터 생태계는 다음과 같은 요소들로 구성된다.

(1) 참여자(조직 및 개인)로 구성된 네트워크 커뮤니티로, 공동 이익을 기반으로 관계를 형성한다;

(2) 기초 기술 플랫폼의 지원과 함께 데이터 거버넌스 규범, 데이터 표준 및 행동 강령이 마련되어 있다;

(3) 이를 통해 참여자는 데이터 처리(검색, 보관, 공개, 사용 또는 재사용 등)할 수 있으며, 이를 바탕으로 혁신 촉진, 가치 창출, 신규 비즈니스 지원이 가능하다;

(4) 참여자 간 정보, 자원 및 산출물 교환을 통해 데이터 및 경계 자원(소프트웨어 및 표준)에 대한 협업이 이루어진다.

데이터 생태계 개념에 따르면, 상기 5가지 데이터 거래 모형 중 (2) 내지 (4)는 모두 데이터 생태계의 다양한 유형에 속한다. 데이터 생태계는 다수의 공급자가 보유한 데이터를 집적·통합하여 새로운 가치를 창출하는 플랫폼이다. 이러한 생태계가 가치를 창출할 수 있는 이유는 다양한 출처의 데이터가 상호 보완적 효과를 내고, 데이터가 일정 규모 이상으로 집적되면 데이터 "분열(裂变)" 효과를 통해 규모의 경제를 실현할 수 있기 때문이다. 즉, 각 참여 주체는 "적은 데이터로도 더 큰 가치를 만들어내는(以少搏多)" 효과를 얻게 된다. 물론, 데이터 생태계의 참여자들은 반드시 명확한 양자/공동/다자 이익 비즈니스 모델을 갖추어야 하며, 아울러 데이터 권리 귀속, 신뢰, 보안, 컴플라이언스 등의 문제를 해결해야 한다.

제 3 절 데이터 요소 시장 규제의 내용과 메커니즘

데이터 요소 시장 규제란 데이터 요소 시장에 대한 일련의 관리 조치와 수단을 의미하며, 데이터 거래(시장) 규제, 데이터 요소 시장 규제, 데이터 상품 시장 규제 및 데이터 "장소" 문제 등이 포함된다. 구체적으로 보면, 데이터 거래(시장) 규제의 목적은 고품질 데이터 요소의 안전하고 효율적인 공급을 촉진하여 사회가 데이터 요소에 대해 점점 더 높아지는 수요를 충족시키는 데 있다. 데이터 요소 시장 규제의 핵심은 동적 규정 준수 및 안전성 관리에 있으며, 데이터 상품 시장 규제의 핵심은 안정적인 데이터 소비와 이용 관계를 확립하는 것이다. 또한 데이터 거래의 "장소" 문제는 데이터 거래에 대한 책임을 명확히 하고 이를 이행함으로써 데이터의 유통이 질서 있게 이루어지고, 책임의 배분이 명확하고 공정하며, 그 책임을 추적 가능하도록 하는 것을 의미한다.

1. 데이터 거래(시장) 규제의 목적과 수단

데이터 경제는 디지털 경제의 핵심이며, 데이터 거래는 데이터 경제의 중심이기 때문에 데이터 거래 혹은 데이터 시장의 규제는 디지털 경제 전체의 규제 체계 속에서 핵심적인 위치를 차지한다. 그러나 디지털 경제에서 발생하는 많은 문제들은 디지털 기술에서 비롯되며, 데이터의 활용과 관련되어 있다. 따라서 데이터 거래로 인해 발생하는 사회·경제적 문제와 전체 디지털 기술 활용 또는 디지털 경제 일반의 문제를 구분하는 것은, 데이터 거래 규제의 내용과 범위를 명확히 하는 데 매우 중요하다.

데이터 거래의 규제는 반드시 데이터 거래로 인해 발생하는 특수한 문제에 초점을 맞춰야 하며, 디지털 기술이나 데이터 활용으로 인해 발생하는 모든 문제를 대상으로 해서는 안 된다. 디지털 기술과 데이터의 활용은 데이터를 거래 가능한 자원으로 만들었을 뿐 아니라, 사회 자원의 배분과 이용을 위한 도구로 변화시켰다. 데이터는 사회에서 발생하여 다시 사회 인식에 활용되는 매개로서, 여러 이익이 공존하며 사회 공공 이익 및 국가 이익과도 연결되어 있다. 따라서 데이터 자체는 위험을 내포한 자원이며, 개인 추적, 성향 분석, 통신 사기 등으로 인한 개인 피해 문제 외에도 공정성·자유·경쟁 질서의 유지, 사회 공익 및 국가 안보 보호 문제를 동반한다. 이에 따라 데이터 요소 시장과 데이터 경제의 새로운 질서 형성 과정에는 다양한 규제 문제가 존재한다. 예를 들어 시장 진입과 공정 경쟁 문제, 데이터 오·남용 문제, 프라이버시 보호, 데이터 공정성, 데이터 소비자 권익 보호 등이 그것이다. 이러한 문제들은 디지털 기술의 활용 및 데이터의 속성과 관련이 있으며, 단순히 데이터 거래(시장)만의 문제는 아니다. 따라서 우리는 어떤 위험이 데이터 거래로부터 비롯된 것인지를 명확히 구분하고, 이에 대응하는 규제 조치를 마련하여 사회경제 질서 규제 또는 디지털 경제 규제 체계를 구축해야 한다. 예를 들어, 데이터 유통과 활용의 공정성을 보장하고 모든 기여자가 정당한 수익 또는 보상을 받을 수 있도록 하는 문제는 거시경제적 조정이나 조세 수단이 필요한 사안으로, 디지털 경제 전반의 제도 설계 문제이지 데이터 요소 시장 규제가 해결해야 할 문제는 아니다. 마찬가지로, 데이터의 개방성과 접근성을 유지하고 디지털 경제의 공정 경쟁을 촉진하는 것 또한 디지털 경제 규제의 중요한 내용이다.

단순히 데이터 거래 시장 규제에 국한하여 보더라도, 고품질 데이터 요소의 공급 촉진은 데이터 요소 시장 발전 목표이지만, 공급은 효율적일 뿐 아니라 안전해야 한다. 따라서 규제가 해결해야 할 과제는 데이터의 원활한 유통을 촉진하는 제도와 메커니즘을 구축하고, 신뢰할 수 있는 데이터 거래를 실현하며, 데이터 유통과 활용의 위험을 줄이는 것이다.

데이터가 단일 주체에 의해 사용될 때에는 책임 주체가 명확하며, 데이터 보유자가 데이터의 안전성과 준법성에 대한 책임을 진다. 그러나 데이터가 유통되는 과정에서는 유통 단계의 보안 문제뿐 아니라 데이터 사용 과정에서 발생할 수 있는 위험이 존재하므로, 데이터 유통과 활용의 위험이 통제 가능하고, 그 책임이 추적 가능해야 한다. 어떤 의미에서는 데이터 거래 규제 문제란 유통·활용 사슬 내 각 주체의 책임 배분 문제이다. 각 유통 또는 이용 행위에 대해 명확한 책임 주체와 책임 범위가 설정되어 있다면, 규제의 초점은 데이터 거래 각 주체의 책임을 이행할 수 있는 메커니즘 구축에 집중된다.

이에 따라 "데이터 20조"에서는 "신뢰할 수 있는 데이터 유통체계를 구축하여 데이터의 활용성, 신뢰성, 유통성, 추적 가능성을 강화할 것"을 제시하였다. 신뢰 가능한 유통체계는 데이터 거래 규제의 기본 목표이며, 그 "신뢰성"은 다음 세 측면에서 구현된다. 첫째, 데이터 자체가 활용 가능하고, 신뢰할 수 있으며, 원활히 유통되고, 추적 가능해야 한다. 둘째, 데이터 및 그 유통·활용 행위가 법규에 부합해야 한다. 셋째, 데이터 유통이 질서 있게 이루어지고, 책임의 배분이 명확하고 공정하며, 책임이 추적 가능해야 한다.

데이터 거래에 대한 책임을 명확히 하고 이행하기 위해서는 먼저 데이터 거래 규칙을 수립하여, 거래 가능한 데이터의 조건, 거래 방식, 그리고 이에 수반되는 보안 요건 등을 명확히 해야 한다. 이를 바탕으로, 거래 시장에 참여하는 각 주체의 권리·의무·책임을 분명히 규정하여 데이터 거래 규제의 기본 틀을 형성해야 한다. 법률상 명확한 규정이 부재한 상황에서는, 데이터 거래 시장이 적극적으로 탐색하여 보유권을 기반으로 책임과 권리가 일치하는 업계 자율 규범을 형성해야 한다.

2. 데이터 요소 시장 규제의 핵심: 동적 컴플라이언스 및 안전성 규제

"데이터 20조"에서는 "데이터 유통 전 과정을 동적으로 관리하여, 합법적이고 준법적인 유통과 사용을 통해 데이터의 가치를 활성화한다"고 제시한다. 데이터 보유자의 권리 중 유통 권한 또는 유통 행위는 제3자나 사회적 이익에 영향을 미치므로, 법의 개입과 규율을 통해 그 행위의 결과가 사회의 공동 가치와 이익에 부합하도록 해야 한다. 앞서 언급한 바와 같이, 데이터 거래 규제의 핵심 목표는 고품질 데이터의 공급을 촉진하는 것이며, 이를 위해서는 데이터 요소의 특성에 적합한 기초 제도를 구축하여 고품질 데이터의 생산과 유통을 장려해야 한다. 그러나 데이터 요소의 가치는 사용에 있다는 점에서, 단순한 소유권 확립이 아닌 데이터의 유통을 촉진하는 데이터 재산권 제도를 마련할 필요가 있다. 이는 고정된 데이터 세트에 대해 안정적인 소유권을 부여하는 방식이 아니라, 지속적으로 결합·변형되는 데이터 세트에 대해 동적인 데이터 보유권을 설정하는 것을 의미한다. 전통적인 재산권 이전 방식은 데이터 유통에는 적합하지 않으며, 데이터 유통은 데이터 보유자가 여러 주체에게 "공급(供给)"하는 방식을 채택하는 것이 더 적절하다. 이러한 공급 방식에서는, 판단의 초점이 특정 데이터에 대한 "재산권(产权)"을 보유하고 있는가가 아니라, 데이터 제공자가 일정한 양과 품질의 데이터를 지속적으로 공급할 수 있는 능력을 갖추고 있는가에 있다. 여기서 "재산권"은 데이터 제공자가 데이터를 합법적으로 생산하거나 관리할 수 있는 능력, 특정한 사용 목적(데이터 품질)을 충족시킬 수 있는지 여부, 그리고 합법적 유통 가능성(준법성)으로 대체된다. 데이터 보유자는 명확하게 공시할 수 있는 재산권을 갖고 있지 않으며, 법률 또한 명확한 소유권 추정 또는 판단 규칙을 마련하기 어렵다. 따라서 데이터 수요자(수용자)가 누가 어떤 데이터를 보유(생산)하고 있는지, 해당 데이터의 이용 가능성과 품질은 어떠한지, 유통 가능한지(또는 준법성 위험은 없는지) 등을 판단할 수 있는 규칙 체계가 필요하다.

데이터 유통의 기본 규칙이 수립되면, 데이터 거래의 핵심은 유통·거래 과정의 합법성, 안전성, 편의성 확보와 더불어 유통 이후의 데이터 사용 위험 통제 및 책임 추적 문제를 해결하는 것이 된다. 이를 위해서는 서로 다른 데이터 유통 방식(데이터 사용권 양도 방식과 사용 허가 방식)에 따라 서로 다른 데이터 전달 및 사용 안전 통제 메커니즘을 구축해야 한다. 사용 허가 방식(许可使用方式)은 데이터 보유자가 원본 데이터를 이전하지 않고, 데이터 사용자에게 접근, 호출, 계산·분석을 위한 인터페이스나 안전한 환경만을 제공하는 방식이다. 사용자는 약정된 목적에 따라 데이터를 계산·분석하고, 그 결과만을 획득한다. 반면 데이터 사용권 양도 방식(数据使用权让与方式)은 원본 데이터를 데이터 수용자에게 이전하여, 수용자가 자신의 관리 영역 내에서 데이터를 보유·사용하는 방식이다. 이 경우에는 계약 및 사후 감독을 통해 데이터 사용에 따른 위험을 통제해야 한다.

3. 데이터 상품 거래 규제의 핵심: 안정적인 데이터 소비·사용 관계의 구축

안정적인 데이터 상품이 형성되면, 데이터 거래(시장) 규제의 대상은 데이터 상품 시장의 거래 관계로 전환된다. 이때 중요한 과제는 공정하고 공평한 데이터 거래를 어떻게 형성하며, 데이터 소비자 및 사용자의 권익을 어떻게 보호할 것인가이다.

데이터 상품의 판매는 데이터 상품 보유자가 직접 판매하거나 서비스를 제공하는 방식일 수도 있고, 전문 유통업자나 유통업체를 통해 이루어질 수도 있다. 공업재(工業品) 시장에 대리점이나 유통업자가 존재하듯이, 데이터 요소 시장 또한 이와 같은 전문적 운영자를 필요로 한다. "데이터 20조"에서는 이를 위해 데이터 상품 경영권(经营权)을 신설하였다. 이는 데이터 보유자의 권한 부여(授权)에 의해 데이터 상품의 판매(经销) 또는 재판매(分销)를 허용한다. 허가를 받은 운영자는 데이터 상품의 판매 권한을 획득하여, 데이터 상품의 거래나 서비스 방식을 자율적으로 결정할 수 있다. 데이터 상품은 최종적인 상품에 해당하므로, 허가받은 운영자는 시장 수요와의 연계, 사후 서비스 제공, 데이터 상품의 사용 과정에서 발생할 수 있는 위험 관리 등의 책임을 진다. 데이터 상품 거래 제도가 발전하는 초기 단계에서는, 실천적 탐구를 장려하고 효율적인 데이터 상품 유통 모델을 발전시켜 향후 입법에 참고할 수 있는 경험적 기반을 축적할 필요가 있다.

데이터 상품이 유통업자를 거치든 그렇지 않든, 데이터 상품 시장 규제의 핵심은 경쟁적 시장을 통해 사회에 보다 다양하고 고품질의 데이터 상품을 제공함으로써, 사회가 지식 및 지능형 상품에 대해 가지는 수요를 충족시키고, 데이터 소비자·사용자의 합법적 권익을 보호하는 것이다. 데이터 상품 소비·사용의 주요 특징은 다음 두 가지로 요약할 수 있다. 첫째, 데이터 상품 제공자와 소비자·사용자 사이에 심각한 정보 비대칭이 존재하여, 소비자는 상품의 품질이나 서비스 수준을 객관적으로 판단하기 어렵다. 둘째, 데이터 상품은 대부분 데이터 기반이므로, 그 소비·사용은 장기성·지속성·서비스성을 가지며, 거래와 서비스가 결합된 새로운 형태의 거래 관계를 형성한다. 이러한 맥락에서, 공정한 거래 관계를 유지하고 데이터 상품 소비자·사용자의 이익을 보호하는 것이 데이터 시장 규제의 핵심 내용이 된다.

4. 데이터 거래의 "장소" 문제

데이터의 거래 가능성, 거래의 합법성과 안전성 등은 다른 요소에 비해 훨씬 복잡하기 때문에, 데이터 거래는 데이터 거래 중개기관을 통해 이루어져야 한다. 이러한 중개조직은 데이터 거래 생태계를 구축하고, 자율 관리 방식으로 일정 부분의 준법 및 안전 관리 책임을 분담하게 된다. 이를 통해 이상적인 데이터 거래 규제 모델, 즉 데이터 거래 중개조직의 자율적 관리와 정부 규제가 협력하여 공동으로 거버넌스하는 체제가 형성될 수 있다. 이때 정부의 주요 역할은 데이터 거래 규칙을 제정하고, 이를 근거로 데이터 거래 중개조직에 대한 감독을 통해 전체 데이터 거래 시장을 관리·규제하는 것이다. 그러나 여기서 중요한 문제가 하나 제기된다. 즉, 데이터 거래가 반드시 거래소를 통해 이루어져야 하는가, 그리고 데이터 거래소의 지위와 기능을 어떻게 이해해야 하는가라는 점이다.

"데이터 20조"는 이에 대해 다음과 같은 기본 입장을 제시한다. "거래 장소의 수를 엄격히 통제할 것", "다양한 유형의 데이터 거래 장소가 공동으로 발전하도록 유도할 것", "각종 데이터 사업자들의 거래소 내 거래 참여를 장려할 것." 즉, "장소(场所)"의 관점에서 볼 때 데이터 거래는 최소 세 가지 형태로 존재할 수 있다. 데이터 거래소를 통한 거래, 비(非)거래소 성격의 거래 장소(예: 데이터 교환 플랫폼, 데이터 유통 플랫폼 등)를 통한 거래, 어떠한 제3의 매개 기관도 거치지 않는 직접 거래이다. 이로부터 다음 세 가지 결론을 도출할 수 있다.

첫째, 데이터 거래는 반드시 중개기관을 통해 이루어질 필요는 없으며, 반드시 거래소에 입장(進場)해야 하는 것도 아니다. 데이터 거래에는 데이터 수요자와 공급자 간의 다양한 상업적 데이터 유통·활용 형태뿐 아니라, 거래소를 매개로 한 공식적 거래 형태도 포함된다. 즉, 거래의 합법성은 거래소를 통했는가의 여부로 판단해서는 안 되며, 거래소 입장 여부가 거래의 합법성을 결정하는 기준이 될 수 없다.

둘째, 데이터 거래의 장소란 조직화된 모든 형태의 데이터 거래 시장을 의미하며, 이는 데이터 거래소뿐 아니라 각종 데이터 공유·교환·거래 플랫폼을 포함한다. 따라서 데이터 거래 장소를 단순히 데이터 거래소로만 한정해 이해해서는 안 된다.

셋째, 데이터 거래소는 국가 계획에 따라 배치되어 데이터 거래의 규범적이고 효율적인 발전을 선도하는 기능을 가지므로 그 수를 엄격히 제한하고 관리할 필요가 있다.

5. 데이터 거래소의 위상과 규제

"데이터 20조"는 이미 데이터거래소의 위상과 규제의 프레임워크를 제시하고 있다.

첫째, 데이터 거래소는 국가의 통일적 계획에 포함되어야 한다. 데이터거래 시장 체계의 설계를 강화하고, 데이터 거래소의 계획적 배치를 총괄·최적화하며, 거래소 수를 엄격히 통제한다.

둘째, 데이터 거래소 관리방안을 마련하고 데이터 거래 규칙을 확립·완비하며, 전국적으로 통일된 데이터 거래 및 보안 표준체계를 수립하여 거래비용을 절감한다.

셋째, 다양한 유형의 데이터 거래소가 공동 발전하도록 유도하여 다원화되고 상호 경쟁적인 데이터 중개서비스 체계를 형성한다.

넷째, 국가급 데이터 거래소를 설립하고, 그 위상을 공공성과 공익성을 지향하는 것으로 설정하여, 컴플라이언스와 기초 서비스 기능을 강화하는 데 중점을 둔다.

데이터 거래 중개기관은 규범적인 방식으로 발전해야 하며, 경우에 따라 그 설립에도 정부의 인가가 필요할 수 있다. 다만, 이러한 데이터 거래 중개기관을 데이터 거래소로 명명할 경우, 데이터 거래소가 규제 대상 거래소의 범주에 포함되는지 여부가 현실적인 문제로 대두된다.

필자는 데이터 거래소가 규제 대상 거래소 범주에 속하지 않아야 하며, 데이터 거래소를 정리정비 대상 거래소의 범주에 포함시켜서는 안 된다고 생각한다

《국무원의 각종 거래소의 정리정비 및 금융 위험 실질적 방지에 관한 결정(国务院关于清理整顿各类交易场所切实防范金融风险的决定)》(国发〔2011〕38号)과 《국무원 판공실의 각종 거래 장소 정리정비에 관한 시행 의견(国务院办公厅关于清理整顿各类交易场所的实施意见)》(国办发〔2012〕37号)에 따르면, 거래소란 모든 시장참여자에게 평등하고 투명한 거래기회를 제공하며, 질서 있는 거래를 수행하는 플랫폼을 의미한다. 이러한 거래소는 사회적·

공공적 성격이 강하므로, 법에 따라 규범적으로 관리되어야 하며, 안전한 운영이 보장되어야 한다.

명확히 할 점은 여기서 국가의 감독범위에 포함되는 거래소란, 지분 거래, 상품 선물 거래 및 기타 표준화 계약거래를 수행하는 각종 거래소를 포함한다. 규제대상 거래소의 실질적 판단기준에 따르면, 명칭상 거래소를 사용하더라도 실제로 차량·부동산 등 실물 거래만을 수행하는 경우에는 관리대상에 포함되지 않는다. 반대로, 명칭에 거래소라는 단어가 없더라도 표준화 계약거래를 실질적으로 수행한다면, 이는 감독대상 거래소로 분류된다.

이러한 기준에서 볼 때, 데이터 거래소는 규제대상 거래소로 분류되어서는 안 된다. 그 이유는 다음과 같다.

(1) 데이터는 금융자산 또는 금융화 가능한 자산에 해당하지 않는다. 데이터나 데이터 상품이 자금조달의 기능을 가질 수는 있으나, 그 자체는 금융자산의 범주에 속하지 않는다. 데이터가 상품화되는 과정에서 다양한 거래 가능한 형태로 전환되더라도, 이는 여전히 "실물자산"의 성격을 갖고 있으며, 가치형태로 존재하는 금융자산과는 다르다. 또한 데이터 자산의 수익화는 권리 증빙이 필요하지 않으며, 데이터 보유 사실을 기반으로 수익화가 가능하다.

(2) 데이터 거래는 선물거래나 옵션거래에 해당하지 않는다. 국가 규제 범위에 포함되는 거래소는 본질적으로 지분 거래, 상품 선물 거래, 기타 표준화 계약거래를 수행하는 곳이다. 데이터 상품의 거래가 지분 거래나 선물 거래 방식으로 이루어지는 경우에만 규제 대상 거래소에 포함될 가능성이 있다. 이는 해당 거래가 강한 투자성·사회성·공개성을 지니며, 거래소 운영자는 모든 시장 참여자에게 평등하고 공개적이며 투명한 거래 기회를 제공하여 투자자 권익을 보호해야 하기 때문이다.

그러나 데이터 상품은 이러한 특성을 본질적으로 갖고 있지 않으며, 이러한 거래방식을 취하기도 어렵다. 다만, 블록체인 기반 디지털 자산의 경우에는 거래방식이 금융형태를 띨 수 있어, 일정한 조건하에 거래소 관리체계에 편입될 수 있다.

(3) 데이터 거래는 금융위험을 초래하지 않는다. 데이터 거래는 최대한 데이터 보안 리스크만을 수반할 뿐, 금융 위험을 발생시키지는 않는다. 금융자산 및 그 거래는 투기성·레버리지·불확실성을 특징으로 하며, 사회 경제와 밀접히 연관되어 있기 때문에, 금융기관의 위험이 전체 금융시스템으로 전이될 수 있다. 반면 데이터와 데이터 거래에서 발생하는 위험은 사회적 불안요인으로 확대될 가능성은 있으나, 금융 위험과는 본질적으로 다르다. 따라서 데이터 거래소를 금융 위험 관리 체계에 따라 감독하는 것은 타당하지 않다. 데이터 거래소의 감독은 금융 감독이 아니라, 데이터 보안 및 컴플라이언스 중심의 독자적 관리체계를 마련하는 것이 바람직하다.

제 6 편

정부·정부데이터와 데이터 경제

정부가 전체 경제 발전에서 수행하는 역할은 발전 촉진과 위험 규제라고 요약할 수 있으며, 데이터 경제 발전 과정에서도 이 기본 틀을 따라야 한다. 발전 촉진 측면에서 정부는 데이터 경제 발전에 유리한 공공 정책을 수립할 뿐만 아니라, 보유한 공공데이터 자원의 요소 가치를 활용하여 사회 전체의 디지털 전환을 지원해야 한다. 한편, 공공 관리자로서 정부는 공정하고 자유로운 경쟁의 경제 질서를 유지하며, 데이터 소비자의 권익을 보호하고 데이터 사회화 활용 과정에서 발생할 수 있는 위험을 방지해야 한다. 데이터 관련 각 주체의 권익을 보호하고 데이터의 유통을 촉진하며, 데이터 요소 가치를 최대한 끌어내는 것은 정부가 데이터 경제의 질서 있는 발전을 추진하는 중요한 과제가 되전제 하었다. 동시에 국가 안보를 유지하는 전제 하에서 데이터 요소 활용을 활성화하고 중국 디지털 경제의 경쟁력을 높이는 것도 정부의 중요한 책임이다. 이를 위해 중국 정부는 국제 디지털 경제의 새로운 질서 형성과 규칙 논의에 적극적으로 참여해야 한다.

제 17 장 데이터 경제에서 정부의 역할 정립

데이터 경제는 독립적인 경제 형태가 아니라, 경제 운영을 지원하고 경제의 디지털 전환을 추진하는 주요 동력이다. 우리는 기존의 정부와 시장 프레임워크 안에서 데이터 경제에서의 정부 역할을 고민해야 한다. 정부의 사회경제 촉진자, 조정자(규제자), 참여자로서의 역할은 모두 데이터 경제에 적용할 수 있다.

제 1 절 데이터 경제의 추진자

정부는 사회경제 발전과 사회 변혁의 선도자이다. 디지털 기술이 지속적으로 사회경제적 변화를 추진하는 과정에서 정부는 항상 추진자의 역할을 수행해 왔으며, 기술의 지속적인 발전 추세에 부응하여 사회경제 방식을 지속적으로 혁신하고 생산 관계가 생산력 발전의 요구에 끊임없이 적응하도록 이끌어 왔다.

1. 국가의 데이터 경제 전략 구상

중국은 디지털 경제 체계하에서 데이터 경제 발전을 전략적으로 구상하고 있으며, 데이터를 중요한 생산 요소 중 하나로 삼아 사회 전반에서의 유통과 활용을 통해 데이터 경제 발전을 촉진하고 있다. 이러한 의미에서, 초기 전자상거래, 정보 산업 또는 정보 경제의 발전은 물론 현재의 디지털 경제 발전에 이르기까지 모두 데이터 경제를 위한 토대를 마련해 온 것이다.

데이터 경제 발전 과정에서 정부는 관련 산업의 발전 방향과 구도를 과학적이고 선제적으로 계획하고, 디지털 경제 관련 산업에 우호적인 정책과 발전 환경을 제공해야 한다. "데이터 20조" 발표 이후, 중국은 관련 법제와 지원 제도 구축을 추진하여 데이터 요소 시장 형성을 촉진함으로써, 국가의 디지털 전환을 이끌어 나가고 있다.

2. 지방 정부의 데이터 요소 시장 계획 및 육성

데이터는 디지털 경제의 엔진으로, 지방정부는 주로 데이터 요소의 유통과 거래를 촉진하고 디지털 경제 발전을 추진하는 것을 주요 수단으로 데이터 경제 발전을 추진하고 있다. 현재 많은 지방정부가 디지털 경제 발전 계획을 적극적으로 수립하고 이를 국가 경제 및 사회 발전 계획에 포함시키고 있는데, 이는《데이터안전법》이 요구하는 바이기도 하다. 이 법 제14조는 국가가 빅데이터 전략을 시행하고 데이터 인프라 건설을 추진하며, 각 산업과 분야에서의 데이터 혁신 활용을 장려하고 지원하도록 규정하고 있다. 이에 따라, 성급 이상 지방정부는 디지털 경제 발전을 국가 경제 및 사회 발전 계획에 포함시키고, 필요에 따라 디지털 경제 발전 계획을 수립해야 한다. 계획 수립과 디지털 경제 발전 추진과 관련하여, 대체로 세 가지 방식이 나타난다. 첫째, 베이징시, 톈진시, 상하이시 등 일부 성(省)·시(市)에서 수립한 3개년 실행계획, 둘째, 일부 성·시급 정부가 수립한 '디지털 경제 14차 5개년 발전 계획', 셋째, 경제·사회 발전 14차 5개년 계획에서 데이터 요소 시장 발전에 대한 구상과 장기적 비전을 제시하는 방식이다.

심화 학습

지방 정부의 데이터 요소 시장 육성 계획 개관

(1) 베이징, 톈진, 상하이, 광둥, 광시 등 성(직할시·자치구)은 데이터 요소 시장 구축을 위한 3개년 행동 계획 또는 실행 방안을 수립하였다. 《베이징시 디지털 경제 전 산업 사슬 개방 발전 행동 방안(北京市数字经济全产业链开放发展行动方案)》은 향후 2~3년 동안 다수의 데이터 요소 단체 표준 및 지역 표준을 제정하고, 데이터 혁신 응용의 특색 있는 시범 사례를 개방하며, 디지털 경제 국가 시범 과제를 선도적으로 시행하도록 추진한다. 또한 다수의 디지털 경제 산업 정책과 제도 규범을 발표하고, 성장 가능성이 높은 데이터 서비스 기업을 육성하여 복제 및 확산 가능한 경험 사례를 확보함으로써, 전국에서 가장 먼저 활발하고 질서 있는 데이터 요소 시장 체계를 구축하고, 데이터 요소가 경제 고품질 발전에 기여하도록 하여 베이징을 디지털 경제 전 산업 체인 개방 발전 및 혁신의 중심지로 만들 계획이다. 주요 조치로는 데이터 요소화 속도 가속

화, 요소 시장화 개혁 추진 등이 포함된다.

《톈진시 디지털화 발전 가속 3년 행동 계획(2021-2023년)(天津市加快数字化发展三年行动方案(2021-2023年))》은 데이터 요소 시장을 육성하고 데이터 요소의 잠재적 신규 가치를 발휘하도록 제안한다. 이를 위해 데이터 요소 시장 규칙을 완비하고, 데이터 생산·권리 확인·유통·응용·수익 분배 메커니즘을 구축하며, 활력 있는 데이터 운영 서비스 생태계를 구축할 것을 제시했다. 또한 데이터 거래 관리 방안을 마련하고, 데이터 자원 권리 확정, 거래 유통, 국경 간 전송 등 기본 제도와 표준 규범을 정비하며, 데이터 요소 시장 감독 체계를 구축하여 데이터가 법에 따라 질서 있게 흐르도록 추진할 것을 명시했다.

《상하이 경제 디지털화 전환을 통한 고품질 발전 행동 계획(2021-2023년)(推进上海经济数字化转型赋能高质量发展行动方案(2021-2023年))》은 데이터 신요소에 관한 특별 행동을 제안하고, 데이터 요소 시장 체계 구축을 모색하며, 데이터 중개, 데이터 신탁, 데이터 감사 등 새로운 산업 형태, 새로운 모델, 새로운 직업을 육성한다. 또한 표준화된 데이터 거래 플랫폼과 시장 주체를 육성하고, 데이터 자산 평가, 등록·결제, 거래 중개, 준법 자문, 분쟁 조정 등 시장 운영 체계를 발전시킨다. 공공데이터 개방 추진 측면에서는, 100개의 고품질·안전·대규모 개방 데이터 세트를 구축하고, 10여 개 제3자 운영 기관 육성을 제안했다.

《광둥성 데이터 요소 시장화 구상 개혁 행동 방안(广东省数据要素市场化配置改革行动方案)》은 광둥성 데이터 요소 시장화 구상 개혁의 주요 과제를 다섯 가지로 명확히 제시하였다. 공공데이터 자원 가치 발현, 사회데이터 자원 활성화, 데이터 자원 집적·융합 및 혁신적 응용 강화, 데이터 거래 유통 촉진, 데이터 보안 강화가 그것이다. 이를 "1+2+3+X" 구조로 구현한다. "1"은 "전 성(省) 통합 계획"을 고수하여, 데이터 요소 시장화 배치 개혁을 통합 추진하고, 법규 정책을 완비하며 제도적 지원을 최적화하여 시장의 통일적 개방을 보장한다. “2”는 데이터 요소 시장 구조를 2단계로 구축하고, 행정 메커니즘과 시장 메커니즘의 비교 우위를 활용하여 각종 공급·수요 주체의 활력을 촉진하고 시장의 질서 있는 경쟁을 촉진한다. “3”은 데이터 집적, 운영, 거래 등 과정에서 데이터 신형 기반 시설, 데이터 운영 기관, 데이터 거래 장소 등 3대 핵심 시설을 구축하여 공급·수요 경로를 연결하고 데이터 요소 생산·분배·유통·소비 전 과정을 원활히 순환한다. “X”는 각 분야의 현장 데이터 요소 활용을 촉진하여 데이터 생산력 잠재력을 발현한다.

이 외에도 지방정부 “3년 행동 계획”으로는《광시 디지털 경제 발전 3년 행동 계획(2021-2023년)(广西数字经济发展三年行动计划(2021-2023 年))》,《윈난성 디지털 경제 발전 3년 행동 방안(2022-2024년)(云南省数字经济发展三年行动方案(2022-2024年))》,《산시성 인민정부 사무청, 디지털 경제 산업 발전 가속화 실행 방안(2021-2025년)(陕西省人民政府办公厅关于印发加快推进数字经济产业发展实施方案(2021-2025年))》 등이 있다.

(2) 충칭, 허베이, 헤이룽장, 장쑤, 저장, 장시, 푸젠, 산둥, 허난, 후난, 후베이 등 성(직할시·자치구)은 데이터 경제 “14차 5개년” 특별 발전 계획을 수립했다.

《충칭시 디지털 경제 “제14차 5개년” 발전 계획(2021-2025년)(重庆市数字经济“十四五”发展规划(2021-2025年))》은 새로운 요소를 활성화하고 방대한 데이터 가치를 충분히 활용하며, 데이터 수집, 권리 확인, 데이터 라벨링, 데이터 가격 책정, 데이터 거래, 데이터 유통, 데이터 보호 등을 중심으로 데이터 요소 가치화 과정을 가속화한다. 또한 데이터 효율적 집적과 원활한 유통을 촉진하고, 데이터 융합 응용을 심화하기 위한 구체적 조치를 제시한다.

《허베이성 디지털 경제 발전 계획(2020-2025년)(河北省数字经济发展规划(2020-2025年))》은 디지털 요소 시장을 육성하는 계획을 포함하며, 빅데이터 거래 센터 구축을 지원하고 데이터 요소 가격 책정 메커니즘을 탐색한다. 또한 데이터 거래, 결제, 전달, 안전 보장 기능을 완비하여 데이터 자산의 시장화 유통을 촉진하고, 거래 과정에서 자산 유통, 권리 증명, 권익 보호 메커니즘을 탐색한다. 이를 통해 시장화된 공공데이터 자원 관리 서비스 체계를 구축하고, 데이터 자산 등록 제도 및 거래 규칙을 마련한다. 아울러 데이터 저장 및 거래 능력, 데이터 집적·계산 능력, 데이터 혁신 응용 능력 향상에 대한 구상도 포함된다.

《헤이룽장성 "14차 5개년" 디지털 경제 발전 계획(黑龙江省"十四五"数字经济发展规划)》은 데이터 요소 가치를 활성화하고 잠재력을 발휘하며, 데이터 흐름을 통해 생산·분배·유통·소비 각 단계의 효율적 연결을 촉진한다. 데이터가 경제 발전에 미치는 확대·누적·증폭 효과를 충분히 활용하고, 데이터를 자원에서 자산·자본으로 전환하도록 추진한다. 또한 데이터 요소 시장을 빠르게 육성하고, 데이터 샌드박스 기술을 활용한 "데이터는 사용 가능하나 노출되지 않고, 모델은 확인 가능하지만 데이터는 보이지 않음(数据可用不可见, 模型见面数据不见面)" 방식의 데이터 유통 및 활용을 모색한다. 이를 통해 상업데이터 유통, 지역 간 데이터 연계, 정부·기업 데이터 융합 응용을 촉진하고, 고품질, 높은 가치, 현장 수요 맞춤형 데이터 자원과 상품을 확보한다. "데이터 운영+생태 협력" 산업 생태계를 구축하고, 동북 대형 데이터 거래 센터 및 하얼빈 데이터 거래 시장 설립도 검토한다.

《장쑤성 "14차 5개년" 디지털 경제 발전 계획(江苏省"十四五"数字经济发展规划)》은 데이터 요소 시장화 속도를 가속화한다. 공공데이터 자원 집적, 관리, 유통, 개방 체계를 기본적으로 구축하고, 영향력 있는 데이터 개발·활용 시범 사업을 진행하며, 다양한 주체의 데이터 거버넌스 능력을 크게 강화한다. 데이터 권리 확인, 가격 책정, 거래, 자본화가 질서 있게 진행되고, 데이터 정제, 라벨링, 평가 등 데이터 거래 서비스 신규 산업이 지속적으로 등장한다. 데이터 요소 시장 체계가 형성되어 데이터 가치가 더욱 확대될 것이라고 밝혔다. 아울러 고품질 데이터 요소 공급 강화, 데이터 요소 개발·활용, 데이터 요소 가치 발현 가속화 등의 조치도 제시된다.

《저장성 디지털 경제 발전 "14차 5개년" 계획(浙江省数字经济发展"十四五"规划)》은 데이터 요소 서비스화 활용을 추진하고, 데이터 요소 배치 및 유통을 탐색한다. 사회데이터 시장화 운영 메커니즘을 연구하고, 데이터 상품 및 서비스의 소유권, 사용권, 수익권을 검토하여 시장 주체의 데이터 거래를 유도하며, 데이터 개발·활용 상품과 산업 체계를 육성하고 데이터 혁신 응용 서비스 생태계를 개선할 것을 제시한다.

《푸젠성 "14차 5개년" 디지털 푸젠 특별 계획(福建省"十四五"数字福建专项规划)》은 데이터 핵심 생산 요소 역할을 강화하고, 성 전체 통합 데이터 자원 관리·응용 체계를 구축한다. 공공데이터 자원 개방 활용을 심화하고, 데이터 자원 시장화를 추진하며 데이터 요소의 효율적 유통을 촉진하고, 데이터 요소 시장을 육성·확대한다. 한편 시장화된 공공데이터 자원 관리 서비스 체계를 구축하고, 데이터 자원 거래·유통을 촉진하며, 보다 유연한 데이터 요소 발전 감독 제도를 탐색하여 다원적 공동 관리 기반의 데이터 요소 시장 거버넌스 체계를 구축할 것을 모색한다.

《장시성 "14차 5개년" 디지털 경제 발전 계획(江西省"十四五"数字经济发展规划)》은 데이터 요소 시장화 유통 조치를 가속화하고, 데이터 권리 확인, 유통 거래, 진입 감독, 공정 경쟁, 위험 방지 등 규칙을 연구한다. 데이터 자산 평가, 등록·결제, 거래 중개, 분쟁 조정 등 시장 운영 체계를 발전시키고, 장시성 대형 데이터 거래 센터 구축을 추진하며, 성 전체 통합 데이터 거래 플랫폼을 구축하여 안전하고 신뢰할 수 있는 거래 환경을 제공한다. 데이터 안전과 사용자 프라이버시를 보장하는 전제 아래, 업계 협회, 연구 기관, 기업 등 다양한 주체가 데이터 가치 개발에 참여하도록 한다.

"14차 5개년" 디지털 경제 발전 계획을 수립한 성(省)으로는 산둥성, 허난성, 후베이성 등이 있으며, 관련 문서로는《산둥성 "14차 5개년" 디지털 강성 건설 계획 (山东省"十四五"数字强省建设规划)》,《허난성 "14차 5개년" 디지털 경제 및 정보화 발전 계획 (河南省"十四五"数字经济和信息化发展规划)》,《후베이성 디지털 경제 발전 "14차 5개년" 계획 (湖北省数字经济发展"十四五"规划)》,《후난성 "14차 5개년" 디지털 정부 건설 실행 방안 (湖南省"十四五"数字政府建设实施方案)》,《구이저우성 "14차 5개년" 디지털 경제 발전 계획 (贵州省"十四五"数字经济发展规划)》,《간쑤성 "14차 5개년" 디지털 경제 혁신 발전 계획 (甘肃省"十四五"数字经济创新发展规划)》,《내몽골자치구 "14차 5개년" 디지털 경제 발전 계획 (内蒙古自治区"十四五"数字经济发展规划)》,《닝샤후이족자치구 디지털 경제 발전 "14차 5개년" 계획(宁夏回族自治区数字经济发展"十四五"规划)》 등 다수의 디지털 경제 발전 계획 문서가 있다.

(3) 안후이, 하이난 등 지방 정부는 경제·사회 발전 14차 5개년 계획에서 데이터 요소 시장 발전에 대한 배치와 장기적 비전을 제시했다.

안후이성, 하이난성, 쓰촨성, 칭하이성, 티베트, 신장 위구르 자치구 등은 경제·사회 발전 14차 5개년 계획과 2035년 장기 목표 개요에서 데이터 요소 시장화 배치 및 데이터 시장화 유통 계획을 포함하였다. 관련 문서로는《안후이성 국가 경제·사회 발전 14차 5개년 계획 및 2035년 장기 목표 개요(安徽省国民经济和社会发展第十四个五年规划和2035年远景目标纲要)》,

《하이난성 국가 경제·사회 발전 14차 5개년 계획 및 2035년 장기 목표 개요(海南省国民经济和社会发展第十四个五年规划和2035年远景目标纲要)》, 《쓰촨성 국가 경제·사회 발전 14차 5개년 계획 및 2035년 장기 목표 개요(四川省国民经济和社会发展第十四个五年规划和二〇三五年远景目标纲要)》, 《칭하이성 국가 경제·사회 발전 14차 5개년 계획 및 2035년 장기 목표 개요(青海省国民经济和社会发展第十四个五年规划和二〇三五年远景目标纲要)》, 《티베트 자치구 국가 경제·사회 발전 14차 5개년 계획 및 2035년 장기 목표 개요(西藏自治区国民经济和社会发展第十四个五年规划和二〇三五年远景目标纲要)》, 《신장 위구르 자치구 국가 경제·사회 발전 14차 5개년 계획 및 2035년 장기 목표 개요(新疆维吾尔自治区国民经济和社会发展第十四个五年规划和2035年远景目标纲要)》 등이 있다.

3. 지방정부의 데이터 경제 촉진을 위한 제도 및 정책

국가 데이터 발전 전략의 지침 아래, 지방정부는 데이터 경제 배치를 추진하며 데이터 경제 발전을 촉진하고 규범화하기 위한 정책과 제도를 모색하고 있다. 중국정보통신연구원(中国信通院)이 발표한 《중국 디지털 경제 발전 보고서(2022) (中国数字经济发展报告(2022))》에 따르면, 2021년 기준 각 성·시에서는 총 216개의 디지털 경제 산업화 정책을 발표했으며, 이 중 32개는 최상위 설계 정책, 6개는 데이터 가치화 정책, 35개는 디지털 산업 정책, 54개는 산업 디지털화 정책, 89개는 디지털 거버넌스 정책에 해당한다. 특히 베이징, 상하이, 항저우 등 디지털 경제 발전 수준이 높은 동부 지역이 대표적인 사례이다.

2018년 9월, 상하이시 정부는 《상하이시 공공 데이터 및 원스톱 서비스 관리 방법(上海市公共数据和一网通办管理办法)》(市府令第9号)을 발표하여,

상하이시 공공 데이터 통합 활용을 위한 전체 프레임워크를 설정하고, 데이터 분류 공유 및 개방 원칙을 명확히 하였다. 2019년 10월에는 《상하이시 공공 데이터 개방 관리 방법(上海市公共数据开放管理办法)》(政府21号令)을 통해 공공 데이터 개방 제도를 전면 규범화하였다. 2021년 11월, 《상하이 데이터 조례(上海数据条例)》가 정식 제정되었으며, 자연인·법인 및 비법인 조직과 데이터 관련 권익 보호, 데이터 처리 활동 규범화, 데이터의 법적·질서 있는 자유로운 유통 촉진, 데이터 안전 보장, 데이터 요소 시장 육성 가속화 등을 목적으로 "상하이 방안(上海方案)"을 제시하였다. 2022년에는 상하이시 인민정부 사무청이 《상하이시 디지털 경제 발전 14차 5개년 계획(上海市数字经济发展"十四五"规划)》을 발행하여, 디지털 신산업, 데이터 신요소, 디지털 신기반, 스마트 신단말 등 핵심 분야를 중심으로 데이터, 기술, 기업, 공간 등 주요 요소의 협업과 연계를 강화하고 디지털 경제 발전 배치를 가속화하였다.

2016년, 베이징시는 《베이징시 빅데이터 및 클라우드 컴퓨팅 발전 행동 계획(2016-2020년) (北京市大数据和云计算发展行动计划(2016-2020年))》을 발표하여 공공 빅데이터 통합 개방 전략을 제시하고, 디지털 경제 기반 시설인 빅데이터와 클라우드 컴퓨팅 발전의 기초를 마련하였다. 2020년에는 《베이징시 디지털 경제 혁신 발전 촉진 행동 요강(2020-2022년) (北京市促进数字经济创新发展行动纲要(2020-2022年))》을 발행하여, 베이징시 '4대 중심(四个中心)' 기능을 기반으로 데이터 요소의 질서 있는 유통과 데이터 거래 시장 육성, 핵심 분야의 대외 개방 및 국경 간 데이터 유통 등 새로운 모델과 새로운 산업 형태를 모색하고, 국제 디지털 경제·디지털 무역 규칙과의 연계 추진을 강조하였다. 이를 통해 베이징을 국제 디지털 대도시 및 글로벌 디지털 경제 표준 도시로 건설할 것을 제시했다. 2022년에는 《베이징시 디지털 경제 촉진 조례(北京市数字经济促进条例)》가

제정되어, 디지털 기반 시설 강화, 데이터 요소 시장 육성, 디지털 산업화 및 산업 디지털화 촉진, 디지털 경제 거버넌스 완비, 베이징시 디지털 경제 발전 방향 제시 등의 내용을 포함하였다.

중국 인터넷 산업 중심지인 항저우도 데이터 경제 발전과 데이터 요소 시장 육성을 위한 지방 전략과 구체적 조치를 적극적으로 모색하였다. 2018년에는《국제급 소프트웨어 명성 도시 조성 및 디지털 경제 발전 촉진 정책 통지(加快国际级软件名城创建助推数字经济发展若干政策的通知)》를 발표하여 항저우 국제급 소프트웨어 도시 조성을 가속화하고 디지털 경제 발전을 지원하였다. 같은 해《항저우시 "3대 디지털화 통합" 추진 및 전국 디지털 경제 1위 도시 조성 행동 계획(2018-2022년) (杭州市全面推进"三化融合"打造全国数字经济第一城行动计划(2018-2022年))》을 통해 디지털 산업화, 산업 디지털화, 도시 디지털화의 협력적 통합을 추진하고, 전국 디지털 경제 1위 도시를 목표로 하였다. 2021년에는 중앙 정책에 따라《디지털 경제 발전 "14차 5개년" 계획(数字经济发展"十四五"规划)》을 수립하여 디지털 경제의 두 번째 도약을 추진하였다. 제도적 측면에서는《행정데이터 자원 공유 관리 잠정 방법(政务数据资源共享管理暂行办法)》,《항저우 도시 데이터 브레인 계획(杭州城市数据大脑规划)》,《항저우시 공공데이터 권한 운영 실행 방안(시행) (杭州市公共数据授权运营实施方案(试行)》(의견수렴안) 등을 제정하고,《저장성 공공데이터 조례(浙江省公共数据条例)》등 성 차원의 법제 구축과 정책을 시행하였다. 현재까지(2022년 기준) 중국 각 성급 정부에서 제정한 데이터 경제 관련 지방 법·정책은 표 19-2에 정리되어 있다.

제 2 절 데이터 경제 안전의 책임자(保障者)

데이터는 생산 요소적(자원적) 특성뿐만 아니라 사회적·공공적 성격도 가지므로, 데이터 요소화 활용 시 다중 주체의 권익과 사회적 공익, 국가 안보 이익을 함께 보호해야 한다. 데이터는 위험을 내포한 자원으로, 데이터 요소화 및 시장화 활용 과정에서는 데이터 안전 리스크를 방지하고, 데이터 안전을 수용 가능한 수준으로 관리할 필요가 있다. 이를 위해 정부는 데이터 요소화 활용을 위한 안전 프레임워크를 구축하고, 데이터 사용자의 안전 책임을 명확히 하며 데이터 안전 위험을 사전에 통제해야 한다. 그러나 데이터에 존재하는 복합적 이해관계를 어떻게 조정할지, 데이터의 사회적 배치와 활용을 어떻게 실현할지, 데이터 안전 감독과 데이터 요소화(시장화) 활용 촉진을 어떻게 조화시킬지는 여전히 많은 탐구의 여지가 남아 있다. 이는 현 단계에서 정부가 경제 안전의 책임자로서 중점적으로 고민해야 할 과제이다.

1. 데이터 경제 운영의 규범 문제

데이터 경제를 규범화하고 조정하는 과정에서 가장 먼저 직면하는 문제는, 데이터의 생산요소로서의 가치, 데이터 요소 가치 실현 과정과 방식, 그리고 데이터 요소 시장화와 데이터 경제의 관계를 어떻게 이해할 것인가이다.

데이터는 디지털 경제의 핵심 자원으로, 중국에서는 생산요소(生产要素)로 불린다. 그러나 데이터가 어떻게 자원 또는 생산요소가 되는지에 대해서는 아직 완전한 합의가 이루어지지 않았다. 디지털 경제의 권위 있는 정의는 디지털화된 정보와 지식을 생산요소로 명시하며, 학자들은 주로 데이터가 담고 있는 정보를 중심으로 데이터의 생산요소성을 논의한다. 예를 들어, 양루다이(杨汝岱) 교수는 데이터에 내재된 정보는 기업의 의사결정을 최적화하고 생산을 촉진하므로, 데이터는 곧 정보이다. 데이터 정보는 자원의 유통 속도를 가속화하여 특정 자원이 주어진 시간 내에 더 많은 가치를 생산하게 한다고 하였다. 따라서 일반적으로 데이터는 디지털화된 정보와 지식으로 이해되며, 이 의미에서 데이터가 생산요소로서 어떻게 활용될 수 있는지, 그리고 데이터 생산요소의 사회적 배치와 활용을 촉진할 시장 메커니즘을 어떻게 구축할지 논의된다. 그러나 인간이 이해하는 정보가 지식의 근원이 되고, 지식이 생산력이라는 점은 디지털화되었다고 해서 달라지지 않는다. 따라서 생산요소로서의 데이터는 단순히 디지털화된 지식이나 정보로 이해할 수 없다. 이 책은 데이터가 생산요소로서 의미를 가지는 것은 정보기술 발전과 함께 인간이 정보를 활용하는 능력에 큰 변화가 발생했기 때문이며, 특히 "빅데이터+인공지능"이 가져온 인지 혁명을 반영한다고 본다. 생산요소로서의 데이터는 전통적 인간이 읽고 적용할 수 있는 정보나 지식이 아니라, 기계가 읽고 관찰 또는 인지 대상과 객관적 연관성을 가진 사실 데이터이다. 이러한 데이터는 기계 학습의 대상으로, 데이터 지능을 생성하고, 새로운 지식을 생산하거나 지능적 행동을 수행할 수 있는 원재료가 된다. 데이터 요소 시장의 목적은 데이터 유통과 활용 질서를 구축하고, 고품질 데이터 요소 공급을 가속화하여 더 많은 지식이나 지능 상품을 생산하고, 실물 경제와 사회 전반의 운영과 발전에 기여하는 것이다. 따라서 데이터 가치의 형성과 실현 과정을 명확히 이해해야 데이터 생산, 유통, 사용(소비)의 경제 질서를 정확히 그릴 수 있다.

우리는 데이터 요소 가치 생성 및 실현 과정에 따라 데이터 가치 실현을 위한 사회적 분업 체계를 구축하고, 거래나 교환을 통해 데이터 요소의 사회적 활용 효율을 높여야 한다. 이것이 바로 데이터 요소 시장이 해결해야 할 과제이다. 그러나 데이터 자체는 경제적 자원이 아니라 객관적 세계를 인식하는 원재료이며, 데이터는 그 자체는 생산력을 지니지 않아 사회 생산 효율과 효과를 직접 향상시키지 못한다. 데이터는 반드시 발굴·분석·식별 과정을 거쳐야 인지 능력을 갖출 수 있으며, 기저에는 컴퓨팅 파워와 알고리즘의 힘이 작용한다. 컴퓨팅 기술, 데이터 아키텍처 및 거버넌스 기술 등은 인프라나 기술 자원으로서 데이터를 사회경제 운영에 필요한 지식과 지능으로 전환한다. 즉, 데이터 경제는 데이터 자체가 수익을 창출하는 것이 아니라 데이터가 지능이나 지식으로 전환되는 과정을 가속화하는 것이며, 그 본질은 디지털 기술의 발전과 응용이다. 따라서 데이터 요소 시장 발전은 데이터 활용 촉진과 데이터 지능 발전의 수단으로 보아야 하며, 목표 자체가 되어서는 안 된다. 데이터 가치를 고립적으로 바라보며 단순히 데이터 거래를 장려하고, 데이터 시장을 발전시키며, 데이터 자체의 수익화를 추구해서는 안 된다. 데이터 시장 구축이 인공지능 연구개발 능력과 사회 전체의 지능화 수준 향상을 가져오지 못한다면, 이는 데이터 경제 발전 목표와 정반대 방향으로 나아가는 것이다. 이는 곧 데이터 요소 시장의 "시장"이 다른 생산요소 시장과 다르다는 것을 의미하며, 데이터 요소 시장을 단순한 경제 활동으로 보지 않고, 시장의 특성을 충분히 이해하여 기초 제도를 구축하고 발전을 규범화하며, 데이터 요소 시장의 역할을 적절히 발휘해야 함을 시사한다. 이것이 바로 "데이터 20조"에서 제시한 "데이터 특성에 부합하는 기초 제도" 마련의 기본 의미이다.

2. 데이터 요소 시장의 조정(调控) 문제

시장경제는 자원을 효율적으로 배분하는 메커니즘으로, 미시적 주체의 혁신 역량을 자극하고 경제 성장과 사회 발전을 촉진할 수 있다. 그러나 시장이 만능은 아니며, 재산권이 명확하게 설정되어 있어도 고유의 결함과 한계가 존재하여 자원 배분의 실패와 불균형, 부정적 외부성, 정보 비대칭, 독점, 불공정 경쟁 등 사회 복지와 공공 이익에 해를 끼치는 문제가 발생할 수 있다. 이러한 이유로 정부는 전통적으로 시장에 개입해 왔으며, 이러한 논리는 데이터 요소 시장에도 자연스럽게 적용된다. 그러나 데이터에는 다중 이해관계가 공존하고, 명확한 단일 재산권을 정의하기 어렵기 때문에 데이터 거래의 기초로 삼기 어렵다. 이는 데이터 요소 시장이 전통적인 시장 운영의 제도적 기반을 그대로 갖추고 있지 않으며, 전통 시장과 다른 특성을 가진다는 것을 의미한다. 근본적 원인은 데이터 자체가 강력한 사회성과 공공성을 가지며, 강한 긍정적 외부성을 내포하고 있기 때문일 수 있다. 따라서 시장 원리를 활용하여 데이터 유통과 거래를 촉진할 필요가 있지만, 데이터 요소 시장을 일반 상품이나 자산 시장처럼 설계할 수는 없으며, 시장을 데이터 자원의 사회적 배치의 유일한 수단으로 삼을 수도 없다. 따라서 데이터 경제 발전 과정에서는 시장의 기초적 역할을 활용하는 동시에, 정부의 역할을 어떻게 정의하고 발휘할지, 데이터의 사회적 활용 방식을 어떻게 확장할지를 추가로 연구하고 탐색할 필요가 있다. 데이터 요소 시장을 구축할 때 전통 시장을 그대로 복제하는 것이 아니라, 시장 메커니즘이나 시장 원리를 도입하되, 데이터의 특성을 반영한 맞춤형 방식으로 설계해야 한다. 핵심 문제는 정부가 개입하고 감독할 것인가가 아니라, 무엇을 개입할 것인지, 어떻게 개입할 것인지, 어느 정도까지 개입할 것인지이다. 예를 들어, 정부는 데이터 요소의 과도한 시장화를 제한하고, 데이터 소유자의 권리를 조정하여 시장의 결함을 보완할 수 있다. 전통 시장에서 정부의 주요 임무는 재산권을 존중하고 거래 질서를 유지하며 거래 안전을 확보하는 것이다. 그러나 다중 이해관계가 공존하는 데이터 기반 시장을 관리할 때는, 먼저 시장을 발전시키고 이후 제한하는 방식이 아니라, 제한된 범위 내에서 시장을 설계하여 그 범위 내에서 시장이 기능하도록 하는 접근이 필요하다.

데이터 시장의 기초적 프레임워크가 전통 시장과 다른 것 외에도, 데이터 경제 규제 문제는 본질적으로 전체 경제 규제 문제와 연결된다. 데이터 경제 활동은 사회 경제 운영을 지원하는 수단에 불과하며, 데이터 활용으로 발생하는 문제는 다양한 방식으로 나타난다. 전통 시장의 결함은 데이터 경제에도 연장되거나 반영된다. 따라서 발전 촉진과 규제·질서 확립을 동시에 추진하고, 협력적 규제 제도를 완비하며, 독점 방지와 자본의 무질서한 확장을 통제하고, 플랫폼 경제의 건전하고 지속적인 발전을 촉진해야 한다. 그러나 네트워크나 데이터로 인한 독점, 불공정 경쟁 등의 문제는 기존 법 체계 내에서 반독점(反垄断) 및 불공정 경쟁 방지 규제를 통해 해결해야 하며, 데이터 경제의 문제를 위해 별도의 법적 체계를 새로 구축할 필요는 없다.

앞서 언급한 바와 같이, 네트워크, 데이터, 연산력, 알고리즘은 본질적으로 서로 연결되어 사회 발전을 촉진하는 힘이다. 데이터 생산·유통·활용을 독립적 경제 활동으로만 보면, 그 적용과 효과는 독립적이지 않다. 따라서 데이터 활용으로 발생하는 문제는 순수한 데이터 문제라기보다 디지털 기술 활용 자체에서 발생하는 문제, 즉 활용자의 행동 문제로 이해해야 한다. 우리는 디지털화의 윤리, 사회, 기술, 정치적 측면을 통합하여 디지털 문제를 해결해야 하며, 단순히 데이터 사용 통제나 초기 재산권 설정만으로 문제를 해결할 수 없다. 신흥 디지털 경제 관련 법 제정은 기존 법 체계와 융합되어야 하며, 기존 법 개념과 규칙을 동일한 가치와 원칙에 따라 확장하여 디지털 경제 행동을 포섭할 수 있어야 한다. 기존 법 개념과 규칙으로 해결할 수 없는 경우에만, 디지털 경제의 특수하거나 새로운 문제를 다루기 위해 새로운 법을 제정해야 한다.

포괄적인 디지털 전환 관점에서, 사회 경제의 다양한 요소는 디지털화로 인해 "디지털"이라는 꼬리표가 붙는다. 예를 들어, 디지털 주체, 가상 주체, 디지털 인격, 디지털 자산, 디지털 물품, 디지털 권리, 디지털 계약, 온라인 침해, 디지털 증거, 디지털 관계, 가상 기업, 디지털 플랫폼, 디지털 화폐, 전자결제, 디지털 독점 등이다. 그러나 본질적으로 디지털 경제는 여전히 경제에 근거하며, 디지털 기술은 인간이 사회 경제 활동을 수행하는 도구일 뿐이다. 인간은 다양한 거래 관계를 통해 자원의 생산·유통·소비를 실현하며, 디지털 경제는 단지 행동의 영역(또는 시나리오), 행동 방식, 행위 능력(또는 효율성)만 변화시킬 뿐, 인간의 행동 목적과 내용은 바꾸지 않는다. 따라서 기존 법 체계의 원칙은 디지털 경제 환경에서도 모든 법적 의미 있는 행위에 적용될 수 있으며, 기존 개념과 규칙 체계 내에서 우선 현행 법을 적용해 디지털 경제 질서를 해결해야 한다. 필요 시 기존 개념과 규칙 내용을 확장하여 디지털 경제 활동을 현행 법 체계로 포섭하고, 기존 법으로 포섭할 수 없는 경우에만 새로운 법을 제정하여 디지털 경제 특수 문제를 조정해야 한다.

3. 데이터 안전 감독 문제

데이터는 위험을 내포한 자원이다. 데이터에는 다양한 이해관계가 공존하며, 국가 안보와 직결되고, 또한 유출과 오남용의 위험이 존재한다. 이는 데이터가 사회로부터 발생하고 사회 속에서 활용되기 때문이다. 사회 내의 각종 이해관계가 데이터나 그 활용 방식에 반영되거나 투영되기 때문에, 데이터는 단순한 객체로만 다루어지기 어렵다. 따라서 데이터 보유자가 데이터를 활용하여 그 요소적 가치를 실현하려면, 데이터에 내재된 합법적 이익을 보호하고 국가 안보를 유지하며, 데이터 유출과 오남용의 위험을 방지해야 한다. 이러한 이유로 데이터 안전 문제는 데이터 요소 시장이 직면한 가장 독특한 문제 중 하나이며, 데이터 안전은 데이터 요소 시장 규제의 핵심 구성 요소가 된다.

《데이터안전법(数据安全法)》이 발전을 통해 안전을 촉진하고, 안전을 통해 발전을 보장한다(以发展促进安全, 以安全保障发展)는 이념을 제시하였지만, 데이터 활용과 데이터 이익 보호, 사회경제 발전과 데이터 안전 사이에는 여전히 충돌이 존재한다. 데이터의 유통과 활용은 종종 불확실성에 직면한다. 《개인정보보호법(个人信息保护法)》은 처리자와 개인 간의 직접적 이용 관계만을 규율할 뿐, 처리자 간의 간접적 정보 취득에 대한 합법적 경로를 고려하지 않아 개인정보 유통과 활용의 경로가 불확실하게 남아 있다. 또한 《네트워크안전법(网络安全法)》과 《데이터안전법》은 모두 데이터 안전을 목표로 하고 있으나, 데이터 분류 기준, 안전 조치, 규제 체계 등에 있어서 상이한 내용을 담고 있다. 이로 인해 데이터 안전 관련 규정 준수에 불필요한 혼란이 발생한다. 특히 2015년 《국가안전법(国家安全法)》이 공포된 이후, 국가 안전은 한층 더 중대한 정책적 위치를 차지하게 되었으며, 네트워크와 데이터는 국가 안전과 긴밀히 연결되었다. 데이터의 국경 간 이동이 초래할 수 있는 위험은 정상적인 국제 무역과 협력을 저해하기도 한다. 이처럼 데이터 안전과 컴플라이언스는 모든 조직이 데이터를 활용함에 있어 반드시 고려해야 하는 제도적 조치가 되었다. 그러나 실제 상황에서는 어떤 안전·컴플라이언스 조치가 위험을 방지하거나 위험을 수용 가능한 수준으로 통제할 수 있는지에 대해 여전히 불확실성이 존재한다.

발전은 안전의 기초이자 목적이며, 안전은 발전의 조건이자 보장이다. 안전과 발전을 동시에 추진하려면, 데이터의 특성에 부합하고 디지털 경제의 법칙에 맞는 데이터 안전 거버넌스 체계를 구축해야 하며, 이를 통해 데이터 요소 시장의 건전한 발전을 제도적으로 뒷받침해야 한다.

데이터 경제 연구는 여전히 데이터의 자원화 및 활용 문제에 집중되어 있으며, 학문·전문·기술적 관점에서 데이터 보호, 권리 부여(赋权), 거래 등 주제를 개별적으로 다루는 경향이 있다. 이로 인해 연구는 분절적·대응적·단일 차원적 성격을 띠며, 체계적인 데이터 경제 이론 체계를 형성하지 못하고 있다. 이러한 단편적 접근으로는 데이터 경제가 지속적으로 제기하는 새로운 문제들에 효과적으로 대응하기 어렵다. 이에 우리는 디지털 경제에 대해 포괄적이고 정확한 인식을 확립하고, 그것이 기존 법제에 제기하는 도전과 제도적 요구를 분석해야 한다. 그래야 비로소 법 발전의 방향을 모색하고, 데이터 경제의 운영과 발전에 적합한 법 체계를 창출하며, 필요한 사회 제도적 변화를 탐구할 수 있다.

제 3 절 데이터 경제의 참여 주체

정부는 경제활동의 주요 참여자이다. 특히 중국의 경우, 국가는 자연자원의 소유자로서 자원을 개발하거나 사용할 권한을 부여하고, 국민경제의 주요 분야에 대한 투자 활동을 통해 경제의 기둥을 형성해 왔다. 이와 마찬가지로, 정부는 데이터 경제의 적극적인 참여자이기도 하다.

정부가 데이터 경제를 추진하고 참여하는 방식은 다음 세 가지로 요약된다. 첫째, 정부의 디지털 전환을 추진하여 사회 데이터의 합법적이고 효율적인 활용 체계를 구축함으로써, 정부의 지능형 운영을 지원하고 공공관리 및 서비스의 효율성과 수준을 제고한다. 둘째, 공공데이터 자원의 개발과 제공을 촉진하여, 사회 전체가 활용할 수 있는 기초 데이터 자원을 공급한다. 셋째, 국유기업의 데이터 요소화 활용을 촉진한다. 정부는 국유기업에 대한 투자나 지분 참여를 통해 데이터 전략을 실행하고, 국유기업의 디지털 전환을 추진하며, 국가 투자를 기반으로 각종 데이터의 요소화 및 사회적 배분·활용을 촉진한다. 이처럼 정부는 데이터 경제의 규제자이자 촉진자일 뿐만 아니라, 직접적인 시장 참여자로서도 역할을 수행하며, 공공성과 효율성을 동시에 달성하는 핵심 주체로 자리매김하고 있다.

1. 정부의 디지털 전환

정보화에서 디지털 전환으로의 변화는 디지털 기술의 심화 발전과 활용이 이끌어낸 사회 발전 모델의 거대한 변혁이다. 과거 정부의 행정 정보화를 통해 사회 전반의 정보화를 촉진했던 것처럼, 데이터 경제의 발전 과정에서도 정부의 디지털 전환이 사회 전반의 디지털 전환을 견인하는 역할을 해야 한다. 이러한 전환이 필요한 이유는 두 가지 측면에서 설명된다. 첫째, 정부는 사회경제 활동의 관리자이자 핵심 데이터의 집중 보유자로서, 그가 보유한 기초 데이터의 사회적 활용은 데이터 경제 발전의 기반적 역할을 한다. 둘째, 데이터의 사회적 활용 또는 재활용 과정에는 많은 불확실성이 존재하며, 이를 해결하기 위해서는 기본 규칙의 제정이 필요하다. 정부는 규범과 제도를 창설할 수 있는 권한을 가진 주체로서, 데이터 재활용에 있어 모범적이고 선도적인 역할을 수행해야 한다.

정부의 디지털 전환의 핵심은 데이터 기반의 공공관리 및 공공서비스 체계로의 전환이다. 즉, 정부 내에서 데이터 요소의 활용 수준과 지능화 수준을 제고하는 데 중점을 둔다. 이를 실현하기 위해 정부는 먼저 상품화 사고방식을 기반으로 한 데이터 거버넌스를 수행해야 한다. 데이터의 유일성·정확성·완전성을 확보하고, 부처 간 데이터의 무결한 공유와 재활용을 실현하는 것이 필수적이다. 실제로 중국은 2016년부터 이미 "하나의 네트워크 통합 관리(一网统管)와 원스톱 행정 서비스(一网通办)" 개혁을 추진해 왔다. 이 개혁의 핵심 기반이 바로 데이터 거버넌스이며, 데이터가 재사용 가능한 데이터 요소로 전환되어 부처 간 질서 있고 효율적으로 공유·활용되는 것을 목표로 한다.

국무원은 2016년 《정부정보자원 공유관리 잠정방법(政务信息资源共享管理暂行办法)》을 발표하여, 정부정보자원 공유의 기본 원칙과 데이터 거버넌스 원칙을 제시했다. 정부정보 공유의 기본 원칙은 다음과 같다. 공유를 원칙으로 하고 비공유는 예외로 한다; 수요 지향적이며 무상으로 사용한다; 표준을 통일하고, 통합적으로 구축한다; 메커니즘을 구축하여 안전을 보장한다. 정부데이터 거버넌스 원칙에는 "주관하는 자가 제공하고 제공자가 책임진다(谁主管, 谁提供, 谁负责)"는 주체 책임 원칙과, "취급하는 자가 사용하고, 관리하며, 책임진다(谁经手, 谁使用, 谁管理, 谁负责)"는 관리 책임 원칙이 포함된다. 이후 각 지방정부는 이러한 원칙에 근거하여 지방 차원의 정부데이터 공유 규범을 제정하고, 지역 간·부처 간의 정부데이터의 질서 있는 공유를 추진하였다.

또한, 《"14차 5개년" 디지털경제 발전계획("十四五"数字经济发展规划)》에서 국무원은 "디지털 공공서비스의 보편화와 평등화"라는 목표를 제시했다. 이는 디지털 인프라를 생산과 생활 전반에 통합시켜 행정서비스·공공서비스·민생보장·사회관리 전반을 지원하려는 것이다. 네트워크화·디지털화·지능화된 행정서비스 체계를 개선하고, 전국 통합 행정서비스 플랫폼의 기능을 강화하며, 서비스의 표준화·규범화·편의화를 추진함으로써, "원스톱 행정 서비스(一网通办)"를 실현하려는 목표다. 특히 강조되는 점은 데이터 인프라가 데이터 경제 발전의 물질적 기반이라는 점이다. 정부는 자원 배분자이자 공공서비스 제공자로서 데이터 인프라의 구축과 관리에 주력해야 하며, 데이터 플랫폼·통신망·클라우드 컴퓨팅 등 핵심 인프라의 고도화와 서비스 능력을 향상시키는 것도 정부가 데이터 경제에 참여하는 중요한 경로이다.

현재 정부데이터 공유는 "원스톱 서비스(一网通办)"를 통해 국민의 행정서비스 접근성과 관리 효율을 높이는 등 일정한 성과를 거두었다. 그러나 정부데이터의 요소화 거버넌스, 즉 부처 간 합법적·효율적인 데이터 공유와 이를 기반으로 한 지능형 행정 의사결정 지원 측면에서는 여전히 개선이 필요하다.

2. 공공데이터 자원의 사회적 공급

정부데이터 공유를 추진하는 동시에, 정부는 공공데이터 개방을 진전시켜 사회가 공동 사용할 수 있는 공공데이터 인프라를 구축하고, 사회의 기초 데이터 자원 수요를 충족시켜야 한다. 이는 정부가 공공관리 및 공공서비스를 수행하는 과정에서 방대한 기초 데이터를 형성하기 때문이다. 그중에는 공공이익 또는 공공안전을 목적으로 사회 조직으로부터 수집·취득한 데이터도 포함된다. 이러한 데이터는 데이터 거버넌스를 통해 요소화된 이후 사회에 제공되어 재사용될 수 있는데, 이것이 바로 정부가 추진 중인 공공데이터 개방 사업이다.

공공데이터는 데이터가 처음 생성된 업무의 성격에 따라 결정되는 것이 아니라, 데이터가 재사용되는 조건에 따라 결정된다. 정부에서 생성된 데이터뿐만 아니라 사회 주체에서 비롯된 데이터 역시 거버넌스를 통해 데이터 요소로 전환되어 공공재로서 사회에 제공(개방)될 수 있다. 데이터는 뚜렷한 공공성을 지니며 다수 주체가 동시에 공유·사용할 수 있으므로 공공재로서 사회에 제공하기에 적합하다. 그러나 데이터에 경제적 이익이나 경쟁적 이익이 존재할 수 있으므로, 사회 주체가 사회에 데이터 요소를 무상으로 제공하는 것은 자발적 기반 위에 이루어져야 하며, 정부는 사회 주체가 자유롭게 사용 가능한 데이터 자원을 사회에 제공하도록 강요하기보다 장려해야 한다. 정부가 공공관리 및 공공서비스 과정에서 생성한 데이터는 국가 안보(국가 기밀 포함) 및 사적 권익과 관련된 경우를 제외하면, 그 자체로 보호할 필요가 있는 이익이 없으므로 원칙적으로 무조건 사회에 제공될 수 있다. 다만 사회에 제공하는 전제는 반드시 데이터 거버넌스를 수행하여 데이터를 개방 사용 가능한 데이터 요소로 만들어야 한다. 이를 위해 거버넌스 비용과 사용자의 공공성 여부에 따라 개방 조건을 결정하고, 공공재로서 무상·무조건적으로 사회에 개방할지, 준공공재로서 유상·조건부로 사회에 개방할지 선택하게 된다.

데이터 경제 시대에 데이터 유통과 활용은 데이터 혁신과 발전을 촉진하는 중요한 수단이 되었다. 사회 기반 데이터의 보유자로서 정부는 데이터 공개 조건, 방식 및 활용 규범을 수립하여 정부데이터 공개를 추진하고 데이터 가치의 극대화 활용을 촉진해야 한다. 국가는 전국 통일 정부데이터 자원 체계 구축을 지속적으로 추진하며 공공데이터 자원 개발 활용을 총괄하고 기초 공공데이터 공개 활용을 촉진하여 공공데이터의 혜택을 실현하고 있다. 정부데이터 거버넌스 수준과 데이터 품질을 어떻게 향상시킬지, 공공 서비스·사회적 응용·시장 운영을 위한 정부데이터 분류 공개 및 권한 부여 운영 메커니즘을 모색하는 것이 향후 공공데이터 개방의 주요 발전 방향이 될 것이다.

사례

베이징시 금융 분야 공공데이터 위탁운영(授权运营)

베이징시는 금융 공공데이터 전용구역(北京市金融公共数据专区)을 중심으로 "정부 감독+기업 운영(政府监管+企业运营)"이라는 공공데이터의 시장화 활용 모델을 모색하고 있다. 또한 공공데이터 혁신 경진대회 등 다양한 구체적 조치를 병행함으로써, 공공데이터의 위탁운영(授权托管)과 심층개발(深入开发)을 위한 새로운 방안을 제시하였다. 특히 기술 기반의 제도 구축에 중점을 두어 공공데이터 안전 거버넌스 체계를 마련하였다.

구체적으로 기술적 보장 측면에서, 운영 기관은 몇 가지 주요 운영 방식을 채택하고 있다. 공동 모델링(联合建模) 방식은 은행과 공동 모델링 노드를 구축하여 데이터가 "활용 가능하되, 비가시적(可用不可见)"인 상태로 처리한다. 또한 SaaS플랫폼을 제공하여, 금융기관이 신용정보를 신속하게 조회하거나 API를 통해 인터페이스를 호출할 수 있도록 지원한다. 금융기관이 시장 주체에 대한 전 과정 데이터 분석 및 인사이트를 수행할 때에는 반드시 금융 공공데이터 전용구역 내에서 정밀한 데이터 조회와 호출을 수행해야 한다. 아울러 베이징시는 공공데이터의 위탁운영 관리 제도(授权管理制度), 데이터 접근 적격성 요건(数据准接入), 금융기관 업무 심사(业务审核), 운영 종료 및 철수 절차(授权退出机制) 등과 관련된 규범과 제도를 마련하였다.

베이징 금융 공공데이터 전용구역은 완벽된 공공데이터 보안관리체계(公共数据安全管理体系)를 구축함으로써 데이터 보안 거버넌스 역량을 지속적으로 향상시키고 있다. 운영 기관은 국가 사이버 안전 기준에 따라 시스템 안전 수준을 국가안전등급보호 3급 이상으로 유지하고 있다. 또한 데이터의 등급·분류 기준(分级分类标准)과 정보보안사건 대응 예비안(信息安全事件应急处置预案)을 제정하여, 필요한 기술적 방어조치를 통해 제3자의 합법적 권익을 보호하고 있다. 운영 과정에서 데이터 사용 기관에 서비스를 제공할 때에는 계약서나 협약의 형태로 데이터의 이용 목적, 범위, 방식, 기간을 명시하며, 접근통제 메커니즘을 구축하여 데이터 사용 과정에서 접근 가능한 데이터의 범위와 목적을 제한한다. 또한 금융 공공데이터의 활용 성과를 주기적으로 평가함으로써 공공데이터의 안전하고 효율적인 운영체계를 정착시키고 있다.

—관련 자료에 근거하여 작성

3. 국유기업 및 공공기관의 디지털 전환

국유기업과 공공기관은 국민경제의 핵심 구성요소이자 데이터 경제 발전의 주축이다. 국가는 이들 기관의 디지털 전환을 촉진함으로써 데이터 경제의 성장과 구조적 전환을 견인할 수 있다.

국유기업은 중국 경제의 중추적 역할을 담당하며, 경제의 고품질 발전을 선도하는 핵심 주체로서 차세대 정보기술의 발전 흐름을 적극적으로 포착하고 이를 주도해야 한다. 즉, 디지털 연구개발 체계를 구축하고, 지능형 제조를 추진하며, 생산방식의 혁신을 촉진하는 동시에, 산업 인터넷의 구축을 가속화하고, 산업·공급망의 혁신을 이끌어야 한다. 이를 통해 전요소(全要素)·전산업(全产业链)·전가치사슬(全价值链)이 긴밀히 연결된 "핵심 허브(核心枢纽)"를 구축하고, 중소기업의 협동 발전을 촉진함으로써 국내 대순환을 주체로 국내외 쌍순환이 상호 촉진하는 새로운 발전구도를 형성해야 한다. 이와 관련하여, 중국 국무원 국유자산감독관리위원회(国资委)는 2020년 8월 《국유기업의 디지털 전환 가속화에 관한 통지(关于加快推进国资企业数字化转型工作的通知)》를 발표하여, 국유기업의 디지털화·네트워크화·지능화 발전을 촉진할 것을 요구하였다. 이어 2023년 6월 27일, 국유자산감독관리위원회는 저장성 퉁루(桐庐)에서 국유기업 디지털 전환 심화추진 특별회의를 개최하였다. 이 회의에서는 벤치마킹 평가를 강화하고 시범 사업을 추진하며, 체제·메커니즘을 개선하고 협력 발전을 강화함으로써 국유기업 디지털 전환 실행 계획을 심도 있게 추진하고, 디지털·지능형 발전 수준을 향상시켜 세계 일류 기업으로의 도약을 가속화해야 한다는 점을 분명히 했다. 이를 통해 국유기업은 과학기술 혁신, 산업 통제, 안전 지원 역할을 강화하여 현대적 산업 체계 건설 가속화와 실물 경제의 고품질 발전 촉진에 더 큰 기여를 해야 한다고 지적했다

국유기업의 디지털 전환 추진에 있어 가장 중요한 것은 디지털 전환이 데이터, 기술, 프로세스, 조직 등을 아우르는 복잡한 시스템 공학이라는 점을 인식하는 것이다. 그 핵심은 데이터 요소의 주도적 역할을 최대한 발휘하고, 상품화 사고방식으로 거버넌스를 구축하며, 산업을 연결하는 데이터 생태계를 조성하는 데 있다. 이는 국유기업의 혁신 성장을 촉진하고, 나아가 사회경제 전반의 효율적 순환을 견인할 수 있다.

성숙한 경제 형태와 비교할 때, 정부는 데이터 경제에서 그 중요성이 더욱 부각되며 역할과 기능이 다원화되고 참여도가 높아진다. 따라서 정부는 데이터 경제 안전의 책임자 역할을 잘 수행하는 동시에, 데이터 개방, 디지털 서비스, 데이터 인프라 구축 및 데이터 산업 발전 등에 대한 지원과 추진을 강화해야 한다. 데이터 프라이버시에 대한 안전 감독과 보호를 실현하여 데이터 경제의 건전한 발전에 강력한 보장을 제공하는 동시에, 정부 자체의 데이터 거버넌스, 데이터 개방 및 데이터 서비스 등의 강점을 발휘하여, 정부의 역할이 보다 능동적이고, 현재의 데이터 경제 발전 수요에 부합하도록 발전해야 한다.

제 18 장 정부데이터의 요소화 활용 제도와 메커니즘

정부는 기초 데이터 자원의 생산자이다. 정부는 공공관리와 공공서비스를 수행하는 과정에서 자연스럽게 대량의 데이터 자원을 생성하기 때문이다. 그러나 정부데이터 자원의 요소화 활용은 데이터를 단순히 수집·보유하는 차원을 넘어, 데이터 자원을 재개발·재사용하고 사회적으로 활용하는 과정을 의미한다. 이러한 목표를 달성하기 위해서는 이에 상응하는 제도적 메커니즘과 기초 제도를 구축해야 한다. 정부데이터 요소의 가치는 정부 부처의 지능적 의사결정 지원(공유를 통해 정부 전체의 사회 거버넌스 역량 제고 포함)에 반영될 뿐만 아니라, 정부가 보유한 데이터를 공공데이터로 개방하여 사회 주체의 기초 데이터 요소 수요를 충족시키는 데에도 반영된다. 이를 위해서는 정부의 데이터 자원 관리권(数据资源管理权)을 명확히 확립하고, 그에 부합하는 지원 체계와 제도적 장치(体制机制)를 마련해야 한다. 그래야만 정부데이터가 공공의 자산으로서 본래의 가치를 발휘하며, 데이터 요소 시장과 디지털 경제의 핵심 동력으로 작동할 수 있다.

제 1 절 데이터 자원 관리권

정부데이터를 생산요소로 인식하고, 그 범위와 한계, 그리고 공공데이터와의 관계를 명확히 구분한 후에는, 정부데이터 또한 다른 생산요소와 마찬가지로 효율적인 이용을 위한 제도적 규율에 따라 관리되어야 한다. 데이터는 그 자체로 위험을 내포한 자원이기 때문에, 보안 통제와 준법 관리가 모두 필요하다. 정부에 귀속된 데이터는 기관 자체 사용, 정부 부처 간 공유, 또는 사회 주체에 대한 공개 활용 등 어떤 형태로든 먼저 정부가 생산한 데이터 자원에 대한 일정한 관리권(管理权)을 확립해야 한다. 이러한 관리권은 곧 정부 데이터 보유권(政府数据持有者权)으로 이해될 수 있으며, 이는 정부가 데이터의 수집·보존·이용·공유·개방 전 과정에서 주체적이고 합법적인 권한을 행사할 수 있는 근거가 된다.

1. 정부데이터 자원 관리권의 확립

어떠한 사회 주체가 생산한 데이터라도 객관적 세계의 법칙을 분석하는 데 활용될 수 있다면, 그것은 생산요소로 간주될 수 있다. 정부는 공공관리와 공공서비스를 수행하면서 대량의 데이터를 생성·수집하기 때문에, 이러한 데이터는 사회 기반 데이터 자원으로서 보편적인 사회적 수요를 지닌다. 따라서 정부 역시 데이터 요소의 공급자가 될 수 있다. 국제사회에서는 이미 1990년대부터 정부데이터 개방을 통한 데이터 재이용 촉진을 제안해 왔다. 2013년 6월 주요 8개국(G8)이 서명한 《G8 오픈 데이터 헌장》은 정부 데이터 개방의 다섯 가지 원칙을 제시한다. 이 헌장은 정부데이터가 개방을 원칙으로 하고(자동개방데이터), "거버넌스 개선", "고품질·충분한 양의 데이터 보장", "모든 사람을 위한 접근 가능성 확보", "혁신 촉진"을 강조하였다. 이에 따라 정부데이터 개방은 빅데이터 활용을 촉진하고 데이터 자원화(요소화) 활용 전략을 실현하기 위한 핵심 조치로 자리매김하였다. 중국 국무원이 발표한《빅데이터 발전을 촉진하기 위한 행동요강》에서도 "데이터 자원을 사회에 개방"하고, "데이터의 집적과 발굴을 촉진하며, 각 산업 분야별 빅데이터 혁신 활용을 강화"할 것을 제시하였다. 이에 따라 정부데이터 개방 기반 제도를 어떻게 구축하여 정부나 공공 기관이 데이터 요소의 공급자가 될 수 있을지가 제도 설계의 핵심이 된다.

데이터 개방은 "사회에 원시적이며 기계 판독이 가능하고, 사회적 재사용이 가능한 데이터 세트를 제공하는 행위"로 정의된다.[1] 생산요소로서의 데이터 활용 관점에서 보면, '개방'은 경제학적으로는 데이터 요소의 공급행위, 법적으로는 사용권의 양도나 허락행위로 이해할 수 있다. 데이터 개방과 데이터 유통은 모두 타인에게 데이터를 제공하여 이용하게 하는 행위라는 점에서 동일한 본질을 가진다. 다만, 정부가 운영 과정에서 생성한 데이터는 당연히 개방 가능한 것은 아니며, 먼저 데이터를 거버넌스하여 사용 가능한 데이터 자원으로 전환해야 한다. 동시에 데이터 개방에 따르는 위험을 통제하고, 준법관리 체계를 수립하여 데이터 개방의 안전성을 확보해야 한다. 데이터는 본질적으로 위험을 내포한 자원이기 때문에, 정부가 데이터를 사회 주체에게 제공할 경우 사회적 이용에 따른 위험을 통제하고, 추적가능성을 보장해야 한다.

또한 정부 부처 간 데이터 공유 역시 정부데이터의 재사용 행위에

1 《상하이시 공공데이터 공개 잠정 방법(上海市公共数据开放暂行办法)》(2019년 8월 29일 상하이시 인민정부령 제21호 공포) 제3조 본 방법에서 말하는 공공데이터 공개란 공공 관리 및 서비스 기관이 공공데이터 범위 내에서 사회에 원본성, 기계 판독 가능성, 사회화 재이용이 가능한 데이터 세트를 제공하는 공공서비스를 의미한다.

해당한다. 비록 외부 개방에 비해 위험 수준은 낮지만, 어떤 데이터를 공유할 것인지, 어떤 방식으로 공유할 것인지, 어떻게 준법성과 안전성을 확보할 것인지 등의 문제가 여전히 존재한다. 이러한 관리 역시 각 부처의 책임 있는 주체가 수행해야 하며, 이는 데이터 보안관리의 일환이자 정부데이터 요소의 가치를 실현하기 위한 필수 조치이다.

정부데이터의 공유와 개방을 실현하기 위해서는, 정부 역시 법에 따라 데이터 보안 및 준법 관리를 수행해야 한다. 이에 대해 《네트워크안전법(网络安全法)》, 《데이터안전법(数据安全法)》, 《개인정보보호법(个人信息保护法)》 등 관련 법령은 정부, 공공기관, 사회 주체 모두에게 적용된다. 다만, 보안책임의 범위와 내용에 있어 일부 차이가 존재한다. 예컨대, 《데이터안전법》 제6조는 정부의 보안책임 및 역할 분담을 명시하고 있으며, 제8조는 모든 데이터 처리자에 대한 일반적 보안 및 컴플아이언스 의무를 규정하고 있다. 또한, 제4장 "데이터 안전 보호의무" 역시 공공기관을 포함한 모든 데이터 처리자에게 동일하게 적용된다. 따라서 정부 또한 다른 사회 주체와 마찬가지로 상응하는 데이터 안전 관리 의무를 이행하고, 데이터상의 합법적 권익과 데이터 안전 활용 질서를 유지해야 한다.

2. 정부데이터 자원 관리권 정립

정부데이터의 요소적 가치를 실현하기 위해서는, 특정 정부 부처와 그들이 생산·통제하는 데이터 간의 관리·통제 관계를 명확히 하고, 그 데이터 보유자로서의 지위를 인정해야 하며, 해당 부처가 데이터를 공유하거나 개방할 의무를 명시해야 한다. 안전 관리적 측면이든, 데이터의 요소화 활용 측면이든 간에, 우리는 특정 정부 기관이 자신이 생산한 데이터를 통제·관리할 수 있는 권능을 인정해야 하며, 이는 일반 사회 주체가 데이터 보유자로서 가지는 권능과 본질적으로 다르지 않다. 다만, 정부는 데이터 보유자로서 데이터의 요소적 이용에 대한 자율적 권리를 가지는 것이 아니라, 법률에 근거해 공유와 개방을 이행해야 하는 의무를 부담한다. 다시 말해, 데이터의 요소화 이용은 정부 데이터 보유자의 권리가 아니라 책임이다. "공공데이터 관리자로서 공공기관은 데이터를 개방할 의무가 있으며, 동시에 공공데이터 이용 질서를 유지하고 관리할 의무가 있다. 이러한 모든 것은 그 권한을 명확히 규정하는 것을 전제로 한다." 이처럼 데이터 보유자가 가지는 권리의 내용이나 성격이 상이하므로, 정부 기관의 데이터 보유권은 데이터 관리권(数据管理权)이라고 부르는 것이 타당하다. 즉, 정부가 자신이 생산한 데이터에 대한 관리권을 가진다는 것은 본질적으로 공공기관의 데이터 보유자 지위를 인정하는 것이다. 정부의 데이터 자원 관리권은 특정 주체가 데이터의 안전한 관리, 데이터 거버넌스, 공유 및 개방 의무를 수행하기 위한 제도적 기반이다.

각 부처는 자율적인 지능형 의사결정과 관리 역량을 제고하기 위해서, 또한 부처 간 데이터 공유와 대외 개방을 실현하기 위해서, 데이터 자원에 대한 관리 책임을 져야 한다. 즉, 데이터를 활용 가능한 요소로서 관리·정비하고, 재이용 가능한 데이터 자원으로 발전시키는 것이 각급 정부의 기본 임무이자 역량이 되어야 한다. 이러한 데이터 거버넌스는 디지털 시대의 정부가 갖추어야 할 새로운 책임이자 능력이며, 나아가 사회 거버넌스 역량을 향상시키는 필수 요건이다. 모든 정부 부처는 통일된 규범·표준·절차에 따라 데이터를 관리하고, 데이터를 집적·연계하여 다층적·다시스템·다부처·다지역 간의 데이터 공유를 실현해야 한다. 또한 사회의 수요에 부응하여, 기계 판독이 가능한 형식의 재이용 가능한 데이터 요소를 제공해야 한다. 이러한 데이터 관리 업무를 위해서는 먼저 데이터 보유 범위를 명확히 설정하고, 각 부문 간 책임을 구분해야 한다. 그 후 데이터 거버넌스 요구에 맞게 기존의 행정 조직 구조, 업무 절차, 관리 메커니즘을 조정하여, 데이터 중심의 종합 거버넌스 체계를 구축해야 한다. 이를 통해 다양한 데이터 자산을 정확히 산정하고 효율적으로 배분하여 행정관리, 공공서비스, 경제·사회 발전에 적용할 수 있다. 이처럼 데이터 보유권에 기반한 제도적 기반을 마련하는 것이 디지털 정부 체제를 떠받치는 근간이 된다. 그 위에서 정부 부처는 데이터를 관리·활용·통제·유통(공유 및 개방)할 수 있는 역량을 형성하게 된다. 사회 주체의 데이터 보유권과 구별하기 위해, 본 연구에서는 정부의 데이터 보유권을 데이터 자원 관리권(数据资源管理权)이라 명명한다. 데이터 자원 관리권의 본질은 데이터 "보유자권(数据持有者权)"이지만, 이는 법률이 정한 목적·절차·범위에 따라 제한적으로 행사되어야 한다. 따라서 데이터 자원 관리권을 기반으로 다층적이고 다원적인 데이터 개방 체계를 구축할 수 있다.

3. 정부데이터 자원 관리권의 제도적 가치

정부데이터 보유권 확립의 의의는, 데이터 자원의 관리 책임 주체를 명확히 하는 데 있다. 즉, 정부가 생산한 유용한 데이터 자원이 명확한 책임 주체 아래에서 안전하게 관리됨으로써, 그 데이터의 요소적 가치가 충분히 발휘될 수 있도록 하는 것이다. 현행 법률상 정부데이터 자원 관리권을 확립하는 제도적 가치는 다음 세 가지 측면에서 드러난다.

첫째, 데이터를 통해 해당 부처의 의사결정을 지원하고 관리 성과 및 서비스 품질과 효율을 향상시킨다. 신속한 데이터 수집·집적 체계를 구축하고 머신러닝 등 지능적 수단을 활용해 데이터를 분석함으로써, 정부가 거버넌스 역량과 서비스 효율을 제고하는 새로운 수단이 된다. 각 부처는 데이터를 적극적으로 활용하여 "데이터로 말하고(用数据说话), 데이터로 결정하고(用数据决策), 데이터로 관리하며(用数据管理), 데이터로 혁신하는(用数据创新)" 관리·서비스 체계를 구축해야 한다. 이와 같은 데이터 기반 행정은 과학적 의사결정을 가능하게 할 뿐 아니라, 공공서비스 제공의 방식과 품질을 향상시켜, 보다 편리하고 효율적인 공공서비스 체계를 구축하는 데 기여한다.

둘째, 데이터 공유를 통해 정부 부처의 과학적 의사결정 능력을 향상시키고, 거버넌스 현대화를 촉진한다. 데이터의 요소화는 정부 부처 간 정부데이터 공유를 통해 실현된다. 즉, 각 기관의 데이터를 연계·통합함으로써 정부 전체의 지능형 의사결정을 지원하고, 정부 거버넌스 체계와 거버넌스 능력의 현대화를 촉진한다. 이를 통해 사회 전체의 자원 배분·관리·활용 효율성을 높이고, 정부의 과학적 의사결정 역량을 강화할 수 있다.

셋째, 데이터 개방을 통한 사회·경제 혁신과 고품질 발전을 촉진한다. 정부 부처가 생산·보유하는 데이터는 사회성과 공공성을 지닌다. 이러한 데이터는 사회 전체의 지능형 운영을 지탱하는 기초 데이터로서의 성격을 갖는다. 따라서 정부가 보유한 데이터를 사회에 개방하고, 이를 사회 각 산업의 데이터와 융합·결합할 때, 각 산업과 주체의 지능형 의사결정을 지원하고 상품 및 서비스 혁신을 촉진할 수 있다. 이러한 과정은 사회·경제 발전의 새로운 동력인 데이터 생산력을 형성하고, 국가 경쟁력의 새로운 우위를 창출할 수 있다.

결국, 정부가 지능형 의사결정과 관리 수준을 향상시키든, 부처 간 데이터를 공유하든, 또는 대외적으로 데이터를 개방하든, 그 전제는 각급 정부가 데이터 자원 관리 책임을 이행하는 것이다. 즉, 데이터를 활용 가능한 자원으로서 관리·정비하고, 재이용 가능한 데이터 요소로 전환함으로써, 그 가치가 완전하게 실현되도록 해야 한다. 정부데이터는 정부의 데이터 보유자권(数据持有者权)을 기반으로, 데이터 공유, 무조건적 개방 또는 조건부 개방을 추진할 수 있다. 이러한 과정을 통해 정부는 공공관리·사회생활·경제발전을 데이터로 지원하고 활성화함으로써, 진정한 의미의 데이터 기반 거버넌스 체계를 완성하게 된다.

제 2 절 데이터 특성에 기반한 데이터 요소화 활용 제도

중국에서는 정부데이터(政府数据), 행정데이터(政务数据), 공공데이터(公共数据) 등의 개념이 모두 관련 법령 및 규범 문서에 등장한다. 이러한 현상은 일정 부분 우리나라 데이터 개방 입법, 특히 지방정부의 입법에서 그 입법 취지와 기본 논리의 불일치를 반영하는 것이며, 동시에 데이터 경제 활동에서 정부의 역할과 위치에 대한 인식의 혼란을 초래하고 있다. 정부데이터의 요소화 활용을 실현하기 위해서는 명확한 규칙 체계를 마련해야 하며, 이를 통해 정부데이터의 가치가 최대한 발휘되는 데이터 요소화 이용 제도를 구축할 필요가 있다. 이 과정에서 가장 중요한 것은 정부데이터의 재사용 목적에 따라 데이터 요소의 성질을 규정하고, 그에 따라 데이터 요소의 성질에 부합하는 활용 규칙을 확립하는 것이다.

1. 정부데이터: 정부가 생성하고 통제하는 데이터

정부데이터란 정부에 의해 생산, 통제, 관리되는 데이터를 말한다. 정부데이터는 데이터의 실질적 통제관계 또는 소속 주체에 따라 분류되는 것이지, 데이터의 성질에 따라 분류되는 것은 아니다. 즉, 정부데이터는 주체의 관점에서 데이터를 서술한 개념으로서, 일반적으로 정부가 소유하거나 통제하는 데이터를 의미한다. 정부라는 개념을 협의로 이해할 경우, 이는 국가기관 중 행정권을 행사하고 행정직능을 수행하는 행정기관만을 지칭한다. 반면 광의로 이해할 경우, 정부는 입법기관·사법기관·행정기관 등 각종 국가권력기관 전체를 포괄한다.

2015년에 발표된 《빅데이터 발전을 촉진하기 위한 행동요강》(国发〔2015〕50号)에서는 정부데이터와 사회데이터의 이분법을 명확히 제시하였다. 이 문서는 정부데이터(때로는 행정데이터라고도 함)와 사회데이터 자원을 총괄적으로 활용하여 "정부데이터의 개방과 공유를 추진하고, 사회사업 데이터의 융합과 자원 통합을 촉진함으로써 정부의 전반적 데이터 분석 능력을 크게 제고한다"라고 밝히고 있다. 또한 주요 목표 중에는 다음과 같은 표현이 있다. "정부데이터와 사회데이터를 효율적으로 수집·통합·활용하고, 정부의 빅데이터 활용체계를 정비하며, 빅데이터의 활용을 정부 거버넌스 능력 제고의 주요 수단으로 삼아 정부의 서비스 및 규제의 목적성과 효과성을 지속적으로 향상시킨다".

정부데이터는 대체로 행정데이터(政务数据) 또는 《행정정보자원 공유관리 잠정방법(政务信息资源共享管理暂行办法)》(国发〔2016〕51号)에서 정의된 행정정보자원(政务信息资源)과 동일한 개념으로 이해할 수 있다. 동 방법에서는 행정정보자원을 다음과 같이 정의하고 있다. "행정기관이 직무를 수행하는 과정에서 작성하거나 취득한 문서, 자료, 도표 및 데이터 등 일정한 형태로 기록·보존된 각종 정보자원으로서, 행정기관이 직접 또는 제3자를 통해 법에 따라 수집한 정보, 법률에 근거해 위임받아 관리하는 정보, 그리고 직무 수행에 필요한 행정정보시스템에 의존하여 형성된 정보자원 등을 포함한다". 이때 행정기관(政务部门)은 정부 부처 및 법률·법규에 의해 행정직능을 부여받은 공공기관 또는 사회조직을 의미한다. 정의상으로 볼 때, 행정데이터(政务数据)(혹은 행정정보)와 정부데이터(政府数据) 사이에는 약간의 차이가 있다. 정부데이터는 데이터의 소속 또는 통제관계를 강조하는 반면, 행정데이터는 직무 수행 과정에서의 생성·취득 행위를 강조한다. 그러나 양자의 범주상의 차이는 크지 않다.

2. 정부데이터와 공공데이터의 구별

공공데이터(公共数据)는 데이터 보유자가 외부에 제공함으로써 자유롭게 이용할 수 있는 상태에 놓인 데이터를 의미한다. 공공데이터는 데이터 영역의 기초 개념으로, 흔히 데이터 개방의 전제 개념으로 사용된다.

2021년에 제정된 《상하이시 데이터 조례(上海市数据条例)》에서는 공공데이터를 "국가기관, 사업단위, 법에 따라 공공사무 관리 기능을 부여받은 조직, 그리고 수도·전력·가스공급, 대중교통 등 공공서비스를 제공하는 조직(이하 "공공관리 및 서비스기관")이 공공관리 및 서비스 직무를 수행하는 과정에서 수집·생산한 데이터"라고 정의한다. 2022년 1월 제정된 《저장성 공공데이터 조례(浙江省公共数据条例)》는 공공기관의 범위를 한층 더 확장하여, "본 조례에서 말하는 공공데이터란, 본 성(省)의 국가기관, 법률·법규·규정에 의해 공공사무 관리 기능을 부여받은 조직, 그리고 수도·전력·가스공급, 대중교통 등 공공서비스 운영 단위가 법에 따라 직무를 수행하거나 공공서비스를 제공하는 과정에서 수집·생산한 데이터를 말한다"고 규정한바 모든 공공사업 운영자까지 포함시켰다. 또한 "본 성의 응용 수요에 따라, 세무·세관·금융감독 등 중앙 관련 부처가 저장성에 파견한 관리기관이 제공하는 데이터는 본 조례에서 말하는 공공데이터에 포함된다"고 명시하였다. 이와 같은 입법 경향은 이후 충칭시, 쓰촨성, 샤먼시 등의 지방입법에도 영향을 미쳐, 공공데이터의 개념이 점차 확장되는 방향으로 발전하였다. 많은 지방입법에서는 공공데이터의 주체인 "공공성"을 업무의 공공성으로까지 확대하여, 공공사업 또는 공익사업을 수행하는 조직이 생산한 데이터는 모두 공공데이터에 포함된다고 규정하였다. 따라서 공공데이터의 생산 주체는 정부 등 공공관리기관뿐 아니라 공공서비스를 수행하는 기타 공공기관도 포함한다.

법적으로 공공데이터는 두 가지 특징을 지닌다. 첫째, 사회에 공개되어 사회 구성원이 자유롭게 접근할 수 있으며, 둘째, 이용에 제한이 없다. 따라서 공공데이터는 법률상 "공유물(公有物)" 또는 경제학적 의미의 공공재(public good)에 해당하며, 누구나 자유롭게 사용할 수 있는 공공자원이다. 그러나 모든 공공기관이 공공사무를 수행하는 과정에서 형성한 데이터가 반드시 법률상 의미의 공공데이터, 즉 누구에게나 자유롭게 개방될 수 있는 데이터는 아니다. 순수한 건축물이나 설비의 수문·지리정보를 제외하면, 거의 모든 공공기관의 원시데이터는 자연인 또는 법인조직의 관리와 연관되어 있으며, 이로 인해 해당 주체의 합법적 이익이 데이터에도 미치게 되어 이를 공공데이터로 볼 수 없다. 따라서 공공데이터 여부는 데이터의 속성에 의해 결정되는 것이지, 데이터 생산 주체의 성격에 따라 결정되는 것은 아니다. 공공데이터는 정부 등 공공기관에서 비롯될 수도 있고, 개인이나 기업에서 생성될 수도 있다. 주체의 성격에 따라 공공데이터를 규정하는 것은 데이터 이용의 현실과 법적 의미에서의 "공공" 자원 개념에 부합하지 않는다.

데이터가 자원이 되는 배경에서, 어떤 주체가 생산하고 통제하는 데이터는 우선 해당 주체의 필요를 충족시키기 위한 것이며, 해당 주체가 공익 사업을 영위하는 경우라 하더라도 그 생산된 데이터가 당연히 공공 데이터에 속하는 것은 아닙니다. 데이터가 공공데이터로 인정되는지는 법적 개입의 결과이어야 하며, 그 개입은 정당한 이유에 근거해야 한다. 이러한 이유는 다음 두 가지로 나눌 수 있다.

(1) 데이터 생산(특히 거버넌스 비용)이 공공 예산으로 지출된 경우, 그로 형성된 데이터 요소는 당연히 공공 데이터로 간주되어 공익 목적으로 사용되어야 하며, 불특정 주체가 사용할 수 있는 공공 데이터가 될지는 데이터의 보편성 또는 공용 가능성에 달려 있다.

(2) 데이터 수요가 보편성 또는 공공성을 지닌 경우, 데이터 상품은 공공재로 공급되어야 한다. 데이터가 사회성과 공공성을 지닌다고 해서 반드시 공공재가 되는 것은 아니다. 데이터가 공공재가 되는 것은 법률 규정과 보유자의 자발적 동의에 근거한 결과여야 한다.

데이터의 요소화 활용이란 데이터 자원을 가공·처리하여 생산요소로 전환하는 것을 의미한다면, 우리는 생산요소로서의 데이터 속성에 따라 데이터의 활용 방식을 결정해야 한다. 즉, 초기 주체나 업무 성격과 데이터 속성은 직접적인 관련이 없으며, 데이터의 성격은 그 활용 목적과 방식에 의해 결정된다. 데이터는 다음 두 가지 경우에 공공데이터로 인정될 수 있다.

첫째, 데이터 활용의 특징: 데이터가 불특정 다수 주체나 대중이 자유롭게 사용할 수 있도록 명시된 경우, 해당 데이터는 공공데이터에 속한다. 이러한 공공데이터의 특징은 모든 주체가 사용할 수 있다는 점이다.

둘째, 데이터 활용 목적: 데이터가 공공 이익, 공공 안전, 공중 보건 등에 직접 활용되는 경우, 해당 데이터는 공공데이터로 정의될 수 있다. 이러한 공공데이터의 특징은 특정 주체가 사용하지만 공익 목적을 위한 것이라는 점이다.

현재 일반적으로는 정부가 생산하고 관리 과정에서 형성한 데이터 상품을 공공재로 사회에 제공해야 한다고 본다. 그러나 전제는 그 데이터가 보편적 수요를 가진 경우에 한한다. 만약 보편적 수요가 없다면, 해당 데이터는 유상·조건부로 제공되어야 하며, 이 경우 이를 공공데이터로 볼 수 없다. 따라서 정부가 생산한 데이터를 요소화하여 활용하는 과정은 데이터의 속성 특성과 고품질 데이터 공급을 촉진하는 논리에 따라 구분·설계되어야 한다. 오직 재정 예산으로 생산된 데이터만이 공공데이터의 범주에 포함될 가능성이 있으며, 그 여부는 이용 목적과 보편적 적용성에 따라 달라진다. 공공데이터의 개방 및 활용 모델에 대해서는 후술한다.

3. 공공 및 공익 기업·기관의 데이터 요소화 실현

입법 목적의 관점에서 볼 때, 공공데이터의 개념은 어떤 데이터가 사회에 개방될 수 있는지, 또는 정부가 데이터 개방을 추진하기 위한 범위를 명확히 하기 위해 설정된 것이다. 즉, 공공데이터의 목적은 데이터의 재사용 또는 중복 이용이 가능한 데이터의 성격을 규정하는 데 있다. 지방정부가 공공데이터 개방을 추진하면서 그 범위를 지속적으로 확대한 이유는, 일단 공공데이터라는 라벨이 부착되면 데이터 보유자는 사회에 데이터를 개방해야 할 의무를 지거나 정부 데이터 개방 범위에 포함될 수 있기 때문이다. 그러나 이는 데이터가 자원으로 간주되어야 하고, 데이터의 재사용 성격에 따라 그 본질을 정의해야 한다는 원칙과는 상충된다. "데이터 20조"가 데이터 자원 보유권을 명확히 한 상황에서, 현행 지방 입법이 먼저 광범위한 공공데이터 개념을 정의한 후 모든 공공기관이 운영 중 생성한 데이터를 공공데이터 개방 범위에 포함시키는 방식은 조정이 필요하다. 그 기본 방향은 공공·공익 기업 및 기관이 생산한 데이터 자원에 대한 보유권을 확립하고, 공공 관리 및 기본 공공서비스에 필요한 데이터를 정부에 제공할 의무를 부과하는 것이다.

한편으로, 공공·공익사업 주체가 생산한 데이터에 대한 보유권을 인정해야 한다. 앞서 언급한 바와 같이, 데이터의 성격은 주체의 성격이나 사업의 공공성 여부로 결정되어서는 안 되며, 데이터 자원의 재사용 가능성에 따라 정의되어야 한다. 예를 들어, 도시가스회사는 조직 및 개인의 가스 사용량 데이터를 보유하고 있는데, 여기에는 사용자 번호, 주소, 이름, 월별 혹은 연간 사용량 등이 포함된다. 마찬가지로, 전력회사나 수도회사도 사용자 전력 사용량, 수도 사용량 등의 데이터를 보유하고 있다. 이러한 서비스는 공공적 성격을 지니지만, 이 서비스로부터 생성된 데이터가 곧바로 공공데이터가 되는 것은 아니다. 즉, 모든 주체가 자유롭게 이용할 수 있는 성격의 데이터는 아니다. 더욱이, 공공·공익 기업 및 기관은 독립된 법인으로서, 그들이 생성한 데이터는 당연히 해당 조직의 관리하에 속하며, 법령에 따라 개발·활용되어야 한다. 다만, 이들 데이터가 정부의 공공서비스와 밀접히 관련되어 있기 때문에, 해당 기관들은 공공관리 수요를 우선 충족시킬 의무를 가진다.

다른 한편으로, 공공·공익 기관의 데이터 보유자에 대한 권리와 의무를 명확히 규정해야 한다. 그들에게 데이터 보유권을 부여하는 주된 목적은 데이터 관리 책임을 부여하고, 생산된 데이터의 요소 가치를 최대한 실현하기 위함이다. 공공·공익 기관이 생산하는 데이터는 그 자체로 공공적 성격을 지니므로, 이 데이터는 우선 공공관리 및 공공서비스 가치에 기초해야 한다. 따라서 이들은 정부에 공공관리 및 공공서비스 수행에 필요한 데이터를 제공할 의무를 가진다. 이러한 의무의 이행은 그들이 생산한 데이터가 공공데이터로서 가치를 지니고 있음을 보여주는 것이지만, 동시에 사회의 다양한 수요를 충족시키는 데이터 상품을 생산·공급함으로써 데이터 요소의 경제적 가치를 극대화하는 것을 방해하지 않는다.

제 3 절 정부데이터 공유: 데이터 거버넌스 가치 실현 메커니즘

데이터의 요소 가치는 데이터가 지능 또는 지능적 의사결정으로 전환될 때 비로소 발현된다. 정부데이터의 경우, 그 요소 가치는 주로 정부의 지능형 의사결정을 지원하고, 행정 관리 및 공공서비스의 수준과 효율성을 향상시키는 데서 구현된다.

1. 정부데이터 공유

데이터 공유란 일정 범위 내의 주체들 간에 데이터 자원을 상호 개방하고, 서로의 데이터 자원 또는 공동의 데이터 자원을 취득·활용하는 행위를 말하며, 특정 주체들 사이에 한정된 데이터 유통의 형태를 의미한다. 데이터 공유는 정부 부처 간에도, 민간 영역에서도 이루어질 수 있으며, 일정 범위의 주체 간 특정 데이터 자원을 공유하는 것이다. 정부 내부의 서로 다른 부처 간에 데이터를 공유하는 것을 정부데이터 공유라고 한다. 2016년 국무원은 《행정정보자원 공유관리 잠정방법(政务信息资源共享管理暂行办法)》을 발표하여, "정부 부처 간 행정정보자원 공유 업무를 규범화하고, 직무 수행을 위해 타 정부 부처의 행정정보자원을 사용하는 행위 및 타 부처에 정무정보자원을 제공하는 행위"를 규정하였다.

이에 따라 공유 주체는 정부 부처 및 법률·법규에 의해 행정 기능을 부여받은 사업단체나 사회조직을 포함하는 광의의 정부 범주에 속한다.

정부 주체 간 공유되는 데이터는 각 기관이 공공사무나 공공서비스를 수행하는 과정에서 형성된 공유 가능한 데이터이다. 이러한 데이터 공유의 목적은 부처 간 협력적 거버넌스를 촉진하고, 공공서비스의 효율성을 높이는 데 있다. 따라서 정부 운영 및 공공서비스 효율성 향상에 도움이 되는 데이터는 원칙적으로 공유되어야 한다. 그러나 실제 운영 과정에서는 부처 간 권한 분담과 책임 구조가 달라, 데이터 공유 의지와 공유 범위가 제한되는 문제가 발생한다.

또한 데이터 거버넌스는 정부데이터 공유의 전제 조건이다. 《행정부정보자원 공유관리 잠정방법》은 제9조에서 행정정보자원을 무조건 공유, 조건부 공유, 비공유의 세 가지 유형으로 구분하였다. 제13조에서는 "누가 주관하는지, 누가 제공하는지, 누가 책임지는지"의 원칙에 따라, 데이터 제공 부서는 정보를 적시에 유지·갱신하여 데이터의 완전성, 정확성, 시의성 및 가용성을 확보하고, 제공된 공유 정보가 해당 부서가 보유한 정보와 일치하도록 해야 한다"고 명시하고 있다. 현재 전국적으로 추진되고 있는 일체화된 온라인 행정서비스 플랫폼 구축은 과거 정부 행정의 비효율성을 극복하고, 행정 효율성을 대폭 향상시켰으며, 정부 기능의 관리 방식을 혁신하여 행정데이터의 유통과 활용을 크게 촉진시켰다.

실제 운영에서, 많은 가치 있는 데이터가 정부 부처에 의해 수집·관리되고 있다. 그러나 어떻게 하면 부처의 데이터 공유 참여 의욕을 높이고, 효과적인 행정데이터 공유 메커니즘을 구축할 수 있는가가 시급한 과제로 남아 있다. 행정데이터가 공유되어야 하는 근본 이유는 행정 체계의 분절화로 인해 부처 간 정보 불균형이 발생하고, 그로 인해 데이터의 수집·보유·분석 능력이 분산되어 데이터의 가치가 제대로 실현되지 못하기 때문이다. 다양한 데이터 자원은 효과적인 공유와 개방을 통해서만 그 최대의 기능과 가치를 발현할 수 있다.

정부데이터 거버넌스의 관점에서 볼 때, 데이터 공유와 데이터 개방을 위한 거버넌스 조직 구조 및 책임 체계는 거의 동일하나, 그 목적이 다르기 때문에 데이터 거버넌스의 범위·요구·표준이 완전히 일치하지는 않는다. 따라서 각급 정부는 통합된 데이터 거버넌스 기관을 설립하고, 서로 다른 수요와 표준에 따라 데이터를 관리함으로써, 공유 가능하거나 개방 가능한 데이터 요소를 형성해야 한다.

2. 정부데이터 공유의 기술적 구현: 행정데이터 공유 목록과 공유 플랫폼

행정정보자원은 정부가 직무를 수행하는 과정에서 생산하거나 사용하는 정보 또는 데이터로서, 관련 부처와 산업이 다양하고 범주가 복잡하다. 만약 완전하고 통일되며 명확한 데이터 체계가 없다면, 부처 간, 산업 간, 지역 간의 업무 협력과 효율적인 공유를 실현하기 어렵다. 《행정정보자원 공유관리 잠정방법(政务信息资源共享管理暂行办法)》 제4조 제2항은 "각 행정 부서는 본 방법의 규정에 따라, 본 부서와 데이터 공유교환플랫폼(이하 "공유플랫폼")의 연계를 책임지며, 행정정보자원목록(政务信息资源目录)에 따라 공유 가능한 행정정보자원(이하 "공유정보")을 공유플랫폼에 제공하고, 공유플랫폼으로부터 공유정보를 획득하고 활용한다"고 규정한다. 따라서, 행정데이터 공유를 실현하기 위한 두 가지 핵심 기반시설은 행정정보자원목록의 작성과 행정데이터 공유교환플랫폼의 구축이다.

행정정보자원목록은 행정정보자원을 규격화된 메타데이터로 기술하고, 일정한 분류 방법에 따라 정렬 및 코딩한 일련의 정보 집합으로, 각 행정정보자원의 특성을 설명하기 위한 것이다. 이는 행정정보자원의 검색, 위치 파악 및 획득을 용이하게 하며, 주요 기능은 다음과 같다.

첫째, 행정데이터(정보)자원목록을 형성하여 행정데이터 자산화 관리 제도를 실현하고, 행정정보자원의 동태적 현황을 파악하며, 행정정보자원 구축을 계획한다.

둘째, 행정데이터자원목록을 기반으로 행정데이터 공유목록과 정부데이터 개방목록을 형성하여, 행정데이터 요소화 활용 관리를 시행한다.

셋째, 사용자와 각 부처 간에 가교와 연결 고리를 구축하여 사용자가 필요한 정보 자원을 편리하게 검색 및 위치 파악할 수 있도록 하며, 행정 정보 자원의 메타데이터를 기반으로 정보 자원의 획득을 위치 파악한다.

2002년, 《국가정보화지도소조의 중국 전자정부 건설 지도의견(国家信息化领导小组关于我国电子政务建设指导意见)》(中办发〔2002〕17号)은 처음으로 "국가는 행정정보자원 구축의 특별계획을 조직·편성하고, 전자정부 정보자원목록체계와 교환체계를 설계해야 한다"라고 제안하였다. 행정정보 공유 개념이 제기된 뒤, 행정정보자원목록의 편찬을 추진하기 위해 2017년 국가발전개혁위원회는 《행정정보자원목록 편찬지침(시행)(政务

信息资源目录编制指南(试行)》(发改高技〔2017〕1272号)을 발표하여 행정데이터자원목록체계의 신속한 구축과 국가통일적 관리를 추진하였다. 2022년 6월 6일, 국무원은《디지털정부 건설 강화에 관한 지도의견(国务院关于加强数字政府建设的指导意见)》(国发〔2022〕14号)을 발표하며, "전국적으로 표준이 통일되고, 동적으로 관리되는 행정데이터목록을 구축하고, 하나의 데이터, 하나의 출처, 하나의 표준을 실현하여 데이터자원의 목록화 관리를 실현한다"라고 명시하였다.

데이터자원목록의 정비를 기반으로, 행정데이터자원 공유를 실현하기 위한 기반시설을 구축할 필요가 있으며, 이것이 바로 행정데이터 공유교환플랫폼이다. 행정데이터 공유교환플랫폼은 정부 부처를 대상으로 하는 행정데이터자원 공유플랫폼으로, 통일된 데이터표준과 연계교환표준을 통해 행정데이터의 "가시성(可见), 검색가능성(可查), 관리가능성(可管), 통제가능성(可控), 활용가능성(可用)"을 실현한다. 이를 통해 각 업무기관 및 부서 간 데이터 공유, 교환, 업무 협동을 지원하며, 정부데이터의 통합응용을 지원하고, 궁극적으로 데이터 요소화 활용을 실현한다. 데이터 공유교환플랫폼은 동일한 행정급 부문 간에만 공유·교환을 실현하는 것이 아니라, 국가-성-시(현) 등 다층적으로 데이터목록, 데이터자원, 업무프로세스의 연계를 시도한다. 통합 행정데이터 공유교환플랫폼 건설을 추진하기 위해, 국가는《행정정보시스템 통합공유 실행방안(政务信息系统整合共享实施方案)》(国办发〔2017〕39号),《〈행정정보시스템 통합공유 실행방안〉의 추진 가속화 방안(加快推进落实〈政务信息系统整合共享实施方案〉工作方案)》(发改高技〔2017〕1529号) 등 정책문서를 발표하였다. 2022년 9월, 국무원 판공청이 발표한《전국 일체화 행정 빅데이터 체계 구축 가이드라인(全国一体化政务大数据体系建设指南)》은 최신 정책문서로서, 행정데이터 공유교환의 방향성을 제시하였다.

심화 학습

《전국 일체화 행정 빅데이터 체계 구축 가이드라인》 주요 내용

2022년 9월, 국무원 사무실은《전국 일체화 행정 빅데이터 체계 구축 가이드라인》을 발표했다. 가이드라인은 행정데이터의 공유·개방과 플랫폼 구축에서 일정한 성과가 있었음을 인정하면서도, 여전히 통합 관리 메커니즘의 미비, 수요·공급 연계의 불원활, 공유 및 활용의 부족, 표준과 규범의 불통일, 보안 보장체계의 미흡 등의 문제가 존재함을 지적하였다. 가이드라인은 "현재 행정데이터 자원은 현황 파악이 불분명하고, 데이터 목록이 불완전·비규범적이며, 데이터 출처가 제각각인 등의 문제가 있기 때문에, 행정데이터 목록의 표준화 관리 강화를 시급히 추진해야 한다"고 지적했다. 또한 "데이터 수요가 불명확하고, 공유 제도가 미비하며, 데이터 공급이 소극적이고, 수요·공급 간의 불일치, 불충분한 공유, 이의 처리 절차의 미비, 종합적 응용 효율의 저조 등의 문제가 두드러진다"고 지적했다. "일부 부처는 '데이터 보안이 높고 특정 부서만을 위한 것'이라는 이유로 독자적 공유 채널을 구축하고 있는데, 이는 통합된 데이터 공유·교환 체계로 편입되어야 한다"고 지적하였다.

이에 따라, 정부데이터 공유에서 나타나는 현실적 문제에 대응하기 위하여, 가이드라인은 두 가지 주요 조치를 제시하였다.

첫째, 통합 공유 교환 체계의 구축 및 완비이다. 전국 일체화 행정서비스 플랫폼과 국가 데이터 공유 교환 플랫폼을 기반으로 국가 행정 빅데이터 플랫폼의 데이터 공유 지원 능력을 향상시키고, 공유 신청을 일괄

접수하여 서비스를 제공함으로써 국가·성·시 등 계층을 아우르는 전국 통합 행정데이터 공유 교환 체계를 구축한다. 이 체계는 각 지역과 부처의 데이터 공유 수요를 효율적으로 충족시키고, 국무원 부처의 수직 관리 업무 시스템이 지방 행정 데이터 플랫폼으로 데이터를 공유하도록 체계적으로 추진한다. 또한 각 지역과 부처는 필요에 따라 실시간 데이터 교환 시스템을 구축하여 대용량 데이터를 고속으로 전송하고, 분 단위 수준의 데이터 공유를 실현함으로써 안전하고 안정적이며 효율적인 데이터 공급망을 형성하도록 하였다.

둘째, 정부데이터 협업 공유를 심화 추진한다. 국가 정부 빅데이터 플랫폼은 각 성(자치구, 직할시) 간, 국무부 각 부처 간, 그리고 각 성(자치구, 직할시)과 국무부 부처 간, 지역 간, 계층 간 데이터의 효과적인 유통과 충분한 공유를 지원한다. 각 지방 정부데이터 플랫폼은 행정구역 내 부처 간, 지역 간 데이터 유통과 공유를 지원한다. 각 부처의 행정데이터 플랫폼은 부처 내, 업계 내 데이터 유통과 공유를 지원한다. 활용을 중심으로 데이터 공유 서비스 역량을 전면적으로 향상시키고, 공공데이터와 사회 데이터 공유를 추진하며, 사회데이터의 공동 수집 및 공동 활용(统采共用) 방식을 탐색하고, 정부의 사회데이터 공유에 대한 규범적 관리를 강화한다. 국가·지방·부처·기업 등 다양한 차원의 데이터 협업 공유 메커니즘을 구축하여 데이터 자원 활용 효율성을 제고하는 것을 목표로 한다.

3. 지방정부 차원의 정부데이터 공유 모색

중앙 차원의 정부데이터 공유 업무 추진에 따라 지방 차원의 정부데이터 공유도 지속적으로 추진·정비되고 있다. 불완전한 통계에 따르면 전국 20여 개 지방정부가 이미 정부 데이터 공유를 촉진하기 위한 구체적인 실행 방안을 마련했으며, 대표적인 예로《랴오닝성 정부데이터자원 공유 관리방법(辽宁省政务数据资源共享管理办法)》,《상하이시 정부데이터자원 공유 관리방법(上海市政务数据资源共享管理办法)》,《허난성 정부정보자원 공유 잠정방법(河南省政务信息资源共享管理暂行办法)》,《후베이성 정부정보자원 공유 관리방법(湖北省政务信息资源共享管理办法)》 등이 있다. 2019년 10월 말 기준, 중국 내 102개 지급(地级) 이상 지방정부가 데이터 개방 플랫폼을 이미 구축·운영하고 있다.《중국 지방정부 데이터 개방 보고서(中国地方政府数据开放报告)》에 따르면, 전국 51.61%의 성급(省级) 행정구역, 66.67%의 부성급(副省级) 도시, 그리고 24.21%의 지급(地级) 도시가 정부 데이터 개방 플랫폼을 개설한 것으로 나타났다.

각 지방은 전국 일체화 행정 서비스 플랫폼과 국가 데이터 공유 교환 플랫폼을 기반으로 국무부 부처, 31개 성(자치구, 직할시) 및 신장생산건설병단(新疆生产建设兵团)을 포괄하는 데이터 공유 교환 체계를 구축하였다. 이를 통해 행정데이터 목록 통합 관리, 데이터 자원 통합 공개, 공유 수요 통합 접수, 데이터 수급 통합 연계, 데이터 이의(異議) 통합 처리, 데이터 어플리케이션 및 서비스 통합 보급을 초기에 실현하였다. 전국 일체화 행정데이터 공유 허브에는 각급 정부 부처 총 5,951개 기관이 접속되어 있으며, 국무원 소속 53개 부처의 13,500여 개 데이터 자원을 공개·배포하고 있다. 누적 기준으로 전국 공유 호출 건수는 4,000억 회를 초과하였다. 이와 같이, 정부 데이터 공유 제도는 정부데이터의 유통 및 활용을 위한 전체 제도적 체계 중 가장 먼저 실현된 분야이며, 동시에 가장 두드러진 성과를 거둔 데이터 법제화 영역으로 평가된다.

제 19 장 정부 데이터의 사회적 공급: 데이터 개방과 위탁 운영

정부는 정부 데이터 자원 관리자이자 전체 데이터 경제의 추진자 및 감독자이기도 하다. 사회에 양질의 활용 가능한 데이터 자원을 제공하기 위해 건전한 제도와 체계를 구축하는 것은 정부의 중요한 기능이다. 이 측면에서 정부 데이터 개방은 데이터 경제 발전을 촉진하고 디지털 전환을 실현하는 핵심 조치로 간주된다. "데이터 20조"가 발표된 이후, 우리는 정부 데이터의 요소화 및 사회적 활용을 촉진하는 관점에서 데이터 개방 제도를 모색해야 하며, 무조건 개방과 조건부 개방 제도를 개선하는 기반 위에서 정부 데이터의 권한 위임 및 운영이 안정적이고 효율적으로 발전하도록 추진해야 한다.

제 1 절 정부 데이터 개방의 기본 이념

정부 데이터 개방은 정부가 기초 데이터 자원의 보유자로서 사회에 활용 가능한 데이터 요소를 제공하는 행위를 말한다. 디지털 시대에는 데이터에 대한 수요가 다양하기 때문에, 정부가 사회에 데이터를 제공하는 내용과 방식 또한 서로 다르게 나타난다. 따라서 사회적 수요와 정부 데이터 개방의 실행 가능성에 따라, 정부 데이터의 사회적 가치 극대화를 실현할 수 있는 데이터 개방 제도를 탐색해야 한다.

1. 데이터 개방의 기본 정신과 조치

정부는 정치, 경제, 법률, 지리, 보건의료, 환경, 기상, 관광, 상업, 지식재산권, 교육 등 다양한 활동 분야에서 광범위한 데이터 자원을 수집·생산·저장·전파하고 있다. 행정·입법·사법 기관이 자체적으로 작성한 공공문서와 통계자료를 포함하여, 정부 데이터는 방대하고 다양하며 가치 있는 데이터 자원 저장소를 구성하고 있다. "데이터 20조"는 지방의 실무에서 사용되어 온 공공데이터 개념을 계승하여 "공공데이터의 권리확정 및 권한부여 메커니즘 추진"을 제안하였으며, 이를 통해 보다 과학적인 데이터 개방 체계를 구축하였다. 공공데이터의 개방 및 활용 강화를 위해 "데이터 20조"는 세 가지 새로운 추진 방안을 제시하였다.

첫째, 권한을 통합적으로 부여하고 데이터 개방을 추진한다. 데이터 개방은 공공데이터 생산자의 관리권을 인정하는 것을 전제로 부과되는 의무이며, 통합적 권한 부여란 개방 정책·규칙·계획을 일원화된 체계 아래 두고, 공공서비스 기관이 데이터 산업의 특성, 활용 목적 등 요인에 따라 자율적으로 데이터를 개방할 수 있도록 허용하는 것을 의미한다. 공공데이터 개방 플랫폼을 구축할 수 있으나, 공공데이터 개방의 의무 주체는 여전히 각 공공서비스 기관이다. 통합된 계획 아래 공공서비스 기관이 자율적으로 관리하는 공공데이터 개방을 추진함으로써, 데이터 개방의 활력을 높이고 공공데이터의 효율적 공급을 강화할 수 있다.

둘째, 안전한 활용 목적의 데이터 개방 방식을 시행하는 것이다. 데이터에는 개인정보 침해나 보안 위험이 존재하므로, 데이터 개방 시 원시(Raw) 데이터의 유통과 활용에서 발생할 수 있는 위험을 방지하면서도, 데이터 이용자가 데이터를 활용할 수 있도록 하는 방안이 필요하다. 데이터 보안과 컴플라이언스 위험에 대한 우려를 줄이기 위해, "데이터 20조"는 '원시 데이터는 영역을 벗어나지 않고(Data stays in domain), 데이터는 활용 가능하되 직접 볼 수는 없는(Data usable but invisible)' 새로운 방식을 제시하였다. 공공서비스 기관은 단독으로 또는 공동으로 데이터 거버넌스와 집적을 수행하고, 데이터 모델을 개발하며, 계산·분석 결과 등 데이터 파생 상품을 사회에 제공하거나 사용을 허가할 수 있다. 또한 안전한 컴퓨팅 환경을 구축하여, 관련 연구기관이나 기업이 해당 환경에서 데이터를 연산하고 계산 결과를 얻을 수 있도록 허용한다. 전자는 원시 데이터를 가공하여 형성된 데이터 제품의 거래에 해당하고, 후자는 특정한 환경에서 원시 데이터를 계산·활용하는 방식으로, 두 경우 모두 원시 데이터의 계산적 가치를 실현하면서도, 공공기관의 통제 하에 있는 데이터 시스템(영역)을 벗어나지 않는다.

셋째, 공공데이터는 조건부로 개방하여 활용할 수 있다. 공공관리나 서비스 과정에서 형성된 데이터는 단순히 공개되는 것이 아니라, 정제(cleaning)·분류(classification)·집적(aggregation)·주석(annotation) 등과 같은 데이터 거버넌스 과정을 반드시 거쳐야 하며, 이 과정에는 막대한 비용과 자원 투입이 필요하다. 따라서 공공데이터 개방은 디지털 경제 시대의 공공기반시설로서, 사회의 기초 데이터 자원에 대한 수요를 충족시키는 것을 목적으로 한다. 이에 따라 "데이터 20조"는 공공데이터의 활용 목적에 따라 서로 다른 개방 방식을 채택하고 있다. 즉, 공공행정 및 공익사업에 사용되는 공공데이터는 조건부 무상 개방 방식을, 산업 발전이나 업종 발전을 위한 공공데이터는 조건부 유상 개방 방식을 적용한다. 두 가지 개방 방식은 본질적으로 수혜자 부담 원칙에 따라 공공데이터의 거버넌스 비용을 분담하도록 하는 것이다. 이는 공공이익의 실질적 필요를 충족시키는 동시에, 공공데이터를 생산요소로 전환하여 수요자가 활용 가능하고 유용한 공공데이터 자원을 얻을 수 있도록 한다.

2. 데이터 개방: 정부 데이터의 사회적 활용 방식

"데이터 20조"의 정신에 따르면, 개방은 데이터의 유통을 실현하는 핵심적인 방식이다. 이러한 의미에서 '개방'이란, 보유하고 있는 데이터를 타인이 활용할 수 있도록 제공하는 것을 의미한다. 따라서 데이터 개방은 데이터 자원을 요소화하고 사회적으로 활용하는 방식이라 할 수 있다.

해외의 사례에서 '개방'은 데이터의 유통 방식으로 사용되는 경우가 드물고, 대체로 '오픈데이터'와 같이 데이터의 수식어로 사용된다. 그 기본적인 의미는 누구나 자유롭게 접근하고 활용할 수 있는 데이터를 말한다. '오픈데이터'에서의 '오픈'은 데이터의 성격이나 활용 방식을 설명하는 개념이다. 이런 의미에서 '오픈데이터'는 '공공데이터'와 유사한 개념으로 이해할 수 있다. 중국에서는 '오픈데이터'라는 용어 대신 '공공데이터 개방'이라는 표현을 사용한다. 즉, 먼저 '공공데이터'를 정의하고, 그 후 '개방'을 통해 공공데이터의 사회적 활용 방식을 설명하는 구조를 취하고 있다. 이때의 '개방'은 데이터의 유통 방식으로 작용하는 개념이다. 중국 지방 입법에서 정의된 공공데이터는 데이터의 목적이나 활용 방식에 따라 구분되는 것이 아니라, 소속 주체의 성격이나 업무의 성질에 따라 정의되고 있다. 그 결과, 중국의 공공데이터 개방은 단순히 '오픈데이터'와 동일한 개념이 아니며, 개방 이후 데이터의 활용 목적이나 방식에 따라 개방의 성격을 규정해야 한다고 할 수 있다. 따라서 우리나라의 데이터 개방은 두 가지 성격의 데이터로 구분된다. 하나는 모든 주체가 자유롭게 활용할 수 있는 데이터로, 이는 무조건 개방에 해당하고, 다른 하나는 일정한 요건을 충족하는 주체가 통제된 방식으로 활용할 수 있는 데이터로, 이는 조건부 개방에 해당한다.

현행 지방 입법에서 공공데이터의 '개방'은 일반적으로 공공기관이 자연인, 법인 또는 비법인 단체에 데이터를 제공하는 행위로 정의된다. 예를 들어, 《구이저우성 정부데이터 공유·개방 조례(贵州省政府数据共享开放条例)》 제3조에서는 정부 데이터 개방을 행정기관이 국민, 법인 또는 기타 조직에 대하여 법에 따라 정부 데이터를 제공하는 행위로 직접 규정하고 있다. 데이터 개방은 공공기관이 사회에 데이터를 제공하는 행위를 의미한다. 공공기관의 범위는 지방 입법에 따라 다소 차이가 있어, 공익사업기관이나 공공서비스 기관을 포함하는지 여부에 따라 넓게 또는 좁게 규정되기도 한다. 그러나 주체의 범위와 관계없이, 데이터 개방 행위의 공통점은 데이터의 유통, 즉 데이터를 사회에 제공하여 사회 구성원이 활용할 수 있도록 하는 것이다.

데이터 개방은 정부가 보유한 데이터를 사회가 재활용할 수 있도록 제공하는 방식으로, 사회적 수요와 정부의 공급이 유기적으로 연계되는 제도를 구축해야 한다. 이러한 데이터 개방은 국제사회에서 통용되는 '오픈데이터' 개념하의 정부데이터 개방과는 이미 다른 성격을 지닌다. 따라서 우리는 데이터의 요소화개념과 제도적 요구에 부응하여, 우리나라의 사회·경제 발전에 적합한 데이터 개방 제도를 탐색해야 한다.

데이터 개방의 목적은 정부 데이터의 요소화 활용을 통해 사회적 가치를 극대화하는 것이다. 이러한 목적 아래에서는 정부 데이터가 '개방을 원칙으로, 비개방을 예외로' 하는 방향으로 운영되어야 한다. 즉, 사회 구성원의 권익을 침해하거나 국가안보를 위협하지 않는 한, 사회적 수요가 존재하는 데이터는 다양한 형태로 개방될 수 있다. 핵심은 데이터의 종류와 활용 목적에 따라 서로 다른 개방 조건과 방식을 설정하고, 데이터의 사회적 활용에 따른 위험을 수용 가능한 수준으로 통제하는 것이다. 이와 관련하여 지방의 데이터 개방 실무에서는 이미 조건부 개방과 무조건 개방의 구도가 형성되어 있으며, "데이터 20조"에서는 여기에 조건부 유상 개방을 추가로 제시하였다. 이러한 제도적 흐름 속에서 우리는 정부 데이터의 요소화 가치를 극대화할 수 있는 개방 제도 모델을 모색할 수 있다.

3. 데이터 개방의 범위: 원시 데이터와 행정 정보

데이터 개방은 빅데이터 시대에 부응하는 공공정책의 하나로, 정부 데이터의 사회적 활용을 극대화하여 데이터의 잠재적 가치를 실현하는 것을 목표로 한다. 이는 정부 데이터 개방의 목적이 빅데이터 응용을 위한 공공 데이터 자원 풀을 형성하는 데 있음을 의미한다. 따라서 정부 데이터 개방의 목표는 처음부터 데이터가 활용 가능하며, 기계학습이나 빅데이터 분석 등의 수요를 충족시킬 수 있어야 한다는 점에 두어야 한다. 2018년, 《상하이시 공공데이터 개방 잠정방법(上海市公共数据开放暂行办法)》 제3조에서는 다음과 같이 명시하였다. "이 조례에서 말하는 공공데이터 개방이란, 공공관리 및 서비스 기관이 보유한 공공데이터 범위 내에서 사회에 대해 원시성, 기계 판독 가능성, 사회적 재이용 가능성을 가진 데이터 집합을 제공하는 공공 서비스를 의미한다." 이 정의는 이후 여러 지방 입법에서 널리 채택되었으며, 이에 따라 정부 데이터 개방은 일반적으로 원시적이고 기계 판독이 가능하며 재활용 가능한 데이터 집합의 개방을 의미하게 되었다. 이 책의 정의에 따르면, 데이터셋은 더 이상 초기 형태의 데이터나 가공되지 않은 데이터 자원이 아니라, 요소화된 데이터 제품(즉, '제품으로서의 데이터')을 의미한다.

정부가 오픈데이터에 대해 기계 판독 가능성 및 재이용 가능한 원시 데이터를 요구하고 있음에도 불구하고, 지방 법률에서는 이에 상응하는 명확한 기준이 마련되어 있지 않으며, 데이터 자원을 개방 가능한 데이터 요소로 전환하기 위한 제도적 메커니즘도 부재하다. 따라서 데이터 개방과 사회적 수요 간의 불일치, 나아가 사회적 요구를 충족시키지 못하는 상황이 발생하고 있다. 문제의 핵심은 데이터 개방의 전제가 데이터 거버넌스에 있다는 점이다. 즉, 먼저 공공관리와 서비스 과정에서 생성된 데이터를 체계적으로 관리·정비하여, 사회적 수요를 충족시킬 수 있는 개방 가능한, 재활용 가능한 데이터 요소로 전환해야 한다. 활용 가능한 데이터 요소는 다음의 요건을 충족해야 한다.

(1) 활용성: 연계 가능하고 계산·분석이 가능한 원시 데이터일 것.

(2) 재활용성: 초기 생성 맥락에서 벗어나더라도 수요자가 이해하고 판독하며 사용할 수 있는 데이터일 것.

(3) 준법성: 데이터를 사회 주체가 활용하더라도 법령을 위반하거나 권리를 침해하지 않으며, 국가안보를 해치지 않을 것.

물론, 위와 같은 요구를 충족하려면 데이터 거버넌스가 반드시 필요하다. 한편으로는 공공업무 과정에서 생성된 원시 데이터를 일정한 품질을 갖춘, 특정한 목적에 맞게 사용할 수 있는 데이터로 관리·정비해야 하며, 다른 한편으로는 이 과정에서 데이터의 합법성과 개방의 안전성을 확보해야 한다. 이러한 점에서, 본질적으로 데이터 거버넌스와 데이터 개방 관리 업무를 수행하기 위해 필요한 자원을 마련하고 이를 체계적으로 운용하는 것을 의미한다. 현재로서는 데이터 개방 요건과 데이터 거버넌스의 실행이 모두 충분히 이루어지지 않아, 정부가 개방한 데이터와 사회의 실제 수요 사이에 격차가 존재하고 있다. 각 지방정부의 개방 데이터는 대부분 단순히 읽을 수 있는 정보에 불과하며, 대부분 통계표나 사실 목록 형태로 존재한다. 그 원인은 공공기관이 일정 단계에서 사회에 기계 판독 가능한 데이터를 제공할 역량이 부족하기 때문일 수도 있다. 보다 근본적인 이유는 현재의 데이터 개방 목표가 현행 제도 및 운영 체계와 부합하지 않으며, 나아가 사회적 수요의 다양성과도 완전히 일치하지 않는다는 점이다. 어쩌면 우리는 데이터 개방의 범위를 원시 데이터로만 한정할 것이 아니라, 정보 자원을 개방 체계에 포함시켜 기계 판독이 가능한 원시 데이터와 정보 자원의 이중 개방 구조를 구축해야 할 것이다.

정부의 정보 자원을 데이터 개방 범위에 포함시켜야 하는 주요 이유는 다음 네 가지이다.

사회 대중의 정부 데이터에 대한 수요는 대부분 사람이 인식하고 읽을 수 있는 디지털화된 정보와 지식에 있다. 이는 디지털화된 원시 데이터가 아니다. 예를 들어, 정부 데이터 개방이 기본적인 공공서비스를 위한 것이라면, 개방의 대상은 누구나 활용할 수 있는 정보 자원이어야 한다.

정부가 운영 과정에서 생성한 정보 자원은 높은 활용 가치를 지닌다. 이 정보 자원은 시민 생활의 편의나 연구자의 자료 수집 등 디지털 사회의 여러 수요를 충족할 뿐 아니라, 가공을 통해 기계 판독 가능한 데이터로 변환되어 머신러닝의 학습 대상이 될 수도 있다.

정부 행정과 운영 과정에서 생성된 데이터의 대부분은 통계, 총괄 보고서 등 구조화된 형태의 데이터 자원이다. 이 정보들은 이미 분석을 거쳐 정리된 데이터로, 실시간 데이터 자원이 아니므로 대외 제공 시 위험이 없다.

정보 자원의 개방은 정부의 운영 비용을 증가시킬 필요가 없다. 정부 기관은 행정 관리 및 공공 서비스 과정에서 생성된 정보 자원을 사회에 자발적으로 개방하고, 이를 공공 플랫폼에 배치하여 누구나 접근할 수 있도록 한다면, 별도의 데이터 거버넌스나 정보 이용 통제 절차가 필요하지 않으며, 이에 따라 추가적인 행정 예산도 거의 필요하지 않다.

따라서 개방되는 데이터는 폭넓게 이해되어야 하며, 경제적으로 관리 가능한 기계 판독 데이터일 수도 있고, 또는 심층적인 관리가 필요하지 않은, 보편적 가치가 있는 행정 정보일 수도 있다.

제 2 절　정부 데이터 개방 제도의 기본 체계

데이터 개방은 정부의 새로운 사무이자 새로운 서비스로서, 데이터 개방의 목적을 실현하기 위해서는 실행 가능한 제도적 기반이 필요하다. 실제 운영에서는 무조건 개방과 조건부 개방의 이중 구조를 사회 발전의 필요와 데이터 거버넌스 역량에 맞게 조정해야 하며, 정부는 명확한 책임 체계를 마련하여 두 유형의 데이터 개방을 적극적으로 추진해야 한다.

1. 데이터 개방의 주체

데이터 개방은 정부가 사회에 데이터를 제공하는 행위로서, 누가 데이터를 개방하고 누가 개방 책임을 지는지 명확히 해야 한다. 데이터 개방의 주체는 데이터의 실제 생산자와 관리권자(또는 보유자)이다.

정부는 다층적이고 분화된 구조를 가지고 있으며, 각 부처 간에 명확한 업무 구분이 존재한다. 그 결과, 데이터 생산은 여러 부처에 분산되어 있지만, 데이터 자원의 관리 권한은 상대적으로 독립적이다. 따라서 각 정부 부처(또는 기관)는 자신이 생성 및 보유한 데이터에 대해 사회에 개방할 책임과 의무를 가진다.

데이터 개방 영역에서는 "누가 생산하고, 누가 관리하며, 누가 개방하는지" 원칙을 명확히 하여 데이터 개방 주체의 책임을 분명히 해야 한다. 데이터 개방 주체는 크게 두 가지 책임을 진다. 첫째, 데이터 자원을 관리하고 개방하는 일이며, 둘째, 데이터 개방과정에서의 위험 통제와 절차적 관리이다. 이러한 책임의 구조적 배분 원칙은 향후 데이터의 위임 운영 체계로도 이어질 것이다. 또한, 통합 데이터 개방 플랫폼을 구축한다 하더라도, 데이터 개방의 책임 주체가 각급 정부 부처 및 기관으로 분산되어 있다는 점은 변하지 않는다. 이는 통합 데이터 개방 플랫폼이 단지 정부가 사회에 데이터를 개방하기 위한 채널 또는 기술적 구현 방식에 불과하기 때문이다. 따라서, 이러한 플랫폼의 구축은 데이터의 관리나 제공(개방)을 통합 운영기관이 담당한다는 의미는 아니다.

예를 들어, 《상하이시 데이터 조례(上海市数据条例)》 제42조는 다음과 같이 명시하고 있다. "본 시는 대데이터 자원 플랫폼을 통해 사회에 공공데이터를 개방하되, 각 책임 주체는 여전히 각급 주관 부서로 한다. 즉, 시 책임 부서, 구 인민정부 및 기타 공공관리·서비스 기관은 각각 자신의 시스템, 산업, 행정 구역 및 기관 단위에 대한 공공데이터 개방을 담당하며, 공공데이터 목록의 범위 내에서 공공데이터 개방 목록을 수립하고, 데이터의 개방 범위, 개방 유형, 개방 조건 및 갱신 주기 등을 명확히 하며, 이를 동적으로 조정한다."

이 부분은 분산된 개방 주체와 통합 개방 간의 관계를 명확히 할 필요가 있음을 보여준다. 통합적 데이터 개방이란 데이터 개방의 기술적 기반 시설, 즉 통일된 표준과 제도 규칙을 의미한다. 이는 데이터가 반드시 물리적으로 집중되어야 함을 뜻하지 않으며, 오히려 개방 주체는 여전히 다양할 수 있다. 이 말은 정부가 데이터 개방 분야에서 데이터 자원의 관리권을 명확히 하면서도, 동시에 데이터 개방 업무의 책임을 함께 이행해야 함을 의미한다.

2. 정부 데이터 개방의 이분 이론

지방 입법에서는 대체로 정부 데이터 개방을 디지털 시대의 기본 공공서비스로 본다. 하지만 데이터에 대한 사회적 수요는 다양하며, 모든 주체가 동일한 수요를 가지는 것도 아니고, 모든 데이터가 보편적으로 적용 가능한 것도 아니다. 실제로 사회의 정부 데이터 수요는 크게 두 가지 유형으로 나눌 수 있다. 하나는 대중적 수요로, 사회 일반이나 모든 주체가 필요로 하거나 필요로 할 가능성이 있는 경우이며, 다른 하나는 특수 수요로, 사회 내의 특정 주체·특수 산업·특정 목적에 따른 수요를 의미한다. 앞의 경우, 정부는 기본적 공공서비스로서 데이터를 제공해야 하며, 뒤의 경우에는 그 데이터가 일반적 공공서비스 범주에 속하지 않으므로 정부가 직접 제공할 의무는 없다. 실무적으로 이 두 가지 데이터 수요를 충족하기 위한 정부 데이터 개방은 각각 무조건적 개방과 조건부 개방으로 구분된다. 이 두 형태의 개방은 대체로 정비가 필요 없는 행정정보와 정비가 필요한 원시데이터에 각각 대응한다.

이로써 우리는 무조건적 데이터 개방과 조건부 데이터 개방이라는 기존의 구분 방식을 이어받아, 성격이 서로 다른 두 유형의 데이터 개방 체계를 구축할 수 있다. 즉, 기본 공공서비스 범주에 속하는 무조건적 데이터 개방과 그 범주에 속하지 않는 조건부 데이터 개방이다. 당위적 관점에서 볼 때, 정부 데이터 개방의 이분 이론은 아래 표 19-1과 같이 구분되어야 한다.

표 19-1 정부 데이터 개방의 이분(二分) 이론

	데이터 형태	행동 성격	획득 조건
비기본 공공 서비스 데이터 개방	원시적이고 기계 판독이 가능한 사실 데이터	경제적 성격 (조건부, 유료 가능)	수요자가 승인 후 이용
기본 공공 서비스 데이터 개방	업무 요약, 통계 보고서, 업무 보고서 등 정보 자원	보편적 성격 (무조건, 무상)	모든 사회 주체가 자유롭게 이용

정부 데이터 개방의 이분 이론은 원시 데이터와 그 분석 결과의 이분 구조를 기반으로 한다. 원시 데이터는 일반적으로 특정 시스템에 저장된 표준화된 기계 판독 또는 머신러닝용 데이터로, 통제된 이용 특성을 가진다. 반면 원시 데이터를 연계·분석하거나 머신러닝을 통해 도출된 결과는 공개적으로 배포 및 전파가 가능하며, 인간이 인식하고 해석할 수 있는 정보로 전환된다. 대중의 소비(이용)를 충족시킬 수 있는 것은 정보나 지식뿐이며, 이러한 정보와 지식은 대중의 학습과 확산을 통해 인간의 지혜로 전환되어 사회적 생산력으로 발전한다. 반면, 정보를 생성하거나 지식을 생산하는 원시 데이터 요소는 모든 사회 주체가 동일한 수요나 전환 능력을 가지는 것이 아니므로 공개적이고 자유로운 이용 방식에는 적합하지 않다(이러한 이용 방식은 상당한 위험을 수반한다). 따라서 원시 데이터는 일정한 제도적 장치 아래에서만 유통·집적·융합되어 기계지능 또는 인공지능을 지원하는 역할을 수행해야 한다. 그렇다고 해서 무조건적으로 개방되는 정보 자원의 요소성, 즉 사회적 생산력 향상에 대한 기여를 부정하는 것은 아니다. 다만 원시 데이터는 그보다 더 큰 가치를 가지며, 기계지능을 뒷받침하는 핵심 생산요소로서의 의

미를 지닌다.

3. 정부 데이터의 무조건적 개방과 조건부 개방

무조건적 개방은 국제적인 '오픈데이터' 운동이 견지하는 기본 원칙으로, 정부가 사회 주체에게 자유롭게 사용할 수 있는 데이터를 무상으로 제공해야 한다는 것을 의미한다. 이때 이른바 무조건적으로 개방되는 정부 데이터란, 정부 부처가 공공행정 및 서비스 과정에서 생성(또는 작성)한 공개 가능하고 자유롭게 이용할 수 있는 정보 자원을 주로 가리킨다. 이러한 유형의 데이터 자원은 정부 부처가 공공행정 및 서비스 업무를 수행하는 과정에서 생성된 업무 정보로, 행정 데이터 용어집·기술 규격, 업무 보고서, 통계 분석 자료, 업무 보고표 등이 이에 해당한다. 민사 주체의 권리나 국가 기밀에 관련되지 않는 정보 자원은 사회 일반에 공개하여 자유롭게 활용할 수 있다.

중국 정부는 처음부터 조건부 개방과 무조건적 개방의 구분을 제시하였다. 예를 들어, 《구이저우성 정부데이터 공유·개방 조례》(2020년) 제21조는 개방 속성에 따라 무조건적 개방, 조건부 개방, 비개방의 세 가지 유형으로 구분한다고 명시하고 있다.[1] 여기서 '속성'이란 데이터 이용자의 제한 여부에 따라 구분되는 것을 의미한다. 모든 국민, 법인 또는 기타 조직이 이용할 수 있는 정부 데이터는 무조건적 개방에 해당하고, 특정한 조건하에 국민, 법인 또는 기타 조직이 이용할 수 있는 정부

1 그보다 앞서 제정된 《상하이시 공공데이터 개방 잠정방법》(2019년) 제11조에서는 공공데이터의 개방을 등급별·유형별로 구분하여, 비개방·조건부 개방·무조건적 개방의 세 가지 형태로 명확히 제시하고 있다.

데이터는 조건부 개방에 속한다. 한편, 국가기밀·영업비밀·개인정보에 관련되거나 법령에서 개방을 금지한 정부 데이터는 비개방 대상으로 분류된다. 동시에, 위 조례는 정부 데이터는 무조건적 개방을 원칙으로 해야 한다고 규정하고 있으며, 조건부 개방 또는 비개방으로 분류된 정부 데이터는 법률·행정법규 또는 국가 관련 규정에 근거해야 한다고 명시하고 있다. 이와 같은 분류 방식은 현재 중국 지방정부 전반에서 보편적으로 채택되고 있다.

정부 데이터의 무조건적 개방은 보다 보편적인 사회적 가치를 실현하는 데 중점을 둔다. 한편으로, 정보(데이터)를 얻는 것은 국민의 기본권으로서, 모든 사람은 언론의 자유를 가지며, 그 안에는 의견을 가지고 수용하며, 정보를 전달하고 사상을 표현할 자유가 포함된다. 또 다른 한편으로, 디지털 시대에 공중은 공공정보에 대한 강한 수요를 가지고 있으며, 이를 통해 편리한 디지털 생활을 누리고자 한다. 의심할 여지 없이, 정부 데이터의 무조건적 개방은 국민이 데이터를 획득하는 비용을 최소화하고, 정보와 데이터의 원활한 흐름을 촉진하며, 공공서비스 수준을 효과적으로 향상시키는 데 기여한다.

이에 반해, 이른바 '조건부'란 데이터의 이용 주체, 이용 목적 또는 이용 방식 등의 측면에서 제한이 존재함을 의미한다. 조건부 개방을 실현하기 위해 정부는 데이터 개방 시 이용자를 선별하고 통제할 필요가 있다. 따라서 조건부 개방은 정부가 데이터 이용을 통제하는 전제하에 사회에 데이터를 제공하는 행위이며, 이는 정부가 수행하는 데이터의 유통 및 이용 행위라 할 수 있다.

정부가 조건부 개방 제도를 구축해야 하는 이유는, 정부가 데이터 개방을 추진함에 있어 다음의 두 가지 기본 문제를 해결해야 하기 때문이다.

첫째, 데이터 거버넌스 문제이다. 정부 데이터의 유통과 활용은 사회에 정비된·재이용 가능한 원시 데이터를 제공하는 것을 의미한다. 공공업무 수행 과정에서 형성된 데이터는 우선 데이터 거버넌스 과정을 거쳐야만 재이용 가능한 데이터(즉, 개방 가능한 데이터)로 전환될 수 있다. 또한, 개방된 데이터는 지속적인 업데이트가 필요하므로, 이에 따라 지속적인 데이터 관리 및 정비 활동이 요구된다. 데이터 거버넌스란 원시 데이터를 계산 및 활용이 가능한 형태로 가공·처리하는 생산 활동으로서, 막대한 자금, 인력, 기술 자원의 투입이 필요하다. 따라서 조건부 개방은 정부가 사회적 역량을 흡수하여 유상의 데이터 정비 서비스를 제공받을 수 있는 기회를 마련해 준다.

둘째, 데이터 개방과 활용의 위험 관리 문제이다. 데이터 자체는 위험을 내포한 자원이며, 특히 기계가 판독 가능한 데이터일수록 위험 부담이 크다. 정부는 데이터를 개방할 때, 반드시 그 위험을 통제 가능한 범위 내에 두어야 하며, 이는 정부가 데이터를 개방하기 전에 데이터의 합법성과 신뢰성을 심사·평가하고, 신뢰할 수 있는 데이터만을 선택해 개방해야 함을 의미한다. 또한, 정부는 기술적·법률적 수단을 통해 데이터의 부적절한 사용 행위를 통제해야 한다.

따라서 조건부 개방의 핵심 과제는 개방 데이터 자원의 생산과 위험 관리 문제를 해결하는 것이다. 이 두 가지 문제를 해결하는 과정에서, 정부가 데이터 거버넌스와 개방 관리를 직접 수행하기보다는, 데이터 위탁 운영을 통해 민간 자원과 제3자의 참여를 유도하고, 사회적 자본의 투입이나 제3자가 정부 데이터를 관리·운영하는 방식으로 발전하게 되었다. 물론, 국가 재정 예산이 정부의 자체적인 데이터 거버넌스와 개방 관리 활동을 지원할 수 있다면, 조건부 데이터 개방은 정부가 직접 수행할 수도 있으며, 무상으로 시행하는 것도 가능하다. 이는 곧 조건부 개방이 반드시 유상일 필요는 없다는 것을 의미한다. 그 전제는 정부의 재정 예산이 원시 데이터 개방에 소요되는 비용을 감당할 수 있고, 또한 개방된 데이터의 이용 목적이 공익에 한정되어야 한다는 점이다.

4. 데이터 개방의 기반 시설: 통합 데이터 개방 플랫폼

조건부 개방이든 무조건 개방이든, 정부 데이터 개방은 통합된 데이터 개방 플랫폼을 통해 이루어져야 한다. 이는 정부 데이터가 사회 혹은 특정 산업에 대한 기반 인프라로 기능하기 위해 필요한 조건이다.

디지털 정부 구축 과정에서, 중국은 전 과정 통합형 온라인 서비스 플랫폼인 국가정부서비스플랫폼을 구축하였다. 이 플랫폼은 통합된 정부서비스 포털, 서비스 사무 관리, 신원 인증, 전자 인감, 전자 증명서, 데이터 공유 등의 분야에서 공공 진입구, 공공 통로, 공공 지원의 세 가지 주요 역할을 수행하고 있다. 데이터 개방이 디지털 시대의 공공서비스로 정의되고, 공공 데이터 자원이 각급 정부 부처와 기관에 분산되어 있는 현실을 고려할 때, 중국은 디지털화 과정에서 발생할 수 있는 '분산에서 집중으로의 전환' 부작용(지방별 정보공개 사이트 개별 구축에서 전 과정 통합 온라인 서비스 플랫폼으로의 전환)을 방지하기 위해, 공공 데이터 개방을 추진하는 과정에서 '통합 플랫폼 개방 모델'을 선택하였다. 2015년, 「빅데이터 발전 촉진 행동강요」는 국가 정부 데이터 통합 개방 플랫폼을 구축하고, 공공기관의 데이터 자원을 통합·집중하여 사회에 개방을 추진한다는 내용을 명시하였다. 이는 국가가 데이터 개방을 추진함에 있어 갖고 있는 종합적인 정책 방향과 기본 이념을 반영한 것이다. 「지침」에 따르면, 전국 통합 정부 빅데이터 체계는 '1+32+N' 구조의 3종 플랫폼 체계로 구성된다. 즉, 1개 국가 정부 빅데이터 플랫폼, 31개 성·자치구·직할시 및 신장생산건설병단이 공동으로 구축하는 성 단위 정부 데이터 플랫폼, 그리고 N개의 국무원 산하 부처 정부 데이터 플랫폼으로 이루어져 있다. 또한, 각 성 단위의 정부 클라우드 구축이 통합적으로 추진되는 동시에, 각 성·시 및 부처의 정부 빅데이터 플랫폼 구축 수요도 점차 확대·구체화될 것으로 예상된다.

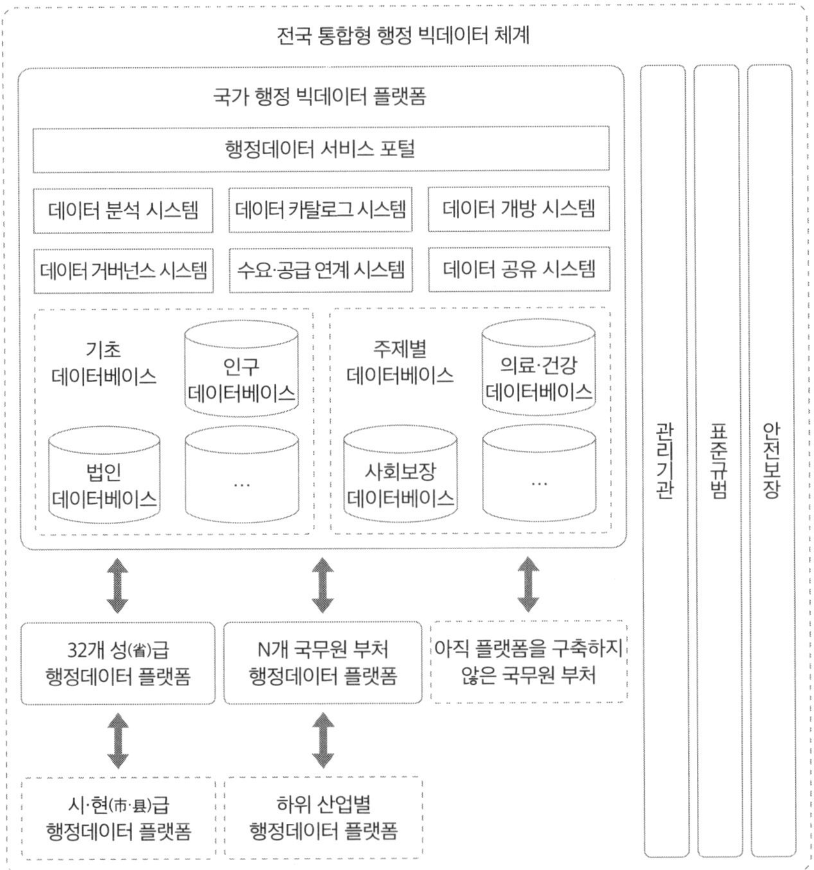

자료 출처: 국가발전개혁위원회

그림 19-1 전국 통합형 정부 빅데이터 체계의 전체 구조도

《빅데이터 발전을 촉진하기 위한 행동요강》이 발표된 이후, 각 지방 정부는 이러한 정책 방향에 따라 공공기관 데이터 자원 공유 및 개방 플랫폼의 구축을 적극 추진하였다. 또한, 이를 법제화 및 제도화하여 통합 계획 및 통합 데이터 개방 플랫폼 구축을 제도적으로 보장함으로써 정부 데이터 개방의 효과적인 실행 체계를 마련하였다. 예를 들어, 《구이저우성 정부데이터 공유·개방 조례》에서는 성 차원에서 업무 조정 기구를 설치하여 데이터 공유와 개방을 통합적으로 관리하고, 성 정부 주관 부서가 전 성 통합 정부데이터 공유·개방 플랫폼의 구축 및 유지보수를 총괄하도록 규정하였다. 따라서 모든 정부 데이터의 공유·개방은 이 통합 플랫폼을 통해 이루어진다. 또한, 《저장성 공공데이터 조례》는 성·시·현 3단계의 공공데이터 플랫폼 체계를 구축하고, 성 정부가 이를 통일적으로 계획·편성하며 단계별 관리체계를 형성하였다. 상하이시는 가장 먼저 공공데이터 통합 개방을 추진한 지역이다. 다른 성·시와 달리, 정무 데이터 공유 체계와 공공데이터 개방 관리 체계가 완전히 동일하지 않다. 정무 데이터 자원 공유 관리를 위한 지도기구는 시위원회 사무국 산하에 설치된 '지도소조+경제정보위원회 실행' 방식을 채택하고 있다. 반면, 공공데이터 개방 단계에서는 시정부 사무국이 직접 관할하는 방식을 취함으로써, 공공데이터 개방에 대한 통합적 리더십을 강화하고 있다. 또한, 《상하이시 공공데이터 개방 잠정방법》 제5조에서는 통합 개방 플랫폼(이하 '개방 플랫폼')의 구축·운영·유지 업무를 시 빅데이터센터가 담당한다고 명시하였다. 아울러, 《충칭시 데이터 조례》에서는 통합 공공데이터 자원 체계 구축 시, 단순히 정무 데이터, 공공서비스 데이터를 포함한 공공데이터 자원 체계에 한정하지 않고, 자연인, 법인 및 비법인 조직이 생성한 데이터까지 포함하는 포괄적 공공데이터 자원 체계를 구축할 것을 제시하였다.

위의 사례에서 볼 수 있듯이, 통합 기관이 공공데이터 개방을 총괄하고, 통합 데이터 개방 플랫폼을 구축하거나 이를 통해 데이터를 개방하며, 공공데이터 목록을 통합적으로 관리하는 것은 이미 지방정부의 일반적인 관행이 되었다. 그러나 '통합'이 반드시 모든 데이터를 하나의 플랫폼이나 데이터센터로 집중해야 한다는 의미는 아니다. '통합'이란 반드시 물리적 데이터 집중을 의미하는 것은 아니다. 이는 데이터 개방 관리의 통합, 통합 플랫폼을 통한 개방 실행, 통일된 데이터 표준의 구축 등을 의미할 수 있다. 즉, 통합이라 하더라도 데이터를 하나의 센터에 모두 모아 저장해야 한다는 뜻은 아니다. 왜냐하면 데이터 개방은 사회에 제공하기 위한, 정제되고 관리된 기계판독 가능한 원시 데이터의 제공 행위이기 때문이다. 공공업무 수행 과정에서 생성된 데이터는 우선 거버넌스 과정을 거쳐 재사용 가능한 데이터(개방 가능한 데이터)로 전환되어야 하며, 또한 개방된 데이터는 지속적인 갱신과 유지관리가 필요하다. 따라서 이러한 구조는 데이터 관리·정제의 효율성에 더 높은 수준의 요구를 제기하게 된다. 기술적 실현의 관점에서 보면, 데이터가 생성되는 원천에서 즉시 거버넌스를 수행하고, 실시간으로 활용할 수 있도록 제공하는 방식이 가장 효율적이다. 반대로, 데이터를 먼저 집중 저장한 뒤 정제하고 개방하는 방식은 데이터 처리량이 방대해져 개방 플랫폼이 감당하기 어려운 수준의 부담을 초래한다. 데이터가 생성 단계에서 이미 거버넌스(정제 및 관리)가 이루어진다면, 이를 다시 중앙에 집중 저장할 필요성은 사라진다. 따라서 공공데이터 개방을 가장 효율적으로 조직하는 방식은 원천 거버넌스, 원천 저장, 통합 채널(플랫폼)을 통한 개방이다. 통합 개방 플랫폼은 데이터 조회, 매칭, 호출 및 분배 기능만을 수행한다. 이는 기술적으로 '물리적 분산, 논리적 집중'으로 요약된다. 지방 입법에서도 이러한 원칙이 반영되어 있는데, 《톈진시 빅데이터 발전 및 활용 촉진 조례(天津市促进大数据发展应用条例)》는 정부 데이터 개방 메커니즘으로서 '물리적 분산, 논리적 집중' 방식을 명확히 제시하고 있다.

따라서 데이터는 각 정부 부서의 업무 운영 과정에서 생성되는 '부산물'로 볼 수 있다. 즉, 개방을 목적으로 하는 데이터라 하더라도 물리적으로 이동하거나, 관리 권한 및 개방 의무 주체가 변경될 필요는 없다. 데이터는 현장에서 생산·저장·관리되고, 통합 플랫폼를 통해 개방되어야 한다. 통합 데이터 개방 플랫폼의 역할은 데이터를 중앙에 집중·저장하는 것이 아니라, 데이터 목록의 작성과 기술 표준의 통일, 데이터 수요와 공급(제공)의 매칭, 데이터 개방의 규범적 관리 등을 수행하는 데 있다. 이러한 기능이 바로 통합 데이터 개방 플랫폼이 담당해야 할 주요 내용이다.

제 3 절 정부 데이터 위탁운영

데이터 위탁운영은 정부 데이터의 조건부 개방을 효과적으로 실현하기 위한 경로로 간주된다. 하지만 공공 데이터의 위탁운영을 어떻게 추진하고 구현할 것인지, 즉 데이터의 사회적 가치를 최대한 실현하면서도 공공 데이터의 사회적 활용의 안전성과 합법성을 보장하고, 불필요한 사회적 위험을 방지하기 위한 제도적 탐색과 보완이 필요하다.

1. 정부 데이터 위탁운영의 제기

유조건부 개방은 중국의 데이터 개방 제도에서 중요한 혁신 중 하나이다. 지방정부가 조건부 개방을 탐색하는 과정에서 점차 '위탁운영' 제도가 형성되었다. 2016년 10월, 푸젠성 인민정부는 《푸젠성 정부데이터 관리방법(福建省政务数据管理办法)》(省政府令第178号)을 공포하였다. 이 방법은 정부 데이터의 공유와 개방을 통합한 규범적 모델을 제시하였으며, 정부 데이터 개방목록을 작성·공표하고, 통합된 정부 데이터 개방 플랫폼을 기반으로 사회에 정부 데이터를 개방할 것을 요구하였다(제29조, 제30조). 또한 개방 유형을 보편적 개방과 허가 개방으로 구분하였다(제32조). '허가 개방'은 다시 두 가지 형태로 나뉜다. 첫째, 규정된 절차에 따라 신청을 받아 조건을 충족하는 신청자에게 허가를 부여하는 방식이다. 둘째, 허가 개방된 데이터를 상업적으로 개발·활용하는 경우, 공개입찰 등 경쟁적 절차를 통해 허가 개발 대상을 선정해야 한다. 이 두 번째 방식이 현재 통상적으로 말하는 '위탁운영' 모델에 해당한다. 정부가 부여한 허가 수익은 국가 자산의 경영 수익으로 간주되며, 재무 규정에 따라 동급의 재정 수입으로 귀속된다. 이처럼 '조건부 개방'에서의 위탁운영은 중국 정부 데이터 개방 제도의 기본 체계로 자리 잡았고, 다른 지방정부에서도 점차 채택하거나 확산되고 있다. 예를 들어, 2021년 11월 발표된 《상하이시 데이터 조례》는 공공데이터 위탁운영 제도를 공공데이터 개방의 독립된 형태로 규정하였다.

위탁운영 제도는 지방정부가 조건부 개방을 탐색하는 과정에서 제기된 것이며, 동시에 국가 차원의 정책적 지원도 받았다. 《중화인민공화국 국민경제 및 사회발전 제14차 5개년 계획 및 2035년 장기 목표 요강》에서는 정부 데이터 위탁운영 시범을 전개하고, 제3자가 공공데이터의 발굴과 활용에 참여하도록 장려한다고 명시하였다. 또한 《전국 통합 정부 빅데이터 체계 구축 가이드라인(全国一体化政务大数据体系建设指南)》에서도 정부 데이터 운영을 추진하고, '관리와 운영의 분리' 원칙에 따라 데이터 운영기관의 역량을 강화한다고 제시하였다. 전문 역량 강화를 위해 전문 데이터 인재 양성 체계를 구축하고, 데이터 인력의 디지털 사고력·디지털 기술·디지털 소양을 향상시켜야 한다. 이를 통해 운영 주체의 부재와 전문성 부족이라는 한계를 보완하고, 정부 데이터 개발 및 운영의 혁신적 모델을 마련해야 한다. 또한 조건을 충족하고 신뢰도가 높은 제3자 기업이나 공공기관이 운영 서비스를 수행할 수 있도록 적극적으로 지원해야 한다. 정무 데이터 운영 규칙을 수립·정비하고, 데이터 운영의 비차별성 및 비독점 원칙을 명확히 해야 한다. 또한 운영 기관의 안전 관리 주체 책임을 분명히 하고, 정무 데이터 위탁운영 관리 방안을 연구·제정해야 한다. 이를 통해 권한부여 범위와 운영 안전에 대한 감독 및 관리 체계를 강화해야 한다. 2019년 7월, 디지털중경대데이터응용개발유한공사가 설립되어, 해당 회사가 전시 정무데이터 운영 플랫폼을 구축하였다. 이는 충칭시가 데이터 자원의 집중·공유 및 데이터 발전 생태계의 체계적 고도화를 실현하기 위한 실질적 단계에 들어섰음을 의미한다. 2020년 9월, 베이징시는《베이징시 금융 공공데이터 특구 건설에 관한 의견(关于推进北京市金融公共数据专区建设的意见)》을 발표하였다. 이 문건은 베이징시 경제정보화국이 추진하는 '정부 감독+기업 운영' 모델의 공공데이터 요소 시장화 응용 방식을 제시하였다. 이에 따라 베이징 금융대데이터유한공사가 금융 공공데이터 특구를 구축·운영하는 주체로 지정되었으며, 데이터의 관리·운영·혁신적 활용의 역할을 맡았다. 이후 2023년 7월 18일, 베이징시 경제정보화국은《베이징시 공공데이터 특구 위탁운영 관리방안(의견수렴안)》을 공표하며, 공공데이터 특구의 위탁운영을 더 넓은 영역으로 확대하려는 방침을 제시하였다.

현재 중국의 정부 데이터 위탁운영은 여전히 탐색 단계에 있으며, 특히 데이터 소유권의 경계, 가치평가, 거래, 안전보호 등에 관한 법제적·제도적 보완이 요구되고 있다. 특히 "데이터 20조"의 기본 정신을 바탕으로, 데이터 요소화의 특성을 반영하여 정부 데이터의 사회적 활용을 위한 위탁운영 제도를 제도적으로 정립하고 실질적으로 시행하는 것이 핵심 과제로 제시된다.

2. 정부 데이터 위탁운영의 기초와 내용

정부 데이터 위탁운영은 조건부 데이터 개방의 한 가지 실현 경로로 볼 수 있다. 따라서 우리는 여전히 데이터 개방 제도 체계 안에서 그 법적·제도적 위치를 논의해야 한다. 데이터 개방은 정부가 생산하고 통제하는 데이터를 사회적으로 활용할 수 있는 질서를 구축하는 것을 의미한다. 따라서 먼저 정부가 데이터의 생산자이자 보유자임을 인정해야 한다. 다만, 사회의 다른 주체들과 구분하기 위해 정부를 데이터 자원 관리 주체라고 부른다. 이에 따라 위탁운영을 시행하기 위해서는 정부가 우선 데이터 관리권과 사용권을 확보해야 하며, 이 권한이 바로 정부 데이터 위탁운영의 근간이 된다. 법적 성격에서 볼 때, 이러한 위탁운영 행위는 특허경영으로 규정할 수 있다.

정부가 관리하는 데이터는 정부 기관이 공공 서비스를 수행하고 제공하는 과정에서 처리되는 각종 데이터로, 이러한 데이터 역시 데이터 요소로서의 가치를 지닌다. 이 데이터는 정부의 행정 관리와 정책 수립에 필요한 수요를 충족시킬 뿐만 아니라, 사회 구성원의 다양한 요구 또한 충족시킬 수 있다. 따라서 데이터 개방은 사회가 정부가 보유한 데이터를 활용할 수 있도록 하는 방식이자, 공공 데이터 자원의 사회적 이용을 실현하는 중요한 수단이다. 정부 자체가 공공서비스 기관이라는 관점에서 보면, 정부는 직무 수행과 공공서비스 제공 과정에서 생성된 데이터를 공공재 또는 공공서비스의 형태로 사회에 다시 제공할 의무가 있다. 그러나 정부가 직무를 수행하고 공공서비스를 제공하는 과정에서 생성된 데이터가 사회 구성원이 재활용할 수 있는 공공재로 당연히 간주되는 것은 아니다. 이는 정부가 직무를 수행하고 공공서비스를 제공하는 과정에서 생성한 데이터가 단순한 자원에 불과하며, 적절한 데이터 거버넌스 과정을 거치지 않으면 요소적 가치를 지니지 못하기 때문이다. 사회가 재활용할 수 있는 데이터 요소(또는 '데이터 상품')로 생산되기 위해서는 막대한 인력과 물적 자원의 투입이 필요하다. 데이터가 데이터 요소로 전환된 이후, 이를 사회에 제공(또는 개방)하는 과정에서도 전문적인 관리가 필요하다. 이 단계에서는 사회의 다양한 수요를 발견·연계·매칭하고, 데이터의 사회적 활용 전 과정에서 리스크를 통제해야 한다. 따라서 데이터 거버넌스에서 개방, 나아가 사회적 활용 관리에 이르는 전 과정은 매우 복잡하고 전문적인 절차를 수반하며, 이는 정부의 기존 역량(예산 제약, 인력 한계 등)으로는 감당하기 어려운 영역이다. 이 때문에 정부는 자원을 보유한 주체로서, 이를 전문 기관이나 기업에 위탁하여 운영하도록 하고 있다.

효율적인 위탁 운영을 위해 정부의 위탁 내용은 보통 다음 세 가지로 구성된다.

첫째, 데이터 거버넌스이다. 정부 기관이 운영 과정에서 생성한 데이터는 사회에 직접 제공하기 어렵고, 심지어 재활용하기에도 부적절한 경우가 많다. 따라서 위탁운영은 대체로 정부가 데이터 자원 보유자로서 전문 기관에 데이터 관리 권한을 부여하여, 이들이 데이터를 정비·가공하여 개방 가능한 데이터로 전환하도록 하는 방식을 취한다.

둘째, 데이터 상품화이다. 개방 가능한 데이터 요소라 하더라도, 단순히 존재하는 것만으로는 사회적 가치가 실현되지 않는다. 이 데이터는 반드시 사회적 수요나 구체적인 활용 상황과 결합되어야 하며, 그럴 때에야 비로소 특정한 요구를 충족시키는 '데이터 상품'으로 완성될 수 있다.

셋째, 데이터의 대외 제공 관리이다. 산업 제품에 도매상이나 유통업자가 필요한 것처럼, 위탁 운영은 정부가 데이터의 시장화 업무를 전문 기관에 위탁하여 운영하도록 하는 것을 의미한다.

데이터 자원의 경우, 아직 데이터 상품화가 시작되지 않았거나 완료되지 않았기 때문에, 위탁 운영에는 자연스럽게 데이터 자원을 가공·활용하여 데이터 상품을 형성하고 이를 최종 이용자에게 '판매'하는 행위가 포함된다. 이러한 허가는 실제로 위탁 운영자가 허가권자를 대신하여 그가 가지는 가공·활용 및 유통 권리를 행사하도록 하는 것을 의미한다. 이는 허가를 받은 주체가 허가 범위 내에서 데이터 자원을 개발하여 형성한 데이터 상품에 대한 가공·활용 권리를 가지며, 동시에 그 가공·활용을 통해 생성된 데이터 상품을 사회에 제공할 수 있는 영업권도 보유함을 의미한다. 즉, 허가 운영자는 실질적으로 정부 데이터 상품의 보유자 지위를 획득한 것이며, 이러한 지위는 정부의 허가 행위에 의해 부여된 결과이므로, 그가 데이터 상품의 영업권을 취득한 것으로 본다.

이것이 바로 정부 데이터 위탁 운영의 주요 방식이다. 수탁 운영 기관이 정부의 데이터 자원을 데이터 상품으로 전환하기 때문에, 수탁 운영 기관은 특허적 지위를 가진 데이터 상품 보유자로서, 그가 대외적으로 데이터를 제공하는 과정은 데이터의 유통 행위에 해당한다. 따라서 위탁 운영은 정부가 보유한 데이터를 요소화 또는 상품화하는 과정을 실현하며, 이를 통해 정부 데이터의 사회적 활용이 가능해지고, 정부 데이터가 합법적으로 데이터 요소 시장에 진입할 수 있는 제도적 경로를 마련하게 된다.

3. 위탁 운영의 거버넌스: 위탁 측과 운영 측의 제도적 장치

위탁 운영의 효과적인 추진을 위해서는 우선 정부 측의 위탁 효력과 효율성 문제를 해결해야 한다. 이는 정부 데이터의 위탁 운영이 궁극적으로 사회에 고품질 데이터 요소를 공급하는 것을 목표로 하고 있으며, 이러한 공급이 일종의 특허적 시장 운영 방식을 띠기 때문이다. 따라서 정부 측의 위탁은 유효하고 안정적이어야 하며, 동시에 각 정부 부처가 데이터 제공 의무를 성실히 이행하도록 효율적으로 동원할 수 있는 체계가 필요하다.

위탁 운영이 직면하는 첫 번째 문제는 누가 정부를 대표하여 허가를 시행할 것인가이다. 정부는 여러 수준과 유형의 행정기관으로 구성되어 있으며, 각 기관은 고유한 관리 권한과 공공서비스 기능을 가지고 있고, 각자 자체적으로 데이터를 생성한다. 이러한 데이터는 우선 각 정부 기관의 생산 요소, 더 나아가 해당 기관의 자원으로 간주된다. 법적으로는, 각 정부 기관이 데이터 자원 관리권을 행사하고, 데이터 제공 의무를 이행해야 한다는 점을 명확히 할 수 있다. 그러나 실제 운영 단계에서는 시장 규칙에 따라 데이터 위탁 운영을 추진할 때의 실행 가능성을 반드시 고려해야 한다. 효율성의 관점에서 볼 때, 정부는 집중적 위탁 방식을 채택하는 것이 바람직하다. 즉, 상위 정부가 동일 수준의 모든 부처(기관)를 대표하여 전문 기관에 운영을 위탁하는 방식이다. 그러나 이러한 허가를 시행하기 위해서는, 각 기관이 자체 데이터 제공 의무를 성실히 이행할 수 있도록 하는 제도적·기능적 장치가 마련되어야 한다. 여기에는 특히 정부 허가 운영 과정에서의 비용 분담 및 수익 배분 문제를 어떻게 해결할 것인지에 대한 체계적인 제도 설계가 포함되어야 한다.

그러나 정부 데이터는 산업과 사회의 분업 체계를 반영하는 복잡하고 방대한 시스템이다. 한편으로 정부 자체의 데이터 자원 관리 권한은 산업별로 구분되어 있으며, 일정한 정도의 수직적 관리 속성을 가진다(단지 그 정도의 차이가 있을 뿐이다). 다른 한편으로 데이터의 재이용 역시 산업별·분야별 특성을 가진다. 따라서 각 산업 주관 부처가 전문 기관에 위탁 운영을 허용할 권한을 가지는가의 문제는 위탁 운영 제도의 핵심 쟁점이 된다. 명백히, 각 정부 부처(기관)가 데이터 자원 관리권을 보유하고 있음을 인정한다면, 동시에 그 부처가 대외적으로 데이터를 개방할 권리와 의무 또한 인정되어야 한다. 이러한 전제하에서 1급 정부 부처의 위탁은 동급의 다른 정부 기관을 대표하는 행위로 간주될 수 있다. 그럼에도 불구하고, 원칙적으로 조건이 충족되는 산업 주관 부처의 독립적 위탁 권한을 박탈해서는 안 된다. 가능한 하나의 원칙은 다음과 같다. 기초 지방정부일수록 통합적 위탁 방식을 시행하기가 더 용이하다. 수직적 관리 체계가 강하고 산업적 특성이 뚜렷한 부문별 주관 부처의 경우에는, 독립적으로 허가 운영을 실시할 수 있다.

위탁 운영은 정부가 직접적으로 상업적 성격의 행위를 수행할 수 없다는 제약하에서, 특허적 운영 방식을 통해 정부 데이터를 요소화하고 시장에서 활용하는 제도적 방식이다. 따라서 정부 측에서도 위탁의 실효성 있는 운영 문제를 신중히 고려해야 한다. 이는 단순히 위탁자의 권한을 합리적으로 배분하는 문제일 뿐만 아니라, 정부 데이터 위탁 운영에 내재된 위험을 어떻게 관리할 것인가의 문제이기도 하다. 결국 권한과 책임이 일치하는 구조가 구축될 때에만, 정부 데이터의 효율적이고 안정적인 위탁 운영 메커니즘을 확립할 수 있다.

운영 측의 거버넌스 규범 역시 데이터 위탁 운영에서 반드시 해결해야 할 핵심 과제이다. 이와 관련하여, 우선 시장 원리에 따라 위탁 운영 조직을 위치시키고 구성해야 하며, 위탁 운영자를 자체 수익과 손실을 책임지는 독립적인 법인 조직으로 육성할 필요가 있다. 그 이유는, 위탁 운영자가 정부 데이터를 생산요소로 전환하고, 특정 사회적 수요를 충족시키기 위한 특정 활용 장면에서의 데이터 제품을 개발·제공하는 역할을 수행하기 때문이다. 이 과정에는 필연적으로 비용이 발생한다. 정부가 데이터를 무상으로 제공하더라도, 운영자는 데이터 정제·관리·운영을 위해 자금을 투입해야 하며, 이러한 비용을 회수하고 일정한 이윤을 확보하기 위해 유료 서비스를 제공하게 된다. 다만, 정부 데이터가 무상으로 제공되는 만큼, 운영자는 데이터 자원 자체에 대한 투자 부담이 없으며, 이에 따라 운영자의 요금은 정부의 감독·규제를 받아야 한다. 즉, 운영자가 얻는 수익은 그가 투입한 비용과 대체로 균형을 이루어야 하며, 공공 데이터 개방의 공익적 성격을 훼손하지 않도록 정부 가격 통제(정부 가격 결정제)가 이루어진다. 이러한 전제 아래, 위탁 운영자는 영리 법인으로서의 성격을 가지되, 동시에 정부의 감독과 규제 대상이 된다. 따라서 정부는 운영자의 독립성과 자율성을 보장하는 한편, 공공 목적에 부합하도록 필요한 감시와 제약을 병행함으로써 데이터 위탁 운영이 정부 데이터 개방의 본래 취지와 목적에 부합하도록 해야 한다.

일반적으로 정부는 위탁 운영자와 사전에 '위탁 운영 계약'을 체결하여, 쌍방의 권리·의무·책임을 명확히 규정하고, 이를 바탕으로 사전·사중·사후의 감독 및 제재·조치 체계를 구축함으로써 안정적이고 효율적인 허가 운영 메커니즘을 형성해야 한다. 위탁 운영 계약과 사중·사후 감독에서는 다음과 같은 사항을 구체적으로 명시·처리할 필요가 있다.

첫째, 위탁 범위와 내용이다. 정부는 위탁 운영 계약 또는 특허 운영 계약을 통해, 위탁 데이터의 범위, 운영 내용, 위탁 기간, 각 당사자의 권한·의무·책임 관계를 명확히 해야 한다. 아울러 운영자의 운영 독립성과 정부의 감독·관리 권한의 한계 역시 명확히 설정할 필요가 있다.

둘째, 운영자의 데이터 제품 보유권 명확화이다. 만약 위탁 내용에 원시 데이터의 정제, 가공, 제품화 등의 과정이 포함된다면, 운영자에게는 해당 데이터 제품에 대한 보유권을 인정해야 한다. 이는 운영자가 더 높은 품질의 데이터 제품을 생산하도록 유인하고, 데이터 제품의 거래 및 서비스 제공을 자율적으로 결정함으로써 사회적 수요를 보다 효과적으로 충족시키는 데 기여하기 때문이다. 물론, 정부가 데이터의 원천 관리를 직접 수행하고, 운영자에게 단지 사회 수요에 맞춘 개발·연계·유통 또는 재판매 권한만을 부여하는 경우에는, 운영자는 데이터 제품의 경영권만을 취득하게 된다.

셋째, 데이터 개방의 안전성과 법규준수 책임이다. 정부와 운영자는 데이터 개방 과정에서 발생할 수 있는 데이터 보안 및 법적 책임을 합리적으로 분담해야 하며, 데이터 개방이 개인 권익을 침해하거나, 국가 안보 및 공공 이익을 해치는 일이 없도록 해야 한다.

넷째, 데이터 운영자의 투자·요금·수익 배분 등에 관한 사항이다. 운영자는 정부의 가격 결정 메커니즘하에서 독립적으로 투자·운영을 수행하고, 자체 수익과 손실을 책임지는 독립경영 체제를 확립해야 한다.

다섯째, 운영자의 서비스 제공 및 데이터 이용 감독 책임이다. 사회에 데이터 제품을 제공하는 주체로서, 위탁 운영자는 애프터서비스를 제공해야 하며, 제공된 데이터가 국가 또는 산업별 품질 기준과 계약 목적에 부합하도록 관리해야 한다. 또한 데이터 이용자가 데이터를 사용하는 과정에서 발생할 수 있는 위험을 감독·관리할 의무도 가진다.

요컨대, 데이터 위탁 운영은 중국적 특성이 매우 강한 정부 데이터 유통·활용 모델이라고 할 수 있다. 위탁 운영 기관은 공공데이터 관리 기관으로부터 인가를 받아, 해당 데이터를 가공·정제하여 데이터 제품과 서비스를 창출하고, 이를 통해 시장 참여자에게 표준화된 고품질 데이터 요소를 제공한다. 이러한 특허적 시장화 데이터 공유 방식은 한편으로는 공공기관과 사회 주체 간의 데이터 이익 관계를 조정하고, 다른 한편으로는 통제 가능하고 감독 가능한 데이터 보안 체계 내에서 고품질 데이터 요소 제품의 공급을 실현함으로써 시장 효율성과 가치의 동시적 제고를 가능하게 한다. 따라서 우리는 실천적 탐색을 적극적으로 장려하고, 효율적인 위탁 운영 모델을 발전시켜, 향후 관련 입법에 참고할 수 있는 제도적 경험을 축적해야 한다.

4. 위탁 운영 수익의 사회적 공유

정부가 관리하는 데이터 자원은 사회로부터 비롯된 것이며, 정부는 국민 전체를 대표하여 데이터 자원의 관리권을 행사하고, 데이터 개방(위탁 운영을 포함함)을 통해 그 사회적 가치를 실현한다. 이 과정에서 무조건적 개방은 국민이 데이터를 직접 활용하고 데이터로 인한 혜택을 누리게 하지만, 위탁 운영 방식에서는 사회적·공공적 성격을 가진 데이터 자원이 특정 산업이나 특정 주체의 개발·활용을 통해 사회적 가치를 실현하게 된다. 이때 직접적인 이익을 얻는 것은 데이터를 실제로 사용하는 주체이며, 일반 국민은 특히 경제적 이익을 직접적으로 얻기 어렵다. 따라서 전 국민이 정부 데이터 개방으로 인한 혜택을 체감할 수 있도록 하기 위해서는 제도적 설계가 필요하다. 이를 통해 2차적, 나아가 3차적 분배를 실현함으로써 사회적 공평성을 달성해야 한다.

사례

상하이시의 공공데이터 개방 분야 탐색

상하이시는 2012년 6월부터 정부 데이터 자원의 사회 개방 시범사업을 시작하였다. 정부 데이터 자원의 공유와 개방을 촉진하기 위해, 2014년 상하이시 인민정부는《정부 정보자원 사회 개방·활용 촉진 업무 추진에 관한 시행의견 통지(关于推进政府信息资源向社会开放利用工作实施意见的通知)》(沪府办〔2014〕37号)를 발표하였다. 이 통지는 상하이시 정부 데이터 개방의 기본 원칙과 실행 방안을 확립하였다. 그 기본 원칙은 다음과 같다. (1) 개방 우선, 안전 확보; (2) 중점 부각, 단계적 추진; (3) 표준 통일, 운영 규범화; (4) 시장 유도, 활용 촉진. 데이터 개방의 주요 단계와 조치는 다음과 같다. 우선 정부 정보자원을 정리하고, 그 후 개방 범위를 확정하며, 정보자원 개방 채널을 개선하고, 정부 정보자원의 부가가치적 활용을 지원하는 것이다. 또한 상하이시 경제정보화위원회는 2016년과 2017년에 각각 해당 연도의 상하이시 정부 데이터 자원 공유 및 개방 업무 계획을 수립하였다(沪经信推〔2016〕238号和沪经信推〔2017〕461号).

2018년 9월, 상하이시 정부는《상하이시 공공데이터 및 원스톱 서비스 관리방법(上海市公共数据和一网通办管理办法)》(市府令第9号)을 공포하였다. 이 규정은 상하이시의 공공데이터 통합·활용을 촉진하기 위한 전체적 제도 틀을 마련하고, 데이터의 분류별 공유 및 개방 원칙을 명확히 하였다. 특히 제30조 분류 개방 조항에서는 다음과 같이 규정하고 있다. 공공데이터는 개방 유형에 따라 무조건 개방형, 조건부 개방형, 비개방형의 세 가지로 구분한다. 영업비밀, 개인정보, 또는 법령에 의해 개방이 금지된 데이터는 '비개방형'으로 분류하고, 데이터 보안 및 처리 능력에 대한 요구가 높거나, 시의성이 강하며, 지속적인 데이터 접근이 필요한 공공데이터는 '조건부 개방형'으로 분류한다. 기타 공공데이터는 '무조건 개방형'으로 분류한다. 그러나 해당 방안은 종합적인 성격을 지니고 있었기 때문에, 이후 곧바로《상하이시 공공데이터 개방 관리방법(上海市公共数据开放管理办法)》(政府21号令)의 제정 작업이 시작되었다. 이 규정은 2019년 10월에 공포되었으며, 제21호 명령은 공공데이터 개방을 전문적으로 규율하는 지방성 법규로서, 그 안에 규정된 개방 원칙·개방 유형·개방 메커니즘 등은 오랜 기간의 데이터 개방 실무 경험을 종합하여 도출된 결과이다. 이에 따라 확립된 다수의 제도적 규칙은 타 지역으로의 확산 및 적용이 가능한 모범적 가치를 가진다. 특히 제5장 다원적 개방은 공공데이터 개방의 기본 제도를 확립하는 동시에, 사회 데이터의 개방을 촉진하려는 시도로서의 의미를 지닌다.

2021년 11월, 상하이시는 다시《상하이시 데이터 조례》를 제정·공포하였다. 이 조례에서 제시된 공공데이터 위탁 운영 제도는 기존의 단순한 데이터 개방을 넘어, 특정한 데이터 운영 주체에게 일정한 범위 내에서의 데이터 활용 권한을 부여하고, 통합적으로 설계된 공공데이터 운영 플랫폼이 제공하는 안전하고 신뢰할 수 있는 환경을 기반으로, 데이터의 개발·활용을 수행하며 데이터 제품과 서비스를 제공하도록 하는 제도이다. 이러한 위탁 운영 제도는 정부 데이터의 유통 및 활용 방식을 한층 다양화하고, 데이터 요소 시장과의 연계를 보다 효과적으로 실현함으로써, 공공데이터의 사회적 개발·활용 수준을 한층 더 제고시키는 역할을 하고 있다.

—관련 자료를 종합하여 정리함

사실상, 정부 데이터의 위탁 운영을 통한 개방·활용은 데이터 거버넌스 요구에 부응하는 현실적 선택이라 할 수 있다. 정부 데이터의 개방 목적은 단순한 공개에 그치지 않고, 이를 분석·활용함으로써 산업 발전, 사회적 수요, 그리고 정부의 관리 및 서비스 향상에 환원하는 데 있다. 그러나 이러한 데이터 활용은 데이터 품질이 일정한 기준에 도달해야만 가능하다. 따라서 데이터 거버넌스는 데이터 개방 및 활용 과정에서 불가결한 핵심 단계로 자리한다. 하지만 데이터 거버넌스에는 전문 인력, 기술 역량, 운영 능력 및 효율적 시스템 구축이 필요하며, 지속적인 투자와 관리가 필수적이다. 정부 부처 입장에서는 전문적인 인력과 자원을 장기적으로 투입하여 데이터 거버넌스를 수행하는 것이 큰 도전이 될 수 있다. 이러한 관점에서, 막대한 인적·물적·재정적 투입이 요구되는 데이터 거버넌스 업무를 전문 사회 주체에 위탁하는 것은 보다 현실적이고 효율적인 대안이라 할 수 있다.

공공데이터의 위탁 운영은 상하이 데이터 입법의 주요 성과 중 하나로 평가된다. 이는 전국적으로 처음으로 공공데이터 권한 운영 제도를 법제 형태로 명시한 사례이기도 하다. 이 제도를 효과적으로 추진하고 실질적으로 시행하기 위해, 위탁 운영의 구체적 관리방안 역시 상하이시 지방입법의 입법 일정에 포함되어 추진 중이다.

심화 학습

다원적 데이터 개방 체계

공공데이터의 개방을 촉진하고 그 범위를 확대하기 위해, 지방 입법에서는 공공서비스 기관(공익사업 및 공용사업을 수행하는 기업·사업조직)의 데이터를 공공데이터의 범주에 포함시켰다. 데이터가 경제적 자원 또는 생산요소로 자리 잡음에 따라, "데이터 20조"가 공공데이터의 권리확정·권한부여 및 유상개방 정책의 시행 조건을 명확히 한 배경 속에서, 우리는 정부의 데이터 보유권과 기타 공공기관(공익·공용 사업체)의 데이터 보유권을 구별해야 한다. 또한, 이들 각각의 주체에 대해 상이한 데이터 개방(데이터 제공) 행위 방식을 적용해야 하며, 여기에 일반 사회기관까지 더하면, 정부·공공기관·사회기관이라는 세 유형의 데이터 보유 주체 구분을 통해 데이터의 특성과 데이터의 요소화·활용 규칙에 부합하는 데이터 기본제도를 구축할 수 있을 것이다.

(1) 정부 데이터 보유자의 데이터 개방

정부는 공공재를 전문적으로 생산하고, 공공관리 기능과 기본적인 공공서비스 제공 의무를 수행하는 공공기관이다. 따라서 정부가 사회에 제공하는 서비스는 균등성과 보편성을 갖추어야 하며, 무조건적·무상 제공을 원칙으로 한다. 정부의 사회 관리가 점점 디지털화됨에 따라, 디지털 정부는 현대 정부의 기본 운영 방식으로 자리 잡고 있다. 이 과정에서 많은 공공서비스가 디지털 방식으로 제공되고 있으며, 동시에 공공서비스의 유형과 범위도 지속적으로 확대되고 있다. 예를 들어,

디지털 커뮤니티 기반의 재택 요양, 스마트 교통, 디지털 독서 등 새로운 생활 서비스와 편의 조치가 등장하였다. 또한, 행정정보 자원의 개방 역시 디지털 정부의 새로운 기본 공공서비스로 인식되고 있으며, 이러한 데이터는 사회에 무조건적이고 무상으로 제공되어야 한다. 현재의 공공데이터 개방 실무에서 공개되는 데이터는 대부분 대중이 자유롭게 이용할 수 있는 정보 자원에 해당한다. 따라서 이러한 데이터 개방은 기존 공공서비스가 디지털 시대에 맞게 확장된 형태로 볼 수 있으며, 그 자체로 기본 공공서비스 체계에 포함되는 영역이라 할 수 있다. 그러나 기계판독이 가능하고 재활용이 가능한 원시 데이터의 개방은 기존 공공서비스의 단순한 자연적 연장이 아니라, 사회에 새로운 서비스를 제공하는 행위로 보아야 한다. 이러한 서비스의 성격은 데이터 이용 대상이 보편적 복지성을 가지는지 여부에 따라 다시 평가될 필요가 있으며, 동시에 데이터 거버넌스(요소화)와 운영·관리 비용도 함께 고려해야 한다. 현재의 데이터 개방 실무를 살펴보면, 이러한 유형의 데이터 개방은 기본적 공공서비스가 아닌 '비기본 공공서비스'로 위치 지우는 것이 타당하다. 따라서 데이터 이용자에게 이용 조건을 설정하거나 요금을 부과할 수 있으며, 다만 특정 데이터가 보편적 복지 서비스를 위한 것으로 지정되어 재정이 모든 운영비용을 부담하는 경우에는 예외로 할 수 있다. 정부는 직접적인 영리 행위를 할 수 없기 때문에, 조건부 또는 유상 형태의 정부 데이터 개방을 실현하려면 '위탁 운영' 방식을 도입해야 한다. 즉, 사회적 자원을 유입하여 정부가 보유한 데이터를 요소화(데이터 자원화)하고, 사회적 수요와 연계한 뒤, 정부의 조정하에 정해진 가격으로 데이터 공급을 이루어야 한다. 따라서 정부의 데이터 보유권을 명확히 하는 것뿐만 아니라, 정부가 보유한 데이터를 합법적이고 안전하게 사회에 제공할 수 있도록 하는 과학적 권한 운영 제도를 마련해야 한다. 이로써 정부는 데이터 요소의 공급자로서의 역할을 수행하게 된다.

(2) 기타 공공기관 데이터 보유자의 데이터 개방

기타 공공기관이란 지방 입법에서 정의하는 공공서비스 기관을 의미하며, 일반적으로 의료, 교육, 상·하수도, 전력, 가스, 통신, 문화·관광, 체육, 환경보호, 교통운송 등의 공공 기업 및 사업 단위를 포함한다. 이들 기관이 공공서비스를 제공하는 과정에서 수집·생산하는 데이터가 모두 공공데이터에 해당하는 것은 아니며, 더욱이 그것이 사회 전체가 자유롭게 이용할 수 있는 의미의 공공데이터라고 보기도 어렵다. 이에 따라,《충칭시 데이터 조례》는 기타 공공기관이 생산한 데이터의 개방 범위를 명확히 하기 위해 '공공이익에 관련된 데이터'로 그 적용 대상을 제한하였다. 또한《샤먼 경제특구 데이터 조례》에서는 기타 공공기관이 생산한 데이터를 공공데이터와 비공공데이터 두 범주로 직접 구분하고 있다. 필자는 다음과 같은 입장을 제시한다. 기타 공공기관의 독립적인 데이터 보유권을 인정해야 하며, 이들이 자체적으로 생산한 데이터 자원을 자율적으로 개발·활용할 권리를 부여해야 한다. 동시에, 이들 기관은 정부에 공공서비스 수행에 필요한 기초정보를 제공할 의무를 부담해야 한다. 이러한 체계를 통해, 기타 공공기관은 자율적 데이터 관리·활용의 권한을 보장받으면서도, 정부가 공공서비스 목적을 달성하는 데 필요한 기반 데이터 제공 기능을 수행할 수 있게 된다.

인정해야 할 점은, 입법 표현이든 정부나 입법자의 본래 의도이든 간에, 기타 공공기관이 보유한 모든 데이터를 공공데이터 범주에 포함시키려는 것이 아니라, 디지털 시대의 다양한 공공서비스를 지원하기 위한 목적에서 그러한 제도가 설계되었다는 것이다. 가장 직접적인 목적은, '원스톱 서비스·통합 관리·협동 운영' 등의 기초 공공서비스를 실현하기 위해 부처 및 분야 간 데이터 연계·공유를 통한 상호운용성 확보와 지능형 응용을 위한 디지털 기반을 구축하는 데 있다. 이를 위해서는 의료, 교육, 상수도, 전력, 가스, 통신, 문화·관광, 체육, 환경보호, 교통운송 등 공익성과 공용성을 갖춘 공공기업 및 기관의 데이터 접속과 통합이 필요하다. 따라서 정부가 공공관리와 서비스를 수행하기 위해 이러한 산업 분야의 기초 데이터를 수집·활용하는 것은 정당한 행위이며, 이는 공공서비스를 담당하는 기관이 마땅히 부담해야 할 사회적 의무이기도 하다. 그러나 기타 공공기관이 보유한 데이터를 공공데이터 범주에 포함시키는 데에는 보다 심층적인 제도적 목적이 존재한다. 즉, 그것은 정부의 새로운 공공서비스 활동인 '데이터 개방'을 뒷받침하기 위한 것이다. 공공데이터 개방을 통해 공개되는 데이터는 사회가 재이용할 수 있는 원시 데이터로서의 성격을 가지며, 정부는 이러한 데이터를 확보하기 위해 각 산업 분야의 사회 주체(기타 공공기관 포함)가 제공하는 다양한 원시데이터에 의존한다. 이러한 데이터의 집합을 통해서만 정부는 공공관리와 공공서비스에 필요한 데이터 세트를 형성할 수 있다.

(3) 일반 사회주체의 데이터 개방 의무

데이터는 사회성과 공공성을 지니고 있기 때문에, 비공공기관인 일반 사회주체 역시 일정한 데이터 개방 의무를 부담한다. 그러나 사회주체의 경우, 법률에서 명시적으로 사회에 무상 또는 무조건적으로 데이터를 개방하도록 규정하지 않는 한, 사회에 데이터를 어떤 방식으로 제공할지는 데이터 보유자의 자율적 의사에 따라 결정되는 사항이다. 이에 비해 기타 공공기관은 본래 기본적인 공공서비스를 수행할 책임을 지고 있으므로, 전통적인 공공서비스의 범위 내에서 정보 서비스를 제공하거나, 공공서비스를 디지털 방식으로 제공할 의무를 가진다. 이와 같이, 기타 공공기관이 사회(정부를 통한 집적 방식으로)에 공공이 필요로 하는 데이터나 정부가 기본 공공서비스를 제공하는 데 필요한 데이터를 제공하는 행위는, 결국 이들 기관이 수행해 온 기존 공공서비스의 연장선상에 있는 것으로, 법적으로 이행해야 할 의무에 해당한다. 따라서 법률에 명확히 규정되어 있다면, 이들 기관은 해당 데이터를 무상으로, 대가 없이 제공해야 한다. 그러나 정부의 경우와 마찬가지로, 이들 기관이 생산하는 모든 데이터가 반드시 공공의 필요를 충족시키거나 자유롭게 활용 가능한 데이터인 것은 아니다. 공용성이나 공익성이 없는 데이터의 경우에는, 해당 공익 기업 및 기관이 자율적으로 판단하여 데이터 보유자로서의 권리를 행사할 수 있어야 한다. 기타 공공기관은 본래 독립된 법인격을 가지고 있으며, 독자적인 자산을 보유하고, 또한 공권력 기관에 속하지 않기 때문에, 그 데이터 권한을 '데이터 자원 관리권'이라 부를 필요는 없다. 이 경우에는 단순히 '데이터 보유권'으로 명명하는 것이 타당하다. 결국, 정부가 사회에 기본 공공서비스를 제공하기 위해 필요한 데이터를 확보하려면, 법률에서 이러한 공익 기업 및 기관의 공공데이터 제공 의무를 명확히 규정하기만 하면 충분하다.

또한, 기타 공공기관뿐만 아니라 일반 사회 주체 역시 사회에 데이터를 개방할 의무를 가진다. 이는 모든 조직이 사회 속에서 존재하는 사회적 실체이며, 사회는 기본적인 공공서비스와 공공관리를 필요로 하기 때문이다. 정부가 공공관리를 수행하고 기본 공공서비스를 제공하기 위해서는, 사회 주체들이 공공이익 실현에 필요한 데이터를 제공할 필요가 있다. 따라서 정부는 사회 주체에게 공공이익 실현 또는 기본 공공서비스 수행에 필요한 데이터를 제공할 의무를 부과할 수 있다. 다만, 그러한 의무는 반드시 공공이익 목적 또는 기본 공공서비스의 필요성

범위 내에서 엄격히 제한되어야 한다.

—가오푸핑(高富平): 《공공기관의 데이터 보유권—다원적 데이터 개방 체계의 기초 제도(公共机构的数据持有权—多元数据开放体系的基础制度)》, 《행정법학연구(行政法学研究)》, 2023년 제4호.

위의 논의를 바탕으로, 본서는 세 가지 유형의 데이터 보유권 체계를 구축하고자 한다. 즉, 정부의 데이터 보유권(데이터 자원 관리권), 기타 공공기관의 데이터 보유권, 그리고 사회기관의 데이터 보유권이 그것이다. 이 세 유형의 주체가 모두 데이터 자원의 보유자로서의 권리를 가진다는 전제 아래, 각 주체별로 서로 다른 데이터 개방 의무를 부과하고, 차별화된 데이터 개방 방식과 메커니즘을 설계함으로써, 다원적 데이터 개방·활용 체계를 구축하고자 한다. 이를 통해 전면적 데이터 개방이라는 제도적 비전을 실현하려는 것이다.

표 19-2 광역(성급) 정부가 제정한 데이터 경제 관련 지방성 법규 (2022년 기준)

번호	명칭	문서	연도
1	베이징	베이징시 공공데이터 관리방법	2021
		베이징시 디지털경제 촉진조례	2022
		베이징시 행정정보자원 관리방법(시행)	2017
2	톈진	톈진시 빅데이터 발전 및 응용 촉진조례	2018
		톈진시 공공데이터 자원 개방관리 잠정방법	2020
3	허베이	허베이성 디지털경제 촉진조례	2022
4	산시	산시성 행정데이터 관리 및 응용방법	2020
		산시성 빅데이터 발전·응용 촉진조례	2020
		산시성 디지털경제 촉진조례	2022

번호	명칭	문서	연도
5	내몽골	내몽골자치구 행정데이터자원 관리방법	2021
6	랴오닝	랴오닝성 빅데이터 발전조례	2022
		랴오닝성 행정데이터자원 공유관리방법	2019
7	지린	지린성 빅데이터 발전 및 응용 촉진조례	2020
8	헤이룽장	헤이룽장성 빅데이터 발전 및 응용 촉진조례	2022
9	상하이	상하이시 행정데이터 자원 공유관리방법	2016
		상하이시 빅데이터 발전 시행의견	2016
		상하이시 공공데이터 개방 잠정방법	2019
		상하이시 공공데이터 및 원스톱 서비스 관리방법	2018
		상하이시 공공데이터 개방 등급·분류 지침(시행)	2019
		상하이시 공공데이터 개방 시행세칙	2022
		상하이시 데이터 조례	2021
10	장쑤	장쑤성 공공데이터 관리방법	2021
		장쑤성 데이터경제 촉진조례	2022
11	저장성	저장성 공공데이터 조례	2022
		저장성 공공데이터 개방 및 보안관리 잠정방법	2022
		저장성 공공데이터 및 전자정부 관리방법(폐지)	2017
		저장성 인민정부의 디지털정부 건설 심화 시행의견	2022
		저장성 디지털경제 촉진조례	2020
12	안후이	안후이성 행정데이터 자원 관리방법	2021
		안후이성 빅데이터 발전조례	2021
13	푸젠	푸젠성 빅데이터 발전조례	2022
		푸젠성 행정데이터 관리방법	2016
14	장시	장시성 공공데이터 관리방법	2022
15	산둥	산둥성 공공데이터 개방방법	2022
		산둥성 전자정부 및 행정데이터 관리방법	2021
		산둥성 빅데이터 발전 촉진조례	2021

번호	명칭	문서	연도
16	허난	허난성 디지털경제 촉진조례	2021
		허난성 인민정부의 클라우드컴퓨팅·빅데이터 개방협력 추진에 관한 지도 의견	2015
		허난성 데이터 조례(의견수렴안)	2022
		허난성 행정데이터 보안관리 잠정방법	2022
		허난성 행정정보자원 공유관리 잠정방법	2018
17	후베이	후베이성 행정데이터 자원 응용 및 관리방법	2021
		후베이성 행정정보자원 공유관리방법	2018
18	후난	후난성 사이버보안 및 정보화 조례	2021
19	광둥	광둥성 행정데이터 자원 공유관리방법(시행)(폐지)	2018
		광둥성 '인터넷+행정서비스' 추진 방안	2016
		광둥성 공공데이터 관리방법	2021
		광둥성 공공데이터 보안관리방법(의견수렴안)	2022
		광둥성 데이터 요소 시장화 배분 개혁 행동방안	2021
		광둥성 디지털경제 촉진조례	2021
		광둥성 인민정부의 디지털화 발전 가속화에 관한 의견	2021
20	광시	빅데이터 발전 촉진 행동방안	2016
		행정데이터 자원 공유·개방 및 업무 협력 추진 통지	2016
		광시 공공데이터 개방 관리방법	2020
		행정데이터 공유 조정 메커니즘 구축 및 질서 있는 데이터 공유 촉진 시행의견	2022
21	하이난	하이난성 빅데이터 발전 촉진 시행방안	2016
		하이난성 공공정보자원 관리방법	2018
		하이난성 빅데이터 개발·응용 조례	2019
22	충칭	충칭시 공공데이터 개방 관리 잠정방법	2020
		충칭시 데이터 조례	2022
		충칭시 행정데이터 자원 관리 잠정방법	2019

번호	명칭	문서	연도
23	쓰촨	쓰촨성 데이터 조례	2022
24	구이저우	구이저우성 행정데이터 자원 관리 잠정방법	2016
		구이저우성 빅데이터 보안보장 조례	2019
		구이저우성 빅데이터 발전·응용 촉진조례	2016
		구이저우성 정부 데이터 공유·개방 조례	2020
25	윈난	없음	
26	티베트	티베트자치구 행정데이터 자원 공유관리 잠정방법	불명확
27	산시	산시성 빅데이터 조례	2022
28	간쑤	없음	
29	칭하이	칭하이성 행정정보시스템 통합·공유 업무 시행방안	2017
		칭하이성 행정정보자원 공유·교환 플랫폼 구축방안	2017
30	닝샤	닝샤후이족자치구 행정데이터 자원 공유관리방법	2018
31	신장	없음	

표 19-3 중국 일부 지역의 규범성 문서에서 '공공데이터'의 정의

시기	기관	명칭	규범 내용
2016년 3월	구이저우성 제12기 인민대표대회 상무위원회	구이저우성 빅데이터 발전 응용 촉진 조례	공공 데이터란 공공 기관 및 공공 서비스 기업이 직무 수행을 위해 수집, 제작, 사용하는 데이터를 말한다
2017년 5월	저장성 인민정부	저장성 공공 데이터 및 전자 정부 관리 방법	공공 데이터란 각급 행정기관 및 공공 관리·서비스 기능을 가진 사업기관이 법에 따라 직무를 수행하는 과정에서 획득한 각종 데이터 자원을 말한다
2018년 12월	톈진시 인민대표대회 상무위원회	톈진시 빅데이터 발전 및 응용 촉진조례	제55조 (1) 행정 부서란 각급 정부 부서 및 행정 집행 기관을 말한다. (2) 행정 데이터란 행정 부서가 직무 수행 과정에서 작성하거나 취득하여 일정한 형태로 기록·보존된 문서, 자료, 도표 및 데이터 등 각종 정보 자원을 말한다.

시기	기관	명칭	규범 내용
2018년 11월	상하이시 인민정부	상하이시 공공데이터 및 원스톱 서비스 관리방법	공공 데이터란 본시 각급 행정기관 및 공공 관리와 서비스 기능을 수행하는 사업기관이 법에 따라 직무를 수행하는 과정에서 수집하고 생성한 각종 데이터 자원을 말한다.
2019년 8월	상하이시 인민정부	상하이시 공공 데이터 개방 잠정 관리 방법	본 방법에서 말하는 공공 데이터란 본시 각급 행정기관 및 공공 관리·서비스 기능을 수행하는 사업기관(이하 통칭 공공관리 및 서비스 기관)이 법에 따라 직무를 수행하는 과정에서 수집하고 생성한 각종 데이터 자원을 말한다.
2021년 11월	상하이시 인민대표대회 상무위원회	상하이시 데이터 조례	공공 데이터란 본시 국가 기관, 사업 기관, 법에 따라 공공 업무 관리 기능을 부여받은 조직, 그리고 상수도, 전력, 가스, 대중교통 등 공공 서비스를 제공하는 조직(이하 통칭 공공 관리 및 서비스 기관)이 공공 관리 및 서비스 직무 수행 과정에서 수집하고 생성한 데이터를 말한다.
2020년 9월	구이저우성 인민대표대회 상무위원회	구이저우성 정부 데이터 공유 개방 조례	본 조례에서 말하는 정부 데이터란 행정기관이 법에 따라 직무를 수행하는 과정에서 제작하거나 취득하여 일정한 형태로 기록·보존된 각종 데이터를 말하며, 행정기관이 직접 또는 제3자를 통해 법에 따라 수집·관리한 데이터와 직무 수행 필요에 따라 정부 정보 시스템을 기반으로 생성된 데이터를 포함한다.
2020년 6월	저장성 인민대표대회 상무위원회	저장성 공공 데이터 개방 및 안전 관리 잠정 방법	본 방법에서 말하는 공공 데이터란 각급 행정기관 및 공공 관리·서비스 기능을 가진 사업기관(이하 통칭 공공관리 및 서비스 기관)이 법에 따라 직무를 수행하는 과정에서 획득한 각종 데이터 자원을 말한다.
2021년 1월	베이징시 빅데이터 추진 작업반 사무실	베이징시 공공 데이터 관리 방법	본 방법에서 말하는 공공 데이터란 공공 사용 가치가 있으며 국가 기밀, 영업 비밀 및 개인 사생활을 침해하지 않는, 컴퓨터 정보 시스템을 통해 기록 및 보존되는 각종 데이터를 의미한다.

시기	기관	명칭	규범 내용
2022년 1월	장시성 인민정부	장시성 공공 데이터 관리 방법	본 방법에서 말하는 공공 데이터란 각급 행정기관 및 공공 관리 및 서비스 기능을 가진 사업 기관(이하 통칭 공공관리 및 서비스 기관)이 법에 따라 직무를 수행하고 공공 서비스를 제공하는 과정에서 생성하거나 취득한 전자적 또는 기타 방식으로 기록된 모든 정보를 말한다.
2022년 5월	베이징시 경제정보화위원회	베이징시 디지털 경제 촉진 조례	본 조례에서 말하는 공공기관이란 본시 각급 국가기관 및 권한을 위임받아 공공관리 기능을 가진 조직을 말한다. 본 조례에서 말하는 공공데이터란 공공기관이 공공직무를 수행하고 서비스를 제공하는 과정에서 수집 및 생성된, 컴퓨터 정보시스템에 의존하여 기록 및 보존되는 각종 데이터를 말한다.
2021년 7월	선전시 인민대표대회 상무위원회	선전시 데이터 조례	공공 데이터란 공공 관리 및 서비스 기관이 법에 따라 공공 관리 직무를 수행하거나 공공 서비스를 제공하는 과정에서 생성·처리하는 데이터를 말한다.
2021년 10월	광둥성 인민정부	광둥성 공공 데이터 관리 방법	공공 데이터란 공공 관리 및 서비스 기관이 법에 따라 직무를 수행하고 공공 서비스를 제공하는 과정에서 제작하거나 취득한, 전자적 또는 비전자적 형태로 정보를 기록한 것을 말한다.
2022년 1월	산동성 인민정부	산동성 공공 데이터 개방 방법	본 방법에서 말하는 공공 데이터란 국가기관, 법률·규정에 의해 공공 사무 관리 기능을 위임받은 조직, 공공 서비스 기능을 가진 기업·기관, 인민 단체 등(이하 통칭 공공 데이터 제공 기관)이 법에 따라 공공 관리 직무를 수행하고 공공 서비스를 제공하는 과정에서 수집 및 생성된 각종 데이터를 말한다.

시기	기관	명칭	규범 내용
2022년 1월	저장성 인민대표대회	저장성 공공 데이터 조례	본 조례에서 말하는 공공 데이터란 본성 국가 기관, 법률·규정·규칙에 의해 공공 사무 관리 기능을 위임받은 기관 및 상수도, 전력, 가스, 대중교통 등 공공 서비스 운영 기관(이하 총칭하여 공공 관리 및 서비스 기관)이 법에 따라 직무를 수행하거나 공공 서비스를 제공하는 과정에서 수집·생성한 데이터를 말한다. 본성의 응용 수요에 따라 세무, 관세, 금융감독관리 등 국가 관련 부처가 절강성에 파견한 관리 기관이 제공하는 데이터는 본 규정에서 말하는 공공 데이터에 속한다.
2022년 3월	충칭시 인민대표대회 상무위원회	충칭시 데이터 조례	(4) 행정 데이터란 국가 기관 및 법률·규정에 의해 공공 업무 관리 기능을 위임받은 조직(이하 '행정 부서'라 함)이 법정 직무 수행을 위해 수집·제작한 데이터를 말한다. (5) 공공 서비스 데이터란 의료, 교육, 상수도, 전력, 가스, 통신, 문화관광, 체육, 환경보호, 교통운송 등 공공 기업 및 기관(이하 '공공 서비스 조직'이라 함)이 공공 서비스를 제공하는 과정에서 수집·제작한 공공 이익과 관련된 데이터를 말한다.

제 20 장 국가 데이터 주권과 국제 데이터 경제의 새로운 질서

디지털 경제는 미래 사회경제 발전의 필연적 추세이며, 데이터 경제는 디지털 경제의 핵심이다. 다른 생산요소와 비교할 때, 데이터 요소는 국경을 넘어 이동하기가 훨씬 용이하며, 그 가치도 이동과 함께 지속적으로 증가한다. 그러나 동시에 국가안보, 기업이익, 개인 프라이버시 등은 다양한 위험에 직면하게 된다. 따라서 데이터의 국경 간 이동과 유통을 중심으로 한 양자·다자 국제협력을 추진하고, 이에 관한 국제규범을 형성하는 것은 국제 데이터 자원을 적극적으로 활용하고, 중국의 고품질 경제발전을 견인할 새로운 발전구조를 구축하기 위한 객관적 요구이다. 현재 국제사회는 디지털 무역의 편의화와 디지털 무역규범 정립에 있어 일정한 공감대를 형성했지만, 데이터의 국경 간 이전, 안전, 개인정보 보호 문제에 대해서는 여전히 큰 의견 차이를 보이고 있다. 따라서 경제발전과 국가안보의 균형을 어떻게 달성할 것인지, 그리고 국제 데이터 경제의 새로운 질서 형성 과정에서 어떻게 참여하고 주도할 것인지에 대해 중국이 명확한 방안을 제시하고, '중국의 목소리'를 내는 것이 여전히 필요하다.

제 1 절 디지털 무역과 데이터 규제

디지털화는 국제무역에 지속적으로 깊은 영향을 미치고 있으며, 세계 무역 분업 구조는 재편되고, 글로벌 경제관계는 재조정되고 있으며, 세계 무역 거버넌스 체계 또한 새롭게 구축되고 있다. 국제사회는 이미 디지털 무역에 대응하기 위한 양자·지역·다자 협정을 체결하고 있으나, 국경 간 데이터 이동과 국가안보 등의 문제에서는 여전히 큰 견해 차이가 존재한다. 또한 데이터 주권과 데이터 현지 저장, 그리고 각국이 상이하게 시행하는 데이터 국외 이전 규제는 국제무역의 마찰을 끊임없이 증가시키고 있다. 이러한 배경 속에서, 중국은 데이터 규제와 개방, 국가안보와 국경 간 데이터 이동 사이의 균형을 어떻게 이룰 것인가, 그리고 중국 데이터 경제 발전에 유리한 데이터 국외 이전 규제정책을 어떻게 구축할 것인가라는 과제에 직면해 있다.

1. 디지털 무역: 디지털 경제 시대의 국제무역

디지털 무역은 일반적으로 디지털 형태로 이루어지는 재화와 서비스의 무역을 의미하며, 그 이면에는 데이터의 흐름이 존재한다.

데이터의 가치는 서로 다른 주체(영역)에서 생성된 데이터를 다양한 방식으로 결합하여, 그로부터 가치 있는 정보나 지식을 도출하는 데서 결정된다. 데이터 가치사슬의 각 단계는 서로 다른 국가나 지역에서 이루어질 수 있다. 예를 들어, 독일에 본사를 둔 한 소매기업이 있다고 하자. 이 기업은 전문 시장조사회사에 의뢰하여 독일·프랑스·영국 고객의 데이터를 수집하게 한다. 이후 수집된 데이터는 아일랜드에 위치한 데이터 분석업체가 통합·분석하며, 그 분석 결과는 독일 본사의 전략적 경영 의사결정에 활용된다.

디지털화는 무역의 규모·범위·속도를 확대시켜, 기업이 전 세계의 더 많은 디지털로 연결된 소비자들에게 새로운 제품과 서비스를 제공할 수 있도록 만들었다. 또한 디지털화는 우리의 상품 무역 방식도 변화시키고 있다. 그 대표적인 예가 국경 간 전자상거래로, 소비자가 해외 제품을 직접 구매할 수 있는 환경을 조성하였다. 정보통신기술 서비스는 디지털 무역의 핵심 기반을 이루며, 필요한 네트워크 인프라를 제공할 뿐 아니라 다른 유형의 서비스의 디지털 전환을 지원한다. 이를 통해 디지털 기반 서비스 산업의 성장이 촉진되었으며, 이들 서비스는 클라우드 컴퓨팅 등 데이터 기반 혁신 솔루션을 중심으로 발전하고 있다.

비록 디지털 무역에 대해 공식적으로 인정되고 통일된 정의는 아직 없지만, 점점 더 많은 공감대가 형성되고 있다. 즉, 디지털 무역은 소비자·기업·정부가 디지털 형태를 통해 상품과 서비스를 거래하는 행위를 포함한다는 것이다. 디지털 무역은 거래가 디지털 기술을 통해 이루어진다는 방식적 측면을 강조하지만, 모든 디지털 무역이 반드시 디지털 방식으로 전달되는 것은 아니다. 다시 말해, 디지털 무역은 디지털 방식으로 실현되지만 실물 형태로 전달되는 상품과 서비스의 거래도 포함한다. 예를 들어, 온라인 마켓을 통해 책을 구매하거나, 매칭 애플리케이션을 통해 숙박 시설을 예약하는 경우가 이에 해당한다. 한편, 국경 간 거래가 디지털 콘텐츠나 데이터 제품을 대상으로 하는 경우, 거래의 이행이 전적으로 디지털 방식으로 이루어지는 순수 디지털 무역이 나타나게 된다.

국경 간 디지털 무역의 핵심은 디지털 방식을 통해 이루어지는 국경 간 상품 또는 서비스 거래이다. 디지털 무역의 형태는 디지털 플랫폼을 매개로 이루어지는 디지털 무역뿐만 아니라, 디지털 통신수단을 통해 실현되는 모든 국경 간 무역을 포함한다. 국제사회는 디지털 무역을 세 가지 차원(3가지 관점)에서 설명한다. 즉, 거래의 성격(How), 거래의 대상 또는 제품(What), 거래에 참여하는 주체(Who)이다. 표 20-1에서 볼 수 있듯이, 첫 번째 열인 '거래의 성격'은 어떤 거래가 디지털 무역으로 간주될 수 있는지를 결정하며, 두 번째 열인 '제품'은 정보나 데이터를 독립적인 상품 또는 서비스 항목으로 포함한다. 세 번째 열은 거래에 참여하는 주체를 나타낸다.

표 20-1 데이터 무역의 세 가지 차원

성격(How)	제품(What)	주체(Who)
디지털 주문(Digitally Ordered)	상품(Goods)	기업(Business)
플랫폼 기반 거래(Platform Enabled)	서비스(Services)	소비자(Consumer)
디지털 전달(Digitally Delivered)	정보(Information)	정부(Government)

국경 간 무역은 디지털 방식으로 전달될 수 있는가의 여부에 따라 '디지털 전달형(Digitally Delivered)'과 '비디지털 전달형(Non-digitally Delivered)'으로 구분할 수 있다. 디지털 전달형 무역은 흔히 'ICT-enabled services', 즉, 정보통신기술 네트워크를 통해 원격으로 제공되는 서비스 상품을 의미한다. 플랫폼은 디지털 중개자(digital intermediaries)로서 상품과 서비스의 거래를 촉진하며, 국경 간 디지털 무역 역시 이러한 플랫폼을 통해 이루어진다. 그러나 국제무역에서 플랫폼이 제공하는 서비스의 가치를 어떻게 산정할 것인지, 즉 서비스 무역으로 구분할 것인지 혹은 별도로 계산할 것인지는 여전히 해결하기 어려운 과제이다. 완전한 디지털 형태이면서 다운로드가 가능한 제품, 예를 들어 소프트웨어, 음악, 전자책, 데이터 및 데이터베이스 서비스 등

은 국경을 넘어 손쉽게 주문될 수 있으며, 이를 통해 '디지털 주문+디지털 전달'이 실현된다.

2. 데이터 주권: 국경 간 이동 규제 문제

디지털 무역의 부상과 함께 데이터의 국경 간 이동이 빈번해지면서, 데이터가 국경 밖으로 유출될 때 발생하는 다양한 이익 보호 문제가 광범위한 관심을 받게 되었다. 이에 따라 자국의 이익 보호 범위가 점차 역외 영역으로 확장되었고, '데이터 주권'이라는 개념이 등장하였다. 데이터 주권은 국가가 국민의 이익과 국가 이익을 기반으로 데이터의 국경 간 이동에 대해 일정한 규제를 시행하는 것을 의미한다.

데이터 주권은 국가 주권의 연장선상에 있다. 모든 국가는 자국에서 생성되고 저장되며 자국의 국민·기업·국가 이익과 관련된 데이터에 대해 당연히 관할권을 가진다. 《국가안전법》 제2조는 다음과 같이 명시하고 있다. "국가안전이란 국가의 정권, 주권, 통일과 영토의 완정, 국민의 복지, 경제사회 지속가능발전 및 국가의 기타 중대한 이익이 위험에 처하지 않고 내외부 위협으로부터 안전한 상태, 그리고 이러한 지속적 안전상태를 보장할 수 있는 능력을 의미한다." 오늘날 네트워크가 인간의 생존과 활동의 기본 환경이자 도구가 됨에 따라, 자연인·법인 및 다양한 조직의 활동이 데이터화되고, 이러한 데이터화된 정보는 네트워크를 통해 전송·유통되며 쉽게 국경을 넘나들 수 있게 되었다. 이에 따라 사이버 공간 및 그 속에서 생산·유통되는 데이터에 대한 규제를 목적으로 한 '사이버 주권'개념이 제기되었다. 국가 주권은 사이버 공간으로까지 확장될 수 있으며, 사이버 공간은 육·해·공·우주에 이은 '제5의 주권 영역'으로 간주된다. 따라서 국가는 자국의 사이버 공간에서 생성된 데이터에 대해 관할권과 통제권을 가진다고 본다. 결국, 데이터 주권은 정치적이자 국제법적 개념으로, 주권국가가 자국의 데이터를 독립적으로 통제하고 보호할 수 있는 자율적 권한을 강조하는 것이다.

데이터 주권은 국가 고유의 정치적 권한으로, 자국 국민의 데이터 주체권과 데이터 재산권을 보호하는 데 목적이 있다. 이러한 의미에서 데이터 주권은 다른 국가에 대해서만 효력을 가지며, 자국 내에서 생성된 데이터의 소유·통제·이용 관계를 변경하지는 않는다.

주권에 근거하여 국가는 자국에서 발생한 데이터의 이용 질서를 규율할 권한을 가지며, 자국 국민과 주체의 데이터 이용권이 타국의 간섭이나 침해로부터 보호되도록 한다. 데이터 주권은 데이터 주체권과 데이터 보유권 위에 중첩되는 '보호 우산'으로서, 국가가 역외 침해에 대응하고 국가 안보를 수호하기 위해 행사하는 권력이다.

이러한 데이터 주권 개념을 바탕으로, 데이터 현지화와 데이터 국경 간 이동 통제라는 논쟁적인 제도가 등장하였다. 한편으로는, 자국에서 발생한 데이터가 국가 내에 저장(자국 내 서버 보관)되어야 한다고 요구하고, 다른 한편으로는 자국에서 발생한 데이터의 해외 이전을 제한·금지·규제한다.

국경 간 데이터 이동 규제의 기본은 데이터의 국내 저장 의무이며, 그 위에 다양한 국외 이전 제한 조건을 부과함으로써 데이터가 자유롭게 국경을 넘는 것을 통제하려는 것이다.

3. 데이터 국경 간 이동 규제의 필요성

데이터는 단순한 자원이나 생산요소일 뿐만 아니라, 국가의 전략적 자원이기도 하다. 따라서 국가 경제 및 안보 이익, 자국 국민의 권리 보호, 디지털 산업정책 등의 요인에 근거하여 데이터의 국경 간 이동은 반드시 규제되어야 한다. 아래는 각국이 데이터 국경 간 이동을 규제하는 주요한 이유들이다.

(1) 국가 경제 및 안보 이익

데이터 경제 시대에 빅데이터는 대체 불가능한 역할을 수행한다. 이는 한 나라의 발전 수준을 보여주는 지표이자, 정보기술과 경제·사회가 융합함에 따라 폭발적으로 증가하고 있는 핵심 자원이다. 데이터는 이미 국가의 기본적이고 전략적인 자원으로 자리 잡았으며, 그 잠재적 가치와 성장 속도는 인류의 노동, 생활, 사고 방식을 빠르게 변화시키고 있다. 데이터는 한 나라의 중요한 전략자산으로서, 국가 주권의 관점에서 국경 간 데이터 이동을 규제함으로써 국내 정보 흐름에 대한 주권적 통제를 실현하고, 공공질서 및 공공이익을 보호할 필요가 있다. 또한 국경 간 데이터 이동은 디지털 혁신과 경제 성장에 매우 중요한 역할을 하지만, 동시에 데이터 보호와 사이버 보안 측면의 고려(예를 들어 핵심 기반시설에 대한 사이버 공격 위험) 그리고 법 집행 과정에서의 데이터 접근 관리 필요성 등의 이유로 인해, 데이터의 국외 이동은 적절한 규제가 필요하다.

(2) 자국 국민의 권리 보호

개인정보는 사회적 교류와 사회 거버넌스의 수단이자, 데이터 경제 시대의 핵심 자원이다. 데이터화 시대에 들어서면서, 다양한 하드웨어 장치로부터 생성되는 방대한 데이터가 특정 개인과 연계되어 축적되며, 이를 통해 매칭 및 분석이 가능해졌다. 그러나 인간은 단순한 분석의 객체로 취급되어서는 안 되며, 이러한 인식에 따라 개인 데이터(개인정보) 보호 제도가 마련되었고, 이를 통해 정보주체의 권익을 보호하고자 한다. 개인정보(데이터) 보호권은 기본적 인권의 하나로서, 데이터의 국경 간 이동을 규제하는 것은 개인의 정보 및 데이터 보호권을 보장하고, 데이터 처리 행위로 인해 정보주체의 존엄성, 자유, 사생활권이 침해되는 것을 방지하는 데 도움이 된다. 또한 일부 국가는 디지털 인권 보호를 데이터 이동 규제의 근거로 제시하기도 한다. 이는 주로 자국 국민이 인터넷에 접근하고, 정보를 획득할 권리를 보호하기 위한 조치로 이해된다.

(3) 디지털 산업 정책

데이터의 국경 간 이동에 대한 규제는 디지털 산업 정책의 수립과 발전에 밀접하게 관련되어 있으며, 이는 주로 두 가지 측면에서 나타난다. 첫째, 관세 정책의 수립과 관련된다. 데이터의 국경 간 이동을 규제할 경우 디지털세 부과가 필요하게 되며, 반대로 이를 규제하지 않을 경우 관세 수입 손실이 발생할 수 있다. 둘째, 국내 디지털 산업의 발전과 관련된다. 데이터의 국경 간 이동을 통제함으로써 국내 데이터 흐름과 디지털 기술에 대한 통제권을 확보할 수 있고, 이를 통해 자국의 경쟁력을 유지하며 자국 디지털 산업의 보호 및 발전, 나아가 디지털 포용을 촉진할 수 있다.

(4) 국제 디지털 무역의 새로운 질서

디지털 경제의 부상은 권력이 소수의 주요 플랫폼과 이를 적극적으로 활용할 수 있는 소수의 주체에게 집중되는 현상을 초래하였다. 그러나 규제 기관은 기술 변화의 속도를 따라가지 못하고 있으며, 이로 인해 대형 기술 기업들이 막강한 영향력을 행사하게 되는 결과를 낳았다. 그 결과, 기술 선진국의 부는 급격히 증가한 반면, 세계의 다른 지역은 그에 상응하는 번영을 누리지 못하고 있다.

데이터의 국경 간 정책은 종종 국내 정책(자국 기업 육성, 국내 데이터 흐름 및 자원 보호)과 대외 정책(자국 내 외국 기업의 지위 및 데이터 흐름 규제) 사이의 균형을 반영한다. 따라서 각국의 데이터 국외 이전 규제는 디지털 시대의 국제 경쟁 수단으로 기능하며, 발전 기회를 확보하고 궁극적으로 새로운 디지털 경제 질서를 구축하기 위한 대응 전략으로 이해된다.

오랫동안 국제 디지털 무역 질서의 담론권은 미국 등 선진국이 주도하고 독점해 왔다. 이에 비해 중국은 국제 디지털 무역 질서의 담론 체계에서 비교적 약세에 놓여 있었다. 그러나 중국의 종합 국력의 지속적 성장과 국제 정치·경제 구조의 변화로 인해, 아직까지도 특정 강대국이 이 분야의 규범을 완전히 지배하지는 못하고 있으며, 이는 새로운 디지털 무역 질서 구축을 위한 유연한 공간을 만들어 주고 있다. 따라서 중국은 데이터 국경 간 이동 규제를 통해, 실질적으로 작동 가능한 디지털 무역 메커니즘을 구축하고, 자국의 이익과 정책적 입장을 반영하는 국제 규범을 명확히 함으로써, 국제 디지털 무역의 새로운 질서 속에서 중국의 규칙과 발언권을 강화해야 한다.

4. 데이터 국경 간 이동 규제에 대한 국제 정책 개관

각국 정부는 자국의 데이터 안보 보호 등을 이유로 다양한 데이터 규제 조치를 도입하고 있으며, 이에 따라 국경 간 데이터 이동에 대한 장벽을 설정하고 있다. 데이터의 국경 간 이동에 대한 규제 형태는 주로 데이터 현지화, 조건부 이전, 데이터의 자유로운 이동의 세 가지로 구분된다.[1]

1 UNCTAD, Digital Economy Report 2021 https://unctad.org/system/files/official-

(1) 데이터 현지화

데이터 현지화란, 국가가 데이터의 국경 간 이동을 금지하고, 자국 내에서 생성된 데이터가 해외로 이전되지 않도록 법률이나 규정을 통해 제한하는 것을 의미한다. 즉, 한 국가의 영토 내에서 자국 국민 또는 거주자와 관련된 데이터를 저장·처리·접근하도록 강제하는 제도이다. 각국은 데이터 현지화를 시행하는 정도에 따라 차이를 보인다. 중국, 카자흐스탄, 나이지리아, 파키스탄, 사우디아라비아, 튀르키예, 베트남 등은 엄격한 데이터 현지화 정책을 채택하여 자국 데이터의 해외로의 이전을 전면적으로 금지하고 있다. 반면 인도, 르완다 등은 부분적 데이터 현지화를 채택하여, 특정 종류의 데이터만 해외 이전을 금지하고 이들 데이터는 자국 내에서만 저장·처리·접근할 수 있도록 규정한다. 많은 국가들, 특히 아시아 인접국들의 경우, 중국의 디지털 정책 모델을 디지털 경제를 성공적으로 발전시킨 사례로 평가하며, 자국의 데이터 정책 수립에 있어 하나의 참고 모델로 인식하고 있다. 따라서 잠재적인 지원 경로로서, 특히 데이터 현지화 정책을 포함한 일련의 정책 수단을 통해 국내 데이터 산업을 육성하는 방안을 도출할 수 있다.

(2) 조건부 이전

조건부 이전이란, 데이터가 법률에서 정한 일정한 요건을 충족하는 경우에 한해 국외 이전이 허용되는 제도를 말한다. 즉, 데이터의 국경 간 이동은 원칙적으로 가능하지만, 특정한 규제 조건을 충족해야만 이전이 허용되며, 이를 충족하지 못할 경우 데이터의 해외 이전이 금지된다. 데이터의 이전 조건을 규율하는 방식(prescriptive approach)은 크게 엄

document/ der2021_en.pdf

격한(강성) 방식과 중간적(또는 연성) 방식으로 구분된다. 엄격한 규제를 채택한 국가에는 알제리, 아르헨티나, 아르메니아, 브라질, 콜롬비아, 코트디부아르, 이집트, 유럽연합(EU), 조지아, 이스라엘, 케냐, 말레이시아, 모로코, 페루, 남아프리카공화국, 스위스, 태국, 튀니지, 우크라이나, 영국 등이 포함된다. 중간적 또는 유연한 규제 방식을 채택한 국가는 아제르바이잔, 바레인, 벨라루스, 가나, 일본, 키르기스스탄, 뉴질랜드, 대한민국, 아랍에미리트 등이 있다.

(3) 데이터의 자유로운 이동

데이터의 자유로운 이동이란, 국가가 데이터의 국경 간 이동에 대해 전반적으로 자유 이동의 원칙을 취하고, 국가 안보에 중대한 영향을 미치거나 위험을 초래하는 특정한 데이터 이동에 한해서만 개입하는 방식을 말한다. 이러한 접근법은 '경미한 개입 방식'이라고도 불린다. 이와 같은 제도를 시행하는 국가로는 호주, 멕시코, 필리핀, 싱가포르, 미국 등이 있다.

그러나 실제로는 국가안보 이익의 존재로 인해, 데이터 국경 간 이동에 대해 완전히 자유로운 태도를 취하는 국가는 존재하지 않으며, 다만 각국의 개입 정도와 방식이 다를 뿐이다.

5. 데이터 국경 간 이동 규제 문제

데이터 현지화 정책은 전 세계적으로 빠르게 확산되고 있으며, 이는 상당한 무역비용의 증가를 초래할 뿐만 아니라, 데이터 해외 이전 규제가 새로운 형태의 무역 장벽으로 작용하고 있다. 미국의 정보기술혁신재단(INFORMATION TECHNOLOGY & INNOVATION FOUNDATION, ITIF)의 연구에 따르면, 한 국가가 데이터 이전 제한을 1% 강화할 때마다, 무역 총산출이 약 7% 감소, 생산성이 2.9% 하락, 그리고 5년 내에 하류 제품의 가격이 1.5% 상승하는 것으로 분석되었다.

국제 무역과 투자는 본질적으로 무역과 관련된 데이터 이동을 수반하며, 이는 대부분의 경우 무역의 필연적 결과이다. 디지털 통신수단의 발전은 국가 간 데이터 이동의 편의성과 속도를 현저히 높였고, 동시에 각국이 이러한 데이터 흐름을 규제할 충분한 근거를 제공하였다. 어떤 의미에서 데이터의 흐름은 국제 무역 교류의 자연스러운 현상이며, 무역과 함께 이루어지는 데이터 이동의 규제는 디지털화가 이루어졌다고 해서 근본적으로 달라져서는 안 된다. 과거에는 국제무역에 참여하는 국가들이 주로 군사적 또는 경제안보와 관련된 기술 비밀정보나 첨단 기술의 수출입만을 통제하였으며, 무역에 부수적으로 발생하는 개인정보나 상업정보에 대해서는 규제하지 않았다. 그러나 오늘날 국경 간 데이터 이동 규제 체제하에서는, 모든 데이터 이동을 구분 없이 규제의 대상에 포함시키는 경향이 나타나고 있으며, 이는 국가이익 혹은 국가안보의 개념을 과도하게 확장·일반화하는 결과를 초래할 수 있다.

기술무역 자체에 포함된 기술 정보의 관리·통제 필요성 외에도, 국제무역과 관련된 데이터의 국경 간 이동은 두 가지 유형으로 구분할 수 있다. 첫째는 데이터가 국제 비즈니스 활동의 부속물로서 발생하는 경우이고, 둘째는 데이터 자체가 국제무역의 거래 대상이 되는 경우이다.

데이터가 국제 비즈니스 활동의 부속물로서 발생하는 경우란, 투자 협력, 무역, 서비스 등 국제 비즈니스 활동을 수행하는 과정에서 필연적으로 발생하는 데이터 처리를 말한다. 이에는 개인 데이터, 업무 데이터, 거래 이행 데이터 등이 포함된다.

데이터가 국제무역의 거래 대상이 되는 경우란, 데이터 자체가 거래의 표적이 되는 것으로, 즉 '디지털 주문+디지털 전달' 형태의 국경 간 디지털 콘텐츠 제품, 데이터 상품 등의 거래를 의미한다. 이는 데이터 경제의 국제화로 새롭게 등장한 무역 형태로서, 데이터 자원이 국경을 넘어 유통되는 현상이다. 비록 분절화된 데이터가 개별적으로는 민감하지 않을 수 있으나, 대규모 데이터의 국경 간 유통이 이루어질 경우, 이는 국가 안보에 잠재적 위협을 초래할 수 있다. 또한 설령 국가 안보와 직접적인 관련이 없더라도, 경제 자원의 안전성 측면에서 문제를 야기할 가능성이 존재한다. 따라서 이러한 관점에서 볼 때, 국가가 가장 중점적으로 규제해야 할 대상은 국경 간 대규모 데이터의 유통이며, 단순히 국제 비즈니스 활동에 부수적으로 수반되는 데이터 이동은 그 주요한 규제 대상이 아니다.

이론적으로는, 위의 두 가지 구분이 그렇게 명확하지 않을 수도 있다. 이는 신기술과 새로운 비즈니스 모델이 서비스의 생산 및 제공 방식을 변화시키고 있기 때문이며, 그 결과 상품과 서비스 간의 경계, 그리고 제공 방식 간의 구분이 본래부터 모호한 영역으로 남게 되었다. 또한 이러한 변화는 상품과 서비스의 새로운 결합 형태를 만들어내고 있다. 예를 들어, 스마트 전자제품은 단순한 물리적 상품이 아니라, 내장된 서비스나 플랫폼 지원을 필요로 한다. 전통적으로 무역 규칙은 상품과 서비스의 구분, 그리고 국경을 넘는지 여부를 전제로 설계되어 왔으나, 디지털 시대에는 이러한 구분이 더 이상 항상 명확하지 않다. 오늘날 기업들은 점점 더 다양한 지역에서 유연하게 사업을 전개할 수 있게 되었으며, 상품과 서비스를 결합한 복합적 거래 형태가 보편화되고 있다. 이러한 변화는 특정 거래에 어떤 무역 규칙이 적용되어야 하는지를 명확히 판단하기 어렵게 만드는 요인이 되고 있다.

디지털 무역을 지탱하는 핵심 요소는 데이터의 흐름이다. 데이터는 기업의 지능형 의사결정을 가능하게 하는 생산수단일 뿐 아니라, 거래 가능한 자산이며, 또한 글로벌 가치사슬(GVCs) 구축과 서비스 제공의 핵심 수단이기도 하다. 데이터는 또한 무역 원활화 조치의 시행을 촉진함으로써, 물리적 무역에 대한 직접적인 지원 필요성을 줄이는 역할을 수행한다. 더 나아가 데이터는 클라우드 컴퓨팅, 사물인터넷(IoT), 적층 제조(Additive Manufacturing) 등 새롭고 급속히 성장하는 서비스 공급 모델의 중심적 요소이기도 하다. 이와 같이 데이터 흐름, 컴퓨팅 서비스, 지능형 솔루션 등을 포함하는 모든 형태의 서비스 무역은 디지털 서비스 무역(Digital trade in services)으로 포괄되며, 이는 오늘날 세계 경제에서 가장 역동적인 분야로 자리 잡고 있다. 따라서 글로벌 디지털 무역 시대에 진입한 현재, 데이터가 수행하는 다층적인 역할로 인해 데이터 규제 역시 매우 복잡하고 다면적인 문제로 발전하고 있다. 그럼에도 불구하고, 대규모 데이터 유통과 국제 비즈니스 활동에 부수적으로 수반되는 데이터 이동을 명확히 구분하는 것은 여전히 중요하다. 앞으로의 데이터 국경 간 이동 규제는 이러한 구분을 전제로, 국가에 미치는 위험 정도에 따라 차별적으로 접근하는 방향으로 발전해야 할 것이다.

제 2 절 중국의 데이터 국외 이전 규제

개념과 범위의 측면에서 볼 때, 데이터 국외 이전(출경) 규제는 단순히 무역과 관련된 문제에 국한되지 않으며, 일반적인 국제 교류, 국가 간 사법 공조, 인적 이동 등과도 밀접한 관련이 있다. 데이터 국외 이전 규제는 국가 안보와 국가 이익을 기준점으로 삼아, 어떤 데이터의 해외 이전이 규제를 받아야 하는지를 판단한다. 중국은 《국가안전법》의 틀

안에서 이미 《네트워크안전법》, 《데이터안전법》, 《개인정보보호법》을 기반으로 하는 데이터 국경 간 이동 규제체계를 구축하였다. 또한 데이터 경제가 국경을 넘어 확장됨에 따라, 데이터 국외 이전 역시 이에 맞추어 발전·변화하고 있으며, 정상적인 국제 경제 교류에 부합하는 데이터 국외 이전 관리체계로 점차 정비되고 있다.

1. 데이터 국외 이전이란 무엇인가

데이터의 국내 저장이란, 데이터가 생성(발생)된 지역 내에서 저장되는 것, 즉 현지 저장을 의미한다. 데이터의 현지화 저장은 데이터 주권 개념이 등장하면서 형성된 제도적 산물이다. 국내 저장은 일반적으로 데이터를 저장하는 서버가 자국 내에 위치해야 함을 뜻한다. 따라서 기업의 자체 서버는 물론, 임차한 클라우드 저장 서버 또한 국내 서비스 제공자가 국내에 구축한 클라우드 저장소이어야 한다.

이러한 현지 저장 원칙에 기반하여, 데이터의 국외 이전이란 중화인민공화국 영내에서 데이터 처리자가 운영 과정 중 수집·생성하여 국내에 저장한 데이터를 국외 주체에게 제공하는 행위를 의미한다.

《데이터 국외 이전 보안평가 신고 가이드라인(제1판)》는 다음과 같은 행위를 데이터 국외 이전으로 명확히 규정하고 있다.

① 데이터 처리자가 국내에서 운영 과정 중 수집·생성한 데이터를 국외로 전송하거나 국외에 저장하는 행위
② 데이터 처리자가 수집·생성한 데이터를 국내에 저장하더라도, 국외의 기관·조직 또는 개인이 이를 조회·검색·다운로드·반출할 수 있는 행위

③ 국가인터넷정보판공실이 별도로 규정하는 기타 데이터 국외 이전 행위

위 가이드라인에 따르면, 데이터 국외 이전은 '능동적 이전'과 '수동적 이전'의 두 가지 형태로 구분된다. 능동적 이전은 데이터 처리자가 일상적인 운영 과정에서 수집·생성한 데이터를 국외로 전송하거나 저장하는 경우를 말한다. 실무적으로는 국내 주체가 이메일, FTP, 국경 간 VPN, API 등의 소프트웨어 전송 채널, 또는 USB, 외장하드, 데이터가 저장된 노트북 등 하드웨어 매체를 통해 해외 주체에게 데이터를 제공하는 사례가 이에 해당한다. 또한 국내 주체가 해외 서버를 이용하면서 발생한 데이터 업로드 및 저장 행위도 포함된다. 수동적 이전은 데이터 처리자가 수집·생성한 데이터를 국내에 저장하고 있지만, 국외의 기관·조직·개인이 이를 조회, 검색, 다운로드 또는 반출할 수 있는 경우를 말한다. 실무적으로는 국외 주체가 국내 주체가 국내에 구축한 공개 웹페이지, 서버, 데이터베이스, 정보시스템 등에 접근하여 데이터를 취득하는 행위가 대표적이다.

데이터는 국가안보와 밀접하게 연관되어 있으며, 국가안보의 중요한 구성요소이자 그 매개체로 간주된다. 따라서 국경 간 데이터 규제는 본질적으로 데이터 국외 이전 통제를 핵심으로 하고, 국가안보 수호를 그 기본 목적으로 삼는다.

2. 중국의 데이터 국외 이전 규제 정책 개요

2015년, 중국은 《국가안전법》을 공포하여, 국가가 제시한 '총체적 국가안보관'의 전략 사상을 실천하고 전면적 국가안보 방위체계를 확

립하였다. 그 이후 중국은 점진적으로 데이터 국외 이전 규제 제도와 조치를 구축해 왔다. 이러한 제도는 주로《네트워크안전법》,《데이터안전법》,《개인정보보호법》을 기반으로 한 데이터 국경 간 이동 규제 체계의 수립을 통해 구체화되었다.

《네트워크안전법》은 사이버 공간의 안전을 전면적으로 규율하는 기본법으로서, 우선 각 사회주체의 네트워크 보안 책임을 명확히 하고, 각 조직의 사이버 보안 역량을 강화하여, 네트워크 사용이 국가안보와 국가이익을 침해하지 않도록 하는 데 목적이 있다. 국가안보를 유지하기 위해,《네트워크안전법》은 핵심정보기초시설 제도를 확립하였으며, 핵심정보기초시설 운영자가 중화인민공화국 영내에서 수집·생성한 개인정보 및 중요데이터는 국내에 저장해야 하며, 해외로 이전할 경우에는 보안평가를 거쳐야 한다고 명시하였다. 이로써 중국은 명확하게 핵심정보기초시설 운영 데이터의 국내 저장 의무와 국외 이전 시 평가·심사를 통한 관리제도를 규정함으로써, 체계적인 데이터 국외 이전 규제제도를 확립하였다.

《데이터안전법》은 여전히 전면적 국가안전관을 견지하며, 국가의 주권·안전·발전 이익을 수호하는 것을 기본 목적으로 한다.《데이터안전법》은 데이터 분류·등급별 보호제도 및 이에 상응하는 데이터 보안 보장제도를 확립하였다. 제21조는 국가안보를 기준으로 모든 데이터를 국가핵심데이터, 중요데이터, 일반데이터로 구분하고, 등급별 보호체계를 시행하며, 집중적·통일적·효율적·권위적인 데이터 보안 위험평가·보고·정보공유·모니터링·경보체계 및 안전비상대응체계를 구축하도록 규정하고 있다. 이러한 기반 위에서《데이터안전법》은 다음과 같은 제도를 통해 국가안전을 수호한다. '데이터 처리활동의 안전심사제도', '데이터 수출통제제도', '투자·무역활동 중의 상호대응조치', 그리고 '사법공조 절차에서의 데이터 승인제도' 등을 마련하였다.

《개인정보보호법》은 개인정보의 국외 이전에 대해 국제사회와의 정합성을 유지하는 방식을 전반적으로 채택하고 있다. 《개인정보보호법》에 따르면, 국내의 개인정보 처리자는 체결하거나 가입한 국제조약·협정에 근거하여 개인정보를 국외로 이전하거나 국외에서 처리·이용할 수 있다. 이외에도 개인정보 처리자가 업무 등 필요한 사유로 중화인민공화국 국외로 개인정보를 제공해야 하는 경우, 다음의 세 가지 방식 중 하나를 통해 국외 이전을 할 수 있다. 즉, '보안평가', '보호인증', 그리고 '표준계약'의 방법을 적용할 수 있다. 이 중 어느 한 가지 조건(방식)을 충족하면 합법적으로 국외 이전이 가능하다. 개인정보 처리자는 또한 국외 수신자가 개인정보를 처리하는 활동이 《개인정보보호법》이 규정한 개인정보 보호 기준에 부합하도록 필요한 조치를 취해야 한다.

종합적으로 볼 때, 중국은 데이터 국외이전 규제에 있어 주체의 성격에 따라 상이한 규제정책을 적용하고 있다. 일반 개인정보처리자에 대해서는 비교적 완화된 다원적 방식을 채택하는 반면, 핵심정보기초시설 운영자에 대해서는 단일한 평가제도만을 적용한다. 결국, 중국의 모든 데이터 국외이전 규제체계는 핵심정보기초시설 관리제도와 국외이전 평가제도를 중심으로 이루어져 있다.

3. 개인정보 국외 이전 규제의 기본 조치

개인정보 처리는 개인의 존엄, 자유 및 평등한 주체로서의 권리(즉, 인권의 영역)에 직접적으로 관련된다. 이에 따라 1970년대 이후 해외에서 개인정보 처리에 관한 법적 규율이 구축되기 시작했으며, 이는 개인정보의 남용으로 인한 개인 권리 침해를 방지하기 위한 것이었다. 1980

년 OECD의《프라이버시 보호 및 개인정보의 국경 간 이동에 관한 가이드라인》및 1981년 유럽평의회의《개인정보의 자동처리에 관한 개인 보호 협약》은 개인정보의 국경 간 이동에 따른 규제 충돌을 해소하는 것을 목적으로 하였다. 이어 1995년 유럽연합 의회와 이사회가 채택한《개인정보 처리와 관련한 개인 보호 및 그와 같은 데이터의 자유로운 이동에 관한 지침(Directive 95/46/EC)》은 개인정보의 국외 이전에 대한 제한과 규제의 본격적인 시작점이 되었다. 국제사회가 합의한 개인정보의 국외 이전에 관한 기본 원칙은 다음과 같다. 개인정보의 수입국(즉, 데이터의 목적국)의 개인정보 보호 수준이 데이터의 수출국(출경국) 과 동등한 수준의 보호를 제공하는 경우, 개인정보의 국외 이전은 허용되어야 한다. 즉, 개인정보의 해외 이전은 원칙적으로 허용되지만, 그 전제 조건은 자국 국민의 개인정보가 수입국에서 자국 수준에 상응하는 보호를 받을 수 있어야 한다는 것이다.

2016년 제정된《네트워크안전법》은 중국에서 가장 먼저 개인정보 국외이전 규제제도를 확립한 법률로, 그 적용 대상을 핵심정보기초시설 운영자로 한정하였다. 이 법은 중국 영내에서 수집·생성된 중요데이터와 개인정보를 국외로 이전하는 경우, 반드시 데이터 국외이전 보안평가를 거쳐야 한다고 규정하고 있다. 이에 따라, 개인정보의 국외이전은 보안평가제도 하나만 존재하며, 그 대상 또한 핵심정보기초시설 운영자가 이전하는 개인정보에 한해 평가 및 관리의 범위에 포함된다.

2021년 제정된《개인정보보호법》은 전문 법률로서 개인정보의 국외 이전에 관한 일반적 방식과 조건을 포괄적으로 규정하고 있으며, 동시에 국가는 상호주의에 따라 개인정보의 해외 이전을 제한하거나 금지하는 국가 명단제도 또는 대응 조치를 수립하였다.《개인정보보호법》에 따르면, 개인정보의 국외 이전은 업무상 불가피한 필요성이 존재하고,

개인의 명시적 동의를 얻으며, 국가안보 관리조치를 준수하는 경우에 한하여 허용된다. 중국이 체결하거나 가입한 국제조약·협정에 근거한 이전 외에도, 개인정보의 국외 이전 방식은 다음과 같다. (1) 국가인터넷정보판공실이 조직하는 보안평가를 통과하는 방식, (2) 전문기관의 개인정보보호 인증을 받는 방식 — 단, 해당 인증은 인터넷정보판공실의 규정에 부합해야 함, (3) 국가인터넷정보판공실이 제정한 표준계약에 따라 국외 수신자와 계약을 체결하는 방식이다.

2022년 제정된 《데이터 국외 이전 보안평가 방법》에 따르면, 데이터 처리자가 국외로 중요 데이터를 제공하는 경우, 중요정보기반시설 운영자 및 100만 명 이상의 개인정보를 처리하는 데이터 처리자가 개인정보를 국외로 이전하는 경우, 또는 전년도 1월 1일부터 누적하여 10만 명의 개인정보나 1만 명의 민감한 개인정보를 국외로 제공한 경우, 해당 데이터 처리자는 보안평가 절차(출경 안전평가)를 이행해야 한다. 그 외의 개인정보 국외 이전의 경우에는 표준계약방식을 적용할 수 있다.

개인정보 국외이전 인증제도 역시 현재 구축 중에 있으며, 이는 개인정보의 국외이전에 또 하나의 안전한 경로를 제공한다. 2022년 12월 16일, 전국정보보안표준화기술위원회 사무국은 《네트워크 안전 표준 실무지침—개인정보 국경 간 처리활동 보안인증 규범》(TC260-PG-20222A)을 발표하였다. 한편, 국가정보보안표준화기술위원회는 국가표준인 《정보보안기술 개인정보 국경 간 전송 인증요구사항》을 제정 중이며, 2023년 3월 16일에 의견수렴안을 공개하였고, 머지않아 정식으로 시행될 예정이다.

또한, 국가인터넷정보판공실은 2023년 2월 22일에 《개인정보 국외이전 표준계약 방법》을 공표하였다. 이는 해외 수신자와 표준계약을 체결하여 개인정보를 국외로 제공하는 행위에 대한 구체적 기준을 제시한 것이다. 이에 따르면, 법률·행정법규 또는 국가 인터넷정보부문의 별도 규정이 없는 경우, 개인정보처리자가 표준계약을 체결하여 개인정보를 해외로 이전하려면 다음 요건을 모두 충족해야 한다. (1) 핵심정보기초시설 운영자가 아닐 것, (2) 처리하는 개인정보의 규모가 100만 명 미만일 것, (3) 직전 연도 1월 1일부터 해외로 제공한 개인정보 누적 수가 10만 명 미만일 것, (4) 직전 연도 1월 1일부터 해외로 제공한 민감정보 누적 수가 1만 명 미만일 것이다. 또한, 개인정보처리자는 법에 따라 보안평가를 거쳐야 하는 개인정보를 수량 분할 등의 방식으로 회피하여 표준계약 체결 방식으로 해외 이전해서는 안 된다.

4. 중요데이터의 국외이전 규제

개인정보의 국경 간 이동 통제가 주로 국가 간 개인정보 보호 수준의 불균형 문제를 해결하기 위한 것이라면, 중요데이터의 국경 간 이동 통제는 본질적으로 국가안보 문제를 다루는 것이며, 상대적으로 더 높은 유연성과 강한 정치적 성격을 지닌다.

《네트워크안전법》은 핵심정보기초시설 보안제도를 확립하고, 그 안에 중요데이터 및 데이터 국외이전 보안평가 제도를 도입하였다. 다만, 이 법은 '중요데이터'의 구체적 정의를 명시하지 않았으며, 그 개념적 방향은 《데이터안전법》 제21조의 데이터 분류·등급별 보호제도에서 제시되고 있다. 동 조항은 다음과 같이 규정한다. 국가는 데이터의 분류·등급별 보호제도를 확립하며, 데이터가 경제사회 발전에서 가지는 중요성, 그리고 데이터가 변조·파괴·유출되거나 불법 취득·이용될 경우 국가안보, 공공이익 또는 개인·조직의 합법적 권익에 미치는 피해 정도를 고려하여 데이터를 분류·등급별로 보호한다. 특징적인 점은, 중요데이터 다음 단계로 국가핵심데이터를 별도로 규정하고 있다는 것이다. 이에 따라 국가안보에 미치는 위험 정도에 따라 데이터는 일반데이터, 중요데이터, 핵심데이터의 세 등급으로 구분된다. 이러한 분류 체계는 2021년 《네트워크 데이터 안전 관리조례(의견수렴안)》에 채택되었으며, 동 조례는 국무원의 2023년 입법계획에도 포함되어 있다.

중국에서 중요 데이터의 국외 이전에 대한 규제 전략은 국외 이전 보안평가를 중심으로 하고 있다. 이에 따라 《데이터 국외 이전 보안평가 방법》 제19조는 '중요 데이터'의 개념을 다음과 같이 규정하고 있다. 이 법에서 말하는 중요 데이터란, 위조·파괴·유출되거나 불법적으로 취득·이용될 경우 국가안보, 경제운영, 사회안정, 공중보건 및 안전 등에 위해를 초래할 수 있는 데이터를 말한다. 2022년에는 전국정보보안표준화기술위원회가 《정보보안기술 중요데이터 식별 가이드라인(의견수렴안)》을 마련하여, 중요 데이터의 식별 기본 원칙, 고려 요소 및 데이터 기술 서식을 제시하였다. 가이드라인은 중요 데이터를 다음과 같이 정의하였다. 전자적 형태로 존재하며, 위조·파괴·유출 또는 불법적 취득·이용 시 국가안보나 공공이익에 위해를 초래할 수 있는 데이터. 또한 가이드라인은 중요 데이터에는 국가기밀 및 개인정보가 포함되지 않지만, 대량의 개인정보를 기반으로 형성된 통계데이터나 파생데이터는 중요데이터에 해당할 수 있다고 명시하였다.

데이터의 자원화가 두드러지면서, 데이터의 국경 간 이동은 국가 경제 및 정치적 안전에 잠재적 위험을 초래하게 되었고, 이에 따라 여러 국가에서는 데이터의 국내 저장을 요구하는 법제가 등장하였다. 이러한 데이터 현지 저장 의무는 개인정보에 한정되지 않고, 점차 비개인적 성격의 핵심 데이터로까지 확장되고 있다. 중요 데이터는 국가안보의 관점에서 데이터의 유형과 등급을 구분하는 개념으로, 우리나라의 비개인

데이터 국외 이전 규제의 핵심 근거가 된다. 중국의 데이터 국외 이전 전략은, 개인정보 이외의 일반 데이터는 자유롭게 이동하도록 하고, 중요 데이터는 보안요건을 충족하는 범위 내에서 질서 있게 이동시켜 데이터의 가치를 극대화하는 방향으로 설정되어 있다.

중국의 중요데이터 국외이전 규제는 현재 두 가지 주요한 문제에 직면해 있다. 첫째, 데이터 분류·등급 구분이 아직 명확하지 않다. 데이터 분류란 데이터의 속성이나 특성에 따라 일정한 원칙과 방법으로 데이터를 구분·분류하여 보다 효율적으로 데이터를 관리하고 활용하기 위한 체계를 구축하는 것을 의미한다. 한편, 데이터의 중요도와 영향 수준에 따라 구분하는 것이 '등급 구분'이며, 이는 분류를 기반으로 보안 관리 목적에 특화된 세분화 과정이다. 그러나 현재는 산업별·분야별 데이터의 권위 있는 분류 및 등급체계가 아직 완성되지 않은 상태이다. 둘째, 데이터 보안평가의 실무적 시행에 어려움이 존재한다. 데이터 분류·등급 구분은 정적인 개념인 반면, 데이터 보안 위험은 주로 데이터의 실제 활용 과정에서 발생하므로, 특정한 국외이전의 목적, 사용 환경, 이용자 등 구체적 요소를 종합적으로 고려해야만 적절한 판단이 가능하다. 따라서 중요데이터의 국외이전을 평가·통제하는 과정에서 여전히 다수의 실무적·운영상의 과제와 난점이 존재한다. 이에 따라, 2024년 3월 국가인터넷정보판공실은《데이터 국경 간 이동의 촉진 및 규범에 관한 규정》을 발표하였다. 이 규정은 중국의 데이터 국외이전 정책을 한층 더 최적화하고 명확히 하는 방향으로 제시된 것으로, 향후 데이터 규제 체계의 발전에 중요한 정책적·실천적 의의를 가진다.

5. 안전한 데이터 국경 간 이동 경로의 탐색

2020년 8월 12일, 상무부는《서비스무역 혁신 발전 시범사업 전면 심화 총괄 방안 반포에 관한 통지(关于印发全面深化服务贸易创新发展试点总体方案的通知)》를 발표하여, 베이징·톈진·상하이 등 조건이 비교적 양호한 시범 지역에서 데이터 국경 간 전송의 보안 관리 시범사업을 실시할 것을 제안하였다. 이 통지에서는 데이터 국경 간 이동 보안평가 시범사업을 지원하고, 데이터 보호 역량 인증, 데이터 유통 백업 심사, 국경 간 데이터 이동 및 거래 위험 평가 등 데이터 보안 관리 메커니즘의 구축을 명시하였다.

베이징, 상하이, 저장, 하이난 등 지역은 자유무역시험구 또는 자유무역항을 중심으로 데이터 국경 간 이동 방안을 적극적으로 탐색하고 있다. 이러한 방안은 주로 중요 데이터 이동 시의 위험 통제 및 보호조치, 데이터 보호 인증 메커니즘의 시범 구축, 국제 전용 통신 채널의 배치, 특정 지역 간 정보 상호연계 및 특정 유형의 데이터 국경 간 전송의 단계적 추진 등을 포함한다. 예를 들어, 2019년 8월 발표된《중국(상하이) 자유무역시험구 린강 신구 총괄 방안》은 처음으로 국제 인터넷 데이터 전용 통로 구축을 제안하였으며, 데이터 보호 역량 인증, 데이터 유통 백업 심사, 데이터 국경 간 이동 및 거래 위험 평가 등 데이터 보안 관리 메커니즘의 구축을 명확히 하였다. 이는 데이터 국경 간 유통의 법적 규제 체계가 새로운 단계로 진입했음을 의미하는 중요한 전환점으로 평가된다.

그러나 데이터의 국외 이전은 국가안보와 직결된 사안으로, 중요 데이터의 모호성과 국가안보 개념의 광범위성으로 인해, 비록 자유무역항이라 하더라도 데이터 국외 이전과 관련된 구체적 실행 방안을 현실적으로 이행하기는 매우 어렵다. 현재 자유무역항의 탐색은 주로 기존 출경 절차의 최적화에 초점이 맞추어져 있다. 예를 들어, 데이터 유형별로 중요성을 판단하여 특정 자유무역시험구(항)의 분야별 잠재적 중요 데이터 '포지티브 리스트'를 작성하고, 데이터 출경 보안평가 절차를 개선하며, 개인정보 국외 이전 표준계약의 서식도 무역 환경에 보다 부합하도록 수정하고 있다. 특히 데이터 출경 표준계약과 상업 본계약 간의 충돌을 방지하는 데 중점을 두고 있다. 또한 '동일 주체·동일 유형 데이터의 빈번한 국외 이전 화이트리스트 제도'를 구축하고 있다. 이 제도에 따르면, 데이터가 최초로 국외 이전될 때에는 보안평가 절차를 완전히 수행해야 하며, 동시에 데이터 처리자, 수신자, 데이터 항목, 이전 빈도, 이용 목적 등을 등록한다. 이후 동일 주체·동일 유형의 데이터가 재차 국외로 이전될 경우에는 복잡한 평가 절차를 생략하고, '사전 등록+사후 감독'이 결합된 관리 메커니즘을 통해 위험을 통제하도록 한다.

데이터 보안 위험은 주로 데이터 이용 단계에서 발생하기 때문에, 통제 가능한 환경하에서 데이터의 국경 간 이동과 활용을 어떻게 실현할 것인가가 데이터 출경 문제 해결의 핵심이 된다. 따라서 데이터 스페이스 개념을 활용하여 특정 산업 분야별 국경 간 데이터 공간을 구축하는 것이, 데이터의 국제적 유통과 국가안보 이익 간의 균형을 달성할 수 있는 하나의 현실적 경로로 평가된다.

제 3 절 국제 디지털 무역 질서

디지털 기술이 국제무역에 가져온 도전은, 전통 무역의 디지털화·플랫폼화·편의화가 촉발한 국제무역 질서의 변화뿐만 아니라, 데이터의 자원화라는 배경 아래 형성되고 있는 데이터 자원의 국경 간 유통 질서의 구축을 포함한다. 이 두 가지 흐름은 서로 얽혀 오늘날 국제 디지털 경제의 새로운 질서를 형성하고 있다. 중국은 국제 디지털 무역 규범의 제정 과정에 적극적으로 참여하여 국제 디지털 무역 신질서의 형성에 영향을 미치기 위해 노력하고 있으며, 이미 《디지털경제동반자협정(DEPA)》 가입 의사를 공식적으로 표명하였다.

1. 국제사회에서 디지털 무역 또는 데이터 국경 간 이동과 관련된 협정

세계무역기구(WTO)는 오랫동안 특권적 지위를 가진 다자간 무역 규제 메커니즘으로 인식되어 왔으나, 21세기 초 이후 각국은 점차 양자 또는 지역적 특혜무역협정(PTA)으로 관심의 초점을 옮기기 시작하였다. 이와 동시에, 21세기 들어 디지털화(digitalization)는 국제무역에 심층적인 영향을 미치며, 데이터가 국제무역 협정의 새로운 핵심 요소로 등장하였다. 그 결과, 21세기에는 다수의 양자 및 지역 무역협정에 디지털 무역 관련 조항이 포함되기 시작하였다. 통계에 따르면, 2000년 이후 약 350건의 특혜무역협정이 디지털 무역을 다루고 있다. 미국은 무역협정에 데이터 관련 조항을 최초로 도입한 국가이다. 2004년 미국은 싱가포르와 자유무역협정(FTA)을 체결한 것을 시작으로, 이후 칠레·파나마·대한민국과 유사한 협정을 체결하였다. 그 후 미국은 《환태평양경제동반자협정(TPP)》을 주도하였으나, 2017년 TPP에서 탈퇴하고 북미자유무역협정(NAFTA)으로 방향을 전환하였다. 이후 2018년 협정명을 《미국·멕시코·캐나다협정(USMCA)》으로 변경하면서, 기존 협정의 내용을 토대로 새로운 데이터 관련 규정을 추가하였고, 이는 2020년 7월 1일 정식 발효되었다. 또한 2019년 미국과 일본은 《미·일 디지털 무역협정》을 체결하였으며, 이 협정은 TPP의 조항을 기반으로 하면서 USMCA에 추가된 핵심 요소들을 통합하였다.

WTO는 다자간 무역 규범을 주도하고 제정하는 가장 중요한 국제기구이지만, 오늘날에는 신규 디지털 제품 및 서비스의 국경 간 무역에 어떻게 대응할 것인가라는 과제에 직면하고 있다. 우선, WTO 체제하의 세 가지 전통적 기본협정으로 《관세 및 무역에 관한 일반협정(GATT)》, 《서비스무역에 관한 일반협정(GATS)》, 《무역 관련 지식재산권 협정(TRIPS)》이 있다. 그리고 우루과이라운드 이후 체결·발효된 《무역원활화협정(TFA)》과 《정보기술협정(ITA)》 등은 기존의 규범 틀을 확장하거나 보완함으로써 디지털 무역의 도전에 대응할 수 있는 잠재력을 가진다. 그러나 이러한 규범 조정에는 장기간의 국제 협상과 합의 과정이 필요할 것으로 보인다. 현재 WTO의 86개 회원국이 전자상거래를 중심으로 한 디지털 경제 의제를 기반으로 한 새로운 디지털 무역 협정을 논의중이다. 협상국들은 데이터 수집, 법적 책임, 시장 접근권, 비차별, 소스코드 공개, 조세, 사이버보안 등 13개 조항을 둘러싸고 여러 차례의 협상을 진행하였다. 2021년 12월 14일, 호주·일본·싱가포르의 통상장관은 공동 의장으로서 발표한 공동성명을 통해 다음과 같은 8개 조항에서 실질적 진전이 있었다고 밝혔다. 이 조항은 전자서명 및 인증, 온라인 소비자 보호, 비요청 상업성 전자정보(스팸메일 등), 공공데이터 개방(Open Government Data), 전자계약, 투명성, 무지 거래, 인터넷 개방성이다. 또한, 전자 전송의 무관세 조치, 국경 간 데이터 이동, 데이터 현지화, 소스코드, 전자거래 기본체계, 사이버보안, 전자세금계산서, 시장 접근 관련 고위급 논의 등에 대해서는 통합 제안을 마련하였으며, 앞으로 이들 분야에서 협상을 한층 강화할 계획임을 밝혔다.

2018년 이후, 국제사회에서는 상당한 영향력을 지닌 세 개의 지역

무역협정이 체결되었다.

《포괄적·점진적 환태평양경제동반자협정(Comprehensive and Progressive Agreement for Trans-Pacific Partnership, CPTPP)》은 2017년 미국이 TPP에서 탈퇴한 이후, 남은 11개국이 기존 협정의 틀을 유지하면서 새롭게 출범시킨 협정이다. 이 협정은 2018년에 발효되었으며, 회원국은 미국을 제외한 원래 TPP의 12개 회원국 중 11개국인 호주, 브루나이, 캐나다, 칠레, 일본, 말레이시아, 멕시코, 뉴질랜드, 페루, 싱가포르, 베트남이다.

《역내포괄적경제동반자협정(Regional Comprehensive Economic Partnership, RCEP)》은 중국이 주도하여 역내 자유무역 촉진을 주요 목표로 추진한 협정이다. 협상은 2012년에 시작되어 2020년 11월에 공식 서명되었으며, 총 15개 회원국이 참여하였다. 회원국은 호주, 브루나이, 캄보디아, 중국, 인도네시아, 일본, 라오스, 말레이시아, 미얀마, 뉴질랜드, 필리핀, 싱가포르, 대한민국, 태국, 베트남이며, 인도는 2020년 서명 직전에 탈퇴하였다.

《아프리카대륙자유무역협정(The African Continental Free Trade Agreement, CFTA)》은 2018년에 서명된 협정으로, 세 개의 지역경제공동체 간 협상을 기반으로 형성된 범(汎)아프리카 자유무역협정이다. 이 협정은 아프리카 역내 무역을 촉진하고, 향후 대륙 차원의 관세동맹 설립을 위한 기반을 마련하는 것을 목표로 하고 있다.

동시에, 디지털 경제에 특화된 두 개의 국제협정도 등장하였다. 첫 번째는 《디지털경제동반자협정(Digital Economy Partnership Agreement, DEPA)》으로, 2020년 6월 12일 칠레·뉴질랜드·싱가포르가 체결하였다. 두 번째는 《싱가포르-호주 디지털경제협정(Singapore-Australia Digital Economy Agreement, DEA)》으로, 2020년 8월 6일 싱가포르와 호주가 서명한 구속력 있는 디지털 협정이다.

2. 디지털경제동반자협정(DEPA)

2020년 6월 11일, 칠레·뉴질랜드·싱가포르 정부는 온라인을 통해 전자서명 방식으로 《디지털경제동반자협정(DEPA)》에 서명하였다. 이 협정은 디지털 무역 분야에서 협력 관계를 구축하고, 새로운 방식을 모색하며, 서로 다른 제도 간의 호환성을 촉진하고 디지털화로 인한 새로운 문제를 해결하기 위한 세계 최초의 협정이다.

DEPA의 목적은 디지털 분야의 협력을 강화하고, 디지털 무역 문제를 해결하기 위한 새로운 국제적 접근 방식을 수립하며, 디지털 경제의 새로운 영역—예를 들어, 디지털 신원, 전자결제, 데이터의 국경 간 이동, 인공지능을 탐색하는 데 있다. 이 협정의 협상은 2019년 5월에 시작되었으며, 세 나라의 통상부 장관들은 디지털화가 경제에 기여할 수 있는 최대 효과를 어떻게 이끌어낼지, 그리고 디지털 시대의 무역이 제공하는 새로운 기회를 어떻게 활용할지에 대해 논의하였다. 그 결과, 이 분야의 국제 규범을 마련하여 기업과 소비자가 디지털 무역의 기회를 보다 쉽게 활용할 수 있도록 하고, 동시에 공공 및 민간의 이익을 보호하기로 합의하였다.

DEPA는 총 16개 모듈로 구성되어 있으며, 주요 내용에는 비즈니스 및 무역 원활화, 디지털 제품과 관련 이슈, 데이터 관련 문제, 신뢰할 수 있는 디지털 환경 구축, 기업 및 소비자 신뢰, 디지털 신원(Digital Identity), 혁신과 디지털 경제, 중소기업 협력, 디지털 포용(Digital Inclusion), 투명성(Transparency) 등이 포함된다.

이러한 모듈들은 데이터 경제와 디지털 무역에서 발생하는 문제를 해결하기 위한 기본 원칙을 제시하고 있으며, 주요 원칙은 다음과 같다. (1) 전자적 수단의 활용, (2) 디지털 제품에 대한 내국민대우와 비차별 원칙의 적용, (3) 전자송장과 전자결제를 포함한 국경 간 비즈니스 기록 관리의 편의성 제고, (4) 개인정보 보호, (5) 사이버보안, (6) 온라인 소비자 보호, 특히 비요청 광고정보(스팸메일) 제거를 위한 노력, (7) 안전한 디지털 신원 보호, (8) 인공지능(AI)의 윤리적 거버넌스 체계 구축, (9) 자유로운 데이터 이동, (10) 개방형 인터넷 접근을 보장함으로써 디지털 격차와 디지털 포용 문제를 해결하는 것이다.

DEPA는 디지털 국제무역의 새로운 시대를 여는 획기적인 협정으로, 글로벌 규범 형성에 새로운 모델을 제시한 기념비적 의미를 가진다. 이 협정은 세계 디지털 경제 통합 발전의 선도적 사례로 평가되며, 향후 무역협상 방향을 제시하는 중요한 이정표가 되었다. 무엇보다도 DEPA의 모듈화 접근 방식은 기존의 포괄적 무역협정보다 확장성과 유연성이 훨씬 높다. 이를 통해 인공지능 등 새로운 기술 활용을 포괄할 수 있는 협력 메커니즘을 구축하였다. 또한, 보복조치 조항이 존재하지 않고, 전통적인 무역협정 방식으로 강제 집행되지 않기 때문에, DEPA는 더 혁신적이고 개방적인 방식의 탐색을 가능하게 하는 제도적 유연성을 지닌다.

DEPA는 혁신을 지원하고, 국내외에서 신뢰를 구축하기 위한 디지털 경제 파트너십을 형성할 것을 약속한다. DEPA 회원국들은 인터넷 이용자의 신뢰 없이는 디지털 경제가 성립할 수 없다는 점을 인식하고 있다. 따라서 DEPA는 신뢰 구축을 위한 두 가지 핵심 모듈, 즉 스팸메일 관리와 개인정보 보호를 포함하고 있다. 또한 DEPA는 데이터 흐름이 본질적으로 글로벌한 성격을 가지며, 각국의 개별적인 개인정보보호 규제만으로는 개인의 프라이버시를 충분히 보호할 수 없다고 보고, 투명성·데이터 품질·책임성을 포함한 국제 협력을 통한 강력한 보호체계 구축의 필요성을 강조한다. 아울러 디지털 경제 경쟁정책 등 신흥 분야에서의 협력을 촉진하기 위한 조항들도 포함하고 있다.

DEPA는 CPTPP의 기존 약속을 넘어서는 국가 간 디지털 무역 관리체계를 구축하였다. DEPA는 가입을 희망하는 다른 국가들에게도 개방되어 있으며, 같은 목표를 지닌 무역 파트너들이 고수준의 디지털 무역 협정을 체결할 수 있는 경로를 제공하고 있다. 2020년 12월, 캐나다가 DEPA 가입을 추진하겠다고 공식 발표하였으며, 중국는 2021년 10월 《디지털경제동반자협정(DEPA)》 가입 신청을 결정하였다. 이후 2022년 8월 중국 DEPA 가입 작업반이 공식적으로 설립되어, 중국의 DEPA 가입 협상이 전면적으로 추진되고 있다.

3. 디지털 무역에서의 조세 문제

디지털 무역은 프라이버시와 데이터 보호, 국가안보 등과 더불어 조세 문제를 포함한 다양한 새로운 과제를 제기하고 있다. 많은 기술 스타트업과 중소기업들은 팬데믹으로 인한 경기 침체의 심각한 타격을 받았으나, 반대로 Facebook, Google, Amazon 등 대형 디지털 플랫폼 기업들은 위기 기간 동안 시장점유율과 수익이 폭발적으로 증가하였다. 이에 따라 디지털 기업들도 정당하고 공정한 세금을 납부해야 한다는 인식이 확산되었고, 국제사회에서는 비대면·원격 기업에 대한 과세 논의가 본격적으로 제기되기 시작했다.

일반적으로 기업, 특히 외국 기업에 세금을 부과하려면, 과세권과 납세자 사이에 '연결고리'가 존재해야 하며, 이는 통상 사무소나 근로자 등 물리적 실체를 통해 형성된다. 그러나 디지털 시대에는 기업이 특정 국가에 물리적 기반을 두지 않고도 사용자와 상호작용하며, 해당 국가 내에서 가치를 창출할 수 있게 되었다. 130여 개국이 경제협력개발기구의 포용적 프레임워크하에서 새로운 국제 조세 규칙 마련을 논의하고 있다. 이 논의의 핵심은, '고정사업장' 요건을 실제 물리적 존재에 의존하지 않도록 변경하는 것이다. 이 규칙들이 확정되면, 기업의 과세 가능한 일부 이익을 이용자(소비자)가 위치한 시장 관할권에 어떻게 배분할 것인지가 결정될 예정이다. 한편, 일부 국가는 이러한 논의보다 앞서 단독적 조치를 취해 과세제도를 도입하였다. 예를 들어, 프랑스는 2019년 7월부터 사용자 활동이 가치 창출에 적극적으로 기여하는 디지털 서비스에 대해 3%의 디지털서비스세를 부과하기 시작하였다.

국경 간 전자상거래 소비세 문제 역시 국제사회에서 활발히 논의되고 있는 주요 의제 중 하나이다. 소비세란, 소비재의 거래액을 과세 대상으로 하는 여러 형태의 세금을 포괄하는 개념으로, 대표적인 예로 부가가치세와 상품·서비스세가 있다. 이는 상품이나 서비스를 구매할 때 부과되며, 최종 소비자가 부담하는 세금이다. 과거에는 각국이 저가 상품에 대해서는 세금을 면제하는 경향이 있었다. 이는 세수 규모가 작아 징수 비용에 비해 실익이 적기 때문이었다. 그러나 전자상거래의 급성장으로 저가 상품의 수입량이 급격히 증가하면서 이러한 과세 구조는 재검토되기 시작하였다. 이에 따라 일부 국가는 디지털 플랫폼을 활용하여 거래 정보를 수집하고, 소비자에게 직접 해당 거래에 대한 소비세를 부과하는 방식을 도입하고 있다.

현재 대부분의 국가는 전자책, 영화 등 디지털 형태로 제공되는 제품에 대해 관세를 부과하지 않고 있다. 이는 세계무역기구 회원국 간에 체결된 임시 합의에 따라, '전자 전송' 방식으로 전달되는 제품에 대해 관세를 부과하지 않기로 한 결정 때문이다. 그러나 이 관세 면제 조치의 유효기간이 만료된 이후 연장이 이루어지지 않을 경우, '디지털 관세'의 부과가 새롭게 등장할 가능성도 제기되고 있다.

또한 경제협력개발기구(OECD)의 포용적 프레임워크는, 기업이 이익을 세율이 낮은 조세 관할지역으로 이전하는 문제를 해결하기 위해 논의를 진행하고 있다. 국가 간에는 법인세율을 인하하여 투자를 유치하려는 조세 경쟁이 존재하며, 이러한 경쟁이 바로 이익 이전 문제를 더욱 악화시키는 요인이 되고 있다. 이에 따라 OECD는 국가 간의 '불공정 경쟁'을 방지하기 위해 최소한의 과세 기준을 설정하는 방안을 제안하였다. 만약 특정 국가의 법인세율이 합의된 최소세율보다 낮을 경우, 다른 국가가 그 차액에 해당하는 '추가 과세' 또는 '환급세'를 부과할 권리를 갖게 되는 구조가 마련될 수 있다.

4. 국제 디지털 무역의 새로운 질서 구축

디지털 기술과 디지털 경제의 급속한 발전과 함께, 글로벌 디지털 거버넌스에 대한 담론 주도권 경쟁이 점점 치열해지고 있다. 디지털 무역의 급격한 성장은 세계 경제에 새로운 활력을 불어넣는 동시에, 디지털 무역의 규범과 거버넌스 체계 구축에 심각한 도전을 제기하고 있다. 각국의 국가 여건, 정책 목표, 입장 차이가 매우 크기 때문에, 단기간 내에 통일된 국제 디지털 무역 규칙을 형성하기는 어렵다. 특히 선진국과 개발도상국 간에는 주장과 핵심 요구의 차이가 더욱 두드러진다. 현재 디지털 무역 규범은 주로 지역무역협정을 기반으로 형성되고 있으며, 그 결과 '미국식 모델'과 '유럽식 모델'이라는 두 가지 강력한 규범 템플릿이 나타나고 있다. 전반적으로 미국식 모델은 미국의 이익을 반영한 고수준 디지털 무역 규범 체계를 구축하여 미국의 의지를 드러내는 표준형 틀을 형성하고 있다. 반면 유럽식 모델은 EU의 강한 제도적·경제적 지위를 바탕으로 비대등적 합의를 유도하는 경향이 있으며, 자신의 가치와 규범을 일방적으로 확산시키는 특징을 가지고 있다.

중국은 디지털 무역 강국으로서, 국제 디지털 무역 규범의 제정에 적극적으로 참여하고, 국제 디지털 무역 신질서의 형성에 영향력을 행사해야 한다. 2019년 1월 WTO가 전자상거래 협상을 공식 개시한 이후, 중국은 전자상거래 협상에 적극적으로 참여하여 총 네 건의 제안서를 제출하였다. 이 제안들은 주로 전자상거래 협상에 대한 중국의 기본 입장, 안전하고 신뢰할 수 있는 전자상거래 환경 조성 방안, 국제 협력 촉진 방안 등을 포함하고 있으며, 이는 다자무역체제하에서의 디지털 규범 형성에 '중국의 목소리'를 반영한 중요한 기여로 평가된다. 중국은 또한 의제 설정 능력을 강화하고, '일대일로' 참여국과의 디지털 무역 협력을 확대하며, 개발도상국의 이익과 요구를 반영한 규범 체계를 적극적으로 모색하고 있다. 이를 통해 포용적 디지털 무역 규범을 구축하고, 디지털 무역 분야에서의 규범 제정 주도권과 발언권을 강화하는 것을 목표로 하고 있다.

2020년 9월, 국무위원 겸 외교부장 왕이는 글로벌 디지털 거버넌스 세미나에서 《글로벌 데이터 보안 이니셔티브》를 제안하였다. 그 주요 내용은 다음과 같다. 각국은 해외 데이터를 강제로 현지에 저장하도록 요구해서는 안 되며, 타국의 법률 절차를 우회하여 기업이나 개인으로부터 직접 데이터를 요구해서도 안 된다. 사법 공조 및 양자·다자 협정을 통해 국경 간 데이터 이동 요청을 해결해야 하며, 데이터의 국경 간 이동은 타국의 주권, 사법관할권, 그리고 데이터 보안관리권을 존중해야 한다. 2022년 4월 21일, 시진핑 국가주석은 보아오 아시아포럼 연례회의에서 《함께 도전을 맞이하고, 협력으로 미래를 열자(携手迎接挑战，合

作开创未来)》라는 제목의 기조연설을 통해 처음으로 '글로벌 안보 이니셔티브'를 제안하였다. 이후 2023년 2월, 중국 정부는《글로벌 안보 이니셔티브 개념문서》를 공식적으로 발표하였다.

데이터의 유통은 국가 간 투자와 무역의 필연적 요소이다. 전통적 경제에서 데이터의 유통이 없다면 국제 협력과 무역 자체가 성립할 수 없으며, 데이터 경제에서는 데이터의 국경 간 이동이 없이는 해외시장 개척과 국제 서비스 교류도 불가능하다. 따라서 데이터는 중국이 새로운 국제 경쟁 질서에 참여하는 데 있어 중요한 협상 지렛대로 작용하고 있다. 현재 전 세계적으로 디지털 무역의 촉진과 편의화에 관한 규범에서는 국가 간 이견이 비교적 적지만, 데이터·프라이버시·보안 관련 규범에서는 큰 차이가 존재한다. 특히 국경 간 데이터 이동, 데이터 현지화, 소스코드 공개, 암호화 보호 등 핵심 쟁점을 둘러싸고 의견이 대립하고 있다. 중국은 개방과 보호, 규제와 자유의 균형점을 모색하는 통일적이고 합리적인 데이터 국경 간 이동 정책을 확립해야 하며, 양자 협정을 통한 협력 방식으로 국제 디지털 경제 신질서의 형성을 추진하고, 국제 디지털 무역의 글로벌 표준 제정 과정에도 적극적으로 참여해야 한다.

저자 소개

가오푸핑 高富平

화동정법대 2급 교수
화동정법대 데이터법률연구센터 주임
국무원 특별수당 수혜 전문가
중국 국가지식재산 전문가
상하이시 고급 핵심 인재
상하이시 공공데이터 개방 전문가위원회 위원
상하이시 데이터거래전문가 위원회 위원
중국정법대 법학사, 법학박사
저서 30여 권 출간 및 학술논문 120여 편 발표

역자 소개

김원오 金元五(제1장~제4장 번역)

인하대 법학전문대학원 교수
인하대 AI · 데이터법센터 센터장
지식재산포럼 회장
한국지식재산학회 명예회장
대통령 직속 국가지식재산위원회 전문위원
고려대 법학사, 법학석사, 법학박사

이수미 李殊米(제5장~제7장 번역)

인하대 법학전문대학원 교수
삼성전자 수석변호사
Testa, Hurwitz & Thibeault, LLP Attorney
Univ. of California, Los Angeles 법률박사
Purdue University 공학석사
Harvey Mudd College 공학사

역자 소개

정영진 丁瑩鎭(제8장 번역)

인하대 법학전문대학원 교수

인하대 AI · 데이터법학과 주임교수

한중법학회 명예회장

고려대 · 화동정법대 법학박사

Northwestern University 법학석사

서울대 법학사

박요셉 朴约瑟夫(제9장 번역)

법률사무소 BizWin 대표변호사

인하대 AI · 데이터법학과 자문변호사

인하대 법학연구소 중국법센터 특임연구원

인하대 법학전문대학원 법무석사

평생교육진흥원 독학학위제 영문학사

박현지 朴賢知(제10장 번역)

법무법인(유) 지평 국제그룹 변호사

법제처 세계법제정보센터 해외법령정보 자문위원

법률신문 해외변호사 기자

칭다오대 교육부 섭외법치인재양성 실습지도교수

전남대 법학전문석사

이화여대 영어영문학부 학사

역자 소개

김영순 金英順(제11장~제13장 번역)

인하대 법학전문대학원 교수

인하대 정석학술정보관 관장

국세청 납세자보호관

국무총리실 조세심판원 비상임조세심판관

서울시립대 세무전문대학원 세무학(조세법) 석사, 박사

고려대 법학사

이상우 李相佑(제14장~제18장 번역)

인하대 AI·데이터법학과 초빙교수

한중법학회·지식재산포럼 사무총장

삼성전자 반도체연구소 선임연구원

중국정법대 법학박사

칭화대 법률석사(LL.M.)

고려대 전기전자전파공학부 공학사

정찬모 鄭燦模(제19장~제20장 번역)

인하대 법학전문대학원 교수

인하대 법학연구소 소장

정보통신정책연구원 연구위원

University of Oxford 법학박사

고려대 법학석사

서울대 문학사